HISTOIRE

DE LA

MARINE FRANÇAISE.

I

PARIS. — IMPRIMÉ PAR BÉTHUNE ET PLON.

CHARLES II REÇU A BORD PAR L'AMIRAL D'ESTRÉES.

HISTOIRE

DE LA

MARINE FRANÇAISE,

PAR

EUGÈNE SUE.

DEUXIÈME ÉDITION, ENTIÈREMENT REVUE PAR L'AUTEUR,

ORNÉE DE GRAVURES.

TOME PREMIER.

PARIS.

AU DÉPOT DE LA LIBRAIRIE,
RUE THÉRÈSE, 11,
PRES LE PALAIS-ROYAL.

1845.

A MONSIEUR

LE VICE-AMIRAL COMTE DE RIGNY.

Monsieur,

Il y a bientôt trois ans que je vous priai de me laisser rechercher dans les Archives de la Marine les matériaux indispensables aux développements et à l'authenticité de l'histoire dont je m'occupais.

Vous avez, Monsieur, accueilli cette demande avec tant de bonne grâce et de parfaite obligeance, vous m'avez depuis témoigné un intérêt si continu pour ce travail, en m'ouvrant encore, pour compléter mes matériaux, les Archives des Affaires Étrangères, qu'aujourd'hui je m'estime heureux de pouvoir vous dédier mon ouvrage.

Agréez, Monsieur, l'assurance de ma plus haute considération.

EUGÈNE SUE.

Château de Saint-Brice, le 10 mai 1835.

INTRODUCTION.

L'histoire de la Marine de 1650 à 1700 se trouve si étroitement liée aux plus curieuses phases des histoires de France, d'Angleterre et de Hollande, que j'ai cru devoir ouvrir cette singulière période historique par l'exposition large et dramatique que les faits m'ont donnée, et ainsi mettre d'abord bien en évidence et relief la cause des événements et le caractère des hommes dont on retrouve l'influence à chaque pas, jusqu'à la fin du dix-septième siècle.

Il est inutile de dire que chacun de ces personnages, que ce soit Jean Bart ou M. le prince de Conti, Colbert ou Louis XIV, M. le prince d'Orange ou M. de Croissy, madame la duchesse d'Orléans ou M. de Lionne, le vice-amiral d'Estrées ou Charles II, le grand pensionnaire de Witt ou mademoiselle de Keroualle, que chacun de ces personnages a eu sa part d'action, directe ou indirecte, mais toujours importante et constatée, à propos des expéditions maritimes de ces temps-là.

Pour que le tableau d'une bataille, d'une victoire ou d'une retraite ne demeurât pas incomplet ou incompris, j'ai aussi jugé qu'il était bon de montrer, avant le combat, le conseil de guerre de chaque flotte, ses différents projets, ses débats animés, quelquefois burlesques, souvent sublimes, et le plan qu'on arrêtait enfin ; car je pensais qu'il serait ensuite curieux de voir les combinaisons spéculatives de chaque amiral mises en action par la lutte matérielle des équipages, et de reconnaître ainsi à l'œuvre l'excellence des théories de chaque nation.

On trouvera donc, dans ces récits, Ruyter ou le duc d'York aussi minutieusement étudiés que Du Quesne ou Forbin.

Les causes premières des guerres maritimes de ce demi-siècle m'ont aussi paru mériter d'être profondément étudiées; non pas ces causes menteuses, emphatiquement proclamées dans les déclarations officielles, mais ces causes cachées que j'ai trouvées clairement déduites et précisées sous le chiffre des traités secrets et des correspondances diplomatiques.

En un mot, j'ai toujours regardé comme indispensable de dire *pourquoi* une guerre s'est faite, *par qui* elle s'est faite, et *comment* elle s'est faite.

Mais, je le répète, j'ai tenu à montrer les deux camps aussi vivants, surtout aussi vrais que possible, et pour cela j'ai décrit sans prévention d'aucune sorte.

Je crois inutile de dire de nouveau comment j'ai traité ce qui concerne la construction, la tactique et la théorie navales de cette période : ce sera toujours par la pratique et la description pittoresque encadrées dans l'action historique des faits; de même, pour l'ordonnance et le code pénal maritime, au lieu de relater une loi, j'ai montré des hommes régis et atteints par cette loi.

On voudra bien remarquer qu'il résulte de tout ceci que, de 1650 à 1700, l'histoire de la Marine se fondra souvent avec l'histoire de France proprement dite.

A ce propos, je dois déclarer que j'ai répudié toute

espèce de *système* ou *point de vue* rétrospectif soi-disant philosophique, parce que ces belles choses n'étant après tout que des appréciations purement individuelles, elles n'ont, à mon sens, aucune valeur probante et positive, en cela qu'elles peuvent être niées par qui les veut nier.

Aussi, je crois que l'histoire doit être toute d'action, jamais de raisonnement; car on peut toujours nier l'autorité d'un raisonnement, et il est impossible de nier l'autorité d'un fait.

Pour en revenir à cette vie de Jean Bart[1], j'ai donc retracé simplement ce qui était historiquement *vrai*, moralement *vrai*, sans louer ni blâmer; car, encore une fois, rien ne me paraît plus vain que ces coups de caveçon ou d'encensoir à propos du passé.

Enfin, je n'ai mis aucun tempérament ni ménagement dans le vrai que j'avais à reproduire.

Que si ce vrai s'élève quelquefois jusqu'à des dévouements saints et sublimes, que s'il réalise les types de l'idéalité la plus noble et la plus poétique, que s'il défie les séductions ou les pompes de la plus haute éloquence par la naïveté sereine ou l'éclatante fierté de sa parole, c'est que cela a été ainsi.

Que si ce vrai a souvent des proportions gigantesques dans sa fatale et terrible physionomie, que s'il est là

---

[1] Il est évident que la vie de Jean Bart, né en 1650, mort en 1702, et qui a pris part à toutes les grandes actions maritimes sur l'Océan, est le cadre de l'histoire complète de la marine pendant cette période, et que Tourville, Grancey, Forbin, d'Estrées, Du Quesne y trouveront leur place.

Il est aussi inutile de dire que la vie de Jean Bart paraissant la première, selon la publication, mais non suivant l'ordre chronologique, sera classée à sa place lorsque l'ouvrage aura entièrement paru. J'ai jugé à propos de commencer par cette époque, parce que son vocabulaire maritime, bien qu'il diffère du nôtre, s'en rapproche assez cependant pour ne pas nécessiter une nouvelle étude des mots de ce langage, et que les quelques expressions inaccoutumées qu'on y trouvera serviront de transition pour arriver à la langue nautique du seizième siècle, qui est entièrement autre que celle de nos jours.

impie et féroce, ici comique et bouffon, plus loin fanatique et impitoyable, ailleurs orgueilleux et lâche ; que si chacune de ses figures vivantes a son langage tour à tour cruel, railleur, grotesque, sordide, insolent ou misérable, c'est que cela a été ainsi.

Que si enfin, selon les vues impénétrables du destin, l'apparente rémunération du bien et du mal semble assez bizarrement répartie, c'est que cela a été ainsi.

Ce sont des faits avérés, patents, que je rapporte. J'ai suivi l'histoire aveuglément, pas à pas ; et, je l'avoue, les découvertes que j'ai faites dans cette nouvelle voie, sans m'étonner précisément, m'ont paru bien étranges.

Je m'explique.

Las de demander à l'invention des personnages et des événements que, par un instinct malheureux, sans doute, mais involontaire, je ferais incessamment mouvoir dans le même cercle de fatalité ; — las de m'entendre accuser de pessimisme systématique ; — pensant aussi que j'avais peut-être poussé jusqu'au paradoxe les tristes conséquences d'une conviction personnelle, je résolus d'écrire cette Histoire.

J'espérais ainsi échapper à un ordre d'idées peu consolantes en me livrant à ces évocations des temps qui n'étaient plus.

Je rencontrai d'abord au delà de mes souhaits dans la partie spéciale, maritime, de ces études ; je retrouvai presque les mêmes hommes, les mêmes mœurs, le même langage, que je connaissais déjà ; — cela ne m'étonna pas ; je l'avais pressenti : j'ai ailleurs expliqué pourquoi.

Mais la vérité, l'autorité historique donnait à ces hommes, à ces mœurs, à ce langage, quelque chose de grave et de solennel qui m'imposa ; et puis alors, il y avait moins de science, moins de moyens de prévoir le danger ou de l'éviter, partant plus d'effets dramatiques, mystérieux et imprévus dans la navigation de cette époque... Aussi j'étudiai tout cela avec joie et amour, parce que tout cela était coloré, énergique et beau.

Mais lorsque, pour compléter ces travaux, je voulus pénétrer et découvrir les causes réelles et les résultats de ces guerres, où tant de matelots, de capitaines et d'amiraux s'étaient montrés si braves, lorsque j'en vins à ces découvertes, je l'avoue, j'eus presque peur d'abord.

Et en vérité cela n'est pas une exagération. Créez par la pensée et jetez dans un livre un type d'égoïsme, de cruauté ou de corruption ; accumulez sur cette organisation excentrique tous les forfaits et toutes les joies de la terre, et couronnez cette criminelle existence par une mort placide. En opposition à ce monstre, créez un de ces caractères qui grandissent l'homme et qui font rougir de fierté les autres hommes ; que cet être idéal ne soit étranger à aucune science, à aucun dévouement ; qu'il soit beau, calme, intrépide, éloquent ; et puis que cet homme, après une vie tout entière passée à donner les preuves du patriotisme le plus pur et des plus sublimes vertus, périsse d'une mort inouïe, d'une mort aussi épouvantable qu'elle était inique...

On pourra vous dire avec raison : De pareils contrastes n'existent pas ; c'est le rêve d'une imagination en délire, et cela est mal d'inventer de pareilles idéalités. Bien plus, vous-même, en relisant ce que vous aurez tracé dans un de ces moments d'exaltation où, pour ainsi dire, on ne se voit pas, on ne se sent pas écrire ; vous-même direz aussi : Cela n'est pas, cela ne peut pas être.

Mais trouver cent fois réalisé dans l'histoire ce qu'on appelle le rêve d'un esprit morose et chagrin ; mais trouver écrite à chaque page de l'histoire cette impitoyable raillerie de la destinée : *heur aux forts et aux méchants, malheur aux faibles et aux justes !* mais voir que les conceptions les plus cyniques et les plus monstrueuses sont bien en deçà de *ce qui a été ;* mais voir que la corruption la plus insolente et la plus effrontée paraît naïve et modeste auprès de *ce qui a été ;* mais voir que la férocité la plus animale n'a jamais rien rêvé qui puisse approcher de *ce qui a été ;* mais voir que pour tant de vices, de corruptions et de cruautés ç'a été d'éclatants triomphes, une vie resplendissante de richesses, d'amour et de gloire; et puis enfin, après la mort de ces grands criminels, voir les plus hautes et les plus graves intelligences de l'Église venir impudemment en plein temple, à la face de Dieu, aduler jusqu'à leurs cercueils dans le plus pompeux et le plus magnifique des langages, sans larmes pour les victimes, et sans anathème contre les bourreaux!... je le répète, dès l'abord cela fait peur.

Et qu'on ne croie pas au moins que j'ai cherché à dessein d'aussi terribles enseignements; non, c'est en scrutant les causes des guerres ou en remontant à la source des traités, c'est en creusant enfin l'histoire jusqu'au tuf que j'ai trouvé à chaque instant ces vérités impitoyables et froides comme les pierres d'un sépulcre.

L'évidence des faits était irrécusable. C'est les yeux sur ces faits que j'ai écrit. Encore une fois les preuves ne faudront jamais.

Maintenant, j'avoue que les grands historiens ont le magique pouvoir de s'élever au-dessus de ces misères réelles et vraies de l'humanité, et de planer dans l'éther d'un vol si radieux, qu'ils n'aperçoivent plus ces hideux détails. Ceux-là, du haut d'un système social ou religieux, expliquent largement le *pourquoi* des guerres, des révolutions, de la chute des états.

D'autres encore font mieux que d'expliquer le *pourquoi* du passé, ils expliquent le *comment* de l'avenir; ceux-là, au risque de compromettre un peu la Providence par leur légèreté, ont la fatuité de laisser entendre qu'étant avec elle du dernier mieux, elle ne leur cache rien de ses projets futurs les plus mystérieux et les plus inattendus.

Comme ces derniers, je n'ai ni la prétention ni la rouerie d'afficher une pareille bonne fortune. J'avoue que la connaissance des combinaisons providentielles m'échappe, que je m'en tiens humblement à l'histoire réelle et vraie, telle que je l'ai vue et pour ainsi dire touchée.

Je n'ai pas non plus, comme les premiers, ces ailes aérostatiques qui les emportent dans de telles régions que la triste humanité disparaît à leurs yeux; aussi n'ai-je voulu autre chose que montrer les faits vrais, matériels, dans toute leur nudité, et les preuves authentiques et irrécusables que j'emprunte à nos différentes Archives montreront jusqu'à l'évidence, je le répète, la *vérité* de ces faits.

De même aussi les Mémoires pour servir à l'histoire de la Marine justifieront des faits maritimes; car ces Mémoires formeront, pour ainsi dire, une seconde histoire, et celle-là est d'un bien admirable et bien puissant intérêt.

Et en vérité cette seconde histoire rendra presque inutile celle que j'ai faite; car, à part l'animation que j'ai tâché de donner aux choses et aux hommes, que puis-je écrire qui vaille les naïfs rapports de Jean Bart sur ses combats? Où trouvera-t-on plus d'éclat et d'éblouissant esprit que dans ces lettres si gaies, si brillantes, confidences si moqueuses de M. le marquis de Grancey et de M. le chevalier de Valbelle, à propos de chaque action où leurs vaisseaux venaient d'assister? Qu'y a-t-il de plus noble que ces Mémoires de M. le vice-amiral comte d'Estrées, pages toutes empreintes de ce grand langage du dix-septième siècle?

Aussi est-ce avec une singulière émotion que je lisais et touchais ces feuilles manuscrites, jaunies par tant d'années, en songeant que tout cela avait été écrit à bord, après le combat, à l'odeur de la poudre brûlée, là sur un canon renversé et fumant encore, ici sur un tronçon de mât criblé par la mitraille; et, je l'avoue, j'éprouvai quelque chose de saisissant, lorsqu'après avoir déplié cette admirable lettre du chevalier Desardens, un des héros et une des victimes du combat de Sole Bay, je remarquai au bas de cette feuille de papier épaisse et dorée sur ses tranches, une large tache de ce généreux sang qui venait de couler si noblement.

Et que dire encore de ces précieux bulletins, adressés par le duc d'York à Charles II, son frère, récits vivants de chaque bataille navale commandée par ce grand marin; — et ces relations du prince Rupert, si curieusement annotées de la main de M. le vice-amiral d'Estrées et de M. le marquis de Seignelay, fils du grand Colbert; — et ces longs Mémoires de Colbert de Terron et d'Infreville, remplis de tant de faits et d'inappréciables détails sur la législation et la construction maritimes de cette époque, Mémoires qui servirent aux premières études de Colbert dans la science de l'administration; — et plus tard encore les instructions secrètes et paternelles que ce grand ministre donnait à son tour à son fils, pour le former à la survivance de son emploi, instructions si nettes, si claires, si précises, qui montraient à nu les mille ressorts de cette immense et admirable organisation maritime?

Et cette merveilleuse correspondance diplomatique de Lionne, un des plus grands hommes du dix-septième siècle; cet infatigable voluptueux qui pouvait suffire à tous les excès de plaisirs et de travail, et jusqu'au dernier jour de son ministère conduisit avec une si profonde habileté les négociations de la France?

Et que sais-je encore? car il faudrait citer chacune de ces pièces si intéressantes, que je dois aux Archives de la Marine et des Affaires Étrangères, aux manuscrits de nos différentes bibliothèques, et aussi à la précieuse bienveillance de quelques-uns des représentants des plus beaux noms de la France.

Encore une fois là est seulement la valeur positive de cette histoire; quant à ce que j'ai fait, moi, c'est un travail de longue patience et d'oisiveté, un de ces labeurs indolents où l'imagination s'engourdit; une de ces occupations presque mécaniques, qu'on est si heureux de se créer pour échapper à la lourde monotonie des heures, ou à l'impuissante irritation de la pensée. C'est une œuvre, en un mot, toute ressemblante à celles de ces artistes florentins, qui copiaient en mosaïque les admirables pages de l'école italienne; à force de petits morceaux de pierre de toutes couleurs, de toutes nuances, ils finissaient par fondre et harmoniser des teintes qui, vues de loin, reproduisaient assez naïvement l'aspect général du tableau.

C'est ainsi que j'ai fait; à force de détails, de particularités de toutes couleurs, je me suis imposé de copier, aussi fidèlement que possible, les hommes et les choses de l'histoire maritime de ce demi-siècle, histoire que l'on trouvera si grande et si magnifique dans la collection des Mémoires qui complètent cet ouvrage.

HISTOIRE
DE LA
MARINE FRANÇAISE.

LIVRE PREMIER.

CHAPITRE PREMIER.

Siége de Dunkerque. — Maître Cornille Bart. — Mademoiselle Bart. — Enfance de Jean Bart. — Haran-Sauret. — Antoine Bart. — Jacobsen, dit le Renard de la mer. — Rubens. — Vandervelde le corsaire. — Reddition de Dunkerque.

C'était pendant le siége de Dunkerque, au mois de juin 1658, quelques jours avant la sanglante bataille des Dunes, qui décida du sort de cette ville importante, alors assiégée par l'armée franco-anglaise que commandaient M. le maréchal de Turenne pour Louis XIV, et sa seigneurie lord Lockart pour Cromwell; M. le marquis de Lède, M. le prince de Condé et don Juan d'Autriche défendaient la place pour le roi d'Espagne, qui la possédait depuis 1652.

Or, par une belle soirée de ce mois, un groupe assez nombreux de bourgeois et de marins se pressait sur le degré d'une modeste maison située vers cette partie de la rue de l'Église qui avoisinait la paroisse, alors si renommée par son merveilleux carillon.

Cette maison, comme presque toutes celles du temps, était de forme irrégulière, avec de hautes et étroites croisées en ogives, garnies d'un treillis de plomb. La date de l'année de sa construction se voyait chiffrée en barre de fer sur la façade; enfin, au-dessous des fenêtres du rez-de-chaussée, à gauche du degré et au niveau de la rue, une porte en saillie, garnie de larges ferrures, donnait entrée dans la cave.

Nous l'avons dit, un assez grand nombre de bourgeois entourait cette demeure, et quoiqu'on entendît de loin à loin le bruit de l'artillerie des forts, qui répondait sourdement aux batteries anglaises et françaises, les progrès du siège ne paraissaient pas alors occuper l'attention du groupe dont nous avons parlé. Le nom de maître CORNILLE BART, échangé à voix basse entre ces personnages avec une curiosité inquiète, témoignait de la popularité dont jouissait cet intrépide corsaire, et du vif intérêt qui s'attachait à lui depuis que deux blessures graves et dangereuses, reçues pendant le siège, mettaient sa vie en danger.

Enfin, après quelques moments d'attente, l'épaisse porte de chêne noir, qui surmontait le degré, s'ouvrit, et un marinier à cheveux gris, au visage maigre et hâlé, d'une taille moyenne, et vêtu d'un justaucorps de serge d'Aumale bleue à boutons d'étain, et de larges chausses à la flamande, commandant le silence d'un geste significatif, dit très-bas aux gens qui composaient ce groupe : — Maître Cornille vient de s'éveiller tout à l'heure : le physicien [1] avait dit ce matin que s'il dormait trois heures cela serait bien ; or, maître Cornille en a dormi quatre, c'est donc mieux que bien.

— Merci, merci, *Haran-Sauret*, murmura l'auditoire à voix basse, et que le Seigneur entende nos bons vœux pour maître Cornille Bart !

— Et par les reliques de saint Omer ! s'écria un jeune patron de busche [2], la première fois que ces chiens d'Anglais me laisseront jeter *mon filet saint* [3] vers la haute mer, tout

---

[1] Le médecin.

[2] *Busse* ou *busche*, sorte de bâtiment dont on se sert pour la pêche du hareng dans les mers de Hollande et d'Angleterre.

[3] La pêche du hareng faisant le principal commerce de Dunkerque, la plupart de ses habitants s'y appliquaient ; l'on comptait dans ce temps-là jusqu'à cinq cents *busches* destinées à cet effet. Le ciel semblait s'intéresser au succès de cette pêche pour la piété de ceux qui l'exerçaient : car chacun de ces pêcheurs, parmi les filets qu'il jetait en mer, ne manquait jamais d'en mettre un qu'on appelait *le filet saint*. Tout le poisson qui s'y prenait était vendu au profit de l'église paroissiale. Ce fut du seul revenu de ces filets saints que cette église fut rebâtie et rétablie après avoir été brûlée en 1559.

(*Chronique de Dunkerque,* in-4°, 1669.)

le poisson que je prendrai sera vendu afin de faire dire une messe dans l'église paroissiale, pour la résurrection et bonne revenue de très-honoré maître Cornille Bart.

— Bien, bien, jeune fils, reprit le marinier, mais plus bas, pour l'amour du ciel, plus bas, car vous béez bien comme un *don* [1] qu'on veut peigner. Puis, s'adressant à un grave bourgeois coiffé d'un large feutre et vêtu d'un pourpoint à la flamande : — Et qu'ont fait les *dons* aujourd'hui, maître Belsen ?... — Nous défendent-ils aussi vaillamment qu'autrefois M. le comte d'Estrades, quand nous étions Français ?...

— M. le maréchal de Hocquincourt a été tué dans une sortie, répondit le bourgeois, tué par une escoupéterie des *enfants perdus* de M. de Turenne, commandés par M. le comte de Soissons. C'est du moins le connétable de la confrérie des arbalétriers qui a dit cela au cabaret des Sept-Planètes, où j'étais tantôt, avant la vesprée; il tenait la nouvelle d'un de ces maudits manteaux rouges de la compagnie de don *Antonio de la Cueva*.

— Oh! là... maître Belsen, voici encore une brave écharpe bleue [2] qui échappe à la hache du bourreau par une mousquetade; aussi bien le seigneur maréchal avait le pronostic d'une fâcheuse étoile sur son visage; je l'ai bien vu le jour où il remit au capitaine de la colonelle l'étendard de M. le Prince..., un noble étendard de satin blanc, ma foi, tout cantonné de fleurs de lis d'or, avec une frange de soie isabelle et rouge [3]; c'est ça qui aurait fait un fier tendelet pour le carrosse d'une galère capitane!... ah! et puis on avait peint sur l'étendard une grande flamme, qui sortait vivement d'un monceau de bois... et autour, pour devise... ah! par ma foi! pour devise..., des mots comme latins... ou même morisques... N'est-ce pas, maître Belsen ?...

— Oui, dit le bourgeois d'un air triste et chagrin; oui, oui, des mots latins... *Splendescam, da materiam* [4], ce qui veut dire *Donnez-moi de la matière et je resplendirai*... Or, la matière, c'est nos pistoles et nos magasins; la matière,

---

[1] Un Espagnol.
[2] Couleur de M. le prince de Condé.
[3] Couleurs des livrées de M. le Prince.
[4] Devise de M. le prince de Condé.

c'est enfin nous autres bourgeois trafiquants et armateurs de Dunkerque, qui, pendant de pareils siéges, ne pouvons vendre une aune de serge, ou faire sortir une bélandre [1] du havre. Quant à ce qui resplendit, oh! oh! ce sont trompettes de gloire, écharpes dorées, casques de bataille, et autres engins de renommée, inutiles et pervers.

— Aussi donnerais-je tout à l'heure vingt écus d'or, dit un autre bourgeois, pour voir au diable le vieux marquis [2] et tous ses dons; car enfin nous aimerions mieux, nous autres gens de Dunkerque, les seigneurs fringants et empanachés du jeune roi de France que ces roides figures castillanes, avec leurs pourpoints noirs, et leurs fraises blanches aussi larges qu'un fromage de Ghyvelde...

— Je dirais comme vous, mon compère, reprit le bourgeois au grand feutre, si Dunkerque devait être pris au profit du Mazarin... je veux dire du jeune roi de France... Mais qui sait si nous ne serons pas livrés à l'excommunié... aux têtes rondes de Satan-Olivier Cromwell, du vieux Noll... comme disent ceux d'outre-mer?... Aussi, compère, appartenir à l'Espagne ou à l'Angleterre... sur ma parole, je donnerais le choix pour la chemise d'un *don*, et encore ces *salopes* [3] ne sont-ils pas au moins de la religion...

— Allons, allons, à la grâce de Dieu, vous avez raison, et vous parlez d'or, compère, reprit l'autre bourgeois; car quoi qu'il arrive... le Seigneur ne nous faudra pas... vu que *bon poisson trouve toujours poêle où frire*.

— Et à propos de poisson, mes maîtres, dit *Haran-Sauret*, d'un air important et mystérieux, je me souviens qu'en une lointaine navigation océanique et périlleuse, nous rencontrâmes une si furieuse mère-baleine suivie d'une file de si terribles baleinons, que nous prîmes la mère-baleine pour un immense promontoire, et les baleinons pour une côte très-gigantesque [4];

---

[1] Bélandre, en hollandais *bylander*, dont le gréement différait peu de celui du brigantin. Ces bâtiments étaient plats et avaient besoin d'une semelle ou dérive.

[2] M. le marquis de Lède, gouverneur de Dunkerque, fut tué pendant le siége.

[3] Salope était employé alors au masculin comme synonyme de malpropre.

[4] Voir, comme curieuse preuve à l'appui de l'exagération et des mensonges

et cela est si vrai, que le maître pilote hauturier... un nommé Bugniet, juré d'Ostende... resta d'abord tout ébahi, puis prit son arbalète [1], à cette fin de reconnaître la hauteur de ces terres inconnues et surprenantes, pour...

— Foin!... foin!... des bourdes et des lanternes de *Haran-Sauret*, s'écria le bourgeois en entraînant le groupe qui descendit en grande hâte le degré de maître Cornille Bart, comme pour échapper aux récits exagérés de son vieux serviteur; puis se trouvant sans doute bien en sûreté en *pleine rue*, maître Belsen dit encore au marinier : — Fi, fi! Sauret... nous prendrez-vous toujours pour des oisons!... Fi, des pareilles pétoffes [2] à nous... qui sommes trop vieux corbeaux pour une telle glu!... Allons, sans rancune, *Sauret le véridique*, et ne manquez pas de dire à maître Cornille Bart et à mademoiselle [3] sa femme toute la joie que nous ressentons de la bonne nouvelle que vous nous avez donnée sur sa santé.

Et le groupe s'étant dissipé, *Haran-Sauret* ferma sa porte, fort mécontent des éclats de rire qu'il entendit encore résonner au loin, puis il s'assit sur un escabeau dans le réduit qui précédait la chambre à coucher de maître Cornille Bart.

Jacques Seyrac, natif de Bayonne et dit *Haran-Sauret* depuis sa migration dans le Nord, tirait ce surnom de son ancien état de pêcheur de harengs, qu'il avait d'abord exercé à Dunkerque, mais qu'il avait abandonné pour s'attacher au sort de Cornille Bart, et le suivre dans ses courses contre les Anglais et les Hollandais. *Haran-Sauret*, par abréviation *Sauret*, était un brave et honnête marin, *quelque peu clerc;* car, chose assez extraordinaire pour le temps, il savait lire fort couramment. Or, cette faculté, jointe à son imagination toute

---

des navigateurs de ces temps l'*Histoire de la Navigation de Jean Hugues de Linschott*. Amsterdam, in-fol., 1650.

[1] C'est l'instrument que les Chaldéens appelaient le bâton de Jacob. Les matelots l'appellent arbaleste ou flèche, parce qu'en effet, lorsqu'on prend hauteur avec cet instrument à quelque astre, on se met en la posture où se mettrait quelqu'un qui viserait à un but. Il n'y a instrument dont les nautonniers se servent plus volontiers.
(*Enseignement du pilote hauturier*. Paris. 1669.)

[2] Pétoffes (vieux mot), sottises, absurdités.

[3] Les seules femmes des gentilshommes étaient appelées *madame*.

méridionale, en le mettant à même de s'imprégner, pour ainsi dire, des récits mensongers des navigateurs de l'époque, lui avait donné l'envie de les imiter, ce qu'il faisait effrontément lorsqu'il venait à raconter *ses voyages océaniques et périlleux et surtout véridiques*, ainsi qu'on l'a vu; d'ailleurs probe, intrépide, et en tout dévoué à son capitaine Cornille Bart.

En s'asseyant sur son escabeau, Sauret reprit l'intéressante occupation qu'il avait interrompue pour aller donner des nouvelles de son maître : il s'agissait du parachèvement d'une petite galère en miniature qui pouvait vraiment passer pour un chef-d'œuvre; car, depuis *l'espalier* [1] jusqu'aux *bandinets* et à la *rambade* [2], tout était imité et exécuté avec une exactitude scrupuleuse. Aussi le vieux marinier s'arrêtait-il de temps en temps pour sourire complaisamment à son ouvrage, quoiqu'une seule chose l'affligeât beaucoup. — Les carrosses ou tentes situées à l'arrière des galères étaient ordinairement enrichies des étoffes les plus somptueuses, tandis que le pauvre Sauret n'avait, pour couvrir le carrosse de la sienne, qu'un vieux morceau de revesche rouge tout passé. Aussi en était-il à envier de toutes ses forces un petit coin de la bannière de M. le Prince, voire même de la splendide étole de M. le curé de la paroisse, pour orner sa galère, lorsque le bruit du sifflet de son maître vint l'arracher à ces sacriléges et diaboliques tentations.

Sauret se leva donc précipitamment, ouvrit une portière de lourde tapisserie à dessins bariolés de jaune et de rouge, et se trouva dans la chambre de Cornille Bart.

Les murs de cet appartement, à solives brunes et saillantes, étaient couverts d'un épais cuir d'Espagne, sur lequel on voyait encore çà et là quelques traces d'une ancienne dorure. Au fond de cette vaste pièce s'élevait un lit large et massif, et quatre colonnettes de noyer noirci par le temps en soutenaient le dais et les rideaux, faits d'une tapisserie pareille à celle de la portière.

[1] L'*espalier*, à bord des galères de premier rang, était un espace carré compris entre le logement du capitaine et les bancs des rameurs. De chaque côté de l'*espalier* étaient des balustrades nommées *bandins* et *bandinets*.

[2] La *rambade* était une plate-forme élevée de quelques pieds au-dessus du pont, servant de gaillard d'avant aux matelots qui faisaient la manœuvre.

Quelques grandes chaises de même étoffe, deux bahuts en ébène sculptée, surmontés de quelques grands vases du Japon, blancs et bleus, complétaient l'ameublement de cette chambre, carrelée de dalles de faïence de diverses couleurs, et faiblement éclairée par une seule fenêtre haute, longue et étroite, dont les petits carreaux en losanges étaient encadrés dans un grillage de plomb.

Les rayons du soleil à son déclin, traversant l'épaisse verdure des lierres et des houblons qui ombrageaient en dehors l'ogive de cette fenêtre, faisaient étinceler ses vitraux, d'où jaillissait une large zone de lumière dorée, tandis que les autres parties de la salle restaient dans cette obscurité si chère aux peintres de l'école de Rembrandt.

Assis sur le lit était maître Cornille Bart, homme d'une grande taille, à cheveux blancs et à moustache encore blonde; mais son visage ouvert et fortement dessiné paraissait abattu par la souffrance. Ce capitaine était enveloppé d'un grand surtout d'étamine brune, et appuyait sa tête pâle et amaigrie sur l'épaule d'une femme d'environ quarante ans, vêtue d'une robe de laine noire à long corsage, d'une fraise blanche empesée, et d'une espèce de béguin de velours noir.

Au pied du blessé s'agenouillait un enfant dont on ne voyait que les longs cheveux blonds.

Cette femme était Catherine Janssen, épouse de maître Cornille Bart; cet enfant était leur fils, JEAN BART.

— Soutenez-vous sur moi, mon ami, dit Catherine à son mari, ne craignez pas de me fatiguer; le physicien a surtout recommandé que vous ne fassiez aucun effort... Toi, Jean, dépêche vite de chausser les mules à ton père, afin qu'il puisse se lever. Et vous, Sauret, ajouta t-elle en se tournant vers le vieux marinier, qui attendait tristement des ordres près de la portière, et vous, Sauret, aidez-nous à transporter le maître dans son fauteuil.

Ayant chaussé les mules de son père, l'enfant se releva.

C'était un robuste garçon d'environ neuf ans, d'une taille moyenne, mais vigoureuse. Son front large, ses sourcils prononcés, ses grands yeux bleus bien fendus et bien vifs, exprimaient une résolution peu commune, tandis que ses bonnes joues rondes, hâlées par le grand air, annonçaient la force et la santé.

Enfin, pour terminer dignement ce portrait, nous avouerons que, malgré les soins incessants de mademoiselle Catherine Bart, le justaucorps et les chausses de son fils témoignaient à leur manière, par maints *accrocs* plus ou moins récents, témoignaient, dis-je, de la turbulence et de la vivacité du *jeune monsieur,* ainsi que l'appelait son vieil ami Sauret.

Lorsque Jean eut entendu sa mère parler du grand fauteuil, il courut vers ce meuble et le roula près de la fenêtre, pendant que maître Cornille Bart, appuyé sur les bras de sa femme et de Sauret, arrivait à pas lents, la taille courbée, la respiration pénible, s'arrêtant çà et là, car il ne pouvait parfois réprimer le léger cri que lui arrachait une douleur aiguë.

Pendant le siége, Cornille Bart avait reçu deux balles de mousquet dans le flanc droit, et l'une d'elles n'avait pu être extraite.

Enfin le capitaine atteignit le fauteuil et s'y laissa tomber pesamment, en poussant une nouvelle exclamation d'angoisse.

— Sainte Vierge! mon ami, souffrez-vous donc davantage? s'écria mademoiselle Bart avec effroi.

Non, non, Catherine, c'est l'appareil qui s'est un peu dérangé, je crois... Voilà tout...

A chaque cri de maître Cornille, les sourcils prononcés de son fils s'étaient fortement contractés, tandis que le vieux Sauret murmurait entre ses dents je ne sais quelle imprécation contre ceux d'*outre-mer.*

Lorsque maître Cornille fut bien assis et accommodé dans son fauteuil, il tourna languissamment ses yeux éteints vers sa femme, qui le regardait en silence avec une expression de tendresse et de douleur inexprimable, tout en serrant sur son sein la tête de son fils.

— Dieu est juste, ma bonne Catherine, dit Cornille Bart; j'espère qu'il récompensera tes bons soins en ne nous séparant pas encore, et en me laissant vivre pour élever notre petit Jean de telle sorte qu'il devienne un brave et digne marin de guerre, car c'est lui, parmi nos enfants, que je destine à cet état... Les autres garçons navigueront pour les bourgeois... Mais lui, s'il plaît à Dieu, fera la guerre comme mon père et moi l'avons faite.

Catherine leva au ciel ses yeux baignés de larmes, comme pour le prier d'exaucer la prière de son mari, et Jean fronça de nouveau les sourcils...

— Mais, dit Cornille Bart, il me semble, mon vieux Sauret, que le feu a été peu vif aujourd'hui?

— Oui, maître... Mais on assure que M. le maréchal de Hocquincourt a été tué ce matin dans une sortie par les enfants perdus de M. de Turenne.

— Bonne fin pour lui, qui se battait contre son pays... et pourtant c'était un capitaine! Je l'ai vu fort et vaillant au vieux Mardyk... Mais à quoi sert la valeur, quand on défend une mauvaise cause? Hélas! hélas! en quel temps Dunkerque sera-t-il enfin, et une bonne fois, et pour toujours, à la France, et à jamais délivré de l'Anglais et de l'Espagnol?... Seigneur Dieu, je crains bien de ne pas voir cette bonne heure...

— Pourquoi donc cette crainte, mon ami? dit Catherine, et puis d'ailleurs M. le maréchal de Turenne ne commande-t-il pas pour le roi de France, aussi bien que milord Lockard pour le lord protecteur? Vous m'avez dit vous-même que notre ville ne pouvait long-temps résister malgré la valeur de monseigneur le marquis de Lède, parce que l'issue du siége était indifférente aux habitants, bien sûrs qu'ils sont d'une capitulation honorable et avantageuse; et mon Dieu! mon Dieu! fasse le ciel que cela soit bientôt, pour que je puisse revoir mes pauvres enfants, qui sont heureusement demeurés à Bergues avec ma sœur.

— Aussi les reverrons-nous bientôt, Catherine, car la ville ne peut en effet résister long-temps; mais pour ce qui est de revenir à la France, c'est autre chose... Dans cette guerre, les Anglais garderont sans doute la ville pour se rémunérer d'avoir prêté leur flotte à la France; car c'est une honte pour le cardinal de penser qu'on n'a eu qu'un seul brûlot à envoyer à l'armée anglaise; oui, Catherine, un brûlot, c'est tout ce qu'on a pu trouver dans les ports du Ponant... Je ne dis rien des galères du Levant, car elles ne peuvent naviguer dehors la Méditerranée; mais aussi bien... femme, assez de ce siége, dit Cornille en se retournant avec peine.

— Plût au ciel que vous eussiez toujours dit cela, mon ami, et qu'il y a tantôt dix jours vous n'eussiez pas tenté de sortir du canal pour essayer d'enlever cette ramberge d'Angleterre [1] ! alors vous n'eussiez pas été blessé...

— Eh ! que veux-tu, femme ? c'est la chance de la guerre.

— Mais dis-moi, mon petit Jean, ajouta maître Cornille, en attirant son fils entre ses jambes, et jouant avec ses grands cheveux ; dis-moi donc, mon petit Jean, à quoi penses-tu là, tout triste et tout soucieux comme un écolier qui craint la férule du recteur ?

— Oh ! c'est que... je pense au grand John Brish... mon père, répondit l'enfant d'un ton de colère concentrée.

— Et qu'est-ce que le grand John Brish... mon petit Jean ?

— Révérence parler, maître, dit Sauret en s'avançant avec timidité, John Brish est le fils de cet ancien bosseman anglais notre voisin, si bien que notre jeune monsieur Jean, depuis que vous êtes blessé, maître, ne peut voir ni rencontrer ce John Brish sans le bâtonner, s'il a houssine ou bâton à la main, ou bien, à défaut, le gourmer simplement à furieux coups de poing.

— Seigneur Dieu, encore des querelles ! dit la pauvre mère effrayée ; — et pourquoi cela, Jean... pourquoi battez-vous ainsi cet Anglais ?... juste ciel !...

— Je bats cet Anglais, ma mère, parce que les Anglais ont blessé mon père, — dit résolument le fils de Cornille Bart ; et ce dernier ne put s'empêcher de sourire.

— Oui, oui, c'est pour cela même, dit Sauret, en secouant la tête d'un air triomphant, c'est pour cela même que John Brish reçoit une telle pitance de gourmades. Aussi, dès qu'on voit en même temps dans la rue notre brave jeune monsieur et ce grand roseau d'outre-mer, tous les voisins sont à s'appeler en criant : Oh là ! hé ! venez donc voir le petit à maître Cornille qui va donner sa râtelée au fils du bosseman anglais ; .. et pourtant, maître, le fils du bosseman est bien plus grand et a bien trois ans de plus que notre jeune monsieur. Ah dame ! aussi, maître, notre jeune monsieur vous fait honneur dans

---

[1] Grand navire de guerre de la force d'une frégate de nos jours.

Dunkerque; vertubleu! on en parle depuis Furnes jusqu'à l'Effarinchouque. Et cette autre fois donc, il y a un an, quand, avec deux mousses de Hollande, notre jeune monsieur s'en est allé bravement dans la haute mer avec cette petite barque qu'ils avaient dérobée... Oh! c'est ça qui est encore glorieux... d'autant qu'au partir le temps était bonasse [1], et qu'au retour le vent était d'aval [2] et si méfaisant, que notre jeune monsieur, qui s'était fait capitaine de cette coquille de noix, a failli périr dans cette braverie avec deux mousses qu'il battait à grands coups de rame, parce qu'il ne parlait pas leur langue, et qu'il ne savait comment leur faire comprendre qu'ils ne devaient pas avoir peur. Ah! min Dieu!.. c'est ça qui était fier de naviguer par un temps pareil; car tant plus on a des *riottes* [3] avec le vent de la mer, tant plus c'est glorieux, et tant plus...

— Taisez-vous, Sauret, vous n'êtes qu'un sot, dit mademoiselle Bart; allez chercher de la lumière, au lieu d'encourager ce pauvre enfant à de pareilles sottises; et vous, mon ami, ne grondez-vous pas votre fils de s'exposer ainsi, et d'être toujours sur le port, ou à monter aux mâts des vaisseaux, au lieu d'aller à l'école des pères minimes!... Enfin, mon ami, bien que vous ayez ordonné à Sauret de lui apprendre à lire, Jean connaît à peine ses lettres, et nos autres enfants lisent presque couramment.

— C'est vrai, femme; mais mon petit Jean sait lire dans le gréement d'un vaisseau, et il pourrait te nommer les mâts, voiles et manœuvres d'un navire, depuis l'*arbre* [4] jusqu'au bourset, et depuis le grand *pacfi* jusqu'au bâton d'enseigne... Après tout, femme, je ne veux pas en faire un clerc non plus...

[1] *Temps bonasse.* On entendait alors par cette expression un temps pendant lequel le bâtiment ne pouvait être tourmenté ni par la mer ni par le vent, sans que cependant ce temps fût parfaitement propre à la navigation qu'on voulait faire.

[2] *Vent d'aval.* C'est, sur les rivières, le vent opposé au cours de l'eau, surtout quand ce cours est est et ouest. Sur les ports de mer, c'est aussi le vent d'*ouest*, surtout quand il vient de la mer. Ce mot vient sûrement du vieux mot *avaler*, encore en usage dans quelques provinces pour exprimer *descendre*.

[3] *Riotte* (vieux mot), querelle, dispute.

[4] L'*arbre*, le grand mât; le *bourset*, grand mât de hune; le grand *pacfi*, la grande voile.

— Mais votre fils se fera tuer ou noyer, Seigneur Dieu... si vous l'encouragez ainsi, dit Catherine Bart les larmes aux yeux....

— Oui, oui, tu as raison, dit le corsaire, en prenant un air d'apparente sévérité, oui, tu as raison, et Jean a tort; il ne faut ni aller en mer, ni battre les Anglais, entendez-vous bien, mon fils.

— Et moi, ma mère, je vous dis que je battrai John comme un chien toutes fois que je le rencontrerai, parce qu'il a dit joyeusement quand mon père a été blessé : *Huzza, le Français*[1] *a reçu son poivre.* — Aussi moi je lui donnerai, à mon tour, poivre, sel et autres saupiquets[2], pour voir quel goût il y trouvera; et puis d'ailleurs, Sauret dit que chaque lardon que je donne à Jean Brish ôte une souffrance à mon père.

— Vous l'entendez! mon ami... c'est Sauret qui excite ainsi ce pauvre enfant.

— Pour cela, non, ma mère; car si j'ai battu John Brish, c'est de moi-même, s'il vous plaît, et c'est de moi-même que je le battrai encore...

— Allons, Jean, dit le corsaire d'un air fort sérieux, ne répondez pas ainsi à votre mère, ou je vous punirai et ne vous raconterai plus les histoires du vieux Jacobsen, le *Renard de la mer*, comme nous l'appelions autrefois, du temps qu'il était capitaine de mon père Antoine Bart, de ton grand-père, mon petit Jean...

— Oh! contez, contez, mon père, s'écria Jean tout joyeux, en s'asseyant aux pieds de maître Cornille.

— Vous allez vous fatiguer de nouveau, mon ami, dit Catherine; songez donc que le physicien a surtout recommandé de peu parler.

— Bon... n'aie pas de crainte... je parlerai doucement... et puis ne faut-il pas que mon fils sache au moins que son grand-père n'est pas mort sans gloire, et comment il a succombé vaillamment sous le canon de l'Anglais?

---

[1] Les Bart sont originaires de Dieppe.
[2] Saupiquets (vieux mot), épices.

— Mon grand-père est mort blessé par l'Anglais? s'écria Jean Bart en sentant sa colère se raviver contre John Brish.

— Oui, mon petit héros, c'est en combattant l'Anglais que ton grand-père est mort.

— Ah! pour cette fois, fourche de John Brish... merci de moi... s'il ne reste pas meurtri de cette dernière râtelée! — s'écria Sauret qui venait d'entrer avec une lampe de cuivre à trois becs.

Mais un regard sévère de mademoiselle Bart l'arrêta court. Aussi, mettant sa lampe sur un des bahuts, il resta muet et confus.

— Allons, pardonne-lui, Catherine, c'est un vieux et fidèle serviteur qui aime notre petit Jean à sa manière, dit Cornille; — et sur un signe de Catherine, il ajouta : — Ma femme te pardonne. Allons, va chercher ton chantier et ta galère, mets-toi là, et viens écouter aussi, car tu aimes autant ces récits que mon petit Jean lui-même.

Sauret sortit tout joyeux et revint bientôt avec sa galère et ses outils, puis il s'assit par terre aux pieds de maître Cornille.

A ce moment, le canon, qui avait cessé, se fit entendre de nouveau.

— Le canon? — C'est le canon, s'écria Jean en bondissant sur son escabeau.

— Oui, le feu recommence, dit Cornille.

Catherine se signa, et prit sa quenouille.

— Et sur ma foi, mon petit Jean, toute cette artillerie accompagnera dignement le récit des faits d'armes de ton grand-père et du *Renard de la mer*, car c'est à ce bruit qu'ils ont conquis leur glorieuse renommée, — dit maître Cornille avec enthousiasme.

Et en vérité, il y avait quelque chose de grand et d'héroïque dans cette scène; car c'était beau de voir cet intrépide marin presque mourant de ses blessures, au milieu des dangers d'un siège, raconter à son fils, au bruit sourd et prolongé du canon, la fin glorieuse de son père...

— Ce Michel Jacobsen, mon enfant, dit maître Cornille Bart, et il surnommé le *Renard de la mer*, parce que pas un, mieux que lui, ne savait ruser et louvoyer pour atteindre sa proie, pour échapper à son ennemi. Jacobsen était le frère d'armes, le *matelot* de ton grand-père : car ils s'étaient juré et prouvé l'un à l'autre une amitié entière, une de ces fortes amitiés du vieux temps... point parleuse, mais tout agissante, comme tu vas le voir bientôt. Quant à Jacobsen, le *Renard de la mer*, tu as souvent regardé son portrait chez M. l'échevin Mullevaert, tel qu'il fut peint par ce fameux peintre de Cologne qui passa ici, il y a bien long-temps, comme ambassadeur du roi catholique auprès de sa majesté d'outre-mer [1] ; — et par mon patron ! mon enfant, jamais tu ne verras train plus royal et plus magnifique que celui de ce seigneur peintre qui se nommait *Rubens,* outre ses gentilshommes et ses écuyers, outre ses pages et ses valets, à livrée mi-partie rouge et brune tramée d'argent, — il fallait voir quels fringants genêts et étalons d'Espagne et de Mauritanie ! et comme ils étaient empanachés de plumes blanches et bouillonnés de rubans couleur de feu... et puis c'étaient des litières dorées et vermillonnées à porter une archiduchesse... Que sais-je, moi !... Eh bien ! mon enfant, ce peintre, ce seigneur regarda comme une grâce sans égale de pouvoir portraire le vieux *Renard de la mer*, en l'honneur de son aventureuse intrépidité, — et pour ce... Rubens allait chaque jour chez

---

[1] Le roi d'Espagne, Philippe IV, connaissant l'amitié et les relations qui existaient entre Rubens et le duc de Buckingham, favori de Charles Ier, et voulant terminer les différends qui divisaient les deux couronnes d'Angleterre et d'Espagne, ordonna à la princesse Isabelle d'engager Rubens à venir à Madrid. Ce dernier s'y rendit en 1627. Philippe IV le reçut avec beaucoup de distinction et en prit bientôt la plus haute opinion. Après dix-huit mois passés à la cour d'Espagne, le roi lui remit ses instructions et ses lettres de créance pour le roi d'Angleterre. Rubens arriva bientôt à Londres, et fut très-gracieusement accueilli par Charles Ier, qui voulut être peint par lui. Pendant ses séances, Rubens exposa les différentes clauses de sa mission, et, après deux mois de conférences, les bases du traité furent arrêtées à la satisfaction des deux parties. Charles Ier, pour lui témoigner son estime, le créa chevalier en plein parlement, lui fit présent de l'épée d'or enrichie de diamants avec laquelle il l'avait reçu chevalier, et ajouta à ses armes un canton chargé d'un lion d'or. Ce fut pendant le cours de ces négociations que Rubens peignit les neuf plafonds de Withe-Hall, où il représenta les actions principales du règne de Jacques Ier, depuis son avénement au trône d'Angleterre. Il fit en outre ce magnifique portrait du roi Charles sous la figure de saint George à cheval. La femme que le saint délivre du dragon était le portrait de la reine.

Jacobsen, qui logeait dans un petit et modeste réduit tout proche du vieux Risban. — Et quand il eut fini ce portrait, comme monsieur l'échevin le voulait douer pour salaire d'une bourse, ou du moins d'une belle chaîne d'or d'ophir, le peintre répondit avec gentillesse : *Je suis assez doué, puisqu'on pourra dire que Rubens a pourtraict Jacobsen.*

— Oh! je me souviens bien de ce portrait, s'écria Jean ; l'homme est brun et haut de visage ; ses cheveux et ses moustaches sont noirs... il est armé d'un corselet d'acier, avec une écharpe rouge par-dessus ; de sa main droite, il tient son bâton de commandement, et l'autre main est appuyée sur un beau casque resplendissant. Puis dans le fond, ce sont navires, bataille et flots remués par la tempête, comme ce jour où j'étais en haute mer en compagnie de ces deux petits mousses de Rotterdam, — ajouta Jean avec une exaltation qui fit sourire maître Cornille, et soupirer sa femme.

— Et révérence parler, dit Sauret, qui, usant du privilége que lui donnaient ses anciens services, hasardait quelquefois une observation ou un commentaire, — révérence parler, m'est avis que ce seigneur peintre a bravement choisi le moment de la physionomie de la mer, en la représentant furieuse et grondante ; car qui *n'a vu cavale en rut et mer en rage, n'a vu que l'ombre au lieu du jour,* dit le noël ; et à propos de tempêtes, je me souviens, révérence parler, maître Cornille, qu'avant que d'être sous votre patronage, nous étions une fois en une navigation lointaine et périlleuse, non loin des côtes du grand-duché de Moscovie, lorsqu'il nous survint tout à coup une monstrueuse tourmente, que les poissons, élancés au dehors des ondes par l'énormité de cette furieuse tempête, passaient et repassaient dans les airs, ni plus ni moins que des oiseaux, à ce point que les plus terribles requins paraissaient si amoindris à l'œil, qu'on les prenait pour des alcyons voltigeant dans l'air ; c'est-à-dire, je n'ose pas affirmer qu'on eût plutôt pris ces terribles requins pour des alcyons que pour des mouettes ; car il faut être véridique... mais enfin ils paraissaient si petits et étaient jetés si haut dehors les ondes, qu'alors...

— Qu'alors, — dit Cornille Bart, qui s'amusait quelquefois des insignes mensonges de Sauret, — qu'alors la balle d'un mousquet eût mieux valu que les pointes d'une foëne [1] pour mettre à mal un de ces terribles requins ; n'est-ce pas, véridique Sauret ?

— Je vous jure, maître, par les saints du...

— Allons, allons, fi ! ne perdez pas ainsi votre âme, et tenez-vous coi, au lieu de venir me soutenir effrontément vos menteries, bonnes à ébahir les nourrices et les enfants.

Sauret rougit, baissa la tête, se remit à polir l'éperon de sa galère, et ne dit plus mot.

— Mon ami, dit Catherine à son mari, il me semble que vous vous fatiguez en parlant. Seigneur Dieu ! couchez-vous ; le physicien a dit que, tant que cette balle de mousquet ne serait pas extraite, le moindre effort pouvait vous coûter la vie.

— Aimez-vous donc mieux, ma femme, dit maître Cornille, que je pense à mes douleurs et que je m'y appesantisse, au lieu de les oublier en parlant de guerre à cet enfant, qui, s'il plaît à Dieu, soutiendra l'honneur de notre nom obscur, mais sans tache, et le fera peut-être un jour noble et seigneurial.

Mademoiselle Bart se tut, soupira, se remit à sa quenouille, et maître Cornille continua :

— Pour en revenir au *Renard de la mer* et à ton grand-père, mon petit Jean, voici ce qui arriva, il y a de cela longues années :

— C'était pendant la guerre avec l'Anglais qui bloquait le port ; nous étions heureusement rentrés de course avec mon père depuis trois jours, et notre brigantin, appelé *l'Arondelle de mer*, était mouillé dans le havre, l'équipage à bord, et toujours prêt à saillir dehors [2]. Or, donc, un soir d'hiver, que le vent d'aval soufflait de bise et faisait rage, nous étions ici, dans cette même salle, bien chaudement près d'un bon feu, fumant du tabac de Rotterdam et buvant de l'ale d'Angleterre avec ton grand-père et l'un de ses amis, maître *Vandervelde* le corsaire (celui-là même que sa majesté catholique fit chevalier de Saint-Jacques pour le rémunérer de douze vaisseaux de guerre

---

[1] *Foëne.* Instrument de pêche qui a la forme d'un râteau à six ou sept dents ou longues pointes acérées. On s'en sert dans les vaisseaux pour harponner les gros poissons, tels que bonites, dorades, etc.

[2] Mettre à la mer.

bien armés et bien équipés que le *corsaire* avait donnés au roi en pur don et par munificence); nous devisions donc paisiblement de guerre et de course au coin de cette cheminée, lorsque tout à coup la porte s'ouvre; cette portière que tu vois là se lève, et devine qui entra dans la chambre?... Le *Renard de la mer*, enveloppé d'un grand manteau tout ruisselant, car au dehors l'eau du ciel tombait à torrents. Sous ce manteau, le Renard était armé en guerre. — Antoine, dit-il à mon père en le regardant en face, j'ai besoin de toi, de ton fils, de ton équipage et de ton brigantin. — Quand cela? dit mon père. — A l'heure même, et pour aller en haute mer, répondit le Renard. Alors mon père s'excusa auprès de son hôte Vandervelde, le fit reconduire par notre valet, et dit au Renard : — Pendant que moi et mon fils allons nous armer pour te suivre, fume une pipe, bois un pot de bière et sèche-toi. — Voilà, mon fils, comme on se devait l'amitié entre matelots dans ces temps-là; car le Renard de la mer aurait fait pour mon père ce que mon père faisait là pour lui, sans lui demander ni compte ni raison.

Enfin le Renard jeta son manteau sur un chenet, et approcha du feu ses grosses bottes de pêcheur qui lui allaient à la ceinture. Je crois le voir encore... Il avait avec cela une vieille jaquette de buffle et un corselet de mailles d'acier tout rouillé. Il prit donc une pipe et se mit à fumer, pendant que mon père et moi nous allions nous armer là-haut. Nous nous armons, et en descendant nous trouvons le Renard tout pensif, regardant le feu, et si avant dans ses réflexions que sa pipe était éteinte et qu'il ne nous entendit pas venir.

— Eh bien! Michel, dit joyeusement mon père en argot de marinier, et touchant le Renard sur l'épaule, eh bien! Michel, ne lâchons-nous donc pas à cette heure le canon de partance vers la haute mer?... Le Renard tressaillit et répondit tout ému : — Oui, oui, partons. — Mais, s'arrêtant tout à coup, il dit gravement à mon père : — Réponds-moi, Antoine; où en es-tu avec ton âme?... Pourrais-tu sans crainte paraître devant Dieu, et cela tout-à-l'heure? — Mon père vit aussitôt qu'il s'agissait pour nous d'une entreprise bien dangereuse et bien téméraire. Aussi répondit-il au Renard : — Puisque cela est ainsi, Michel, comme l'huis de la chapelle de la paroisse reste ouvert la nuit, nous irons prier avant de saillir dehors, en demandant pardon à Dieu de ne pouvoir faire plus, et d'être privés de recevoir les derniers sacrements, faute de prêtre. — Alors nous sortons bien encapés, car la bise était terrible et la pluie nous piquait au visage, cuisante comme grêle ; nous allons tous trois faire nos dévotions à la chapelle de la paroisse ; nous y suspendons chacun un *ex-voto,* et nous étions au havre [1] sur les onze heures. Là, nous trouvons le brigantin et l'équipage à bord ; depuis le pilote jusqu'au dernier gourmette, comme c'était toujours l'ordre de mon père sur *l'Arondelle de mer;* et l'ordre était toujours sagement tenu et exécuté à bord, car on y avait, pour châtier les fautifs, des fouets et des lanières aussi longues et aussi serrées qu'à bord de n'importe quelle ramberge de guerre, fût-ce même une amirale !... Donc le bosseman leva l'ancre. Le Renard avait un ordre du connétable de l'amirauté pour faire ouvrir la chaîne ; à minuit nous étions dans le canal, et bientôt en haute mer. Le vent était d'aval, et le Renard, à qui mon père avait remis le commandement de son brigantin, ordonna au pilote de louvoyer afin de faire route dans l'ouest, et dit d'éteindre tous les feux. La nuit était toujours bien pluvieuse et bien sombre, et quelquefois entre deux vagues noires on voyait au loin, au loin, les fanaux des vaisseaux croiseurs qui pointillaient çà et là comme de petites étoiles, car ils n'osaient s'approcher de la côte. Notre pilote, qui était un hauturier de Flessingue, avait l'air de percer la nuit de ses yeux, et commandait au timonier par le moyen d'un langage de sifflets qu'ils échangeaient et comprenaient entre eux. Alors le Renard fit apporter sur le pont des hassegayes [2], des coutelas, des espontons, des haches d'armes, et dit à chacun de s'armer, afin d'être prêt au point du jour pour n'importe quelle chance.

Ce fut alors que mon pauvre père, étant allé entre les deux ponts surveiller la distribution des armes, eut une bien étrange vision. Mon enfant, figure-toi donc que, lorsqu'il fut presque au fond de la cale du brigantin, il lui parut que les flancs du navire devenaient transparents, et qu'au travers il voyait la mer

---

[1] *Havre* signifiait généralement *port* et *rade*.
[2] Demi-piques d'abordage.

en furie, et comme éclairée d'une sorte de lueur verdâtre... et dans cette mer il crut voir des personnages pâles... pâles comme cadavres, qui passaient et repassaient le long des flancs du navire en faisant signe à mon père de venir à eux, en l'appelant... *Antoine... Antoine!!!* mais, hélas... disant cela d'une voix qui n'était pas de ce monde [1].

— Seigneur Dieu, voilà qui est horrible, s'écria Catherine en mettant la main sur ses yeux...

— Mais les ennemis, les Anglais... les Anglais... les a-t-on battus? demanda le petit Bart avec impatience...

— Tout-à-l'heure, Jean, tu le sauras; mais, pour en revenir à ton grand-père, après cette vision, il se signa, et vit là une manifestation de Dieu qui allait peut-être le rappeler à lui. Aussi se mit-il à prier dévotement; après quoi il remonta sur le pont, et trouva le brigantin qui louvoyait toujours.

— Mais où alliez-vous donc ainsi, mon père? demanda Jean Bart.

— A cette heure Dieu et le *Renard de la mer* le savaient seuls, mon enfant, car le Renard ne l'ayant pas dit à mon père, mon père ne pouvait ni ne devait lui demander: *Où nous conduis-tu?*... Nous naviguâmes de la sorte toute la nuit sous très-petites voiles, à cause de la bourrasque; en louvoyant ainsi, nous avions fait bien peu de chemin au point du jour. Le *Renard de la mer* se tenait sur le château-d'arrière, et allait et venait impatiemment, frappant le pont avec ses grosses bottes de pêcheur, et badinant avec une hassegaye à la main, comme il aurait pu faire d'une houssine, tandis que mon père et moi nous étions près de lui, et attendions ses ordres. Quand le jour fut haut, et il ne l'était guère par cette brume pluvieuse et grise, le *Renard de la mer* ordonna de hisser notre grande enseigne de poupe, et fit dire au maître d'artillerie d'envoyer un coup du coursier [2] de l'avant sans balle. Moi et mon père nous ne disions rien, quoique bien étrangement étonnés, car cette artillerie pouvait attirer à nous les croiseurs. Enfin, après une demi-heure, un garçon qui était en guette au

---

[1] Navigation de Jean Struys. Amsterdam, 1528.
[2] Espèce de couleuvrine, ou pièce de chasse de fonte.

haut du grand mât de bourset [1], cria : Je vois deux grosses ramberges [2] et une autre plus petite. Croirais-tu, Jean, que cela, qui aurait dû faire pâlir le *Renard de la mer*, le fit rougir de fierté, et qu'alors, fichant sa hassegaye dans le pont, il s'écria : Enfin, les voici... les voici, aussi joyeusement que s'il eût tenu un des galions du roi d'Espagne? Alors seulement il apprit à mon père qu'il avait l'ordre d'attirer les croiseurs hors des environs du port, afin de donner la passe et entrée libres à un formidable convoi qui arrivait du nord, et que les intelligences de la côte avaient signalé dès la veille. Le vaisseau du *Renard de la mer* étant en radoub, voilà pourquoi il avait demandé le nôtre. — Maintenant, Antoine, dit le Renard à mon père, il faut nous acharner à ces trois Anglais sans trêve ni répit, nous battre comme de vrais démons, et pour cela mettre à nos gens le feu sous le ventre. — Mon père ayant répondu pour lui et pour moi qu'il savait bien que nous devions mourir pour le service de Dieu et du roi, le Renard harangua l'équipage à sa mode. Or, telle était, mon petit Jean, la confiance aveugle qu'inspirait le brave Jacobsen, que nos matelots jurèrent avec des blasphèmes (que nous ne pûmes empêcher) que l'ennemi n'aurait d'eux *ni os ni chair vive*. Là-dessus le Renard, qui connaissait la chanson des gens de mer, fit apporter sur le pont un tonnelet d'eau-de-vie. Chacun but à la santé du roi, et les gens de l'artillerie se barbouillèrent la face avec force poudre détrempée de cette liqueur, ce qui leur donnait une physionomie terrible et les exaltait encore. Après quoi M. l'aumônier, qui était du séminaire de Bergues, et qui, contre notre espoir, nous avait rejoints au moment de partir, dit la messe, qu'on entendit pieusement. Moi, mon père, et quelques autres communiâmes, et chacun se prépara au combat.

— Mais les ramberges... les Anglais?... demanda Jean avec impatience.

— Les ramberges arrivaient toujours sur nous, leurs voiles déployées; aussi le Renard dit au pilote de faire servir et de virer de bord sur le plus proche des ennemis : c'était une pinasse moins forte que notre brigantin. Nous lui donnons deux

---

[1] Grand mât de hune.
[2] Gros vaisseau de guerre.

bordées dans la quille, et elle coule. Alors les deux grosses frégates qui la suivaient font sur *l'Arondelle de mer* un feu si formidable, que notre pauvre *Arondelle* en est dégréée, et que la moitié du monde y reste tué ou blessé. Mais aussi, mon fils, quelle gloire !... quelle défense !... Seuls contre trois vaisseaux, seuls, nous en avions détruit un, et les deux autres nous approchaient à peine, tant nous combattions avec rage et furie aux cris de vive le roi... Nous étions comme ivres, nous appelions les Anglais à grandes clameurs, et, brandissant nos hassegayes, nous leur disions : *Abordez, abordez donc!* Maître Cornille dit ces derniers mots en se levant à demi, avec une exaltation qui colora son pâle visage, et fit trembler sa voix un peu altérée depuis la moitié du récit.

— Seigneur Dieu ! Seigneur Dieu !... s'écria Catherine,... mon ami, vous vous tuez...

— Laissez-moi, ma femme, laissez-moi, reprit sévèrement maître Cornille, soumis tout entier à l'irrésistible influence de ce glorieux souvenir, et continuant son récit avec une émotion croissante.

— Les Anglais ainsi bravés nous abordent de chaque côté du brigantin, et c'est une sanglante et terrible mêlée... Hache en main, coutelas au poing, on se mesure homme à homme. — Mais les deux frégates pouvaient remplacer à chaque minute ceux que nous tuions, et nous, qui ne pouvions pas faire cela, nous ne demeurions plus qu'un tout petit nombre, et encore blessés. Le Renard avait reçu, lui, une arquebusade dans le corps; mon père trois coups de pique; notre pont se comblait de morts et d'agonisants. Alors le Renard ne voyant presque plus d'hommes bons pour combattre, voyant la poupe du brigantin toute brisée à coups de canon, et qui déjà proche de l'eau coulait, cria à mon père :— Antoine, le feu aux poudres, le feu aux poudres! et à la grâce de Dieu! Ces excommuniés ne nous auront pas vifs.

— Oh! que cela est brave... que cela est brave! s'écria Jean avec enthousiasme, sans remarquer la pâleur extraordinaire de maître Cornille, qui appuyait sa main sur sa poitrine, et qui put dissimuler aux yeux de Catherine une légère écume sanglante qui lui vint aux lèvres.

Pourtant Cornille Bart continua son récit, en s'interrompant çà et là par de légères pauses, car il souffrait beaucoup.

— Je vois encore le Renard, ne pouvant déjà plus manier sa hache, et il s'était cramponné de tout son poids après le capitaine anglais, pour lui faire partager son sort et l'engloutir aussi ; plus de cent Anglais étaient sur notre pont ; le Renard criait toujours à mon père : *Aux poudres!... aux poudres!...* Mais mon père faisait le plus vite qu'il pouvait, arrêté, je crois bien, par les morts qui obstruaient le magasin de l'artillerie ; enfin il y vint à bien, car tout à coup, moi qui, déjà blessé, étais occupé près du château d'arrière à me défendre contre deux habits rouges armés de hallebardes, je sens comme une épouvantable secousse, et je perds tout sentiment. La fraîcheur de l'eau où j'étais tombé me fit revenir à moi, et je me trouvai machinalement attaché à un débris. Alors je vis des Anglais qui, dans des bateaux, allaient çà et là, recueillant les naufragés ; je fus reçu à bord de l'une de leurs chaloupes... je demandai mon père, il était mort ;... le Renard de la mer, il était mort... De notre équipage il restait deux hommes ; de notre brigantin, quelques planches... Mais aussi des deux frégates anglaises il n'en restait plus qu'une presque désemparée, car l'autre avait coulé par l'explosion de notre brigantin. Pendant ce temps, le convoi entrait dans Dunkerque, et j'allai prisonnier en Angleterre avec les deux matelots qu'on avait sauvés. —Voilà, mon fils, quel a été ton grand-père... voilà quel j'ai été... imite-nous... et...

Mais ce récit animé ayant épuisé les forces de Cornille Bart, il retomba sur son fauteuil, pâle et presque sans mouvement.

— Sainte Vierge!... sainte Vierge!... il trépasse... s'écria Catherine.

— Mon père.... aussi mon père.... dit l'enfant, les Anglais auront tout tué...

— Sauret, Jeanne, Christian, au secours ! s'écria mademoiselle Bart, en frappant à coups redoublés sur une espèce de cloche avec un marteau...

A ce bruit, un valet et une servante accoururent. — Courez chez le physicien, Christian ; et vous, Jeanne, chez M. le curé de Saint-Omer... courez, pour l'amour du ciel... courez... maître Cornille trépasse...

— Oh! les Anglais... s'écria Jean Bart avec une expression qu'il est impossible de rendre.

Le 17 du même mois, après la bataille des Dunes, Dunkerque se rendit au roi de France, qui en prit possession un jour, et la remit ensuite à Cromwell, ainsi que le portait le traité d'alliance avec l'Angleterre.

CHAPITRE II.

Hugues de Lionne, marquis de Berny, secrétaire d'état, chargé des affaires étrangères et de la marine. — Retour de Courtin, envoyé en célèbre ambassade en Angleterre, pour négocier la paix entre cette puissance et les Provinces-Unies. — Bataille navale du 12 juin. — Politique et diplomatie de la France. — Charles II. — Le duc d'York. — Milord Arlington. — Madame de Castelmaine.

On retrouvera bientôt Jean Bart ; mais avant de le voir de nouveau reparaître en scène, je crois indispensable de tracer largement le tableau des relations diplomatiques de la France avec la Hollande et l'Angleterre à la fin de 1665 et au commencement de 1666, et d'esquisser le portrait des principaux négociateurs de cette époque. Je l'ai dit, c'est le seul moyen de connaître la cause vraie de chaque guerre maritime ; et la guerre maritime de 1666 est si étrange dans sa cause, et si inconcevable dans ses résultats, que je ne crois trop pouvoir insister sur ces enseignements, qui, donnant une idée exacte de la politique de Louis XIV au commencement de son règne, serviront encore d'exposition nécessaire à l'intelligence du grand drame dont la mort de ce roi fut le dénoûment.

C'était pendant la nuit du 28 décembre 1665 ; une neige épaisse, fouettée par la bise du nord, tombait en tourbillonnant, et, bien qu'il fût environ quatre heures du matin, tout le premier étage d'une belle maison située proche et derrière le palais Mazarini brillait splendidement éclairée. Cette lumière paraissait d'autant plus éclatante que les rues de Paris, fort obscures alors, n'avaient pas encore les réverbères que cette ville dut, l'année d'après, à la vigilante administration de Colbert.

A l'intérieur, l'habitation dont nous parlons était meublée avec magnificence, et une espèce de galerie, qui précédait un grand cabinet, regorgeait de tableaux, de tapisseries et des meubles les plus précieux.

Bien que ce cabinet fût consacré aux méditations et aux travaux d'un ministre, rien n'y rappelait cette grave destination ; excepté un bureau couvert de papiers et de quelques cartons, tout y annonçait au contraire des habitudes de paresse et de volupté : rien d'austère, rien de retiré. Les murs étaient cachés sous les plus enivrantes peintures de l'école italienne. Des flots de lumières, jetés par les bougies roses d'un lustre et de plusieurs candélabres de bronze doré, inondaient cette pièce, et d'immenses vases de porcelaine du Japon, placés à la tête et au pied de plusieurs moelleuses chaises longues, disparaissaient presque sous les touffes de fleurs de serre chaude dont ils étaient chargés... On voyait encore çà et là, suspendues aux tapisseries, quelques armures dont le merveilleux damasquinage d'or ou d'argent étincelait à cette vive clarté. C'était encore une console de lapis, avec des ornements d'argent ciselé, surmontée d'une urne antique de la plus rare sculpture, ou une armoire à pans d'écaille incrustée de cuivre et d'étain émaillés, qui supportait les plus beaux cristaux de Bohême; enfin, tout au long d'une superbe glace de Venise, il y avait une foule de portraits de femmes, montés en médaillons, et, sur le marbre de la haute cheminée de cette pièce, on admirait une superbe collection de figurines et de coupes d'or, d'argent ou d'ivoire, montées sur leurs socles de porphyre, où brillaient, incrustés en bronze, les noms de Michel-Ange, Benvenuto, Jean Goujon, etc. J'oubliais, entre une Vénus de l'Albane et une Léda du Corrége, un très-beau portrait, représentant un homme en costume d'évêque, dont la physionomie était à la fois noble, douce et triste ; ce portrait était celui de messire Artus de Lionne, évêque, seigneur, comte de Gap et de Charance, mort en 1663[1]. C'était le père de Hugues de Lionne, marquis de Fresnes et de Berny, conseiller du roi en ses conseils, secré-

---

[1] Artus de Lionne, après avoir perdu une femme qu'il adorait, se retira du monde, entra dans les ordres, et vécut jusqu'à la fin de ses jours dans la piété la plus austère.

taire d'état chargé des affaires étrangères et de la marine; d'Hugues de Lionne, maître du splendide logis dont nous venons de donner une imparfaite description.

Dans ce cabinet, un grand vieillard osseux et maigre, vêtu de gris, et la tête couverte d'une calotte noire, arrangeait avec une scrupuleuse attention des paquets de lettres et de dépêches sur la table de travail; puis il renouvela l'encre de l'écritoire, tailla des plumes, prépara du papier, aviva le feu, et regarda plusieurs fois avec impatience l'horloge, qui marquait quatre heures du matin. Ces préparatifs terminés, il prit un sifflet d'argent à sa ceinture, siffla, et un valet de chambre, vêtu de noir, ayant une chaîne d'or au cou, parut à la portière.

— Lorrain, dit le grand vieillard, apportez l'eau de cannelle de monseigneur, car la nuit avance, et il ne peut tarder à venir.

Le laquais rentra bientôt, portant un précieux plateau de vermeil avec une aiguière de pareil métal, remplie d'un breuvage si fortement aromatisé, que la senteur s'en épandit dans tout le cabinet. Le grand vieillard posa ce vase près de la table de travail, prit une coupe de cristal à dessins gravés en mat, l'essuya soigneusement et la posa près du plateau. A ce moment on entendit un assez grand bruit de voix dans la rue; le vieillard courut à la fenêtre, souleva un lourd rideau vert à crépines d'or, et vit, à la lueur rougeâtre et enfumée des flambeaux que portaient les laquais, la chaise de son maître toute couverte de neige et qui entrait sous le porche du logis. Il referma précipitamment le rideau pour aller ouvrir la porte du cabinet.

Hugues de Lionne y entra bientôt, jeta ses gants et son chapeau à un laquais, et, sans faire attention aux empressements de son vieux secrétaire, Jacques Bigorre, il s'approcha d'un candélabre placé sur la table, et, prenant deux lettres dans une poche de son justaucorps, il les lut avec attention.

A leur parfum, à la manière dont elles étaient mystérieusement pliées, à leur tranche dorée, à une boucle de cheveux blonds qui tomba même de l'une de ces lettres, il était facile de deviner leur contenu.

De Lionne, après avoir parcouru la première, la froissa avec insouciance, l'approcha de la bougie et la brûla. Quant à la seconde, qui renfermait une boucle de cheveux, après l'avoir lue, il sourit malignement, la relut en faisant un léger haussement d'épaules, et brûla tout, lettre et cheveux; seulement il dit à son secrétaire, maître Bigorre :

— Apportez-moi ce coffret d'argent de Venise, qui est scellé avec des fermoirs de rubis.

Pendant que son secrétaire allait chercher ce bijou, de Lionne fit un bon de six mille livres sur M. de Santeuil de Tremblay, trésorier-général de France à Paris, et sur le papier qui servait d'enveloppe à cette traite, il écrivit ces mots passablement impertinents :

« Pourquoi ces détours-là?.. ne sais-je donc pas mon âge et que je ne suis plus un céladon? »

Puis, mettant la traite et le billet cachetés dans le coffret, il dit à Bigorre :

— Vous envelopperez ce coffret dans un morceau de cette soie de l'Inde, brochée d'argent, que vous savez ; vous scellerez le tout d'un cachet sans armes, et le ferez porter demain à l'hôtel de Soissons... à l'hôtel de Soissons... vous comprenez bien?

Bigorre fit un signe d'intelligence.

De Lionne ajouta :

— Vous demanderez tout à l'heure au Basque qui escortait ma chaise, une bourse qui est dans la pochette; cette bourse doit contenir huit à dix mille livres en or, car de pardieu! contre son habitude, le Quinola[1] m'a singulièrement bien traité cette nuit à l'hôtel d'Armagnac; j'ai gagné cette somme en moins d'une heure, aussitôt après le départ du roi, de Monsieur et de Madame, qui ont assisté à ce régal de madame la comtesse d'Armagnac, qui fut d'ailleurs un des plus magnifiques que j'aie jamais vus.

— Monseigneur n'a rien de plus à m'ordonner?

— Non,... avez-vous préparé mon travail ?

— Oui, monseigneur, tout est prêt, voici les dernières dépêches que j'ai déchiffrées, ce sont celles d'Espagne, de M. l'ar-

---

[1] Jeu fort à la mode alors.

chevêque d'Embrun, et celles de La Haye, de M. le comte d'Estrades. Il y a aussi plusieurs lettres des intendants et commissaires généraux de la marine de Levant et Ponant; celle de M. Colbert de Terron de La Rochelle est très longue, et traite d'un grand projet de construction et d'achat de navires, et aussi d'un nouveau classement du personnel.

— Il faudra mettre ces dépêches sous enveloppe, maître Bigorre, et les renvoyer à M. Jean-Baptiste Colbert, comme de coutume; il fera le travail et je les signerai. Mais diavolo! le roi devrait me décharger de ces affaires de la marine, que je ne fais que signer de mon nom, et qui seraient bien mieux le fait de M. Colbert, qui y est fort entendu, et a d'ailleurs le contrôle des finances et du commerce... Enfin, j'en parlerai à sa majesté... Allons, allez vous reposer, maître Bigorre, et ne manquez pas d'introduire M. Courtin aussitôt qu'il se présentera. J'aurai à souper M. de Coislin et le cardinal Orsini. Je parlerai moi-même au maître-queux, car je tiens à prouver à ce gourmand de cardinal italien que je mérite ma réputation d'homme entendu à la plus délicate et à la plus grande chère... N'oubliez pas aussi que, tant que je conférerai avec M. Courtin, ma porte sera fermée pour tous, excepté pour les messages de sa majesté ou de son conseil.

Bigorre salua profondément et se retira.

De Lionne, qui était entièrement vêtu de noir, avec le cordon bleu en sautoir, ne gardant que son justaucorps, jeta sur un fauteuil son manteau, où était brodée en argent la plaque de l'ordre du Saint-Esprit [1]; puis, s'approchant de la table, il but un grand verre d'eau de cannelle, et se mit à parcourir les dépêches que les ambassadeurs de France lui adressaient.

Hugues de Lionne avait alors cinquante-quatre ans, il était d'une taille moyenne, et quelque peu replet; bien que sa figure fût pâle et fatiguée, ses yeux noirs, vifs, ronds et singulièrement rapprochés l'un de l'autre lui donnaient un regard assez analogue à celui du faucon ou de l'épervier; et comme ses sourcils grisonnants n'étaient pas plus accusés que sa moustache, ce qui

---

[1] Lionne fut pourvu de la charge de prévôt et maître de cérémonies des ordres du roi, par la démission de M. de la Vrillière, en 1653.

frappait d'abord dans cette figure blafarde et terreuse, c'étaient ces yeux noirs, charbonnés et fortement cernés d'un cercle brun... ; son nez, long, assez saillant, avait surtout de remarquable l'excessive dilatation des narines, que la moindre émotion gonflait outre mesure, signe certain, suivant les physionomistes, d'une grande propension aux plaisirs sensuels ; enfin sa bouche était grande, ses lèvres épaisses, et une perruque châtain-clair très-frisée, encadrant ses joues creuses à pommettes saillantes, dissimulait un peu l'angle trop prononcé de sa large mâchoire. Somme toute, à part la singulière expression de ses yeux, la figure de de Lionne annonçait plutôt la paresseuse insouciance d'un voluptueux blasé que la profondeur de vues et l'incroyable finesse qui le distinguèrent si éminemment et lui nuisirent même dans quelques négociations, tant étaient grandes la crainte et la défiance qu'inspirait son habileté reconnue.

Hugues de Lionne était un fort bon gentilhomme du Dauphiné. Tout enfant, son éducation fut confiée à son oncle Abel de Servien, marquis de Sablé. Cet Abel de Servien était un gros homme borgne, extrêmement glorieux, cynique et brutal à l'excès, mais doué d'un sens et d'un tact exquis pour les affaires ; plein d'esprit et de feu, il eut une supériorité marquée dans toutes les négociations qu'il entreprit, tant que sa violence ne l'entraîna pas hors de toute mesure. Aussi, reconnaissant son mérite, Louis XIII l'employa-t-il dans plusieurs missions, et plus tard lui donna la charge de secrétaire d'état de la guerre, charge qui semblait d'ailleurs devoir appartenir à celui que le nonce Fabio Chigi avait surnommé l'*Ange exterminateur de la paix,* faisant allusion à la colère impétueuse que Servien faisait quelquefois éclater au milieu des conférences diplomatiques.

Ce fut donc cet homme habile qui dirigea l'éducation première du jeune de Lionne, et ce dernier montra une habileté et une vocation si précoces pour les affaires qu'à l'âge de dix-huit ans le cardinal de Richelieu lui proposait déjà un emploi de haute et grave importance ; mais de Lionne refusa, préférant partager la retraite de son oncle Servien, alors disgracié. Il fit un voyage en Italie vers 1636. Ce fut à Rome qu'il connut Mazarin, et depuis lors il vécut avec lui dans la plus entière et la plus étroite confidence ; tellement qu'en 1641, lorsque Mazarin fut envoyé seul plénipotentiaire à Munster, de Lionne fut aussi le seul secrétaire qui l'accompagna. Enfin, après avoir passé par les négociations les plus importantes, de Lionne fut rappelé de Rome en 1655 pour aller traiter de la paix à Madrid, et la confiance que Mazarin avait inspirée au roi pour ce jeune ministre était si grande qu'on a peine à concevoir l'immense latitude du pouvoir qu'il lui donna. Ce pouvoir, entièrement écrit de la main de Louis XIV, en présence d'un envoyé d'Espagne, qui le vit signer, et suivit Lionne à Madrid pour témoigner à Sa Majesté catholique de la validité de cette pièce, était ainsi conçu :

« Je donne au sieur de Lionne, conseiller en mon Conseil d'État, pouvoir d'ajuster, conclure et signer les articles du traité de paix entre moi et mon frère et oncle le roi d'Espagne, et promets ma foi et parole de roi d'approuver, ratifier et exécuter tout ce que ledit sieur de Lionne aura accordé en mon nom en vertu du présent pouvoir.

» Fait à Compiègne, le 1er juin 1656.

» Louis. »

Ce fut sur les bases de cette sage et adroite négociation que fut plus tard assis le traité des Pyrénées. De Lionne, ministre plénipotentiaire à Francfort en 1658, jeta encore les premiers fondements de cette fameuse ligue du Rhin, qui, partageant comme en deux parts tout l'empire entre le roi de France et l'empereur, opposait à la maison d'Autriche la moitié des princes électeurs d'Allemagne, pour fermer le passage à toutes les troupes qu'elle voudrait envoyer en Flandre au secours de l'Espagne : aussi cette couronne fut-elle plus tard obligée d'accepter la paix désavantageuse qu'on lui accorda par le traité des Pyrénées.

Mais ce qui révèle surtout la puissance irrésistible du charme dont était doué ce ministre, ce fut l'incroyable facilité avec laquelle il sut faire consentir de bonne grâce et de grand cœur le duc de Savoie et Madame Royale à rompre le mariage de la princesse Marguerite de Savoie, déjà fiancée à Louis XIV, en persuadant cette cour qu'elle retirerait d'innombrables avantages de l'alliance du roi son maître avec l'infante d'Espagne.

Cet abrégé bien rapide de la carrière diplomatique d'Hugues de Lionne donnera du moins une idée de l'importance des missions qu'il avait remplies.

Quant à son caractère privé, de Lionne était un homme de courage et de résolution, et le dévouement qu'il avait pour son maître allait si loin, qu'il fit un jour à Louis XIV cette singulière proposition de partir pour Rome, lui de Lionne, afin d'y poignarder de sa main don Mario Chigi, frère du pape Alexandre VIII, dont la cour de France avait à se plaindre [1]. On comprendra cette exaltation si l'on songe que personne plus que de Lionne ne voulait, à sa manière, conserver pures et intactes la grandeur et la dignité de la France, et, lorsqu'il les crut compromises, il sut obtenir des réparations aussi éclatantes que celles qu'il exigea lors des insultes faites à l'ambassadeur de France à Londres par Batteville, ambassadeur d'Espagne, et à M. de Créqui à Rome par les gens du pape.

Ce qui paraîtrait seulement assez bizarre, si les implacables exigences de la politique de ce temps-là n'expliquaient pas cette apparente contradiction, c'est que ce même homme qui évaluait si haut la considération qu'on devait à son pays, se jouait dédaigneusement de tous les traités conclus et jurés avec les autres nations, ne tenait compte des promesses les plus solennelles, des serments les plus sacrés, mais cela avec une adresse et une subtilité si merveilleuses, que, bien que des faits évidents et irrécusables s'élevassent de toutes parts pour l'accuser de trahison, il était presque toujours impossible de prouver que les traités avaient été ouvertement violés. Aussi de Lionne disait-il assez plaisamment à ce sujet :

« Il en est de la morale des traités comme de l'honneur des femmes : les atteintes secrètes ne comptent pas, l'éclat seul déshonore, et il vaut mieux éluder cent traités que d'en violer ouvertement un seul. »

La suite prouvera si de Lionne fut fidèle à cette manière un peu large d'exécuter la foi jurée. Et à ce propos il me semble

[1] Correspondance diplomatique du duc d'Estrées, ambassadeur à Rome. — Lettre au roi, du 20 juin 1688.

qu'on s'est peut-être bien hâté de proclamer qu'aussitôt après la mort de Mazarin, *Louis XIV avait régné par lui-même et de lui-même*. Après la mort du cardinal, de Lionne, de Brienne, Colbert, Le Tellier, tous créatures de Mazarin, conservèrent et continuèrent scrupuleusement les traditions de sa politique et de son administration. Le système qu'ils suivirent tant qu'ils restèrent aux affaires fut celui du cardinal; ses errements furent les leurs. Il n'y a qu'à jeter un coup d'œil sur les correspondances diplomatiques ou administratives antérieures et postérieures à la mort du premier ministre pour se bien convaincre de l'unité du système suivi avant et après cette mort.

C'est surtout en lisant les dépêches d'Hugues de Lionne, toutes de sa main et de son style, qu'elles soient écrites en son nom ou au nom du roi, qu'il devient évident que Louis XIV, alors si jeune, si ardent, si adonné à ses plaisirs et aux douces illusions de l'amour et de l'amitié, ne pouvait pas jeter sur les questions qui lui étaient soumises le coup d'œil froid et impassible de l'homme rompu aux brigues et aux affaires.

En un mot, si après la mort de Mazarin il n'y eut plus de premier ministre de fait, si le cardinal en personne ne présida plus au conseil, sa pensée, sa volonté politique y dominèrent toujours les délibérations tant que ses créatures firent les affaires de la France. Seulement, comme ces secrétaires d'état connaissaient à merveille la jalousie et la hautaine susceptibilité du jeune roi, ils eurent l'adresse de lui persuader que ce n'était d'ailleurs que selon son bon vouloir et ses inspirations qu'ils agissaient.

Pour revenir à de Lionne, c'était une de ces rares organisations qui peuvent suffire à tous les excès de travail et de plaisir. S'il sacrifiait sans ménagement sa santé, sa fortune et jusqu'à sa paresse, au jeu, à la bonne chère et aux femmes, dès que les circonstances l'exigeaient, il trouvait en lui l'énergique et rare faculté de passer les jours et les nuits au travail, et cela sans s'appesantir, et cela sans que ses idées sortissent moins nettes et moins lucides de son cerveau. Un bain de deux heures, dans lequel il sommeillait, suffisait pour rendre à sa pensée toute sa force et son élasticité.

On verra par quelques-unes de ses dépêches avec quelle clarté il mettait d'abord en lumière les points culminants d'une négociation, et quelle était son incroyable aptitude pour les voiler, les obscurcir et les rendre impénétrables, même aux yeux de ses envoyés, s'il croyait utile de le faire.

Ce qui est encore bien curieux, c'est le naïf et écrasant mépris de ce ministre pour l'humanité. Il faut le voir, dans ses instructions, peser, calculer, coter la valeur de chaque conscience à corrompre ; puis, réglant le prix de chacune, et annexant ce tarif à des lettres de change, adresser le tout à ses ambassadeurs en leur écrivant : « Voici de quoi m'acheter ce roi, ce parlement, cet électeur, ce député, dont j'ai besoin ; faites vite et envoyez-moi les reçus. »

Et, il faut le dire, presque jamais on ne voit la vénalité manquer à une corruption quelquefois délicate et adroite, mais le plus souvent fort brutale dans ses offres.

A ce sujet, on remarquera dans l'instruction de M. de Croissy, envoyé près de l'électeur de Brandebourg, un trait bien caractéristique du temps. Après avoir énuméré les divers moyens à employer pour corrompre les gens influents de cette cour, de Lionne arrive à M. de Polnitz : « Mais celui-là a été *nourri chez Turenne*, c'est un homme de haute vertu et de probité... singulière. Il ne faut pas songer à lui offrir de l'argent... Gardez-vous d'une ouverture pareille, car il se pique d'un étrange désintéressement ; enfin c'est à ne pas tarir sur sa vertu... » Vous respirez... Vous criez à la merveille... lorsque de Lionne termine cette mélopée d'admiration en écrivant : « Je pense néanmoins que M. de Polnitz ne refuserait pas *un régal de pierreries.* »

Enfin ce qui n'est pas moins remarquable à étudier dans la correspondance de de Lionne, c'est l'imperturbable sang-froid avec lequel il parle aux ambassadeurs de France de la bonne foi et de la loyauté du roi son maître, lorsque les faits les plus évidents viennent le démentir. En vain les ambassadeurs réclament, s'émeuvent, lui envoient avis sur avis, courrier sur courrier, ne lui cachent aucun des bruits fondés qui les accusent de trahison ; lui, impassible, continue toujours ses protestations pompeuses par-delà même le moment où la nation trompée, rappelant ses ambassadeurs, a pris enfin les mesures les plus hostiles et les plus décisives contre la France.

Non, à moins d'avoir lu ces dépêches, il est impossible de se figurer tout ce qu'il y a de cruel et d'insultant dédain dans ces assurances railleuses d'une bonne et sincère amitié, lorsque chaque jour voit naître une avanie ou une attaque nouvelle.

Bien que le jour gris et sombre de décembre eût fait depuis long-temps pâlir les bougies de son cabinet, de Lionne écrivait toujours les minutes de ses dépêches, et il faut avoir péniblement déchiffré ces pages presque hiéroglyphiques pour se faire une idée de ces caractères hâtés, informes, et de cette habitude d'abréviations qui rend à la première vue les lettres de ce ministre incompréhensibles.

Il était environ neuf heures lorsque le valet de chambre d'Hugues de Lionne le vint avertir que son bain était prêt; il y sommeilla jusqu'à onze heures, s'y fit peigner, et n'en sortit que dès qu'on lui annonça que M. Courtin [1] l'attendait dans son cabinet.

« Courtin, dit Saint-Simon, était un petit homme bellot, d'une figure assez ridicule, mais plein d'esprit, de sens, de jugement, de grâces et de maturité ; il avait de mauvais yeux, avait été fort galant et fort du grand monde, où il était extrêmement goûté. »

Il n'y a rien à ajouter à ce portrait, si ce n'est que Courtin était vêtu de noir, avait alors trente-huit ans, et que le mauvais état de sa vue le forçait à un clignotement d'yeux presque continuel, qui ne laissait pas de donner une grande expression de finesse à sa figure luisante et colorée.

Courtin revenait d'Angleterre, où il avait été envoyé extraordinairement avec M. le duc de Verneuil, oncle du roi, pour se joindre à M. le comte de Comminges, ambassadeur de France à Londres.

— Oh là ! *buon giorno, signor de Sapienza* [2], — s'écria gaiement de Lyonne en embrassant Courtin, et cédant à

---

[1] Courtin, maître des requêtes et conseiller des conseils du roi, après avoir été intendant de Picardie, fut employé à diverses négociations et missions diplomatiques.

[2] Oh là ! bonjour. seigneur la Sagesse.

l'habitude qu'il avait de mêler toujours à ses dépêches ou à sa conversation quelques mots d'italien ou d'espagnol.

— Hélas! monseigneur, je suis indigne de ce titre de sage ; je suis un sot, une pécore, *meâ culpâ, meâ maximâ culpâ,* — répondit Courtin en se frappant la poitrine avec une affectation de bouffonne humilité, — *meâ culpâ ;* car je suis un pauvre négociateur....

— *Hombre....* voilà une modestie qui me paraît approcher terriblement de la vanité.

— De la vanité, monseigneur ! puis-je donc en avoir ? Jugez-en plutôt par ce résumé de notre mission. Depuis deux ans l'Angleterre et la Hollande étaient en état d'hostilité mutuelle, sans pourtant que la guerre fût ouvertement déclarée entre ces deux peuples. Malgré nos bons offices pour nos fidèles alliés et amis les Hollandais, ces différends allaient peut-être s'accommoder au commencement de cette année, par l'intervention de l'Espagne, lorsque le roi notre maître, jaloux de rendre la paix à l'Europe, et de mériter les bénédictions de ces deux états en les arrachant aux horreurs de la guerre, fait refuser la médiation de l'Espagne, et nous envoie précipitamment, M. le duc de Verneuil et moi, en très-illustre et très-célèbre ambassade auprès du roi d'Angleterre pour négocier la conciliation de ces peuples à la face du monde et de la chrétienté....

— *Molto bene....* Mon cher Courtin, il est impossible de mieux résumer l'esprit de vos pacifiques et conciliatrices instructions, — dit de Lyonne avec un sourire plein de malicieuse ironie.

— Eh bien ! monseigneur, voyez un peu la présomption humaine !... Nous faisons chasser ce pauvre hère d'Espagnol, qui eût peut-être, lui, amené un bon accommodement, tandis que nous, au contraire, nous réussissons à faire tout l'opposé de nos *pacifiques et conciliatrices instructions.* Oui, monseigneur, nous devions ramener le calme, et nous avons soulevé la tempête.... Malgré le désir mutuel des Anglais et de nos fidèles alliés pour la paix, et bien que la rupture entre eux ne fût pas ouverte, nous avons été, hélas! assez malheureux, hélas! assez maladroits.... hélas! assez malavisés pour laisser les flottes hollandaise et anglaise s'entre-détruire dans deux batailles navales des plus meurtrières qu'elles se sont livrées..... Enfin, après ces furieux combats, fatigués d'une guerre si funeste à leurs intérêts, voulant sincèrement la paix, les deux partis ouvraient l'oreille à de nouvelles propositions d'accommodement que l'Espagne et l'Empereur offraient de négocier encore, lorsque notre maître, outré de l'impertinente opiniâtreté de l'Espagne, et voulant, il est vrai, le repos de la chrétienté, mais avant tout défendre l'honneur de ses fidèles amis et alliés, leur intima que la guerre était inévitable, nous rappela; et pour rendre désormais inutile toute autre tentative de paix, il se déclara pour la Hollande contre l'Angleterre, selon le traité de 1662.... Mais je le vois.... vous souriez, et... c'est de mépris pour notre peu d'habileté, monseigneur; car enfin, au lieu de vous revenir de vertes palmes d'olivier à la main, avec de bonnes promesses d'accommodement qui auraient assuré à nos alliés et à la Grande-Bretagne l'avenir le plus florissant, voici que nous venons vous dire au contraire: Monseigneur, le commerce de la Hollande est à moitié perdu, l'Angleterre a la peste, les partis et les cabales intérieures ruinent ces deux états; et, de menaçante qu'elle était seulement quand nous sommes partis pour l'empêcher, la guerre est aujourd'hui solennellement déclarée. Aussi vous le disais-je bien, monseigneur! *meâ culpâ, meâ culpâ;* car si les flottes anglaise et hollandaise s'exterminent, la France augmente chaque jour sa marine, et profite, hélas! de la division de ces peuples pour établir au loin ses relations de commerce. Encore une fois, vous le voyez, nous avons été de bien terriblement pauvres négociateurs....

De Lionne, après avoir ramené par un geste qui lui était habituel une boucle de sa perruque sur son sourcil gauche, dit avec une expression de finesse et de joie indéfinissable, en serrant cordialement la main de Courtin dans les siennes : — Aussi, monsieur l'ambassadeur extraordinaire, suis-je furieusement irrité contre vous et toutes vos maladresses, et le roi notre maître encore bien davantage, sur ma parole; car, *demonio, no se puede ver hombre mas tanto* [1].... Mais delà que dit-on de nous?

---

[1] Car, par le démon, il ne se peut voir un homme plus maladroit.

— Ce qu'on dit de nous, monseigneur?... franchement?

— *Si, si, veramente.... de confidenza* [1]....

— Eh bien donc, monseigneur, je ne puis mieux faire que de vous redire une conversation que j'entendis il y a environ cinq ou six mois; c'était peu de temps après notre arrivée à Londres, je me trouvais dans la chambre de madame de Castelmaine, qui, vous le savez, est une des nombreuses sultanes du très-glorieux et surtout très-sultan Charles Stuart, deuxième du nom.

[2] « Je m'entretenais donc derrière un rideau de cet appartement avec M. de Comminges, on ne nous soupçonnait pas là, et cinq ou six personnes, qui sont accoutumées de souper avec le roi chez sa maîtresse, raisonnaient ensemble sur les desseins que la France pouvait avoir dans les conjonctures présentes. Une de ces personnes, le comte de Lauderdale, prit la parole et dit : Pardieu, Messieurs, je peux vous faire la généalogie de la bonne foi de la France. Le roi Louis XIII s'était engagé, par une lettre qu'il avait écrite au feu roi de Portugal, de ne jamais faire la paix avec l'Espagne sans qu'il y fût compris. La paix néanmoins s'est faite, et le Portugal a été abandonné. Cette paix a été jurée sur les saints évangiles, et le lendemain on a assisté le Portugal d'hommes et d'argent. On nous avait priés de ne traiter avec les Hollandais que de concert avec la France. Nous avons suspendu la conclusion de notre traité, sur la confiance que nous avions prise aux assurances qu'on nous donnait qu'on ne s'avancerait pas plus que nous. Cependant la France a fait le sien ; M. le comte d'Estrades nous a dit après, qu'il n'y avait rien dans ce traité qui nous pût compromettre les uns contre les autres ; et voilà néanmoins que la France se trouve obligée d'assister les Hollandais et de rompre en leur faveur contre nous ; elle ne le fait pas pourtant, et messieurs les ambassadeurs extraordinaires font le semblant de venir ici travailler de bonne foi à un accommodement, comme si nous ne connaissions pas bien qu'ils sont fort aises de nous voir battre, et que le roi de France espère que le roi d'Espagne venant à

---

[1] Oui, oui, vrai, en confiance.
[2] Archives des Affaires étrangères. — *Angleterre*, 1665, vol.

mourir, le roi de France se rendra maître des Pays-Bas sans que l'Empereur l'en puisse empêcher. »

— Cet impertinent Lauderdale a dit cela ? *que hombre jocoso* [1] !

— Mot pour mot, monseigneur !

— Ah ! çà, mais, et vous, Courtin, vous, que pensez-vous des conjonctures présentes ? dites-le, il y a tant de choses qu'on ne confie pas aux dépêches !

— Oh ! oh ! pour cela, monseigneur, il me faudrait remonter aux causes de la guerre de l'Angleterre et de la Hollande, au traité conclu avec cette puissance en 1662, et surtout au traité des Pyrénées, que vous savez mieux que moi, puisque vous l'avez fait avec feu monseigneur le cardinal.

— Dites toujours, Courtin ; vous savez dans quelle estime je vous tiens, et vos réflexions ne seront pas perdues pour moi, je vous jure.

— Eh bien donc, monseigneur, pour remonter à ce merveilleux traité de *paix éternelle* qui, depuis qu'il est signé, a été, est, et sera la cause de toutes les guerres que nous voyons, avons vues, et verrons en Europe ; pour en revenir à ce traité, monseigneur, savez-vous, selon moi, ce qui a décidé le roi notre maître à se marier avec l'infante d'Espagne? Ce n'est pardieu pas sa maigre dot de cinq cent mille écus..., mais bien le projet arrêté d'avoir un jour un prétexte pour se saisir de la Flandre espagnole après la mort du roi très-catholique.

— *Hombre!* que dites-vous là ? — s'écria de Lionne en éclatant de rire. — Et la foi des traités ? et les clauses si expresses de la renonciation, jurées dans l'île des Faisans, jurées sur les sacrés Évangiles et garanties par notre saint-père le Pape, renonciation par laquelle le roi notre maître se reconnaît exclu de la succession du fait de la reine sa femme, en tous royaumes, principautés, domaines ou seigneuries auxquels elle pourrait prétendre par la mort de son père, le roi d'Espagne ? oubliez-vous cela ?

— Soit, monseigneur ; mais, toujours à mon sens, à cette heure que le roi d'Espagne est mort, on fera cas de cette belle

---

[1] Quel homme amusant !

renonciation comme de cela, — ajouta Courtin en faisant claquer son pouce contre son médius. — Aussi notre maître envahira-t-il la Flandre aussitôt que son armée sera prête.

— Mais si les Hollandais se plaignent de ce voisinage dangereux, mon cher Courtin ?

— Eh bien ! monseigneur, on les envahira eux-mêmes pour leur ôter cette frayeur.

— Mais la foi jurée ? *diavolo !*

— Parlons sérieusement, monseigneur, et permettez-moi de continuer : quant à la renonciation, je le répète, on en fera bon marché ; car voilà l'avantage des traités politiques sur les traités particuliers : il n'y a pas de recours contre les fauteurs ; renoncez à une triste succession de quelques mille pistoles par-devant notaire, du diable s'il y aura moyen d'éluder ou de prétendre à un denier ; faites un traité avec un marchand, et que je sois pendu si vous n'êtes pas forcé de l'exécuter à la lettre ; mais renoncez à une couronne, ou traitez avec un pays par-devant le pape, ou par-devant le monde ; promettez, déclarez, signez, jurez, bast... vous demeurez libre comme l'air ; et pour peu que vous ayez une grosse armée et de vaillants capitaines, le bon droit, ou plutôt, ce qui mieux est, la succession vous demeure, n'est-ce pas vrai, monseigneur ?

— Il faut savoir se soumettre à la volonté de Dieu, qui inspire les rois, et se convaincre que la cause qui triomphe est la bonne, puisque le ciel lui permet de triompher, — répondit de Lionne avec une imperturbable gravité.

— Je saurai me résigner comme vous, monseigneur ; mais je voudrais bien savoir pourtant ce que le ciel réserve à nos fidèles amis et alliés les Hollandais ; car ce qui me paraît le plus singulier dans notre position, monseigneur, c'est que nous ayons justement pour alliés un peuple avec lequel surtout nous devons avoir au premier jour les plus terribles différends à propos de la Flandre espagnole... un peuple de marchands que toute l'Europe regarde avec une haineuse convoitise, en calculant les immenses richesses que leur procurent leur commerce et leur économie. Et je vous le demande un peu, monseigneur, est-il possible que ces grossiers *meynhers* fassent long-temps et impunément sonner leur or aux oreilles de la chrétienté, quand le joyeux et besogneux roi Charles n'a pas un sou dans ses coffres, quand les princes électeurs de l'Empire entretiennent des cours presque royales, quand la Suède et le Danemark voient maigrir leur commerce de tout ce qui engraisse celui de ces républicains, quand notre maître lui-même sent le besoin de se créer une marine, et a pour l'avenir de si grands et de si splendides projets de magnificence? Quoi! ce pauvre or serait condamné à moisir tristement au fond de ces marécages hollandais, pour être seulement compté, pesé et repesé par ces avares et rustiques buveurs de bière, tandis qu'il serait si fêté ailleurs, tandis qu'il pourrait si élégamment circuler, briller, pétiller au milieu des cours les plus folles et les plus joyeuses! Mais cela est impossible, monseigneur; et puis le Hollandais est un peuple si peu du monde! c'est le véritable *monsieur Dimanche* de cette nouvelle comédie de Molière, le *monsieur Dimanche* bon à chasser quand il a rempli son devoir et son office de *monsieur Dimanche;* car, pour dire le vrai, monseigneur, plus je songe à cette alliance du grand roi notre maître avec ce peuple de marchands, plus il me semble voir un jeune et fringant seigneur forcé de faire compagnie à l'usurier piteux dont il a besoin; aussi, pardieu! suis-je bien rassuré sur notre déclaration contre l'Angleterre en faveur de la Hollande, car on s'entend toujours de gentilhomme à gentilhomme; et bien que le traité d'étroite union que le roi notre maître désirait conclure avec le roi Charles, le mois passé, ait été rompu, je suis sûr que nous n'en resterons pas moins dans les meilleurs termes ensemble, que nos nouveaux ennemis n'auront rien à craindre de notre mauvais vouloir, et qu'en un mot nos alliés de Hollande seront plus embarrassés de leurs amis que de leurs ennemis.

— Mais, à propos de ce traité négocié ici avec Hollis et Fitz Hardin, vous ne sauriez croire, mon cher Courtin, quelles ont été les ridicules imaginations des Hollandais. Dieu sait leurs reproches sur ce que nous osions penser, disaient-ils, à nous unir d'étroite amitié avec leurs ennemis, au lieu de nous déclarer contre l'Angleterre, ainsi que nous l'aurions dû faire quatre mois après les premières hostilités commises par cette nation, c'est-à-dire il y a près de dix-huit mois! A cela vous sentez bien que j'ai répondu que tout était faux, que le but du voyage de lord Fitz-Hardin en France n'avait rien de politique, et qu'un pareil soupçon était une sanglante injure pour la loyauté du roi notre maître. Mais, *demonio!* ce qui me confond, c'est que, bien que la négociation de ce traité soit demeurée du dernier secret, on l'ait aussi vite pénétrée en Hollande, sur la simple venue de Fitz-Hardin en France et de l'envoi récent de Ruvigny en Angleterre.

— Oh! monseigneur, c'est que, malgré tout, voyez-vous, il y a quelqu'un qu'on n'abuse jamais.

— Et quel est cet impertinent quelqu'un-là? *diavolo!*

— Eh! mais, le bon sens public, monseigneur... sans doute... le bon sens public! Vous riez, et pourtant c'est un fait, oui, c'est un fait qu'il est aussi impossible de nier que de concevoir; car qui expliquera comment les hommes réunis en masse résolvent, avec la plus haute sagacité, des questions qu'ils ne comprendraient peut-être pas même individuellement? par quel phénomène peut-il émaner de ce chaos d'intelligences grossières une appréciation si lumineuse des choses? pourquoi le bon sens public a-t-il toujours pénétré le but réel et positif d'une négociation politique? Pourquoi, par exemple, à notre arrivée à Londres, depuis la cour jusqu'à la bourse, jusqu'au port, tout le monde a-t-il dit : Les ambassadeurs français ne sont ici que pour empêcher la paix, au lieu de s'y employer? Pourquoi le peuple dit-il à La Haye que la déclaration de la France en faveur de la Hollande sera vaine, et que la république supportera seule le faix de la guerre? Pourquoi, lorsqu'en 1663 M. d'Estrades fut précipitamment envoyé à La Haye afin de rompre l'alliance que l'envoyé d'Espagne voulait conclure avec la Hollande et l'Empire pour s'opposer aux prétentions futures de notre maître sur la Flandre; pourquoi ce bon sens public criait-il aux Hollandais : Un jour cette alliance avec la France vous perdra; car, une fois en Flandre, Louis XIV voudra conquérir votre propre pays? Enfin, d'où naissent ces prévisions? Tenez, monseigneur, j'avoue que cela me confond; à moins qu'il n'y ait aussi chez les nations une espèce d'instinct conservateur, analogue à celui qui avertit les animaux de l'approche de l'orage et du danger.

— Oui, oui, qui les avertit, mais ne les en garantit pas, mon cher Courtin; car à quoi sert ce bon sens public, que je suis loin de nier? pourquoi l'écoute-t-on si peu? pourquoi l'Angleterre, sachant que nous venions aviver sa querelle avec la Hollande au lieu de l'accommoder, ne nous a-t-elle pas chassés? pourquoi la Hollande a-t-elle traité avec nous, malgré les justes craintes qu'elle concevait de nos projets sur la Flandre? pourquoi ne rompt-elle pas avec nous, aujourd'hui qu'elle est convaincue de notre mauvaise foi à son égard? dites? pourquoi ce cri, quelquefois l'écho de la vérité, reste-t-il et restera-t-il toujours si inentendu? C'est que, voyez-vous, Courtin, il y a quelque chose de plus puissant encore que le bon sens public ou privé, ce sont les passions mauvaises de l'humanité. On entend cette voix sage, mais on ne l'écoute pas : tenez, prenez des exemples dans la vie privée : quel homme, avant d'entrer dans un tripot, n'a pas eu aussi le bon sens de se dire : C'est la ruine ou l'infamie que je vais chercher là!... Mais la soif du gain l'aiguillonne; il entre, se ruine, se tue ou se déshonore. En voyant une table délicate et recherchée, qui ne s'est dit : Je souffrirai si je m'indigère? Mais le parfum des mets irrite la sensualité, on s'attable... et on s'enivre. Qui, avant de penser à séduire une femme, n'a pas songé aux mille embarras, aux mille dangers qui peuvent arriver d'une liaison illicite? Mais un regard passionné, une taille voluptueuse vous affolent, et tout est oublié... Croyez-moi, mon cher Courtin, malgré leur bon sens qui prévoit l'avenir avec une si rare sagacité, hommes et nations n'en sont pas moins soumis aux réactions positives de leurs passions du moment. Maintenant vous me demanderez pourquoi ces passions parlent plus haut que le bon sens? Voici pourquoi. La volonté d'une nation ne s'exprime, après tout, que par un organe reconnu : en Angleterre, c'est le parlement; en Hollande, les colléges; dans l'Empire, les électorats. Or, qu'est-ce qu'un membre du parlement, un député de collége, ou un électeur souverain, si ce n'est un homme, partant une créature essentiellement humaine et soumise aux besoins organiques de l'espèce? Or, le diable sait que ces besoins sont aussi impérieux qu'innombrables, et qu'Achille était vulnérable au talon. Vous comprenez, n'est-ce pas? Aussi est-ce à grands frais que nous nourrissons tant de votes et de voix à nous dans les assemblées représentatives de ces états; de sorte que, malgré la grosse voix du seigneur Bon-Sens, les choses vont à notre gré, parce que ces inestimables et précieux besogneux que j'ai dit formant la majorité de l'espèce, et conséquemment la majorité des assemblées délibérantes, nous y régnons par la corruption. Aussi, croyez-moi, mon cher Courtin, tant qu'il y aura des passions à irriter et à assouvir, l'homme calme dominera l'homme passionné, et, s'il le faut, le poussera dans le précipice lors même qu'il lui crierait : Vois bien que c'est dans un abîme que je te jette. Cela vous paraît cynique ; mais cela est ainsi, il est indispensable que cela soit ainsi ; et puis enfin, dans ce grand tripot politique de l'Europe, il faut qu'un pays soit dupe ou fripon ; et pour une nation, être dupe, c'est être envahie, conquise, démembrée, que sais-je? Tenez, un exemple entre mille. Le grand pensionnaire de Witt, qui est à la tête des affaires de la Hollande, est un homme intègre, énergique, plein d'honneur et d'amour pour son pays, dévoué à la Hollande comme un amant à sa maîtresse, d'une si rare et si extraordinaire probité qu'il a été impossible, mais impossible de lui rien faire accepter, aucun subside, aucune pension, pas même un régal de pierreries (ce qui, après tout, n'est pas de l'argent), pour l'engager plus avant dans l'intérêt du roi notre maître. Bonne ou mauvaise, de Witt a une idée politique qu'il suit à l'exclusion de toutes, et cela, j'en suis sûr, avec l'entière et ferme et profonde conviction qu'il sert bien la république. Eh bien ! avec toutes ces nobles visées, c'est la plus grande dupe que je connaisse; avec mes beaux semblants je l'ai mis dans un guêpier d'où il ne se tirera jamais ; car sa conviction personnelle, sa haine de la maison d'Orange, l'intérêt de son pouvoir, qu'il considère comme le seul moyen de salut de sa république, tout cela l'y enfonce encore; et maintenant qu'il s'aperçoit peut-être qu'il marche à sa perte, la pente est devenue irrésistible, et malgré lui il roule à l'abîme. Incapable d'une perfidie ou d'un détour, sa faute capitale a été de croire bonnement, sottement, qu'une monarchie jeune et guerrière ne serait pas envahissante, et qu'elle pouvait s'allier sans aucune arrière-pensée à une obscure république marchande; de ne pas prévoir enfin que, lorsque nous aurions sucé la Hollande jusqu'à la moelle, nous la crosserions du pied ; et cela, parce que ce de Witt est un de ces hommes à parole d'Évangile, comme on dit. Eh bien ! souvenez-vous de ce que je vous dis : vous verrez comme il finira, et ce que deviendra son pays.

— Têtebleu ! monseigneur, il y a là bien des choses vraies, mais, après tout, qui pourra donc décider quel est le meilleur système de la bonne ou mauvaise foi en politique ?

— Qui cela? mais *usted lo a dicho, hombre!* ce qui décide ça, ce sont les bonnes ou mauvaises armées.

— Et maintenant que voici la guerre ouvertement déclarée, monseigneur, assisterez-vous la Hollande contre l'Angleterre? joindrez-vous la flotte de M. le duc de Beaufort à celle de Ruyter, d'après le traité de 1662, ou assisterez-vous au contraire sous main l'Angleterre contre les républicains?

— Cet homme est curieux comme une femme — dit de Lionne avec un éclat de rire. Puis il ajouta, en mettant plusieurs dépêches dans un sac de velours noir : — Allons, venez, monsieur le célèbre et illustre ambassadeur, rendre bon compte au roi, notre maître, de votre célèbre et illustre ambassade.

CHAPITRE III.

Le prince Guillaume d'Orange. — M. le comte d'Estrades, ambassadeur de France. — M. Colbert de Croissy, maître des requêtes. — Alliance de la France et de la Hollande contre l'Angleterre. — D'après les traités, la flotte française commandée par M. le duc de Beaufort doit venir joindre la flotte hollandaise. — Que cette jonction n'aura peut-être pas lieu. — Pourquoi. — Annonce officielle de la déclaration de guerre de la France contre l'Angleterre.

Le 30 janvier de l'année suivante 1666, trois personnes étaient assemblées dans le cabinet de M. le comte d'Estrades, ambassadeur de France auprès des sieurs États-généraux des Provinces-Unies, résidant à la Haye.

Le moins âgé de ces personnages paraissait être l'objet des

prévenances respectueuses des deux autres ; c'était un jeune homme d'environ dix-sept ans, d'une taille moyenne, frêle, maigre, dont la pâleur mate et bilieuse annonçait un tempérament nerveux et maladif ; l'ensemble de sa figure n'offrait rien de caractéristique qu'une apparence de flegme et d'impassibilité remarquable. Son front était peu saillant, son nez aquilin, ses yeux habituellement voilés ; mais sa bouche, à peine indiquée par des lèvres minces et blanches, annonçait une force de volonté peu commune. Très-simplement vêtu de velours noir, il portait ses cheveux longs et flottants, selon la mode d'alors, et de temps en temps il étouffait, dans un mouchoir brodé de ses armes, une légère quinte de toux qu'on entendait à peine, tant sa voix était faible. Presque courbé dans un large fauteuil de basane à rosaces d'or, il causait avec M. le comte d'Estrades, vieillard de haute taille et de fort grande mine.

Ce jeune homme, qui sera plus tard un des meilleurs généraux et un des plus impitoyables politiques de son temps, qui, haïssant surtout Louis XIV, balancera souvent le succès de ses armes, et qui, en 1688, usurpant la couronne de Jacques II, son beau-père et son oncle, doit susciter à la France ses deux plus terribles guerres maritimes ; ce jeune homme enfin, qui, au moment de sa mort, disposera presque en dictateur de tous les cabinets de l'Europe, c'est Guillaume, prince d'Orange, fils posthume de Guillaume II de Nassau et de Henriette-Marie Stuart, fille de Charles Ier.

Depuis l'arrivée du jeune prince chez l'ambassadeur, la conversation, assez insignifiante, avait roulé sur les nouvelles de France que venait d'apporter à l'instant M. Colbert de Croissy [1], la troisième personne qui se trouvait dans le cabinet ; après quelques détails donnés par ce dernier sur la mort de S. M. la reine Anne d'Autriche, mère de Louis XIV, le prince fit un mouvement pour quitter son fauteuil ; MM. de Croissy et d'Estrades se levèrent de leurs chaises.

— Monsieur le comte, — dit le prince qui grasseyait un peu,

---

[1] Colbert de Croissy, maître des requêtes, alors chargé d'une mission très-importante auprès de M. l'électeur de Brandebourg. Il était frère du grand Colbert. Pour éviter toute confusion, je l'appellerai désormais M. de Croissy, afin de le distinguer de ses frères.

et dont la voix basse et brève était souvent interrompue par de légères quintes de l'asthme qu'il conserva toujours, — monsieur le comte, j'oubliais de vous prévenir de la résolution où je suis de prier madame la princesse ma mère, et M. de Witt, de renvoyer en Angleterre ceux de mes domestiques qui sont de cette nation; la guerre contre la Grande-Bretagne continue, et je ne veux pas mécontenter les États-Généraux en gardant près de moi des Anglais; je désire, monsieur le comte, prouver ainsi en toutes choses mon dévouement à la république dont je suis l'enfant, et montrer en même temps à S. M. le roi de France que je sacrifierai toujours à la cause des États et de leurs alliés les liens de parenté qui m'attachent au roi Charles.

— Votre Altesse sait l'affection toute singulière que le roi mon maître lui porte, et cette disposition sera encore augmentée, s'il est possible, par ce procédé de Votre Altesse, qui se montre en cela bien digne des conseils qu'elle daigne recevoir de M. le grand-pensionnaire de Witt.

— J'aurai toujours beaucoup de plaisir, monsieur le comte, à recevoir des conseils de M. de Witt, et je désirerais aussi le fréquenter davantage; mais, puisque nous parlons de M. de Witt, seriez-vous assez bon, monsieur le comte, pour m'appuyer auprès de lui à propos de la demande que voici : Madame de Zuylistein, femme d'un de mes principaux domestiques, est Anglaise; or je voudrais l'excepter de la détermination que je prends à l'égard de ses compatriotes, et que les États-Généraux lui permissent de demeurer à La Haye ou dans une de ses terres de la province d'Utrecht; car sans cela, madame de Zuylistein s'en allant en Angleterre, M. de Zuylistein la suivrait sans doute, et je me verrais ainsi privé de deux personnes avec lesquelles je suis habitué depuis mon enfance. Pourrez-vous bien intercéder pour moi auprès de M. de Witt, afin qu'il fasse cette ouverture à la première assemblée des États, monsieur le comte ?

— Votre Altesse peut croire que je mettrai tous mes soins à lui prouver la passion que j'ai de la servir auprès de M. le grand-pensionnaire

— J'en suis convaincu, et je vous en sais un gré infini, croyez-le, monsieur le comte, — dit le prince. Puis, répondant au salut de M. de Croissy, il sortit accompagné de M. d'Estrades, qui le conduisit jusqu'à la dernière porte de son appartement.

Pendant toute cette conversation, M. de Croissy avait attentivement observé la figure du prince d'Orange, qui, chose étonnante pour un âge aussi tendre, était restée morne et glaciale, soit qu'il eût parlé de son admiration pour M. de Witt, ou de son désir de conserver M. de Zuylistein auprès de lui. Tout cela avait été dit d'une voix égale et sourde.

Sans doute que le prince s'aperçut de l'examen dont il était l'objet, car il ne jeta pas les yeux sur l'observateur opiniâtre, de qui le regard perçant, les gros sourcils, le teint brun et le front soucieux lui parurent sans doute un peu sauvages.

En effet, M. Colbert de Croissy, alors âgé de trente-six ans, avait, comme son frère, ce dehors de rudesse et de brusquerie bourgeoise que Louis XIV reprochait aux Colbert, et qui plus tard devinrent à la cour aussi proverbiales que leur courage et leur fermeté.

Malgré cette enveloppe abrupte, on reconnaissait pourtant à M. de Croissy un esprit singulièrement sagace, un jugement sain et droit, et une sorte d'appréciation des choses qu'il modifia plus tard, mais qui alors était si crue et si mathématique, qu'on admirait presque la brutalité cynique avec laquelle, dépouillant une négociation de ses pompeux entourages, il montrait à nu et de tous ses côtés *le fait réel*, ses prétentions et ses résultats, tel sordides qu'ils fussent. En un mot, c'était l'esprit exact du grand Colbert, qui ne connaissait que le chiffre et le total, exposant d'une manière nette et claire les procédés impérieusement voulus par la diplomatie de ces temps-là.

Mais cet esprit d'un positif si implacable était quelquefois caché sous une telle apparence de bonhomie et de rondeur, qu'il fallait se trouver profondément lié d'intérêt avec M. de Croissy pour le démêler à travers cette enveloppe quelque peu brutale.

Ces détails ne paraîtront pas superflus quand on verra toute l'influence de M. de Croissy, comme ambassadeur à Londres, lors de la guerre maritime de 1672 et 1673, et sa singulière administration lorsque plus tard il eut le département des affaires étrangères.

Quant à M. le comte d'Estrades, c'était un homme du plus grand monde tant par lui-même que par ses alliances, et qui avait été très-galant; il ne manquait ni de savoir ni de belles-lettres, était d'un commerce sûr, d'un noble caractère; et en toutes choses, les autres ambassadeurs comptaient fort avec lui. Il s'était surtout rompu aux affaires depuis l'acquisition de Dunkerque qu'il négocia en 1662, moyennant cinq millions donnés au roi Charles II, déjà très-besogneux.

On sait que cette vente indigna considérablement en Angleterre. Les communes se récrièrent beaucoup de voir sacrifier à de si misérables intérêts un port de mer de cette importance et acquis à tant de frais par Cromwell. Mais, comme disait gaiement le joyeux roi Charles, *the jovial king*, à son favori M. le duc de Buckingham : « Pourquoi diable, aussi, le parlement m'a-t-il refusé de l'argent? il n'avait qu'à parler plus tôt, moi je lui aurais cédé Dunkerque au même prix qu'au roi de France, et même à quelque chose de moins; car, par saint George, je suis un bon Anglais de la vieille Angleterre. »

Ce fut surtout l'extrême promptitude avec laquelle M. d'Estrades termina ce traité si avantageux pour la France qui en assura la réussite ; car le courrier chargé d'en porter la ratification à Londres rencontra vers le milieu de la Manche un envoyé qui avait ordre de rompre la négociation s'il en était temps encore.

Somme toute, M. le comte d'Estrades avait assez de secret et de manège pour les affaires ; il usait, aussi bien qu'ambassadeur au monde, de l'artifice et de la corruption pour arriver à ses fins ; mais il colorait ces ressources d'un si noble et si précieux langage, qu'il demeurait persuadé que rien n'était plus innocent en soi. Par suite de ces exagérations, il en venait aussi à prendre un peu trop sérieusement peut-être les instructions héroïques et déclamatoires de Louis XIV, ou plutôt de de Lionne, qui, nous l'avons dit, dans cette sape sourde et impitoyable qu'on appelle diplomatie, regardait les formules et la teneur des traités comme aussi peu valables en fait que ces formules de politesse qui dans le monde consistent à se proclamer les très-humbles serviteurs les uns des autres ; car, dit Louis XIV, dans ses instructions pour le dauphin, — « en se dispensant d'exécuter à la lettre les traités on n'y contrevient pas, parce qu'on n'a pas pris à la lettre les paroles d'un traité, quoiqu'on ne puisse employer que celles-là... comme il se fait dans le monde pour celles des compliments absolument nécessaires pour vivre ensemble, et qui n'ont qu'une signification bien au-dessous de ce qu'elles sonnent : ainsi, dans le traité avec l'Espagne, plus les clauses par où les Espagnols me défendaient d'assister le Portugal étaient extraordinaires, pleines de précautions et réitérées, plus elles marquaient qu'on n'avait pas cru que je dusse m'en abstenir; aussi ne m'en suis-je pas abstenu [1]. »

— Eh bien! monsieur, — dit l'ambassadeur, en rentrant dans son cabinet, — que pensez-vous de S. A. le prince d'Orange?

— Pardieu! monsieur, cela est encore tout plein du lait de sa nourrice, et c'est aussi calme, aussi impénétrable qu'un vieux juge, et cette façon d'aller au-devant de l'exigence de l'état à propos de ses domestiques anglais pour se faire un mérite du parti qu'on devait le forcer à prendre.... hé, hé, cela n'est déjà pas si mal avisé.... Mais cette Zuylistein qu'il veut garder en Hollande, qu'est-ce que cela?... on m'avait tant vanté l'austérité des mœurs de ce jeune mignon.

Le ton libre et presque grossier de M. de Croissy choquait évidemment M. d'Estrades, qui répondit avec beaucoup de sécheresse et de gravité :

— Et on ne vous a pas trompé, monsieur; Son Altesse le prince d'Orange est fort austère, et d'ailleurs madame de Zuylistein est une personne toute de bien et de très-haute qualité et vertu. Mais cela prouve la dissimulation naissante de Son Altesse, car à qui ne serait pas aussi bien averti que moi, il semblerait que Son Altesse ne tient à conserver M. de Zuylistein auprès de lui que pour avoir la compagnie de madame sa femme, tandis qu'au contraire toute sa frayeur est de voir déjouer par ce départ les cabales orangistes de M. de Zuylistein, homme fort dangereux, qu'on se gardera bien de laisser auprès de Son Altesse ; car il est plus que personne au monde dans les

---

[1] *Œuvres de Louis XIV*, vol. 1, p. 68, *Instruction pour monseigneur le Dauphin*.

intérêts de l'Angleterre, et fort peu le serviteur du roi notre maître.

— Ah çà! mais, et lui, monsieur le comte, cet impassible asthmatique, quels sont ses sentiments pour notre maître, malgré ses phœbus de tout à l'heure? — repartit M. de Croissy nullement intimidé par la gravité de M. d'Estrades.

— Je vous rapporterai, monsieur, un propos qui est échappé à Son Altesse; malgré sa réserve habituelle, même avec ses plus familiers, il a dit « qu'en bonne politique, la Hollande et l'Angleterre étaient les ennemies nées et irréconciliables de la France. »

— Cela prouve que le jeune perroquet a la mémoire bonne; mais j'avoue que ce qui m'étonne le plus, c'est son sang-froid, et le diable sait ce qu'il couve sous ces surfaces immobiles.

— En effet, Son Altesse est impénétrable, monsieur, impénétrable. Le grand-pensionnaire, M. de Witt, a tout fait pour en obtenir quelque marque de confiance; impossible, monsieur, jamais la moindre apparence d'entraînement ou de naturel; haine ou amitié, on semble n'éveiller rien en lui. En voici bien une preuve: M. de Witt, qui est un homme tout honneur et vertu, ne lui a pas caché que, dans l'intérêt de la république, il avait cru devoir demander et obtenir autrefois des États-Généraux, tant par sa propre influence que par celle de Cromwell, l'abolition perpétuelle du stathoudérat et de la capitainerie générale dont avait été investi Guillaume II, père de Son Altesse.

— Eh bien! monsieur le comte, cette voix si criarde de l'héritage a-t-elle été aussi muette?

— Si muette, monsieur, que le jeune prince se contenta de répondre qu'il trouvait juste que le bien des États ait passé avant l'intérêt privé; mais cela d'un ton si froid, si impassible, qu'il paraissait n'être pour rien dans l'affaire, alors que, pour lui, il s'agissait pourtant de rester privé de la presque souveraineté de la Hollande, et de demeurer aussi peu que le dernier de ces républicains.

— De tout cela, monsieur le comte, je suis tenté de croire que ce jeune homme compte singulièrement sur l'avenir de sa cause, car une telle indifférence, si elle était vraie, serait bien étrange.

— Mais voici, monsieur, quelque chose de plus extraordinaire encore. Un jour, M. le grand-pensionnaire de Witt raconta à Son Altesse, par parenthèse de leçon, comment son père, à lui Jacob de Witt, député de Dordrecht, ayant, au sujet de je ne sais quel impôt injustement perçu, fait une remontrance ferme, mais respectueuse, au père de Son Altesse, alors stathouder et capitaine général, ce dernier, irrité de cette liberté, fit emprisonner M. Jacob de Witt à Lowestein, au mépris de toute justice [1]. Aussi, dit M. de Witt à Son Altesse, c'est peut-être à cette illégale et fâcheuse atteinte portée par le prince votre père à la liberté de mon père à moi, simple député de Dordrecht, que Votre Altesse doit la perte de ses charges et de ses dignités jusqu'alors héréditaires. »

[1] Dans l'année 1650, Messieurs des États, voulant décharger leurs sujets de plusieurs taxes et impôts, prirent la résolution de congédier une partie de leurs troupes dont ils ne jugeaient pas avoir besoin dans un temps de paix. Cette résolution n'ayant pas plu à Guillaume II, prince d'Orange, il fit arrêter le 30 juillet de cette même année quelques-uns des seigneurs de l'assemblée des États de Hollande et de West-Frise. Voici comment ces Messieurs furent arrêtés à La Haye, pour de là être conduits au château de Lowestein. S. A. le prince Guillaume II manda auprès de lui quelques-uns des seigneurs, comme cela lui arrivait souvent, et entre autres Jacob de Witt, de la ville de Dordrecht, de Wal et Rennyl, de celle de Harlem. Ces Messieurs furent d'abord introduits l'un après l'autre par l'antichambre dans la salle où Son Altesse avait accoutumé de donner audience, et où ils trouvèrent le lieutenant des gardes nommé Muteren, qui leur annonça l'un après l'autre que Son Altesse lui avait donné ordre de se saisir d'eux et de les renfermer. Ce qu'il exécuta sur-le-champ en les mettant entre les mains de quelques soldats pour être enfermés chacun dans une chambre à part et pour être gardés à vue par trois soldats. Tout cela étant fait environ les huit ou neuf heures, Son Altesse envoya quérir le conseiller-pensionnaire Cat, qui, étant venu et étant entré dans la salle, y trouva le prince l'épée au côté, et qui lui dit : « Monsieur » Cat, vous serez surpris de ce que je viens de faire, et moi je vous dirai que » je n'ai pu souffrir plus long-temps que des gens malintentionnés pour le » bien et l'avantage du pays, aient fomenté les querelles et les divisions entre » des provinces de la Hollande et les autres. J'ai là-haut les prisonniers, et » j'ai envoyé le comte Guillaume avec de la cavalerie et de l'infanterie pour » se rendre maître d'Amsterdam ; allez avertir en bas l'assemblée des États » de Hollande que je marche en personne contre Amsterdam. » M. Cat fut fort stupéfait, et, demandant le nom des prisonniers, il déclara qu'ayant la mémoire faible il ne pourrait les retenir. A cela le prince répondit : « Écrivez- » les, » allant lui-même dans la galerie quérir une plume et de l'encre. Cependant M. Cat se regarda dans le miroir pour voir si la couleur lui était revenue, et, ayant écrit le nom des prisonniers, il demanda à Son Altesse pour quelle cause elle avait fait cela ; à quoi elle ne répondit autre chose, sinon qu'ils étaient des insolents. (*Manuscrit des Blancs-Manteaux.*)

— Eh bien! que dit notre dépossédé?

— Son Altesse répondit froidement comme toujours, qu'elle regardait alors comme doublement heureux que les fils fussent amis, puisque les pères avaient été ennemis.

— Comment! et rien de plus?

— Rien de plus.

— Rien de plus... allons, c'est clair comme le jour, le jeune mâtin attend pour mordre que les crocs lui soient poussés; l'avenir y pourvoira. Mais ce de Witt, monsieur le comte, ce de Witt, quel homme est-ce? et quand je dis quel homme, j'entends quel est son prix... sa valeur monnayée... ou monnayable? car franchement, monsieur le comte, le roi notre maître le croit assez à son service, mais voudrait l'y voir bien davantage; aussi M. de Lionne m'a-t-il commandé de vous dire d'acheter à tout prix ce grand-pensionnaire-là pour notre maître.

Le cynisme de M. de Croissy vint encore froisser M. d'Estrades, qui, nous l'avons dit, tout en usant des ressources de la corruption, aimait au moins à les déguiser. Aussi répondit-il d'un ton sec :

— M. de Witt est incorruptible, monsieur, et je croyais m'être donné l'honneur de mander à M. de Lionne que M. le grand-pensionnaire s'estimait heureux d'être utile au roi, mais qu'il n'attendait pas les marques particulières de la bienveillance de Sa Majesté pour se déclarer le plus passionné de ses serviteurs.

— Tenez, monsieur le comte, entre nous Sa Majesté aimerait mieux voir ce serviteur *pensionné* que *passionné;* aussi m'a-t-elle commandé de vous dire de porter ce que vous appelez les marques particulières de sa royale bienveillance à deux cent mille écus. Ainsi, nous ne pouvons manquer de nous attacher ce de Witt, car, pardieu! monsieur le comte, on aurait pour ce prix-là trois électeurs souverains et des plus indépendants.

— J'ignore, monsieur, le tarif de la conscience des électeurs souverains, mais je puis vous parler sciemment de celle de M. de Witt, et je vous répèterai encore ce que je me suis donné l'honneur de répondre à Sa Majesté en lui renvoyant les lettres de change qu'elle m'adressait. M. de Witt est incorruptible, tout à fait incorruptible, et non-seulement lui, mais encore les siens et son entourage.

— Mais deux cent mille écus, monsieur le comte, deux cent mille écus!

— Et que voulez-vous que l'on fasse de cent, de deux cents, de six cent mille écus, monsieur, quand on va par les rues, suivi d'un seul laquais, et qu'on n'a pas plus de train que le dernier marchand de cette république?...

— Mais, monsieur le comte, il y a d'autres jouissances que celles du luxe et de la grande chère. La jouissance de gouverner seul, sans criailleries, et presqu'en souverain, est fort charmante aussi. Eh bien! croyez-vous que si, moyennant ces deux cent mille écus, le de Witt croyait pouvoir ruiner la cabale qui lui est contraire, il ne le ferait pas, afin d'agir après cela selon sa guise comme un véritable bassa de Mauritanie? Non, non! croyez-moi, monsieur le comte, faites-lui cette ouverture sous ce jour, et vous verrez.

— Mais enfin, monsieur, qu'importe que l'assurance que je puis donner des sentiments de M. de Witt à l'égard des intérêts de Sa Majesté coûte ou non deux cent mille écus? car c'est là toute la question, ce me semble?

— Permettez, monsieur le comte, cela importe extrêmement. En bonne politique, quand un homme d'état se vend pour être dans nos intérêts, il y a tout lieu de croire qu'il sacrifie réellement le bien de son pays à nos vues; mais, quand il fait nos affaires pour rien, diable! il faut être sur ses gardes, monsieur le comte; car il y a cent à parier contre un que nos affaires passeront après celles de son pays, ou plutôt qu'elles lui sont immolées, parce que ce qui fait l'heur de l'un ne peut jamais faire l'heur de l'autre. Or, dans les conjonctures présentes, le roi notre maître voudrait qu'avant tout, et à quelque prix que ce fût, ses intérêts prévalussent. C'est pourquoi il allait jusqu'à deux cent mille écus, et même jusqu'à vous autoriser à promettre au sieur de Witt, ce que je ne vous avais pas encore dit, jusqu'à lui promettre le secours de son armée dans le cas où l'argent ne lui aurait pas suffi pour abattre la cabale orangiste. Or quand l'ambition ne s'étaie sur rien, c'est folie:

mais quand on a l'appui d'un roi de France, on peut tout oser, et à mon avis, monsieur le comte, il faudrait amener le de Witt à tout oser contre ce qu'il appelle la liberté de son pays, en lui faisant sonner haut le secours de notre maître ; de toute façon, le roi n'y peut que gagner, car... Mais, — dit M. de Croissy, en s'interrompant, — comme tout ceci est tellement du dernier secret, que Sa Majesté m'a dépêché pour vous le dire, permettez-moi de m'assurer qu'il n'y a ni fâcheux ni curieux dans le salon qui précède ce cabinet.

M. de Croissy, ayant pris cette précaution, continua :

— Mais tenez, entre nous, monsieur le comte, trouvez bon que pour être clair et précis je continue de parler sans ambage et sans ces tours verbeux et emphatiques qui ne sont bons qu'à obscurcir les faits.

— Je vous écoute, monsieur.

— J'ai à vous communiquer d'abord les intentions du roi, monsieur le comte, puis ensuite la négociation dont je suis chargé auprès de M. l'électeur de Brandebourg, afin d'avoir vos lumières sur quelques points. Quant aux volontés du roi, elles ont trait à trois de ses prétentions; voici la première :

Malgré sa renonciation expresse au traité des Pyrénées, malgré les assurances réitérées et contraires que Sa Majesté donne chaque jour aux Provinces-Unies, Sa Majesté est décidée à conquérir les Pays-Bas espagnols, et cela le plus tôt qu'il lui sera possible.

M. d'Estrades ne put retenir un mouvement.

— Cela ne vous étonne pas, monsieur le comte ; car le roi a tout prévu, jusqu'à la validité des droits qu'il a sur ces pays... Un nommé Duhan, secrétaire de M. de Turenne, ayant par hasard étudié la coutume de Flandre, s'est souvenu et a dit à son maître qu'il y avait dans cette législation un certain droit de *dévolution*, par lequel *les enfants du second lit sont exclus de la succession par les enfants du premier, sans que les mâles du second excluent les filles du premier.* Rien n'était plus à propos, j'espère. Avouez que ce mons Duhan était un habile drôle.

— Mais cette coutume est de Flandre, monsieur...

— Et justement, cela se rencontre à merveille, monsieur le

comte. Comme ce que le roi veut conquérir est la Flandre, il la prend au nom du droit qu'on y professe. Est-il quelque chose de plus naturel et de plus équitable? D'ailleurs, il y a eu une assemblée de théologiens et de légistes qui approuvent que, pour cette fois, le droit des nations soit réglé par le droit civil; et puis d'ailleurs, outre cette assemblée-là, il y en a encore une composée de soixante-dix mille autres légistes armés de bons mousquets qui allégueront, eux, le droit du plus fort. Or, une prétention appuyée sur le droit civil et sur le droit du mousquet me paraît à moi toujours assurée, et surtout valable ; mais l'important, pour que cette prétention réussisse, est le secret, et pour cela, monsieur le comte, M. de Lionne veut que, par tous les mensonges et toutes les fourberies imaginables, vous éloigniez de la vision de ce M. de Witt les projets de Sa Majesté sur les Pays-Bas.

— Monsieur de Croissy! dit vivement M. d'Estrades.

— Je me suis donné l'honneur de vous dire, monsieur le comte, que je serais clair ; or, je ne fais autre chose, en appelant mensonges et fourberies les bourdes et faussetés que nous débitons à qui mieux mieux pour tromper ceux avec lesquels nous avons à négocier, quand toutefois il y va de l'utilité du service de notre maître, parce qu'après tout la fin justifie les moyens, dit l'Écriture. Je continuerai donc, s'il vous plaît. M. de Lionne m'a encore ordonné de vous dire, monsieur le comte, qu'il fallait à tout prix faire durer le plus long-temps possible la guerre entre cette république et le roi Charles, parce qu'à l'abri de cette guerre, Sa Majesté faisait impunément, sous les yeux de l'Europe, ses préparatifs contre la Flandre espagnole [1] ; aussi, en cas de paix avec l'Angleterre, le roi

---

[1] « Je me résolus donc à la guerre, pensant que, sous le prétexte de la
» guerre d'Angleterre, je disposerais mes forces et mes intelligences à com-
» mencer plus heureusement celle de Flandres ; que le temps du délai que je
» prendrais, bien loin de porter préjudice à mes prétentions, me pourrait
» offrir des conjonctures très-avantageuses, et qu'on attendant je pouvais dis-
» poser les affaires d'Allemagne de telle sorte que les Espagnols en tireraient
» peu de secours ; que, sous prétexte de la guerre d'Angleterre, je travaille-
» rais de toutes parts à nouer des intelligences et à mettre sur pied des forces
» capables d'exécuter tout ce que je voudrais entreprendre ailleurs. » (*OEuvres de Louis XIV. Instructions pour monseigneur le duc de Bourgogne*, année 1666, vol. 2, p. 44.)

vous enjoint-il de susciter immédiatement d'autres ennemis à ses fidèles alliés des Provinces-Unies, afin qu'il puisse continuer ses armements sous le semblant de secours qu'il doit à ces républicains une fois attaqués.

— Mais cet ennemi, monsieur ?

— Quant à cet ennemi, monsieur le comte, M. de Lionne pense qu'il n'en est pas de meilleur à susciter à nos fidèles alliés que le belliqueux prélat de Munster, qui leur fait maintenant la guerre comme domestique de l'Angleterre; M. de Lionne sachant que dans cette hypothèse de paix, pour quelques milliers d'écus, le digne ecclésiastique recommencerait la guerre tout aussitôt et tout aussi bien comme domestique secret du roi de France, parce qu'avant tout ce que veut ce Van-Galen, ce sont quelques subsides pour entretenir son sérail de Munster et ses heïduques sur un pied honorable. Or, l'occasion se présentant, il n'y faudra pas; car pour faire attaquer à prix d'or un ami ou un ennemi à l'improviste, il n'y a pas un bravo de Rome qui vaille cet évêque cupide et matamore, toujours prêt à dégaîner ses cinq mille cavaliers.

— Sa Majesté a raison de compter sur monseigneur l'évêque de Munster; car, en effet, ce seigneur ecclésiastique se dévoue à qui se montre reconnaissant de son dévouement, et il n'aurait tenu qu'à M. de Witt de le compter parmi ses amis; mais, quoi que j'aie dit, il a cédé aux criailleries de ces réformés au sujet du papisme; aussi a-t-il eu grand tort de se laisser aller à cette faiblesse... Après cela, je le conçois, car le fils d'un avocat de Dordrecht ne peut pas avoir la fermeté d'un homme de qualité [1].

— Vertubleu! monsieur le comte, combien je sais gré à mon père d'avoir été marchand de draperies à Reims! car je vois que s'il eût été simple avocat, vous douteriez furieusement de ma fermeté.

— Monsieur, je ne faisais aucune application dans ceci.

— Pardieu, monsieur le comte, je le sais bien, ni moi non plus.

— Mais revenons aux ordres de M. de Lionne : vous con-

---

[1] *Lettres* de d'Estrades, février 1666.

naissez les vues du roi sur les Pays-Bas, il me reste à vous entretenir des deux autres prétentions de Sa Majesté : la première regarde le trône de Pologne, qu'il veut donner à M. le duc d'Enghien [1], car madame Anne-Marie de Gonzague a promis à Sa Majesté d'user de son influence sur l'esprit du roi Casimir pour engager le bonhomme à abdiquer en sa faveur. En outre, M. le prince entrerait en Pologne à la tête de cinq cents chevaux et de six mille hommes pour soutenir l'élection de M. son fils, déjà presque assurée ; car Sa Majesté a corrompu la plupart des seigneurs. Maintenant Sa Majesté voudrait que ces troupes destinées à agir en Pologne, y entrassent en passant par le territoire des Provinces-Unies.

— Je doute, monsieur, que cela soit praticable. Ces républicains ont tellement frayeur des troupes armées, que bien qu'ils continuent de payer la solde des dix mille hommes que le roi notre maître leur devait fournir d'après le traité, ils s'opiniâtrent à ne vouloir maintenir dans leur pays que quatre mille de nos soldats, et encore diminuent-ils chaque jour ce nombre, malgré les réclamations de M. de Pradel, et l'effroi que leur inspire monseigneur l'évêque de Munster.

— Et pourtant, monsieur le comte, Sa Majesté a compté sur cet effroi pour déterminer la république à donner passage à son armée ; car, voulant tenir secret son projet sur la Pologne, il le dévoilerait du moment où il y enverrait ses troupes par mer, au lieu que les faisant arriver par terre jusqu'à Lubeck pour Dantzig, on ne pourra tout au plus deviner son dessein que lorsqu'il sera presque exécuté. Une autre considération tout aussi grave exige encore le passage de l'armée française sur le territoire de ces républicains ; c'est que, dans le cas où la prétention de Sa Majesté sur la Pologne ne pourrait s'effectuer immédiatement, les troupes de notre maître, une fois en Hollande, n'auraient plus qu'un pas à faire pour se jeter dans les Pays-Bas en cas d'une invasion en Flandre, et gagneraient ainsi de vitesse l'armée de l'empire, qui aurait mille peines à tra-

[1] « Je fis payer dans ce temps-là 25,000 écus pour les arrérages de certaines pensions que je donnais à quelques seigneurs de ce royaume, de qui les suffrages me pouvaient servir à mettre un jour la couronne de Pologne sur la tête d'un prince de mon sang. » (*Mémoires de Louis XIV*. 1665.)

verser des états dont les gouvernements sont vendus à Sa Majesté.

— Je conçois à merveille ces nécessités, monsieur ; mais encore une fois je redoute la répugnance de ces gens-là à recevoir des troupes étrangères chez eux.

— C'est pourquoi Sa Majesté vous recommande, monsieur le comte, de leur exagérer outre mesure les forces de ce diable d'évêque et le danger des pilleries et monstruosités qu'il peut se mettre en goût de commettre, et l'avantage que la république aurait à voir terminer cette guerre. Quant à ce de Witt si insupportable, Sa Majesté pense qu'il serait possible de l'amener à favoriser le passage des troupes en lui promettant leur appui dans le cas où il voudrait usurper une puissance plus étendue que la sienne. Cette épreuve sera décisive ; s'il accepte, il est à notre maître ; s'il réussit, il est encore plus à lui ; s'il se perd, qu'importe ? le temps d'agir contre la Flandre et peut-être contre la Hollande sera venu, et les troupes du roi occuperont le pays ; si, au contraire, ce de Witt refuse, il devient alors plus que l'ennemi de Sa Majesté qui vous commande d'aider à le renverser, espérant trouver une créature plus à sa discrétion.

— Cette voie est à tenter, monsieur, et j'avoue qu'il y aurait des chances pour trouver un grand-pensionnaire plus dévoué à Sa Majesté ; mais dans le cas où ces républicains s'opiniâtreraient à refuser l'intervention de Sa Majesté au sujet de la guerre de Munster ?

— Dans ce cas, monsieur le comte, Sa Majesté veut que, faisant sentir à ces vils trafiquants combien ils sont indignes de ses bontés, vous préveniez ce de Witt que le roi enverrait alors les troupes qu'il leur destinait au secours de Casimir, attaqué par Lubomirski et ses rebelles ; mais que, par le fait même de la déclaration de guerre contre la Grande-Bretagne, Sa Majesté s'étant privée de la facilité d'envoyer ses troupes par mer, il compte bien qu'il lui sera loisible de les diriger par terre, en passant sur le territoire de la république par l'Ost-Frise, le duché de Mecklembourg et le comté d'Embden jusqu'à Lubeck, pour Dantzig, et que Sa Majesté entend aussi avoir une place-forte de la république, Wesel, pour couvrir son armée dans le cas où les affaires de Pologne ne nécessitant pas immédiatement son intervention dans ce royaume, les troupes françaises seraient obligées de séjourner quelque temps sur le territoire de la république; de cette façon nous arriverons toujours au même but, car l'important est de faire entrer l'armée de Sa Majesté en Hollande. Aussi ce prétexte de la révolte de Lubomirski est-il excellent pour cela, si la proposition de Munster les effrayait trop; car ce n'est, après tout, qu'un simple passage qu'on leur demande dans le premier cas.

— Quoique je sache l'éloignement prononcé de M. de Witt pour tout passage de troupes, et surtout pour l'abandonnement d'une place forte, je pourrais encore espérer de lui faire envisager ces choses comme très-favorables aux intérêts de la république; mais les assemblées de ces gens-là sont tumultueuses et récalcitrantes, et, bien qu'un bon nombre de leurs députés aient à se louer des bontés de Sa Majesté, ils se câbreront à cette proposition [1].

— S'ils se câbrent, monsieur le comte, le roi est certain de l'habileté avec laquelle vous leur serrerez la gourmette. Maintenant il s'agit de la troisième et dernière prétention du roi notre maître, à laquelle se rattache aussi la mission dont je suis chargé près de l'électeur de Brandebourg : cette dernière prétention regarde la couronne impériale, ce friand morceau que François Ier, Henri IV et Louis XIII ont tant guigné, et que feu M. le cardinal [2] voulait si fort servir à notre maître, qui,

---

[1] « J'avais donné ordre à mon ambassadeur de distribuer de l'argent aux principaux députés des Provinces-Unies et même dans les villes particulières, pour me rendre maître des délibérations et du choix de leurs magistrats, croyant avoir intérêt d'un user ainsi pour éloigner de toutes les charges publiques ceux de la faction du prince d'Orange, que je connaissais pleinement dévoués aux volontés du roi d'Angleterre. » (*Mémoires historiques de Louis XIV*, 1666.)

[2] Mazarin écrivait au comte de Vagnée : « Je dois vous dire que si, par des raisons et des difficultés que nous ne concevons pas, ni M. de Bavière, ni M. de Neubourg, ne pouvaient parvenir à l'empire, alors quoique le roi n'ait aucune ambition pour la couronne impériale, Sa Majesté se trouverait nécessitée, pour ce qu'elle doit à son état et au bien commun, de faire tous ses efforts pour l'obtenir. » Il écrivait encore à MM. de Grammont et de Lionne : « En cas qu'il fût impossible d'élever à l'empire le duc de Neubourg et qu'il se trouvât vrai que lui et l'électeur de Brandebourg voulussent plutôt que le roi fût empereur, il faudrait s'appliquer à cela avec grande modestie, témoi-

vous le voyez, en a le même appétit. La santé si chancelante de l'empereur Léopold rend chaque jour une réélection plus certaine. Aussi, Sa Majesté, déjà sûre des voix de quatre électeurs, m'envoie auprès de M. l'électeur de Brandebourg pour acheter d'abord son suffrage qu'il livrera à la mort de Léopold, puis sa promesse de lever dix mille hommes pour appuyer la conquête des Pays-Bas; les dix mille hommes seront entretenus sous le prétexte d'assister les Provinces-Unies, toujours contre le prélat et ses éternels cinq mille cavaliers. Quant à moi, je crois avoir beaucoup de chances pour réussir auprès de M. l'électeur; car une femme qui avait été à madame l'électrice m'a assuré de deux choses : que M. de Brandebourg était considérablement le serviteur de madame sa femme, et que madame sa femme aimait non moins considérablement les pierreries, les meubles précieux et toutes sortes d'autres magnificences; aussi ai-je prié le roi de me laisser entamer la négociation par un beau fil de perles ou un diamant de prix, que je vais chercher ce matin même chez un de vos Crésus de La Haye [1]. Une autre bonne chance m'est encore venue; j'ai su par Ruvigny qu'un certain comte de Schwerin avait beaucoup de part aux

gnant que Sa Majesté n'avait aucune ambition, néanmoins qu'elle céderait s'il n'y avait d'autre moyen d'exclure la maison d'Autriche. »

[1] Cette lettre de Colbert montre que Louis XIV trouva la proposition de M. de Croissy raisonnable, mais qu'il ne jugea pas le présent assez complet.

» A M. Colbert de Croissy, maître des requêtes, 18 février 1666.

» Le roi a fait partir, sous la conduite du sieur Duru, qui a esté à feu monseigneur le cardinal, lequel vous connoissez, un fort beau présent pour madame l'électrice de Brandebourg, consistant en une chambre entière, composée d'un lit, chaises, tapisseries, d'un miroir et de deux grands guéridons d'argent, de sorte que vous verrez que Sa Majesté a prévenu la nécessité en laquelle vous estimiez que l'on étoit de faire un régal considérable à cette princesse; ainsi vous jugerez bien qu'il ne s'agit pas d'un diamant de prix ni d'un collier de perles, et qu'il faut révoquer l'ordre que vous aviez donné en Hollande. Quant à la distribution de l'argent, je me remets à ce que M. de Lionne vous en fera savoir, qui est qu'en un mot il sera bon de donner quelque chose à Schwerin et non à d'autres; cependant la négociation dans laquelle vous êtes entré estant à présent une des plus délicates et des plus importantes de toute l'Europe, vous devez vous appliquer uniquement à la bien conduire et n'avoir pas la moindre inquiétude du temps de vostre retour, auquel il est bon que vous ne pensiez pas que lorsque le service du roi vous le permettra. » (*Dépêches de la marine.* 3 premiers mois 1666, p. 216, vol. 17. Archives de Versailles.)

conseils de cet électorat, et j'ai demandé à Sa Majesté quelques milliers d'écus pour le Schwerin qui, dit Ruvigny, est de fort grand jeu et de fort grande chère [1].

Et d'ailleurs, monsieur le comte, permettez-moi de vous lire la dernière lettre que M. de Lionne m'a écrite, et vous aurez la bonté de me dire, vous qui connaissez l'entregent de cette petite cour, s'il n'a rien omis dans ses indications; — et de Croissy, fouillant dans son sac, en tira la dépêche suivante [2] :

« Le roi, apprenant que nos bons amis les Anglais envoyaient cent mille livres pour être distribuées dans l'électorat de Brandebourg, a eu la pensée d'envoyer l'ordre à monsieur votre frère de vous adresser une lettre de change de cent mille livres que vous distribuerez pour la plus grande utilité du service du roi notre maître; mais, pour ne pas courir deux risques, l'un de perdre l'argent sans aucun fruit, l'autre qu'on ne se moque de nous à Clèves ou à Oxford, je serais assez d'avis que vous ne fissiez pas payer un sou que le traité ne soit signé et ratifié.... »

— Et M. de Lionne agit fort sagement, monsieur. Ainsi ai-je fait lorsque S. M. B. Charles me demandait des avances sur le prix de Dunkerque avant la signature de la vente.

— Et soyez sûr, monsieur le comte, que le joyeux roi Charles se fût arrangé fort de garder Dunkerque et de mettre la main sur vos millions, ainsi qu'il a voulu faire dernièrement pour la dot de la reine de Portugal, à ce que m'a dit Ruvigny; mais je continue, et voici le plus curieux de la lettre de M. de Lionne, un petit tarif explicatif de la conscience des gens de delà.

« On m'a chargé encore de vous donner le plus de lumière que je pourrai sur les principaux personnages de la cour de l'électeur, et que voici : « Madame l'électrice, qui aime fort la magnificence, a grand crédit sur monsieur son mari, plus par ses douces insinuations que par la qualité de son esprit.

---

[1] « Je n'oubliai pas d'acquérir par des subsides les suffrages des princes d'Anhalt et M. de Schwerin, qui avaient la principale part aux conseils de la cour de Brandebourg, et, moyennant 22,000 écus partagés entre eux, ils me servirent depuis avec tout le succès que j'en pouvais espérer. » (*OEuvres de Louis XIV*, 1666, vol. 2, p. 43.)

[2] Archives des Affaires étrangères. — *Brandebourg*. — *Supplément*, 1666.

Je ne sais pas bien au vrai si madame sa mère, la douairière d'Orange, aura conservé le sien autant et aussi grand qu'elle l'avait sur l'esprit de cette princesse. C'est une circonstance à vérifier à La Haye. Le baron de Schwerin, qui fait la principale figure dans le ministère (si ce n'est que le prince d'Anhalt, qu'il a voulu y associer, l'en ait débusqué), est en tout dépendant de l'électrice; ledit baron est encore tenu pour fort Autrichien, fort intéressé, et pour un homme qui n'a pas de grandes lumières; je sais qu'il a reçu, il y a sept ou huit ans, en une seule fois, un régal de quatorze mille écus comptant que lui fit la maison d'Autriche, et je crois bien savoir que depuis ce temps-là il n'a rien eu d'eux (non par défaut de bonne volonté), non plus que l'électeur à qui don Luis de Haro, aux conférences des provinces, promit positivement, et parlant au baron de Bumenthal et par écrit : que le roi d'Espagne lui ferait payer annuellement cent mille écus, dont ledit électeur n'a pas depuis ce temps-là touché un seul, ce dont on le dit fort piqué. Le prince d'Anhalt a à peu près les mêmes qualités d'Autrichien et d'intéressé que ledit baron de Schwerin. L'électeur avait à Francfort, lorsque nous y étions, trois ambassadeurs dont le chef était le prince Maurice, aujourd'hui général de l'armée des États; les deux autres étaient le sieur Jona et le sieur Albiez : nous gagnâmes par argent ces deux derniers en donnant à chacun six mille écus; moyennant quoi le prince Maurice, sans en savoir la cause, se vit en toutes rencontres forcé dans ses opinions, quand il s'agissait des intérêts du roi. Or, ce Jona est aujourd'hui chancelier de l'électeur; c'est un petit fourbe, mais homme à tout faire pour de l'argent, pourvu que dans les offres on sauve sa pudeur. Je commençai à l'engager à moi par un voyage que je lui fis faire auprès de Sa Majesté, et, suivant le prétexte de lui en faire défrayer la dépense pour qu'elle ne tombât pas sur sa bourse, je lui fis prendre six cents écus, qu'il eut d'abord grand'honte d'accepter, car il me fit dire que *j'avais eu sa virginité;* cette tentative me donna l'idée d'autres offres, qui réussirent bien. Il y a aussi à cette cour le sieur de Polnitz, capitaine des gardes de l'électeur, qui a été nourri chez M. de Turenne, fort galant homme et qui témoigne être très-affectionné au roi, mettant néanmoins la satisfaction de son maître avant toute chose : *on ne le gagnera pas par de l'argent, et je crois qu'il se tiendrait offensé qu'on lui en fît la proposition... mais je crois qu'on peut lui faire accepter quelque régal de pierreries, si l'affaire réussit.* Le baron de Bumenthal est le beau-fils de Schwerin, et se laissera plus toucher encore que Polnitz à l'espérance d'une gratification, *ne fût-elle même pas en pierreries.* Enfin, quant au subside demandé par l'électeur lui-même, tout en lui ôtant l'espoir d'y compter comme rémunération de sa déclaration en faveur des Provinces-Unies, à laquelle il est et demeure obligé, vous lui ferez connaître néanmoins que Sa Majesté lui accorderait ce subside et même davantage, s'il voulait entrer en d'autres plus grands engagemens pour les propres intérêts du roi, et lui donner ses troupes pour les faire agir pour son service à propos des visées que vous savez [1]. » Or, ces visées sont l'invasion de

[1] En effet, la très-importante mission de Colbert de Croissy, auprès de l'électeur de Brandebourg, ainsi que celle des deux Furstemberg auprès des princes de l'Empire, avaient pour but d'engager les électeurs, non-seulement à refuser le passage sur leurs états aux troupes de l'empereur, mais encore d'empêcher qu'elles ne passassent le Rhin pour aller défendre la Flandre contre Louis XIV. On voit d'ailleurs sur cette lettre de Colbert à de Lionne, datée du 12 février 1666, que la corruption avait porté ses fruits et que le traité avec l'électeur était sur le point d'être signé.

« Je dis à M. de Schwerin que je vous avais annoncé, monsieur, qu'il m'avait donné de si bonnes paroles pour la conclusion du traité que Sa Majesté vous avait ordonné de témoigner efficacement au sieur de Schwerin la considération que Sa Majesté faisait de sa personne en lui faisant accepter un régal de dix mille écus. Je ne vous dirai pas tous les compliments que j'ai reçus de Schwerin. J'en ai usé avec un peu plus de détours avec M. le prince d'Anhalt, qui a fini par accepter un régal de douze mille écus ; et à l'égard de madame l'électrice, comme ces deux messieurs, qui sont ses créatures, m'avaient fait entendre qu'un diamant de dix mille cinq cents écus lui plairait fort, j'ai fait agréer au sieur de Schwerin qu'il me donnerait un orfèvre qui sert la maison de Brandebourg, pour aller voir un diamant de ce prix qu'on a fait voir à M. Dumaz, et, s'il se trouve tel qu'on le dépeint, je le ferai payer ; sinon je laisserai l'argent pour être employé à ce qui sera le plus agréable à madame l'électrice Quand même le présent dont on m'a écrit serait venu, je n'aurais pas pu ménager celui-ci, car comme on a eu vent ici que j'avais pouvoir de distribuer jusqu'à cent mille livres, si l'on eût ménagé quelque chose, cela eût produit un méchant effet. Et si l'autre présent arrive pour madame l'électrice, ce sera un surcroît de libéralités qui, joint à la vénération qu'on a dans cette cour aussi bien que dans toute l'Europe pour notre grand monarque, peut être utile pour la conclusion du traité que j'espère vous envoyer bientôt. » (*Aff. étrang., Brandebourg.* 1666.)

la Flandre, ainsi que vous le savez aussi, monsieur le comte. Maintenant, bien que cette instruction soit fort détaillée, comme vous voyez, n'auriez-vous pas quelque connaissance plus particulière des faiblesses de ce Brandebourgeois-là?

— Non, monsieur, si ce n'est que M. le prince d'Anhalt est un terrible chasseur, et qu'il a pour courre le cerf une des plus belles meutes qui se puissent imaginer; mais ce goût, dit-on, l'a fort endetté, de même que la grande chère de M. de Schwerin lui a beaucoup dépensé.

— Bénis soient donc la meute du prince d'Anhalt et le cuisinier de M. de Schwerin, monsieur le comte, et bénis soient généralement les défauts, les goûts et les passions de ceux avec qui nous avons à traiter; car rien ne simplifie davantage une négociation qu'un désir bien immodéré, bien cuisant, qu'on peut satisfaire à condition; et, tenez, sans aller plus loin, c'est l'histoire du joyeux roi Charles, notre si peu offensif ennemi; que n'en obtiendrait-on pas, grâce à son besoin insatiable d'argent qu'irrite encore l'impertinent mauvais vouloir de son parlement! Quelle cire à manier qu'un tel roi pour un ambassadeur qui peut disposer de quelques écus! Hélas! monsieur le comte, et dire que nous allons déclarer la guerre à un si commode ennemi, véritable courtisane qui ne sait rien refuser à qui la paie, et qui pourtant n'a rien à elle, donnant et dissipant tout jusqu'au dernier ducaton; encore une fois, monsieur le comte, je gémis en pensant que d'un moment à l'autre vous pouvez recevoir cette déclaration de guerre.

— J'avoue, monsieur, que je m'étonne de ne l'avoir pas encore reçue d'après l'avis surtout que vous m'avez donné, et aussi d'après ce que Sa Majesté m'a écrit au sujet de la jonction de la flotte de S. A. M. le duc de Beaufort.

— Tenez, monsieur le comte, je n'ai pas le talent divinatoire de Nostradamus, et pourtant je puis vous prédire, moi, que les vents et les empêchements seront si furieux que cette jonction n'aura pas lieu.

— Je ne comprends pas ce que vous voulez dire, monsieur, car je me remets aux dépêches de Sa Majesté qui me fait part des ordres qu'elle a donnés à S. A. M. le duc de Beaufort.

— Eh bien! gageons, malgré vos dépêches, monsieur le comte, que la flotte *du roi des Halles* n'aura rien de commun avec celle des *meynhers* de Hollande.

— Nous verrons bien, monsieur.

— Vous verrez bien, monsieur le comte. Attaquer ce bon roi Charles, est-ce donc possible? un excellent futur allié qui, poussé à bout par les refus de son parlement, nous arrivera pieds et poings liés comme lors de la vente de Dunkerque.

— Le fait est qu'alors je n'eus qu'à me louer de la facilité de Sa Majesté de la Grande-Bretagne, car trois mois après la vente, les cinq millions qu'elle en avait tirés étant dissipés, Sa Majesté Britannique me fit l'honneur de m'ordonner de demander au roi mon maître s'il voulait lui acheter son titre de *Roi de France*[1], et que dans cette occurrence il le lui céderait pour cent mille écus. A cela Sa Majesté répondit que cent mille écus étaient trop peu, et qu'elle lui proposait en échange *sa royauté de Navarre;* enfin Sa Majesté de la Grande-Bretagne descendit jusqu'à cinquante mille livres que mon maître ne voulut pas même donner.

— Et de pardieu! il avait raison, car le bon roi Charles l'eût donné pour un écu, et y eût-il encore gagné. Eh bien, monsieur le comte! avouez donc que le roi notre maître aurait tort de sacrifier les immenses avantages que peut lui procurer l'alliance aveugle d'un aussi facile compagnon à l'alliance rogue et soupçonneuse de ces grossiers républicains; en un mot notre maître, selon moi, ne peut rester long-temps l'allié des Provinces-Unies, et ne le restera pas plus de temps qu'il ne lui en faudra pour achever ses préparatifs contre la Flandre; car une fois le masque levé, croyez-vous pas, monsieur le comte, que ces républicains verront d'un bon œil les prétentions de notre maître sur les Pays-Bas, tandis que le roi Charles l'y aiderait de toutes ses forces, s'il savait y gagner quelques milliers de louis?

— Je sais que Sa Majesté de la Grande-Bretagne n'y préten-

---

[1] Voir les négociations d'Estrades. On sait que le roi d'Angleterre portait alors ce vain titre.

drait pas un pouce de terrain, Sa Majesté me l'écrivait il y a deux ans [1].

— Eh bien! monsieur le comte, comparez donc ces deux alliances, car, encore une fois, le beau d'une alliance est de dominer assez dans le pays auquel on se joint pour l'utiliser à vos intérêts ; ici cet espoir est nul d'après l'intégrité, hélas! maintenant trop connue de ce de Witt, et d'après l'éloignement tout aussi probable de cabale orangiste pour la France dans le cas où le parti de Witt succomberait ; tandis qu'en Angleterre tout

[1] En effet, dès 1664, Louis XIV écrivait à M. d'Estrades, son ambassadeur auprès des Provinces-Unies :

« Cependant, je vous avoue que je me trouve dans un grand embarras, considérant que si j'exécute le traité de 1662 avec cette république, je ferai un grand préjudice à mes principaux intérêts, et cela pour des gens dont je ne tirerai non-seulement aucune assistance, mais que je trouverai contraires dans le seul cas où j'aurai besoin de les avoir favorables, et alors les assistances que je leur ai données tourneront contre moi-même. Outre cela, je perds l'Angleterre qui est sur le point de se lier étroitement avec les Espagnols sur le même sujet, en cas que je rejette ses offres, et ses offres sont, je puis bien vous le conter en secret, la carte blanche en tout ce que je pourrai désirer pour les Pays-Bas, sans même y prétendre un pouce de terre pour elle. D'ailleurs le roi d'Angleterre me suggère lui-même des moyens pour me dispenser avec honneur de secourir les Hollandais. Il prétend qu'ils sont les agresseurs, et je ne mets pas en ligne de compte le tour que la république m'a joué à Munster. Tout ce que je vous mande doit demeurer en vous seul. »

Plus tard enfin, en 1670, écrivant ses instructions pour monseigneur le duc de Bourgogne, Louis XIV dit, à propos de la déclaration de guerre qu'il avait dû faire en 1666 contre l'Angleterre, et de ses desseins contre l'Espagne dans les Pays-Bas :

« J'envisageois le dessein de ces deux grandes guerres. Mais, pensant à mon intérêt propre, je considérois que le bien de mon royaume ne permettant pas que je m'exposasse aux caprices de la mer, je serois obligé de tout commettre à mes lieutenants, sans pouvoir jamais agir en personne ; et qu'ayant à se déterminer à la guerre, il valoit mieux en faire une où il y eût quelque profit apparent et jeter mes troupes en Espagne que de porter mes efforts contre des insulaires sur qui je ne pouvois presque rien conquérir qui ne me fût onéreux ; qu'entreprenant les deux guerres à la fois, la république m'en serviroit mieux contre l'Espagne pour être appuyée de moi contre l'Angleterre. Au lieu qu'étant tout à fait hors de danger la république craindroit peut-être plus l'augmentation de ma puissance qu'elle ne se ressouviendroit de mes bienfaits. »

Et ailleurs : « Ce qui me décida à cette déclaration, c'est que j'envisageois aussi que, sous le prétexte de la guerre d'Angleterre, je travaillerois de toutes parts à nouer des intelligences, et à mettre sur pied des forces capables d'exécuter tout ce que je voudrois entreprendre ailleurs. » (*Mém. hist. de Louis XIV*, an 1666.)

peut être à la discrétion de notre maître. Car, pardieu! pour un million de livres, le joyeux Charles lui vendrait jusqu'au grand saint George son patron, s'il avait le malheur de se laisser choir du paradis; et vous voulez, monsieur le comte, que pour soutenir ces républicains contre ce futur allié si commode, notre maître aille risquer le peu de vaisseaux qu'il possède dans une pareille guerre, quand, avec l'aide des vents contraires, il peut retenir tranquillement sa flotte dans ses havres, pendant que sous ses yeux deux marines puissantes et formidables, qui seront toujours ses rivales ou ses ennemies, s'extermineront à qui mieux mieux... comme elles ont déjà fait. Entre nous, monsieur le comte, il faudrait être fou pour opérer cette jonction, toujours à mon avis, bien entendu, ne préjugeant rien sur la volonté et les desseins de notre maître; enfin, selon moi, la déclaration de guerre à l'Angleterre ne sera qu'une vaine formalité, et la jonction de la flotte du roi de France à celle de ces trafiquants républicains qu'une aussi vaine promesse. Le temps prouvera si je me trompe, monsieur le comte..

A ce moment on entendit gratter à la porte du salon qui précédait le cabinet. M. d'Estrades alla lui-même ouvrir et revint avec des dépêches qu'un courrier apportait de France; il décacheta et dit :

— Ah! c'est la déclaration de guerre de S. M. contre l'Angleterre et l'édit de M. le duc de Beaufort. Je vais de ce pas communiquer ces pièces à M. le grand-pensionnaire de Witt, et lui annoncer la future jonction de la flotte de notre maître à celle de MM. des états.

— Ah! le bon billet qu'a La Châtre! s'écria M. de Croissy.

M. d'Estrades demanda ses gens pour se rendre en cérémonie chez le grand-pensionnaire de Hollande.

CHAPITRE IV.

M. le grand-pensionnaire Jean de Witt. — M. Corneille de Witt, son frère, ruart de Putten. — Portrait de Jean de Witt. — Ses filles Agnès et Marie. — Entrevue de l'ambassadeur de France et du grand-pensionnaire. — Communication de la déclaration de guerre et de l'ordonnance de M. le duc de Beaufort. — Demande de M. d'Estrades, relativement au commandement en chef de l'escadre. — Discussion et refus au sujet du passage et du séjour des troupes françaises en Hollande. — Vues généreuses de M. de Witt sur les Pays-Bas espagnols.

D'après tous les témoignages contemporains, et au dire même de leurs ennemis les plus déclarés, les deux frères Jean et Corneille de Witt, qui se dévouèrent très-jeunes au service de la république hollandaise, réunissaient les plus solides et les plus éminentes vertus. Tous deux étaient fils de Jacob de Witt, homme renommé pour son patriotisme, et qui fut, on le sait, le principal chef du parti républicain, dit de Lowestein.

Corneille de Witt, l'aîné, naquit en Hollande, à Dordrecht, l'année 1623, deux ans avant son frère, et fut nommé à vingt-cinq ans député de cette ville, et ruart de Putten, c'est-à-dire inspecteur général des digues dans le bailliage de Putten. Il partageait les opinions politiques de son frère, comme il avait partagé ses profondes études et ses voyages instructifs dans toutes les parties de l'Europe. Tous deux avaient été élevés par leur père dans la haine du pouvoir militaire, et dans la conviction profonde que l'état républicain étant le gouvernement qui convenait le mieux aux intérêts des Provinces-Unies, il fallait continuer de ruiner l'ancienne influence de la maison d'Orange, et maintenir l'abolition du sthathoudérat héréditaire dans cette famille, charge civile qui, jointe aux fonctions de capitaine-général des troupes de terre et de mer, donnait autrefois à ces princes un pouvoir presque souverain.

Les deux frères se vouèrent donc au maintien de cette opinion, et la soutinrent avec tant de noblesse, de savoir et de dignité, qu'ils la rendirent infiniment honorable par cela seulement qu'elle fut la leur.

Le plus jeune, Jean de Witt, élu grand-pensionnaire de la province de Hollande en 1652, fut bien plus à même que son frère d'imprimer aux affaires publiques un mouvement profondément d'accord avec ses convictions, et de mettre en œuvre les généreux principes que son père avait fait germer, puis développés dans son esprit.

Une fois placé à la tête du gouvernement, l'amour que cet homme portait à son pays prit un caractère religieux et sacré ; cette haute fonction dont il était revêtu si jeune, il la considéra comme un sacerdoce, et les enivrements du pouvoir, si dangereux à cet âge, ne purent atteindre cette raison grave et sereine. Aussi, dans cet abîme d'ambitions, d'intrigues et d'égoïsme, où les hommes vulgaires s'étiolent et se désenchantent, lui s'était encore épuré. Chaque bassesse dont il avait été témoin avait, pour ainsi dire, augmenté son besoin instinctif d'élévation et de vérité. Oui, à chaque infamie qui aurait pu souiller la chasteté de ses convictions, cette belle âme, par une aspiration sublime, remontant dans une zone plus éthérée, cherchait un air plus pur pour s'y épanouir, et là, fière, radieuse, elle jouissait de la plénitude de sa vertu, en méprisant tant de misères et de lâchetés.

En un mot, pour qui a lu Schiller, c'était le dévouement saint, ardent et éclairé de Posa pour l'humanité, joint à un savoir encyclopédique, à une parole aussi colorée qu'harmonieuse, et à une si grande habileté naturelle pour les choses de la guerre de terre et de mer, qu'en juin 1665, lorsque, par une basse marée et un soir d'orage, les plus anciens et les plus adroits pilotes du Texel n'osaient sortir des bancs la flotte hollandaise, lui, Jean de Witt, prenant sur lui cette terrible responsabilité devant laquelle de vieux amiraux pâlissaient, se jeta dans une chaloupe, et, la sonde à la main, guidant la flotte dans un chenal qui depuis a gardé son nom [1], il la conduisit hors de ce danger sans perdre un seul vaisseau.

Enfin, pour montrer jusqu'à quel point on appréciait la grandeur du caractère de Jean de Witt, une mère, la princesse douairière d'Orange, lui confia l'éducation politique de son fils, à lui,

---

[1] Le Witt pertuis.

qui s'était si fortement déclaré l'ennemi des priviléges héréditaires du jeune prince !

D'une simplicité extrême, le grand-pensionnaire, ainsi que j'ai dit, allait à pied par les rues, suivi d'un seul laquais. Sa maison, quoique honorable, était aussi modeste que celle du dernier citoyen de la république ; mais les façons pleines de dignité et la haute politesse du grand-pensionnaire imposaient autant que l'éclat de la représentation la plus magnifique.

M. Jean de Witt avait alors quarante-un ans : rien n'était plus noble et plus aisé que sa belle taille, encore d'une rare élégance ; car plus jeune, et tout en se livrant aux études les plus complètes et les plus variées, M. de Witt n'avait pas négligé les habitudes d'académie qu'il convenait à un homme de sa sorte de posséder, et il y avait singulièrement réussi. Son visage était long, son front fort large et fort élevé ; son nez aquilin et prononcé avait l'arête mince et bien marquée, ses yeux bleu-foncé étaient beaux et spirituels, une moustache brune assez fournie accompagnait ses longs cheveux châtains qui flottaient sur un col de toile sans aucune broderie ; et tel était l'ensemble de cette figure à la fois douce et grave, que bien qu'il ne fût ordinairement vêtu que de drap noir, il était impossible de ne pas être frappé de l'air majestueux du grand-pensionnaire ; et puis enfin, sur ce noble front, et dans ce regard souvent triste et méditatif, on voyait parfois se révéler comme la conscience d'une prédestination fatale, prévision qui ne manque guère à ceux que le destin doit écraser un jour par de terribles infortunes.

On sait que M. le comte d'Estrades devait aller communiquer à M. de Witt la déclaration de guerre de Louis XIV contre la Grande-Bretagne, une manière de billet de La Châtre, comme disait M. de Croissy.

En effet, bientôt la place du cours retentit sous les pas de six chevaux blancs empanachés de plumes rouges, qui traînaient le carrosse doré de l'ambassadeur du roi de France, précédé d'un piqueur, et suivi de ses gardes et de ses pages à livrée blanche et cramoisie galonnée d'or.

M. d'Estrades, superbement vêtu de velours nacarat broché d'argent, et portant le plus merveilleux point de Venise qu'il se pût voir, descendit de son carrosse, monta le petit perron de la maison de M. de Witt, et attendit dans le salon pendant qu'une servante était allée l'annoncer.

Lorsque sa servante vint l'avertir de l'arrivée de l'ambassadeur, M. de Witt se tenait dans une assez vaste pièce dont les murs étaient cachés par les rayons d'une bibliothèque de chêne noir remplie de livres. Au-dessus de la cheminée, où brillait un grand feu, était le portrait de son père, une austère figure, peinte dans la manière de Van Dyck; devant la cheminée on voyait une immense table couverte d'un tapis de Turquie et chargée de livres et de papiers, et en face de cette table une longue fenêtre à demi cachée par un rideau d'épaisse étoffe rouge damassée. Enfin, de chaque côté de cette fenêtre, un meuble d'ébène incrusté en cuivre supportait un bon nombre d'instruments de physique et d'astronomie, car de temps à autre le grand-pensionnaire se livrait avec ardeur à l'étude de ces sciences abstraites.

L'entrée de la servante dans cette pièce interrompit les cris de joie de deux jolies petites filles à longs cheveux bruns et à grands yeux bleus, dont l'une avait huit, et l'autre six ans.

La cause de ce bonheur si bruyant se trahissait par deux de ces grotesques du Japon appelés sand'haa, que les navires de la Hollande apportaient alors fréquemment de mers de la Chine, et que M. de Witt avait donnés à ses filles qu'il aimait à l'adoration.

— Emmenez Agnès et Marie, — dit-il à sa servante, — et priez madame de Witt de les garder auprès d'elle, afin qu'elles ne viennent pas m'interrompre; — puis ayant encore une fois embrassé ces deux petits anges sur leur front pur et blanc, le grand-pensionnaire se leva pour recevoir M. d'Estrades.

— Monsieur le grand-pensionnaire, — dit l'ambassadeur en entrant, — au nom du roi mon maître, je vous apporte la déclaration de guerre de Sa Majesté contre l'Angleterre.

— Dieu soit loué, monsieur le comte; car, bien que la république n'attendît pas moins de la loyauté de son royal allié, cette nouvelle comblera de joie messieurs des États-Généraux, et si cette démarche éclatante et décisive n'amène pas Charles Stuart à demander la paix, l'appui, maintenant bien déclaré du roi de

France, va du moins redoubler l'énergie des Provinces-Unies contre l'injuste ennemi qui les attaque.

— Si vous le permettez, monsieur, je vais vous lire la déclaration de Sa Majesté très-chrétienne, et vous en laisser une copie, afin que vous la fassiez traduire, puis placarder dans les places, rues et faubourgs de La Haye et autres villes de la république.

« De par le Roi.

» Sa Majesté, ayant eu advis qu'il se formoit quelques mésintelligences entre l'Angleterre et la Hollande, auroit donné ordre à ses ambassadeurs ordinaires de presser tous les offices nécessaires en son nom pour essayer d'estouffer cette division en sa naissance, et, ayant appris avec déplaisir que les choses s'estoient aigries jusques au point que d'en venir à des actes d'hostilité, Sa Majesté auroit envoyé vers le roy de la Grande-Bretagne des ambassadeurs extraordinaires, pour tenter par de nouveaux offices d'en arrester le cours, et composer ces différends par quelque accommodement ; mais sa médiation n'ayant pas eu l'effet qu'elle s'en estoit promis, les sieurs des Estats généraux des Provinces-Unies des Pays-Bas ont continué avec empressement leurs instances auprès de Sa Majesté d'exécuter le traité de ligue deffensive qu'elle a conclu avec eux le vingt-septième avril 1662. Et Sa Majesté se trouvant obligée de satisfaire à sa parole royale, et aux engagements dans lesquels elle est entrée dans un temps que l'Angleterre et la Hollande estoient en bonne correspondance, sans aucune apparence de rupture ; Sa Majesté a déclaré et déclare, par la présente, signée de sa main, avoir arresté et résolu de secourir lesdits sieurs Estats-généraux des Provinces-Unies des Pays-Bas, en conséquence dudit traité de ligue deffensive, et de joindre toutes ses forces à celle desdits sieurs Estats-généraux, pour agir contre les Anglois, tant par mer que par terre. Enjoint, pour cet effet, très-expressément à tous ses sujets, vassaux et serviteurs, de courre sus aux dits Anglois, et leur deffend d'avoir avec eux cy-après aucune communication, commerce, ny intelligence, à peine de la vie. Et à cette fin, Sa Majesté a, dès à présent, révoqué et révoque toutes permissions, passe-ports, sauve-gardes ou sauf-conduits qui pourroient avoir été accordés par elle, ou par ses lieutenants-généraux, ou autres officiers, contraires à la présente, et les a déclarés nuls et de nulle valeur, deffendant à qui que ce soit d'y avoir égard; mande et ordonne Sa Majesté à M. le duc de Beaufort, pair de France, grand-maistre et chef surintendant-général de la navigation et du commerce de ce royaume, aux mareschaux de France, gouverneurs et lieutenants-généraux, pour Sa Majesté en ses provinces et armées, mareschaux de camp, colonels, maistres de camp, capitaines, chefs et conducteurs de ses gens de guerre, tant de cheval que de pied, françois, estrangers, et tous autres ses officiers qu'il appartiendra, que le contenu de la présente ils fassent exécuter, chacun à son égard, dans l'étendue de ses pouvoirs et juridiction. Car telle est la volonté de Sa Majesté, laquelle entend que la présente soit publiée et affichée en toutes ses villes tant maritimes qu'autres, et en tous ses ports et havres, et autres lieux de son royaume que besoin sera; à ce qu'aucun n'en prétende cause d'ignorance, et qu'aux copies d'icelles deument collationnées, foy soit ajoutée comme à l'original.

» Fait à Saint-Germain-en-Laye, le 20 janvier 1666.

» LOUIS, et plus bas, LE TELLIER. »

— J'espère, monsieur le comte, que vous voudrez bien exprimer à Sa Majesté très-chrétienne toute la reconnaissance de notre république. Maintenant pourriez-vous me dire quand s'opérera la jonction de la flotte de Sa Majesté avec nos escadres, et sur combien de vaisseaux notre amirauté peut compter?...

— Avant de répondre à ces questions, monsieur, — dit M. d'Estrades, — je désire me donner l'honneur de vous lire la déclaration de M. le duc de Beaufort, grand-maître, chef et surintendant [1] général de la navigation et du commerce de France,

---

[1] Le pouvoir que donnait la charge d'amiral en France rendant trop puissants ceux qui en étaient revêtus, elle fut supprimée par édit du mois de janvier 1627, enregistré au parlement le 10 mars suivant. Et sur la démission que donna de cette charge Henri de Montmorency, Louis XIII créa aussitôt, et par édit, au mois d'octobre de la même année, celle de grand-maître, chef et surintendant général de la navigation et du commerce de France, en faveur

en vous priant de lui donner aussi la même publicité que la déclaration de Sa Majesté.

« Vu par nous, l'ordonnance du roi en date du vingt-sixième jour du présent mois et an, signée Louis, et plus bas Le Tellier, par laquelle, et pour les autres clauses y contenues, Sa Majesté déclare avoir arrêté et résolu de secourir les sieurs États-généraux des Provinces-Unies des Pays-Bas, en conséquence du traité de ligue deffensive qu'elle a conclu avec eux le 27 avril 1662, et de joindre toutes ses forces à celles desdits sieurs États-généraux, pour agir contre les Anglois tant par terre que par mer, enjoint pour cet effet très-expressément Sa Majesté à tous ses sujets, vassaux et serviteurs de courre sus auxdits Anglois, et leur défend d'avoir cy-après avec eux aucune communication, commerce ni intelligence, à peine de la vie. Révoquant à cette fin Sa Majesté toutes permissions, passe-ports, sauve-gardes ou sauf-conduits qui pouvoient avoir été accordés par elle ou par ses lieutenants-généraux, et ses autres officiers, contraires à ladite ordonnance, lesquels elle déclare nuls et de nulle valeur, défendant à qui que ce soit d'y avoir le moindre égard, nous mandant Sa Majesté de faire exécuter le contenu en ladite ordonnance dans l'étendue de nos pouvoirs et de notre juridiction. Nous, conformément à icelle, mandons et ordonnons au sieur vice-amiral de France, lieutenant-général des armées navales du roy, chefs d'escadres, capitaines commandants les vaisseaux du roy, et autres officiers de la marine à qui il appartiendra, de garder et observer exactement le contenu en ladite ordonnance ; et aux lieutenants-généraux et particuliers, et autres officiers des siéges de l'amirauté de ce royaume, de la faire enregistrer, publier et afficher, chacun en l'étendue de leur juridiction, et partout où besoin sera à ce que nul n'en prétende cause d'ignorance, et au surplus, de tenir soigneusement

---

du cardinal de Richelieu, son premier ministre. M. Armand de Maillé de Brezé, son neveu, lui succéda, le 5 décembre 1642 ; — après lui, Anne d'Autriche, mère de Louis XIV, régente du royaume, en exerça les fonctions ; ses provisions sont du 4 juillet 1646. César de Vendôme fut nommé à cette charge en 1650, sur la démission de la reine-mère ; et François de Vendôme, duc de Beaufort, dit le Roi des Halles, pourvu des mêmes charges en survivance de M. le duc de Vendôme son père, commença d'en exercer les fonctions cette même année 1666.

la main à la première exécution d'icelle, à peine d'en répondre ; et sera foi ajoutée aux copies collationnées de ladite ordonnance, et de la présente par le secrétaire général de la marine comme à l'original.

» Fait à Toulon.

» *Signé* François de Vendôme, duc DE BEAUFORT ; et plus bas : Par monseigneur, MATAREL. »

— Maintenant, monsieur, — continua M. d'Estrades après cette lecture, — je vais répondre à vos questions au sujet de la flotte de Sa Majesté. D'après les instructions du roi mon maître, je puis vous promettre en son nom que ses vaisseaux que l'on radoube en Provence seront en état de mettre à la mer dans les premiers jours de mars, mais que ceux qui sont en Ponant seront prêts beaucoup plus tôt ; quant à leur nombre, je crois qu'il se monte au moins à trente-six vaisseaux, et quinze brûlots des ports du Levant, sans compter douze vaisseaux et cinq brûlots des ports du Ponant, et deux vaisseaux qui sont en Danemarck.

— Et à quelle époque Sa Majesté croit-elle que ses vaisseaux du Levant pourront rejoindre ceux du Ponant ? car, monsieur le comte, il est du dernier intérêt que toutes nos forces soient rassemblées pour écraser d'un seul coup la flotte anglaise, si le ciel favorise nos armes, et ainsi forcer le roi Charles à demander la paix et à terminer une guerre déjà si longue et si funeste aux intérêts de la république.

— A part la contrariété des vents, monsieur, Sa Majesté croit bien que ses escadres du Ponant et du Levant pourront être assemblées à Belle-Isle, ou aux rades de Saint-Martin de Ré, vers le mois d'avril ; mais une fois qu'elles seront réunies à la flotte de messieurs des États, Sa Majesté entend que le commandement en chef de l'armée navale soit remis à monseigneur le duc de Beaufort [1], selon son droit d'amiral de France, en laissant toutefois à messieurs des États la faculté d'adjoindre à monseigneur le duc de Beaufort un de leurs bons officiers pour aider à la complète inexpérience de monseigneur,

[1] Bien que la charge d'amiral fût supprimée, comme on l'a vu, on conservait ce titre honorifique au grand-maître de la navigation.

qui exerce seulement depuis cette année la charge dont il a plu à Sa Majesté de l'honorer.

— Cela me paraît impossible, monsieur le comte, de confier même avec un mentor....

— Un conseil, monsieur.

— Même avec un conseil, monsieur le comte, une flotte de cent vaisseaux de guerre à l'inexpérience d'un aussi brave et impétueux soldat que monseigneur le duc de Beaufort, qui vient de prouver à Gigeri toute son aventureuse intrépidité ; aussi ne puis-je prendre sur moi de trancher une question qui regarde messieurs du conseil d'amirauté ; mais quoi qu'on décide, je puis vous assurer, monsieur le comte, que la république fera d'ailleurs tout au monde pour prouver à Sa Majesté le désir qu'elle a de voir resserrer encore s'il est possible l'amitié qui unit les Provinces et la France.

— Et c'est aussi, monsieur, le plus vif désir du roi mon maître, bien qu'il regrette que la dernière preuve qu'il vous en donne vienne à l'occasion d'une guerre, événement toujours bien fâcheux pour les intérêts des peuples.

— Ah ! quelle guerre ! monsieur le comte... quelle guerre !... et quand on pense encore qu'on ose alléguer des raisons d'état.... Des raisons d'état ! comme si une raison d'état pouvait justifier la trahison la plus cruelle.... Comme si ce qui est infâme d'homme à homme n'était pas aussi infâme, plus infâme encore de nation à nation, parce qu'alors c'est l'honneur, le bien, la vie des peuples qu'on engage dans une cause honteuse.... Ah ! monsieur le comte, Charles Stuart devait-il donc oublier sitôt que pendant son exil et ses malheurs ce fut ici qu'il trouva secours, aide et protection ? Non, je ne m'attendais pas à voir la république payée par tant d'ingratitude, lorsqu'il y a six ans, à la tête des États-Généraux, je le complimentais de ce qu'il allait remonter sur le trône de son père, et qu'après m'avoir recommandé madame la princesse d'Orange, sa sœur, et Son Altesse, son neveu, il me dit : « Monsieur de Witt, il faudrait que nous ne fussions ni roi, ni gentilhomme pour oublier jamais ce que la Hollande a fait pour nous durant nos infortunes. »

— Il est juste de dire que de tout temps messieurs des États ont cherché à prouver à S. M. le roi Charles leur passion de lui être agréables, témoin l'extradition des trois régicides Corbet, Okey et Barkstead qu'il redemandait, et qu'on lui a remis.

— Quant à cela, monsieur le comte, ce fut malgré moi qu'on livra à l'Angleterre et au bourreau la tête de ces malheureux.

— Des régicides malheureux! monsieur, dites infâmes et horribles.

— Enfin, monsieur le comte, à part cette fatale condescendance, la république n'a-t-elle pas tout fait pour prouver qu'elle voulait conserver l'union et la paix, tandis qu'au contraire le roi Charles, à peine remonté sur le trône, fomenté en Zélande le parti orangiste, et au mépris du traité conclu en 1495 entre Henri VII et le duc de Bourgogne, il chasse nos pêcheurs de ses côtes. Ce n'est pas assez; sans déclaration de guerre, il saisit nos vaisseaux dans des ports neutres, nous pille sur l'Océan, essaie d'enlever notre flotte des Indes, commet mille hostilités à Cabo-Verde, à Takorari, sur toute la côte de Guinée, et enfin, pour mettre le comble à une violation du droit des gens aussi révoltante, il s'empare de deux de nos vaisseaux qui, se croyant en paix, se trouvaient dans ses havres [1].

[1] Voici, pour plus d'éclaircissement, comment s'exprime l'historien Rapin de Thoiras au sujet de cette guerre. On y trouvera des *dates* et des *faits* irrécusables :

« Avant toute chose, le roi Charles voulait tirer de l'argent des Hollandais, ou sinon leur faire la guerre. Pour cet effet, Downing, son ambassadeur, présenta aux États-généraux un mémoire conçu en termes extrêmement fiers, par lequel il demandait de la part du roi la réparation des dommages causés aux Anglais, lesquels il faisait monter à *sept ou huit cent mille livres sterling*. Quelques recherches que j'aie faites, je n'ai pu découvrir les articles particuliers de ces dommages, à l'exception de deux vaisseaux, *la bonne Aventure* et *la bonne Espérance*, qui valaient au plus huit à dix mille livres sterling, valeur que les États avaient d'ailleurs consignée à Londres en attendant le jugement du procès.

» Le roi voulait donc la guerre à quelque prix que ce fût, pendant que les États faisaient tous les efforts possibles pour l'éviter. Cependant, ne jugeant pas bon de traiter cette affaire avec Downing, qui affectait de la traiter avec beaucoup de hauteur, ils lui donnèrent pour réponse à son mémoire, qu'ils enverraient un ambassadeur au roi. En effet, peu de temps après, ils firent partir M. Van-Goch, qui eut sa première audience du roi le 25 juin 1664. Comme dans cette audience il parlait du commerce d'Afrique et des Indes, le roi l'interrompit pour lui dire que « c'était une chose insupportable que la compagnie des Indes occidentales hollandaise prétendît, par le moyen de trois ou quatre vaisseaux et de quelques forts qu'elle avait sur la côte de Guinée, exclure les autres nations de ce commerce. » L'ambassadeur répondit que c'était chose réglée par le dernier traité, et qu'il ne s'agissait que

— Et c'est parce que le roi mon maître est persuadé de la justice de votre cause, monsieur, qu'il veut prouver d'une manière éclatante, et à la face du monde entier, qu'il sait sacrifier ses alliances naturelles, ses intérêts les plus chers, et même jusqu'à ses affections de famille lorsqu'il s'agit de défendre un opprimé contre un oppresseur, et montrer aussi qu'attaquer une nation qu'il protége et qu'il honore de sa royale alliance, c'est s'exposer au crime de lui manquer à lui même; aussi que fait-il, monsieur? il envoie à Londres une illustre et célèbre ambassade, composée d'un des maîtres des requêtes de son conseil-d'état et de monseigneur le duc de Verneuil, son oncle, monsieur! son oncle!.... un des plus grands seigneurs de France, et cela pour défendre les intérêts de votre république comme il eût défendu ceux de Sa Majesté souveraine; mais voyant que sa médiation n'avait pas l'influence qu'elle devait avoir comme émanant de la couronne de France, et poussant jusqu'au scrupule son obédience à la foi des traités, pour venger vos droits, le roi mon maître déclare la guerre à Sa Majesté de la Grande-Bretagne malgré le pacte de 1610, dans lequel il était spécifié que la ligue d'alliance devait être perpétuelle entre les rois d'alors et leurs successeurs, pourvu que

de savoir si les États avaient violé ce traité, oui ou non. Dans la suite, les États ayant appris les hostilités commencées par l'amiral Holmes au Cap-Vert, l'ambassadeur s'en plaignit au roi, qui lui répondit « qu'il n'avait pas la » moindre connaissance de ce qui se passait dans ce pays-là. » Quelques jours après l'ambassadeur présenta un mémoire sur le même sujet, ajoutant de plus une plainte de ce que le roi avait défendu de laisser entrer en Angleterre des marchandises venant de Hollande. Au premier article, le roi répondit comme d'abord qu'il ignorait ce qu'on faisait au Cap-Vert; au second, que la défense des marchandises était fondée sur la crainte qu'on avait que la peste ne fût en Hollande.

» Pendant que les ambassadeurs présentaient mémoires sur mémoires, le roi faisait travailler activement à sa flotte, et les États tâchaient d'éviter la guerre, dans l'espérance que leurs flottes marchandes seraient rentrées dans leurs ports avant la déclaration; mais le dessein du roi était de s'emparer de ces flottes avant aucune déclaration. Aussi manifesta-t-il ces vues d'une manière que personne ne pût s'y méprendre; car ayant mis sa flotte en mer, cette flotte rencontra dans le mois de novembre une flotte hollandaise chargée de vins et de brandevyn, qui revenait de Bordeaux, et s'empara de cent trente vaisseaux qui furent tenus de bonne prise en Angleterre, quoique la guerre ne fût pas déclarée. Toute personne sans prévention jugera aisément que jamais le droit des gens ne fut plus injustement ni plus manifestement violé. »

dans un an, après le décès d'un des princes, l'héritier de sa couronne signifiât aux survivants qu'il acceptait la même alliance. Eh bien ! entre nous, monsieur, il faut avouer que le roi Charles II fit cette déclaration il y a cinq ans, par l'organe de S. S. le comte de Saint-Alban. Vous voyez donc par là, monsieur, s'il faut que le roi mon maître tienne messieurs des États-Généraux en une bien singulière affection pour qu'il en vienne à préférer ainsi les traités faits en 1662 avec une république, à ceux qui étaient conclus depuis 1610 entre deux couronnes que tant et de si graves considérations devraient lier entre elles.

— Bien que le but et le résultat de cette illustre ambassade aient été diversement interprétés, monsieur le comte, — dit M. de Witt d'un air froid et significatif, — nous ne penserons jamais à oublier ce que Sa Majesté a fait pour la république ; des ingrats craindraient de s'arrêter sur une telle matière, nous autres, au contraire, nous entendrons toujours avec orgueil énumérer les preuves de la bienveillance de Sa Majesté, parce que nous en sommes dignes, parce qu'à notre tour nous sommes assez heureux pour être quelquefois utiles au roi de France ; et à ce propos, monsieur le comte, je vous dirai que je suis autorisé par le conseil des comptes à terminer avec vous au sujet des sommes que Sa Majesté réclame pour s'indemniser des dépenses de l'ambassade qu'elle a envoyée à Londres, afin d'y offrir sa médiation entre nous et l'Angleterre [1]. Le conseil d'amirauté m'a aussi chargé de vous apprendre que les douze grands vaisseaux que Sa Majesté nous demande de faire construire dans nos ports sont depuis quelques jours en chantier, et que, malgré leur énorme quantité, les approvisionnements que Sa Majesté désire en poudre, mousquets, canons et boulets, lui seront expédiés de nos arsenaux, ainsi que le chanvre, goudron, bois de mâture et de construction destinés pour ses ports de Brest et de Dunkerque. Malheureusement, monsieur le comte, nous autres marchands nous ne pouvons témoigner de la sincérité de notre dévouement que par ces preuves un peu matérielles ; nous n'avons ni éclat ni magnificence, et notre

---

[1] Les Hollandais payèrent les frais, évalués à 55,000 écus ! ! !

république bourgeoise, née d'hier, n'a pas en Europe l'influence de votre antique monarchie; mais enfin nous donnons à nos amis notre sang, notre fer et notre or, en regrettant de ne pouvoir en vérité leur donner davantage. Fasse seulement le ciel que nous trouvions aussi aide et réciprocité, maintenant que l'Europe presque tout entière nous est hostile !

— Et vous trouverez cette aide, comme par le passé, monsieur. Croyez-le bien, et même vous ne pouvez m'ouvrir une voie plus agréable pour arriver à une proposition que le roi mon maître m'a commandé de vous faire, car il s'agit aussi des preuves *matérielles* de sa bienveillance pour la république, et vous allez comprendre, monsieur, jusqu'où peut aller la générosité d'un roi de France, et les inestimables avantages qu'on gagne à se ranger sous sa protection... Sa Majesté, voyant avec douleur ses fidèles alliés des Provinces-Unies engagés dans une double guerre sur terre et sur mer, leur offre de terminer à l'instant l'une de ces deux guerres, celle qui est la plus désastreuse, parce qu'elle peut refluer au centre de leur riche et beau pays, et leur causer des dommages incalculables : je veux parler enfin de la guerre que fait monseigneur l'évêque de Munster à votre république. Oui, monsieur, cette guerre, Sa Majesté la veut terminer, mais la terminer non pas au moyen de négociations stériles qui traînent souvent en longueur, mais bien par une intervention prompte et décisive ; en un mot, en daignant confier à la loyauté de la république une armée de six mille hommes et de cinq cents chevaux, ne lui demandant pour toute garantie qu'une place forte, *Vesel*, pour l'assurer ; nul doute alors que cette armée, jointe aux troupes de M. de Pradel, ne décide monseigneur l'évêque de Munster à la paix, et n'assure ainsi, au moins sur terre, la tranquillité de la république, le vœu le plus ardent de Sa Majesté : voilà, monsieur, ce que le roi mon maître veut entreprendre pour les États... Voilà jusqu'où peuvent aller ses bontés pour votre pays. Maintenant dites-moi franchement où vous trouverez des preuves d'une alliance plus efficace et plus *matérielle*, pour me servir de votre heureuse expression.

— Franchement, monsieur le comte, je passerais pour un traître aux yeux de l'État, et cela sans avantage pour le roi de

France, si je proposais l'entrée de nouvelles troupes étrangères sur le territoire de notre république.

— Permettez… vous ne m'avez sans doute pas compris, monsieur, — dit l'ambassadeur avec un incroyable sourire de bonhomie, — je vais donc m'expliquer plus clairement. Le roi mon maître veut bien confier à la loyauté de la république une armée de six mille hommes, qui, jointe aux troupes de M. de Pradel, forcera nécessairement M. l'évêque de Munster à demander la paix… Veuillez m'excuser, monsieur, si je n'avais pas d'abord ainsi précisé les faits.

— J'avais parfaitement compris, monsieur le comte, et je ne puis que vous répéter encore que je me perdrais, sans être utile à Sa Majesté, en faisant une telle proposition aux États-généraux..

— En vérité, monsieur, ne trouvez pas malhonnête l'étonnement où je me trouve en voyant un État refuser de fermer une plaie qui le ronge, et cela sans coup-férir, et cela sans risquer un homme ou un écu…; encore une fois, monsieur, excusez, s'il vous plaît, un étonnement que je ne puis céler !

— Je l'excuse parfaitement, monsieur le comte ; car, bien que nous ayons depuis long-temps le bonheur de vous posséder à La Haye, vous n'avez encore pu comprendre nos préjugés de trafiquants et nos mesquines habitudes bourgeoises.

— Sans taxer ainsi votre défiance, monsieur, j'avoue qu'elle m'étonne et me confond.

— Que voulez-vous, monsieur le comte ! la vue d'un homme de guerre étranger nous rappelle malgré nous des idées d'oppression militaire, et nous avons la faiblesse de croire qu'on est bien près de regarder comme sien le bien qu'on défend pour un autre ; et puisque nous voilà sur ce sujet, je vous avouerai même que messieurs des États poussent si loin à ce sujet leur inconcevable défiance, qu'ils sont dans l'intention de remercier Sa Majesté des troupes qu'elle a bien voulu nous permettre d'entretenir ici à nos frais, et de la prier de les rappeler en France, au risque de tout ce qui peut arriver à la république du côté de Munster.

M. d'Estrades réfléchit un moment, et dit à M. de Witt, avec une expression de franchise et d'aménité qu'il prenait bien rarement : — Tenez, mon cher monsieur de Witt, déposons ici notre importance et notre masque diplomatique, et parlons en amis, si vous le voulez bien ; — puis il tendit cordialement la main au grand-pensionnaire, qui la lui serra avec non moins de cordialité et répondit froidement :

— Vous me voyez confus, monsieur le comte : malheureusement je ne puis pas comme vous changer de physionomie ; car, depuis que vous êtes à La Haye, c'est en homme digne de votre amitié et de la bienveillance du roi votre maître que j'ai toujours agi.

— Allons, allons, vous équivoquez sur les mots, mon cher de Witt : quand je dis parler en ami, je veux dire parler de ce qui vous est personnel, vous m'entendez bien ; de ce qui vous est tout à fait personnel ; et je m'explique : M. Colbert de Croissy, envoyé par Sa Majesté auprès de M. l'électeur de Brandebourg, est arrivé ici ce matin ; d'après la volonté du roi j'ai eu avec cet envoyé un fort long entretien à votre sujet, car le roi vous aime, mon cher monsieur de Witt, c'est le mot, le roi vous aime, et de plus vous honore et vous compte infiniment, parce que je ne lui ai pas caché toute la noblesse de vos sentiments ; et je puis même vous donner pour certain que votre mérite personnel est pour beaucoup dans la bonne volonté que Sa Majesté témoigne à la république.

— Je m'estime heureux, monsieur le comte, de ce que mon faible mérite peut valoir une aussi haute alliance à la république... dont je désire la prospérité avant toute chose.

— Et c'est justement parce que le roi sait combien vous aimez la république, et combien aussi elle a besoin de vous pour son bonheur, qu'il a chargé M. de Croissy d'instructions qui sont, vous comprenez bien, du dernier secret entre vous et moi.

— Je vous écoute, monsieur le comte.

— Voici les instructions de M. de Croissy : — Vous confierez à M. d'Estrades, lui a dit le roi, « que, touché on ne peut plus du mérite de M. le grand-pensionnaire, je désire qu'il sache bien que c'est en partie par suite de la singulière estime que j'ai pour lui, que je consens à envoyer une armée en Hollande pour terminer la guerre de Munster ; et pour montrer même jusqu'où va l'affection que j'ai pour M. de Witt, j'autorise

M. d'Estrades à disposer de cent mille, de deux cent mille écus même s'il le fallait... pour combattre et renverser les cabales ennemies de M. de Witt, qui chaque jour entravent et gênent la marche de M. le grand-pensionnaire dans le bien qu'il voudrait faire à la république. M. d'Estrades, » a ajouté le roi, « pourra même assurer à M. de Witt que le commandant en chef de mes troupes recevra des instructions telles, que si, malgré les deux cent mille écus ou plus, on n'avait pas eu raison de la cabale orangiste, opposée encore plus aux véritables intérêts de la république qu'à M. de Witt lui-même, mon armée pourrait... prêtant son appui à M. le grand-pensionnaire... l'aider à mettre enfin l'autorité entière du côté de la justice et de la saine raison ; et dans ce dernier cas, si M. de Witt le considérait toutefois comme indispensable au bien de la république, je verrais avec plaisir monsieur le grand-pensionnaire, afin d'ôter tout espoir futur de souveraineté à la maison d'Orange... et afin d'assurer une bonne fois la tranquillité et la prospérité de la république à laquelle il a tout sacrifié... je verrais, a dit le roi, je verrais avec plaisir M. le grand-pensionnaire, fort de l'appui de mon armée et de la pureté de ses intentions... se faire proclamer lui-même !...

— J'en ai trop entendu, monsieur ! — dit M. de Witt en se levant avec indignation et interrompant M. d'Estrades : — c'est une trahison, une lâche et infâme trahison qu'on ose me proposer ; et, je l'avoue, cela m'étonne de votre part, monsieur le comte, car je croyais mon caractère assez honorablement connu pour que vous m'eussiez épargné la honte d'une pareille offre.

— Il n'y a aucune honte, monsieur, à entendre de la bouche d'un ambassadeur du roi de France l'offre des bontés toutes particulières que vous fait son maître, — dit M. d'Estrades avec beaucoup de noblesse et de sang-froid.

— Soit, monsieur le comte, ne disputons pas sur les mots, je n'ignore pas que plusieurs députés des États-généraux se déshonorent au point d'accepter ce que vous appelez des marques particulières des bontés de Sa Majesté ; aussi qu'avant de me connaître vous m'ayez confondu avec de telles gens, j'ai pu ne pas m'en choquer ; mais maintenant, monsieur, maintenant je suis en droit de m'étonner de votre insistance à cet égard, et de vous demander par suite de quelle méprise vous venez me proposer de me vendre à votre maître ?

— Cette fois au moins, monsieur, j'ai la certitude d'avoir été mal compris, et j'en suis des plus aises, car je serais en vérité aux regrets de vous avoir donné le moindre sujet de déplaisir. Veuillez bien remarquer, monsieur, que je ne vous ai offert ni cent mille écus, ni deux cent mille écus ; je vous ai dit seulement que le roi mon maître sacrifierait cette somme avec joie pour voir renverser les cabales aveugles et malveillantes qui s'opposent aux projets que vous formez pour l'intérêt et la prospérité de l'État, et que même, si le besoin de l'assistance de son armée était nécessaire pour amener à bien vos excellentes intentions pour la république, il vous autorisait...

— Il m'autorisait à user d'une force étrangère pour appuyer mon usurpation, n'est-ce pas, monsieur le comte, et peut-être devenir ainsi prince ou duc souverain, relevant de la couronne de France, comme les électeurs relèvent de l'empire... Pour tout autre, monsieur le comte, la proposition serait tentante ; mais pour moi c'est une trahison, et ce seul mot dit assez... Quant aux partis qui sont opposés à celui que je représente, monsieur le comte, ils usent de leur droit ; tout ce que je puis, tout ce que je dois espérer, c'est de les ramener par la conviction aux principes que j'ai professés toute ma vie, parce que je les crois d'accord avec les vrais intérêts de la république ; mais tenter cette fusion par la force ou par la corruption, ce sont des moyens que je crois avoir acquis le droit de regarder comme indignes de moi, monsieur le comte ; maintenant je conçois que l'éclat de la proposition ait pu vous aveugler sur ce qu'elle avait de honteux et d'infâme. Oublions donc tout ceci, et changeons d'entretien, s'il vous plaît, monsieur le comte.

— J'ai rempli ma mission, monsieur, et je me garderai bien d'insister, car je vous dirai franchement que le roi mon maître, en vous faisant cette proposition, écoutait plutôt la voix de sa générosité royale que la loi de ses propres intérêts. Sa Majesté aura du moins à se glorifier d'avoir été bien au delà des obligations que lui imposaient les traités. Maintenant, monsieur, il ne me reste plus qu'à vous faire part des intentions positives de Sa Majesté à l'égard des troupes que vous refusez ; car, dans sa prévoyance habituelle, le roi avait été jusqu'à supposer cette circonstance, pourtant peu probable, que l'offre des témoignages de sa royale amitié seraient reçus comme de perfides tentatives ; supposition qui d'ailleurs lui aura sans doute été suggérée par la conduite bien étrange de messieurs des États-généraux, qui chaque jour réduisent l'effectif des troupes françaises qui sont en Hollande, comme si en vérité, monsieur, chaque soldat du roi était ennemi né de la république. Enfin, dis-je, dans l'hypothèse d'un refus, que votre détermination vient du reste de réaliser, Sa Majesté m'a commandé de vous faire part de l'intention où elle serait alors d'envoyer en Pologne les troupes qu'elle vous destinait, pour assister sa majesté le roi Casimir contre les rebelles commandés par Lubomirski.

— En vérité, monsieur le comte, nous sommes on ne peut plus reconnaissants envers Sa Majesté d'avoir pensé à nos intérêts avant ceux du roi de Pologne.

— Sa Majesté, monsieur, eût envoyé de même des secours au roi Casimir, seulement elle ne les eût fait partir qu'au printemps prochain... Mais les circonstances présentes lui donnant la facilité de disposer à cette heure des troupes dont elle daignait vouloir bien vous assister, Sa Majesté veut en profiter : aussi m'a-t-elle ordonné, dans l'hypothèse où le cas écherrait, de tout préparer, conjointement avec messieurs des États, pour le passage de ladite armée de Sa Majesté sur le territoire de la république. Or, d'après l'itinéraire que Sa Majesté m'a communiqué, ces troupes seraient dirigées sur l'Ost-Frise, le comté d'Embden, le duché de Mecklembourg, jusqu'à Lubeck, pour Dantzig ; les intentions de Sa Majesté sont d'ailleurs que tous les frais que feront ses troupes soient scrupuleusement remboursés à messieurs des États.

— Je suis désolé, monsieur le comte, d'avoir à vous faire deux refus dans la même conférence ; mais je crois pouvoir, au nom de messieurs des États, vous déclarer qu'il est impossible de donner passage aux troupes de Sa Majesté le roi de France sur le territoire de la république.

— Comment, monsieur... impossible de donner passage aux troupes françaises sur le territoire de la république, impossible ?... et pour quels motifs, de grâce ?

— Pour les mêmes motifs, monsieur le comte, qui nous font refuser l'intervention armée de Sa Majesté au sujet de la guerre de Munster ; parce que nous craignons la présence d'un corps de troupes plus considérable dans l'intérieur de la république.

M. d'Estrades se levant à son tour :

— En vérité, monsieur, permettez-moi de vous dire que le roi mon maître pourrait se trouver assez peu récompensé de tout ce qu'il a fait, et de tout ce qu'il vient de faire encore tout à l'heure pour messieurs des États : pour la république il déclare la guerre à un roi son parent, à son allié naturel ; pour la république il s'interdit la faculté d'embarquer ses troupes dans un de ses ports du Ponant, à cause des vaisseaux anglais qui croisent dans la Manche, et la république, pour l'intérêt de laquelle il s'est jeté dans cet embarras, oublie assez ce qu'elle doit à Sa Majesté et ce qu'elle se doit à elle-même pour refuser aux troupes françaises le passage sur son territoire... Encore une fois, monsieur, Sa Majesté pourrait interpréter ce refus d'une façon qui serait moins que favorable à la fidélité et à l'aide que lui doivent ses alliés.

— La république, monsieur le comte, a prouvé et prouvera en toute occurrence le respect religieux qu'elle professe pour la teneur des traités ; elle fera toujours son possible pour conserver l'amitié de Sa Majesté : et pour vous le prouver, monsieur le comte, bien que nous ne puissions donner passage aux troupes de Sa Majesté sur notre territoire, je me fais garant d'assurer leur voyage par mer, et de déterminer messieurs des États à mettre à la disposition de Sa Majesté tous les vaisseaux de transport et d'escorte qui seront nécessaires pour embarquer l'armée du roi dans un de ses ports du Ponant. Or, qu'importe à Sa Majesté de quelle façon ses troupes soient rendues à Dantzig, pourvu qu'elles y arrivent sûrement ?

— Mes pouvoirs ne vont pas jusqu'à accepter une pareille proposition, monsieur, car le roi mon maître ne l'avait pas prévue ; seulement je rendrai compte à Sa Majesté du refus de la république et de l'offre qu'elle lui fait ; mais je crois pouvoir ne pas douter du mécontentement de Sa Majesté, lorsqu'elle verra si étrangement accueillies les marques d'une bienveillance si particulière.

— Et pourtant Sa Majesté n'agirait pas autrement à notre place. Et tenez, monsieur le comte, croyez-vous que les vues que le roi de France peut avoir sur la Flandre espagnole n'autorisent pas les précautions que la sagesse et l'expérience nous obligent de prendre? car c'est en vain que nous demandons à Sa Majesté de nous déclarer ses intentions sur ces provinces.

— Je me suis donné l'honneur de vous déclarer, monsieur, au nom du roi mon maître, et de la manière la plus formelle et la plus officielle, que Sa Majesté, selon le traité et la foi jurée lors de la renonciation de Sa Majesté la reine, ne formerait jamais aucune entreprise contre la Flandre, et que d'ailleurs, quant au présent, Sa Majesté était beaucoup trop occupée de la guerre que lui a suscitée la république, pour penser le moins du monde aux droits qu'on lui suppose à la succession de sa majesté Philippe IV.

— Nous n'attendions pas moins de la fidélité de Sa Majesté à tenir ses engagements, monsieur le comte; mais puisque nous voilà sur ce sujet, je vous en supplie, réitérez encore à Sa Majesté les ouvertures que je vous ai faites à propos de ce pays; et cela, monsieur le comte, au nom des véritables intérêts, au nom de la véritable gloire du roi de France.

— Le roi de France, monsieur, pouvant seul juger de ce qui importe à sa gloire et à ses intérêts, tout ce que fait Sa Majesté demeure toujours bien fait.

— Oh! ne croyez pas cela, monsieur le comte... ne le croyez pas; il peut faire mal... si une aveugle ambition l'égare... et cela restera mal pour la postérité. Car il faut bien se convaincre d'une chose, monsieur le comte, c'est que dans tout il y a une logique, et que dans les actions humaines cette logique est la vertu. Or, peuple ou roi qui la fausse a moralement tort, a matériellement tort. Ainsi le roi de France a deux partis à prendre au sujet de la succession de Philippe IV dans les Pays-Bas : ou de porter la guerre, l'impitoyable guerre, dans ces belles provinces pour les disputer à l'Empire et à l'Espagne; ou de favoriser leur affranchissement de la domination espagnole, en leur promettant son appui pour qu'elles se puissent constituer en république, comme elles le désirent ardemment.

— En république!... Toujours votre projet, monsieur; j'en

ai fait part à Sa Majesté, qui m'a répondu que n'ayant, quant à présent, aucune pensée ni dessein au sujet des Pays-Bas, elle ne pouvait rien avancer; mais que dès qu'elle y songerait, elle vous ferait part de ses vues, monsieur.

— Et qu'attend donc votre jeune monarque, monsieur le comte, quand, d'un seul mot dit à la face de l'Europe, il peut à jamais fonder le bonheur et la prospérité de ces provinces?... Oui, qu'il leur dise : Ne soyez ni à l'Espagne, ni à l'Empire, ni à moi.... soyez à vous.... soyez libres. Ah! monsieur le comte, qu'il les dise ces mots féconds et sacrés, qu'il les dise.... et aux joyeuses acclamations de tout un peuple, sans guerre et sans secousse, il verra bientôt se développer les merveilles et les richesses de ce nouvel état. Oui, ce bonheur dont nous jouissons, ce bonheur qu'il nous a fallu payer, nous, par trente années de lutte sanglante et acharnée, votre roi peut en doter les Pays-Bas; et cela seulement en prononçant ces deux mots : *Soyez libres!*

— Cela sans doute serait fort magnifique, monsieur, si les autres puissances devaient imiter ce beau désintéressement quant à la possession des Pays-Bas.

— Et qui oserait donc y prétendre, monsieur le comte, si le roi de France y renonçait lui-même pour favoriser leur émancipation? Et puis d'ailleurs, croyez bien que cette action, par cela qu'elle est noble et généreuse, serait du dernier avantage pour les intérêts de votre maître; car savez-vous, monsieur le comte, que la France se trouverait alors bien forte contre l'Empire, contre le Nord, contre l'Europe, avec cette république et la nôtre pour boulevards et pour alliés?

— Mais est-il après tout probable, monsieur, que les Pays-Bas soient eux-mêmes disposés à se constituer ainsi?

— N'en doutez pas, monsieur le comte, n'en doutez pas : j'ai parcouru ces provinces; leur esprit et leurs vœux sont les nôtres : si aujourd'hui elles ne sont ni aussi florissantes ni aussi riches que nous, c'est que la source et la sève de toute prospérité leur manque.... la liberté.... Oui, monsieur le comte, la liberté : si vous en doutez, comparez ce qu'étaient nos provinces sous la féroce domination de Philippe II, à ce qu'elles sont aujourd'hui; comparez nos opulentes campagnes, nos ports remplis de vaisseaux de toutes les nations du monde, comparez cela aux ruines fumantes, aux flaques d'eau fangeuses qui charriaient les cadavres de nos compatriotes; car dans ces temps-là, monsieur le comte, on vit s'accomplir quelque chose d'effroyable et d'inouï dans l'histoire : on vit, tant était désespérée la terreur du couteau du duc d'Albe et du bûcher de l'inquisition ; on vit un peuple entier, se réfugiant dans un immense suicide, crever ses digues, et s'ensevelir avec le sol sous les eaux de la mer !... Tel fut, monsieur, tel fut le dernier terme de la féroce conquête de Philippe II. Maintenant, ne frémissez-vous pas à la seule pensée qu'une invasion dans la Flandre espagnole puisse amener, sinon les mêmes calamités, au moins les maux inséparables de la guerre? Ah! monsieur, aidez-moi à les prévenir.... suppliez le roi.... il est jeune.... à cet âge les grandes pensées trouvent toujours un écho dans le cœur.... qu'il se laisse aller à une noble impulsion ; que, sans arrière-pensée, il promette son appui à ces provinces, et qu'un jour le monde entier dise avec admiration : La république des Pays-Bas fut libre par la volonté de Dieu et par l'appui de Louis XIV!

— Voilà un parfaitement beau rêve — monsieur — dit le comte d'Estrades en aspirant à plusieurs reprises une pincée de tabac d'Espagne. — Mais, comme je tiens à envoyer aujourd'hui mon courrier à Sa Majesté, je vous demanderai de nouveau si vous persistez dans les mêmes volontés au sujet de toutes les propositions que je me suis donné l'honneur de vous faire dans cette conférence.

— Absolument, monsieur le comte.

Les deux hommes d'état se séparèrent froidement ; et quand M. de Witt rentra, il ne put s'empêcher de s'écrier avec une profonde amertume :

— Un rêve... un rêve.... oui sans doute eux doivent prendre cela pour un rêve.... ils le doivent. Oh Mazarin ! Mazarin ! le poison de ta politique aura-t-il donc flétri dans leur germe jusqu'aux idées les plus généreuses et les plus utiles au véritable intérêt des peuples et des rois !

CHAPITRE V.

Le Cochon gras. — Haran-Sauret. — Jean Bart. — Histoire prodigieuse d'un homme de mer habillé en évêque. — Maître Jérôme Valbué. — Le huguenot. — Meurtre. — Martin Lanoix. — Législation et pénalité du temps : que le maître ne doit pas outrepasser la chaîne. — Le couteau du mât. — Le mort et le vivant.

Le Cochon gras (qu'on me pardonne cette trivialité); mais les capitaines du temps, ainsi qu'on peut le voir dans les archives provenant du greffe de l'amirauté de Calais, ne mettaient guère de délicatesse dans le choix des noms qu'ils donnaient à leurs navires : ainsi : *le Cochon maigre, le Chien sourd, le Chien galeux, le Chasseur borgne,* sont des noms aussi historiques que *le Cochon gras.* Seulement celui-ci a doublement droit d'être mis en lumière, car il s'y passa une assez tragique aventure, alors que Jean Bart, fort jeune encore, servait de second maître à bord de ce brigantin.

Ce petit bâtiment, du port de vingt-six tonneaux, construit à Dunkerque par M. Ozon, maître charpentier juré du roi, était d'une marche si supérieure, que M. le comte de Charost, gouverneur de Picardie et Pays Boulonnais, l'avait fait acheter pour servir de paquet-boot entre la France et l'Angleterre; mais depuis la déclaration de guerre de cette année, *le Cochon gras* tenait lieu de garde-côte, et croisait incessamment dans le Pas-de-Calais, soit afin d'annoncer la venue ou le passage des vaisseaux anglais qui seraient sortis de leurs rades, soit afin de piloter dans le havre de Calais les vaisseaux hollandais assez désemparés pour ne pouvoir regagner un de leurs ports; car ce que nous allons raconter se passait le 15 juin 1666; le surlendemain du jour où la flotte anglaise avait été forcée de rentrer dans la Tamise après un combat acharné contre la flotte de la république, combat qui dura trois jours.... sans autre intervalle que les nuits, et des nuits de juin !...

Ainsi qu'on l'a pu prévoir, la jonction de l'escadre française, commandée par M. le duc de Beaufort, ne s'était pas opérée avec la flotte hollandaise, qui seule avait livré bataille...

Cette circonstance donna lieu à des regrets et à des reproches de la part des deux puissances alliées.

Les États-Généraux regrettèrent humblement que la flotte du roi de France n'eût pu se joindre à la leur.

Louis XIV reprocha durement aux États-Généraux de s'être hâtés de sortir leurs vaisseaux au lieu d'attendre les siens.

Le fait est que Louis XIV avait pris ses mesures *pour que cette jonction n'eût pas lieu.*

Je crois avoir suffisamment éclairci ce point historique resté long-temps obscur. Les lettres de Louis XIV, de M. d'Estrades, de M. le duc de Beaufort, de Du Quesne et de M. de Colbert de Terron, intendant de la marine du Ponant, qu'on trouvera parmi les mémoires historiques de ce volume, prouvent, à n'en pas douter, que *Louis XIV ne voulait pas que cette jonction s'opérât.*

Ce déni de secours a été diversement défendu et attaqué.

Les adversaires de Louis XIV ont crié à la foi jurée et faussée, à la promesse donnée et manquée, aux traités méconnus et méprisés.

Ses défenseurs ont répondu : Le roi a politiquement et sagement agi en éludant sa promesse, puisque d'abord il pouvait répondre à tout : *Les vents ont été contraires à mes vaisseaux.*

Puis, ces défenseurs continuent : De deux chances l'une : la flotte du roi eût été battue ou victorieuse : — battue, — il voyait ruinée pour long-temps sa marine à peine naissante, et qui pouvait d'un jour à l'autre lui être indispensable pour les intérêts de ses propres États.

— Victorieuse :

1° La flotte des Provinces-Unies étant trois fois plus nombreuse que l'escadre française, les Hollandais eussent nécessairement prétendu que toute la gloire leur demeurait acquise ;

2° Le roi, par cet avantage insignifiant, s'exposait à un malheur irréparable, celui de faire terminer trop tôt, et d'une manière trop décisive, une guerre qu'il avait tant d'intérêt à prolonger.

Or, cette dernière conjecture se fût réalisée selon toute

apparence, car les Anglais, qui avaient été battus à armes égales, eussent été nécessairement écrasés par les deux flottes réunies. Et alors, sans nul doute, Charles II proposait la paix, la république l'acceptait; et Louis XIV, ne pouvant s'y opposer, était réduit à lui susciter un nouvel ennemi pour prolonger la guerre; car, ainsi qu'on l'a déjà dit, d'après ses mémoires, il fallait à Louis XIV la guerre à tout prix, afin de cacher aux yeux de l'Europe ses immenses préparatifs contre les Pays-Bas espagnols.

— Mais revenons au brigantin qui, louvoyant sous une très-petite voilure, à deux lieues environ de Calais, courait çà et là des bordées.

Le ciel était sans nuages, la douce brise du sud-est caressait une mer calme nuancée de vert et d'azur, mais sourdement ondulée par les lames qui s'engouffrent dans ce passage étroit et profond.

Le brigantin courait abord amures; à sa droite, on voyait au loin à l'horizon la côte d'Angleterre, qui se dessinait vaporeuse et bleue sur ce ciel clair et pur; et à l'extrémité orientale de cette ligne, on voyait de hautes dunes blanches qui, frappées d'un soleil éblouissant, étincelaient comme des montagnes argentées.

A gauche du navire, on distinguait très-nettement les terres de France, le haut clocher de Calais, ses longs sables jaunes et ses grandes falaises nues et rougeâtres, dont quelques amers[1], tels qu'un moulin ou un arbre isolé, rompaient seuls l'aspect monotone.

Il était midi; les marins, après une courte prière, venaient de faire leur repas.

L'équipage de ce bâtiment, outre le maître et le second, se composait de trois mariniers, de cinq matelots, et d'un mousse qu'on appelait alors *gourmette*[2] à bord des vaisseaux mar-

[1] Les *amers* sont des points de reconnaissance qui guident les pilotes pour reconnaître les passes et havres des côtes.

[2] Gourmette ou garçon. Les *gourmettes* servent les matelots, servent la cuisine, remuent l'ossec ou tirent à la pompe, nettoient le vaisseau, et, sous la conduite du *gardien*, sont employés à tout le travail, sauf *manier le gouvernail*. (Jean Hugues de Linschot, en ses navigations.)

Ces mêmes gourmettes s'appellent pages à bord des vaisseaux de guerre.

chands, et page à bord des vaisseaux de guerre; de même aussi que les mariniers étaient au peuple matelot ce que lui sont les gabiers de nos jours.

Le capitaine ou maître [1] de ce brigantin, Jérôme Valbué, était aussi pilote royal, et habitait ordinairement le petit port de Saint-Paul, situé sur la côte à environ cinq lieues de Calais.

Mais dans les conjonctures présentes, M. le comte de Charost, ayant voulu quelqu'un d'expérimenté pour surveiller les mouvements des Anglais, avait donné le commandement du garde-côte à ce maître, qui ainsi résigna ses fonctions de pilote pour quelque temps.

Jérôme Valbué était d'ailleurs un homme *très-impétueux et malicieux* [2], *mais aussi très-expert hauturier et bon catholique*. Il est probable que ce marin, dans les différentes guerres qu'il avait faites depuis le siége de La Rochelle, s'était fort endurci, et que les hasards des discordes civiles et les querelles de religion avaient encore augmenté chez lui un certain mépris de la vie de ses semblables qui approchait fort de la férocité. Ajoutez à cela que maître Valbué était Picard, et d'une telle violence, que le savant La Martinière aurait pu le citer à l'appui de son opinion sur l'origine du nom de cette province [3].

Ce sont de jeunes garçons moindres de dix-huit ans, lesquels servent pour faire les proclamats, et à porter les commandements du maître et des autres officiers. (*Jugements d'Oléron* et *Commentaire de Cleirac*.)

[1] Le maître prend le soin de commander les manœuvres depuis la poupe jusqu'au grand mât ou arbre, iceluy compris; et il doit entendre l'art de piloter et naviguer pour servir de contrôle au pilote et surveiller à son fait. Le commandement du second maître *proreta* est depuis l'espéron jusqu'au mât de mizaine, iceluy compris. (*Jugements d'Oléron*.)

[2] *Malicieux* était alors pris dans l'acception de méchant. C'est ainsi que maître Valbué était désigné dans la procédure dont j'extrais ceci. Tout ce qui sera pareillement tiré de ces pièces sera guillemetté.

[3] Le nom de Picardie n'est pas ancien, et ne se trouve en aucun monument avant la fin du treizième siècle, où Guillaume de Nangis a appelé ce pays Picardie. Le nom de Picard est plus ancien. Ce nom a commencé à être en usage à Paris, et surtout à l'Université, où la nation des Picards était connue sous Philippe-Auguste. Il est probable que c'est là où on a inventé ce nom de Picard que l'on a donné à ceux du même pays à cause de l'humeur prompte et colere qui est ordinaire à ceux qui se *piquent* aisément. Matthieu Paris, parlant de la grande sédition arrivée à Paris en 1229 entre les bourgeois et

Jérôme Valbué était âgé de cinquante-un ans, grand, vigoureux et maigre ; à la moindre contradiction ses pommettes saillantes devenaient pourpres, en s'injectant de ces filets sanguins que l'on remarque encore sur les joues de presque tous les riverains de cette province ; phénomène qui annonce, selon quelques physiologistes, un naturel colère et emporté.

Or, ayant partagé le dîner de son équipage, maître Valbué remit le timon de son brigantin entre les mains de son second, *Jean Bart*, alors âgé de dix-sept ans, et qui depuis quatre ans naviguait constamment avec ce capitaine, soit à bord de sa caravelle, depuis que Valbué était reçu pilote juré, soit avant, sur son *pinquet* contrebandier, dans ses fréquents voyages de Flessingue aux côtes d'Angleterre et d'Irlande.

Mais, en vérité, Jean Bart avait tellement changé, qu'une mère seule aurait pu reconnaître en lui ce frais enfant d'autrefois, aux joues roses et aux beaux cheveux blonds, qui écoutait avec tant de bonheur le récit des batailles du Renard de la mer.

Et pourtant, ce marinier vêtu d'une longue jaquette bleue, d'un pourpoint écarlate à petits boutons d'argent et de vastes chausses de toile blanche, élégamment attachées au pourpoint par deux larges piastres espagnoles qui lui servaient de boutons ; c'était lui, c'était le *jeune monsieur* de la rue de l'Église à Dunkerque, c'était Jean Bart.

Depuis huit ans ses traits avaient grossi et pris un caractère prononcé ; c'était maintenant un robuste garçon, d'assez haute taille, à l'air insouciant et hardi, au teint hâlé par la bise de mer, aux épaules larges, carrées et un peu rondes, qui annonçaient une vigueur extraordinaire ; ses yeux bleus étaient toujours clairs et perçants ; mais les longs et beaux cheveux blonds que mademoiselle Bart aimait tant à caresser, avaient été si souvent coupés, que le front saillant et large de son fils n'était plus couvert que d'une chevelure courte, épaisse et rude comme les crins d'une brosse.

les clercs de l'Université, dit que les auteurs de ce trouble furent ceux qui étaient voisins de la Flandre et qu'on appelait communément *Picards : qui erant de partibus conterminis Flandriæ, quos communiter Picardos nominamus.* (La Martinière, *Dictionn. géogr.*)

Jean Bart, debout à l'arrière, tenait donc fièrement le timon du gouvernail, et sa figure ouverte avait cette expression de joie vaniteuse que donne toujours à la jeunesse le bonheur inespéré de remplir une fonction ordinairement réservée à un âge plus mûr.

Le vieux Sauret, qui depuis six ans n'avait jamais quitté *son jeune monsieur,* comme il l'appelait encore, le vieux Sauret avait vieilli, s'était un peu cassé; mais d'ailleurs toujours le même, dévoué jusqu'à la mort au fils de maître Cornille Bart, et aussi menteur et bavard que jamais.

Il tenait alors sous le feu de *ses exagérations* maître Valbué, qui, nonchalamment assis sur le fronton de poupe du brigantin, écoutait les mensonges ordinaires de Sauret, en fumant sa longue pipe, donnant de temps à autre un conseil à son jeune second maître sur la manière de gouverner, ou buvant à même d'un grand pot d'étain rempli de brandewyn.

— Dites donc, vieux Sauret, — dit le maître en remettant son pot d'étain à côté de lui, — à propos de monseigneur le duc de Beaufort et de sa flotte qui, s'il plaît à Dieu, se joindra bientôt à ces mynheers qui avant-hier se sont si chaudement harpaillés avec les Anglais.... savez-vous la chanson qu'on a faite pour la bataille de Gigeri?

— Non, Valbué.... mais vous, qui rendriez sourds et muets des chantres de paroisse, vous devriez nous la dire, ça nous égaiera.

— Tenez, la voici, vieux Sauret; c'est un quinola [1] de M. le comte de Charost qui l'a rapportée de Paris : c'est sur l'air des *Fraises.*

> Ce vaillant duc de Beaufort,
> Que tout le monde adore;
> A pourfendu, ce dit-on,
> D'un seul coup d'estramaçon.
> Un Maure, un Maure, un Maure.

— Mon Dieu! voilà une bien merveilleuse épée, Valbué; et si moi, Sauret, je disais cela....

[1] Espèce d'écuyer.

— Si vous disiez cela... Sauret... eh bien! on vous répondrait par le second refrain :

> Or admirez la vertu
> De ce diable de Maure;
> Quand Beaufort l'eut pourfendu,
> Il courait comme un perdu,
> Encore, encore, encore [1].

— Eh bien, Valbué, cela ne me paraîtrait pas tout à fait, tout à fait impossible, — dit Sauret qui avait d'excellentes raisons pour ne jamais douter des histoires *miraculeuses.*

— Ah! par la Vierge, je ne suis pas en peine, car vous trouveriez le moyen de nous prouver cela, Sauret, aussi vrai que cette voile de bourcet va s'éventer si le petit Bart n'y avise.

Mais *Jean Bart* ayant fait porter la voile avec adresse, maître Valbué dit de sa voix rogue : — Bien, mon enfant, mon brave ; fais toujours comme ça, et que je sois aussi cagne et aussi rogneux qu'un huguenot, si avant deux ans tu ne vas pas demander aux corbeaux du greffe de l'amirauté de Calais le droit de te faire donner *les chausses de maître* [2], n'importe par quel bourgeois [3], ou combourgeois de navire, depuis Bayonne jusqu'à ton Dunkerque dont tu parles toujours.

Ainsi que j'ai dit, maître Valbué, catholique exalté, haïssait les réformés d'une haine aussi vive et aussi profonde que lors du siége de La Rochelle. Or, la ferveur de sa conviction religieuse se révélait surtout par les menaces, coups et injures dont

---

[1] Lors de l'expédition de Gigeri en Afrique, M. le duc de Beaufort, qui la commandait, se montra très-bravement; seulement il prétendit avoir fendu *jusqu'aux hanches, et d'un seul coup de sabre,* un cavalier arabe. On fit alors cette chanson, qui devint populaire.

[2] *Chausses* ou pot-de-vin du maître. C'est le présent que le marchand fréteur ou chargeur fait au maître outre et par-dessus le fret; lequel le prend à soi et en profite à son particulier. D'ordinaire, c'est tout autant que le fret d'un tonneau. (*Contrats maritimes.*)

[3] Le *bourgeois* est le seigneur propriétaire du navire, qu'il est tenu de fournir bien pourvu de tout le nécessaire à son entretènement, avec artillerie et autres armes ô (et) leurs munitions. Le capitaine fournit ses soldats bien armés; le maître, ses mariniers et matelots, avec les gourmettes pour le service. Il doit se mettre le moins possible de maître *postif* ou à gages. Mais il est plus assuré que ce maître soit combourgeois et qu'il ait ainsi quelque part dans la propriété du vaisseau. (*Contrats maritimes.*)

il accablait incessamment un nommé « Martin Lanoix, assez expert pour être marinier, n'eût été la jactance et l'hérésie de ce malheureux. »

Pour l'intelligence de ce qui va suivre, il faut savoir que ce Martin Lanoix était depuis fort long-temps la victime de l'impitoyable haine de maître Valbué, et que les choses paraissaient arrivées à un tel point, « qu'à chaque nouveau débat, l'équipage tremblait de le voir meurtrir Martin Lanoix, ou de voir Martin Lanoix meurtrir ledit maître Valbué. »

Pourquoi ce maître n'avait-il pas usé de son autorité pour faire débarquer l'objet de son aversion ? était-ce impuissance, mauvais vouloir ou raffinement de cruauté ? on l'ignore.

Il faut remarquer aussi qu'à bord des navires marchands de cette époque, il n'en allait pas comme de nos jours quant à la hiérarchie navale. Une fois le service fait, capitaine et matelots vivaient très-familièrement ensemble, et la distinction de gaillard d'avant et de gaillard d'arrière n'existait pas alors.

Ainsi donc, maître Valbué assis sur le couronnement, Sauret à ses pieds, Jean Bart au timon, trois mariniers et cinq matelots (au nombre desquels était Martin Lanoix) accroupis non loin de Sauret, tels étaient les acteurs et spectateurs de la scène qui va suivre.

Après l'approbation donnée à la manœuvre de Jean Bart, maître Valbué reprit sa pipe et Sauret continua.

— Min Dieu, vous avez raison, Valbué, et notre jeune monsieur n'a pas même besoin d'attendre si long-temps pour se faire recevoir maître ; et bien qu'on parle d'un édit qui empêchera d'être reçu patron au petit cabotage avant l'âge de dix-huit ans [1], l'édit n'existe pas encore, et mon jeune M. Jean en sait assez depuis six ans qu'il navigue pour se présenter, n'est-ce pas, Valbué ? Est-ce qu'il n'a pas été vingt fois avec vous de Dantzig à Bristol de tout temps et de toute marée ? est-ce qu'il ne connaît pas les amers, balises, bancs et passes des havres et rades de ces côtes de Hollande, d'Écosse, d'Irlande, d'Angleterre et de France, aussi bien que le plus vieux pilote de la Manche ?

[1] Cet édit ne fut promulgué qu'en 1671.

— Si, Sauret, si, et c'est si vrai qu'on dirait que votre diable de Bart emporte au fond de son œil la figure de tous les amers qu'il a regardés une fois; car, aussi vrai qu'un huguenot est moins qu'un chien, c'est lui qui, la seconde fois que nous avons porté en Angleterre des jambons d'ours et de l'eau-de-vie de Flessingue, malgré les casaques rouges du comté de Suffolk, c'est lui qui a piloté et mouillé le pinquet dans cette petite crique de Boot-May que je ne reconnaissais plus, moi; et qu'il a reconnue, lui, quoiqu'il n'y eût jeté l'ancre qu'une fois.

— Oui, Valbué, et il la reconnut à ce gros rocher qui ressemblait si fort à une mitre d'évêque, qu'il en a donné le nom à la passe, — dit Sauret. — Et à propos d'évêque, je vous raconterai tout à l'heure, Valbué, une bien prodigieuse histoire; mais, pour en revenir à mon jeune monsieur, puisqu'il a navigué d'abord quatre ans à bord du pinquet, avant que vous n'ayez été, vous, pilote royal, il aurait bien tort, avant que l'édit de jeunesse ne soit rendu, de n'aller pas *mettre le denier à Dieu* [1] dans la boîte de messieurs les greffiers de l'amirauté de Calais que vous appelez satiriquement des corbeaux, Valbué.

— Je dis corbeaux, double tripe! en parlant des greffiers, comme je dis rogne en parlant des huguenots, et pourceaux galeux en parlant de leurs ministres, — s'écria Valbué en puisant de nouveau à son pot d'étain.

— Amen, — dit une voix brève et railleuse, c'était celle de Martin Lanoix.

— Péché mortel! qui a répondu amen? — s'écria le maître.

Sauret frémit pour Martin en voyant Valbué « déjà comme ivre, » et il répondit froidement : — C'est moi, Valbué; comme je vais vous raconter une merveilleuse histoire d'évêque, cette manière d'*amen* que j'ai dit à vos colères était une façon de vous prier de faire silence, parce que j'allais commencer à narrer.

— A la bonne heure, vieux Sauret; allons, racontez un peu vos bourdes à ces *hales-bouline*.

— Bien, bourdes, menteries... à votre aise, Valbué; je suis

---

[1] *Mettre le denier à Dieu dans la boîte du greffier* était l'expression consacrée pour dire qu'on venait d'être reçu maître ou chargeur de navire.

bronzé à cela, et je réponds par mon histoire ; écoutez bien, vous autres.

— Histoire merveilleuse d'un homme de mer habillé en évêque [1]...

Après cet exorde prononcé du ton le plus imposant, Sauret hocha la tête, promena sur son auditoire un coup d'œil satisfait et interrogatif, puis continua : — Il y a de cela vingt-trois ans et... cinq, six ou sept jours ; je n'ose en vérité affirmer si c'est cinq, six ou sept jours, car il faut être véridique... ce qu'il y a de sûr, c'est qu'il y a de cela vingt-trois ans, je faisais alors une très-périlleuse et très-lointaine navigation en la mer Baltique, vers les côtes de Pologne et de Prusse ; il m'arriva donc cette merveilleuse aventure que je vous raconte : nous avions mouillé près de Dantzig, et je me promenais avec un de mes amis les plus familiers tout proche de la grève, lorsque nous voyons au loin sur la mer quelque chose qui reluisait fort, comme un tissu d'or ou d'argent. Eh, min Dieu ! c'est un noyé dans un costume des plus galants, dis-je à mon ami ; sans doute que ce défunt et magnifique seigneur aura fait naufrage, et le vent le pousse à la côte. — Mais, me répondit mon ami, mais, véridique Sauret (cet ami m'appelait toujours ainsi, véridique Sauret) ; mais, reprit-il, très-véridique Sauret, un noyé ne nage ni ne grouille, et s'en va naïvement couché sur le dos ou sur le ventre, tandis que voici quelque chose qui vient à nous debout et comme marchant sur les ondes. Miséricorde ! en effet nous approchons et nous reconnaissons un homme marin qui avait entièrement la figure d'un évêque, et qui s'en venait benoîtement à nous, ambulant sur l'eau tout comme sur un pré...

Ici le narrateur fut interrompu par un murmure, qui admiratif, qui dubitatif.

— Double tripe ! — s'écria Valbué en s'adressant aux sceptiques, — puisqu'il y a des pourceaux qui ont la figure et le nom de ministres, il peut bien y avoir des hommes marins qui

---

[1] Le père Fournier, qui raconte très-sérieusement cette histoire dans ses entretiens de mer, ajoute : « Cette histoire est couchée dans la grande chronique de Flandres, et insérée par M. l'évêque de Sponde dans ses Annales ecclésiastiques. » (*Entretiens de mer* du P. Fournier, ch. XL, 1, p. 439, in-f°, 1667.)

aient la figure d'évêque, n'est-ce pas, Martin la brute? Martin le chien, aussi chien que Martin Luther; — et maître Valbué, « déjà fort aviné, vitupéra et menaça furieusement contre Martin Lanoix. »

Martin Lanoix, petit homme à barbe et cheveux blonds, et assez vigoureux, répondit d'une voix calme :

— Maître, le jugement d'Oléron porte que le maître doit être modéré et juste envers les compagnons, s'il vous plaît [1].

Ce sang-froid eût redoublé la colère de Valbué, si Sauret n'eût repris à l'instant.

— Mais écoutez-moi donc, Valbué, au lieu de disputer avec ce fou, qui vous empêche d'ouïr la plus merveilleuse histoire qu'il n'y ait pas au monde.

— Le vieux Sauret a raison. Tais-toi donc, Martin ! — dirent les matelots qui, sans haïr positivement Martin, ne l'aimaient pas, et craignaient si terriblement maître Valbué, que pas un d'ailleurs n'eût osé prendre le parti du huguenot.

Martin promena sur eux un regard froid et méprisant, mit la main droite sous sa jaquette et se tut. Sauret reprit :

— Je dis donc que nous vîmes s'avancer, et marchant sur la mer, un homme marin qui avait entièrement la figure d'un évêque, ayant la mitre d'or en tête, la crosse aussi d'or en main avec tous les autres ornements dont un évêque a coutume d'être revêtu lorsqu'il célèbre la sainte messe ; mais les ornements de celui-ci étincelaient et resplendissaient de pierreries si mirifiques et de si monstrueuses escarboucles que nous fûmes tentés de croire que ledit seigneur évêque les avait ramassées

---

[1] « Le maître ne doit pas bailler sujet de mutinerie ou faire déplaisir aux » matelots, il ne les doit pas injurier, leur faire tort ou rien retenir, mais il » les traitera favorablement, et leur payera ce qui leur appartient. » — Néanmoins, s'il arrive débat ou noise, le maître, avant de punir, expeller ou mettre dehors le matelot rioteux (querelleur), doit souffrir qu'il demeure à son bord un jour et demy, ou pendant le temps de trois repas qu'il lui doit refuser, c'est ce que signifient ces mots : *d'oster la touaille* trois fois, ce qui, en langage gascon, signifie *lever ou refuser la nappe et vivres.* Pendant lequel délai de trois repas, si le matelot reconnaît sa faute, s'il offre de la réparer, se soumettant au jugement de l'équipage, le maître est tenu d'accepter la réconciliation ; mais si, après ces soumissions, le maître refuse de le recevoir en grâce, le matelot doit obéissance et sortir, et pourra suivre le navire jusqu'au lieu destiné, où tous ses loyers et gages lui seront payés comme s'il eût servi dans le navire. » *(Coutume de la mer.)*

au fond de la mer, lors des naufrages de plusieurs très-riches galions d'Orient. Il y avait entre autres, je m'en souviens, comme une grêle de terribles diamants semés sur sa chasuble, qui se levait facilement par devant et par derrière, mais seulement jusqu'au genouil ; cet homme-marin permit que plusieurs le touchassent, et mondit ami fut du nombre de ces derniers. Après l'avoir touché, mon ami me dit : — A votre tour, véridique Sauret. (Je vous ai dit qu'il m'appelait toujours ainsi : véridique Sauret.) A votre tour, véridique Sauret, me dit donc mon ami ; mais, je l'avoue, je n'osai pas par discrétion ; seulement je remarquai que cet homme-marin paraissait aimer particulièrement à être touché par les évêques de ces quartiers-là, auxquels il témoigna par gestes porter beaucoup de respect, entendant bien ce qui se disait sans toutefois parler. Le roi de ces mêmes quartiers-là, et je ne chercherai pas à vous tromper en vous disant son nom, car je ne le sais pas, et avant tout il faut être véridique. Aussi d'autres vous diraient peut-être le roi Perseus, le roi Romulus, le roi Æneas ; mais moi je vous dis avec simplesse et naïveté le roi de ces quartiers-là. Or, ce roi voulant faire enfermer l'homme-marin dans une grande tour, l'homme-marin, par une très-gracieuse allégorie, témoigna que cela ne lui agréait pas du tout d'être enfermé dans une grande tour, et les évêques ayant prié le roi qu'on le laissât retourner dans la mer, son réduit, le roi y consentit, et l'homme-marin l'en remercia toujours par gestes, mais d'une façon fort galante ; il fut alors reconduit à la mer par deux évêques, lui marchant et se prélassant au milieu d'eux, en s'appuyant de ses deux mains sur leurs épaules. Jusque-là, où étant entré dans la mer jusqu'au nombril, après avoir salué les évêques, le roi et toute la multitude de monde qui était accourue sur ces rivages, il donna sa bénédiction par un signe de croix qu'il forma très-bien comme un véritable évêque, puis il fit la cabricelle, se plongea dans la mer et ne parut plus onc depuis...

A peine l'impression de cette véritablement fort merveilleuse histoire était-elle produite, que Valbué, presque tout à fait ivre, s'écria :

— Double tripe ! les charognes de huguenots devraient bien faire comme l'homme-marin, et ne plus reparaître non plus.

« — Et aussi les pourceaux du pape appelés évêques, de
» terre ou de mer, les imiter pareillement. »

— Sauret, tremblant, s'écria : — Ce n'est pas tout, Valbué, il y a encore l'histoire non moins prodigieuse d'un autre homme marin apparu sur les côtes de Bretagne.

Mais la colère du maître avait été trop contrainte pour ne pas éclater ; sautant du couronnement, les yeux étincelants de colère, il s'avança proche de Lanoix, et le menaça en levant sur lui son pot d'étain qui alors était vide.

Martin se recula, et de sa voix brève il dit avec un inconcevable sang-froid : — « Le jugement d'Oléron, auquel vous êtes soumis comme moi, maître, ordonne *que le maître ne doit pas sur sa chaude poursuivre le marinier*, s'il vous plaît. »

— Comment, tu as blasphémé notre saint-père le pape, et tu oses citer la loi ! Double chien, fils de truie ! s'écria Valbué en portant au marin un coup de pot qui lui effleura le visage, et l'atteignit à l'épaule.

Sauret voulut s'interposer, Valbué le repoussa violemment ; les matelots regardaient cette scène d'un air stupide.

Le malheureux Martin répondit toujours de sang-froid : — « Maître, j'ai reçu votre premier coup, ainsi que la loi me l'ordonne ; mais maintenant, dit-il en se reculant et sautant lestement sur une chaînette de fer tendue en travers la poulaine, et mettant cette chaînette entre lui et le maître : — Maintenant, si vous me frappez, vous êtes hors de votre droit, et je suis dans le mien, *car j'ai passé la chaîne*[1].

— Comment, mille péchés damnés ! toi huguenot, que ton blasphème a mis hors la loi, tu me braves, moi, moi Valbué !

---

[1] « Le jugement restreint la correction du maître à un soufflet ou coup de poing que le marinier doit souffrir, et rien de plus. C'est ce que signifie le terme d'attendre : « Si le maître frappe aucun de ses compagnons, ledit compagnon doit attendre le premier coup comme de poing ou de paume. »
» Ensuite le marinier est tenu d'obéir son maître quoiqu'il lui dise injure et se courrouce avec lui, et se doit ôter de devant lui, fuir à la proue du navire et se mettre du côté de la chaîne ; et si le maître passe, il s'en doit fuir de l'autre part, et, si le maître le poursuit en l'autre part, le marinier peut lors se mettre en défense, requérant témoignage comme le maître le poursuit, car le maître doit s'arrêter *sans outre-passer la chaîne*. » (*Jugement d'Oléron.*)

Ah ! chien d'hérétique, attends, attends un peu, je vais te faire voir s'il y a une loi pour les pourceaux, les juifs et tes pareils.

Et voyant que Martin l'attendait intrépidement derrière la chaîne, Valbué sauta par-dessus, d'une main saisit le matelot au collet, et de l'autre lui appliqua deux vigoureux soufflets.

— Vous l'avez voulu, que votre sang retombe donc sur vous, — dit Martin en frappant le maître d'un coup de couteau qui ne l'atteignit que dans les chairs du bras.

Valbué ne se croyant pas blessé, mais seulement repoussé, renversa Martin sur le dos et le terrassa.

Dans ce moment le maître vit le couteau tout sanglant tomber près de lui, et sentant une fraîcheur à son bras gauche, il y porta la main et lâcha Martin.

Ce dernier profita de ce mouvement pour se relever, ramasser son arme et se remettre en défense.

— Enfin, le chien a voulu me tuer ! Voilà donc enfin du sang ! — s'écria Valbué avec un rire de satisfaction féroce : — qu'on le boucle à la chaîne, et à mon tour aussi, moi, je vais lui lire la loi.

— Vous m'avez frappé sans droit après que j'ai eu passé la chaîne, — dit Martin ; et bravant les matelots : — Le premier qui approche de moi pour me saisir, je le tue ; — et il brandissait son couteau.

Les matelots se regardaient indécis.

— Comment, lâches, vous avez peur ? dit Valbué.

Un nommé Simon Laret s'écria : « Laissez, maître, il n'oserait ; » et ce disant, il se précipita sur Martin ; mais s'embarrassant dans la chaîne, il glissa, trébucha, et reçut à la nuque un coup que Martin voulait lui porter à la poitrine.

Simon Laret s'affaissa sur lui-même, et tomba à genoux, les bras en avant et le corps ployé et appuyé sur la chaîne ; il était mort.

Tout ceci se passa avec une rapidité qu'il est impossible de rendre ; mais après un moment d'indécision, excités par le maître, tous les matelots se jetèrent à la fois sur Martin, qui en blessa encore un, et fut bientôt garrotté et désarmé.

Quand Martin fut garrotté, Valbué, avec une voix rayonnante, appela son gourmette, et lui donnant une clef :

— Va dans la cabine, tu trouveras une caisse de bois, tu l'ouvriras, et tu prendras dedans un livre recouvert de parchemin blanc ; apporte-le.

Le gourmette disparut.

— Valbué, votre sang coule, vous êtes blessé, — dit Sauret.

— Oui, oui, je suis blessé, et que Dieu en soit loué, que je sois blessé !...

— Mais vous êtes bien pâle...

— Silence.

Le gourmette montait avec le livre.

Jean Bart, toujours au gouvernail, regardait cette scène avec stupéfaction ; les matelots se pressaient tout tremblants, et Martin, garrotté, était par terre aux pieds de Valbué, dont le sang coulait toujours.

Valbué fit mettre le brigantin en panne, ordonna à Jean Bart de rester au timon, assembla ses huit matelots autour de lui et dit : — Par le jugement d'Oléron, en mer tout matelot est juge [1] : vous allez juger Martin Lanoix.

Les marins se regardèrent épouvantés.

Valbué continua : Qui sait lire de vous ?

— Personne ne répondit.

— Tu sais lire, Sauret, lis cela.

— Je ne le lirai pas, Valbué.

— Je lirai donc moi-même.

— Valbué, — dit Sauret avec fermeté, — vous ne suivez pas la loi. Ce malheureux a trois repas pour reconnaître sa faute [2], et à la rigueur il a aussi le serment sur le pain, le vin et le sel [3], pour jurer qu'il a agi comme malgré lui : il a encore...

---

[1] « Toutes fois sur mer, les gens de l'équipage sont témoins approuvés, et bien souvent sont *juges nécessaires*, d'autant qu'il ne peut pas s'y en trouver d'autres. *Ex naturâ facti, alii testes aut judices haberi non possunt.* » (*Jugement d'Oléron.*)

[2] Voir la note ci-dessus au Jugement d'Oléron.

[3] Les serments sur le pain, le vin et le sel n'étaient plus guère reçus, car les mariniers en avaient abusé. Cette coutume avait pris son origine de la mer, où plus encore que sur terre les victuailles passent pour choses saintes et miraculeuses et sacrées en leur nature : attendu « que la dispensation et » le refus d'icelles est capable d'amadouer et d'apprivoiser les plus farouches » et les rendre capables de toute discipline. *Magister artis ingeniique largitor venter* » (ajoute Cleirac en citant cette coutume).

— Silence ! — s'écria Valbué, — son blasphème le prive du droit de refuge, de chaîne et de repentir. Ce n'est pas moi qui juge, je me plains et j'accuse ; maintenant écoutez.

— Je jure par les saints Évangiles que ce que je vais lire est la loi.

« *Le marinier frappant ou levant arme contre son maître, sera attaché avec un couteau bien tranchant au mât du navire par une main, et contraint de la retirer de façon que la moitié en demeure au mât attachée*[1].

— A cette heure Martin Lanoix, ayant blasphémé le nom de notre saint père le pape, devait avoir *la langue percée d'un fer rouge*[2] au lieu du refuge de la chaîne. J'ai voulu le châtier pour son blasphème, il m'a repoussé et m'a blessé. Maintenant que chacun réponde à son tour et dise si Martin Lanoix, après avoir blasphémé le nom de notre saint-père le pape, a frappé Jérôme Valbué, oui ou non ?

Et ce disant, le maître dépouilla sa jaquette, releva sa chemise toute sanglante autour de son bras, et montra « une entaille assez longue et béante qu'il fit voir à chacun, demandant si c'était ou non Martin Lanoix qui lui avait fait cela. »

Tous dirent oui.

Quand ce fut au tour de Sauret et de Jean Bart, Sauret dit :
— Maître, vous avez passé la chaîne, et...

Valbué demanda en frappant du pied : — Est-ce Martin Lanoix qui m'a donné ce coup de couteau, oui ou non ?

— Mais...

— Est-ce Martin, oui ou non ?

— Eh bien ! non, dit Sauret.

— Non, dit Jean Bart.

Valbué, que cette terrible scène semblait avoir dégrisé, dit froidement :

— Six marins disent que Martin Lanoix a blessé son capitaine Jérôme Valbué, deux disent qu'il ne l'a pas blessé ; six ont raison contre deux, Martin a donc blessé son capitaine.

— Gourmette, va chercher mon coutelas.

[1] *Jugement d'Oléron*.
[2] *Idem*.

On apporta le coutelas.

« C'était une lame espagnole toute droite, très-large et quelque peu ébréchée à sa pointe. »

Valbué la mit dans une rainure assez profonde formée par la jumelle du mât, « et il l'y fixa au moyen de petits apparaux faits de débris de menuiserie de planches de Norwége, dont on accommodait la chaloupe du bâtiment. »

Une fois la lame bien solidement fixée :

— Qu'on relève Martin Lanoix et qu'on l'approche d'ici, — dit Valbué.

« On leva le patient, qui fut enroulé et enchevêtré de telle sorte que son bras droit seulement était libre, lequel bras fut attaché court et serré à fleur de la lame très-affilée. »

— Maintenant, tire ton bras, Martin Lanoix, dit Valbué.

A ce moment Jean Bart, ne pouvant supporter cette scène, remit le timon à un marinier, et descendit dans la cabine avec Sauret.

Martin très-pâle ne dit mot, et regarda fermement son bourreau.

— Tirez-lui le bras, que la loi s'exécute.

« Et on tira et tirailla de telle sorte que les chairs furent coupées, mais non pas l'osselet du poignet. »

Martin était impassible.

— Détachez-le, continua Valbué.

On détacha Martin.

— Apportez le corps de Laret.

Ce n'était pas tout.

— Apportez le corps de Laret, — répéta Valbué d'une voix tonnante.

Deux matelots apportèrent le corps; le coup avait été porté si profondément, qu'à peine si l'on voyait du sang sur le cou de ce malheureux.

« On posa le corps aux pieds de Martin, que deux matelots plus morbides et pâles que le patient lui-même tenaient toujours garrotté. »

Valbué reprit son terrible livre.

— Je jure par les saints Évangiles que ce que je vais lire est la vérité.

« Titre XI. Si quelque matelot tue un compagnon ou le
» blesse en sorte qu'il en meure, on attachera le mort au vivant
» dos à dos, et ils seront jetés tous deux à la mer ; s'il est à
» terre, il sera exécuté à mort [1]. »

— Allez chercher les nommés Bart et Sauret.

Ils montèrent tous deux.

— Martin Lanoix a-t-il tué Simon Laret ? — demanda Valbué.

— Non, — dit Sauret.

— Non, — dit Jean Bart.

Les réponses des six autres marins furent ce qu'elles avaient été déjà. La conclusion de Valbué fut la même et se termina par ces mots :

— Liez dos à dos le mort et le vivant, et jetez-les en la mer.

Ce qui fut fait.

On eut la précaution d'attacher aux jambes du mort une des grosses pierres de galet qui servaient à lester le navire.

. . . .

Le soir même le brigantin ayant pris chasse devant une péniche anglaise, il rentra dans le port de Calais, et Jérôme Valbué alla rendre compte de sa conduite au gouverneur.

CHAPITRE VI.

Louis XIV. — Colbert. — Constructions et acquisitions de vaisseaux. — Arsenaux et approvisionnements maritimes. — Extraits d'un long et curieux mémoire de M. le marquis d'Infreville sur la pénalité et la juridiction maritime. — Maître Valbué et Martin Lanoix. — Le cavalier Bernin. — Impromptu de Louis XIV. — Dépêche de M. d'Estrades au sujet du combat naval livré entre les Anglais et les Hollandais.

Au bout des grands appartements du château de Fontainebleau, après la chambre dite de saint Louis, se voyait alors une pièce ovale qui lui servait de cabinet : les différents panneaux de ce cabinet, encadrés dans de riches bordures délicatement sculptées et dorées, représentaient les amours de Théagènes et

[1] Jugement d'Oléron.

de Chariclée, peints par Dubois. Le plafond se composait de plusieurs caissons aussi dorés, renfermant de petits médaillons en camaïeu ; enfin, au fond de cette pièce était une énorme cheminée qui avait pour chambranles quatre colonnes corinthiennes de marbre brocatelle avec leurs bases et chapiteaux en marbre blanc ; sur une des colonnes de cette cheminée, chef-d'œuvre de Grenoble, dit Jacquet, était adossé Louis XIV. Ce roi avait alors vingt-huit ans, et il suffit de jeter les yeux sur ses portraits du temps pour se convaincre qu'à cette époque, quoiqu'un peu bellâtre, il brillait de tout l'éclat de sa beauté, et que son grand air et la grâce de sa magnifique taille passaient à bon droit pour incomparables.

Le roi portait ce *fameux justaucorps à brevet* [1] que ses

---

[1] Quoique la promotion des chevaliers de l'ordre, en 1661, eût été très-nombreuse, elle laissa beaucoup de mécontents qui n'avaient pu y être compris, et que Louis XIV voulut satisfaire d'une autre manière. Il adopta donc pour lui un certain justaucorps, et personne n'en pouvait porter de semblable sans la permission du roi, qui donnait pour cela un brevet rempli et signé de sa main.

Ce qu'il y a de fort particulier, c'est qu'un mois après Louis XIV, par une faveur toute spéciale, accordait aux officiers de marine en masse le même droit, dont il se montrait si avare même pour les plus grands seigneurs. On sait qu'alors les officiers de terre et de mer ne portaient pas encore d'uniformes. Le brevet de justaucorps peut donc passer pour le premier habit uniforme que les officiers de marine aient porté, bien qu'encore il ne fût que facultatif. Voici l'ordonnance de Louis XIV à ce sujet.

Ordonnance pour permettre aux capitaines et aux lieutenants de marine de porter un justaucorps bleu.

Du 2 mars 1665, Saint-Germain-en-Laye. — De par le roi, Sa Majesté ayant, par son ordonnance du 16 janvier dernier, défendu de faire appliquer sur les justaucorps des passements, dentelles ou broderies d'or ou d'argent, si ce n'est après en avoir obtenu sa permission, elle aurait été suppliée de l'accorder aux capitaines et aux lieutenants de ses vaisseaux pour leur être une marque d'honneur qui serve à les distinguer et leur donne plus d'autorité dans leurs charges. Sur quoi Sa Majesté désirant gratifier lesdits capitaines et lieutenants, et par ce moyen les obliger d'autant plus à bien servir, elle leur a permis et permet de porter un justaucorps de couleur bleue garni de galons d'or ou d'argent, jusqu'au nombre de quatre, sans que, pour raison de ce, il leur puisse être imputé d'avoir contrevenu à ladite ordonnance, les ayant relevés et dispensés de la rigueur de ce qu'elle contient par la présente, signée de notre main, aux copies de laquelle dûment collationnées sera ajouté foi, comme à l'original.

Fait à Saint-Germain-en-Laye, le 2 mars 1665.

Signé : Louis : *plus bas* : DE LIONNE.

courtisans les plus familiers pouvaient seuls vêtir, et que, par une faveur extraordinaire, il avait donné pour uniforme à tous les officiers de sa marine.

Le justaucorps de Louis XIV était d'épaisse étoffe de soie bleue doublée de cerise, avec les parements et la veste de la même couleur que la doublure, le tout splendidement brodé d'une large dentelle d'or et d'argent, semée çà et là de paillettes étincelantes ; une écharpe de satin blanc frangée d'or serrait autour de son corps ce vêtement à très-longue taille, et ses bas de soie cramoisie, attachés au-dessus du genou par une jarretière de velours noir ornée de pierreries, montaient si haut, qu'on ne voyait pas ses chausses cachées par les basques larges et carrées de cet habit fait à peu près comme les redingotes de nos jours ; enfin, le roi avait au col une cravate de point de Malines, dont les longs bouts flottaient *à la cavalière*, et sur l'épaule qui supportait son large baudrier brodé, une épaisse touffe d'aiguillettes de damas blanc semées de fleurs de lis d'or; j'oubliais des souliers de velours noir à bouffettes de rubans qui cachaient le coude-pied, et dont les talons avaient près de trois pouces de haut.

Ce costume majestueux assortissait parfaitement la figure de Louis XIV, rendue plus imposante encore par une forêt de cheveux noirs et bouclés qui, tombant en profusion sur ses épaules et sur sa poitrine, cachaient presque la plaque d'argent de son ordre du Saint-Esprit, qu'il portait attaché au-dessus de son large ruban bleu.

Le teint florissant et coloré de Louis XIV, la virilité de ses formes, l'impassible sérénité de son regard, tout en lui annonçait une constitution d'une vigueur incroyable, une de ces organisations rares qu'une santé de fer défend des douleurs physiques, et qu'un impitoyable égoïsme cuirasse toujours contre les souffrances morales ; aussi, pendant sa longue vie, ce roi fut-il, à bien dire, rarement malade ou affligé. Insensible à la mort de ceux qu'il paraissait chérir, bravant les fatigues, l'intempérie des saisons, il mangeait avec une voracité digne des héros d'Homère et dormait toujours du plus profond et du plus tranquille sommeil ; c'était en un mot un de ces hommes robustes qui ont de larges appétits et peu de passions.

En ce moment les traits du roi paraissaient soucieux, et au léger mouvement qui agitait sa lèvre supérieure surmontée d'une étroite moustache noire, on devinait une impatience qui se manifestait aussi par la vivacité avec laquelle il ôtait et remettait sans cesse à son petit doigt un magnifique anneau creusé dans un seul rubis cabochon d'Orient, que M. le cardinal avait légué à sa majesté la reine Anne d'Autriche; en vain encore trois belles chiennes couchantes de grande race épagneule, blanches et orangées, se pressaient autour du roi; au lieu de ses caresses accoutumées, elles n'en obtenaient que quelques pâtisseries sèches qu'il prenait avec distraction sur un plateau d'or, ciselé par Benvenuto Cellini pour François Ier, et posé sur un superbe cabinet [1] de lapis bleu monté en argent massif et placé près de la cheminée; ce cabinet était encore un legs de M. le cardinal.

Le roi ne se trouvait pas seul dans cet appartement; assis devant une table sur un petit tabouret, et occupé à écrire, était un homme de quarante-cinq ans environ, de taille moyenne, maigre, voûté, et dont la figure pâle et osseuse était illuminée par deux yeux gris, caves et presque cachés sous de gros sourcils noirs et inégaux, dont quelques poils très-longs et très-roides commençaient à blanchir: son front large, jaune et poli comme du vieil ivoire, offrait entre les deux sourcils une double ride si profondément creusée, qu'elle donnait à sa figure une expression cruelle et implacable; son crâne déjà chauve était caché sous une large calotte; il portait un manteau de soie noire et un justaucorps de la même couleur, avec un rabat blanc [2]. Ce personnage écrivait fort vite, d'une petite écriture ronde presque illisible, et *mâchonnait* incessamment sa longue plume en écrivant.

Cet homme était Jean Baptiste Colbert, le grand Colbert, *vir marmoreus* (l'homme de marbre), comme l'appelait Guy Patin.

Colbert, né à Reims en 1619, fils d'un marchand de cette

[1] Sorte de meuble à beaucoup de tiroirs.

[2] Plus tard, dit M. le duc de Saint-Simon, les secrétaires du roi quittèrent ce costume modeste et convenable pour s'habiller comme les gens de qualité.

ville [1], fut d'abord commis chez Lamagna, compatriote et banquier de Mazarin, qui le donna au cardinal; ce dernier le mit à la tête de ses affaires, et le fit nommer conseiller d'état à vingt-neuf ans. Pendant l'exil de son protecteur, Colbert servit d'intermédiaire entre ce ministre et la reine-mère. Au retour du cardinal, il fut successivement appelé à l'intendance de la maison de monseigneur le duc d'Anjou, aux commandements d'Anne d'Autriche, puis chargé d'une mission à Rome qu'il remplit sous le nom et titre de marquis de Croissy (titre et nom qu'il laissa depuis à son frère): sous-intendant des finances sous Fouquet, il fut nommé par le roi contrôleur-général de ce même département après la condamnation du surintendant, et bientôt il eut le commerce, la marine et les bâtiments dans ses attributions.

Pendant la dernière maladie du cardinal, alors que Colbert était encore à Son Éminence, le roi s'étonnant que les affaires de son ministre fussent si bonnes et que les siennes à lui fussent si mauvaises, on lui répondit : « Sire, c'est que M. Fouquet fait les affaires de Votre Majesté, et que M. Colbert fait celles de M. le cardinal; » aussi, en mourant, Mazarin dit-il au jeune roi : « Sire, je dois tout à Votre Majesté, mais je crois m'acquitter envers elle en lui laissant M. Colbert. »

Travailleur infatigable, lent à concevoir, mais s'opiniâtrant avec une volonté de fer à exécuter ce qu'il avait conçu, et brisant sans pitié ni souci tout ce qui s'opposait à ses vues, presque toujours d'une justesse, d'une grandeur et d'une portée merveilleuse, dur, grondeur, brutal, Colbert était encore d'une impassibilité si pétrifiante, qu'au milieu d'une audience qu'il donnait à madame Cornuel, cette femme spirituelle s'écria :

[1] Presque tous les historiens sont restés dans le doute au sujet de la naissance de Colbert. On sait que plus tard il prétendit descendre d'une noble et ancienne famille écossaise de ce nom. Voici un curieux paragraphe de l'instruction de Colbert à son fils, le marquis de Seignelay, qui témoigne d'autant plus de l'obscurité de l'origine du grand ministre, que son fils a effacé de sa main ces lignes concluantes dans la copie de l'instruction qu'il a transcrite. Elles ne se trouvent donc plus que dans l'autographe de Colbert. — Manuscrits de la Bibliothèque royale. — Voici ce paragraphe : *Pour cet effet, mon fils doit bien penser et faire souvent réflexion sur ce que sa naissance l'aurait fait être, si Dieu n'avait pas béni mon travail et si ce travail n'avait pas été extrême.*

« Par grâce, monsieur, faites-moi signe que vous m'entendez. »

Malgré cette écorce, dans son intérieur Colbert était un véritable patriarche, quoiqu'un peu rude à manier, et que parfois il aidât de sa canne les leçons qu'il donnait à son fils, plus tard le marquis de Seignelay; quant à ses trois filles, on sait la prodigieuse fortune qu'elles firent en épousant les ducs de Mortemart, de Chevreuse et de Beauvilliers. D'une piété assez éclairée, simple dans ses goûts, d'un ordre admirable dans ses affaires privées comme dans les affaires publiques, Colbert s'était fort enrichi et avait de grands biens.

Pour la confiance que le roi mettait en lui, elle était entière et aveugle.

Bien que ses collègues de la guerre et des affaires étrangères, *Le Tellier* et *de Lionne*, eussent été aussi créatures et domestiques de Mazarin, pas un d'eux n'était entré si avant que lui dans la familiarité de Louis XIV, dont il avait été le confident lors de la naissance des deux premiers enfants que ce roi eut de mademoiselle de La Vallière en 1663 et 1665. Ce fut Colbert qui les fit baptiser sous les noms de Charles et de Philippe, et s'occupa du profond secret de ces détails, mademoiselle de La Vallière étant alors une des filles de Madame, et le roi n'ayant pas cru devoir rendre cette liaison publique du vivant de la reine-mère.

Ces particularités si délicates, le génie et le dévouement d'ailleurs bien connus de Colbert, faisaient enfin que Louis XIV le tenait en si haute et si grande estime; qu'il le consultait même sur les affaires des autres ministres; aussi fallut-il plus tard l'infatigable et jalouse habileté de Louvois et de son père pour ruiner Colbert dans l'esprit du roi, en éveillant et forçant dans ce prince un vague instinct de conquêtes qui fut plutôt chez lui le goût théâtral de la pompe militaire, que la vocation d'un soldat.

Colbert voulait au contraire diriger les vues fastueuses de Louis XIV vers le luxe des bâtiments, les arts et les grandes entreprises commerciales; de sorte qu'il est possible que, sans les irritantes insinuations de Louvois, au lieu d'essayer de la gloire des armes, ce roi eût peut-être suivi pendant tout son règne les errements de cette politique de paix, de fourberies et de corruption que Mazarin mourant lui avait tant recommandée, et à laquelle de Lionne fut fidèle jusqu'à la fin de sa carrière.

Ainsi que nous l'avons vu, jamais le mépris de l'homme, jamais l'insultante conviction de ses misères n'a été si souvent et si insolemment précisée que dans les instructions de ce grand ministre; mais on doit avouer que rarement la bassesse et la vénalité ont manqué de servir de preuve à la logique incontestable de ses calculs.

Aussi l'étude de l'histoire, vue de la sorte de près et à sa source, serait-elle bien triste et bien fatale pour celui qui ne saurait pas d'avance la devoir trouver si *humaine*.

Mais revenons à Colbert qui écrivait toujours, et au jeune roi qui, ne pouvant cacher sa mauvaise humeur, recevait les caresses de ses belles épagneules d'un air si distrait; car, bien que possédant même alors à un haut degré cet *art* de régner, qui est bien véritablement du génie, et qui fut le sien, Louis XIV n'avait pas encore acquis cet incroyable empire sur lui-même dont il donna plus tard des preuves si extraordinaires.

Il venait donc d'ordonner impatiemment à son ministre de terminer une querelle élevée entre les religieux de Cîteaux et leur général; cette nouvelle tracasserie du clergé venait de lui rappeler qu'au commencement de cette même année il avait été obligé *de prendre lui-même quelque soin*, la veille de la dernière délibération de cet ordre, pour en obtenir un vote de huit cent mille écus pour cinq années.

— Votre Majesté veut sans doute que cette différence d'impôt soit payée par messieurs du clergé, malgré leur réclamation, — dit Colbert de sa voix lente et creuse [1].

— Certainement, monsieur, je le veux; car bien que j'aie autant que souverain au monde le respect le plus profond envers les ministres de la religion, je ne veux pas que les gens d'église prétendent de la sainteté de l'état qu'ils exercent pour affaiblir leurs devoirs les plus légitimes envers moi.... et je trouve les raisons qu'ils donnent fort misérables. Ne dirait-on

[1] Voir, pour toute cette conversation, les *Instructions de Louis XIV au Dauphin*.

pas qu'ils ignorent que les rois sont d'ailleurs les seigneurs absolus, et ont naturellement la disposition pleine et entière de tous les biens qui sont possédés par leurs sujets, laïques ou gens d'église?... Non, mais c'est qu'en vérité, à entendre les réclamations de messieurs du clergé, on croirait que ces mots mystérieux, *libertés de l'Église*, ne sonnent autre chose que liberté de refuser les taxes, et de s'exempter de la sujétion qu'ils doivent à leur souverain, quand l'Évangile même leur enjoint d'être soumis.

— Je ferai observer à Votre Majesté que les réclamations des sieurs du clergé se fondent sur ce que l'intention des fondateurs a été que ces biens fussent sans taxes.

— Et ceci, monsieur, est de leur part un scrupule mendié, car les fondateurs, pas plus que les bénéficiers de ces biens, n'ont droit de se décharger de l'obéissance qu'ils me doivent, et surtout à l'égard des taxes ; bien plus, s'il est des personnes dans mon royaume qui plus que d'autres soient tenues de me servir de leurs biens, ce sont les bénéficiers ecclésiastiques, parce qu'ils tirent ces bénéfices de ma seule volonté. Et puis, enfin, est-il donc raisonnable que ma noblesse donne son sang pour la défense de mon royaume ; que mon peuple, qui a tant de têtes à nourrir, et qui fournit mes armées de soldats, supporte encore seul le faix des impôts, pendant que les ecclésiastiques, exempts par leur profession des dangers de la guerre, des dépenses du luxe et du poids de familles, jouissent seuls dans leur abondance de tous les avantages publics, sans jamais contribuer aux besoins de l'État?... Non, monsieur, non, cela ne doit pas être, cela ne peut pas être ; car je ne veux pas que cela soit.

— Ah ! sire, permettez-moi d'exprimer à Votre Majesté le bonheur que j'ai de la voir ainsi défendre les intérêts généraux de ses peuples contre les arrogantes prétentions de quelques membres égarés du clergé.

Cette approbation parut plaire au roi, et dissiper le dernier nuage qui assombrissait son visage ; aussi accueillit-il avec plus d'affection les caresses de ses épagneules avec qui il joua quelques instants.

Puis s'approchant d'un guéridon de vermillon de la Chine,

il prit dans un petit coffret richement damasquiné une fiole d'essence d'une odeur si forte et si pénétrante, que lorsqu'il l'eut ouverte, toute la pièce en fut imprégnée ; le roi, qui aimait alors les parfums à la passion, aspirait cette senteur avec délices, sans songer, ou sans vouloir se souvenir que les parfums causaient la plus violente migraine à son ministre.

Mais tel fut l'usage invariable de Louis XIV quant à ses habitudes personnelles, dans les plus futiles comme dans les plus graves occasions, avec ses courtisans comme avec ses maîtresses, de ne s'inquiéter jamais de personne, et de ne vouloir ou de ne pouvoir point s'apercevoir de ce que ses façons d'être ou d'agir faisaient souffrir aux autres. Il est du reste à présumer que, chez Louis XIV, cet égoïsme impitoyable, quelquefois féroce, était chez lui tellement organique, inné, qu'il serait possible qu'il n'eût jamais fait cette comparaison de lui aux autres à propos de ce qui leur pouvait déplaire.

— Enfin, monsieur, — dit-il, en s'approchant de la table où écrivait Colbert, qui avait la sueur au front, tant les parfums agissaient sur ses nerfs, — cette instruction pour les sieurs du clergé est-elle faite et terminée dans le sens que j'ai dit ?

— Oui, sire, Votre Majesté n'a plus qu'à signer, ainsi que d'autres édits que j'ai là dans mon sac, et que voici.... Mais que Dieu me garde, et que Votre Majesté daigne m'excuser, je suis comme frappé d'un éblouissement bien douloureux depuis tout à l'heure, — dit le malheureux ministre, qui souffrait davantage encore depuis que le roi s'était rapproché de lui.

Cette insinuation glissa sur de l'acier, et Louis XIV, continuant de sentir son flacon, s'écria :

— Jésus ! monsieur Colbert, que voilà donc une magnifique écriture ! on dirait que ces règlements pour mon académie des sciences sont gravés !

Le ministre se résigna au martyre et répondit en s'essuyant le front :

— En effet, sire, cette écriture est magnifique, et c'est là une grande valeur, car bonne écriture fait bonne vue, et bonne vue fait bonne justice.

— Comment cela, Colbert ?

— Voici comment, sire : une réclamation, si juste qu'elle

soit, est-elle d'une écriture sauvage et hérissée, souvent on la dédaigne, ou on l'entend mal; aussi pour m'éviter cela, un certain Gobaille, pauvre maître d'écriture que j'ai retiré de Passy, où il avait peine à vivre, et dont Votre Majesté voit les œuvres, m'écrit au net toutes les pétitions qu'on me présente, et me sauve ainsi bien des injustices.

À ce moment le roi referma son flacon et le mit dans sa poche.

— Qu'est-ce encore que ceci à signer?

— Sire, une ordonnance pour établir vingt-quatre corps-de-garde dans les quartiers de Paris, et ôter aux bourgeois le soin de s'éclairer eux-mêmes et d'entretenir le pavage de leurs rues, parce que, de la façon que cela va, ils n'y voient goutte, ils marchent dans la fange et les voleurs les égorgent. Je crois donc, sire, que vingt-quatre corps-de-garde et quelques douzaines de lanternes feront bientôt justice des pilleries qui se commettent dans les rues de Paris.

— C'est bien, cela est résolu et entendu; qu'est-ce encore?

— Hélas! sire, l'ordonnance sur l'épargne au sujet du régal et des violons que Votre Majesté a donnés à son petit réduit de Versailles, qui coûte si cher à Votre Majesté, à cause du peu de commodités de cette maison, où il faut tout apporter, rien ne se rencontrant dans un aussi pauvre village; que Votre Majesté me permette de le lui humblement représenter; mais hélas! trois mille livres pour un régal et des violons! Trois mille livres, sire!

— À cet hélas, monsieur Colbert, je reconnais bien le serviteur fidèle et dévoué que m'a recommandé en mourant M. le cardinal, — dit le roi en souriant.

— Votre Majesté me comble au delà de mes souhaits, en m'accordant que la seule passion que j'ai de son service me guide en toutes choses; aussi bien, sire, quoique je prenne la grande liberté de conseiller à Votre Majesté d'épargner jusqu'à cinq sous aux choses non nécessaires, je pense qu'il faut aller par millions quand il s'agit de la gloire de Votre Majesté. Voici un repas et des violons de trois mille livres, qui me font une bien grande peine : pardon, sire; tandis que s'il fallait des millions pour la Pologne, je vendrais tout mon avoir, j'engagerais ma femme, mes enfants, et j'irais à pied toute ma vie pour y fournir.

— Vous savez, Colbert, que j'ai tout tenté pour faire réussir mes projets en Pologne ; mais ces républicains de Hollande n'ont pas voulu permettre le passage de mes troupes dans leurs marécages, bien que je l'aie demandé d'abord à propos de la guerre de Munster, puis sous le prétexte d'assister mon frère de Pologne contre Lubomirsky et ses rebelles. C'est particulièrement ce Jean de Witt qui s'est opposé à cela ; car, bien que se disant dévoué à mes intérêts, il l'est encore plus, je crois, à son pays. C'est un mons qui s'opiniâtre à ne pas démordre de ses refus lorsqu'il croit une mesure mauvaise pour sa république ; et malgré tout ce que d'Estrades a pu dire et faire, il lui a été impossible de faire départir le grand-pensionnaire de ce qu'il avait résolu à ce sujet ; ce de Witt lui a fait ouverture des plus folles visions qu'il se puisse concevoir. Un beau projet qui n'allait à rien moins qu'à m'engager à appuyer la révolte des Pays-Bas, au profit de qui croyez-vous ? D'une république ! d'une république, Colbert.... Il faut en vérité être ce M. de Witt pour avoir de pareilles imaginations. C'est bien là cet homme dont il est impossible d'obtenir rien *de sensé*.

— Impossible ! sire, dit Colbert avec un singulier accent de finesse, — est-ce bien impossible ?

— Impossible, — dit le roi, en montrant par un signe qu'il avait compris son ministre ; — impossible : d'Estrades a même été plusieurs fois jusqu'à trois cent mille écus de gages et à promettre au de Witt l'appui de l'armée que j'enverrais là pour anéantir les cabales opposées à son parti, et conséquemment au mien. Eh bien, d'Estrades n'en a essuyé que des refus, et à la fin de surprenantes hauteurs. Mais les projets que j'ai sur les Pays-Bas espagnols me forcent de supporter les insolences de ces gens d'assemblées populaires qui sont indignes d'aucunes pensées généreuses.... Il me faut donc prendre des tempéraments.... et quand je songe dans quelle étrange et dangereuse conjoncture je me serais pourtant trouvé, si la victoire que ces républicains ont remportée sur les Anglais eût été plus complète et plus décisive ! En vérité toute ma crainte est de voir cette guerre avec l'Angleterre terminée avant que *la Flandre es-*

pagnole ne soit mûre et bonne à cueillir. Jusqu'à ce moment, la part que je semble avoir dans cette alliance contre l'Angleterre, sert admirablement mes projets ; car mes achats de poudre, de munitions de guerre, mes levées de troupes, l'augmentation de mes garnisons, et les approvisionnements que je fais faire dans mes places de Picardie, tout cela paraît aux yeux de l'Europe dirigé contre l'Angleterre ; mon camp de Compiègne du mois de mars, bien qu'il ait eu l'air d'être réuni pour amuser les dames, m'a permis de faire organiser toutes mes nécessités de campement. Chaque jour je fais acheter des vaisseaux, des canons et des matériaux de constructions maritimes à ces républicains, qui me garnissent ainsi peu à peu, et m'approvisionnent mes ports du Ponant, pensant me mettre en état de me joindre à eux contre l'Angleterre : aussi que demain cette guerre finisse, sous quel prétexte cacher mes armements ? Colbert, Colbert, à quelque prix que ce soit, il faut que cette guerre dure jusqu'au moment où je pourrai jeter mon armée dans la Flandre espagnole.

— Heureusement, sire, que les princes voisins sont moins *impossibles* que le sieur de Witt, et les quatre cent mille livres que j'ai fait payer par M. Verjus à compte sur les deux millions que demandent les deux électeurs pour s'opposer au passage des troupes de l'empereur, ne laissent rien à craindre de ce côté à Votre Majesté.

— Aussi est-ce pour le même motif que je tiens en main l'alliance que les Hollandais ont faite avec le marquis de Brandebourg et le duc de Neubourg, pour empêcher le Danemarck d'armer contre la Suède ; aussi, bien que le Danemarck soit notre allié et qu'il soit après tout dans son bon droit d'attaquer la Suède, chaque jour de Lionne mande à d'Estrades de faire comprendre à ce de Witt qu'il est de notre intérêt commun de prendre des tempéraments, et d'empêcher, s'il le peut, le Danemarck de ne rien précipiter contre la Suède ; de cette façon, la Suède, effrayée de la ligue et sachant mon appui secret, est toute à moi, et peut par sa position seconder mes desseins soit contre l'Empire, soit contre la Flandre, tandis que le Danemarck, que d'ailleurs je tiens lié par un traité, ne peut m'être bon à rien contre les Pays-Bas. Et, en dernière considération, si la Suède n'avait pas mon appui, elle chercherait celui de l'Empire ou de l'Angleterre.

— Quant à l'Angleterre, sire, j'ai encore vu cet Algernon Sidney le républicain; il prétend toujours qu'il est plus avantageux pour Votre Majesté que la Grande-Bretagne redevienne une république comme au temps de Cromwell; en conséquence il s'offre pour faire éclater un soulèvement à Londres et en Irlande.

— A-t-il toujours les mêmes espérances?

— Oui, sire, mais il demande cent mille écus, et se dit tellement appuyé par les cabales que Votre Majesté fait entretenir avec ces têtes rondes, ce vieux reste de la faction de Cromwell, qu'il est sûr d'exciter beaucoup de désordre en Angleterre.

— Cent mille écus! c'est beaucoup trop exposer sur la foi d'un fugitif comme ce Sidney; offrez-lui vingt mille écus comptant, et j'enverrai aux rebelles tout le secours qui leur sera nécessaire quand je serai sûr qu'ils en pourront profiter, ce qui, je crois bien, n'arrivera pas. Mais montrez-moi cet état que je vous ai demandé des nouveaux approvisionnements qui sont entrés dans mes ports du Ponant depuis cette année, grâces à mes pistoles et à la bonne volonté de messieurs des États-Généraux; car, il faut le dire, ces républicains, sous ce rapport, m'ont bien servi.

— Comme de purs trafiquants, sire, et qui vendraient, je crois, un couteau à leur main droite pour couper la main gauche s'ils croyaient y gagner; et pourtant je l'avouerai à Votre Majesté, les marchés que Forant a conclus avec eux sont des plus satisfaisants. Voici le détail des approvisionnements achetés cette année par Votre Majesté : je ne parle pas des bois de mâture et de construction que l'on abat dans l'Auvergne, d'après les ordres de Votre Majesté; je parle seulement de ce qui est venu de Hollande.

— Lisez, je vous écoute.

— Du mois de janvier: arrivé à Dunkerque, *le Charriot d'or,* chargé de 350,000 de fer en boulets, de 140,000 mèches et de 6,000 grenades à main, achetées à Utrecht et à Rotterdam; le tout remis au sieur Destouches, ordonnateur-général des dépenses de l'artillerie de Votre Majesté, à Dunkerque.

Dans ce même mois, M. d'Estrades a reçu l'avis des Provinces qu'elles achevaient de faire construire pour Votre Majesté six vaisseaux de pareil port que leurs meilleurs bâtiments de guerre, c'est-à-dire de soixante-dix pièces d'artillerie, et qu'on allait mettre en chantier les six nouveaux vaisseaux que Sa Majesté a désiré faire construire.

En février, il est arrivé à Brest sur *l'Éléphant*, flûte hollandaise venant de Flessingue, 200,000 livres de poudre, 120 milliers de mèches, et trente gros mâts de navire.

Item, trois autres flûtes chargées de bois de Norwége achetés à Rotterdam.

Item, et dans le même mois, deux flûtes de 500 tonneaux venant d'Amsterdam ont apporté audit port une cargaison de mâts, planches et bordages de navires.

Item, deux autres flûtes chargées de chanvre pour câbles, et de courbes, bordages et préceintes, venant de l'île de Walcheren, le tout a été registré et emmagasiné par le sieur Laurent Hubac, maître charpentier de Votre Majesté au port de Brest.

En mars, 100 milliers de poudre de Rotterdam, et une cargaison de bray et de goudron ont été amenés à Dunkerque; et enfin en mai dernier, six flûtes chargées de cuivre, fer, fer-blanc, boulets, planches, mâts et bordages sont venues de Rotterdam à Brest.

— Et dans mes ports du Levant, Colbert?

— Sire, j'ai reçu ce matin même un long mémoire du sieur d'Infreville à ce sujet [1]. Les constructions du *Cheval-Marin* et de la *Sirène* avancent rapidement. Les bois de Bourgogne ne manquent pas. On a établi à Toulon des fourneaux pour la fonte des canons, et M. d'Infreville croit pouvoir assurer que les dix vaisseaux que Votre Majesté veut avoir dans ses ports l'année prochaine, seront prêts à cette époque.

— Et cet envoyé de M. l'Électeur de Saxe, l'avez-vous entretenu au sujet des vaisseaux que son maître propose de me construire?

---

[1] Voir ce mémoire à la fin du volume.

— Oui, sire, M. l'Électeur de Saxe offre toujours de faire bâtir autant de vaisseaux et de telle force qu'il plaira à Votre Majesté, ayant pour cela les meilleurs bois du monde, ainsi que du chanvre, de la braie et du goudron de la plus précieuse qualité.

— Eh bien, Colbert, il faudra vous entendre avec cet homme, car je veux mettre ma marine sur un très-grand état... Avez-vous aussi fait faire ce tableau de mes forces maritimes dont vous m'avez parlé ?

— Oui, sire, — dit Colbert, et il tira de son sac, avec un mouvement d'orgueilleuse satisfaction, un petit volume magnifiquement relié en maroquin rouge aux armes de France, et orné de deux fermoirs d'or admirablement ciselés.

— Jésus, Colbert ; mais c'est un véritable bijou que cela.

— Si Votre Majesté le permet, chaque année je lui présenterai ainsi le tableau exact des vaisseaux de sa marine.

— Certainement ; car rien ne se voit mieux et plus facilement du premier coup-d'œil.

En effet, les pages de ce registre étaient du parchemin le plus blanc et le plus fin ; l'écriture en était tracée avec un art et un soin merveilleux, et les initiales peintes en or et en couleur pouvaient rivaliser avec les plus précieux manuscrits [1] du treizième siècle ; quant à l'ordre et à la lucidité, les tableaux étaient faits de telle sorte qu'on trouvait à la fois le nom du vaisseau, sa force, ses qualités, le nom de son commandant et le nombre des soldats et marins composant son équipage.

— Je ferai observer à Votre Majesté que les galères ne sont pas comprises dans ce travail, ce sont seulement les vaisseaux de haut bord qui composent la totalité des forces navales de Votre Majesté, et que commandent maintenant en Ponant M. le duc de Beaufort, et en Levant M. Du Quesne. — Puis Colbert se mit à lire le tableau suivant :

---

[1] Quelques-uns de ces chefs-d'œuvre de calligraphie sont conservés aux archives de Versailles.

VAISSEAUX.	OFFICIERS.	ÉQUIPAGE.	CANONS.	QUALITÉS DES VAISSEAUX.
Le Frédéric.	De la Roche, chef d'escadre.	350 hom.	84	Bon voilier.
Le Grand-Normand.	Gabaret.	500 —	80	Très-ardent.
La Sophie.	Forant.	550 —	84	Bon voilier.
Le Neptune.	Chevalier de Buous.	500 —	80	Marche mieux par la bonace que par un temps forcé.
Le Bourbon.	De Rabesnières.	550 —	66	Bon voilier.
La Royale.	De Verdille.	400 —	38	Idem.
Le Jule.	De Belle-Isle, major de l'armée.	350 —	42	Très-bon marcheur.
Le Triomphe.	De Buillon.	350 —	42	Pesant à virer.
Le Mazarin.	De Villepars.	350 —	40	Canard.
Le Grand-Anglais.	D'Infreville.	300 —	40	Bon voilier.
La Grande-Infante.	De Coudé.	260 —	40	Trop lourd d'échantillon.
Le Saint-Charles.	Michaud.	500 —	42	Bon voilier.
Le Saint-Jean de Bayonne.	Duclos.	300 —	40	Idem.
Le Sauveur	De Lamoignon.	350 —	40	Idem.
Le Tigre.	D'Estival.	300 —	40	Très-ardent.
L'Anna.	De Châteaurenault.	350 —	40	Pesant à virer.
Le Saint-Antoine.	De Viviers.	350 —	38	D'une marche supérieure par un temps forcé avec ses huniers.
Le Saint-Augustin.	De Bardeau.	300 —	38	Bon voilier.
La Vierge.	Louis Gabaret.	350 —	38	Idem.
La Notre-Dame.	De Vaudré.	250 —	36	Très-bon et fin voilier.
Le Lion-d'Or.	D'Étienne (Jean).	200 —	36	Pesant.
Le Saint-Sébastien.	De Pasdejeu.	260 —	38	Véritable flûte.
L'Aigle-d'Or.	Perotteau.	150 —	26	Bon voilier.
La Petite-Infante.	Le chevalier d'Olonne.	206 —	26	Idem.
L'Aurore.	Du Riveau.	50 —	8	Très-bon brigantin.
La Concorde.	De Bourselle.	150 —	28	Bon voilier.
La Marguerite.	Le Cordick.	200 —	36	Pesant à virer.
La Princesse.	Le marquis de Martel.	500 —	66	Très-fin voilier.
Le Saint-Louis.	Le commandeur de Verdille.	400 —	40	Bon voilier.
Le Conquérant.	Gabaret (le jeune).	400 —	66	Idem.
L'Invincible.	Chevalier de Bouillon.	350 —	63	Pesant à virer.
L'Intrépide.	Dumetz d'Aplemont.	330 —	60	Bon voilier.
Le Navarre.	De Turelle.	400 —	56	Fin voilier.
La Justice.	De Mangard.	450 —	56	Bon voilier.

— Ainsi, Colbert, tel est le nombre de mes vaisseaux, sans compter les douze de premier rang qui sont ou construits ou en construction en Hollande.

— Oui, sire; mais je dois maintenant instruire Votre Majesté de graves abus qui naissent de la confusion des ordonnances, jugements et règlements formant la juridiction et jurisprudence maritime. Il y a un conflit perpétuel entre les capitaines des vaisseaux de Votre Majesté et les juges et officiers des amirautés au sujet des délits commis dans les ports ou à bord des bâtiments de Votre Majesté. Voici quelques lignes d'un rapport de M. d'Infreville, l'un des meilleurs officiers et constructeurs de Votre Majesté; il réclame le droit de juger et de punir un concussionnaire.

« La justice se fait ordinairement par les capitaines d'un na-
» vire qui a son prévost pour exécuter ce qui est ordonné et
» affiché au mât du vaisseau, comme il arrive quand un matelot
» frappe du couteau, on lui perce la main de la même arme ;
» s'il tue, le prévost le pend ou le jette à l'eau avec le tué. Je
» demanderais volontiers si le lieutenant de l'amirauté doit pren-
» dre connaissance de ces choses; je ne crois pas qu'il le doive
» prétendre et qu'on le doive consentir ; j'ai servi dans les ar-
» mées navales, jamais aucun prévost d'amirauté n'est entré
» dans aucun bord d'un navire du roi pour prendre connais-
» sance de bruits, contestations, meurtres ou autres cas qui
» arrivent. L'amiral de l'escadre a ses prévosts, lieutenants et
» autres qui sont juges de toutes choses. Si l'on veut y ap-
» porter du changement, le roi n'a qu'à ordonner [1]. » Ce n'est
pas tout, — sire, dit Colbert en prenant une autre note, —
parmi les dépêches que j'ai reçues hier de M. de Charost, il se
trouve une réclamation de messieurs de l'amirauté, à peu près
au même propos, bien qu'il s'agisse d'un fait plus grave, puisqu'un nommé Jérôme Valbué, capitaine de barque longue,
très-expert pilote et marinier d'ailleurs, a justicié lui-même à
son bord, en vue de la côte de Calais, un marin réformé cou-
pable de meurtre, de blasphème et de rébellion il est vrai, huguenot il est vrai ; mais Votre Majesté daignera peut-être croire
qu'il est temps que sa volonté suprême intervienne pour faire
cesser ces violences monstrueuses qui ont malheureusement une
apparence de justice parce que les divers jugements les autorisent.

— Mais quels sont ces jugements, Colbert?

— Sire, bien que les rois vos prédécesseurs et vous-même
ayez rendu bon nombre de lois, édits et ordonnances concernant la marine, il n'y a pas encore, à bien dire, de corps de loi
formant code et règlement général et exprès pour les vaisseaux
de Votre Majesté. La législation et juridiction criminelle est presque entièrement décidée par les anciennes *lois Rhodiennes*,

---

[1] Voir à la fin de ce volume, le long et intéressant rapport de M. d'Infreville Cette pièce du dernier intérêt donne les notions les plus exactes
sur la construction maritime et les différentes juridictions de l'amirauté et de
l'amiral.

les coutumes du droit Romain, et aussi par les usages maritimes de différentes nations réunies dans plusieurs recueils, tels que le *Consulat*, les *Us et coutumes de la mer*, les *Ordonnances de Charles-Quint et de Philippe II*, et enfin le plus souvent par ce qu'on appelle *les Jugements d'Oléron*. D'après les traditions, ce fut madame Éléonore, duchesse de Guyenne, et puis son fils Richard, roi d'Angleterre, qui, refondant les anciennes coutumes de la mer, insérées au livre du consulat, firent dresser le premier projet de ces jugements, connus sous le nom de Rôle d'Oléron (du nom de l'île), destinés dans l'origine à servir de loi en la mer du Ponant, et à juger toutes les questions sur le fait de la navigation. En effet, cette coutume fut depuis approuvée par nombre de gens qui mettaient en mer ; peu à peu s'insinuant dans la justice, elle fut enfin reçue et observée, même approuvée par quelques ordonnances de plusieurs rois. D'autres jugements ont pourtant aussi cours, ce sont ceux dits de Wisby, autrefois rédigés par les bourgeois de la ville de Gothland, dans la mer Baltique. Ces jugements sont d'ailleurs dressés à peu de dissemblance près sur ceux d'Oléron ; et ne diffèrent d'eux que sur quelques points de discipline. En un mot, sire, la législation maritime est ici régie par l'amirauté, là par l'amiral, tantôt par les Jugements d'Oléron, ailleurs par la Coutume de Wisby, le droit Romain ou Rhodien, etc., etc., au lieu d'être soumise à une ordonnance une et spéciale, claire et complète, qui, prenant dans ces diverses coutumes ce qu'elles ont de sain et d'utile, rejetterait ce qui est trop empreint des siècles de barbarie, et formerait ainsi un code parfait de législation maritime réglant les droits de chacun, et décidant ainsi de toutes les difficultés à venir entre les capitaines et les amirautés. Enfin, Votre Majesté ne pense-t-elle pas aussi qu'il serait bon d'adoucir quelques coutumes cruelles, telles que celles de clouer au mât la main de l'homme qui a frappé du couteau, et de jeter à l'eau la victime et le meurtrier, ainsi qu'il est advenu à ce huguenot dont je me suis fait l'honneur de raconter le supplice à Votre Majesté ?

— Vous me ferez un travail et des propositions à ce sujet, Colbert ; vous avez raison, il me faut une ordonnance nouvelle complète, nette et bien détaillée ; celle-ci faite, toutes les autres seront abrogées. Vous aurez égard aux droits de chacun, autant que possible ; je veux aussi que cette législation soit surtout moins féroce, car cela fait horreur rien que de penser à ce huguenot ainsi jeté à la mer.

— J'ai ordonné, sire, de faire une enquête à ce sujet ; mais je crois que les lois sont pour le capitaine, et, bien que le supplicié soit un huguenot, j'ai demandé justice intègre, selon l'ordre de Votre Majesté, qui tient autant les réformés pour ses sujets que nous autres.

— Et vous avez bien agi, Colbert, quoique j'aie plus à cœur que pas un roi chrétien de voir finir l'hérésie. Il me semble que ceux qui veulent employer des remèdes violents, ne connaissent pas trop la nature de ce mal, causé en partie par la chaleur des esprits ; ne vaut-il pas mieux laisser cette chaleur s'éteindre que de l'exciter de nouveau par des contradictions aussi fortes [1] ? Tenez, Colbert, cette idée de protestants me rappelle encore ces prétentions de messieurs de mon clergé, dont vous m'avez entretenu tout à l'heure. Eh bien ! c'est parce que le haut clergé a voulu ainsi s'affranchir de toute taxe qu'il a excité la haine des peuples contre lui, autant que j'ai pu comprendre. L'ignorance des ecclésiastiques aux siècles précédents, leurs débauches, leurs mauvais exemples, donnèrent lieu plus que toute autre chose à ces grandes blessures que l'Église a reçues par le schisme ; car, il faut bien l'avouer, les réformateurs disaient vrai en beaucoup de choses, et s'ils en imposaient au sujet de la croyance, ils ne trompaient pas en parlant des mauvaises mœurs de beaucoup de hauts seigneurs ecclésiastiques. Or, vraiment, Colbert, c'est songer plus qu'eux-mêmes au salut de messieurs de mon clergé que de les empêcher d'amasser trop de cet argent dont j'ai d'ailleurs besoin ; car, encore une fois, s'il est certaines taxes dont je dispense ma noblesse qui me sert bien de son épée, cela ne doit pas aller ainsi pour les bénéficiers.

[1] Il est bon de rappeler que ces sentiments, qui contrastent si fort avec ceux qui dictèrent plus tard la révocation de l'édit de Nantes, étaient exprimés par Louis XIV en 1672, époque à laquelle il rédigeait ses mémoires sur cette année 1666 pour monseigneur le dauphin, t. II, p. 85.

— Puisque Votre Majesté ramène cette conversation sur les taxes, j'aurai l'honneur de lui annoncer que les recherches que j'ai fait faire, d'après ses ordres, contre les gens qui prenaient de faux titres de noblesse pour échapper aux tailles, ont le meilleur succès, entre autres à Bourges, où ces mesures ont produit tant d'émoi sur les fainéants, que M. d'Herbigny m'écrit de ce lieu-là que la manufacture de bas d'étamine que j'y ai fait établir par ordre de Sa Majesté, est en pleine activité, grâce à ces faux nobles qui, se voyant maintenant obligés de payer les taxes ou d'être emprisonnés, cherchent dans le travail le moyen de les acquitter.

— Et ma manufacture des Gobelins?

— Sire, j'ai envoyé aujourd'hui même les ordres pour commencer ces tentures des Quatre Éléments que Votre Majesté a approuvées l'autre jour, après la séance qu'elle a donnée à M. le cavalier Bernin.

— Avouez, Colbert, que vous n'aimez pas cet Italien.

— Sire, je respecte toujours infiniment les personnes que Votre Majesté honore de sa bienveillance, mais....

— Mais vous préférez les plans et les conseils de votre petit commis Perrault, ou de son frère le médecin, à ceux du favori de tant de saintetés [1].

---

[1] Le cavalier Bernin, peintre, sculpteur et architecte, naquit à Naples en 1598. Ce fut sous Paul V qu'il commença à se faire connaître. Ce pontife, en voyant ses premiers ouvrages, prédit la grande réputation qu'il s'acquit depuis. Grégoire XIV le décora de l'ordre du Christ. Urbain VIII lui donna la surintendance des bâtiments de Saint-Pierre de Rome. Alexandre VII et Clément IX l'honorèrent de leur amitié. Rome lui est redevable de ses plus beaux monuments. On compte dans la seule église de Saint-Pierre nombre d'ouvrages de son invention qui font l'admiration des connaisseurs. Les principaux sont : le maître-autel, le tabernacle, la chaire de saint Pierre, les tombeaux d'Urbain VIII et d'Alexandre VII.

On sait que Louis XIV, voulant faire terminer la façade du Louvre (dite de la Colonnade) que M. Le Vau avait commencée sous M. de Ratabon, surintendant des bâtiments, fit écrire par Colbert à Nicolas Poussin, pour lui demander de faire exécuter plusieurs projets de façade par les premiers artistes d'Italie. Ces dessins ne satisfaisant pas Louis XIV, il se décida à faire venir le cavalier Bernin.

Le cavalier Bernin fut reçu en France avec les plus grands honneurs. Louis XIV envoya au-devant de lui, pour le recevoir et lui tenir compagnie, M. de Chambray de Chanteloup, un de ses maîtres-d'hôtel. L'architecte italien, après de nombreux essais et plusieurs modèles fort coûteux, s'arrêta à un

— Non, sire, mais que Votre Majesté me permette de lui faire observer que le sieur cavalier Bernin, au milieu de toutes les magnificences qu'il rêve, n'oublie qu'une chose, la commodité de Votre Majesté. Ainsi, dans son projet pour finir le Louvre, après m'avoir ébloui des colonnes, péristyles, galeries et balcons sans fin, lorsque je lui demandai : Mais, monsieur le chevalier, où couchera Sa Majesté?

— *Per Dio, est-ce que le cavalier Bernin bâtit un palais pour qu'on y couche dedans!*

— Je le reconnais bien là, — dit Louis XIV en riant ; — mais il a promis de remédier à cet inconvénient, et que ma chambre et mon cabinet auraient quatre croisées; nous verrons d'ailleurs les observations de votre Perrault, qui doit être du moins satisfait pour l'Observatoire, car je ne sache pas que le cavalier Bernin n'ait approuvé le projet qu'il a pour le plan et les fondements.

— C'est tout au plus, sire, car je crois bien que c'est le seigneur cavalier Bernin qui a suggéré à M. Cassini, que Votre Majesté a appelé près d'elle pour diriger cet Observatoire, qui lui a suggéré, dis-je, l'idée de cette grande chambre qui bouleverse tous les plans de M. Perrault et de M. Le Vau.

— Enfin nous verrons bientôt les projets du seigneur cavalier exécutés en grand, M. de Bellefonds m'en a fait les plus grands récits, et je suis décidé à l'employer selon son mérite. — Ah! l'avez-vous consulté aussi sur ce projet que vous m'avez dit, d'entretenir toujours quelques jeunes peintres à Rome, sous la surveillance de quelque homme de mœurs et de savoir, pour qu'ils se puissent perfectionner dans l'étude des beaux-arts, et fournir toujours mon État de bons peintres et sculpteurs.

— Oui, sire, et j'ai soumis le même travail à messieurs de l'académie, qui y ajouteront et réformeront selon leurs lumières.

plan inexécutable, et retourna en Italie; pour ce, le roi lui fit donner trois mille louis, une pension de douze mille livres et une autre de douze cents livres pour son fils. Le cavalier Bernin envoya plus tard de Rome une statue équestre de Louis XIV, mais qui parut si mauvaise, que Girardon remplaça la tête du roi par une figure moulée sur l'antique. On sait que ce fut le plan de Claude Perrault qui fut exécuté par Louis Le Vau et d'Orbay.

— Allons, allons, Colbert, voici qui va le mieux du monde ; vraiment je regrette quelquefois que les destinées d'un roi de France le forcent à la guerre, et qu'il lui faille donner matière à la valeur de sa noblesse, et qu'aussi s'agrandir soit la plus digne et la plus agréable occupation d'un souverain ; car sans cela, Colbert, j'aimerais fort ces plaisirs tranquilles de la paix et la magnificence des monuments somptueux qui laissent après nous un sentiment de notre pouvoir et de notre grandeur. Mais il faut la guerre, la guerre ! Oui, *car un roi de France ne règne plus dès qu'il met l'épée dans le fourreau.*

Colbert, sachant mieux que courtisan au monde que contrarier les idées du roi c'était les irriter encore, ne dit mot, bien que le retour de Louis XIV vers ses idées de paix et de magnificence lui eussent causé le plus vif plaisir ; aussi reprit-il :

— Heureusement, sire, que la guerre présente ne peut donner lieu aux regrets de Votre Majesté, car monseigneur le duc de Beaufort est retenu par des vents si favorablement contraires, que les Républicains et les Anglais se battent et ruinent à l'envi leurs marines.

— N'est-il pas vrai, Colbert ? aussi je me déclare le serviteur des vents contraires qui font merveilles, — ajouta le roi en souriant.

— Mais la marine de Votre Majesté n'a pas été pour cela moins bien représentée dans cette bataille, sire, ainsi que Votre Majesté l'a pu lire dans le rapport de M. d'Estrades.

— Oui, oui, — dit le roi avec un léger plissement de sourcils et comme si le nom qu'il prononçait lui eût été pénible à prononcer, — M. *le comte de Guiche* et M. de Monaco s'y sont fort bien montrés ; c'est une nouvelle qui fera d'ailleurs bon effet à défaut de la jonction de ma flotte. Je vais raconter tout à l'heure ces vaillances chez la reine avant que de partir pour la chasse.

— Sire, j'oubliais de dire à Votre Majesté que M. de Cavoye se propose tantôt de demander à Votre Majesté la grâce de sa permission pour aller volontaire sur le vaisseau de l'amiral hollandais Ruyter pour continuer la guerre ; en outre M. de Cavoye osera mettre la même supplique aux pieds de Votre Majesté en faveur de MM. d'Harcourt et de Coislin, absents aujourd'hui pour le service de Votre Majesté, et qui désireraient aussi servir comme volontaires sous le même amiral.

Louis XIV réfléchit un moment, puis reprit : — Oui, oui certainement, aux yeux de l'Europe la présence de gentilshommes aussi braves et d'aussi bonnes maisons sur la flotte hollandaise compensera quelque peu l'absence de mes vaisseaux ; j'approuve fort que d'Harcourt, Cavoye et Coislin tiennent à honneur d'imiter MM. de Guiche et Monaco, et qu'ils se fassent voir sur les vaisseaux de ce Ruyter que l'on dit d'ailleurs un surprenant homme de mer. Je pense même que plus tard il sera peut-être fort dans mon intérêt de mettre au col de cet amiral républicain le collier de mon ordre de Saint-Michel, cette faveur inespérée palliera l'absence de mes vaisseaux que les vents contraires retiendront toute cette campagne malgré la rage guerrière de mon cousin M. le duc de Beaufort. Oui, oui, plus j'y pense, plus je suis persuadé qu'une telle faveur éloignera tous les doutes des Hollandais ; vous me ferez songer à ce collier, Colbert, et peut-être aussi à un portrait.... à quelques diamants.... Allons, cela est bien, et puis je sais gré à Cavoye de m'avoir fait prévenir de cette demande qu'il doit m'adresser, car je n'aime pas m'entendre dire en public quelque chose à quoi je ne sois pas préparé de répondre. Allons, je vais passer chez la reine, et j'y lirai un mot de cette lettre de d'Estrades sur le combat de la flotte hollandaise, cela motivera la demande de Cavoye. Oui, encore une fois, plus j'y pense, plus je trouve qu'il y a d'à-propos dans la demande de ces trois gentilshommes, et qu'elle sera d'un merveilleux effet dans les conjonctures présentes.

— J'aurais, sire, encore à vous soumettre un assez long travail au sujet du projet pour la jonction de la mer Océane et de la mer Méditerranée, au moyen de ce canal qui, traversant le Languedoc....

Mais à ce moment, Diane, la chienne favorite du roi, lui voyant prendre sa canne et son chapeau, se mit à gratter et à hogner pour sortir.

— Vous le voyez, Colbert, — dit gaiement le roi, — cette intelligente Diane devine que je vais me botter pour aller à la chasse. Car il se fait tard. Samedi vous me parlerez du canal du Languedoc.

Puis s'arrêtant un moment pensif, le roi débita l'impromptu suivant d'un air très-satisfait :

> Son ministre à ses yeux a beau se présenter,
> Sitôt qu'il voit sa chienne il quitte tout pour elle.
> Rien ne peut l'arrêter
> Quand la chasse l'appelle [1].

— En vérité, Colbert, votre petit Racine envierait ces vers, j'en suis sûr.... Je crois bien trouver Madame chez la reine, je vais les lui dire.... Ah! pour fêter l'heureuse issue du combat de nos alliés messieurs des États-Généraux, je voudrais ce soir donner une loterie chez la reine ; je ne veux pas que cela aille à plus de trois ou quatre mille écus en pierreries, bijoux, bracelets, étuis, que vous allez à l'instant envoyer querir à Paris... Je veux cela ce soir.... Le gros lot sera au moins de cinq cents écus.... Et comme c'est moi qui tirerai ces billets, vous ferez arranger cela de façon que je sache où il est ; maintenant écrivez les noms des personnes que je désire y voir inviter, et vous les donnerez après au premier gentilhomme de ma chambre.

— Et le roi dicta les noms suivants :

La reine.

Madame la duchesse.

Mademoiselle d'Elbeuf, madame de Béthune, madame de Noailles, madame de Créqui, madame de Fleix, madame d'Humières, madame de Rouvroi.

Mesdemoiselles d'Arquien, de Coëtlogon, de Grancey, d'Aubigny, du Bellay, de Dampierre, de Fienne, de Brancas, la signora Molina, et.... *mademoiselle de La Vallière.*

Un an plus tard il est probable que ce dernier nom eût été le premier sur la liste après celui des personnes de la famille royale ; mais Louis XIV était encore assez heureux pour vouloir mettre quelque mystère dans ses amours.

Aussi, en prononçant ce dernier nom de La Vallière avec une inflexion de voix toute particulière, le jeune roi ne put s'empêcher de rougir ; il redressa sa belle taille flexible et élégante, et

---

[1] OEuvres *littéraires* de Louis XIV, 1806

quand il posa sur ses cheveux noirs son chapeau brodé d'or, à longues plumes blanches, il y eut quelque chose de rayonnant sur ce noble et gracieux visage qui sembla révéler toutes les joies splendides de cette existence alors si complétement et si royalement heureuse, de l'existence de Louis XIV à vingt-huit ans !

CHAPITRE VII.

Marie-Thérèse. — Nouvelles de la flotte des États-Généraux. — Les volontaires. — M. le marquis de Cavoye, M. le chevalier d'Harcourt et M. le chevalier de Coislin.

Retirée dans le grand cabinet de son appartement, assise sur un large fauteuil de velours bleu, à bois sculpté et doré, dont le dossier était entouré d'une épaisse garniture de nœuds de rubans de la même couleur, Marie-Thérèse prêtait une grande attention à un jeu fort puéril, appelé vulgairement le *jeu des épingles.*

La reine portant le demi-deuil de sa tante et belle-mère Anne d'Autriche, était vêtue de gris ; cette couleur sombre faisait paraître son teint fort blanc et avantageait assez la nuance de ses cheveux blonds ; la figure de la reine avait une expression de candeur remarquable, et ses yeux bleus assez beaux, mais trop ronds, lui donnaient un air toujours étonné et quelque peu hagard.

Aux pieds de la reine était une négresse naine de la plus horrible figure du monde, vêtue d'une étoffe perse damassée or et argent, avec des colliers et des bracelets de corail au col, aux poignets et aux chevilles. Cette espèce de monstre ramassait les longues épingles que la reine laissait tomber quelquefois, et les rendait à Sa Majesté.

Dans la profonde embrasure d'une fenêtre donnant sur le canal, deux jeunes filles assises à terre, selon l'usage du temps, causaient à voix basse en feuilletant un nouveau recueil de motets : c'étaient mesdemoiselles de Ludre et de Coëtlogon, filles d'honneur de Marie-Thérèse.

Enfin la personne qui partageait la singulière récréation de cette princesse était la signora Molina, une des femmes qu'elle avait amenées de Madrid et qu'elle tenait dans une singulière affection.

On sait que la reine était d'un esprit si puéril et si naïf, qu'elle ne put à bien dire jamais tenir sa cour; aussi vivait-elle fort retirée, surtout depuis la mort d'Anne d'Autriche, la seule à qui elle confiait quelquefois les chagrins amers que lui causaient les nombreuses amours de Louis XIV.

D'ailleurs d'une bonté et d'une patience angéliques, on ne pouvait lui reprocher qu'une sorte de timidité sauvage, et un manque si absolu des habitudes royales, que lorsqu'on lui annonçait que la comédie allait commencer, elle partait à toutes jambes, afin d'arriver la première, craignant, disait-elle, « qu'on ne lui prît sa place. »

A un certain bruit qu'on entendit dans l'appartement extérieur, et qui semblait annoncer l'arrivée du roi chez elle, la reine fit un signe à la négresse, qui disparut; puis le bruit approchant davantage, mesdemoiselles de Ludre et de Coëtlogon se levèrent, ainsi que la signora Molina, et presque au même instant le roi entra suivi d'un assez bon nombre de courtisans.

Après avoir baisé la main de la reine, Louis XIV lui dit : — Je viens vous annoncer, madame, que mes bons et fidèles alliés, messieurs des États-Généraux, ont complétement battu la flotte anglaise près de la Tamise; c'est Nointel qui m'a apporté ce matin cette bonne nouvelle.

— Sire, croyez que je partage toute la satisfaction que cette heureuse circonstance inspire à Votre Majesté, répondit la reine.

— Je vous en sais bien gré, madame, et je vais tantôt remercier Dieu de ce qu'il a fait triompher la bonne cause, et le prier aussi de favoriser l'arrivée de mes vaisseaux commandés par mon cousin le duc de Beaufort, car je demeurerai toujours au regret de ce que ma flotte n'ait en rien participé à une telle victoire.... Mais au moins la France a été dignement représentée dans cette occasion, bien que par un très-petit nombre; M. le comte de Guiche et M. le prince de Monaco, qui servaient comme volontaires sous l'amiral Ruyter, se sont conduits dans cette bataille avec le plus grand courage. M. de Guiche [1] a même reçu deux graves blessures ; en un mot, toutes les dépêches que je reçois s'accordent à faire le plus brillant éloge de leur valeur.... Voilà un bel exemple à suivre, messieurs, — ajouta le roi en se tournant vers sa cour.

A peine le roi avait-il dit ces mots, qu'un courtisan vêtu avec la plus grande élégance, mais surtout remarquable par sa belle taille et l'air d'audace et d'arrogance qui gâtait un peu sa jolie figure, que ce jeune seigneur, placé presque en face du roi, s'inclina profondément comme pour lui demander un mot d'audience.

— Eh bien ! Cavoye [2], — lui dit Louis XIV avec bienveillance, — que voulez-vous ?

— Sire, je viens supplier Votre Majesté de me donner ses

---

[1] Armand de Grammont, comte de Guiche, fils de M. le maréchal de Grammont, fut exilé pour avoir levé les yeux, dit-on, sur madame Henriette d'Angleterre. — M. le prince de Monaco était son beau-frère.

M. le prince de Monaco et M. le comte de Guiche étant sur le vaisseau du capitaine Terlon, second de l'amiral Ruyter, furent les premiers qui chargèrent les ennemis, et ensuite abordèrent si vivement le vice-amiral du pavillon rouge, qu'ils en vinrent aux coups de pistolet ; et, comme les uns et les autres furent soutenus, ce combat dura deux heures, où il y eut beaucoup de gens tués, le comte de Guiche agissant avec les matelots et soldats, pour la facilité qu'il a de la langue plus que le capitaine même ; et dans le temps qu'il croyait se rendre maître du vaisseau ennemi, le feu prit dans le leur : ils travaillèrent autant qu'il se put pour l'éteindre ; mais le feu ayant déjà gagné les voiles, M. le prince de Monaco et lui se déshabillèrent et se mirent en caleçon pour se jeter à la mer avant que le feu prît aux poudres. Dans cet instant, un des vaisseaux hollandais passant s'accrocha à la pointe de celui où ils étaient, et ses maîtres, avec trois ou quatre, eurent le temps de se jeter dedans avec leurs épées, et se sauvèrent de la sorte. Le vaisseau où ils entrèrent était commandé par le frère de l'amiral de Ruyter, qui alla au secours d'un autre vaisseau fort maltraité. Ils combattirent encore trois heures sur ce vaisseau jusqu'à ce qu'il fût mis hors de combat et qu'on le vînt secourir. M. le prince de Monaco et M. le comte de Guiche, avec le sieur de Nointel qui ne les a pas abandonnés, furent menés dans cet équipage dans le vaisseau de l'amiral Ruyter, qui les reçut avec joie et leur fit donner des justaucorps. Ce fut le dernier jour du combat, et qui fut le plus rude ; ces messieurs furent toujours par tous les lieux où il y avait le plus de péril, et M. le comte de Guiche fut blessé au bras et à l'épaule d'un éclat de canon ; il a perdu trois de ses domestiques et l'écuyer de M. le maréchal de Grammont.

(*Lettre du comte d'Estrades au roi.* 17 juin 1666.)

[2] Louis d'Oger, marquis de Cavoye, avait partagé les jeux d'enfance de Louis XIV, la marquise de Cavoye étant très en faveur auprès de feu la reine-mère.

ordres pour M. l'amiral de Ruyter, car je pars aujourd'hui pour le Texel, si Votre Majesté a pour agréable que je me rende près de ce général afin de servir sous ses ordres en qualité de volontaire.

— Comment, Cavoye, et d'où vous vient cette idée si subite? — dit Louis XIV feignant le plus complet étonnement.

— Sire, c'est que je n'avais pas encore entendu Votre Majesté donner des louanges à la conduite de MM. de Guiche et de Monaco; et puis, sire, il se peut qu'il y ait un second combat avant la jonction de la flotte de M. de Beaufort, et je tiendrais alors à grand honneur d'être à mon tour dans cette bataille un des représentants de votre fidèle noblesse.

— Certainement, Cavoye, je vous accorde cette demande; car nul mieux que vous ne pourrait représenter ma noblesse auprès de mes alliés et amis des Provinces-Unies.

— Sire, — dit Cavoye en embrassant le genou du roi, — il me reste encore une grâce à demander à Votre Majesté, et quoique cette faveur ne me soit pas personnelle, j'ose assurer à Votre Majesté que je serais le plus heureux de ses sujets si elle daignait me l'accorder.

— Parlez, Cavoye, c'est un jour de grâce aujourd'hui.

— Sire, deux de mes amis, MM. de Coislin et d'Harcourt, à cette heure à Paris pour le service de Votre Majesté, se considéreraient comme bien heureux si Votre Majesté leur accordait la même faveur et les mêmes encouragements qu'à moi, en leur permettant aussi d'aller servir comme volontaires sous M. l'amiral de Ruyter.

Louis XIV parut réfléchir un moment, puis il ajouta de ce ton déclamatoire et théâtral qui n'était pas sans une grande majesté : — Allons, Cavoye, j'y consens aussi, et j'espère que cette nouvelle preuve de ma bienveillance envers mes fidèles alliés des États-Généraux sera reçue d'eux avec toute la reconnaissance qu'elle mérite; car, non content de les aider de mes troupes de terre et de mer et d'engager pour eux ma parole royale, voici que je leur envoie encore trois des plus braves gentilshommes de ma cour; mais je veux avant tout prouver au monde que les peuples qui implorent mon appui et mon alliance trouvent toujours au delà de mes promesses.

Après avoir dit ces mots d'un air extrêmement digne, et promené son haut et fier regard sur sa cour, le roi resta encore quelques instants chez la reine, puis sortit pour aller à la chasse.

A peine était-il dehors des cours du château, que MM. d'Harcourt et de Coislin arrivèrent de Paris, et furent aussitôt accueillis par une nuée de compliments sur leur adresse à prévenir les désirs du roi, et sur la bonne fortune qu'un tel dévouement allait leur valoir.

Les deux courtisans commencèrent par prendre ces félicitations pour une assez mauvaise plaisanterie; mais quelques hommes graves et comptés leur ayant assuré sur leur honneur qu'en effet Cavoye avait fait cette demande au roi en leur nom, et que le roi la leur avait accordée, et les avait loués fort, leur indignation contre Cavoye n'eut plus de bornes, et ils partirent comme des furieux pour le chercher.

On conçoit d'autant mieux cette colère, que ni M. de Coislin ni M. d'Harcourt, bien qu'ils fussent de la bravoure la plus éprouvée, n'avaient aucunement manifesté à Cavoye l'intention d'aller servir sous Ruyter.

Enfin, après avoir parcouru le parc et les appartements, nos deux gentilshommes entrèrent dans la galerie des Cerfs, aperçurent Cavoye qui, les voyant, vint à eux de l'air du monde le plus leste et le plus satisfait; M. d'Harcourt ne pouvant maîtriser sa colère, ce fut le révérencieux M. de Coislin qui prit la parole avec un calme affecté [1].

[1] On ne tarirait pas sur les civilités outrées de M. de Coislin, depuis cette fois où il sauta par une fenêtre assez élevée pour se trouver à la portière de M. de Valence, afin de lui faire une révérence que ce prélat avait voulu éviter en enfermant Coislin (et de ce saut furieux, Coislin se démit le poignet), jusqu'à cette autre fois du voyage de Fontainebleau. Voici ce dernier fait. Nous le rencontrâmes à un retour de Fontainebleau, madame de Saint-Simon et moi, à pied avec M. de Metz, son fils, sur le pavé de Ponthierry, où son carrosse avait rompu. Nous envoyâmes le prier de monter avec nous; les messages ne finissant pas, je fus contraint de mettre pied à terre, malgré la boue, et d'aller le prier de monter dans mon carrosse; M. de Metz rageait de ses compliments, et enfin le décida. Quand il eut consenti et qu'il n'y eut plus qu'à gagner mon carrosse, il se remit à capituler et à protester qu'il n'ôterait pas la place à ces *demoiselles* qu'il voyait là. Je lui dis que ces *demoiselles* étaient des filles de chambre, bonnes de reste à attendre que son carrosse fût raccommodé, et à revenir dedans. Nous eûmes beau faire, M. de Metz et moi,

— Sans pousser trop loin l'indiscrétion, oserai-je prier M. le marquis de Cavoye de m'expliquer pourquoi je me trouve obligé de m'en aller au Texel, servir en qualité de volontaire sous les ordres de M. l'amiral de Ruyter, dont je me déclare le serviteur avec passion, mais pour la profession duquel je n'ai aucun goût, bien que j'honore et compte infiniment ceux qui suivent cette noble carrière? Monsieur le marquis de Cavoye me fera-t-il l'honneur de me répondre?

— Et moi, — dit le bouillant chevalier d'Harcourt, — je voudrais bien savoir quelle est cette vision cornue de faire les honneurs de ma personne à Sa Majesté et à ses alliés des Provinces-Unies, sans me prévenir d'un seul mot? Voilà, morbleu! un plaisant mignon que M. de Cavoye, pour disposer ainsi de moi en faveur de ces républicains de Hollande, de ces grossiers Mynheers tout gonflés de bière et de fromage ; et cela encore une fois sans mot dire.... et nous mettre dans l'impossibilité de nous dégager maintenant que le roi est satisfait de cette résolution! Mort et furie! Cavoye, j'ai été trois ans ton ami, et je ne m'attendais pas à une telle fourberie. Mais que faire maintenant? comment réparer ta sottise? Mais au moins parle.... réponds-nous.... explique-toi....

Pendant ces diverses récriminations, l'insouciant Cavoye variant son attitude et ses occupations, tantôt s'appuyait négligemment sur une magnifique canne d'ivoire semée de pierreries, peignait sa longue perruque blonde avec un petit peigne d'or, s'emplissait le nez de tabac d'Espagne, jouait avec sa tabatière chargée de devises et de médaillons, ou tortillait ses gants de martial tout parfumés d'ambre gris et de benjoin.

il lui fallut promettre qu'il en resterait une avec nous ; arrivés au carrosse, ces femmes descendirent, et pendant ses compliments, qui ne furent pas courts, je dis au laquais de fermer la portière et au cocher de marcher une fois que je serais monté avec M. de Coislin, ce qui fut fait. Mais à l'instant voilà M. de Coislin de crier qu'il s'allait jeter si l'on n'arrêtait pas pour prendre cette demoiselle, et tout aussitôt à l'exécuter si étrangement que j'eus peine à me jeter à la ceinture de ses chausses pour le retenir à temps, et lui, passé par le panneau de la portière, criait au dehors qu'il se jetterait, et tirait contre moi. A cette folie, je criai d'arrêter ; il se remit à peine, et maintint qu'il se serait jeté La *demoiselle* femme de chambre fut appelée et pensa nous écraser, M. de Metz et moi, dans ce carrosse à quatre. C'était d'ailleurs la vérité, la bravoure et l'honneur même que ce M. de Coislin, et partant, il était infiniment considéré et compté. (Saint-Simon.)

Quand d'Harcourt eut terminé, Cavoye dit, de l'air le plus calme du monde :

— Mes chers amis, je vous avoue que, malgré le plaisir que mon voyage cause au roi, il m'eût été impossible de le faire si vous ne m'aviez pas accompagné. Il me fallait absolument votre société, et j'ai pris, ce me semble, un moyen merveilleux de m'en assurer.

Ici de nouvelles exclamations des deux *volontaires,* qui ne firent pas sourciller Cavoye : il continua donc :

— Outre le désir que j'avais d'obtenir les bonnes grâces de Sa Majesté, en lui demandant d'aller servir en Hollande, il est un autre motif qui me fait désirer de quitter momentanément la cour, c'est le besoin de me délivrer de l'obsession impertinente et insupportable de cette Coëtlogon et de ses partisans, que j'appellerais, s'il était possible d'avoir un duel avec toute la cour. Or donc, du pas dont marchent les passions de la Coëtlogon, je ne lui donne pas huit jours pour mourir de chagrin [1] quand elle me saura exposé aux périls de l'eau, du feu, des vents et des rochers.

— Voilà qui est indigne, s'écria d'Harcourt, aussi indigne que ta conduite envers nous.

— Vous êtes des ingrats et des fous, — continua Cavoye sans se déconcerter ; — des ingrats, car vous refusez de faire pour moi ce que j'ai fait cent fois pour vous depuis que nous formons cette chère trinité qui nous vaut le nom *des trois*. Vous êtes des fous.... car il n'est plus temps de se dédire.

— Des fous ! s'écria d'Harcourt !

— Des ingrats ! dit Coislin !

— Des ingrats, — reprit Cavoye avec une gravité comique... — des ingrats ; car vous ne le nierez pas, Coislin, qu'avec vous e n'aie pas vingt fois bravé l'empifrerie de la plus grosse chère. Nous avons monstrueusement rigolé de cabaret en cabaret, tant que cela vous a plu.... Me suis-je plaint ?.... Avec toi, d'Harcourt, ç'a été autre chose.... Tu as eu une rage d'alambic et de nécromancie.... Bien, j'ai complaisamment alambiqué et nécromancié, et plus encore j'ai presque ruiné madame de Siley, en

---

[1] Voir dans Saint-Simon l'épisode ravissant de l'amour si pur et si chaste de mademoiselle de Coëtlogon pour Cavoye.

cherchant avec toi la pierre philosophale.... Et après autant de preuves de dévouement de ma part, vous me reprochez un petit voyage que je vous fais faire en si bonne compagnie, vous vitupérez comme des diables parce que je vous procure l'occasion de faire votre cour au roi.... et qu'en retour je ne vous demande que de me faire un peu de société jusque vers la flotte des États !....

— Et cela n'est rien.... aller en Hollande ! — s'écria d'Harcourt.

— Au Texel ! — s'écria Coislin.

— Nous engager volontaires ! — dit d'Harcourt.

— Sous Ruyter.... nous faire navigateurs et mariniers ! — dit Coislin.

— Nous faire quitter la cour pour une lanternerie qui illumine ton cerveau fêlé, malencontreux Cavoye !

— Fâcheux Cavoye !

— Peste de Cavoye !

— Allons, allons, messieurs, quand nous serons à trois, nous ferons une croix. Vertubleu ! comptez donc sur des amis après cela !

— Et il nous raille encore, — s'écria d'Harcourt, — quand il sait que nous ne pourrons nous démêler de cette sottise.

— Allez donc vous exposer de dire au roi : Sire, M. le marquis de Cavoye s'est moqué de Votre Majesté.

— Et sur ma parole, dit d'Harcourt, nous devrions le faire pour donner un lardon à ce fou.

— Mais ce fou est bien tranquille, — dit Cavoye en riant, — et il vous défie, messieurs, de ne pas trouver ce moyen de s'assurer d'une société, des plus originaux. Ah, mon Dieu ! — s'écria tout à coup Cavoye avec un effroi plaisant, — ne vois-je pas la Coëtlogon au bout de cette galerie ?... Oui, oui, c'est elle... Je me sauve bien vite pour échapper aux phébus qu'il me faudrait entendre. Je cours saluer mademoiselle de Morlaix. Attendez-moi chez de Fleix, je vous reconduirai à Paris dans mon carrosse, et demain au point du jour nous courrons sur la route de Calais... ou de la gloire... A bientôt, mes amis.

Et Cavoye quitta Coislin et d'Harcourt.

— Eh bien, Coislin ?

— Eh bien, d'Harcourt?
— Qu'en dites-vous?
— Qu'en dites-vous vous-même?
— Ma foi! il eût fallu se fâcher, l'appeler... Il est bon diable au fond.
— Je suis fort son serviteur et le vôtre... Il est bon diable! Mais me faire aller au Texel, moi! m'embarquer avec Ruyter!
— Bah! vous n'avez jamais vu la mer!
— Soit... mais je l'aurais vue à mon loisir.
— Après tout, nous retrouverons là de Guiche et Monaco... Et puis, entre nous, le tour est bon... Et vraiment Cavoye n'a eu d'autres volontés que les nôtres depuis deux ans; il a manqué se crever vingt fois en vous tenant tête chez Souvré... Avouez-le.
— Mais moi, je ne l'ai jamais fait aller au Texel, et enrôlé sous Ruyter, encore une fois...
— Mais enfin, Coislin, le roi nous approuve fort, la campagne sera belle, et l'aventure est plaisante; et puis enfin, vous qui aimez tant la bonne chère, vous mangerez des harengs tout frais sortant de l'eau, et des bisques aux nids d'hirondelles de mer, et ces nids seront verts, au lieu d'être desséchés, ainsi qu'ils nous arrivent ici.
— Quant aux harengs, d'Harcourt, la saison est passée, et les nids d'hirondelles ne se trouvent que dans les mers de l'Inde... Mais, ce qu'il y a de certain, c'est qu'il est impossible maintenant de nous dédire... Vertubleu! que je sois damné si ce matin je me suis levé avec l'idée que je serais ce soir volontaire de Ruyter... et que je partirais demain pour le Texel.
— Que voulez-vous?... les hommes proposent...
— Et Cavoye dispose, — interrompit Coislin. — Aussi bien voilà un texte de philosophie qui nous va bien disposer à entendre le sermon du révérend père Mascaron.

Et les deux amis rejoignirent la cour pour aller aux vêpres.

CHAPITRE VIII.

Arrivée de MM. de Coislin, d'Harcourt et de Cavoye sur la côte de Picardie. — La caravelle de maître Valbué. — Jean Bart propose aux trois gentils-hommes de les mener aux bancs d'Harwich, rejoindre l'amiral Ruyter et sa flotte. — Appareillage.

Par une belle soirée du mois de juin, alors que le soleil est tout à fait couché et que le crépuscule commence à obscurcir le jour, trois cavaliers équipés avec luxe suivaient au pas la crête de ces hautes terres de la côte occidentale qui forment le cap Grinez[1].

Ces gentilshommes étaient MM. d'Harcourt, de Coislin et de Cavoye.

— Parbleu, Cavoye, — dit M. de Coislin, — sais-tu que le vieux Charost[2] n'a pas eu tort de nous conseiller d'aller gagner ce petit port de Saint-Paul, au lieu de nous embarquer à Calais, et qu'ainsi nous pourrons plus facilement éviter les croiseurs anglais, s'il y en a dans la Manche?

— Mais sais-tu bien aussi, Cavoye, que nous allons avoir affaire à un terrible pilote, vertubleu!... Voilà un justicier expéditif; il vous fait un paquet d'un mort et d'un vivant, et vous jette cela à la mer ni plus ni moins que deux moutons crevés... Le bonhomme Charost frémissait rien qu'à le raconter.

— Mais, dit M. de Coislin, — il paraît que bien qu'on ait ôté à ce seigneur pilote la capitainerie de son garde-côte, il a été reconnu, d'après les procédures, qu'il n'avait agi que selon son droit, non-seulement parce que le condamné était hugue-

---

[1] Le cap Grinez, au sud-sud-est, corrigé du sud Foreland; c'est entre ces deux pointes que se trouve l'endroit le plus étroit du Pas-de-Calais. Le cap Grinez est sur la côte de Picardie, dans la partie qu'on nommait autrefois le Boulonnais; il est au nord de Boulogne et d'Ambleteuse, au sud-ouest de Calais.

[2] Le comte de Charost, lieutenant-gouverneur de la Picardie, gouverneur de Calais.

not et avait blasphémé le nom de notre saint-père, mais parce que nos lois maritimes sont un peu sauvages.

— Peste... un peu sauvages !... je le crois bien... un peu sauvages, puisqu'un capitaine est d'après cela non-seulement roi, mais bourreau sur son bord ! Aussi maintenant que nous voilà presque les sujets de ce fameux pilote... s'il lui prenait la fantaisie de régner sur nous, comme il a régné sur ce pauvre hère qu'il a fait noyer... que diriez-vous de cela, Coislin?... que dirais-tu de cela, d'Harcourt ?

— Je dirais de cela que cette noyade, comme tout autre danger que nous pouvons courir maintenant, doit t'être imputé à mal, à toi seul, à toi dont l'incroyable et folle vision nous a engagés dans cette aventure ;... aussi, par ma foi ! rien ne nous regarde plus maintenant : blessures, prisons, noyades, tu réponds de tout dans ce monde et dans l'autre ; beau recruteur des Provinces-Unies !

— Certes, oui, il répond de tout, — ajouta M. de Coislin, aussi bien que de la pitoyable chère dont ces grossiers républicains vont nous empoisonner.

— Eh bien, alors, de quoi vous plaignez-vous donc ! ingrats que vous êtes, puisque je réponds de tout ? Vous voyagez avec moi comme de jeunes seigneurs avec leur gouverneur : ils n'ont à penser à rien... qu'à jouir du voyage... et le pauvre gouverneur rend les comptes.

— Avec toutes ces belles raisons-là, Cavoye, — dit M. de Coislin, — la nuit approche, et je crains fort que nous n'ayons à battre l'estrade jusqu'à demain matin ; car nous ne voyons pas l'apparence d'un port du haut de ces rochers.

— Et cela, — reprit M. de Cavoye, — et cela grâce à votre politesse enragée, Coislin... Pourquoi diable aussi vous êtes-vous opiniâtré à refuser le guide que vous offrait M. de Charost ?...

— Mais c'est qu'aussi, mon cher Cavoye, le chemin paraissait si facile à trouver, que j'eusse été fâché de causer le moindre ennui ou déplacement à monsieur l'écuyer de M. le comte de Charost,... quoiqu'il s'offrît de nous conduire de la meilleure grâce du monde.

— Oh ! vous voilà bien !... *J'eusse été fâché, monsieur*

l'écuyer ! — dit impétueusement M. de Cavoye. — En vérité, Coislin, vous auriez à bâtonner quelqu'un que vous lui diriez, sur ma foi :... excusez, s'il vous plaît, mon cher monsieur, de la liberté grande que je prends de vous assommer. Mais telle est votre habitude, poli avec les gens de rien, et âpre et salé avec ceux du plus grand monde [1]. Enfin, grâce à vous, nous sommes égarés toujours ; mais Dieu nous préserve heureusement, car ce paysan que voilà nous va tirer d'embarras, — ajouta Cavoye en montrant un pâtre qui parut sur le haut d'un petit tertre en chassant quelques chèvres devant lui.

— Laissez, laissez-moi faire, Cavoye, — dit M. de Coislin, — vous effaroucherez cet enfant avec votre air matamore, et vous n'en pourrez rien tirer. — Ce disant, le gentilhomme pressa l'allure de son cheval, s'avança vers le pâtre, et touchant du bout de son gant le bord de son large feutre gris à plumes rouges :

— Monsieur, excusez-nous de ce que nous prenons la liberté de vous arrêter ; mais nous désirerions savoir quelle est la voie la plus directe pour nous rendre à Saint-Paul, s'il vous plaît.

Le pâtre, tout ébahi de voir un cavalier vêtu d'un beau justaucorps écarlate galonné d'argent le saluer, et lui dire *monsieur,* restait comme hébété, et il ne faisait autre chose que tourner son bonnet entre ses mains.

— Le malotru croit qu'on lui parle grec, et nous n'en aurons rien si je ne m'en mêle, — s'écria Cavoye. Alors poussant son cheval à côté de M. de Coislin qui quitta la place en haussant les épaules, il dit au berger, d'une voix impérieuse et en levant sa houssine.

— Allons, rustaud, le chemin de Saint-Paul, vite, ou je t'étrille.

A cette voix menaçante et à ce geste significatif de Cavoye, le pâtre répondit aussitôt d'une voix nette et claire :

— Oh ! parguié, mon bon seigneur, je vous entends bien, vous, mais je n'entendais dà cet autre seigneur que voilà. Pour aller à Saint-Paul, voyez-vous, vous n'avez qu'à suivre tout

---

[1] Voir dans Saint-Simon la conduite pleine de noblesse et de dignité de M. de Coislin à l'égard de M. le président Novion.

droit ces rochers, jusqu'à une croix du bon Dieu, et puis là vous tournerez et vous descendrez toujours à gauche, toujours à gauche ; après un bout de temps, vous entendrez la mer, et puis vous varrez bientôt l'église et puis le village de Saint-Paul avec les mâts de ses barques qui pointent dans la baie de Keneau.

— Allons, bien, voici pour toi, — dit Cavoye, — en jetant au paysan une pièce de monnaie qu'il accompagna d'un petit coup de houssine en façon d'adieu.

Puis, faisant faire une caracole à son cheval, Cavoye rejoignit ses compagnons en criant de tous ses poumons : — Eh bien, Coislin, avais-je tort ? à tous vos galants discours, à vos phébus dignes de Scudéry, le manant ne répondait rien et ouvrait des yeux aussi grands, mais certes pas aussi brillants et aussi beaux que ceux de madame votre sœur[1]. Au lieu que moi, il m'a compris au premier mot... ou plutôt au premier geste... Croyez-moi donc, le sifflement d'une houssine ou le tintement d'une pistole arracheront toujours quelque chose aux plus muets...

— Enfin, sais-tu le chemin, au moins ? — dit M. d'Harcourt.

— Si je le sais ! toujours tout droit jusqu'à ce que nous rencontrions *une croix du bon Dieu*, et alors toujours à gauche en descendant...

A ce moment, comme pour certifier de l'exactitude de ces renseignements, M. d'Harcourt s'écria qu'il voyait une croix de pierre sur la gauche du chemin.

En effet, les trois amis reconnurent cet indice ; mais alors la nuit était tout à fait venue, et la lune se leva brillante et radieuse dans tout son plein ; les trois cavaliers remirent alors leurs chevaux à leurs écuyers, et descendirent avec précaution les longs et rapides détours de cette rampe de rochers, qu'ils maudirent souventes fois, car ses pierres aiguës n'accommodaient pas leurs bottines blanches et leurs éperons dorés.

Enfin, après une demi-heure de cette marche pénible, ils entendirent le bruit sourd du ressac de la mer, et l'inclinaison de la rampe devenant plus douce, les trois gentilshommes purent remonter à cheval, et, précédés et conduits par un de leurs

---

[1] Madame la marquise, plus tard maréchale de Rochefort, sœur de mère de M. de Coislin.

écuyers, ils arrivèrent bientôt à la porte d'une hôtellerie de la plus chétive apparence, située à l'entrée du village de Saint-Paul.

— Ah çà! notre hôte, — dit Cavoye à l'aubergiste, respectueusement courbé sur le degré de sa porte, — il s'agit de souper d'abord, puis de nous trouver un maître... Valbo... Valban... Val...

— Monseigneur veut peut-être dire maître Valbué, le pilote royal?

— Tu parles d'or, notre hôte; c'est justement au pilote Valbué que nous avons affaire... Il doit nous attendre et avoir reçu un avis de M. le gouverneur de Calais... Allons, dépêche-toi... qu'il vienne vite, et fais-nous souper, car nos gens arrivés hier avec nos chevaux de bât ont dû tout préparer...

— Oui, monseigneur, le maître-d'hôtel de messeigneurs a tout préparé dans la chambre verte, les autres salles étant remplies de l'équipage de messeigneurs, qui est tout prêt à être embarqué.

— Allons donc souper dans la chambre verte en attendant maître Valbué, — dit Cavoye.

On soupa.

On était au fruit, lorsque l'hôte fit demander par un laquais s'il pouvait entrer.

— Qu'il entre, — dit Cavoye; puis :

— Eh bien, et le maître pilote royal, que fait-il en bas? est-ce qu'il caresse vos servantes au lieu de monter?...

— Ah! plût au ciel, messeigneurs, car cela serait au moins signe que maître Valbué serait à Saint-Paul.

— Comment! — s'écrièrent les trois gentilshommes, — il n'est pas ici?...

— Hélas! non, il est parti depuis cinq heures du soir... en haute mer... dans un petit bateau, une véritable coque d'œuf, pour piloter une ramberge hollandaise dans la passe de Calais.

— Par le ciel! — voilà une ramberge terriblement fâcheuse, — s'écria Cavoye...

— Mais qui a dit cela encore? — dit d'Harcourt, — qui a donné cette diabolique nouvelle?...

— Son contre-maître, monseigneur.

— Quel contre-maître ?

— Un jeune garçon qui navigue avec lui depuis tantôt quatre ans.

— Va le chercher... et à l'instant, — s'écria d'Harcourt.

— Non, non, — dit Cavoye en prenant précipitamment son chapeau, sa canne et son épée... — cela sera plus prompt, et nous y comprendrons quelque chose ; et vous, l'hôte, guidez-nous... Coislin, vous, restez.

— Certes, oui, je reste... j'en suis au fruit... démêlez-vous de toute cette piloterie, monsieur... *notre gouverneur*... quand tout sera prêt pour notre départ, faites-moi seulement quérir...

Cavoye et d'Harcourt, précédés de l'hôtelier, arrivèrent bientôt près d'une maison assez bien bâtie et élevée sur un quartier de roche qui dominait la mer ; au pied de cette roche était une petite anse formée par un côté du banc de Keneau.

L'hôtelier frappait modestement à la porte ; mais Cavoye, le repoussant, heurta à coups redoublés.

Après quelques minutes d'attente, un guichet s'ouvrit, et on vit une main qui tenait une lampe de cuivre, et une autre main qui défendait de cette vive lumière une figure à demi-cachée dans l'ombre.

— Qui heurte donc au logis d'une si furieuse force ? — dit une voix rude.

— C'est quelqu'un qui te heurtera les épaules bien davantage si tu n'ouvres pas, et sur l'heure, manant ! — dit Cavoye.

Pour toute réponse, la lampe disparut et le guichet se referma.

Cavoye, ne se possédant plus, trépignait de colère, et parlait d'attacher le *mineur* à cette porte damnée.

— Mon Dieu, monseigneur, je vais faire le tour, et tâcher de passer par le petit mur, dit l'hôte, — et il disparut.

— Conçois-tu cette insolence, d'Harcourt ! Oh ! je lui romprai les os !...

— Aussi que veux-tu, Cavoye... tu commences à vitupérer... à tempêter... Le pauvre diable a eu peur... Si tu t'y étais pris révérencieusement comme Coislin...

— Ah, tête-bleu ! il n'est pas temps de railler... mais de châtier ce drôle...

— Allons, j'entends notre hôte... calme-toi, Cavoye... pour Dieu, calme-toi... ou tu nous fais encore fermer cette porte qui s'ouvre enfin.

— En effet la porte s'ouvrit, et Sauret, car c'était lui, s'avança avec sa lampe, et faisant force excuses de n'avoir pas su d'abord la qualité de messieurs les gentilshommes.

D'Harcourt et Cavoye, conduits par Sauret, entrèrent alors dans une petite chambre qui conduisait à une terrasse assez élevée dont la mer baignait le pied. Accoudé sur le parapet de cette terrasse était Jean Bart ; il fumait et paraissait tellement absorbé dans ses pensées en regardant la mer qui se déroulait au loin dans toute son immensité, qu'il n'entendit pas entrer les étrangers, et que Sauret fut obligé de le frapper légèrement sur l'épaule en lui disant : — Notre jeune monsieur, voici des gentilshommes qui demandent maître Valbué.

Jean Bart se retourna, et s'adressant à Cavoye :

— Vous demandez le pilote Valbué, messieurs, il n'y est pas.

— Et pourquoi cela n'y est-il pas, méchant drôle ? — s'écria le bouillant Cavoye.

— Plaît-il, monsieur ? — demanda Jean Bart avec sang-froid.

— Ah ! tu railles, je crois, — et Cavoye leva sa canne d'un air menaçant.

— Sainte-croix, monsieur ! prenez bien garde au moins, — dit Jean Bart toujours calme, mais en se reculant et portant la main à sa large ceinture de cuir, pendant que le vieux Saure sautait sur un esponton pendu à la muraille.

D'Harcourt s'interposa et parvint à grand'peine à calmer Cavoye, et à lui faire comprendre qu'il ne tirerait rien de ces gens-là par la violence.

— Mon ami, — dit-il au jeune marinier, — monsieur le gouverneur de Calais avait ordonné au pilote royal d'attendre monsieur le marquis de Cavoye, que voici, et moi. Sa caravelle devait être à nos ordres pour nous conduire vers les bancs d'Harwich, où nous devons rencontrer l'escadre hollandaise; pourquoi donc ce pilote n'est-il pas demeuré ici à nous attendre? savez-vous qu'il court de grands risques en ayant ainsi manqué à son devoir?

— Maître Valbué, — reprit Jean Bart avec un imperturbable sang-froid, — maître Valbué est pilote royal, et il a fait d'abord son devoir en entrant dans le havre de Calais un vaisseau de guerre désemparé; il ne vous a pas attendus, parce qu'un pilote est comme un prêtre, voyez-vous; et que si en danger on lui dit, venez... il faut qu'il vienne, par la nuit, l'orage ou la tempête; pour sa caravelle, elle est mouillée là, dans l'anse; car, sainte-croix! maître Valbué a mieux aimé risquer ses os, en allant en bateau sans pont piloter ces Hollandais, que d'emmener sa caravelle.

— Et que nous fait sa caravelle? qui nous conduira?

— Moi! — dit Jean Bart avec un calme et une assurance qui stupéfièrent Cavoye et d'Harcourt.

— Vous! Allons, cet enfant déraisonne, — reprit d'Harcourt; — viens, Cavoye, le mieux est de dépêcher un de nos gens à M. de Charost pour lui apprendre cette mésaventure

— Chacun sa guise, — dit Jean Bart avec insouciance, et en rallumant sa pipe éteinte à la flamme de la chandelle, — j'en dormirai ma nuitée bonne et franche; allons, Sauret, va éclairer dans le passage, car il y fait un noir que le diable s'y marcherait sur la queue.

Cavoye et d'Harcourt se regardèrent.

Jean Bart, voyant ce mouvement d'indécision, leur dit entre deux bouffées de tabac : — Tenez, quoique le monsieur aux rubans verts ait l'air assez chaud des poings, je vas vous donner un conseil d'ami : voyez-vous, si vous manquez la marée, la pleine lune et la brise de ce soir pour sortir de ces bancs... vous attendrez peut-être long-temps sans trouver un temps pareil; au lieu qu'avec le vent qui souffle du sud, et cette clarté aussi claire que celle du jour, dans deux heures nous aurions doublé le cap Blanet, et dans douze nous serions en vue du nord Foreland... une fois là, les Tails et le Jalopper seraient nos bonneaux[1] jusqu'aux west-rocks[2]; et là, Dieu aidant, nous

---

[1] Balises.

[2] Les Tails, Jalopper, west-rocks, bancs et écueils du Pas-de-Calais et des entrées de la Tamise.

trouverions la flotte des Provinces, puisqu'elle y est, disaient avant-hier les pilotes, ancrée aux bancs d'Harwich; j'irais là comme un âne au marché, car j'ai cent fois traversé ces ancrages en allant sur la côte de Suffolk.

— Sans doute, vous paraissez avoir quelques connaissances en l'art de naviguer, — dit d'Harcourt un peu ébranlé; — mais vous êtes si jeune, mon ami... que vous confier le salut de nos personnes !

— Ah, ah, sainte-croix, nous y voilà... vous autres *gens de la terre*, vous toisez les mariniers comme les maîtres mâteurs leurs soliveaux... à voir que les jeunes coulent à fond : à votre guise donc... restez... après tout mes dents n'en tomberont pas; et là-dessus je vas me coucher...

Cette insouciance, cette fermeté, l'air de conviction qui régnait dans chaque parole de Jean Bart, confondirent les deux cavaliers et les embarrassèrent beaucoup.

— Vertubleu! — s'écria Cavoye, — voilà un jeune mignon qui ne manque pas d'assurance, et je m'en veux de l'avoir maltraité. — Mon ami, — dit-il à Jean Bart en lui tendant la main avec cordialité, — j'ai été vif, j'ai été chaud des poings, comme vous dites, et j'en suis fâché.

— Dà, monsieur, — dit Jean Bart en secouant non moins cordialement cette main blanche dans ses grosses mains noires de goudron, — dà, monsieur, je n'y pensais plus; car si vous aviez été trop dans les chauds, moi je me serais mis dans les brûlants, et je vous aurais rendu de reste ce que vous m'auriez prêté... et, sainte-croix, nous n'en aurions pas moins été bons compagnons pour ce après la ratelée... Pardieu! on a des riottes... on s'harpaille... c'est bon... mais ça n'empêche pas après de fumer dans la même pipe... à la marinière donc, monsieur, à la marinière... c'est la bonne mode, allez...

C'est tout au plus si cette péroraison fut du goût de Cavoye, qui dit tout bas à d'Harcourt en le conduisant dans la chambre qui précédait la terrasse :

— Enfin, que décidons-nous? ce sauvage me paraît si certain de ce qu'il avance, que nous ferons aussi bien de l'écouter... ce qu'il a dit aussi de la pleine lune et de la marée m'a beaucoup frappé... s'il nous faut perdre autant de temps,

M. de Ruyter aura le loisir de donner vingt batailles sans que nous y puissions assister, et nous perdrons ainsi tout l'avantage que cette campagne peut nous faire dans l'esprit du roi; qu'en dis-tu, d'Harcourt?

— Morbleu! je ne sais qu'en dire, sinon que la peste soit de toi ; avec tes rages de mer et de navigation, vois où ta folie nous mène.

— Elle nous a menés jusqu'à Saint-Paul, et c'est déjà beaucoup; et, sur Dieu, elle nous mènera jusqu'à la flotte, car je prends sur moi de nous confier à ce drôle.

— Oh, pardieu! nous avons déjà fait tant de sottises, qu'il faut que la fin soit digne du commencement, et je rirais bien si tout cela aboutissait à une noyade.

— Et moi donc ! — s'écria Cavoye d'un air si singulier que d'Harcourt ne put s'empêcher d'éclater.

— Allons, soit, — ajouta-t-il ; — interrogeons encore une fois ce marinier, et après cela, ma foi!... advienne que pourra... je me fie à ton étoile, Cavoye.

Et tous deux rentrèrent sur la terrasse, où ils trouvèrent Jean Bart causant avec Sauret.

— Mon ami, — dit gravement d'Harcourt à Jean Bart, — savez-vous bien que vous prenez une grande responsabilité sur vous en nous proposant de nous conduire à la flotte des Provinces, et que, si nous acceptions, ce serait un engagement grave, mais très-grave, et qui doit vous donner fort à penser... savez-vous cela?

— Eh, sainte-croix! qu'est-ce qu'il y a donc là-dedans qui doive me brouiller tant la vue, — dit Jean Bart avec impatience, — c'est y donc *si grave*, comme vous dites, de mener une paire et demie d'hommes aux bancs d'Harwich avec un vent de sud, pleine lune et marée !... quand un gourmette de dix ans irait là, la tête sous son épaule!... ou bien, est-ce que vous vous défiez de moi? tenez alors, le vieux Sauret va vous montrer quelque chose qui vous rassurera peut-être ; — puis, s'adressant à Sauret, — voyons, donne l'épée et le papier qui est après le baudrier, et que ça finisse...

Un instant après, Sauret apporta tout triomphant une épée

à garde argentée, ornée d'un baudrier bleu bordé d'argent[1]; à ce baudrier était attaché un papier scellé aux armes de France.

— Eh bien ! — dit d'Harcourt après avoir lu, — c'est un certificat attestant que le nommé Jean Bart, apprenti lamaneur, a gagné le prix comme le meilleur pointeur d'artillerie du port de Calais[2].

— Eh bien ! — dit Jean Bart avec une certaine fierté, — aurez-vous confiance en un marinier qui sait aussi bien le pilotage et l'artillerie pour vous mener aux bancs d'Harwich?

D'Harcourt lui dit :

— Ainsi, c'est vous qui vous appelez?

— Jean Bart.

— Vous êtes Français?

— Oui, car ma famille est originaire de Dieppe... mais je suis né à Dunkerque.

— Et y a-t-il long-temps que vous êtes marin?

— Depuis sept ans.

— Et savez-vous assez bien votre métier pour...

— Ah, sainte-croix! ça serait pour vous aller faire pendre que vous ne rechigneriez pas autant au moins ! — s'écria Jean Bart avec impatience; — tenez, assez comme cela; le temps se passe, il est onze heures, et si vous n'êtes pas embarqués à minuit, tout est dit, et bonsoir... voyons, est-ce oui, est-ce non ?

— Mais où est votre équipage?

— Mon équipage, c'est moi, ce vieux marinier que vous voyez là, et deux marins couchés dans la caravelle : si vous dites oui, dans une heure je suis prêt... sinon, bonne nuitée, et je vais me coucher.

[1] Pour exciter les gens de mer à se faire instruire dans l'exercice de l'artillerie, Sa Majesté veut que tous les dimanches il soit distribué deux prix à ceux qui auront le mieux répondu aux questions qui leur auront été faites et auront mieux servi la pièce de canon; savoir : un d'une pistole et l'autre d'une demi-pistole. Il sera de plus tiré tous les trois mois un prix extraordinaire d'une épée et d'un baudrier à la livrée du roi, de la valeur de six pistoles, qui sera adjugée au meilleur tireur. (Ordonnance de 1660, liv. XIX.)

[2] Archives de Dunkerque.

— Allons, — dit Cavoye après un regard échangé avec d'Harcourt, — allons, soit... préparez votre monde, nous revenons à l'instant avec nos gens...

— Ah çà, n'en amenez pas trop, — dit Jean Bart, — ce bétail-là gêne la manœuvre ; s'il y a place pour trois ou quatre, c'est beaucoup.

— Nous amènerons chacun un valet, et pas plus, — dirent les gentilshommes en sortant conduits par Sauret.

— Ce sera trois fainéants qui ne seront bons qu'à faire lest... mais après tout, la traversée ne sera pas longue, si Dieu nous est en aide ; car le vent est au sud, — ajouta Jean Bart en se parlant à lui-même, et rentrant sur la terrasse pour chercher dans l'examen du ciel et de la mer ces symptômes qui ne trompent jamais un marin.

Pendant toute la scène que nous avons décrite, la figure de Jean Bart n'avait pas un instant perdu l'expression singulière de calme et d'assurance qui la caractérisait ; sa manière de parler, malgré un accent flamand très-prononcé, était nette, brève, et annonçait une grande confiance en lui-même, qui, chez de tels hommes, n'est pas vanité, mais conscience involontaire de ce qu'ils sont et de ce qu'ils peuvent.

Car Jean Bart était une de ces natures rares et privilégiées qui naissent pour leur spécialité, qui ne s'étonnent jamais, qui prennent les partis les plus extrêmes, les résolutions les plus violentes, avec un calme et une bonhomie incroyables, parce que cela est chez eux comme inné, et qu'ils agissent sans se rendre compte de l'instinct qui les guide ; aussi chez de tels hommes l'instinct fait plus que le savoir, ils devinent bien plus qu'ils n'apprennent, et ils ont plutôt l'air de se souvenir, que de s'instruire par l'expérience.

Enfin, si les façons d'agir et de parler de Jean Bart en s'adressant à des seigneurs paraissent fort étranges à une époque où la hiérarchie et le respect des classes étaient si scrupuleusement observés, je répondrai que tous les documents recueillis sur Jean Bart ne le montrent pas une fois intimidé ou gêné dans sa naïveté de matelot par l'influence du rang quelque élevé qu'il soit, depuis la scène qui vient d'être retracée jusqu'à ses entrevues avec le roi et la reine de France, devant qui on le retrouvera tout aussi naïf et tout aussi à son aise qu'avec MM. de Cavoye et d'Harcourt.

Cela est encore un de ces traits typiques, saillants, arrêtés, qui donnent à la figure de Jean Bart un caractère si original, et si contrastant avec les habitudes et les mœurs de ce siècle grave et imposant d'ailleurs.

Le jeune marin était encore occupé à observer l'aspect du cie et de la mer, lorsque Sauret revint sur la terrasse.

— Pouah de ces rats musqués, — dit-il en entrant, — pouah de pareilles senteurs! le grand surtout, la plume verte, est pire qu'une civette... Comment des chrétiens peuvent-ils s'empuantir à ce point de bonnes odeurs... par saint Omer, je le déteste, ce grand-là... aussi, min Dieu, quand il a dit méchant drôle, il fallait voir comme j'ai sauté sur mon esponton.

— Es-tu sot, vieux Sauret? est-ce que je n'avais pas mon poignard à portée?... Mais, vois-tu... les gentilshommes ont de ces façons de dire... aussi, moi je dis tarare tant qu'ils n'en viennent pas à des façons de faire... mais une fois là... alors... oh! alors, comme dit le Noël; — et Jean Bart entonna d'une voix aussi retentissante que peu harmonieuse ce couplet du temps :

> Du pied au poing
> N'y a pas loin :
> Si on s'harpaille,
> Si on s'débraille,
> Bon marinier
> N'y est pas le dernier.

— Bon marinier n'y est pas le dernier, — répéta Sauret à toute voix, en faisant chorus avec Jean Bart. — Min Dieu, notre jeune monsieur, — ajouta-t-il, — quelle superbe voix vous avez! ça me donne des frissons de plaisir, et ça me rappelle, révérence parler, qu'étant une fois à six-vingts lieues de cette côte qui borne à l'ouest les états du grand-duc de Moscovie, nous entendîmes et nous vîmes une des plus galantes sirènes qu'on peut imaginer.

— Eh bien! vieux Sauret, — dit Jean Bart avec un sourire dubitatif, — eh bien alors, il fallait la marier à ton homme marin qui avait la figure d'un évêque.

— Je ne sais, notre jeune monsieur, si ces évêques-marins-là font aussi vœu de chasteté ; je l'espère du moins pour le salut de leur âme. Mais pour en revenir à cette toute galante sirène, dussé-je de ma vie ne toucher ni pain, ni chair, ni poisson, notre jeune monsieur, si je ne vis pas, ou si nous ne vîmes pas si bien cette sirène, qu'il m'est resté dans la mémoire qu'elle nageait à l'aide d'une longue queue écaillée d'azur, et que, révérence parler, le chapelain du navire rougit terriblement, et se sauva par vergogne à fond de cale, pour cause des nudités de cette impudique, qui, le corps à moitié hors de la mer, chantait avec une furieuse grâce des noëls que je suppose océaniques, sans l'affirmer, car il faut être véridique, et même qu'elle s'accompagnait d'une manière de trompette naturelle faite d'une prodigieuse conque marine toute resplendissante d'or et de diamants dans laquelle elle soufflait et...

— Oh ! — s'écria Jean Bart en l'interrompant et éclatant de rire ; — oh ! le fameux animal à mettre dans le bestiaire merveilleux... Cette sirène chantait, tandis qu'elle soufflait en même temps dans sa conque, véridique Sauret !

— Oui, oui, notre jeune monsieur, — répondit intrépidement Sauret, — elle chantait et soufflait à la fois ; ce qui est bien naturel et véridique, puisque, comme sirène, elle tenait à a fois de la femme et du poisson ; or, elle soufflait qui pour le poisson, à preuve la gent baleinière naturellement soufflante, et elle chantait qui pour la femme, à preuve la gent féminine, naturellement chantante !

— Et en quel patois est-ce que cette galante sirène chantait ces noëls océaniques, toujours très-véridique Sauret ?

— Mais en patois siréniquc, je suppose, — répondit le marinier avec une effronterie imperturbable.

— Sauret, mon ami, je te dirai comme feu mon père, tu ras au grand diable d'enfer, par tous les damnés mensonges que tu fais.

— Je vous jure, notre jeune monsieur...

— C'est bon, c'est bon, donne-moi mes armes, qui sont à dans le bahut ; prends aussi l'arbalète, le nocturlabe[1], et

---

[1] Le nocturlabe était un instrument dont on se servait alors pour trouver, dans toutes les heures de la nuit, combien l'étoile du nord est plus haute ou

va prévenir Jacques et Honain qui dorment à cette heure dans la caravelle, car nous allons saillir dehors; tu lèveras l'aloigne¹ de l'ancre, tu feras pousser au virebot² jusqu'à ce que l'ancre soit bossée, ou mouillera seulement un harpeau³ sur les roches.

— Oui, notre jeune monsieur, — dit Sauret. — Eh, eh! voici dès aujourd'hui votre capitainerie qui commence, en attendant les chausses de maître.... A dix-sept ans commander une caravelle, c'est ça qui est un régal! à part que nous soyons pris ou coulés par les Anglais avant d'arriver aux bancs d'Harwich; mais à part cela, Seigneur Dieu! quel malheur que maître Cornille ne soit plus de ce monde pour être fier de vous!

— Hélas! oui, Sauret; mais le bon Dieu n'a pas voulu: aussi, sainte-croix! je la garde bonne aux Anglais... et que je ne m'appelle pas Bart, si un jour je ne venge pas sur eux la mort de mon père, comme dans les temps je me suis vengé de ses blessures sur ce galopin de John Brish, et pour ne pas attendre trop... sainte-croix! j'ai bien envie...

— De quoi, notre jeune monsieur?

— Bah! je puis te dire cela, à toi... c'est le fameux Ruyter qui commande les Hollandais que ces plumets vont rejoindre, n'est-ce pas?

— Oui, oui, Michel Ruyter. Ah, min Dieu! c'est là un capitaine... et doux aux mariniers comme la mer aux poissons, à ce qu'en rapportent les Zélandais.

— Eh bien! Sauret... on va faire bataille là... bataille contre les Anglais! si j'en pouvais être... hem, Sauret.

— Y pensez-vous, min Dieu! c'est tout au plus si on vous y recevrait gourmette ou novice.

plus basse que le pôle. On le nommait aussi *quadran aux étoiles,* parce qu'il montrait de nuit les heures par le moyen des étoiles qui ne se couchent pas. On se servait, dans l'hémisphère septentrional, des étoiles de la Grande-Ourse pour cette opération, parce qu'elles sont plus remarquables que les autres qui sont plus près du pôle nord; mais au delà de la ligne on se servait de la *Croisade,* constellation de quatre étoiles qu'on distingue facilement.

¹ La bouée.
² Le cabestan.
³ Grappin.

— Qu'est-ce que cela me fait, pourvu que je tire du canon sur les Anglais, ou que j'en voie tirer.... mais là... de bien près?

— Je sais bien que la fortune est belle., et qu'il faudrait être plus que madame Ève pour résister à la tentation de cette pomme d'artillerie.

— Allons, — dit Jean Bart d'un air résolu, après avoir réfléchi un moment, — allons, c'est dit, je resterai à bord des Hollandais s'ils veulent de moi.

— Et la caravelle du maître Valbué ?

— Tu la ramèneras.

— Et je vous laisserais seul au milieu de cette flotte, comme un pauvre hareng dans un banc de marsouins! Vous avez cru cela du vieux Sauret, qui a mangé le pain de maître Cornille pendant dix-sept ans?

— Ah çà, voyons! écoute, Sauret, si je m'embarque là comme matelot, il faudra que tu t'embarques de même, et je ne veux pas ça, non, je ne veux pas; tu es vieux et fatigué déjà... car voilà sept ans que tu ne me quittes pas; non, encore une fois non, ça ne se peut pas.

— Mais, notre jeune monsieur, est-ce que je quittais maître Cornille, donc?

— Mais, vieil entêté, tu étais plutôt comme maître que comme matelot à bord des navires de mon père, et depuis sept ans tu fais le métier de hale-bouline, et le tout pour me protéger ni plus ni moins que si j'avais été ton fils.

— En cela, notre jeune monsieur, vous faites trop d'honneur au vieux Sauret, en disant que j'étais comme votre père... Ah, min Dieu, min Dieu! je vous aimais bien déjà... mais voilà une parole qui fait que je ne saurai plus comment vous aimer assez.

En disant cela, le digne matelot essuyait ses yeux du revers de sa manche.

— Es-tu bête, va, vieux Sauret! — dit Jean Bart aussi fort ému en se tournant du côté de la muraille pour cacher une larme qui voilait son regard.

Mais Sauret, ayant vite réprimé son accès de sensibilité, ajouta d'un air gai :

— Qu'est-ce que vous dites donc que je vous protégeais,

notre jeune monsieur? ah, bien oui!... min Dieu, vous n'avez pas besoin de moi pour cela... vous savez bien vous protéger vous-même ; car le bon Dieu vous a fait la faveur de vous distribuer une paire de poings et une paire d'épaules qui, grâce à lui, ne vous ont jamais fait faute ; aussi je vous ai vu souvent vous démêler au Texel, au Helder ou à Calais, dans les riottes des matelots ; et sur la côte d'Irlande, donc! avec les casaques jaunes! Ainsi ce n'est pas comme protecteur, notre jeune monsieur, que je veux rester près de vous, c'est comme spectateur d'une prodigieuse flotte de guerre ; ainsi, si vous restez avec Ruyter, comptez bien que j'y resterai.

— Mais la caravelle, vieux fou, la caravelle !

— La caravelle ! eh bien ! notre jeune monsieur, est-ce que ces trois garçons qui y resteront ne peuvent pas la ramener ? ils sont honnêtes, on peut s'y fier. Aussi bien depuis le jour où ce diable de Valbué a fait le prévôt et le bourreau à bord du *Cochon gras*, il me cause une manière de dégoût et d'horreur, et pour cela encore je préfère Ruyter.

— Tu le veux, Sauret, va comme il est dit ; aussi bien j'en suis aise ; cours vite à la caravelle, car ces enrubanés vont arriver, et il faut de bons yeux pour sortir du Keneau, malgré la pleine lune... une fois hors de ce banc, le sud Foreland, le nord Foreland, et le Galopper seront nos enseignes jusqu'aux west-rocks... allons, va.

A peine Sauret était-il parti que messieurs de Coislin, d'Harcourt et de Cavoye arrivèrent suivis de leurs laquais qui portaient quelque peu de bagage.

— Allons, allons, messieurs, — dit Jean Bart, — voici la minuit qui sonne à la paroisse ; dépêchons, dépêchons.

Puis, précédant les trois gentilshommes, il descendit lestement les degrés taillés dans le roc qui aboutissaient à la baie où était mouillée la caravelle [1].

Un quart d'heure après, le léger bâtiment, doublant la pointe de Keneau, courait au nord-est favorisé par la brise et le jusant.

---

[1] Petit bâtiment de vingt à trente tonneaux équipé en forme de galère, à poupe carrée, sans hunes, à voiles latines, très-bon voilier, et se manœuvrant facilement.

LIVRE DEUXIÈME.

CHAPITRE IX.

Arrivée de Jean Bart et de MM. Coislin, d'Harcourt et de Cavoye. — Le vaisseau les *Sept-Provinces*. — Michel Adrianz de Ruyter. — Sa prodigieuse fortune. — Jean Bart s'embarque à son bord. — Singulière histoire du roi nègre, matelot et compagnon de Ruyter.

Cette partie de la côte orientale d'Angleterre qui borne du côté de la mer le comté d'Essex, court, ainsi que l'on sait, du sud au nord depuis les entrées de la Tamise jusqu'à cet endroit où les rivières *Stour* et *Orvel* se jettent dans l'Océan, tout près des hauts fonds appelés les bancs d'Harwich [1].

Les bancs d'Harwich offrent un assez bon mouillage par les vents d'ouest-nord-ouest et sud-ouest. La flotte des Provinces-Unies y était à l'ancre le 30 juillet par une petite brise du sud-ouest.

Michel Adrianz de Ruyter, lieutenant-amiral général des états-généraux des Provinces-Unies, commandait cette escadre forte de 75 navires de guerre et de 11 brûlots.

D'après les rapports obtenus par un maître de vaisseau de Dantzig, la flotte anglaise commandée par le général Monk et le prince Robert, composée de 76 vaisseaux, sans compter les brûlots et les bâtiments légers, était mouillée près de Queens-Borough [2], non lon de l'île de Shepey.

---

[1] *Harwich*, ville située à l'extrémité du comté d'Essex; les deux principaux bancs qui avoisinent l'entrée du port sont le *Goldmore-gat* et le *Gunfleet*. Ce dernier gît N.-O. du canal du Roi, au large de l'embouchure de la Tamise. Le *Goldmore-gat* forme un canal entre la pointe N.-E. du banc de *Gunfleet* et les roches de l'ouest.

[2] Queens-Borough, ville du comté de Kent, à la pointe S.-O. de l'île *Shepey*, à l'embouchure de la rivière *Medeway*, quatre mille au nord de *Milton*, par 51° 26' N., et par 1° 32' 10" à l'ouest de Paris.

Les flottes ennemies étaient donc à une distance d'environ vingt lieues l'une de l'autre, et n'attendaient sans doute qu'un temps fait et maniable pour se livrer un nouveau combat.

Une légère brise soufflait du sud-ouest, et la flotte des Provinces-Unies était mouillée en bon ordre, divisée en trois escadres.

Ruyter commandait le centre et avait sous ses ordres deux autres escadres, celle du contre-amiral Sweers, composée des vaisseaux du collége d'Amsterdam ; et celle du capitaine Govert-Hoen, formée des navires du quartier du nord.

La mer, calme et verte sur ces hauts fonds, était à peine ridée à sa surface, et s'étendait comme un lac immense jusqu'à la côte d'Angleterre, ombragée par des bois de chêne touffus, et couverte de riches moissons alors dorées par le soleil d'été.

A l'œil nu on distinguait jusqu'aux moindres anfractuosités de la terre, et les nombreux *cottages* et jolies maisons blanches à toits rouges, qui, presque toutes placées à mi-côte sur le versant des vallons, dominaient de petites baies où de légers canots étaient amarrés.

Ruyter, décidé d'abord à tenter une descente au port d'Harwich, avait choisi ce mouillage si près de la côte ; mais ayant appris que les passes de ce havre étaient nouvellement fortifiées, il avait renoncé à ce projet, et attendait que la flotte anglaise sortît de la Tamise pour se retirer des bancs et livrer bataille en haute mer.

Le spectacle qu'offrait cette innombrable quantité de navires ainsi mouillés était aussi singulier que magnifique ; c'était une espèce de grande ville composée de maisons flottantes et divisée en quartiers avec leurs rues, leurs places et leurs esplanades, que sillonnaient des milliers de canots et de barques.

Au centre, et dominant tous les autres navires, s'élevait le vaisseau de 80 *les Sept-Provinces,* sur lequel Ruyter avait mis son pavillon amiral. Ce vaisseau était alors cité comme le plus magnifique navire de la marine hollandaise [1], et méritait

---

[1] L'amiral de Hollande, nommé *les Sept-Provinces,* qui fut construit à Rotterdam par ordre des états en 1665, et qui était monté par le lieutenant-général amiral de Ruyter, était fort magnifique au-dehors, d'un très beau gabarit, et parfaitement bon voilier. Il avait 163 pieds de long de l'étrave à

cette réputation par la supériorité de sa marche et par la profusion de sculptures dont on avait chargé les cinq étages de son château d'arrière, qui, élevé d'une manière démesurée, était encore surmonté de trois énormes fanaux de bronze doré, de sorte que le couronnement de ce vaisseau s'élevait presque à une hauteur égale en parallèle à celle des deux tiers de son grand mât. Mais malgré... ou peut-être à cause de cet énorme château, ce navire offrait un coup d'œil des plus majestueux, car on ne pouvait voir sans admiration cette masse de bois et de fer qui s'élevait au-dessus de l'eau comme une tour gigantesque.

A son arrivée flottait le pavillon des états-généraux des Provinces-Unies ; il était rouge, chargé d'un lion d'or qui tenait en sa patte droite un sabre d'argent, et dans sa patte gauche un faisceau de sept flèches d'or à pointes et pennes d'azur.

Puis enfin, à la pomme du grand mât, on voyait le pavillon de Hollande ou du prince [1] à trois bandes, l'une orangée, la seconde blanche, et la troisième bleue.

Il était environ huit heures du matin lorsque le soldat de garde au château d'avant hêla une caravelle qui, toutes voiles dehors, paraissait se diriger vers l'amiral.

— FRANCE, *et message du gouverneur de Calais*, répondit-on en assez bon hollandais, pendant que le léger navire approchait toujours.

— *Passe à stribord*, — cria le soldat. A peine avait-il donné cet ordre que la caravelle, amenant ses voiles latines, accostait au bas de l'échelle de l'immense vaisseau dont les bastingages dépassaient de beaucoup les mâts élevés du petit bâtiment.

l'étambord, mesure d'Amsterdam ; il avait 43 pieds de bau, 16 $^1/_2$ de creux, et 7 $^1/_2$ de hauteur entre les ponts ; il était monté de 80 pièces de canon et de 475 hommes d'équipage, tout le reste en proportion. Ainsi, c'est un excellent modèle qu'on peut imiter. (*L'Art de bâtir les vaisseaux*, par VAN RIJK. — La Haye, 1668.)

[1] Les Provinces-Unies des Pays-Bas ont réduit leur devise à trois grandes faces pour les distinguer et reconnaître mieux sur mer ; l'orange qu'ils ont changé et pris au lieu de gueules (rouge), pour amour de S. A. excellente le prince d'Orange, le second argent, et le troisième azur ; et de pur orange se servent dans leurs pavillons de combat. (CLEIRAC, *Us et coutumes de la mer*.)

Un officier hollandais, s'approchant de la coupée, fit jeter les tireveilles ou cordages aidant à monter à l'échelle, et bientôt MM. de Cavoye, d'Harcourt et de Coislin se trouvèrent sur le pont des *Sept-Provinces*, précédés de Jean Bart, qui, plus leste et plus au fait de la gymnastique maritime, les avait devancés en trois sauts.

L'équipage et les figures de nos gentilshommes avaient subi une altération notable et fort naturelle, après la pénible navigation qu'ils venaient de faire dans un petit bâtiment que les lames dures et sourdes de la Manche avaient terriblement secoué. Les visages des volontaires étaient pâles et abattus, leurs perruques, leurs plumes et leurs rubans détrempés d'eau; et quoique le soleil fût déjà très-ardent, ils avaient l'air transis de froid.

L'officier hollandais, qui parlait français, reçut les trois compagnons, se chargea de les conduire auprès de Ruyter, quand il sut qu'ils avaient un message de la part du comte de Charost, et les précéda dans la dunette où logeait l'amiral.

Jean Bart, lui, les mains dans les poches de ses vastes chausses à la flamande, examinait avec admiration le gréement du vaisseau, lorsqu'il entendit l'officier hollandais prier les gentilshommes de le suivre; alors, passant sans plus de façon devant eux et se mettant proche de l'officier, il porta la main à son bonnet de laine et lui dit : C'est moi, monsieur, que vous devez conduire à l'amiral...

— Que veut cet homme? — demanda l'officier assez étonné de voir ce jeune marin prendre le pas sur les trois seigneurs.

— Je veux voir l'amiral et lui remettre mes trois passagers, car je suis le capitaine de la caravelle, — reprit Jean Bart avec ce ton calme et résolu qui lui était habituel.

L'officier surpris le regarda sans mot dire.

— Ah! — dit Cavoye, — vous pouvez l'en croire, monsieur, c'est en effet notre capitaine, et par-dessus tout un brave marin... je me plais à le reconnaître... Mais pardieu! on ne me reprendra plus à naviguer de la sorte; c'est une véritable peste qu'un aussi petit bateau... depuis Saint-Paul... nous ne sommes pas sortis d'un bain de mer perpétuel... mais il est vrai de dire que ce jeune drôle nous a conduits ici comme il l'avait dit, les yeux fermés, et, sur ma parole, quoique bien jeune, c'est un adroit pilote... Aussi faites ce qu'il demande, monsieur, c'est justice.

Le Hollandais toisa Jean Bart avec étonnement, puis il lui dit d'un air railleur : Suivez-moi donc, *seigneur capitaine*.

Et Jean Bart, remettant ses mains dans ses poches, suivit l'officier en jetant les yeux autour de lui avec une avidité singulière, tant il examinait les moindres détails du beau vaisseau où il se trouvait.

Lorsqu'on fut arrivé près de la porte de la dunette, Coislin s'approcha de l'officier hollandais, et lui dit à voix basse :

— Mais, monsieur, ne serait-il pas convenable de faire demander à M. l'amiral de Ruyter s'il nous peut recevoir, et pendant ce temps nous aller habiller pour paraître décemment devant son excellence?

— Bon, messieurs, — dit l'officier en souriant, — l'amiral ne fait pas de ces façons-là... et ce n'est pas un si grand seigneur, que le dernier de ses matelots n'entre de prime abord chez lui s'il a quelque chose à lui dire... Quant à vos costumes, l'amiral n'y prendra seulement pas garde, je vous assure.

En disant ces mots, le Hollandais poussa la porte de la dunette, et nos personnages entrèrent dans une assez vaste pièce meublée avec la plus grande simplicité. Une peinture rougeâtre couvrait les boiseries, et au milieu de la chambre il y avait une grande table couverte d'une basane sans dorure et entourée de quelques chaises de noyer.

— Ah! — dit l'officier, — l'amiral s'amuse sans doute à donner à manger à ses favorites... à ses poules[1], — continua-t-il en voyant l'air étonné des Français. — Tenez, le voici... dans ce cabinet... à droite.

En effet, une assez grande cage à poules était placée au-dedans d'une des fenêtres de la dunette, et l'amiral, choisissant le grain qu'il blutait avec soin dans sa main, le jetait à petites poignées à quatre magnifiques poules flamandes au plumage jaune et noir qui brillait comme l'or et l'ébène.

L'officier hollandais ayant respectueusement abordé son amiral, ce dernier se retourna, et vint au-devant des gentilshommes.

[1] *Mémoires du comte de Guiche.*

Ruyter avait alors environ soixante ans ; ses cheveux étaient tout blancs, et sa épaisse moustache, blanche aussi, était relevée à la mode des anciens mariniers. Il paraissait d'une taille médiocre et frêle ; son visage était large, son front haut, ses yeux gris et perçants, son teint fort coloré. Depuis qu'il avait été empoisonné dans sa jeunesse, il lui était resté un petit tremblement nerveux qui agitait continuellement tous ses membres. Son vêtement consistait en une sorte de longue robe de chambre de bure noire, serrée sur ses hanches par une ceinture de cuir.

— Il salua les seigneurs français avec bienveillance, puis son regard s'arrêta un moment sur Jean Bart, qui le considérait avec une admiration naïve.

— Monsieur l'amiral, — dit l'officier, — ces gentilshommes français sont porteurs d'un message de M. le gouverneur de Calais ; et ce jeune marin est celui qui les a amenés.

Alors Cavoye s'inclina respectueusement devant l'amiral, et lui présenta les dépêches de M. de Charost, que Ruyter se mit à lire.

Depuis quelques minutes il s'était opéré un changement complet dans le maintien de Jean Bart ; lui, naguère si calme, si insouciant, si assuré, paraissait fort troublé ; il rougissait, la sueur lui venait au visage, et quand par hasard il rencontrait le regard perçant de Ruyter il baissait les yeux avec une timidité et un embarras extrêmes.

C'est que cette organisation toute unique, toute spéciale était alors soumise à l'espèce de charme et de fascination qu'elle devait éprouver en présence de la seule supériorité qui à ses yeux fût réellement imposante. Le jeune homme naïf et résolu pouvait bien regarder en face, et sans se troubler, un grand seigneur comme Coislin ou Cavoye ; mais il ne pouvait échapper aux sentiments de respect et d'admiration qu'il éprouvait en voyant un marin tel que Ruyter. Pour lui Ruyter était autant qu'un roi pour un courtisan, que Newton pour un savant.

Lorsque l'amiral eut pris connaissance des lettres de M. de Charost, il dit aux gentilshommes, en assez bon français, mais d'un air froid et contraint, que puisqu'ils le désiraient, il les ferait assister à un combat naval, et qu'en attendant il les garderait à son bord avec plaisir.

I. 11

Cavoye, d'Harcourt et Coislin le remercièrent. Cavoye ajouta :

— Permettez-moi, monsieur l'amiral, de réclamer votre intérêt pour ce jeune garçon qui nous a conduits ici, et que je ne reconnais plus ; tout à l'heure il était aussi fier et aussi hardi qu'un page, et le voici tout confus.

— En vérité, le voilà tout pantois, — ajouta d'Harcourt.

— Tout ébaubi, — dit Coislin.

A chaque mot le pauvre Jean Bart témoignait son impatience ; à la fin, se retournant avec vivacité vers ses passagers, il leur dit l'œil étincelant :

— Vous avez vu, sainte-croix! si j'étais ébaubi ou pantois en votre présence, au moins...

— C'est donc moi qui te fais peur, — dit Ruyter avec bonté...

— Oui... non... amiral, votre... mais... je voudrais... c'est que...

Et Jean Bart, les yeux baissés, la rougeur au front, balbutiait et ne pouvait trouver une parole. Il finit par se jeter aux pieds de Ruyter, et lui embrasser les genoux.

— Allons, allons, calme-toi, mon garçon, — dit l'amiral un peu orgueilleux de l'impression qu'il causait.

— Messieurs, ajouta-t-il, on va vous conduire au logement que je vous destine, et puis je vous attendrai pour dîner à midi... si vous avez besoin de quelque chose avant, mon valet vous le servira...

Les Français saluèrent, sortirent, et laissèrent Jean Bart avec Ruyter...

La première émotion passée, Jean Bart retrouva son sang-froid, aussi fit-il assez bonne contenance lorsque l'amiral lui parla de nouveau...

— Eh bien ! mon garçon... es-tu rassuré maintenant? — dit Ruyter.

— Ça commence, monsieur l'amiral ; ça commence, mais, sainte-croix ! le premier moment a été rude, car moi qui n'ai vu ni Dieu ni le roi... je n'ai jusqu'à présent rencontré rien de plus saint et de plus respectable qu'un marin comme vous l'êtes, monsieur l'amiral.

Cette admiration brusque et ingénue flatta Ruyter, qui sourit et dit à Jean Bart avec cette bonhomie et cette gravité religieuse qui était un des traits saillants de son caractère :

— Ce n'est point moi, mon cher enfant, c'est Dieu qui m'a fait ce que je suis; aussi je lui renvoie ces louanges, car le Seigneur m'abandonnerait si j'avais la vanité de me croire quelque chose sans son appui... Mais dis-moi, tu viens de Calais?

— Oui, monsieur l'amiral, de Saint-Paul, tout proche de Calais.

— Et tu commandais ta caravelle?

— Oh! oui, monsieur l'amiral; mais c'était facile, je suis venu déjà bien des fois dans cette mer... j'étais d'une *quaiche* de contrebande qui venait tantôt de Calais, tantôt de Flessingue à la côte de Suffolk... Nous débarquions toujours nos marchandises près de la baie Holsoy.

— Et en venant tu n'as rien rencontré?.... tu n'as pas vu de navires de guerre?...

— Ici Jean Bart ne répondit pas, rougit beaucoup, se gratta l'oreille, tordit son bonnet entre ses mains, et baissa la tête.

— Pourquoi rougis-tu donc? — dit Ruyter étonné, — est-ce que tu es un menteur?...

— Menteur!... sainte-croix! ne le croyez pas, monsieur l'amiral; mais voilà ce qui est : on m'a dit que, sur l'ordre de M. le gouverneur de Calais, il y avait défense pour moi de m'écarter en venant ici de ma route droite si le vent était bon.

— Eh bien?

— Eh bien! monsieur l'amiral, au risque de me faire pendre, je me suis écarté de ma route... et au lieu de venir ici droit depuis Saint-Paul, quand je me suis trouvé près du Konings-Diep (le canal du Roi [1])... me voyant une petite risée du nord-est qui affalait... je me dis que venant aux bancs d'Harwich, ce que je saurais des entrées de la Tamise, serait aussi bon pour vous que la brise pendant le calme; alors je me suis mis à louvoyer dans ce canal, que je connaissais bien.

---

[1] Le canal du Roi est situé près de l'embouchure de la Tamise, son gisement est au N.-E.; il passe entre les bancs *Raxey* et *Gunfleet*, au N.-O., et le banc *Miale* et *Fleaps*, au S.-E. Le canal du Roi, *Kings-channel*, est par 51° 38' N.

— Eh bien, eh bien, qu'as-tu vu ? — s'écria Ruyter avec empressement. — On ne t'a pas donné la chasse ?

— Voilà, monsieur l'amiral, comme ma caravelle vole plutôt qu'elle ne navigue, je me dis, si une ramberge me chasse, j'ai du large, et je la mènerai dans des passes où il faudra bien qu'elle me laisse, car une frégate est trop buveuse pour se contenter de l'eau qu'elle trouverait sur le banc de *Heaps* ; alors j'ai toujours avancé, au risque de faire prendre avec moi ces trois pluncts que je vous amenais, monsieur l'amiral ; mais enfin je voulais voir et j'ai vu, car en m'avançant dans le *Coln*, jusqu'à ce que Colchester[1] m'ait demeuré au nord-ouest, quart-ouest....

— Si avant que cela ?... tu as été si avant que cela ? — s'écria Ruyter en l'interrompant.

— Oui, monsieur l'amiral ; mais je n'ai pas osé aller plus loin, parce que tous les mâts, les balises et les tonnes qui signalent la route avaient été détruits : aussi je me suis arrêté là ; et tout proche *Middle-Ground*[2], j'ai vu environ douze ou quinze frégates qui se faisaient des signes avec la terre en laissant tomber leurs cargues.... J'ai pourtant encore avancé un peu, et j'ai encore vu beaucoup de mâts, de navires qui paraissaient mouillés devant Queens-Borough. Alors une quaiche a mis à la voile pour venir à moi, mais j'ai pris chasse, et elle m'a perdu près des west-rocks, et puis je suis arrivé ici comme cela.

— Bien, très-bien, mon enfant, — dit Ruyter en frappant sur l'épaule du jeune homme ; — tes renseignements sont très-bons et ne me laissent plus de doute sur ceux qu'on a donnés au vice-amiral de Liefde !... En vérité, tu me rends là un bien signalé service.... Que veux-tu de moi ?...

— Oh, sainte croix ! si j'osais, monsieur l'amiral, je vous demanderais....

---

[1] *Colchester* en Essex sur la rivière *Coln*, navigable pour de petits vaisseaux jusqu'à *Flithe*. *Colchester* est situé par 51° 55′ N., et 1° 20′ à l'O. de Paris.

[2] *Middle-Ground*, banc dans la rivière de la Tamise ; il est long et très-étroit et au sud du banc de *Gunfleet*. Il y a cinq bancs de ce nom près des côtes d'Angleterre et d'Irlande.

Parle donc...

— Eh bien! je vous demanderais, monsieur l'amiral, de renvoyer la caravelle à mon maître, pilote à Saint-Paul, et de me garder sur votre escadre, quand ce serait comme page ou goumette, monsieur l'amiral, — dit Jean Bart en joignant les mains d'un air suppliant.

— Je le veux bien, mon garçon, — dit Ruyter, — je te veux bien, tu resteras donc à mon bord, et je renverrai ta caravelle par un maître de navire d'Ostende que j'ai repris des Anglais...

— Merci, merci, monsieur l'amiral, mais c'est que... j'ai avec moi un vieux marinier qui ne me quitte pas, et était à mon père... Le gardez-vous aussi?...

— Aussi le vieux marinier, mon garçon.

— Tenez, monsieur l'amiral, — s'écria Jean Bart très-ému, — je ne sais pas comment vous dire ce que je sens; mais, sainte-croix, sainte-croix! vous êtes un marin comme le Renard de la mer dont me parlait mon pauvre père.... C'est là tout ce que je puis dire.... voyez-vous.... oui..... vous êtes un second Renard de la mer....

Quoique Ruyter ne comprît pas tout ce que cette comparaison avait de flatteur, l'expression de reconnaissance qui brillait dans les yeux humides de Jean Bart lui plut beaucoup, et il lui répondit avec une bonté toute paternelle.

— Allons, allons, tu es un bon jeune homme; continue, mets ta force et ton espoir en Dieu, sois brave, alerte et vigilant, et qui sait? tu parviendras peut-être; tiens, rappelle-toi toujours ceci, mon enfant: on m'appelle amiral, n'est-ce pas?... je commande cent vaisseaux de guerre, eh bien! j'ai commencé par gagner un sou par jour à tourner la roue de la corderie du port de Flessingue [1]. Ainsi, tu le vois, avec l'aide et la grâce de Dieu, on peut tout, si on remet son sort entre ses mains. Va, je ne t'oublierai pas....

---

[1] Je menais autrefois une vie plus tranquille et plus heureuse quand je n'étais qu'à moi-même, et que je gagnais un sou par jour dans la corderie, ou que du moins je n'allais sur mer qu'en qualité de matelot ou maître de navire, et je ne souhaite nullement qu'aucun de mes enfants soit appelé un jour à remplir ma place. (*Vie de Ruyter*. Amsterdam, 1694.)

« Et l'amiral congédia Jean Bart après l'avoir fait inscrire par l'écrivain sur le rôle du bord, ainsi que son vieil ami Sauret.

On se souvient que Cavoye, d'Harcourt et de Coislin furent conduits par ordre de Ruyter dans le logement qui leur était destiné. C'était une des chambres situées à l'arrière de la batterie basse.

Chambre de quinze pieds carrés, haute de cinq, et qu'il fallait éclairer en plein jour au moyen d'une lampe enfermée dans un fanal, car les hublots ou verres lenticulaires n'étant pas encore inventés, l'obscurité la plus profonde régnait dans cette pièce dont le plafond était à niveau de l'eau.

Trois hamacs, ou branles, comme on disait alors, étaient suspendus dans cette chambre.

Lorsque les amis de Cavoye virent ce réduit, il y eut contre lui une nouvelle furie d'imprécations qu'il supporta avec une stoïque résignation. Nous les épargnerons au lecteur, en ne l'introduisant dans la chambre des trois seigneurs que lorsque leur toilette fut à peu près terminée.

— Quelle peste de vaisseau, et quel horrible réduit! — disait d'Harcourt, en tâchant de se mirer dans une petite glace, et peignant sa perruque à la lumière incertaine du fanal de corne.

— Quel singulier myn-heer que cet amiral, — dit Cavoye, — quel rustre avec sa robe de bure et son poulailler! Qui nous croira à la place Royale ou à l'hôtel de Soissons quand nous viendrons rapporter que lorsque nous avons vu pour la première fois le plus grand capitaine de mer de ces temps-ci, il donnait à manger à des poules, comme un manant dans la cour d'une ferme? et cette souquenille de bure noire, qui le fait ressembler à un sacristain.... Ventrebleu! il ne paye pas de mine.... et on dit pourtant que c'est un surprenant amiral.

— Hélas! hélas! — dit piteusement Coislin, — que penser de sa table d'après ces dehors! A l'amour platonique qu'il professe pour ses favorites emplumées, je tremble qu'il ne les respecte trop pour les mettre en broche.

— Ne craignez pas cela, Coislin, — dit d'Harcourt, en souriant avec malice, — je sais de très-bonne part que le seigneur amiral est un des plus grands prêtres des déesses goinfrerie et empiffrerie, et qu'il a payé deux cents écus d'or un petit tonneau de vin d'Espagne, par cela seulement qu'il avait été deux fois en des contrées lointaines.

— Que le ciel vous entende, d'Harcourt! mais je ne sais quel douloureux pressentiment m'oppresse, d'autant plus qu'il me semble avoir vu, dans un coin de cette halle que vous appelez sa chambre, une assiette avec un morceau de lard et de biscuit.... Seigneur Dieu.....pourvu que ce ne soit pas la pitance habituelle de ce capitaine d'eau salée!... car un homme habitué à manger de pareilles horreurs....

Coislin n'osa achever, ne trouvant pas d'expression pour peindre son effroi. A ce moment, une manière de mousse vint dire d'une voix aigre que le repas attendait.

Les trois gentilshommes montèrent sur le pont, et entrèrent dans la salle à manger de l'amiral. Ils trouvèrent ce dernier en compagnie de son chapelain, maître Westhovius, de l'écrivain du bord et de son capitaine de manœuvre. J'oubliais un homme grand, svelte, osseux et fort pâle, tout habillé de noir.

Ruyter était autrement, mais non mieux vêtu que le matin : il avait changé sa robe de bure noire pour un justaucorps et des chausses grises à la hollandaise, avec de gros bas de laine brune et de hauts souliers à boucles d'argent.

Son pourpoint était serré autour de son corps par une vieille écharpe de soie rouge, et son col était de toile unie comme celui du matin.

La table longue et étroite dont l'amiral occupait le haut bout, était couverte d'une nappe de toile d'une grande blancheur; les plats et les assiettes étaient faits de ce grès de Flandre de couleur grise, à dessins bleuâtres, dont l'usage commençait alors à se répandre. Sur chaque assiette il y avait un biscuit sec et dur, et à côté un grand pot et un gobelet d'étain bien luisant; enfin, au milieu de la table était une soupière de potage au poisson, flanquée d'un côté par un énorme jambon d'ours, à graisse bien jaune et à chair d'un rouge écarlate; de l'autre côté était un non moins colossal morceau de bœuf fumé de Hambourg, bien brun, veiné de blanc; enfin une assiette de harengs salés et une assiette de radis noirs complétaient ce menu, qui fit dresser les cheveux à la tête des trois gentilshommes.

Le chapelain dit le *benedicite*, l'amiral s'assit et fit signe à ses convives de l'imiter.

Coislin fut près de s'évanouir lorsqu'il sentit le fumet pénétrant de cette soupe au poisson; mais il fit bonne contenance et se résigna en tâchant d'aspirer le moins qu'il put cette détestable odeur.

— Ah ! messieurs, — dit Ruyter, — je ne vous donne pas un régal *à la française*, comme on dit ; mais c'est à la mode de mer, et vraiment, même à terre, j'aime mieux ces bonnes et franches salaisons que tous vos saupiquets et tous vos mets arrangés de telle façon, qu'il faut retourner ça cent fois dans sa bouche pour reconnaître ce qu'on mange.... au lieu qu'ici on sait ce qu'on a sous la dent, au moins.

— Et pour cela, je suis fort de votre avis, monsieur l'amiral, — dit galamment Cavoye ; — au moins en mangeant cet excellent bœuf fumé, un aveugle même dirait du premier mot qu'il mange du bœuf fumé : c'est d'un avantage estimable.

— C'est comme cette excellente bière de Hollande, — ajouta d'Harcourt en regardant le malheureux Coislin, — il n'y a qu'à voir son épaisse mousse blanche et sa belle couleur marron, pour être bien sûr qu'on boit de la bière, et non de ces boissons énigmatiques qu'il faut interroger vingt fois pour savoir si elles sont du cru de la haute ou basse Bourgogne !

— Ah ! bien, messieurs, dit le naïf amiral qui ne se doutait pas de ces railleries, — je suis joyeux de vous voir aimer notre régime des mariniers, et puis, voyez-vous, on se souvient de son premier état ; et quand j'étais matelot....

— Vous avez été matelot, monsieur l'amiral ? — demanda Cavoye.

— Sept ans et demi, monsieur, et puis après ça contre-maître, et puis maître, et puis bosseman, et puis capitaine, et de la sorte avec l'aide de Dieu, je suis où me voilà.... et tenez, Guillaume que voici a fait avec moi la guerre de 1630 ; j'étais alors contre-maître.... Te souviens-tu de cela, Guillaume ?

Guillaume était ce personnage vêtu de noir dont nous avons parlé, le fameux Guillaume *Van den Velde*, un des meilleurs peintres de marine de ce temps-là.

À l'interpellation de l'amiral, Guillaume [1], placé entre le chapelain et l'écrivain, répondit : — Oui, oui, Michel, vous avez été matelot comme l'a été le roi Compani.

— Ah, ah ! dit Ruyter en riant, — cela est vrai pourtant ! Ce pauvre Jean Compani.... qui eût jamais cru que je l'aurais retrouvé roi, quand nous tournions ensemble la grosse roue de la corderie de maître Lampscus à Flessingue ? Je m'en souviens comme d'hier... j'avais dix ans, le recteur de l'école m'avait renvoyé comme trop turbulent, et pour cela j'entrai le jour de la Saint-Étienne à la corderie.

— Mais ce roi, monsieur l'amiral ? — demanda Cavoye fort intéressé.

— Ce roi, monsieur, était un nègre !...

— Comment, un nègre ? un Maure ? un noir de Nigritie ? — s'écria d'Harcourt !

— Oui, un Congo : ce pauvre Jean était bon diable ; après la corderie, nous étions tous deux garçons d'un bosseman ; c'est là que je l'ai quitté, ou plutôt qu'il m'a quitté, car il a déserté ; or je n'en avais plus entendu parler du tout, lorsqu'il y a deux ans, dans mon expédition de Goerée, contre la compagnie anglaise qui nous a si traîtreusement attaqué... j'envoyai à terre mon contre-amiral Van-der-Zaan, qui y rencontra le roi des naturels de ce pays-là ; c'était un vieux nègre qui parlait assez bon hollandais, et qui lui demanda qui commandait la

---

[1] *Guillaume Van den Velde*, surnommé *le Vieux*, dessinateur de vaisseaux, naquit à *Leyde*, en 1610. Fort jeune encore, il embrassa le métier de marin et fit en cette qualité plusieurs voyages sur mer. Il étudia en détail la construction et la manœuvre des vaisseaux, et, quoiqu'il n'eût pour maître que son génie, on vit sortir de sa main de beaux dessins représentant des navires. Entendait-il dire qu'on allait livrer un combat naval, il s'embarquait aussitôt sans autre but que d'être témoin de l'action et d'en rendre les plus petits détails. En 1666, il fut chargé par les États de dessiner le combat qui eut lieu entre les flottes hollandaise et anglaise sous les ordres de Ruyter et de Monk. Chaque mouvement de cette action fut reproduit avec une exactitude si grande, que les États purent se servir de ces dessins pour connaître les manœuvres et la conduite des officiers de la flotte. Charles II, puis Jacques II l'appelèrent à Londres, et il mourut le 16 décembre 1693, en laissant un fils, *Guillaume Van den Velde le Jeune*, qui fut aussi un des peintres de marine les plus distingués, et dont les tableaux aujourd'hui ont une valeur et sont d'une rareté extrêmes. Il mourut aussi à *Londres en* 1707. En 1815, le royaume des Pays-Bas fit emporter du Musée de Paris trois de ses plus magnifiques tableaux.

flotte des États en qualité d'amiral. C'est Michel Ruyter, — dit Van-der-Zaan. — Michel, — s'écria le vieux noir, — Michel... comment ! Michel Ruyter ! mais il y a près de quarante-cinq ou quarante-six ans que j'ai connu le garçon d'un bosseman de Flessingue qui s'appelait aussi Michel Ruyter. — Eh bien ! c'est celui-là même.... qui est à présent amiral, — lui dit Van-der-Zaan. — Ça ne se peut pas, répétait toujours le vieux Jean Compani ; Michel, mon pauvre Michel, amiral, c'est railler.... — Ah çà, — lui dit alors mon contre-amiral Van-der-Zaan, un jovial compagnon s'il en fut, et, comme vous allez voir, un homme de propos très-piquants et ingénieux, — ah çà, seigneur noir, puisque vous êtes bien devenu roi, pourquoi donc ne voulez-vous pas que Michel soit devenu amiral ? — Et le bon Ruyter, après cette citation remarquable, regarda ses convives, et ajouta en riant encore de souvenir : — Mon Dieu ! que nous nous sommes souvent réjouis en pensant à ce propos, moi et ce diable de Van-der-Zaan, qui avait toujours le mot à la chose, comme vous voyez....

— Mais c'est que cette réponse était, pardieu ! fort bien trouvée, — monsieur l'amiral, — dit effrontément Cavoye ; — car, outre son trait satirique, fort dans la manière de Juvénal, il y a encore un grand fond de logique, de justice et d'impartialité dans le goût de Salomon : — *Vous êtes devenu roi..... pourquoi ne voulez-vous pas que Michel soit devenu amiral ?* Mais c'est d'une terrible beauté, il y a là l'enjoué, le grave et le satirique !....

— C'est tout à fait surprenant, — dit d'Harcourt, pouvant à peine étouffer un éclat de rire.

— Eh bien ! vous voyez que nous autres myn-heers, comme vous nous appelez, nous savons dire notre mot dans l'occasion, — dit l'amiral. — Mais, pour en revenir à Compani, Van-der-Zaan me l'amena à bord ; hélas ! je l'avoue, je ne l'aurais pas reconnu. Ce pauvre Jean Compani avait les cheveux blancs comme les miens, et, comme moi, il avait aussi l'air bien vieux et bien cassé.... Mais je fus très-content et très-joyeux que Dieu m'eût permis de revoir encore une fois celui qui me rappelait mon heureux temps de Flessingue. Nous en parlâmes bien long-temps, je vous assure, et Jean Compani, tout en m'apprenant comment il était arrivé à la dignité de vice-roi des nègres de ce pays-là, m'avoua qu'il regrettait comme moi notre bon temps de jeunesse, où avec deux écus dans notre ceinture nous nous promenions sur le port si gaiement et avec si peu de souci du présent; puis aussi Compani me dit, entre autres choses qui me charmèrent beaucoup, qu'il était resté fidèle à la religion, car il s'était fait baptiser dans le temps à Flessingue. Seulement, il ne se rappelait plus que la prière de *Notre Père*; mais il m'avoua que comme lorsqu'il parlait de la sainte religion chrétienne, ses peuples et ses enfants se moquaient de lui, il se contentait de demeurer chrétien en son cœur et de servir Dieu de la manière qu'il pouvait. Je demandai à Jean s'il voulait revenir en Europe avec moi; mais il ne voulut pas, préférant encore plus son pays que sa royauté, me disait-il : je le quittai donc.... et [1]....

Mais à ce moment du récit de l'amiral, la porte de la salle s'ouvrit, et un officier s'avança rapidement vers lui et lui remit une dépêche, en lui disant : Monsieur l'amiral, ceci arrive du Texel; le patron de *la Bélandre* avait ordre de faire la plus grande diligence, car c'est M. le grand-pensionnaire de Witt qui le lui a donné.

Cette dépêche était ainsi conçue :

« S'il en est temps encore, faites les plus minutieuses recher-
» ches; des traîtres ont décidé d'incendier et de faire sauter
» plusieurs vaisseaux de votre flotte, et sans doute celui que
» vous montez, au moyen de tonnes à double fond renfermant
» des artifices qui ont été embarqués à leur bord, et dont le
» feu couve et doit faire son effet d'un instant à l'autre [2]. »

[1] *Vie de Ruyter*, par G. Brandt.
[2] *Ibidem*.

CHAPITRE X.

Jean Bart, matelot des *Sept-Provinces*. — Maître Abraham Lely. — Manœuvre du tem[s]. — Artillerie. — Voilure et pilotage. — Jean Bart prisonnier. — Préparatifs de combat.

Après que l'écrivain des *Sept-Provinces* eut enregistré Jean Bart et Sauret sur son contrôle tous deux en qualité de simples matelots, il les fit conduire au commis du munitionnaire, qui leur donna à chacun une jaquette de drap vert à parements et boutonnières orange, de larges chausses de grosse toile de Frise, une ceinture de serge rouge, et une sorte de chaperon de laine brune; après quoi les deux marins furent conduits au maître d'équipages.

Pendant le trajet, Sauret dit tout bas à Jean Bart, qui commençait à s'impatienter de l'importance du commis, et de ses injonctions réitérées de prendre garde de salir ou de déchirer ses vêtements. — Ah! min Dieu, notre jeune monsieur, ici n'est plus ici comme à bord d'un navire bourgeois, dont le maître va de pair à compagnon avec ses mariniers. Ici le matelot est aussi esclave que le chrétien chez le Turc; ici, on marche, on fume, on respire, on dort, on mange, on avale, à la volonté du capitaine, qui n'a pas de contrôle au-dessus de lui; oui dà, notre jeune monsieur, c'est ainsi; aussi un navire de guerre est aussi peu joyeux qu'un couvent de minimes ou de cordeliers, et chez les myn-heers surtout, qui sont muets comme les harengs dans la nasse. Aussi, révérence parler, si vous n'aviez prévenu, je vous aurais conseillé de larguer vos amarres et de vous éloigner d'ici, et vent en poupe encore...

— Mais songe donc que je verrai, que j'assisterai à un combat, vieux Sauret, à un grand combat naval, sainte-croix!... Moi qui n'en ai jamais vu, et qui n'ai échangé que quelques balles de mousqueton, ou tout au plus de fauconneau, avec les casaques rouges de la côte de Suffolk.... et puisque enfin je sers sous les ordres du fameux Ruyter, et c'est un honneur ça...

comme c'était un honneur pour mon père d'avoir servi sous le *Renard de la mer*.

— Sans doute, sans doute, notre jeune monsieur, rien au monde n'est plus galant que le tableau de deux flottes qui se harpaillent chaudement ; c'est aussi un fort grand régal que d'être parmi ces harpailleurs, à ces fins de donner et de recevoir horion pour horion ; mais, révérence parler, vous verrez que...

Ici Sauret se tut, car on venait d'arriver à la porte d'une cabine située à l'avant, près du magasin.

Le garçon du commis ouvrit la porte et dit à M. Abraham Lely, maître d'équipage des *Sept-Provinces* : — Voici deux matelots d'engagés d'aujourd'hui par ordre de M. l'amiral.

Puis il sortit.

Abraham Lely, maître d'équipage des *Sept-Provinces*, était un homme fort compté à bord, et particulièrement de Ruyter, qui appréciait en lui un excellent marin, rempli de zèle, de sang-froid et d'expérience, un de ces hommes de *ressources* enfin, qui, selon le proverbe flamand : *s'arracheraient une dent pour en faire un clou*.

Mais il faut dire qu'à part ces brillantes qualités maritimes, maître Lely était certainement la créature la plus brutale, la plus insociable de toutes les Provinces-Unies.

Qu'on se figure un gros homme d'environ cinquante ans, coiffé d'une perruque noire qui rendait plus repoussante encore l'expression de son visage large et gras, mais pâle et blafard ; ajoutez à cela de gros sourcils gris, de petits yeux bruns, des lèvres épaisses, une mâchoire d'une carrure démesurée, et vous aurez le signalement complet d'Abraham Petersz Lely.

J'oubliais de dire que M. Lely avait eu le bras gauche emporté d'un coup de canon, et que la manche de son pourpoint vert, tout graisseux, était attachée sur sa poitrine avec un bout de fil de caret noir ; malgré les instances de l'amiral, son maître d'équipage était habituellement d'une insigne malpropreté.

Ce fut devant ce terrible maître, alors assis sur un coffre, et déchirant à belles dents son biscuit et un morceau de morue sèche, qu'il trempait dans une espèce de sauce faite de poivre et de beurre fondu, que Jean Bart et Sauret furent introduits.

Après les avoir long-temps examinés sans interrompre l'exercice de ses formidables mâchoires, qui broyaient le biscuit avec le bruit d'une meule de moulin, maître Lely, s'apercevant que Jean Bart avait gardé son bonnet sur sa tête, prit une longue canne de bambou placée à côté de son coffre, et d'un revers abattit le bonnet du jeune marin, sans dire un seul mot.

— Il est dans son droit, — s'écria vivement Sauret, en voyant l'indignation de Jean Bart, vous êtes son inférieur, il fallait vous découvrir.

Jean Bart serra les poings, et murmura quelques imprécations.

Alors maître Lely, de l'air le plus calme du monde, s'adressant aux deux matelots :

— D'où venez-vous?

— De Saint-Paul, près Calais, répondit Jean Bart, en contenant sa colère, et prenant, sans doute pour la calmer, une feuille de tabac à chiquer, dans sa boîte de fer-blanc.

Mais à peine avait-il ouvert la boîte, que d'un nouveau coup de bambou vertement appliqué par le manchot, la malencontreuse boîte vola sur le plancher de la cabine.

Le sang monta au visage de Jean Bart, qui cette fois se précipitait sur maître Lely, si le vieux Sauret ne l'eût retenu en disant au maître d'équipage :

— Révérence parler, monsieur, excusez, s'il vous plaît, ce jeune marin qui n'a encore navigué que pour les bourgeois [1] et les contrebandiers, et ne sait pas bien les usages des navires de guerre; puis, se retournant du côté de Jean Bart, il lui dit en français d'un air consterné : — Mais, min Dieu! min Dieu! notre jeune monsieur, on ne change jamais de chique devant un supérieur! par le nom de votre père, ménagez cette meule à biscuit, car il n'est plus temps maintenant de lui échapper!

Jean Bart contracta ses lèvres, se tut; et, pour exhaler sa colère, se mit à battre fortement le plancher du bout de son pied gauche.

Mais un nouveau coup de bambou, bien asséné sur l'orteil

---

[1] Armateurs.

dudit pied gauche, interdit au marin jusqu'à cette manifestation d'humeur et d'impatience.

— Mort Dieu! s'écria-t-il alors en frappant cette fois si violemment du pied, que le siége de maître Lely en fut ébranlé ; — mort Dieu! ne recommence pas, sac à fromage... ou bien...

Heureusement cette imprécation fut faite en français, et plus heureusement encore Sauret s'interposa de nouveau en disant au maître d'équipage que la furie de son jeune ami n'était causée que par la douleur d'une vieille blessure réveillée par le coup de bambou.

Maître Lely avait, pendant toute cette scène, gardé un calme et un sang-froid imperturbables, et après chaque avertissement donné par l'intermédiaire de son bambou, il avait remis sa canne à son côté sans sourciller.

Jean Bart, maudissant sa fatale admiration pour Ruyter, et sa plus fatale curiosité d'assister à un combat naval, se tut, se résigna, rongea son frein, et laissa le vieux Sauret répondre aux questions précises de maître Lely, qui continua son interrogatoire.

— Êtes-vous matelots ?

— J'ose m'en flatter, monsieur, car....

— Alors épisse-moi cette écoute [1], — dit durement maître Lely en prenant à côté de lui deux bouts de cordage de moyenne grosseur et un épissoir.

Le vieux Sauret s'acquitta de sa tâche avec une dextérité peu commune, et l'écoute était si parfaitement épissée, qu'on ne distinguait pas le point de jonction des deux parties du cordage.

Maître Lely le prit, l'examina avec attention, sans que sa figure perdît un instant son expression de dureté ; puis il donna le même ordre à Jean Bart, qui réussit avec autant de bonheur que son vieil ami Sauret dans l'épissure de l'écoute.

---

[1] Épisser, c'est ajouter une corde au bout d'une autre en entrelaçant les tourons de l'une dans ceux de l'autre, et ceux de celle-ci dans ceux de la première, après les avoir décordées toutes les deux de la même longueur, de sorte qu'ils ne puissent sortir de cet entrelacement qu'on appelle épissure, et qui est ordinairement plus forte que le cordage même, si elle est bien faite. On se sert pour ce travail d'un épissoir, poinçon de fer ou de bois très-dur un peu courbe.

Le visage du Hollandais resta impassible ; puis il ajouta :
Êtes-vous canonniers :

— Nous sommes si furieusement canonniers, — s'écria orgueilleusement Sauret, — que pour être véridique, je dois dire que ce jeune homme a gagné le prix de S. M. le roi de France et de Navarre, au tirer de Dunkerque.... et qu'il a eu pour profit une merveilleuse épée toute d'or pur et massif, avec un baudrier de velours nacarat si terriblement couvert et brodé de perles, de rubis et d'étincelantes escarboucles, que, craignant d'en demeurer aveugle, ce jeune homme a dû laisser ce baudrier en son logis, et que....

Mais la narration, quelque peu exagérée de Sauret, fut interrompue par ces mots :

— Ah ! bien.... vous êtes de ces pillards de Dunkerque....

— Et pour la première fois, l'expression sauvage du visage de maître Lely, changea pour faire place à l'air du monde le plus dédaigneux ; puis sans donner à Sauret le temps de lui répondre, le maître d'équipage, s'adressant à Jean Bart :

— Puisque tu es canonnier, où trouve-t-on la meilleure fonte pour les canons !

— En France ! la verte, celle qui est coulée en Périgord.

— Qu'est-ce que l'affût ?

— L'affût est la culasse dentelée à trois ou quatre degrés nommés *coches*, sur lesquels le canonnier pose le *coing de mire*, servant pour mettre le canon au *point de tirer*.

— Qu'est-ce que le dégourgeoir ?

— C'est un petit fer long de huit pouces pour démorcer et nettoyer le secret [1].

— Comment étoufferais-tu le feu grégeois [2] ?

---

[1] Sonder la lumière. Nous avons dans cet interrogatoire, scrupuleusement conservé les termes et dénominations de l'époque.

[2] Feu grégeois, sorte de feu d'artifice, dont on se servait dans le combat naval, qui brûle jusque dans l'eau, laquelle même augmente sa violence. Il est composé de soufre, de naphthe, de bitume, de gomme et de poix. On ne peut l'éteindre qu'avec du vinaigre mêlé avec du sable ou de l'urine, ou avec des cuirs verts, c'est-à-dire, avec des peaux d'animaux fraîchement écorchés.

On donne à ce feu le nom de grégeois, parce qu'on en doit l'invention à un Grec nommé Gallinicus, ingénieur d'Héliopolis, ville de Syrie ; il s'en

— Tant avec le sable qu'en le couvrant avec du cuir vert.

Maître Lely réfléchit un instant, arrêta son regard presque farouche sur Jean Bart, puis il reprit :

— Qu'est-ce qu'un mât affusté ?

— C'est un mas enté.... savoir quand il y a des pièces rapportées par le haut bout.

— Comment s'appellent ces pièces ?

— *Ganteiras*.

— Où sont-elles ?

— Au-dessous de la hune.

— A quoi servent-elles ?

— A passer l'*estague* de la grande vergue au moyen de deux rouets de métal placés l'un à babord l'autre à tribord.

Ici maître Lely fit une nouvelle pause, puis il continua.

— Es-tu lamaneur [1].

— Ce jeune garçon est un si terrible lamaneur.... — dit le bon Sauret, — que, malgré une des plus furieuses tempêtes, il a conduit ici une caravelle depuis....

Mais un regard fixe et froid de maître Lely arrêta court le vieux marinier.

— Es-tu lamaneur ? — dit encore le maître d'équipage à Jean Bart.

Mais ces questions, et surtout la manière dont elles étaient faites, impatientaient tellement le jeune marin, que, pour y mettre un terme, il répondit brusquement à cette dernière question : — Non.

Ce singulier interrogatoire une fois terminé, du bout de sa canne maître Lely montra la porte de sa cabine aux deux marins, qui sortirent après avoir salué.

— Mort Dieu, sacré Dieu, ventrebleu, merci Dieu, mille tonnerres et ouragans ! que je sois brûlé vif et excommunié comme un Turc ou un juif, si je reste une minute de plus sur le même bord que cet animal à mâchoire de cachalot, — s'écria Jean Bart une fois hors de l'antre du redoutable maître Lely.

---

servit avec tant de succès dans un combat naval, qu'il brûla une flotte ennemie où il y avait près de trente mille hommes. (*Encyclopédie méthodique, Marine.*)

[1] Pilote.

Et dans sa colère il trépignait, et frappait à grands coups de pied une inoffensive cloison, malgré les supplications du vieux Sauret, qui lui disait en vain. — Min Dieu, calmez-vous, notre jeune monsieur, voici venir un sergent de ronde ; je vois luire sa pertuisane.

En effet, c'était un sergent suivi de deux soldats qui, arrivant au bruit infernal que faisait Jean Bart, le saisirent et le continrent sans prononcer un seul mot ; après quoi le sergent dit d'un air presque aussi grave que maître Lely : — Mettez cet effronté à la barre.

— A la barre.... moi, aux fers... ah, mort Dieu ! — s'écria Jean Bart, — nous allons voir.

— Mettez le brise-dents [1] à ce bavard, — dit le flegmatique sergent.

Ce qui fut fait malgré les supplications de Sauret.

Comme le prisonnier montait les degrés qui mènent de la batterie basse à la batterie haute, le roulement du tambour se fit entendre, et les matelots se rangèrent en haie dans la première batterie.

Après quelques instants, Ruyter y descendit ; il venait de terminer son inspection, et n'avait pu découvrir aucune machine incendiaire à son bord.

— Comment donc ! — dit-il d'un air surpris et mécontent en voyant Jean Bart, — voilà déja mon protégé en faute ! qu'est-ce ceci, sergent ?

— Monsieur l'amiral, j'ai trouvé cet homme poussant des cris furieux, et faisant un grand bruit dans le faux pont, près de la chambre de maître Lely.

— Ote-lui ce bâillon, qu'il réponde, — dit l'amiral ; puis s'adressant à Jean Bart :

— Eh bien ! qu'est-ce à dire, est-ce ainsi que tu te conduis déjà ?...

— Tenez, monsieur l'amiral, voici toute l'affaire ; et cela, sainte-croix ! sans menteries : quand j'ai mis le pied sur votre vaisseau de guerre, je n'avais jamais servi, moi, que sur des bâtiments bourgeois ou contrebandiers.... et là, monsieur l'ami-

---

[1] Bâillon.

ral, hormis dans le mauvais temps et les dangers.... capitaine, maître ou matelot.... c'est tout un, on obéit à la manœuvre, et puis, la manœuvre faite, on fume le même tabac... ici, c'est pas de même; aussi tantôt on m'a envoyé à un gros homme manchot qui a une manière de langage à coups de canne, ma foi! un peu trop sauvage.

— Ah! c'est Lely! — dit Ruyter en ne pouvant retenir un sourire.

— Oui, monsieur l'amiral, de sorte que le maître d'équipage, du premier coup de canne, m'a dit de le saluer.... du second, de ne pas chiquer.... du troisième, de me calmer.... et du quatrième, de m'en aller.... sainte-croix! je m'en confesse.... j'étouffais de colère.... et c'est pour la passer, qu'une fois dehors, je m'étais mis à rager des quatre membres; c'est alors que l'homme à la pertuisane, que voici, et ses deux amis m'ont saisi et muselé comme un ours à la foire de Dunkerque.

Ruyter, qui eut peine à retenir son sérieux pendant cette naïve justification, dit à Jean Bart :

— Il faut qu'à bord d'un vaisseau de guerre la discipline soit sévère, mon garçon; de plus indomptables que toi l'ont compris.... il faut t'y soumettre.... Pourtant, si un pareil état te paraît trop dur, pars.... la caravelle n'a pas encore mis à la voile..... ou bien, si tu restes....., obéis à tout et en tout..... voyons, choisis.

— Sainte-Croix! s'écria Jean Bart avec résolution, — il ne sera pas dit que le fils de Cornille Bart aura quitté pour si peu le vaisseau de M. l'amiral Ruyter, la veille d'un combat; je reste, monsieur l'amiral, je reste quand je devrais demeurer aux fers jusqu'au premier canon; ainsi, pardonnez-moi tout ce bruit, s'il vous plaît; je jure de ne plus tomber dans de pareilles fautes, et de me modérer.

Et ce disant, il embrassa les genoux de Ruyter, qui, le relevant avec bonté, ordonna qu'on le laissât libre.

Deux heures après, le capitaine de pavillon de l'amiral vint prendre les ordres de son supérieur.

— Monsieur Van-Meseyr, — lui dit Ruyter, — je vais appareiller, faites signaler à l'armée d'imiter ma manœuvre; M. le capitaine de Ghent sera mon matelot d'arrière.

Une heure après cet ordre donné, cette flotte immense, composée de plus de quatre-vingts navires de guerre, avait mis à la voile en ordre de bataille avec une précision admirable, et s'élevait au vent des bancs d'Harwich avec une fraîche brise du sud-sud-est.

CHAPITRE XI.

Nouveau combat entre les flottes anglaise et hollandaise les 5 et 6 août. — Récit de Sauret. —Jean Bart voit le feu pour la première fois. — Sa conduite. — Attaque d'un brûlot par MM. de Cavoye, d'Harcourt et de Coislin. — Ruyter est blessé. — Van den Velde le peintre. — Division des matelots des deux escadres.

Depuis le 10 août de cette même année 1666, le joli village de Duinburg, situé sur la côte occidentale de l'île Walcheren [1] retentissait incessamment des clameurs d'une joie bruyante; or la tranquillité de ce petit port était ainsi troublée par les conséquences de la permission que l'amiral Ruyter avait donnée aux capitaines de sa flotte, mouillée dans le canal entre Dieshoek et Flessingue [2], d'envoyer tour à tour leurs équipages *se rafraîchir* à terre pendant trois jours.

Il était douteux que ces honnêtes marins flamands et hollandais suivissent tout à fait la lettre de cette autorisation, et qu'ils passassent leur temps à *se rafraîchir*, car on voyait sur les tables des hôtelleries de Duinburg, plus d'eau-de-vie et de vin d'Espagne que de koeders [3], et bien souvent, la chaloupe des vaisseaux de guerre remportait à bord quelques victimes des rixes devenues si fréquentes depuis la destitution de l'amiral Tromp, que l'on disait injustement sacrifié à Ruyter.

[1] Walcheren est l'île la plus considérable de la Zélande; elle est presque ronde, très-basse et sujette aux inondations. Middelbourg en est la capitale.
[2] Flessingue, autre ville de l'île de Walcheren; son port est situé sur la côte du sud, à quatre milles du sud de Middelbourg. La ville défend le passage de l'Escaut et toutes les îles de la Zélande. Le port est placé entre deux môles qui rompent l'effort des lames.
[3] *Koeders*, mélange d'eau, de vinaigre et de miel.

Aussi les marins de Tromp ayant pris parti pour leur amiral contre les matelots de la flotte de Ruyter, qui soutenaient la cause de ce dernier, chaque jour voyait de nouvelles querelles.

Tout ceci se passait après les combats acharnés qui avaient eu lieu les 4, 5 et 6 août, entre la flotte anglaise et la flotte hollandaise que nous avons laissée mettant à la voile, et s'élevant au nord-est des bancs d'Harwich, pour prendre une meilleure position de bataille.

Parmi les tavernes de cette île de Duinburg, l'auberge des *Armes d'Enkhuysen* était celle qui réunissait les suffrages des connaisseurs, tant à cause de la parfaite qualité de son genièvre et de son vin épicé, que pour le talent remarquable avec lequel myn-heer Hoën accommodait le stokfisch, ce mets de prédilection des Hollandais.

Un des habitués les plus assidus des armes d'Enkhuysen était le vieux Sauret, qui connaissait d'ailleurs myn-heer Hoën depuis longues années; car l'excellent hôte faisait çà et là un peu de contrebande, et avait souvent mis à bord de la *quaiche* [1] que montait Sauret, deux ou trois barils de genièvre, et quelques douzaines de caisses de tabac et de jambon d'ours, le tout dans le but philanthropique d'être agréable aux gastronomes de Suffolk, que la prohibition ou les droits fort élevés auraient sans cela privés de ces innocentes denrées.

Myn-heer Hoën et Sauret étaient donc sur le pied de la plus cordiale amitié, et ce jour-là surtout les deux vieux amis causaient tranquillement en compagnie d'un pot de vin épicé et sucré par l'hôte lui-même, qui avait (pour le moment) résigné ses fonctions entre les mains de son premier garçon....

Sauret et myn-heer Hoën étaient attablés sous un petit cabinet de verdure que de nombreuses pousses de houblon et d'autres plantes grimpantes couvraient d'un dôme impénétrable aux rayons du soleil.

A côté du pot de vin était un vase de grès rempli d'excellent

---

[1] Quaiche ou ketch, sorte de bâtiment en usage chez les Anglais et les Hollandais. Ils sont ordinairement à poupe carrée, bien construits et bon voiliers, et ornés d'une poulaine; leur gréement consiste en deux mâts, un grand mât et un mât d'artimon.

tabac d'une belle couleur dorée, fin, un peu humide, et en tout digne de remplir la pipe du fumeur le plus difficile.

— Enfin, mon digne Sauret, — dit Hoën, me voici un moment de relâche pour entendre la mémorable narration de ce grand combat naval des 3 et 4 août... Je charge ma pipe et vous écoute comme un prêtre en chaire.... mais souvenez-vous de nos conditions, révérend marin véridique et océanique, dès que vous m'aurez l'air de débiter des menteries, un bon coup du manche de mon couteau sur la table vous rappellera à vous-même....

— Soit.... mais il est important, mon très-digne hôte, de nous entendre une bonne fois sur ce que vous appelez si improprement des menteries.... Ah ça! dites-moi.... parce que j'ai beaucoup lu et beaucoup voyagé.... dois-je donc pour cela m'en tenir simplement à la nue et grossière vérité?... Mais alors, cher hôtelier, d'après ce principe tant soit peu sauvage, il vaudrait mieux boire ce vin sans le sucre et les épices qui lui donnent un si haut goût, car c'est la même chose.... Ce que vous appelez menteries, n'étant qu'une manière de sucre et de gérofle d'esprit, qui sucre et aromatise la narration, si je puis m'exprimer ainsi, mon cher hôte....

— Bien, bien, digne Sauret; mais par les armes d'Enkhuysen, qui sont mon enseigne, quelquefois vos récits sont si diablement *sucrés* et *aromatisés*, qu'on ne sent que les épices, et pas autre chose.... Mais, silence, je vous écoute.

Après vous avoir raconté comment moi et mon jeune monsieur Bart avons été embarqués à bord de M. l'amiral de Ruyter, je vous ai parlé, je crois, mon cher hôte, de cet épouvantable et furieux orage du 3 août, qui vint la nuit en compagnie d'un grain du nord-nord-est nous surprendre à l'ancre entre le sud Foreland [1] et les bancs de Flandre [2]. Jamais, non, jamais de

---

[1] Il y a deux *Foreland*, l'un du nord, l'autre du sud; les dunes sont comprises entre ces deux caps, dans un canal formé par la terre et le banc de *Godwin*. Le nord Foreland termine au nord-est l'île de *Thanet*, située à la pointe N.-E. du comté de Kent; c'est également la limite au sud de la rivière de la Tamise, c'est-à-dire que le nord Foreland forme la pointe du sud de son embouchure. Le *sud Foreland* est par 51° 8′ 24″ N., et 0° 57′ 54″ à l'ouest de Paris.

[2] Bancs de Flandre ou flamands. Ce sont ces amas de sable qui s'étendent

mémoire de marin on ne vit si terrible et si monstrueux tonnerre... et, pour être véridique...

A ce mot, *pour être véridique*, myn-heer Hoën, mu par un secret pressentiment, chercha son couteau dans sa poche, et le saisit fortement par le manche, tout prêt à en frapper la table... mais pourtant sans le montrer.

— Et pour être véridique, — continua donc Sauret, — je vous dirai que les éclairs étaient si nombreux et si formidables, que, m'éveillant, je dis à un matelot... Min Dieu! que le soleil est déjà haut... Mais c'était peu que les éclairs. Il advint par la chute du tonnerre que le grand mât du vaisseau *l'Oostergo* fut fendu en de si innombrables et si menues parcelles, que depuis on s'en sert à bord pour allumer les fanaux, au lieu d'employer à cet usage les petits paquets de genêt destinés à cela...

Ici, myn-heer Hoën tira son couteau, et fit trembler la table sous les coups réitérés qu'il frappa...

— Sauret ne dit rien, rougit, se mordit les lèvres, et continua : — Quand le grain fut passé nous remîmes à la voile faisant l'est-quart-nord, en ralliant les navires que l'orage avait séparés de nous; de sorte que notre flotte se composait alors de cent dix-sept voiles, sans compter les petits bâtiments portant les munitions. Ce fut alors que pour la première fois nous vîmes, c'est-à-dire, ceux du pont virent l'armée anglaise ; car, pour être véridique, je ne vous raconterai que ce que j'ai vu et pouvais voir par un sabord de trois pieds carrés, puisque je restai à mon poste pendant toute la bataille, et n'aperçus durant tout ce temps qu'une épouvantable fumée, et dans les bons moments, trois pieds carrés de flanc, d'avant ou d'arrière des vaisseaux que nous combattions; car, je vous le répète, mon digne hôte, la vue de mon sabord était furieusement bornée...

Du haut du château d'arrière on voyait donc, m'a-t-on dit, l'armée anglaise, composée de plus de six-vingts voiles de guerre. Alors, comme la nuit était venue, nous mouillons, et faisons nos

depuis le Pas-de-Calais jusqu'à l'île de Walcheren. Le nom des principaux sont : la *Perche française*, la *Perche anglaise*, le *Banc de Dedans*, le *Baër* et les *Rases*.

préparatifs de combat pour le lendemain au lever du soleil ; puis, après la prière du soir, tout le monde se couche au pied de ses canons. Au lever du soleil nous voyons les Anglais au vent à nous, et sous voile par une jolie brise de nord-est-quart-nord, ayant le nord Foreland à huit lieues sud-ouest-quart-ouest à eux.

On déjeune en hâte, et on attend... Ce n'est que sur le coup de midi que le second lieutenant vint nous crier : Canonniers, faites feu... De ce moment-là, digne hôte, je ne quittai plus mon sabord, car j'étais second servant de droite de la pièce dont mon jeune monsieur Jean était mireur et tireur, par une grâce particulière de M. l'amiral.

— Ah çà ! véridique Sauret, c'était le premier branle du petit Bart dans une pareille danse... comment s'est-il conduit ?...

— Tenez, cher hôte... à vous on peut tout dire comme à un vieil ami... Quand on a su que la riotte à feu et à balles allait commencer, notre jeune monsieur m'a dit d'un air solennel : — « Ah çà ! mon vieux Sauret, je n'ai jamais vu une pa-
» reille fête... je ne crois pas avoir peur ; mais je ne veux pas
» déshonorer le nom de Bart... Ainsi veille bien sur moi... et
» si je pâlis... si je suis lâche...

— Eh bien ! Sauret ?...

— Eh bien ! mon digne Hoën, notre jeune monsieur acheva sa phrase en me donnant un pistolet avec un geste furieusement significatif, qui était une façon de me dire : Casse-moi la tête, mon vieux Sauret, si tu t'aperçois que j'aie peur...

— Brave jeune homme au moins, que ce petit Bart !

— Oh çà, oui... brave, et brave entre les plus braves, des plus bravissimes ; car à la première bordée d'artillerie il pâlit et laissa tomber son polverin [1].

— Diable, Sauret !

— Oui... enfin... il pâlit... il eut peur, quoi !... et il en avait le droit ; car, du coup, trois hommes de notre pièce furent jetés sur les bragues, et il fut couvert de leur sang ; de ce moment-là, j'examinai bien notre jeune monsieur, et je l'avoue, min Dieu, min Dieu ! le cœur me battait fort, et je me sentais plus pâle que lui.

[1] Corne d'amorce.

— Est-ce que vous auriez fait ainsi qu'il vous avait dit, Sauret ? Est-ce que vraiment, s'il avait eu peur encore et s'était sauvé ou caché, vous l'auriez abattu d'un coup de pistolet ?

— Je crois bien que oui, Hoën, je crois bien que oui... car j'avais la paire... mais ce ne fut pas la peine ; à la seconde bordée qui fut aussi terrible que la première, car elle enleva un homme à notre pièce et un à celle qui était à notre droite, mon jeune monsieur Jean, au lieu de pâlir, s'écria les yeux brillants : — Allons, sainte croix ! je n'ai plus peur, et je pourrai venger mon père sur les Anglais... et cela mieux que sur le fils du bosseman, vieux Sauret, ajouta-t-il en riant. — De cet instant, je fus bien tranquille sur mon jeune monsieur, et à chaque coup d'artillerie, je n'eus plus qu'à trembler pour sa vie, car nous restâmes à notre sabord depuis midi jusqu'au soir, moi chargeant, lui mirant et tirant ; mais se damnant de ne pas aller sur le pont ; car nous supposions que le combat y était terrible, puisque les blessés, qui descendaient à la cale, étaient en grand nombre et bien maltraités ; mais notre batterie ne l'était pas moins, et tant de morts y gisaient, que c'est à peine si nous avions libre le recul de nos canons. Mon jeune monsieur Jean avait reçu une égratignure d'un éclat, qui n'était presque rien ; mais sur le soir, quand la nuit vint, nous étions si harassés, lui de pointer, moi de charger, que nos bras engourdis étaient comme moulus et roués ; nous entendions bien dire que nous avions fait des prouesses merveilleuses, mais tout ce que je sais, moi, digne hôte, c'est que, n'ayant pas quitté notre sabord, je n'en vis pas davantage que notre canon lui-même, et que la faim et surtout la soif la plus terrible nous étranglaient. Il était environ neuf heures de relevée quand nous avions cessé notre feu ; alors M. l'amiral descendit dans la batterie pour nous complimenter ; il venait de se désarmer, et était en habit gris ; et comme il avait été blessé, il portait son bras dans un mouchoir blanc, où le sang suintait à travers ; en passant près de notre pièce, il donna un petit coup sur l'épaule de mon jeune monsieur, en lui disant : — *Eh bien ! mon enfant, comment trouves-tu cela ?* — Je trouve ça si brave et si beau, que j'en dirais long, si j'avais le gosier moins sec, monsieur l'amiral, — répondit résolument mon jeune monsieur.

L'amiral accueillit bien la raillerie et nous fit donner de la bière et du biscuit qui nous firent grand bien, quoique nous mangions un œil sur notre biscuit et l'autre sur notre canon; car il nous revenait d'en haut, par les gens du pont, que l'amiral était comme isolé de sa flotte, et que les Anglais s'approchaient malgré la brume pour nous cerner... Enfin le sommeil nous prit si bien, si fort, qu'au point du jour je sentis comme un furieux tiraillement dans la tête; je crus que j'avais fait une chute... point, c'était le damné maître d'équipage Abraham Lely qui était à me tirer par les cheveux, et à me remuer le corps à coups de pied pour me réveiller. Mais devinez ce qui me servait d'oreiller, mon digne hôte?... c'était le corps d'un servant de droite trépassé depuis la veille, car on n'avait pas eu le temps de dégager les morts; c'est tout au plus si les blessés avaient pu être transportés en bas. Je me frottai les yeux, et je regardai où était mon jeune monsieur Jean; le pauvre enfant s'était endormi comme moi, la tête sur l'épaule de notre mort, notre oreiller à nous deux, et en vérité, digne Hoën, c'était un tableau des plus galants que de voir ce pauvre enfant ainsi tout endormi, tenant encore à la main son morceau de biscuit qu'il n'avait pas mangé la veille; je l'éveillai à grand'peine, car il dormait comme un goêland dans son trou. En un saut il fut sur pied, et à son point de mirage qu'il se mit à décrasser de la poudre des amorces, afin que le mirer fût plus net. Comme moi et M. Jean nous restions seuls de notre pièce par un hasard miraculeux qui nous avait respectés... on nous compléta, ainsi que plusieurs autres sabords, des soldats qui abandonnèrent leurs mousquets et leurs pertuisanes pour venir remplacer nos canonniers. A une embardée que fit notre vaisseau, je vis pour la première et seule fois la flotte anglaise à travers mon sabord; elle était au vent à nous, formée en croissant et nous cernait, elle me paraissait peu défaite et endommagée comparée à nous qui, au dire des soldats d'en haut, avions nos mâts, nos voiles et notre gréement hachés comme la moisson par la grêle; il ne restait que sept ou huit vaisseaux à côté de nous, et c'est ainsi que nous allions affronter la flotte ennemie qui commençait à nous canonner. A cet instant, le bruit courut dans le vaisseau que, comme l'amiral se levait du siége où il venait de conférer avec le capitaine Van-Nès, une volée de canon passa et emporta le siége, ce qui nous parut à tous d'un très-bon augure, et nous remit en ardeur et courage ; nous recommençâmes donc notre feu, et je recommençai aussi à ne plus rien voir du tout par notre sabord, si ce n'est le feu et la fumée de chaque coup de notre artillerie. Vertubleu ! digne hôte, je n'ai jamais connu d'homme plus prompt et plus intrépide que mon jeune monsieur ; il mirait, il pointait sans cesser, en poussant des cris de joie comme un enfant en approchant la mèche de la lumière, et lorsqu'il se trouvait trop échauffé il se plongeait la tête dans la baille d'eau de mer qui était là pour rafraîchir les canons, en me disant plaisamment : — *Ce qui est bon pour le canon est bon pour le canonnier.*

— Brave et plaisant marin que ce petit Bart, Sauret !

— Oh dà, oui, brave et plaisant, min Dieu ! mais où il fut surtout brave, c'est plus tard ; c'est maintenant que vous l'allez voir le vrai César... car, grâce à Dieu, nous ne sommes pas restés à notre sabord jusqu'à la fin, et il y a de plus l'histoire merveilleuse d'un certain monstrueux brûlot...

A ces mots *préparatoires* de *monstrueux* et de *merveilleux,* myn-heer Hoën plongea sa main dans sa poche pour prendre son couteau ; mais Sauret, devinant son intention, lui dit d'un air à la fois sérieux et ferme :

— Par la mémoire de maître Cornille Bart ! Hoën, ce que je vais vous dire est la vérité même ; je respecte trop le fils de celui qui m'a protégé, pour mentir en rien quand il s'agit de son courage.

Il y avait alors une expression si noble et si candide dans les traits de Sauret, que son hôte le crut et prêta la plus vive attention à son récit.

— Je vous disais, Hoën, qu'après mainte canonnade de notre artillerie, je vis, sur l'heure de midi, à travers la fumée qui s'étendait devant notre sabord, je vis comme une grande masse noire qui s'approchait... qui approchait de notre vaisseau ; alors, nous entendons un seul cri, mais un grand et terrible cri : *Un brûlot !* et puis au même instant le maître Lély qui, depuis qu'il nous avait interrogés, notre jeune monsieur et moi, ne paraissait pas tant nous dédaigner, descendit dans la batterie avec sa diable de canne, et cria en descendant l'échelle : Que ceux que je toucherai me suivent sur le pont; et bientôt nous deux, notre jeune monsieur et moi, nous montons sur le pont. Tout y était en tumulte; mais l'amiral Ruyter, qui était là, sa trompette marine à la main, armé d'une cuirasse et d'un morion, paraissait aussi tranquille qu'un pêcheur assis dans sa barque par un beau temps; on descendit à cette heure la chaloupe des palanquins pour la mettre à la mer. A côté de l'amiral étaient nos trois jeunes seigneurs que nous avions amenés de Saint-Paul : merci Dieu! rien qu'à les voir, on devinait bien qu'ils n'avaient pas eu peur d'abîmer leurs dentelles et leurs rubans; leurs lèvres et leurs visages étaient tout noircis de poudre; ils tenaient à la main un mousqueton et semblaient animés comme des démons; quand la chaloupe fut mise à la mer, l'amiral dit à maître Lely d'en prendre le commandement pour détourner et attaquer le brûlot, mais de ne déborder qu'à son ordre. Nous descendîmes au nombre de vingt matelots, y compté moi et mon jeune monsieur Jean, et avec nous vinrent aussi les braves seigneurs français, qui demandèrent cette grâce à l'amiral, qui la leur accorda.

Notre chaloupe était assez grande, et armée à l'avant d'un canon de coursier de galère. Le maître Lely était à la barre, qu'il tenait de sa seule main. Nous étions tous armés jusqu'aux dents, et avions à la ceinture un pistolet, un coutelas et une hache d'abordage, puis un mousquet à nos pieds, que nous devions prendre après avoir ramé et abordé le brûlot. Les trois seigneurs français étaient à l'avant, armés comme nous et faisant une fière et hautaine mine; seulement, celui qui avant faisait toujours des révérences, était devenu brutal en diable, et se faisait place à coups de poings pour avoir la plus dangereuse place à l'avant, tout près du matelot qui tenait un harpeau pour le jeter aux flancs du brûlot. A ce moment nous étions abrités par le flanc du vaisseau, et autour de nous c'était une vapeur jaune et épaisse comme la brume d'hiver, tant la fumée de la poudre était compacte. La mer acalmie par les détonations qui semblaient des roulements de tonnerre, était grisâtre et lisse comme un lac d'huile, et la mitraille y tombant çà et là, la ridait quelquefois comme fait la pluie sur l'eau. Moi et mon jeune monsieur Jean, nous étions sur le même banc, nos deux mains à l'aviron et le poignard dans les dents, lorsque maître Lely s'écria de sa grosse voix, sur un signe que fit M. l'amiral avec sa trompette marine : *Débordez, enfants.* Au même instant le vaisseau met la barre en plein sous le vent, brasse toutes ses voiles à stribord ; nous lui restons à l'arrière, et à deux portées de fusil de nous, nous voyons le brûlot qui paraissait une frégate presque dégréée par la volée de l'amiral, qui, après la lui avoir lâchée, nous ordonna de nager droit au brûlot, ce que nous fîmes. Dans ce moment je recommandai mon âme à Dieu en engageant monsieur Jean à faire de même ; nous ramons donc vers la frégate ; à ce moment, maître Lely s'écria : Hola! hé! les Français de l'avant, commencez votre feu, lancez force grenades sur le pont du brûlot, et que quatre matelots le soutiennent, les autres rameront. En effet nous étions tout proche de ce grand brûlot, et nous voyions sur son pont une vingtaine de matelots. Nos trois braves seigneurs et nos quatre matelots firent un feu si nourri, lancèrent tant de grenades, qu'ils nettoyèrent le pont malgré une volée de mitraille que nous reçûmes et qui atteignit maître Lely à la cuisse gauche, de sorte que de levé qu'il était, car il gouvernait debout pour mieux voir et commander, le brave manchot tomba lourdement assis, et continua de gouverner la barre placée sous son bras, et se faisant indiquer la manœuvre par mon jeune monsieur Jean, qui, monté bravement sur un banc, lui disait de loffer ou d'arriver, selon ce qu'il voyait... Nous continuions notre feu sur le brûlot, et nous ne distinguions toujours rien de ce qui se faisait autour, car nous étions enveloppés d'un nuage de fumée, lorsque tout à coup M. Jean s'écria : — Maître Lely, la chaloupe du brûlot déborde... — Sciez, sciez... bâbord, s'écria Lely d'une voix tonnante ; et malgré sa blessure, qui saignait tant que l'arrière-pont était tout rouge, il se leva à genoux et vira de bord, puis il reprit : *Avant partout;* car le brûlot va sauter, et si nous nous trouvons dans son remou, nous sommes engloutis!... Vous pensez que cela nous donna de la vigueur, et la chaloupe vola sur les eaux ; trois minutes après nous voyons une grande flamme, nous éprouvons une secousse terrible par l'effet d'une lame sourde comme celle d'un ressac, le brûlot éclate, et nous voyons une grande colonne de fumée blanche et compacte... A l'anglais... abordons l'anglais, cria alors maître Lely, en gouvernant sur l chaloupe qui contenait l'équipage du brûlot, et qui l'avait fui en s'échappant en ligne droite de son avant, pendant que nous le fuyions en virant de bord, bâbord à lui, de façon que sa chaloupe était à angle droit avec la nôtre... Nous forçons de rames pour l'aborder, et, il faut le dire, elle, au lieu de fuir, se laissa culer, et nous présenta bravement le travers. Par un dernier effort, maître Lely loffa, et nous l'abordâmes en plein notre éperon dans son flanc gauche; alors je jetai ma rame pour suivre mon jeune monsieur Jean, qui avait franchi les bancs en brandissant sa hache, j'arrivai comme il sautait à bord de l'anglais; son premier coup de hache fut pour un grand habit rouge qui le reçut sur l'épaule et tomba du coup... J'étais alors à côté du seigneur si poli qui, avec un sang-froid extrême, amorçait un pistolet; à ce moment un Anglais qui me parut un bosseman, leva un énorme coutelas sur ce seigneur, en lui disant en mauvais français : — Ah! l'homme à plume orange, tu n'en reviendras pas; — mais le seigneur poli, sans être ému de cette bravade, para le coup d'un revers de son épée, et lui lâcha son pistolet en pleine poitrine en disant : — mon ami, ce sera vous, s'il vous plaît; — et l'homme au coutelas tomba à moitié sur moi, de façon que je fus renversé sur le plat bord de la chaloupe anglaise, où je reçus encore un coup de manche de hallebarde qui m'étourdit. Tout ce que je me rappelle depuis ce moment, c'est qu'il me sembla tomber, et que je sentis comme une grande fraîcheur, et puis après je fus comme étouffé, et puis plus rien... Quand je revins à moi, j'étais à l'hôpital du vaisseau; c'était le soir, et j'appris que mon jeune monsieur Jean, me voyant tomber à la mer, m'avait sauvé et rapporté à bord de la chaloupe... Vous savez le reste comme moi; ce pauvre maître Lely mourut des suites de ses blessures, et le soir même nous étions en retraite sans que les Anglais osassent nous suivre; nous mouillâmes le soir devant la passe de *Doorlog*[1]; mais j'oubliais de vous dire

---

[1] Le Doorlog ou Doorloy est un des quatre passages des grands vaisseaux entre la côte de Flandre et l'île de Walcheren.

quelque chose de bien étrange, mon digne hôte : en même temps que nous descendîmes dans la chaloupe pour aller attaquer le brûlot, voilà qu'un grand homme, vêtu de noir et très-pâle, s'approcha familièrement de l'amiral et lui dit : — Si je ne te revois pas, adieu, Michel. — Adieu, Guillaume, — lui répond l'amiral ; et mon homme noir descend dans la barque et s'assied aux pieds de maître Lely, un parchemin et un crayon à la main...

— Et que diable faisait-il là, Sauret, avec son parchemin ?

— Il faisait là des pourtraicts de navires, digne hôte, aussi tranquillement qu'un clerc écrit dans son office...

— Il pourtrayait des vaisseaux au milieu du feu de l'artillerie aussi calme que cela ?... sans crainte ni émoi ?... Oh, oh ! véridique Sauret, j'ai bien peur que le manche de mon couteau ne résiste pas à cette épreuve ; — et ce disant, l'hôtelier fouillait à sa poche...

— Tenez, — s'écria Sauret, — voici mon jeune monsieur Jean... avant de faire votre infernal tapage, demandez-lui si cela n'est pas vrai...

En effet, Jean Bart parut à la porte du berceau de houblon.

— Notre jeune monsieur, — lui dit précipitamment Sauret, — que faisait cet homme pâle et vêtu de noir à l'arrière de la chaloupe, aux pieds de maître Lely, pendant le combat du brûlot ?...

— Et, sainte-croix ! des portraits de navires et de combattants, le brave peintre qu'il était ; et sur Dieu ! dans un tel moment de danger, il y a plus de courage à tenir un crayon d'une main ferme, qu'à brandir un hassegaye... et j'ai vu le parchemin, par saint Omer ! tout jusqu'aux moindres agrès était si finement et si nettement dessiné, qu'on eût cru le portrait fait à terre et au coin de son foyer.

— Vous voyez, digne hôte ! — dit Sauret d'un air de triomphe...

— C'est en vérité bien surprenant, — reprit Hoën ; — et comment s'appelait cet intrépide portrayeur, monsieur Jean ?...

— Van den Velde, je crois ; je l'ai vu à bord des *Sept-Provinces*.

— Mais, min Dieu ! — dit Sauret d'un air d'inquiétude, —

et d'où venez-vous, notre jeune monsieur, révérence parler ?...
à vos cheveux mouillés on dirait que vous sortez de l'eau ?...

— Tu ne te trompes pas, je viens de sonder à ma façon le banc de Banjaert, qui est l'île et la passe qui le contourne.

— Min Dieu ! sonder en plongeant ?... j'en suis sûr, — dit Sauret... — au lieu de venir vous reposer honnêtement de vos fatigues auprès d'un pot de brandewyn ou de vin épicé !...

— Écoute, vieux Sauret, m'est avis, sainte croix ! que celui qui connaît le dessous de l'eau connaît le dessus, et j'ai remarqué entre ce banc et l'île de Walcheren une passe qui dérouterait fort un navire en chasse ; la mer était superbe, l'eau tiède, j'ai fait l'office de la sonde, et j'ai découvert un fond de sable ! Aussi je connais maintenant l'île de Walcheren comme si j'y étais né, et si je commande jamais un corsaire dans ces parages, sainte croix ! je connais bien des déduits... Mais allons, allons, partons, vieux Sauret, je voudrais être à bord.

— Mais, ce n'est pas tout, notre jeune monsieur... Voici du sang à votre chemise, et vous avez au-dessus de l'œil une marque terriblement bleuâtre...

— Bah ! ce n'est rien... c'est un de ceux de Tromp, avec qui nous avons parlé de M. l'amiral de Ruyter...

— Min Dieu ! notre jeune monsieur, si vous causez ainsi souvent de M. l'amiral, vous finirez par n'y plus voir clair...

— Tenez, monsieur Bart, si vous m'en croyez, — dit l'hôte, — vous irez vous laver l'œil dans le *pot aux horions ;* il est là, à l'entrée de l'auberge, sur un bahut, un pot de grès brun... avec un linge dedans.

— Qu'est-ce que ce pot aux horions, mon digne hôte ?...

— C'est un pot rempli d'un mélange d'eau de mer et d'eau-de-vie avec un petit morceau d'aimant femelle au fond... C'est merveilleux pour les gourmades... et comme on s'en donne en bon nombre dans mon auberge... le pot est toujours là tout prêt... pour chacun... comme cela se doit dans une hôtellerie aussi fréquentée et achalandée que la mienne...

— Il n'y a que ce diable de Hoën pour songer à tout, — dit le vieux Sauret avec admiration en suivant son jeune monsieur pour procéder lui-même aux ablutions qu'on devait puiser dans ce bienheureux pot aux horions.

CHAPITRE XII.

Message de Louis XIV à Ruyter. — Mort de la fille de Ruyter. — Cavoye. — Le pasteur Westhovius. — Lettre de Louis XIV à Ruyter. — L'amiral est reçu chevalier de l'ordre par M. d'Estrades. — Réflexion du marquis de Bellefonds à ce sujet. — Ambition de Jean Bart.

Lorsque Jean Bart et Sauret arrivèrent sur la cale de Duinburg, la chaloupe destinée à transporter les matelots à bord des *Sept-Provinces* était partie depuis quelque temps; mais une autre embarcation splendidement décorée se balançait amarrée à une des bornes du quai de ce port.

Jean Bart reconnut la chaloupe de l'amiral à sa peinture blanche, aux magnifiques tapis verts frangés d'argent qui recouvraient les bancs de poupe, et à l'enseigne qui flottait à l'arrière, dont la frise et le fronteau doré étaient délicatement sculptés.

Les mariniers formant l'équipage de cette embarcation étaient uniformément vêtus et immobiles sur leurs rames. Le maître seul, décoré d'un baudrier galonné d'argent, assis gravement à l'arrière, paraissait examiner avec un certain orgueil son porte-voix de cuivre étincelant, fait en forme de longue trompette, et auquel pendait l'enseigne des États-Généraux. Ce pavillon de soie brodée était tranché et taillade d'orange et de bleu, et coupé d'une croix d'argent, avec un écusson de gueules au lion d'or; en un mot tout pareil à celui qui flottait à l'arrière de la chaloupe.

Le tétier[1] était à terre, et placé en vedette sur le quai, afin de donner avis de la venue des personnages qu'on attendait.

Sauret l'aborda respectueusement, et lui dit : — Maître, est-ce qu'il y a long-temps que la chaloupe a pris le large?...

— Une heure, répondit le tétier.

— Est-ce que moi et mon camarade ne pourrions pas avoir

---

[1] Second maître de chaloupe placé à l'avant, et armé d'un croc ou gaffe pour éviter les abordages.

une petite place sous le banc d'avant, où nous nous blottirions comme deux anguilles de mer dans le creux d'un rocher, et...

Ici le vieux Sauret fut interrompu par le pas de plusieurs chevaux ; alors le têtier fit signe au maître, qui ordonna à ses canotiers d'approcher, et de manœuvrer de façon que la poupe de la chaloupe touchât presque les dernières dalles de l'embarcadère.

Les deux passagers qui arrivaient offraient un singulier contraste ; l'un, que nous connaissons déjà, M. le marquis de Cavoye, était superbement vêtu d'un *justaucorps à brevet*[1], autrement dit d'une casaque de moire bleue à passements dentelés, et brodée d'or et d'argent; des milliers de rubans tramés de même métal s'épanouissaient en nombreuses bouffettes et aiguillettes. Son point d'Espagne était magnifique, et la haute touffe de plumes bleues et blanches qui garnissait son chapeau à large galon d'or augmentait encore la grande et noble taille du volontaire, qui était suivi de deux pages à la livrée de M. le comte d'Estrades, ambassadeur du roi de France auprès des États-Généraux. L'un de ces pages portait une petite cassette de bois noir incrustée de cuivre.

Le marquis de Cavoye montait, à sa grande honte, un vilain cheval gris, véritable type du courtaud flamand, tête lourde et grosse, encolure épaisse et croupe ravalée...

Malgré la pesanteur et le peu de liant de son cheval, Cavoye recherchait ce malheureux, et tâchait à force de coups de houssine et d'éperons de lui faire exécuter quelques courbettes ; mais le rustique ne répondait que par quelques ruades de colère, et encore détachées du plus mauvais air du monde.

Enfin, se voyant au terme de sa course, Cavoye descendit de cheval, non sans asséner un dernier coup de houssine sur les oreilles de l'animal récalcitrant, qu'il remit à un des pages en disant : — Au diable le cheval que m'a prêté d'Estrades, on voit bien, pardieu ! que le rustaut n'a été ni vendu par *Ga-*

---

[1] Ces sortes de casaques bleues, faites à l'imitation de celles du roi, étaient portées par les courtisans en faveur qui étaient des petits voyages du roi, sans en demander chaque fois la permission. Il fallait une autorisation spéciale de Louis XIV pour porter cette sorte de vêtement.

(*Lettres de madame de Sévigné.*)

veau, ni dressé par *Drécar*[1]... Pourtant, il faut m'en contenter. Toi, page, tu vas rester ici avec ce bucéphale ; je serai de retour dans une heure pour revenir à Flessingue... ton camarade me suivra à bord de l'amiral ; puis, s'adressant à son compagnon de voyage, qui était monté sur une petite mule blanche. — Voulez-vous l'assistance d'un de mes gens pour vous aider à descendre de votre mule, monsieur le pasteur ?...

— Je vous remercie, — dit le pasteur, — je vois là une borne qui me suffira.

Et le pasteur Westhovius, chapelain de l'amiral, mit pied à terre.

Le pasteur Westhovius était un homme de cinquante ans environ, d'une figure grave et austère.

— Quand vous voudrez, monsieur le pasteur, nous nous embarquerons, — dit Cavoye.

— Je suis à vos ordres, monsieur, — dit Westhovius.

Au moment où Cavoye s'approchait de la chaloupe, Jean Bart, qui était resté à l'écart, s'approcha de lui.

— Pardieu ! s'écria Cavoye, voici notre jeune capitaine de caravelle... je ne l'avais pas vu depuis notre expédition du brûlot, où, sur mon âme ! il a prouvé qu'il était aussi brave soldat que bon pilote !...

— Quant à la braverie, vous en pouvez parler, car je vous ai vu détacher de si bons coups de hache sur les habits rouges, qu'on eût dit un charpentier jouant de la bisaiguë[2] en plein bois : oui, oui, quoique vous ayez des gants, et que vous flairiez comme baume... sainte croix !... vous frappez fort et dru : c'est comme moi, à cette heure, je viens de frapper fort et dru de façon que moi et mon compagnon nous avons manqué la chaloupe par ma faute, et par suite des riottes avec ceux de Tromp ; mais, sainte croix ! si on m'a baillé des pois, j'ai rendu des fèves... Ainsi, monsieur, faites-nous embarquer, et au plus vite ; nous nous cacherons là-bas... sous le dernier banc, et

---

[1] Gaveau, fameux marchand de chevaux. Drécar, écuyer renommé.

[2] Hache qui servait aux constructions navales ; elle était coupante par les deux bouts, dont l'un était à bec-d'âne et l'autre planché à biseau, ayant une poignée au milieu.

rien ne paraîtra... voyons, faites cela, car sinon il y va pour nous de quelques jours à passer en prison.

— Vertubleu! notre capitaine, de grand cœur! passez, passez, et je parlerai à M. l'amiral, pour vous excuser encore, — dit Cavoye.

Jean Bart et le vieux Sauret remercièrent et se nichèrent à l'avant.

Le pasteur et Cavoye se placèrent à l'arrière avec le page, le maître fit déborder la chaloupe, et mit le cap sur le vaisseau amiral, que l'on découvrit bientôt après avoir doublé la pointe de l'île de Walcheren.

Le pasteur paraissait soucieux, et cette physionomie triste et chagrine contrastait avec la figure riante et épanouie de Cavoye.

— Ma foi! monsieur le pasteur, — dit ce dernier, qui aimait assez peu le silence, — il faut convenir que c'est avec ravissement que je remplis la mission que j'ai sollicité de mon ami, M. le comte d'Estrades, et que je suis heureux de porter certaine lettre à votre brave amiral... car, voyez-vous, monsieur le pasteur, — ajouta Cavoye en montrant le page, — il y a dans la boîte que porte ce drôle certain papier enroulé d'un lacet de soie qui rendra cette journée bien douce et bien joyeuse à M. de Ruyter.

— Je le désire ainsi que vous, monsieur; mais, hélas! je crains au contraire que ce jour ne lui soit bien cruel, — dit tristement le pasteur; — car moi aussi je lui apporte un message.

— Merci de moi, monsieur le pasteur; est-il donc un message, tel fâcheux qu'il soit, qui puisse empêcher M. l'amiral d'être orgueilleux et fier de lire une lettre que lui écrit le roi de France?

— Non, monsieur, mais je crains que la nouvelle que je lui apporte n'empoisonne cette fierté et cet orgueil.

— Et quelle est cette nouvelle, monsieur le pasteur?

— Hélas! la mort de sa plus jeune fille, monsieur, de son enfant de prédilection, qu'il embrassait encore il y a trois jours à Flessingue, et qui vient d'y succomber victime de la contagion [1].

[1] Mademoiselle Anne de Ruyter, morte à Flessingue, à l'âge de onze ans, le 25 août 1666, pendant la peste.

— En vérité, pasteur, voici un grand malheur en compagnie d'un notable bonheur... et M. l'amiral s'attend-il à cette perte ?

— Je le crois, monsieur, car les derniers détails qu'on lui a donnés sur la maladie de sa fille doivent l'y avoir préparé. Mais cela est affreux, bien affreux ; car, peut-être par un secret pressentiment de ce qu'il la perdrait aussitôt, il aimait cette enfant parmi tous les autres, et je l'ai vu à terre passer des heures entières à la contempler, à l'admirer, et à la couvrir de caresses, et il est vrai de dire que jamais créature ne fut plus accomplie en esprit et en beauté que ce petit ange.

A ce moment, l'embarcation atteignit le pied de l'échelle du vaisseau ; le pasteur s'écria :

— Seigneur Dieu ! voici M. l'amiral à la coupée.

En effet, Ruyter, qui venait de passer la journée dans l'incertitude la plus cruelle, attendait le retour de Westhovius avec une affreuse anxiété ; aussi s'était-il jeté à la coupée, lorsque de sa dunette il eut reconnu le pasteur.

Mais il rentra bientôt dans sa chambre, comme s'il eût senti que sa dignité était compromise en s'exposant à la vue de son équipage dans un tel état d'angoisse ; il regagna donc le château d'arrière à pas précipités, avant que Westhovius fût arrivé au haut de l'échelle, et dit au factionnaire : — Que personne n'entre chez moi, excepté M. le pasteur.

Cet ordre fut signifié à Cavoye au moment où il se disposait à se présenter chez l'amiral. Le capitaine de vaisseau le pria d'entrer chez lui et d'attendre l'issue de l'entrevue de Ruyter avec le pasteur.

Lorsque Westhovius ouvrit la porte de la dunette, il trouva Ruyter affreusement pâle, défait, tremblant d'une manière presque convulsive, et s'appuyant sur un des canons de cette chambre. Le malheureux amiral ne pouvait prononcer une parole, et regardait le pasteur avec des yeux avides et hagards ; enfin il l'interrogea d'un geste muet et expressif.

— Monsieur l'amiral, il faut se résigner à la volonté du ciel.

— O mon Dieu ! je vous entends... — dit Ruyter ; puis il tomba assis sur une chaise, couvrit son visage de ses mains, et ne put retenir des sanglots déchirants.

—Lorsque l'amiral eut donné cours à ses larmes, il releva la tête, et dit avec l'accent d'une religieuse et profonde douleur :

— Je saurai me résigner, pasteur ; que la volonté de Dieu oit faite : il lui plaît de m'affliger dans tout ce qui m'était le plus cher au monde, mais j'espère aussi qu'il me donnera la force de supporter un pareil chagrin.

— Monsieur l'amiral, — dit le pasteur lorsqu'il vit la douleur de Ruyter, sinon calmée, au moins entrée assez avant dans son âme pour qu'elle ne parût plus au dehors ; — monsieur l'amiral, il y a là un envoyé de M. l'ambassadeur de France, et je suis moi-même chargé d'un message de messieurs de l'amirauté.

— Faites d'abord entrer cet envoyé, pasteur... et pourtant, dans un pareil jour, hélas !... j'aurais bien voulu demeurer seul à regretter et à prier ; mais le service des Provinces ne peut ni ne doit s'inquiéter de mes chagrins privés.

Et Ruyter reprit son calme et sa gravité habituelle pour recevoir Cavoye, qui entra bientôt.

— Monsieur l'amiral, M. le comte d'Estrades, ambassadeur du roi de France auprès des Provinces-Unies, m'a délégué vers vous pour vous faire part d'une lettre du roi son maître, et le mien, et qui est écrite à votre sujet ; je suis heureux, monsieur l'amiral, de vous l'apporter, car mieux que personne j'ai pu admirer toute votre intrépidité.

Et Cavoye, saluant l'amiral, lut la lettre de Louis XIV ainsi conçue et adressée à M. le comte d'Estrades :

« De par le roi, chef et souverain de l'ordre de Saint-Michel [1], à notre cher et bien-aimé le sieur comte d'Estrades, chevalier de nos ordres, et notre ambassadeur extraordinaire en Hollande, salut.

» L'affection que témoigne pour notre personne, et pour le bien de notre État, le sieur de Ruyter, lieutenant amiral, général de nos très-chers grands amis, alliés et confédérés, les sieurs États-généraux des Provinces-Unies des Pays-Bas, et la réputation que son expérience dans les armes et son grand courage lui ont acquis, ayant donné sujet aux chevaliers de notre

---

[1] L'ordre de Saint-Michel fut fondé par Louis XI, en 1469.

ordre de Saint-Michel, qui sont près de nous, de l'associer en leur compagnie, nous avons cru que, pour lui en donner le collier, nul ne pourrait s'acquitter de cette cérémonie-là plus dignement que vous ferez. C'est pourquoi nous vous avons commis, ordonné et député; commettons, ordonnons et députons par ces présentes signées de notre main, pour de notre part présenter audit sieur de Ruyter le collier dudit ordre, et prendre de lui le serment en la manière accoutumée, et plus a plein déclaré dans l'instruction que nous vous envoyons, et généralement faire en cela ce que nous ferions si nous étions présent en personne. De ce faire, nous vous donnons pouvoir, autorité, commission et mandement spécial par ces présentes; car tel est notre bon plaisir. Donné à Vincennes, le dixième d'août, l'an 1666.

» LOUIS.

» Par le roi, chef et souverain de l'ordre de Saint-Michel,

» DE LIONNE. »

Ayant terminé à haute voix la lecture de cette lettre, Cavoye la remit à l'amiral, et le pasteur y joignit une dépêche des États ainsi conçue :

» Les députés du collége d'amirauté de Flessingue font savoir au sieur Adriansz-Michel Ruyter, lieutenant amiral général de leur armée navale, qu'ils jugent à propos qu'il ait à se rendre à terre au reçu des présentes, pour y conférer avec eux au sujet des intérêts des Provinces-Unies.

» B. VAN VOSBERGEN. »

— Remerciez bien monseigneur le comte d'Estrades de ses bontés, — dit Ruyter à Cavoye, après avoir lu la lettre de l'ambassadeur de France; — j'irai demain à terre lui présenter mes respects.

— M. le comte d'Estrades sera bien fâché, monsieur l'amiral, de ne pouvoir vous y régaler, ainsi qu'il l'aurait fait à l'hôtel de l'ambassade de France à La Haye; mais il espère en votre indulgence, et cherchera de toute autre façon possible, monsieur l'amiral, à vous prouver avec quelle passion il aimera toujours à se déclarer votre serviteur.

Le lendemain, 29 août, l'amiral se rendit à Flessingue.

La jalousie et l'irritation qui divisaient les matelots des escadres de Ruyter et de Tromp, avaient forcé les députés des États de prendre quelques mesures pour obvier aux nouvelles rixes que pouvait provoquer une cérémonie dont Ruyter était le héros.

D'assez nombreux détachements de soldats de marine gardaient les avenues de la maison du prince d'Orange à Flessingue, car c'était là que l'ambassadeur de France devait recevoir l'amiral chevalier de Saint-Michel.

La maison du prince était un des plus beaux monuments de Flessingue. Toute la hauteur de son premier étage était revêtue de carreaux de porcelaine blancs à dessins bleus. Les enseignes des États en soie brodée pavoisaient les balcons de marbre, et la grande place était jonchée de feuillage et de joncs marins.

La salle des gardes où devait avoir lieu la cérémonie formait une vaste et longue galerie à poutres saillantes recouvertes de caissons d'azur et d'or, les hautes fenêtres en ogive à petit grillage laissaient entrer de larges rayons de soleil qui s'épanouissaient sur une magnifique tenture des Indes fond rouge brochée d'or et d'argent. Tout au fond de la galerie était un fauteuil élevé sur une marche, et destiné à l'ambassadeur de France; derrière ce fauteuil était la table du conseil, environnée de siéges.

La foule encombrait les avenues de la maison du prince et attendait avec impatience le commencement de la cérémonie, qui devait être publique.

Enfin, vers les onze heures, les timbaliers annoncèrent l'arrivée du cortége de l'ambassadeur, qui entra par la porte du fond de la galerie, tandis que Ruyter se présentait par la porte opposée, suivi des vice-amiraux et capitaines de vaisseau de son escadre.

L'amiral avait la figure bien pâle et bien triste; il paraissait contraint, souffrant, et parfois un brusque tressaillement ou une larme furtive, roulant dans ses yeux, prouvaient qu'il pensait plus à la mort de sa fille qu'à la glorieuse et grave cérémonie dont il était le héros envié.

Ruyter s'avança donc tête nue, ses longs cheveux blancs flottant sur le hausse-col de son armure d'acier bien brillante, mais toute simple et sans ornements ni ciselures; il avait à son brassard gauche une écharpe de soie aux couleurs des Provinces, et tenait de sa main droite son bâton de commandement; enfin, sa lourde épée de bataille à poignée de fer était suspendue par un ceinturon de buffle, sans broderies.

Derrière lui un page ou gourmette, vêtu de vert, portait son casque à visière baissée, sans plumes ni cimier.

Lorsque l'ambassadeur et l'amiral furent entrés, une ligne de hallebardiers forma la haie vers le milieu de la salle; et l'espace qui restait fut occupé par le peuple, à qui on ouvrit les portes.

Au premier rang des spectateurs étaient Jean Bart, Sauret et un assez grand nombre de marins des *Sept Provinces* qui avaient obtenu cette faveur spéciale.

La cérémonie commença.

Le comte d'Estrades, représentant le roi de France, était assis et couvert; il avait au col le grand collier d'or de l'ordre de Saint-Michel; derrière lui se tenaient debout, le marquis de Bellefonds, Cavoye et les secrétaires d'ambassade; puis derrière eux les gentilshommes, écuyers et officiers de la maison de l'ambassadeur, tous magnifiquement vêtus.

Aux pieds du comte d'Estrades était un riche coussin de velours cramoisi; ce fut sur ce coussin que M. de Cavoye, qui servait, pour ainsi dire, de parrain à Ruyter, le pria de s'agenouiller.

Le vieil amiral s'avança tête nue, mit un genou sur le coussin, et M. d'Estrades, après l'avoir salué, s'étant levé et découvert, dit :

— De par Sa Majesté, chef et souverain grand-maître de l'ordre de Saint-Michel, auquel il lui a plu de vous associer, monsieur de Ruyter, entendez la formule du serment des chevaliers, et jurez de vous y soumettre, ainsi qu'à la teneur des statuts qui vous ont été donnés pour en prendre connaissance[1].

---

[1] Voici le statut qui relevait de leur serment les chevaliers étrangers en cas de guerre :

« XIII. — ITEM. S'il y avoit en nostre présent Ordre, ores, ou pour le temps advenir, Chevaliers, frères et compaignons non subjects de Nous ou de noz successeurs Souverains dudict Ordre, et qu'il advînt que Nous, ou nos-

Puis, s'étant rassis et couvert, M. d'Estrades fit lire la formule suivante par un de ses gentilshommes.

» Je, Michel-Adriansz de Ruyter, lieutenant-général, amiral des Provinces-Unies, jure et promets de bien et fidèlement tenir et garder les statuts et constitutions de l'ordre de Saint-Michel auquel il a plu au roi, chef et souverain grand-maître, de m'associer, et d'en porter toujours le collier ou la croix avec un ruban noir tabisé en écharpe; que, s'il vient à ma connaissance quelque chose qui puisse altérer la grandeur ou la dignité de l'ordre, ou qui soit contraire au service de Sa Majesté le roi de France, donnerai avis, et m'y opposerai de tout mon pouvoir; que, s'il arrive (ce que Dieu ne veuille) que je sois trouvé avoir fait quelque chose digne de reproche, et pour raison de quoi je sois sommé et requis de rendre la croix de l'ordre, je la restituerai entre les mains de celui qui sera commis par Sa Majesté pour la retirer sans que pour cette raison je porte aucune mauvaise haine ni volonté contre le souverain et les chevaliers, pour sûreté de quoi j'engage ma foi et mon honneur par la présente que je signerai de ma main, et scellerai du cachet de mes armes. »

— Je le jure, — dit Ruyter d'une voix ferme.

Alors M. le comte d'Estrades, commissaire pour le roi, se leva, et tirant son épée :

De la part de Sa Majesté, chef et souverain grand-maître de l'ordre, il frappa légèrement un coup sur l'épaule de Ruyter, en disant : « De par saint Paul et saint Georges, je vous fais chevalier de Saint-Michel. »

Ensuite, remettant son épée dans le fourreau, M. d'Estrades s'assit; puis, prenant sur un coussin porté par un écuyer le collier de l'ordre [1], le passa au col de Ruyter, et lui remit une lettre du roi en prononçant ces paroles :

---

dicts successeurs Souverains dudict Ordre, eussions à mouvoir et mener guerres au Seigneur naturel d'aucuns desdicts Chevaliers et frères de l'Ordre estrangiers, ou à ses pays dont ils seront natifs; Nous, pour Nous et nosdicts successeurs, Chefs dudict Ordre, déclarons que audict cas iceux Chevaliers non subjects dudict Chef et Souverain, pourront deffendre leurdict naturel Seigneur et lesdicts pays, sans encourir blasme ne chargé de leur honneur, ne mesprendre envers le Chef Souverain. » (*Statuts de l'ordre de Saint-Michel.*)

[1] ITEM. Pour donner congnoissance dudict Ordre et des Chevaliers qui en

« L'ordre vous reçoit en son amiable compagnie, et en signe de ce vous donne ce collier; Dieu veuille que vous le puissiez long-temps porter à sa gloire, au service du roi souverain dudit ordre, et à votre honneur ! »

A cela, Ruyter répondit avec noblesse et candeur : « Dieu m'en fasse la grâce ! » Après quoi, M. d'Estrades l'embrassa en signe de cordiale fraternité.

Cette grave et imposante cérémonie terminée, M. d'Estrades, suivi du marquis de Bellefonds, prit le nouveau chevalier par le bras, l'emmena vers la table du conseil, le fit asseoir à sa droite, et lui dit :

— Maintenant, monsieur l'amiral, il me reste à accomplir un second ordre du roi mon maître... Il a bien voulu que je sois assez heureux pour vous remettre, avec le collier de Saint-Michel, cette autre marque insigne de son estime et de sa considération pour vous.

Un écuyer s'approcha, portant sur un coussin un magnifique écrin recouvert de moire bleue, au centre duquel, par une attention délicate, on avait brodé les emblèmes et les insignes de l'ordre de Saint-Michel entourant les armes de Ruyter. M. d'Estrades ouvrit ce coffret et en tira un magnifique portrait de Louis XIV, entouré de trois rangs de diamants [1], puis une grosse chaîne d'or merveilleusement travaillée, à laquelle pendait une médaille où était le buste du roi, et au revers un soleil levant, avec sa devise : *Nec pluribus impar.*

— Monsieur l'amiral, — dit le comte d'Estrades, — le roi mon maître m'a aussi remis cette lettre pour vous, mais en me

---

seront, nous donnerons pour une fois, à chacun desdicts Chevaliers, un collier d'or, fait à coquilles lacées l'une avec l'autre, d'un double las, assises sur chaînetes ou mailles d'or, au milieu duquel, sur un roc, il y aura une imaige de Monsieur sainct Michel, qui reviendra pendant sur la poictrine. Lequel collier, Nous et nosdicts Successeurs souverains et chacun desdicts Chevaliers de l'Ordre, seront tenuz de porter chacun jour autour du col, à descouvert, sur peine de faire dire une messe, et de donner pour Dieu, le tout jusqu'à la somme de vii solz, vi deniers tournoiz..... (*Statuts de l'ordre de Saint-Michel.*)

[1] Il y avait douze gros diamants au rang du milieu, et sur la tête du roi, au-dessus du cadre, une couronne des mêmes pierreries, trois desquelles étaient aussi fort grosses, de sorte que toutes ensemble ne valaient pas moins de 10,000 écus. (*Vie de Ruyter.*)

donnant l'ordre d'en faire lire à haute voix le contenu, afin que chacun sache et connaisse ce que votre modestie voudrait peut-être celer.

Et ce qui suit fut lu à haute voix.

« Aujourd'hui, vingt-deuxième jour d'août 1666, le ROI étant à Vincennes, bien informé des importants et recommandables services que rend depuis plusieurs années le sieur Ruyter aux sieurs états-généraux des Provinces-Unies des Pays-Bas, qui lui ont fait mériter la charge de leur amiral, et voulant lui départir des effets de son estime qui correspondent à l'estime que Sa Majesté fait de sa personne, et aux preuves qu'il a si souvent données de sa valeur et de sa grande expérience au fait de la guerre et du commandement des armées navales; Sa Majesté lui a fait, et lui fait don par le présent brevet de son portrait enrichi de diamants, et d'une chaîne d'or, et, désirant par ce témoignage faire connaître au public la considération qu'elle fait du courage et des talents extraordinaires qu'elle a reconnus en la personne du sieur de Ruyter, elle a crû qu'en cette rencontre elle ne pouvait le faire plus avantageusement qu'en prenant soin que cette marque d'honneur soit conservée dans sa famille. Pour cet effet, Sa Majesté a ajouté cette condition, et a déclaré et entendu, entend et déclare bien expressément, qu'après la mort dudit sieur de Ruyter, sondit portrait enrichi de diamants, ensemble ladite chaîne d'or passent et appartiennent au sieur Angel de Ruyter, son fils aîné, sans que les autres enfants et héritiers y puissent prétendre aucune part; en quoi Sa Majesté s'est portée d'autant plus volontiers qu'elle a déjà conçu une fort bonne opinion du mérite personnel dudit sieur Angel de Ruyter, qui lui donne lieu d'espérer qu'il héritera de toutes les grandes qualités d'un si illustre père, et c'est par cette considération que Sa Majesté a voulu lui donner en son particulier des preuves de sa volonté, et pour témoignage d'icelle elle m'a commandé d'en expédier le présent brevet, qu'elle a voulu signer de sa main, et être contresigné par moi son conseiller et secrétaire d'état, et de ses commandements et finances.

» LOUIS. »

A peine la lecture de cette pièce si flatteuse pour Ruyter avait-elle été terminée que les murmures les plus flatteurs s'élevèrent, et que le vieil amiral, serrant les mains de M. d'Estrades avec cordialité, s'écria : — Hormis ce que je dois aux Provinces, répondez bien au roi de France que je serai toujours à lui comme le plus fidèle et le plus dévoué de ses serviteurs.

Puis la foule s'écoula, et les cortéges de l'amiral et de M. d'Estrades s'en allèrent dans le même ordre qu'ils étaient venus.

— Ma foi, mon cher d'Estrades, — dit le marquis de Bellefonds en accompagnant l'ambassadeur dans son carrosse, — j'ai eu peine à contenir mon envie de rire en voyant ce rustre hollandais se laisser gravement passer au col ce collier d'or, et regarder les pierreries du portrait en marchand exercé.

— Je pense comme vous, mon cher Bellefonds, que rien n'est plus fâcheux que de voir de telles grâces tomber de si haut lieu sur de pareils croquants ; mais ici les criailleries devenaient si fortes contre nous, surtout après ce dernier combat, à cause de la non-intervention de la flotte de Sa Majesté, que notre maître a cru prudent et politique de faire ce régal et cet honneur à ce républicain ; le tout peut aller à quatre ou cinq mille écus. Et qu'est-ce que cela en comparaison de ce que nous tirons de ce pays-ci, et de la perte que la flotte de Sa Majesté eût éprouvée en se trouvant à la bataille?

— Je crois aussi que cela sera d'un excellent effet, mais c'est grand dommage que ce de Witt ne se soit pas laissé prendre à ce gluau de chevalerie.

— Oh! le de Witt est plus rude et plus sauvage que jamais ; nous sommes en grande froideur... mais que voulez-vous, Bellefonds? il faut patienter et attendre...

— Et mort Dieu ! d'Estrades, alors ce ne seront pas des colliers d'or que l'on mettra au col de ces insolents trafiquants, et il faudra bien des portraits garnis de pierreries pour payer la rançon de leurs maudits marécages.

— Que le ciel vous entende ! mon cher Bellefonds, — dit d'Estrades. Et les deux amis regagnèrent leur logis.

Mais revenons à Bart et à Sauret, qui, comme Ruyter, avaient pris cette scène très au sérieux.

On ne saurait dire l'impression que cette scène fit éprouver à Jean Bart. Jusqu'aux derniers moments de sa vie, il n'en parla qu'avec une extrême exaltation de souvenir, disant que l'ambition et la ferme volonté d'être un jour le héros d'une pareille cérémonie commença dès ce jour à poindre et à s'établir *toute en son âme*, selon son énergique et naïve expression.

Une fois hors de la grande salle, Sauret fut surpris de l'éclat extraordinaire qui brillait dans les yeux de son jeune monsieur, qui s'écria :

— Sainte-croix ! vieux Sauret, quel jour pour M. l'amiral de Ruyter !.... As-tu vu ce collier d'or que le roi de France lui donne... et comme il a tinté sur son armure d'acier... et la chaîne... et le portrait !... et les compliments de la lettre que ce seigneur a lue !... Sainte-croix ! si le courage est grand, la récompense est belle aussi !... et dire que M. l'amiral a d'abord tourné la roue à la corderie de cette même ville-ci... où le roi de France lui écrit de sa main, et le fait chevalier en si grand et si noble appareil !

— Min Dieu !... min Dieu ! notre jeune monsieur, il y a encore des colliers d'or chez les orfévres du roi, et de l'encre dans son écritoire pour écrire aux braves marins... Allez, allez, le fils de maître Cornille Bart et le petit-fils de maître Antoine Bart peut bien espérer...

— Aussi bien j'espère, vieux Sauret... sainte-croix !... oui, c'est comme malgré moi, mais j'espère; et puis tiens, vois-tu, je crois que c'est d'entendre les récits de bataille du *Renard de la mer* et de mon père qui m'ont fait matelot... comme je crois que la vue de toutes ces grâces accordées à ce vaillant amiral me donne l'ambition d'en obtenir autant, et me fera peut-être aussi un jour amiral.

— Eh ! eh ! notre jeune monsieur... dà... l'amiral Jean Bart... eh ! l'amiral Jean Bart... Cela résonnerait bien galamment aux oreilles du vieux Sauret, s'il avait le bonheur d'entendre de pareils mots; mais, min Dieu ! il y a une chose, la discipline militaire ne vous sied guère au moins, et bien fort, et bien adroit sera celui qui vous bridera. Voyez-vous, notre jeune monsieur, vous n'êtes pas de ces poissons qui aiment à naviguer de conserve et en assemblée comme les harengs du Ponant et les thons du Levant... vous, vous êtes comme l'épée de mer ou le torsi, qui naviguent isolés et à l'aventure, se fiant à eux seuls pour attaquer ou défendre leur proie. Est-ce vrai, notre jeune monsieur?

— Et, sainte-croix! c'est cela, vieux Sauret, l'abordage, l'abordage! à chacun son ennemi, à chacun sa hache; et huzza pour le vainqueur, c'est la vraie guerre... Mais, tiens, vieux Sauret, ces combats où l'on marche à la queue les uns des autres comme des canards sauvages dans un étang, ces manœuvres où il faut virer si votre matelot d'avant vire, ni plus ni moins que des capucins à la procession... non, non, vieux Sauret, ça ne me va pas; et je crois, vois-tu, que j'aimerais mieux commander la caravelle du vieux Valbué qu'un de ces vaisseaux de haut bord, s'il fallait être soumis aux ordres d'un amiral, et puis avoir mon matelot de gauche, mon matelot de droite, mon matelot d'avant, mon matelot d'arrière... non, non, poupe et proue, bâbord et stribord; je veux ça libre et bien à moi... Le marin n'est marin que seul et en haute mer, n'attendant d'ordres que de lui, et n'espérant qu'en Dieu.

— Ah! je vous le disais bien; mais avec ces façons d'imaginations solitaires, on ne vous dira pas souvent : *Monsieur l'amiral.*

— Et qui sait cela, vieux Sauret?... peut-être un jour on dira l'amiral Jean Bart... ou bien, va, ce qui est plus sûr, je serai combourgeois d'un navire, ou capitaine de corsaire comme mon père et mon grand-père; et quand j'arriverai de course, nous viderons un pot de vin épicé au coin de la vieille cheminée de notre maison de la rue de l'Église, à Dunkerque; et puis plus tard je me marierai, et tu auras un plus jeune monsieur que moi à qui tu conteras tes histoires véridiques et océaniques, et à qui tu feras des galères en petit.

— Mais, notre jeune monsieur, on peut bien à la fois être amiral, boire du vin épicé dans la rue de l'Église, et avoir des enfants... et, révérence parler, notre jeune monsieur, on en a beaucoup dans votre famille, et vous ferez comme votre famille; seulement je dirai à mes futurs jeunes messieurs, en parlant de vous : M. l'amiral, au lieu que je vous disais maître Cornille.

— Sainte-croix! encore une fois, vieux Sauret, cette cérémonie m'a tout remué, je l'ai toute en l'âme, et, merci Dieu!

il faudra crever ou arriver à dire le capitaine… peut-être l'amiral Jean…

Malheureusement l'exaltation du futur capitaine Jean fut calmée par les paroles suivantes dites avec toute la gravité qui caractérise le sergent armé de sa pertuisane et commandant une escouade.

— Vous êtes des matelots des *Sept-Provinces?*

— Oui ; après ?

— Après… suivez-moi à bord à l'instant ; c'est l'ordre de l'amiral qui craint les querelles avec ceux de Tromp…

— Au diable Tromp, sainte-croix ! je…

— Allons, allons, notre jeune monsieur le capitaine Jean… Voulez-vous donc faire mettre au cadenas l'amiral Jean ? — dit le vieux Sauret…

— Tu as raison… Merci Dieu ! je ne suis pas fait pour la corvée militaire. Oh ! ma pauvre caravelle !… Allons, marchez, sergent, je vous suis.

— C'est-à-dire, vous suivrez, et on vous suivra, — dit le prudent hallebardier en enclavant Jean Bart et Sauret dans le centre de son escouade, et regagnant le quai où attendaient les embarcations qui conduisirent les deux amis à bord des *Sept-Provinces,* où il y eut grand gala en l'honneur de Ruyter.

CHAPITRE XIII.

Correspondance de d'Estrades. — Louis XIV et de Lionne. — Le brûlot. — Rentrée de la flotte française à la vue de l'armée anglaise. — Déclaration de Louis XIV sur les droits de la reine. — Son entrée en Flandre. — Ruyter incendie le port de Chatam. — Conquêtes de Louis XIV en Flandre. — Paix d'Aix-la-Chapelle.

On vient de voir que pour la seconde fois les flottes anglaise et hollandaise s'étaient livré un rude combat, sans que les vaisseaux français, toujours retenus *par les vents contraires,* y eussent pris part. — Malgré le collier de Saint-Michel si politiquement octroyé à Ruyter, les instances de MM. de Witt et Van Beuningen au sujet de la jonction de la flotte de Louis XIV, étaient toujours aussi vives, et devenaient quelque peu amères, car la marine hollandaise avait fait de grandes pertes dans ce dernier combat. — Ils se plaignaient à M. d'Estrades de n'avoir reçu aucun secours de son maître, lorsque les États, sous le poids d'une guerre aussi ruineuse, trouvaient encore le moyen de lui fournir des vaisseaux et des matériaux de construction. M. d'Estrades, se renfermant dans sa dignité, opposait à ces récriminations la sainteté de la royale parole de son maître, promettait toujours, et recevait la lettre suivante de de Lionne, extrêmement comique, en cela qu'elle avoue nettement que ces annonces pompeuses tant de fois réitérées du secours d'une flotte imposante aboutissent à la promesse certaine... *d'un brûlot;* tel fut en effet le seul renfort que reçurent les flottes des sieurs États-Généraux de leur allié Louis XIV.

Voici la lettre... On y reconnaîtra sans peine le sarcasme hautain de de Lionne, et son habitude de nier les faits les plus positifs.

« Août 1666.

» Depuis la lettre du Roi écrite, et sur le point de départ de
» ce courrier, j'ai reçu votre dépêche du 5 de ce mois. Je crois
» qu'il vaut mieux compatir avec ses amis dans leurs afflictions
» et les consoler, que de s'amuser à leur faire des reproches,
» quelque justes qu'ils puissent être ; sans cela, j'aurais cent
» choses à vous dire sur les désobligeantes et déraisonnables
» plaintes que vous a faites M. de Witt. Quoi ! Messieurs des
» États, qui se défendaient si mal contre un seul prince de
» l'empire, et que la seule protection du roi a sauvés d'une
» ruine presque certaine qu'ils ne pouvaient éviter si la Suède
» et d'autres princes de l'empire se fussent joints à l'évêque de
» Munster ; les États, dis-je, pour lesquels Sa Majesté, contre
» tous ses intérêts, a déclaré la guerre au roi, son proche pa-
» rent, se plaindront qu'ils sont abandonnés et comme assassi-
» nés par la France, quand on leur refuse deux bagatelles qu'il
» a passé par la tête de M. de Witt de demander au roi[1] ! et il

[1] Voici le passage de la lettre de d'Estrades à ce sujet :

« 5 août 1666.

» La lettre que M. Van Beuningen a écrit cet ordinaire au sieur de Witt,

» vous dira là-dessus qu'il est obligé d'avertir ses maîtres, afin
» qu'ils prennent leurs mesures avant que d'être accablés! Tout
» cela est si injuste et si malhonnête, que, si cela était arrivé
» en une autre conjoncture que celle de la perte d'un combat, où
» il faut consoler nos amis et nous réunir plus fortement que
» jamais, je vous aurais fait là-dessus une lettre de six pages
» pleine d'un très-vif ressentiment de Sa Majesté; mais elle ne
» désire pas que vous en disiez un seul mot au sieur de Witt...

» Ledit sieur Van Beuningen demande qu'on lui permette de
» faire une levée de matelots dans nos ports du Ponant. On lui
» répond qu'on lui pourrait accorder facilement sa demande,
» mais *que Sa Majesté ne veut pas vendre de la fumée*,
» ni que les États se puissent plaindre qu'elle les a voulu trom-
» per, et que la sincérité l'oblige de l'avertir qu'il ne trouverait
» pas un seul matelot dans tous ses ports. Ledit Van Beuningen
» demande encore qu'on équipe promptement douze brûlots;
» et connaissant que cela n'est pas praticable pour s'en pouvoir
» servir à temps dans le combat, il se réduit à en demander
» deux qui sont dans la fosse de Mardik; on lui répond qu'il
» n'y en a qu'un, comme il est vrai, ce qu'il peut bien croire,
» *car Sa Majesté, qui voudrait avoir payé beaucoup*
» *pour que tous ses vaisseaux de guerre et tous ses brûlots*
» *pussent arriver à temps dans la Manche pour se*
» *trouver à la bataille*, ne refuserait pas un brûlot aux
» États, mais que Sa Majesté *craignait de donner à rire*
» *au monde*, et que tant les Hollandais que les Anglais, voyant
» arriver ce brûlot, ne disent par moquerie, et *avec quelque*

» lui a donné beaucoup de chagrin. Elle porte que, puisque la flotte de Votre
» Majesté ne paraissait pas, elle a parlé à Votre Majesté pour lui demander
» douze brûlots et un nombre de matelots de ses places maritimes, pour les
» mettre sur la flotte au lieu de soldats dont ils n'ont que faire; ce que Votre
» Majesté lui a refusé. Qu'elle lui a ensuite refusé les deux brûlots qui sont
» tout prêts à Dunkerque et fort proches de leur flotte, qui est en présence
» de celle d'Angleterre, et qu'il n'a pu les obtenir. Que le lendemain, il a écrit
» à M. de Lionne dans les termes les plus pressants qu'il put, pour le prier
» de favoriser sa demande des deux brûlots auprès du Roi, dont il n'a pas eu
» de réponse; que, voyant ce refus, il ne peut être que dans de grandes in-
» quiétudes de voir ses maîtres exposés à soutenir seuls par les armes ce
» grand effort de leurs ennemis; qu'il doit juger de là si on doit s'attendre à
» la jonction de la flotte de Votre Majesté, puisqu'on refuse deux brûlots inu-
» tiles à six lieues d'où le combat doit se faire. »

» *raison : Voilà la flotte du roi de France qui vient*
» *secourir ses alliés dans le péril.* C'est la première ré-
» ponse que je donnai à M. Van Beuningen qui était, selon mon
» petit jugement, fort sensée pour ne pas nous laisser tomber
» dans le ridicule ; néanmoins le même soir étant arrivé chez
» lui, il en écrivit un billet aussi pressant pour ce brûlot que
» s'il eût été question de toute notre flotte ; et l'ayant montré
» au roi, Sa Majesté m'ordonna aussitôt de lui expédier les
» ordres qu'il désirait, malgré mes respectueuses remontrances,
» et au péril de toutes les moqueries que pourraient faire amis
» et ennemis ; et ledit sieur Van Beuningen prit soin d'envoyer
» à Calais cet ordre si important par un courrier exprès ; et
» M. Nacquart m'a écrit de delà qu'il allait envoyer le brûlot
» à M. de Ruyter. »

Telle fut la fin de l'intervention de Louis XIV dans cette guerre ; sa flotte arriva vers la fin de septembre et entra sans obstacle dans la rade de Brest en passant à la vue de l'armée anglaise mouillée à l'île de Wight, qui, d'après une convention tacite entre Charles II et Louis XIV, ne fit pas le moindre mouvement pour attaquer cette faible escadre qu'elle devait écraser du premier choc [1].

Le 15 octobre, Louis XIV donna ordre de désarmer ses vaisseaux, n'en voulant conserver que douze pendant l'hiver, dont six grands et six moindres pour croiser dans la Manche.

Cette année 1666 finit par une nouvelle et singulière assurance, de la part de Louis XIV aux États, de ne pas songer à s'accommoder séparément avec l'Angleterre ; pourtant on sait qu'il y travaillait activement par l'entremise de la reine mère, de Madame et de lord Saint-Alban, car ce projet d'étroite union si souvent repris se négociait incessamment ; mais cette fois, poussé à bout par l'incrédulité de Van Beuningen et de de Witt, il va jusqu'à ordonner à son ambassadeur de gager *sa vie*

---

[1] Lionne à d'Estrades, 27 septembre.

« . . . . Depuis la lettre du Roi écrite, Sa Majesté vient de recevoir deux
» courriers, l'un du Havre, l'autre de Brest, qui lui ont apporté l'avis que
» sa flotte était arrivée hier sur le soir à la rade de Brest, ayant passé de-
» vant l'île de Wight sans que les Anglais se soient mis en devoir de la
» combattre. »

qu'il n'en est rien. Ce passage est fort curieux et clôt à merveille cette année si fertile en rouerics diplomatiques, nécessaires il est vrai, et commandées par cette impérieuse loi de sa conservation, qui est aux états ce que l'égoïsme est aux individus.

Le Roi au comte d'Estrades, 24 décembre :

« Si j'avais été capable de faire un accommodement séparé
» avec le roi d'Angleterre, à l'exclusion de mes fidèles amis et
» très-chers alliés, je me serais bien gardé d'écrire aux sieurs
» États-Généraux aux termes que j'ai fait dans ma dernière
» lettre pour leur donner ma parole royale et toute assurance
» qu'ils n'auraient jamais rien à craindre de ce côté-là ; *il est*
» *pourtant nécessaire que les États se mettent une fois*
» *pour toutes au-dessus de ces bruits, et pour cela je*
» *ne sais plus que leur dire après leur avoir une fois*
» *donné et si souvent confirmé* MA PAROLE ROYALE; *mais*
» *si en y engageant votre honneur et votre propre vie,*
» *et offrant pour cela de vous dépouiller de tout carac-*
» *tère d'ambassadeur et de mon ministre en cas qu'ils*
» *voient jamais que je rentre en paix et bonne intelli-*
» *gence et bonne amitié avec le roi d'Angleterre, que*
» *conjointement avec les Provinces-Unies*, si ces expres-
» sions et ces choses pouvaient ajouter auprès de ces peuples
» quelque poids à ma dite parole, vous le pouvez faire en toute
» assurance. »

Ainsi donc, au commencement de cette année 1666, Louis XIV avait à remplir deux engagements solennels jurés à ses alliés sur la foi des traités :

1° D'assister les États-Généraux contre l'Angleterre ;

2° De ne rien entreprendre contre la Flandre espagnole, d'après la renonciation insérée dans le traité des Pyrénées.

Quant au premier, des preuves irrécusables, auxquelles nous en ajouterons une dernière, attestent clairement que Louis XIV ne voulut jamais assister les États-Généraux.

Cette dernière preuve est fort curieuse, et est extraite de l'instruction du marquis de Ruvigny, s'en allant ambassadeur en Angleterre, après la paix de Breda.

« Le sieur de Ruvigny doit surtout travailler à opérer une

très-étroite liaison entre le roi de la Grande-Bretagne et Sa Majesté, et faire valoir combien, pendant la guerre de 1666 et pendant la paix, la conduite de Sa Majesté a été tendre et obligeante pour son frère d'Angleterre. Le sieur de Ruvigny n'aura qu'à se souvenir de ce qu'il a entendu dire au sieur Van Beuningen, et de quels reproches il charge tout le procédé de Sa Majesté, quand il dit en peu de mots bien substantiels qu'étant obligée par un traité solennel à rompre contre l'Angleterre quatre mois après qu'elle aurait inutilement employé ses offices pour un accommodement, Sa Majesté leur aurait laissé porter tout le fardeau une année entière, sans même payer les subsides qu'elle devait pendant lesdits quatre mois, et à plus forte raison pendant toute ladite année; que, quand elle a été enfin forcée par son honneur à faire une déclaration de guerre, ça n'a été qu'un parchemin, ayant envoyé sa flotte aux noces de la reine de Portugal, sans jamais avoir voulu faire joindre ses vaisseaux à ceux des Hollandais, ce qui leur a fait perdre des batailles, et qu'enfin le roi a cessé de faire cette guerre six mois avant que la paix eût été signée.

» Toutes ces plaintes auraient facilement leur réponse; mais ledit sieur de Ruvigny, pour ne laisser pas de prendre grand avantage d'icelles qui sont si apparemment plausibles, pour faire connaître à S. M. Charles II et à ses ministres qu'on ne croit pas, comme il a été avancé ci-dessus, que lui-même eût pu désirer d'autres effets de l'amitié du roi que ceux que Sa Majesté lui a donnés de toute manière dans la durée de la dernière guerre. »

Le dernier article du traité proposé à Charles II par Louis XIV, cette même année, n'est ni moins net, ni moins explicite, et dévoile clairement l'inconcevable envie qu'excitaient les richesses et le commerce des Provinces-Unies.

« Enfin si les États-Généraux donnent au roi l'occasion de rompre avec eux sur l'infraction qu'ils feraient du traité de 1662, les deux rois prendront alors des mesures ensemble pour leur ôter, autant qu'il se pourra, les avantages du commerce du monde dont ils ont presque seuls tout le profit, et de se partager ces États en la meilleure et la plus équitable manière qu'il se pourra entre les susdits. »

Il demeure donc bien prouvé que Louis XIV ne voulut pas remplir les engagements du traité de 1662. Quant à sa renonciation aux droits de la reine, jurée lors du traité des Pyrénées, le cours de l'année 1667 prouvera s'il jugea convenable d'oublier ce serment.

—1667—

Au commencement de cette année, les alarmes de M. de Witt devinrent plus vives. M. d'Estrades écrivait au roi, le 14 février :

« M. de Witt me témoigna beaucoup d'inquiétude des jalou-
» sies qu'il remarquait dans ces peuples, des bruits qui cou-
» rent que le roi a intention d'attaquer la Flandre ; il ne voit
» nul moyen de rassurer leurs esprits, ni de leur faire com-
» prendre qu'il y ait sûreté pour eux ayant un roi si puissant
» pour leur voisin, et qui même, par les droits de la reine, en
» cas de mort du roi d'Espagne, pourrait avoir des prétentions
» sur les Provinces-Unies. — Je répondis, ajoute M. d'Estrades,
» — que j'étais fort surpris des ombrages qu'il me marquait
» que les Provinces-Unies et les peuples avaient du roi, après
» tant de marques qu'ils avaient de son amitié et de sa pro-
« tection ; que je ne pouvais approuver l'inquiétude des peu-
» ples, lorsque Sa Majesté, par toutes ses actions, leur donne
» tant de sujets de confiance. »

A l'aide de son admirable sagacité, de Lionne avait dès longtemps pressenti la dangereuse position de de Witt, que chaque jour rendait plus effrayante encore.

On l'a dit, profondément imbu de cette conviction, que le rétablissement du pouvoir de la maison d'Orange était la ruine des plus chers intérêts de la République, de Witt devait et voulait s'opposer de toutes ses forces à ce rétablissement, et, pour cela, avait dû préférer de beaucoup l'alliance du roi de France, qu'il croyait désintéressé dans cette question, à l'alliance du roi d'Angleterre, qui tenait de si près à la maison d'Orange, et regrettait toujours l'influence indirecte, mais positive et profitable, qu'il aurait pu peut-être exercer sur un stathouder, son propre neveu.

Or, de Witt, partant de ce principe, — *qu'un traité et une promesse sont inviolables et sacrés*, — aurait calculé juste, si le principe contraire : — *qu'on ne doit (quand on le peut) exécuter la lettre d'un traité que lorsqu'il nous est avantageux*, — n'eût déjoué toutes les prévisions de ce grand homme si pur et si intègre.

Ainsi, du moment où Louis XIV, malgré la foi jurée et garantie par le pape, invoquant les droits qu'il disait tenir de la reine, laissa deviner ses intentions sur la Flandre, et conséquemment sur les Provinces-Unies, qui n'avaient été démembrées des possessions espagnoles que par rébellion, de Witt se trouva au contraire et malgré lui étroitement uni d'alliance avec son ennemi le plus mortel, et se vit obligé de concourir à augmenter des forces et des approvisionnements qui devaient un jour être employés contre la Hollande ; et cela, parce que de Witt tenait, lui, à exécuter la lettre des traités, qu'il n'aurait pu violer d'ailleurs que sur des soupçons qui valaient, je le sais, presque la certitude, mais qui, grâce à l'habileté de de Lionne, étaient dénués de preuves matérielles.

Dans cette occurrence, voyant le manque de foi de Louis XIV, son déni de secours ; sachant ses menées secrètes auprès du roi d'Angleterre, et les offres tentantes qu'il faisait à ce roi si besoigneux, il essaya, vers le commencement de cette année 1667, de se rapprocher de Charles II, dont les prétentions sur la république étaient devenues à rien, en comparaison de celles qu'il supposait, avec raison, à Louis XIV. De nouvelles démarches pour la paix avec l'Angleterre sont hasardées, et de Witt obtient de Charles II qu'il enverra ses ambassadeurs traiter la paix à La Haye.

Louis XIV apprend cette détermination, et s'en plaint fort. Voici un passage d'une lettre de de Lionne à d'Estrades, à ce sujet :

« 25 Février.

» Le roi penche fort à croire que c'est l'Isola, maître fourbe,
» qui aura suggéré à l'Angleterre d'aller traiter à La Haye ; nous
» croyons aussi, malgré ce qu'en a dit le sieur de Witt, qu'il
» savait la chose ; l'ouverture des Anglais était d'ailleurs si
» plausible et si avantageuse pour les États, que le refus que

» nous en aurions fait eût scandalisé la plus grande partie de la
» chrétienté ; pour cela il a fallu songer à une espèce de pa-
» role qui ferme la bouche aux Anglais à ne savoir que dire,
» puisqu'on veut bien leur épargner la peine de passer la mer,
» et aller chez eux-mêmes, qui est ce qu'ils ont si long-temps
» et si constamment demandé.

» *Vous n'aurez de dela qu'à satisfaire quelques*
» *criards et malintentionnés qui déclameront qu'on*
» *ne doit pas se priver d'un aussi grand honneur et*
» *avantage qu'est celui d'obliger trois rois à venir*
» *traiter la paix à La Haye.*

» Les fêtes de Versailles ont fait que je n'ai pu trouver le
» temps de lire au roi que depuis une demi-heure votre Mé-
» moire. »

Or, les *criards* et *malintentionnés* furent *satisfaits* au moyen d'une lettre de change de 10,000 rixdalers envoyée par Colbert ; car, malgré les remontrances de de Witt, il fut voté dans l'assemblée des États qu'au lieu de La Haye, Douvres serait désigné comme lieu plus convenable pour traiter de la paix.

Les bruits d'une invasion en Flandre devenant plus inquiétants, d'Estrades écrit à de Lionne, le 17 mars :

« 17 Mars 1667.

» Je vous fais cette seconde lettre pour vous dire que j'ai su,
» par plusieurs députés de Harlem et de Delft *qui sont à*
» *nous*, qu'on est persuadé, dans leurs villes, que le roi va dé-
» clarer la guerre à l'Espagne, et que le livre imprimé à Paris
» pour justifier les droits de la reine, qu'ils appellent un mani-
» feste, sera bientôt envoyé dans les pays étrangers ; ils ajoutent
» que la plupart du peuple croyait que le roi et le roi d'An-
» gleterre sont d'accord, et que tout ce qui se fait à présent
» n'est que pour sauver les apparences. A quoi j'ai répondu
» que je n'avais nulle connaissance de ce qu'ils disaient, et que
» Sa Majesté pouvait bien faire valoir les droits de la reine,
» puisque les Espagnols avaient fait paraître à Bruxelles un
» livre qui les attaquait.

» Quant à l'accommodement secret entre le roi et le roi

» d'Angleterre, j'ai répondu que cela tombait de soi-même, la
» conduite sincère de Sa Majesté étant trop connue; dans la
» visite que M. de Witt m'a faite ce matin, je l'ai mis moi-
» même sur ces bruits qu'on débite par les villes; il m'a ré-
» pondu là-dessus froidement sans vouloir entrer en matière,
» et m'a seulement dit qu'il serait le dernier qui les croirait,
» mais que les bruits et les apparences d'une rupture avec l'Es-
» pagne étaient grands. »

Pour éviter les nouvelles contestations qui naissaient, le roi d'Angleterre et M. de Witt conviennent de Breda pour traiter de la paix.

A ce moment les forces de Louis XIV étant prêtes pour sa conquête de Flandre, il écrit seulement le 9 mai à son ambassadeur :

« Le roi dépêche ce courrier aux sieurs Courtin et d'Estrades, sur la résolution que Sa Majesté a prise d'entrer en personne dans les Pays-Bas, à la tête de son armée, pour se mettre en possession de ce qui lui appartient du chef de la reine, ou de quelques équivalents qui puissent obliger les Espagnols à lui faire raison de ce qu'on usurpe à Sa Majesté.

» Jusqu'à ce qu'on ait vu plus clair aux affaires, le comte d'Estrades ne doit pas s'occuper beaucoup d'accommoder les Suédois avec les États; cela veut dire que *si le sieur d'Estrades peut, sans y paraître, faire naître de nouveaux obstacles aux négociations dudit comte de Dohna, ambassadeur de Suède, il sera bon qu'il le fasse.* »

En apprenant l'entrée du roi en Flandre, la surprise de M. de Witt fut grande; il s'en plaignit amèrement à M. d'Estrades, et lui déclara que, maintenant les intentions futures de Louis XIV n'étant plus un mystère pour lui, il allait agir seul; et que puisque l'alliance de Louis XIV avec Charles II était si positive, il allait partir sur la flotte en qualité de député des États, et tâcher de rompre toute espérance de paix entre la république et l'Angleterre.

A la fin de la lettre où d'Estrades énumère longuement les griefs de M. de Witt, il ajoute naïvement :

« Je fus le lendemain à l'audience publique, où la lettre de
» Votre Majesté à messieurs des États fut lue ainsi que la copie

» de celle qu'elle a écrite à la reine d'Espagne ; je trouvai dans
» l'assemblée beaucoup d'étonnement, et le président me ré-
» pondit, en peu de paroles, qu'ils étaient bien surpris de la
» résolution que Votre Majesté prenait d'entrer dans les Pays-
» Bas. Je suis resté à La Haye encore un jour pour voir nos
» amis, que je trouve fort étonnés et n'osant rien dire. Je n'en
» suis pas surpris, parce que *c'est l'ordinaire des premières
» impressions qui font voir l'instabilité de la confiance
» que ces peuples ont en nous.* »

Louis XIV entre en Flandre, et Turenne prend Charleroi le 2 juin ; le duc d'Aumont prend Armentières le 28 mai, Saint-Vinox le 6 juin, et Furnes le 12.

Le corps d'armée où se trouvait le roi prend Ath le 16, et Tournay le 24, Douay et le fort de l'Escarpe le 6 juillet ; le duc d'Aumont prend Courtray le 18, et Oudenarde le 31 du même mois ; Lille est prise en 9 jours et se rend le 27 août ; enfin le 31, MM. de Créquy et de Bellefonds battent le comte de Marsins et le prince de Ligne.

Pendant ces rapides succès, Ruyter entre à l'improviste dans le port de Chatam, et incendie une partie de la flotte anglaise. Cet avantage amena enfin la paix, qui fut signée à Breda, le 31 juillet, entre les États-Généraux, l'Angleterre et la Hollande.

—1668—

Louis XIV continua ses conquêtes au commencement de cette année. Le prince de Condé prit Besançon le 7 février, pendant que M. de Luxembourg enlevait Salins ; Dôle se rend le 14, et Grai le 19.

Enfin, par la médiation de l'Angleterre, de la Suède et de la Hollande, la paix est signée à Aix-la-Chapelle entre la France et l'Espagne.

Les conquêtes de Louis XIV dans les Pays-Bas lui restèrent, savoir :

Charleroi, — Binch, — Ath, — Douai, — le fort de l'Es-carpe, — Lille, — Oudenarde, — Armentières, — Courtrai, — Bergues, — Furnes, avec leurs bailliages.

Louis XIV ne rendit que la Franche-Comté.

On n'a pas répété les continuelles alarmes des Hollandais,

pendant ces conquêtes si rapides, en voyant leur ennemi reconnu s'approcher d'eux à pas de géant. Malgré la conduite énergique de de Witt, les députés des États, gagnés par l'argent de Louis XIV, s'opiniâtraient à voter les mesures les plus fatales à la République; témoin ce passage d'une lettre de d'Estrades :

« Dcembre 1668.

» Je visite tous les jours les membres de l'assemblée, et
» quand je serai informé par vous à quoi le roi destine les
» 20,000 rixdalers d'une nouvelle lettre de change que le roi
» m'a adressée cet ordinaire, peut-être trouverai-je *plus de*
» *facilité à détromper ces gens-ci des grands ombrages*
» *qu'ils ont de la France, et leur faire prendre de*
» *bonnes résolutions.* »

CHAPITRE XIV.

Hôtel Colbert. — Intérieur et famille de Colbert. — Son fils Jean-Baptiste, marquis de Seignelay. — Son caractère. — Colbert lui donne les instructions pour remplir sa charge. — Projets de Seignelay à cet égard, annotés de la main de son père.

L'hôtel Colbert [1] était alors situé au coin de la rue Neuve-des-Petits-Champs et de la rue Vivien (Vivienne); l'hôtel Mazarini (ancien hôtel du Trésor) formait l'autre angle des mêmes rues.

L'aspect de cette habitation presque royale était des plus imposants. Un large escalier de marbre à balustre conduisait au péristyle d'un principal corps de logis, auquel on arrivait par une vaste cour d'honneur. Deux ailes en retour allaient rejoindre deux pavillons élevés de chaque côté de la grande porte d'entrée, qui s'ouvrait sur la rue, et dont le fronton était orné des armes de Colbert, sculptées en pierre. Ces armes étaient

[1] Toutes les particularités et descriptions de l'intérieur de cet hôtel sont extraites de l'inventaire du mobilier et de l'hôtel Colbert, fait après la mort de ce ministre. (*Manuscrits de la Bibliothèque du Roi.*)

d'or à la bisse ou couleuvre d'azur posée en pal; deux licornes pour support, pour cimier une main tenant une branche d'olivier, avec cette devise : PERITE ET RECTE.

Derrière le bâtiment du fond on voyait pointer les branches dépouillées des grands arbres du jardin; et l'aile gauche de l'hôtel, prolongée de ce côté, formait une longue galerie, dont le rez-de-chaussée servait de serre chaude et d'orangerie pour une foule d'arbres et de plantes rares et précieuses.

Le premier étage renfermait une magnifique collection de tableaux et d'objets d'arts.

Les communs et les dépendances de cette habitation étaient immenses, et de magnifiques écuries renfermaient vingt chevaux de prix et de choix, élevés en grande partie dans le haras que Colbert avait à sa terre d'Hauterive.

Mais la magnificence de cet hôtel de Paris ne suffit pas pour donner une idée de la grande fortune de Colbert; il faut songer que ses maisons de Sceaux et d'Hauterive, que ses appartements de Saint-Germain, de Fontainebleau et de Versailles (plus tard) furent meublés avec le même luxe, et si complétement, que chacune de ces somptueuses habitations rivalisait avec l'hôtel de Paris par sa splendide argenterie, ses meubles précieux et ses rares collections de tableaux et d'objets d'arts.

Or, par un beau jour de décembre, sur les quatre heures de relevée, un lourd carrosse du temps, garni à l'intérieur de velours cramoisi rehaussé de larges clous dorés, s'arrêta devant le péristyle de l'hôtel, et Colbert descendit de sa voiture appuyé sur le bras d'un laquais.

La figure de Colbert n'était pas changée : c'étaient toujours ses gros sourcils froncés, son front de marbre, et son air dur et grondeur; il était comme d'habitude vêtu de noir, avec le cordon bleu de l'ordre en sautoir, et sa plaque brodée en argent sur son manteau.

Après avoir traversé une grande antichambre où se tenaient bon nombre de laquais, il arriva dans un premier salon tendu et meublé de damas ponceau; ce salon précédait sa bibliothèque.

Cette dernière pièce était fort grande, ayant cinq fenêtres de façade sur la cour et autant sur le jardin; les parties de murailles que ne cachait pas une magnifique bibliothèque de noyer sculpté, remplie de livres, étaient tendues de satin de Bruges vert; les rideaux et portières étaient de la même couleur, mais de gros de Tours, rehaussés d'un galon et d'une frange d'or et d'argent, avec les armes de Colbert brodées sur la pente des portières richement festonnées.

Les fauteuils et une grande table située au milieu de cette pièce étaient aussi de noyer sculpté avec des housses de velours vert frangées de même en or et en argent; enfin, sur le marbre d'une large console, on voyait les bustes de bronze de Richelieu et de Mazarin, avec une magnifique horloge au milieu.

Au bout de cette pièce était une grande cheminée garnie de ses chenets et de sa grille de fer bien polie, et défendue des courants d'air par un paravent de velours. Là, attendant Colbert, étaient rassemblés Baluze, bibliothécaire du ministre; l'abbé Gallois, directeur du *Journal des Savants*, et Isarn, ancien précepteur du marquis de Seignelay.

Lorsqu'ils avaient entendu le bruit du carrosse, ces familiers de Colbert s'étaient levés pour le saluer et s'entretenir avec lui quelque temps, comme ils faisaient d'habitude avant qu'il n'entrât dans son cabinet.

Mais le ministre, après leur avoir rendu leur salut, dit seulement à Isarn : — Mon fils travaille là-haut depuis ce matin, faites-le descendre à l'instant même... j'ai de bonnes nouvelles à lui donner.

En disant ces derniers mots, l'expression de la figure de Colbert avait entièrement changé; ses traits austères s'étaient déridés, et je ne sais quel reflet de joie et de satisfaction intime, éclatant malgré lui sur son visage, semblait y lutter avec l'air de sévérité habituelle qui le caractérisait.

— Mais... M. le marquis de Seignelay n'est pas à l'hôtel, monseigneur, — dit Isarn avec embarras.

— Il n'y est pas!... cela est impossible! — dit Colbert, et ses traits reprirent leur aspect ordinaire de dureté.

— Pardonnez-moi, monseigneur, il y a environ quatre heures que M. le marquis est sorti pour aller faire, je crois, une partie de longue-paume chez Noron; c'est M. le comte de Grouvelle qui l'est venu chercher, et M. le marquis...

— M. le marquis... M. le marquis est un écervelé, — dit Colbert en frappant du pied avec colère : — qu'on aille me le querir, et à l'instant même, chez ce Noron, que le ciel maudisse !

Et poussant la porte de son cabinet avec violence, Colbert y entra furieux, se jeta sur un grand fauteuil de velours rouge, ne pouvant cacher le chagrin profond que lui causaient la négligence et la légèreté de son fils.

Or, chargé ce jour même par son père d'un ouvrage très-important sur le détail de la marine, Seignelay, selon sa coutume, avait préféré ses plaisirs à la méditation et au travail. On concevra d'autant plus le désappointement de Colbert, que ce ministre, sortant de chez le roi avec les promesses les plus brillantes pour l'avenir de son fils, comptait lui annoncer cette faveur inespérée, comme encouragement et récompense.

Le cabinet où Colbert attendait son fils avec tant d'impatience avait un aspect si particulier, qu'il mérite d'être décrit, en cela que son ensemble peut donner quelque enseignement sur les goûts de ce ministre. Ce cabinet était vaste et carré ; des tableaux de sainteté dus aux plus grands maîtres cachaient presque les murs ; entre autres chefs-d'œuvre on remarquait la magnifique *Nativité* des Carrache, *la Création du monde*, par Jules Romain, et *la Fraction du pain*, par Paul Véronèse. Parmi les peintures modernes, il y avait un tableau rond de Lebrun, représentant un *Christ au Jardin*. Ce même tableau, copié en tapisserie de haute lice par une des filles de Colbert, était à moitié caché par un rideau de moire verte. Enfin, au-dessus d'une table couverte d'instruments de mathématiques et de physique, plusieurs portraits étaient suspendus dans des cadres de bronze doré richement ciselés. Ces portraits étaient ceux de la reine et de madame la duchesse de Chevreuse, fille aînée de Colbert [1], peints par Beaubrun, et ceux

---

[1] Jeanne-Marie Colbert avait épousé, le 2 février 1667, M. le duc de Chevreuse, capitaine des chevau-légers de la garde du roi. Colbert lui donna en dot :

369.000 fr. en deniers comptants.
15,000 en pierreries.
25,000 en contrats.

Un peu plus d'un million de nos jours. Il dota de même ses deux autres filles.

du roi et de Monsieur, dessinés au pastel par Nanteuil. Deux autres petits portraits de Louis XIV à cheval, peints par Mignard, étaient placés de chaque côté du miroir de la cheminée. Ce miroir, magnifique glace de Venise de quarante pouces de haut sur trente-six de large, était entouré d'un cadre de filigrane d'argent : deux grandes figures d'enfants de même métal s'appuyaient de chaque côté de ce cadre et supportaient un chapiteau en haut duquel étaient les armes de Colbert [1].

Un grand lustre de cristal de roche pendait au plafond de ce cabinet par un gros cordon de soie pourpre, et au-dessus du miroir d'argent dont nous avons parlé était une espèce de cadran fort ingénieux servant à marquer l'air du vent. Ce cadran correspondait sans doute à une longue tringle de fer mise en mouvement par une girouette placée sur les combles de l'hôtel. Plusieurs meubles précieux ornaient encore ce cabinet : il y avait deux guéridons à fond d'écaille, ouvrage de marqueterie de cuivre à jour, aussi aux armes de Colbert, car ces armes se retrouvaient partout. C'étaient encore deux petites armoires de bois violet de Calembourg incrusté de découpures d'ébène et de filets d'étain ; sur l'une d'elles était une riche cassolette de vermeil d'une très-rare ciselure, et sur l'autre une admirable figurine d'argent d'un pied de haut représentant un homme portant un globe; de chaque côté de cette statuette étaient deux sphinx de marbre rouge; enfin, sur un petit cabinet d'émail de Catalogne était rangé un superbe casier de laque noire monté d'or moulu, rempli de médailles d'un grand prix.

A gauche de la cheminée était une grande armoire en écaille et à secrets, où Colbert mettait ses papiers d'état et de famille, et à droite le bureau dont il se servait d'habitude : ce bureau de poirier noirci, sans dorure et couvert d'un vieux tapis de drap noir tout usé, contrastait par son extrême simplicité avec le reste de l'ameublement. Au-dessus de ce bureau, à côté des portraits dont j'ai parlé, on voyait une pendule de Thurel avec sa boîte et son pied d'ébène incrusté de cuivre et d'étain. Une autre pendule à peu près pareille était placée sur un second

---

[1] Ce miroir, garni d'argent massif, était estimé 18,000 livres. On trouve cinq miroirs à peu près de cette valeur dans l'inventaire de Colbert.

bureau de bois de rose, magnifiquement orné de marqueterie d'ébène et d'ivoire ; c'est là que travaillait souvent auprès de son père M. le marquis de Seignelay, Ce bureau était couvert de papiers et de gros registres [1] en vélin vert, avec les armes de Colbert dorées sur leur couverture. Toutes les lettres qu'on écrivait à ce ministre, depuis celles qui avaient trait à sa charge jusqu'aux plus insignifiantes, furent reliées dans ces volumes par mois et années, jusqu'à la fin de sa vie.

Au bout d'une demi-heure, la porte du cabinet de Colbert s'ouvrit, et son fils parut.

Jean-Baptiste Colbert, marquis de Seignelay, n'avait pas encore dix-huit ans ; déjà gros, d'une taille moyenne et vigoureuse, mais trop épaisse, sa figure, bien que large et pleine, offrait un mélange d'audace et d'intelligence assez remarquable ; mais rien ne pouvait peindre l'imperturbable assurance qui se révélait dans son regard hautain et inquisitif.

Ayant été interrompu dans sa partie de paume, Seignelay était encore fort rouge et tout débraillé ; son justaucorps bleu de ciel, brodé d'argent, à peine boutonné, sa perruque en désordre, ses aiguillettes à demi reployées sous son riche baudrier, témoignaient la promptitude avec laquelle il s'était rendu aux ordres de Colbert.

— Vous m'avez fait mander, mon père, me voici, — dit Seignelay en entrant avec une affectation d'aisance qui cachait mal son dépit, et jetant son chapeau à plumes sur une chaise : — mais une autre fois, je vous en supplie, mon père, épargnez-moi un pareil affront... Nous étions là toute la cour chez Noiron, Grouvelle, Soyecourt, Sévigné, Saint-Pol, Cavoye, Longueville, que sais-je encore... et mons Isarn vient là, devant eux tous, me chercher et me ramener comme un écolier en faute... En vérité, cela est outrageusement fâcheux... je vous assure !

Colbert, ne disant mot, se renfermait dans une rage froide ; seulement, à ses mains crispées qui serraient fortement les bras de son fauteuil, au battement précipité de son pied gauche sur le carreau de velours où il l'appuyait, on devinait que sa colère

---

[1] Ces registres sont à la Bibliothèque du Roi.

encore contenue menaçait d'éclater bientôt, et néanmoins son regard terrible, fixé sur son fils... son front plissé, son demi-sourire insultant, et jusqu'à son silence même eussent terrifié tout autre que Seignelay, habitué dès long-temps à soutenir le choc de ces démêlés intérieurs.

— Enfin, mon père, me voici à vos ordres, — répéta-t-il en s'essuyant le front avec une insouciance apparente, et sans vouloir s'apercevoir de l'irritation croissante de Colbert, — et-ce n'est pas sans peine, je l'avoue ; car, pour me rendre auprès de vous, mon père, j'ai interrompu la plus belle partie qui se pût voir, et me suis tellement hâté que c'est à peine si mes valets de chambre ont eu le temps de me sécher...

Colbert n'y tint plus. — En vérité, — s'écria-t-il avec un éclat de rire aussi désespéré que méprisant, — en vérité, voilà qui est du dernier grotesque ! Mes valets de chambre... le jeu de paume... nous autres de la cour !... Et qui parle donc ainsi ? est-ce quelque jeune seigneur de haute lignée ? quelque fin courtisan de grande race ?... point... c'est un misérable petit bourgeois qui, aux ordres du premier goujat, aunerait encore de la serge au fond d'une boutique, de même que son grand-père et son père, si Dieu n'avait pas béni le travail de ce dernier... un impertinent qui porte des aiguillettes de satin et des habits brodés au lieu de vêtements modestes qui conviennent à son état et à sa position... un véritable marquis de Mascarille, en un mot, que Poquelin a dû copier chez moi... un lâche fainéant, qui, au lieu d'exécuter mes ordres et de tâcher, à force d'assiduité, de mériter un jour les bontés du roi, va perdre son temps et va faire le muguet !... un impudent qui va se mêler aux gens de qualité, se couvre de ridicule et prête à rire à ses dépens, quand il devrait se trouver trop heureux de s'occuper nuit et jour des travaux que je veux bien lui confier !

Ces reproches de Colbert atteignirent jusqu'au vif l'orgueil intraitable de son fils, qui, la rougeur au front, répondit avec insolence, en montrant à son père ses armoiries étalées en plusieurs endroits :

— Je ne sache pas, monsieur, que personne ait osé rire à mes dépens. Libre à vous de mépriser à cette heure une noblesse dont je vois pourtant ici les emblèmes assez répétés, et que vous avez fait, dit-on, constater devoir remonter jusqu'aux Colbert d'Écosse ; mais, comme j'ai l'honneur d'être votre fils, je tiens à vivre et vivrai toujours comme le doivent les gens de la qualité et du rang dont vous m'avez fait, et dont je suis, bien que vous disiez... en un mot, puisqu'il faut parler net, dès aujourd'hui je renonce à tout jamais à mériter les bontés du roi, puisqu'il faut les acheter par un travail et un traitement qui rebuterait le dernier de vos commis ; et puis d'ailleurs ce métier de scribe ne me convient pas, et depuis assez long-temps vous auriez dû vous en apercevoir.

Cette rébellion ouverte contre ses vœux les plus chers, et surtout ce reproche qui semblait mettre Colbert en contradiction avec lui-même, en opposant ses prétentions aristocratiques aux vertes leçons de modestie et d'humilité qu'il donnait assez brutalement à son fils, exalta la colère du vieux ministre au dernier point. Aussi, saisissant une pincette dans la cheminée, il se leva de son fauteuil, fit un pas comme pour frapper son fils, en s'écriant : — Ah ! tu oses faire des menaces à ton père, misérable !

A ce geste significatif, Seignelay fit une prudente retraite, et Colbert s'arrêta, soit qu'il réfléchît que son fils avait enfin atteint un âge où de telles corrections devenaient un peu messéantes, soit qu'il préférât donner de bonnes raisons au lieu de se laisser emporter à ces violences qu'il regrettait ensuite ; toujours est-il qu'il rejeta violemment la pincette dans l'âtre, et se mit à marcher avec agitation à travers son cabinet, comme pour donner à sa colère le temps de se calmer, essuyant de temps à autre les gouttes de sueur qui coulaient de son front à moitié caché sous sa calotte noire.

Cependant Seignelay, interdit, honteux, sentant intérieurement ses torts, faisait une assez triste contenance, et, debout près de son bureau, feuilletait machinalement un des gros registres verts dont on a parlé.

Au bout de dix minutes de ce silence embarrassant, Colbert se rassit dans son fauteuil, et faisant signe à son fils de s'approcher, lui dit d'un air glacial :

— Bien qu'il n'appartienne jamais à un fils, monsieur, de s'inquiéter des vues de son père, bien qu'il doive considérer comme bon, juste, utile et nécessaire tout ce qui émane de la volonté paternelle, qui doit être sacrée pour un fils, comme la volonté d'un roi le doit être pour un sujet, je veux répondre à ce reproche de contradiction apparente que vous avez eu l'audace de m'adresser.

— Mon père... vous vous méprenez... je...

— Taisez-vous, monsieur, taisez-vous, et écoutez-moi religieusement.., Quand, à cette fin de vous rappeler à l'examen de votre véritable position que vous oubliez, pour votre malheur et le mien, j'ai dit que vous n'étiez qu'un petit bourgeois, fils et petit-fils de petits bourgeois; quand j'ai dit que, sans mon travail opiniâtre que Dieu a béni, vous en seriez encore à auner de la serge, comme a fait mon père, comme j'ai fait moi-même avant que d'être domestique de feu monseigneur le cardinal; quand j'ai dit ces choses, monsieur, j'ai dit autant de vérités qui devraient vous être profitables; quand, pour répondre à ces vérités, vous avez eu l'impudence de me montrer ces armoiries qui sont les miennes, et qui sont reproduites partout chez moi, en me disant que j'avais fait constater l'ancienneté de ma famille et que je la faisais remonter à je ne sais quels Colbert d'Écosse... vous avez, avec votre présomption habituelle, cherché à me trouver en contradiction avec moi-même, au lieu d'avouer vos fautes avec humilité.

— Je vous jure que telle n'a pas été mon intention, mon père.

— Et je vous dis, moi, que telle a été votre intention, monsieur : quand je vous rappelais le peu de votre origine, c'était vous dire que vous n'étiez rien par vous-même, et que vous ne pouviez être compté que par votre travail, votre aptitude et votre assiduité; c'était vous dire que les aiguillettes, les broderies, le jeu et le jargon de cour, tout cela est indécent pour un homme qui a son état tout entier à faire, qui n'est rien et n'a rien par lui-même, encore une fois, et qui attend tout de mes bontés et de la faveur du roi mon maître, s'il s'en peut rendre digne... Enfin, puisqu'il faut vous le dire, misérable orgueilleux que vous êtes, cette généalogie pompeuse dont vous vous targuez n'est qu'un leurre, oui, monsieur, un mensonge que la sévère morale réprouve peut-être, mais que la politique rend nécessaire; aussi, si je m'abaisse à feindre et à tromper le monde, je veux au moins qu'entre nous deux, entendez-vous, vous sachiez ce qui est, puisque les fumées d'une folle vanité vous privent de votre raison; eh bien, oui, il est utile pour un homme qui traite avec d'autres hommes de tout rang et de tout état, et qui conséquemment doit agir sur eux, il est utile pour cet homme de réunir en soi le plus de moyens d'action qu'il se peut; pas un n'est à négliger; et si du temps où nous vivons un homme revêtu d'une noblesse douteuse ou vraie possède par cela même en soi un prestige qui fascine quelques esprits, il doit acquérir ce prestige, s'il le peut. Mais vous, monsieur, vous regardez ce qui n'a été qu'un des plus médiocres expédients de ma fortune comme le terme accompli de la vôtre; parce qu'à ma sollicitation le roi a bien voulu vous permettre de prendre un vain titre, vous vous mettez à croire sérieusement à ce titre, à le considérer comme un état dans le monde, parce qu'il vous attire les égards et les respects de quelques sots pour qui tout marquis est un grand seigneur. Or, un grand seigneur, c'est ce que vous n'êtes point et ne serez jamais. Non, monsieur, non, vous êtes M. Colbert, fils et petit-fils de gens qui ont été marchands. Maintenant, monsieur, libre à vous de dédaigner un travail qui rebuterait, dites-vous, le dernier de mes commis; libre à vous de perdre et d'oublier ce que vous avez appris, de mettre à néant l'instruction variée que j'ai pris tant de soins et de peines à vous faire donner... Allez, monsieur, allez... menez la vie d'un oisif et d'un dissipateur, attendez ma mort avec impatience pour jouir alors du peu que j'aurai amassé; et puis, comme vos prodigalités auront vite mis fin à ce bien si ardemment attendu, vous irez mourir dans quelque coin obscur, méprisé, et peut-être déshonoré. Et moi, j'aurai incessamment travaillé pendant toute ma vie; et moi, j'aurai eu le vain espoir de vous voir un jour m'aider dans mes charges, j'aurai en vain mis à contribution les intelligences les plus précieuses pour diriger et faciliter vos premières études, de telle sorte que vous recueilliez seulement le fruit et la fleur des sciences les plus arides... depuis deux ans je vous aurai initié à mes plus secrets desseins, à mes projets les plus vastes, j'aurai enfin amassé, taillé une à une toutes les pierres du plus vaste et du plus beau monument, et lorsque je sentirai qu'il faut un bras plus jeune et plus vigoureux que le mien pour élever seulement ce que j'aurai préparé avec tant de labeurs, ce bras même me manquera... et c'est un fils... qui se conduit ainsi; un fils pour qui j'avais rêvé l'avenir le plus beau qu'un homme ait pu rêver pour son enfant de prédilection!... Ah! que cela est affreux... mon Dieu! mon Dieu! quelle fin pour tant d'espérances!

Et Colbert, dont la voix s'était peu à peu altérée, cacha sa figure dans ses mains, avec un geste de désespoir.

Ce ministre souffrait cruellement; il éprouvait une de ces déceptions amères qui souvent déchirent l'âme de ceux qui, arrivés à une haute position sociale à force d'intelligence, voudraient croire comme à une seconde vie dans ce monde, en rêvant cette haute position continuée par l'intelligence de leur enfant; égoïsme assez consolant d'ailleurs, qui, liant l'avenir au passé, fait que le vieillard meurt en souriant à l'aurore de la carrière de son fils, qui lui semble ainsi prolonger la sienne.

Cette déception était d'autant plus cruelle pour Colbert, qu'il avait remarqué dans son fils le germe de quelques précieuses qualités, une activité singulière, un esprit vif et prompt, et surtout une facilité excessive et peut-être malheureuse pour le travail quand il voulait s'y livrer; mais cela était gâté souvent par un orgueil intraitable, une extrême légèreté, et surtout par une dangereuse personnalité, qui ne faisait que poindre alors et fut par la suite si funeste, aux vrais intérêts de la France.

Seignelay, ayant rarement vu Colbert sous l'empire d'une aussi accablante tristesse, se sentit touché jusqu'au fond du cœur, et comprit tout ce que sa légèreté devait avoir eu de désespérant pour son père.

Aussi, s'approchant du vieux ministre, mettant un genou sur le carreau de velours, il dit d'une voix basse et respectueuse :
— Pardonnez-moi, mon père, s'il vous plaît; je sais que j'ai eu tort d'oublier le travail pour mes plaisirs, et je regrette d'avoir si inconsidérément parlé de vos vues sur moi... et puis, mon père, il faut excuser aussi la fierté avec laquelle je parle de votre nom... noble ou bourgeois, peu importe, c'est le vôtre, c'est celui d'un grand et illustre ministre... Eh bien! oui, je

l'avoue, je ne puis réprimer mon orgueil, en songeant que c'est aussi le mien... et il me semble quelquefois que ce nom seul devrait me rendre l'égal des fils des plus grands seigneurs ; encore une fois, pardonnez-moi, laissez-moi vous faire souvenir que, si j'ai été oublieux et négligent aujourd'hui, vous m'avez quelquefois dit : Courage, mon enfant, tu me seconderas un jour... Eh bien ! mon père, je tâcherai de toujours mériter votre approbation ; car ce que j'ai dit de renoncer à la carrière que vous m'avez tracée avec tant de bonté paternelle m'a été arraché par le dépit ; j'en suis honteux, repentant, mais pardonnez-moi cette fois, je vous en supplie.

— Oh ! oui, mon père, pardonnez-lui, — dirent doucement deux autres voix jeunes et fraîches.

Seignelay se retourna et vit ses deux sœurs, Henriette et Anne, qui s'étaient avancées sur la pointe de leurs petits pieds, en soulevant sans bruit la portière du cabinet ; elles n'osaient maintenant faire un pas et se tenaient par la main ; toutes deux blondes avec leurs longs cheveux bouclés à la Sévigné, qui tombaient sur leur joli cou ; toutes deux vêtues de robes bleues à corsage en pointe, avec de gros nœuds de rubans de satin blanc aux épaules, aux manches et au corsage.

En entendant la voix de ses filles, Colbert avait levé sa tête et laissé tomber ses deux mains sur ses genoux avec accablement, sans toutefois tourner ses yeux humides vers ses enfants. Cette figure, si grave et si austère, était alors empreinte d'une expression poignante de tristesse et de découragement. Son regard, fixé machinalement sur le feu de la cheminée, prouvait à quel point ses douloureuses pensées l'absorbaient, et ce ne fut qu'après quelques instants de cette cruelle méditation que deux grosses larmes coulèrent sur les joues creuses et amaigries du vieux ministre.

Ce voyant, ses deux filles s'avancèrent plus hardiment, et Anne, la plus jeune, s'agenouillant devant son père, prit une de ses mains qu'elle baisa, pendant que sa sœur, debout et penchée près du fauteuil, faisait signe à son frère de s'approcher.

En sentant les caresses de ses filles, Colbert sembla se réveiller d'un rêve, fit un mouvement brusque, et dégagea sa main en disant : — Qu'est-ce que ceci... comment? Anne... Henriette... Qu'y a-t-il? et votre frère? — Puis ce mot lui retraçant la scène qui venait de se passer, il ajouta : — Oh! votre frère, il m'a fait bien du mal...

— Et il en est au désespoir ainsi que nous, mon père... pardonnez-lui...

— Encore cette fois, mon bon père, — dit Seignelay...

Colbert regarda son fils d'un air fâché quoique attendri, et dit en secouant la tête : — Et aujourd'hui encore... aujourd'hui... où je me faisais une fête, une joie si grande de lui annoncer... Mais non, non, il est... il s'est montré indigne d'une telle faveur, — ajouta le ministre en sentant renaître son indignation.

— Mon père... je travaillerai comme le dernier commis de vos bureaux, et cela pendant autant de temps que vous voudrez... oui, je vous jure que dès ce jour je prends la ferme et invincible résolution de me livrer au travail, de vous soulager autant que je le pourrai, et de me montrer en tout digne de vous et de votre nom...

— Nous le promettons pour lui, — dirent les deux jeunes filles en embrassant tendrement leur père, qui finit par dire, en tendant la main à son fils : — Allons, allons, que tout soit oublié, Baptiste ; mais vous m'avez mis à la plus rude épreuve que jamais père ait supportée.

Seignelay porta respectueusement la main de son père à ses lèvres, et Colbert, après que ses filles l'eurent baisé au front, leur dit : — Laissez-moi, mes enfants, j'ai à travailler avec votre frère...

Anne et Henriette disparurent.

A ce mot de *travailler*, Seignelay s'était bientôt dirigé vers le bureau dont nous avons parlé.

Lorsque ses filles furent parties, Colbert les suivit et alla fermer la porte de l'anti-cabinet qui suivait la bibliothèque et précédait son cabinet; puis, ouvrant la grande armoire secrète dont on a parlé, il en tira un assez volumineux manuscrit tout de sa main, et se remit dans son fauteuil.

— Mon fils, — dit-il à Seignelay qui vint s'asseoir auprès de lui sur un tabouret, je ne vous dirai plus rien sur la pénible scène de tout à l'heure, non... je veux l'oublier... aussi je vais vous parler seulement sur la foi et dans le sens des promesses que vous m'avez faites, et que vous pouvez réaliser de reste... Écoutez-moi donc attentivement : Vous allez avoir dans un mois dix-huit ans; malgré de fréquentes étourderies, une grande légèreté, j'ai reconnu en vous de l'aptitude au travail, une extrême facilité et d'heureuses dispositions; voulant surtout que ce que j'ai acquis avec tant de peine ne soit pas entièrement perdu, j'ai demandé aujourd'hui même à sa Majesté de vous accorder la survivance de mes charges. Voilà, mon fils, ce que je pensais vous annoncer tantôt, croyant vous trouver occupé au travail que je vous avais confié; mais je ne veux point faire de récriminations, non... enfin, voilà ce que Sa Majesté m'a bien voulu promettre pour vous.

— Croyez, mon père, que je me rendrai digne d'une faveur si peu attendue et si peu méritée, par mon application et mon zèle pour le service du roi, — dit Seignelay, bien qu'une telle promesse inespérée en effet pour son âge ne l'étonnât pas démesurément, car il y avait dans cet homme une de ces confiances obstinées en soi-même, une de ces présomptions audacieuses qui portent à de bien grandes actions ou jettent dans de bien grandes fautes.

Colbert continua : — Je l'espère, mon fils, car telle a été encore la bonté de Sa Majesté, qu'elle a bien voulu m'assurer en outre qu'au commencement de l'année prochaine, lorsque vous aurez dix-huit ans accomplis, vous pourriez faire la première commission de ma charge... A cet effet, j'ai rédigé une instruction pour vous, — dit Colbert en montrant son manuscrit. — Cette instruction vous donnera une idée claire et exacte de mes charges, et particulièrement de la marine ; cela, joint aux études préliminaires que je vous ai fait fait faire, et aux connaissances pratiques et théoriques que vous acquerrez encore, vous mettra, si Dieu le veut, à même de me remplacer dignement, et peut-être avec avantage pour le service du roi.

— Mon père, que dites-vous ! vous égaler serait déjà une gloire...

— Non, mon fils, non, je sais ce qui me manque, je l'ai bien compris, mais il était trop tard, et je serais bien heureux si vous pouviez briller par les qualités qui me manquaient. Oui, mon fils, j'ai vu malheureusement qu'un ministre qui doit toute son attention aux grandes vues, et qui est toujours emporté par un grand courant, ne peut, sans s'épuiser, s'appesantir sur des minuties qu'il faudrait pénétrer rapidement : or donc, s'il n'a pas acquis de bonne heure la facilité de les saisir dans le grand et de les percer d'un coup d'œil, il s'expose à être gouverné par ses subalternes, souvent peu instruits et intéressés à lui cacher la vérité; c'est pour cela, mon fils, que j'ai fait minuter pour vous tant de traités qui vous ont, je le sais, aussi instruit en pratique qu'en théorie sur une foule de matières qui regardent la marine. Écoutez-moi donc attentivement, et, après cette lecture faite, dites-moi si vous vous sentez la force et le courage de marcher dans la voie que je vous ai si péniblement tracée.

Et Colbert, de sa voix lente et creuse, lut les instructions suivantes, véritable chef-d'œuvre de clarté, de bon sens et d'affection, et qui sont une exposition de ses principes administratifs.

INSTRUCTION POUR MON FILS, POUR BIEN FAIRE LA PREMIÈRE COMMISSION DE MA CHARGE.

Comme il n'y a que le plaisir que les hommes prennent à ce qu'ils font ou à ce qu'ils doivent faire qui leur donne de l'application, et qu'il n'y a que l'application qui leur acquiert du mérite, d'où vient l'estime et la réputation qui est la seule chose nécessaire à un homme qui a de l'honneur, il est nécessaire que mon fils cherche en lui-même et au dehors tout ce qui lui peut donner du plaisir dans les fonctions de ma charge.

Pour cet effet, il doit bien penser et faire réflexion sur ce que sa naissance l'aurait fait être si Dieu n'avait pas béni mon travail, et si ce travail n'avait pas été extrême[1]. Il est donc nécessaire, pour se préparer une

---

[1] Cette phrase a été rétablie d'après l'original de cette instruction, écrit tout entier de la main de Colbert. Dans une copie de cette instruction, faite par Seignelay (*Bibl. royale, Manuscr. Suite de Mortemart*, n° 30), ce passage a été entièrement biffé à grand renfort d'encre et de ratures. Ceci dé-

vie pleine de satisfaction, qu'il ait toujours dans l'esprit et devant les yeux les deux obligations si essentielles et si considérables, l'une envers Dieu et l'autre envers moi, afin qu'y satisfaisant par les marques d'une véritable reconnaissance, il puisse se préparer une satisfaction solide et essentielle pour toute sa vie; et ces deux devoirs peuvent servir de fondement et de base de tout le plaisir qu'il se peut donner par son travail et son application.

Pour augmenter encore ce même plaisir, il doit bien considérer qu'il sert le plus grand roi du monde, et qu'il est destiné à le servir dans une charge la plus belle de toutes celles qu'un homme de ma condition puisse avoir, et qui l'approche de plus près de sa personne; et ainsi, il est certain que s'il a du mérite et de l'application, il peut avoir le plus bel établissement qu'il puisse désirer, et par conséquent je l'ai mis en état de n'avoir plus rien à souhaiter pendant toute sa vie.

Mais encore que je sois persuadé qu'il ne soit pas nécessaire d'autre raison pour le porter à bien faire, il est pourtant bon qu'il considère bien particulièrement cette prodigieuse application que le roi donne à ses affaires, n'y ayant point de jour qu'il ne soit enfermé cinq ou six heures pour y travailler; qu'il considère bien la prodigieuse prospérité que ce travail lui attire, la vénération et le respect que tous les étrangers ont pour lui; et qu'il connaisse par comparaison que s'il veut se donner de l'estime et de la réputation dans sa condition, il faut qu'il imite et suive ce grand exemple qu'il a toujours devant lui.

Il peut et doit encore tirer une conséquence bien certaine, qui est qu'il est impossible de s'avancer dans les bonnes grâces d'un prince laborieux et appliqué, si l'on n'est soi-même laborieux et appliqué; et que, comme le but et la fin qu'il se doit proposer à présent est qu'il se mette en état d'obtenir de la bonté du roi de faire ma charge, il est impossible qu'il puisse y parvenir qu'en faisant connaître à Sa Majesté qu'il est capable de la faire par son application et par son assiduité, qui seront

---

ment suffisamment l'opinion de tous les généalogistes, qui, depuis Clairembault jusqu'à feu de Courcelles, ont unanimement *prouvé* la filiation des Colbert de France avec les Colbert d'Ecosse, qui comptent des princes parmi leurs aïeux.

les seules mesures ou du retardement ou de la proximité de cette grâce.

Sur toutes ces raisons je ne saurais presque douter qu'il ne prenne une bonne et forte résolution de s'appliquer tout de bon, et de faire connaître par ce moyen au roi qu'il sera bientôt en état de le bien servir.

Pour lui bien faire connaître ce qu'il faut faire pour cela, il doit savoir par cœur en quoi consiste le département de ma charge;

SAVOIR :

La maison du roi et tout ce qui en dépend;
Paris, l'Ile-de-France et le gouvernement d'Orléans;
Les affaires générales du clergé;
La marine partout où elle s'étend;
Les galères;
Le commerce, tant au dedans qu'au dehors du royaume;
Les consulats;
Les compagnies des Indes orientales et occidentales, et les pays de leur concession;
Le rétablissement des haras dans tout le royaume.

Pour bien s'acquitter de toutes ces fonctions, il faut s'appliquer à des choses générales et à des particulières.

Les générales sont :

Qu'il faut savoir à fond tout ce qui concerne les états des maisons royales, lesquels il faut lire souvent;

Savoir le nombre et la qualité de tous les officiers qui prêtent serment entre les mains du roi;

De tous les officiers qui prêtent serment entre les mains des grands-officiers, comme : grand-maître, grand-écuyer, grand-chambellan, premier gentilhomme de la chambre, grand-maître de la garde-robe, capitaine des gardes-du-corps, grand-maréchal-des-logis, capitaine des cent-suisses, capitaine de la porte et grand-prévôt;

De tous les officiers qui dépendent de ces grandes charges, c'est-à-dire dont les provisions sont expédiées sur les certificats qu'ils donnent;

Connaître et savoir la différence qu'il y a entre un officier qui reçoit le serment de divers officiers qui sont sous sa charge et qui toutefois ne donnent point de certificats, les charges dépendantes du roi et point de lui, et ceux qui donnent des certificats, auxquels les charges appartiennent quand elles vaquent.

Au grand-maître de la maison appartiennent les charges des sept offices, et les provisions sont expédiées sur ses certificats.

Les offices de la bouche et du gobelet appartiennent au roi, et aucun n'a droit de donner des certificats.

Il faut apprendre toutes ces différences dans la pratique, en faire des observations et les mettre dans les registres de ma charge, pour y avoir recours en toutes occasions.

Il faut lire avec soin tous les règlements faits par le roi et par ses prédécesseurs sur les fonctions de toutes les grandes charges, afin d'en paraître savant et informé dans toutes les rencontres.

Il est bon aussi, et bien nécessaire, de s'informer pareillement, et avec prudence et retenue, de toutes les fonctions particulières des officiers de la maison, d'autant qu'il y en a une infinité qui ne sont pas contenues dans les règlements; comme aussi des différends que les officiers ont quelquefois entre eux, qui sont ordinairement terminés par ordre verbal du roi : faire des mémoires de tout dans mes registres pour y avoir recours; et, comme il n'y a eu jusqu'à présent personne qui ait fait ces observations ou qui les ait rédigées par écrit, il est certain qu'en les faisant il se présentera un million d'occasions dans le cours de la vie de mon fils dans lesquelles ces observations, qui sont du fait de sa charge, lui donneront de l'estime et de la réputation.

Sur ce même sujet, s'il veut quelquefois rendre visite à M. le maréchal de Villeroy, qui est informé de toutes ces choses mieux que personne ne l'a jamais été, il en tirera assurément beaucoup de connaissances dont, en ce cas, il faudrait faire des mémoires, à mesure qu'il apprendrait quelque chose, pour les mettre dans mes registres, ainsi qu'il est dit ci-dessus.

Après avoir parlé de tout ce qui concerne la maison du roi, il faut voir ce qui est à faire dans ma charge pour la ville de

Paris, et dans le Soissonnais et l'Orléanais, qui sont les seules provinces de mon département.

Paris étant la capitale du royaume et le séjour des rois, il est certain qu'elle donne le mouvement à tout le reste du royaume, que toutes les affaires du dedans commencent par elle, c'est-à-dire que tous les édits, déclarations et autres grandes affaires commencent toujours par les compagnies de Paris, et sont ensuite envoyées dans toutes les autres du royaume, et que les mêmes grandes affaires finissent aussi par la même ville, d'autant que dès lors que les volontés du roi y sont exécutées, il est certain qu'elles le sont partout, et que toutes les difficultés qui se rencontrent dans leur exécution naissent toujours dans les compagnies de Paris; c'est ce qui doit obliger mon fils à bien savoir l'ordre général de cette grande ville, n'y ayant presque aucun jour de conseil où il ne soit nécessaire d'en parler et de faire paraître si l'on sait quelque chose ou non.

Pour cet effet, il est nécessaire que mon fils repasse quelquefois sur l'étude du droit et des ordonnances qu'il a faite, et particulièrement ces dernières. Il faut que toute sa vie il les étudie en toute rencontre, et qu'il paraisse en toute occasion qu'il les sache parfaitement, qu'il revoie et qu'il relise avec soin tous les traités particuliers qui ont été faits pour lui par les plus habiles avocats du parlement; qu'il les assemble tous, qu'il les fasse relier ensemble, et qu'il considère ces ouvrages comme ils sont très-excellents, et dans lesquels il peut assurément puiser beaucoup de belles connaissances qui peuvent contribuer beaucoup à lui donner de l'estime et de la réputation. Pour cet effet, il est nécessaire qu'il s'applique à les relire avec plus d'attention qu'il n'a encore fait et qu'il y ait recours en toutes occasions.

Il faut de plus qu'il sache parfaitement tout ce qui concerne l'administration de la justice dans cette grande ville, les différents degrés de juridiction, les différents officiers pour leur exercice, la compétence d'entre elles, et même quelque chose de leur jurisprudence.

Pour commencer par l'administration de la justice, il doit savoir:

Qu'il y a beaucoup de siéges particuliers qui ont droit de

justice foncière dans Paris, comme l'archevêché, le chapitre, Sainte-Geneviève, Saint-Victor, Saint-Marcel, Saint-Martin, le Temple, Saint-Germain, Saint-Magloire, et d'autres dont il est assez nécessaire de savoir les noms, la situation et l'étendue de leur juridiction.

La justice royale consiste au bailliage et siège présidial du Châtelet et bailliage du Palais.

Il faut aussi savoir l'étendue de leur juridiction ; si ces justices particulières foncières y ressortissent ou non, et si la royale a quelque prévention ou non dans leur étendue, si l'appel des justices royales va au parlement de Paris.

Il faut savoir de quelles affaires ledit parlement connaît en première instance, et desquelles il connaît par appel ; et ensuite successivement il sera nécessaire de savoir tout ce qui concerne la discipline intérieure de cette compagnie, les prétentions qu'elle a eues sur l'autorité royale, toutes les fautes qu'elle a commises sur ce point, les troubles qu'elle a causés dans l'état, et les remèdes que les rois y ont apportés. Quoique ce soit une matière vaste et étendue, j'ai estimé nécessaire d'en mettre ce mot dans cette instruction, pour toujours faire connaître à mon fils les matières qu'il doit savoir pour être instruit à fond de tout ce qui peut tomber dans les fonctions de ma charge.

Outre ces différents sièges de justice et degrés de juridiction, il est encore nécessaire qu'il sache :

Les fonctions de la chambre des comptes, du grand-conseil et de la cour des aides, des trésoriers de France, des différents conseils du roi, et, avec le temps, toutes les difficultés qui arrivent entre ces compagnies, qui doivent être toujours réglées par le conseil du roi ;

Qu'il sache de même le nombre des officiers de la compagnie du chevalier du guet et leurs fonctions,

Du lieutenant-criminel de robe courte,

Du prévôt de l'île ;

Des augmentations qui ont été faites dans la première et dernière de ces compagnies pour la garde et la sûreté de Paris, et qu'il prenne la conduite de cette garde.

Qu'il sache tout ce qui se fait pour la police de Paris, pour tenir la main, pendant toute sa vie, à ce qu'elle se maintienne et s'augmente.

Il faut faire une liste de toutes les villes de mon département et de toutes les charges dont les provisions doivent être signées par moi.

Il faut tenir une correspondance réglée et ordinaire avec tous les officiers de la ville de Paris et autres villes de mon département, et de toutes les compagnies, sur tout ce qui doit venir à la connaissance du roi, de tout ce qui se passe dans lesdites villes.

Examiner s'il ne serait pas à propos de leur écrire à tous, afin qu'ils commençassent à tenir cette correspondance.

A l'égard des affaires générales du clergé :

Il est nécessaire d'être fort instruit de ces grandes questions générales qui arrivent si souvent dans le cours de la vie, de la différence des juridictions laïque et ecclésiastique ; qu'il lise avec soin les traités qui en ont été faits pour lui ; et même il serait bien nécessaire qu'il lût, dans la suite du temps et le plus tôt qu'il serait possible, les traités de feu M. de Marca, et des autres qui ont traité de ces matières, et même qu'il lût quelquefois quelques livres de l'histoire ecclésiastique, d'autant que de toutes ces sources il puisera une infinité de belles connaissances qui le feront paraître habile en toutes occasions.

Outre ces connaissances générales, il est nécessaire qu'il sache l'origine et les causes des assemblées du clergé, comment elles sont composées, de quelles matières elles ont droit de traiter ;

Quelle différence il y a entre les grandes et les petites assemblées ;

Du nombre des prélats dont chacune est composée,

De leurs agents et du tour des provinces qui les doivent nommer ;

De quelle sorte les agents sont élus dans les assemblées des diocèses ;

De l'origine des rentes de l'Hôtel-de-Ville ; des prétentions que les prévôt des marchands et échevins de Paris ont contre le clergé sur cette matière, et des défenses du clergé ; ensemble des contrats qui se sont passés dans toutes les grandes assemblées pour raison desdites rentes ;

Du contrat général qui est passé dans toutes les assemblées générales et particulières entre les commissaires du roi et le clergé, des principales conditions d'iceux, et des principales demandes que le clergé fait dans toutes les assemblées, et des raisons des commissaires, soit pour leur accorder, soit pour leur refuser.

Pour la Marine.

Cette matière étant d'une très-vaste et d'une très-grande étendue et nouvellement attachée à mon département[1], et qui donne plus de rapport au roi qu'aucune autre, il faut aussi plus d'application et de connaissance pour s'en bien acquitter, et pour commencer, comme dans les autres matières, par les choses générales avant que de descendre aux particulières.

Si j'ai parlé de la lecture des ordonnances dans les autres matières, il n'y en a point où il soit si nécessaire de les lire soigneusement que dans celles-ci : pour cela il faut savoir :

Que de la charge d'amiral de France, qui est une portion de la royauté, il émane deux droits, l'un de la justice et l'autre de la guerre. La justice de l'amiral s'étend sur tout ce qui se passe en mer entre les sujets du roi dans toute l'étendue des côtes maritimes et partout où le flot de mars s'étend, et sur toutes les causes maritimes. Cette justice se rend par les officiers des siéges de l'amirauté, qui sont établis sur toutes les côtes du royaume, de distance en distance ; l'appel de ces justices va aux chambres de l'amirauté, établies dans tous les parlements, et l'appel de ces chambres va au parlement ; en sorte que ce sont trois degrés de juridiction. Examiner ces trois degrés.

Il faut avoir la liste de tous les siéges de l'amirauté, et de toutes les chambres près les parlements, et du nombre des officiers dont ils sont composés[2].

---

[1] Voir aux pièces justificatives l'ordonnance du roi qui distrait des attributions de Lionne le département de la marine.

[2] **RESSORT DU PARLEMENT DE PARIS.**
Les officiers du siége général de la table de marbre.
Siéges particuliers ressortissant audit siége général.
Calais. — Dunkerque. — Boulogne et Étaples. — Abbeville et Crothoy.

A l'égard de la jurisprudence pour les causes maritimes, nos rois n'ont guère fait d'ordonnances sur cette matière ; il est nécessaire néanmoins de lire avec soin tout ce qui a été fait, mais il faut savoir en même temps que les juges en ces matières se règlent sur le droit écrit, sur les jugements d'Oléron, et sur les ordonnances qui sont appelées de Wisby, et celles de la Hanse Teutonique.

Comme toutes ces pièces sont étrangères, le roi a résolu de faire un corps d'ordonnances en son nom, pour régler toute la jurisprudence de la marine. Pour cet effet, il a envoyé dans tous les ports du royaume M. d'Herbigny, maître des requêtes, pour examiner tout ce qui concerne cette justice, la réformer,

— Saint-Valery. — Bourg d'Ault. — Tréport. — La Rochelle. — Les Sables-d'Olonne.

RESSORT DU PARLEMENT DE ROUEN.

Les officiers du siége de la table de marbre.

Siéges ressortissant audit siége général.

Dieppe. — Saint-Valery. — Fécamp. — Le Havre. — Caudebec et Quillebeuf. — Honfleur. — Touques. — Dives. — Estraham. — Caen. — Bayeux, ports et annelles. — Grand-Champ. — Carentan. — La Hogue. — Barfleur. — Cherbourg. — Porbail et Carteret. — Coutances et les rades. — Coutances, Renneville et Ingreville. — Granville et Genetz.

RESSORT DU PARLEMENT DE BORDEAUX.

Les officiers du siége de la table de marbre.

Siéges ressortissant au siége général.

Bayonne. — Brouage, îles et côtes de Saintonge.

RESSORT DU PARLEMENT D'AIX.

Marseille. — Toulon. — Arles. — Martigues. — Fréjus, transféré à Saint-Tropez. — Antibes.

RESSORT DU PARLEMENT DE TOULOUSE.

Narbonne. — Agde. — Frontignan. — Aigues-Mortes. — Serignan. — Saint-Jean-de-Luz et Sibourre.

BRETAGNE.

(Il n'y a point d'amirauté, mais seulement des officiers commis pour juger des causes maritimes.)

Nantes. — Saint-Malo. — Saint-Brieuc de Cesson, et du ressort de Gouellon. — Morlaix. — Brest et Saint-Renan. — Lesneven. — Quimperlay. — Hennebond. — Vannes. — Rhuis. — Croisic, Poulguen, Piriac, Mesquer, Saint-Molf, Mean et Saint-Nazaire. — Belle-Ile. — Auray. — Treguier. — Derond, Fouesnand et Respredon.

I.

et composer ensuite, sur toutes les connaissances qu'il prendra, un corps d'ordonnances; et pour y parvenir avec d'autant plus de précaution, Sa Majesté a établi des commissaires à Paris, dont le chef est M. de Morangis, pour recevoir et délibérer sur tous les mémoires qui seront envoyés par ledit sieur d'Herbigny, et commencer à composer ledit corps d'ordonnances; il serait nécessaire, pour bien faire les fonctions de ma charge, de recevoir les lettres et mémoires du sieur d'Herbigny, en faire les extraits et assister à toutes les assemblées qui se tiendront chez M. de Morangis, et tenir la main à ce que le corps d'ordonnances sur ces matières fût expédié le plus promptement possible.

À l'égard de la guerre qui est dépendante de la charge d'amiral de France, elle consiste en deux choses principales : l'une en tout ce qui est à faire pour mettre les vaisseaux en mer, l'autre en tout ce qui se fait lorsqu'ils y sont.

La première se fait par les intendants et commissaires-généraux de marine, officiers des ports, commissaires particuliers, conservateurs-généraux et garde-magasins; et la seconde par les vice-amiraux, lieutenants-généraux, chefs d'escadre, capitaines de marine et autres officiers particuliers.

La première doit être particulièrement le soin du secrétaire-d'état ayant la marine en son département. Pour cet effet :

Il doit savoir les noms des 120 vaisseaux de guerre que le roi veut avoir toujours dans sa marine, avec 30 frégates, 20 brûlots et 20 bâtiments de charge.

Savoir exactement, et toujours par cœur, les lieux et arsenaux de marine où ils sont distribués.

Lorsqu'ils seront en mer, avoir toujours dans sa pochette le nombre des escadres, les lieux où elles sont, et les officiers qui les commandent.

Connaître les officiers de marine tant des arsenaux que de guerre, et examiner continuellement leur mérite et les actions qu'ils sont capables d'exécuter.

Avoir toujours présents dans l'esprit les inventaires de tous les magasins, prendre soin que les magasins particuliers soient toujours remplis de toutes les marchandises nécessaires pour l'armement de tous les vaisseaux et les rechanges, et que dans le magasin général il y ait toujours les mêmes quantités de marchandises et de munitions pour les armer et équiper une seconde fois.

Examiner avec soin et application particulière toutes les consommations, et faire en sorte de bien connaître tous les abus qui s'y peuvent commettre, pour trouver et mettre en pratique les moyens de les retrancher.

Observer qu'il y ait toujours une quantité de bois suffisante dans chacun des arsenaux, non-seulement pour les radoubs de tous les vaisseaux, mais même pour en construire toujours huit ou dix neufs, pour s'en pouvoir servir selon les occasions.

Observer surtout, et tenir pour maxime de laquelle on ne se départe jamais, de prendre dans le royaume toutes les marchandises nécessaires pour la marine, cultiver avec soin les établissements des manufactures qui en ont été faites, et s'appliquer à les perfectionner, en sorte qu'elles deviennent meilleures que dans tous les pays étrangers.

Ces manufactures principales sont : le goudron établi dans le Médoc, Provence et Dauphiné.

Tous les fers de toutes mesures et qualités, pour la marine, établis en Dauphiné, Nivernois, Périgord et Bretagne; les grosses ancres établies à Rochefort, Toulon, Dauphiné, Brest et Nivernois.

Les mousquets et autres armes, en Nivernois et Forez.

Les canons de fer, en Nivernois, Bourgogne et Périgord.

La fonte des canons de cuivre, à Toulon, Rochefort et Lyon.

Les toiles à voiles, en Bretagne et Dauphiné.

Le fer blanc et noir, en Nivernois.

Tous les ustensiles de pilotes et autres, à La Rochelle, Dieppe et autres lieux.

Acheter tous les chanvres dans le royaume, au lieu qu'on les faisait venir ci-devant de Riga, et prendre soin qu'il en soit semé dans tout le royaume, ce qui arrivera infailliblement si l'on continue de n'en point acheter dans les pays étrangers.

Cultiver avec soin la compagnie des Pyrénées; et la mettre en état, s'il est possible, de fournir tout ce à quoi elle s'est obligée, ce qui sera d'un grand avantage dans le royaume, vu que l'argent, pour cette nature de marchandises, ne se portera point dans les pays étrangers.

Cultiver avec le même soin la recherche des mâts dans le royaume, étant important de se passer pour cela des pays étrangers. Pour cet effet, il faut toujours en faire chercher, et prendre soin que ceux qui en cherchent en Auvergne, Dauphiné, Provence et les Pyrénées, soient protégés, et qu'ils reçoivent toutes les assistances qui leur seront nécessaires pour l'exécution de leurs marchés.

Examiner avec les mêmes soin et application toutes les autres marchandises et manufactures qui ne sont point encore établies dans le royaume, en cas qu'il y en ait, et chercher tous les moyens possibles pour les y établir.

N'y ayant rien dans toute la marine de plus important que la conservation des vaisseaux, il n'y a rien aussi à quoi l'on doive donner plus d'application. Pour cet effet, il faut donner des ordres précis et tenir la main à ce qu'ils soient tenus extraordinairement propres, tant dedans que dehors, depuis la quille jusques au bâton de pavillon.

Observer avec soin la différence qu'il y a entre les vaisseaux du roi et ceux de Hollande sur ce point de la propreté des vaisseaux ; s'informer de tout ce qui se passe en Hollande, et de tout ce qui se fait pour les maintenir en cet état, et faire observer les mêmes choses en France, et quelque chose de plus s'il est possible.

Il faut considérer cette propreté comme l'âme de la marine, sans laquelle il est impossible qu'elle puisse subsister ; et il faut s'y appliquer comme à ce qui est plus important et plus nécessaire pour égaler et même surpasser les étrangers.

De cette propreté dépend encore l'arrangement parfait dans tous les magasins et arsenaux de marine, sur quoi il faut voir en détail chaque chose pour les pouvoir réduire au degré de perfection qu'il est nécessaire.

Il faut, de plus, examiner avec grand soin le véritable prix de toutes les marchandises et manufactures, et chercher tous les moyens possibles pour les réduire au meilleur prix qu'il se pourra ; pour cet effet, il faut être informé de ce que chaque nature de marchandises coûte en Hollande et en Angleterre, comme :

Les chanvres, le fer, les toiles royales, les ancres, etc.

Il faut, de plus, s'informer particulièrement de l'économie qu'ils observent en toutes choses, les travaux qu'ils font faire à journées, et ceux qu'ils font faire à prix faits, la discipline et police qu'ils observent dans leurs arsenaux, et enfin tout ce qui peut contribuer au bon ménage et économie des deniers du roi, et tenir pour une maxime certaine sur ce sujet que celui qui fait la guerre à meilleur marché est assurément supérieur à l'autre.

A l'égard des marchandises qui seront fournies dans les magasins, il faut qu'il soit toujours en garde, et qu'il prenne si bien ses mesures que les officiers des ports n'en tirent aucun avantage indirect ; et, par les visites fréquentes qu'il fera dans les ports, il faut qu'il y établisse une telle fidélité qu'il soit assuré que le roi y sera toujours bien servi.

Entre tous les moyens que son application et ses fréquents voyages lui pourront suggérer, celui de faire faire les marchés de toutes les marchandises publiquement et en trois remises consécutives, la première au bout de huit jours, et les deux autres de quatre jours en quatre jours, en présence de tous les officiers, et après avoir mis, deux ou trois mois auparavant, des affiches publiques dans toutes les villes de commerce, pour inviter tous les marchands de s'y trouver.

Il y aurait un autre moyen à pratiquer pour faire fournir toutes les marchandises de marine, comme chanvre, goudron, fer de toutes sortes, toiles à voiles, bois, mâts, etc. Ce serait tous les ans, après avoir examiné la juste valeur de toutes les marchandises, de fixer le prix de chacune, en sorte que les marchands y trouvassent quelque bénéfice, et y faire savoir ensuite par des affiches publiques dans toutes les villes du royaume, que ces marchandises seraient payées au prix fixé, en les fournissant de bonne qualité dans les arsenaux.

Il est, de plus, nécessaire de savoir toutes les fonctions des officiers qui servent dans les ports et arsenaux ; leur faire des instructions bien claires sur tout ce qu'ils ont à faire, les redresser toutes les fois qu'ils manquent, faire des règlements sur tout ce qui se doit faire dans lesdits arsenaux, et travailler incessamment à les bien policer.

A l'égard de la guerre de mer, encore que ce soit plutôt le fait des vice-amiraux et autres officiers qui commandent les vaisseaux du roi, il est toutefois bien nécessaire que le secrétaire d'état en soit bien informé, pour se rendre capable de faire tous les règlements et ordonnances nécessaires pour le bien du service du roi et pour éviter tous les inconvénients qui peuvent arriver.

Pour cet effet, il faut qu'il sache bien toutes les manœuvres des vaisseaux lorsqu'ils sont en mer, les fonctions de tous les officiers qui sont préposés pour les commander, tous les ordres qui sont donnés par les officiers-généraux et par les officiers particuliers de chaque vaisseau ; ce qui s'observe pour la garde d'un vaisseau, et généralement toutes les fonctions de tous les officiers, matelots et soldats qui sont sur un vaisseau, dans les rades, en pleine mer, entrant dans une rivière ou dans un port, en paix, en guerre, et en tous les lieux où un vaisseau de guerre se peut rencontrer.

Sur toutes ces choses il faut faire toute sorte de diligence pour être informé de tout ce qui se pratique par les officiers-généraux et particuliers de marine, en Hollande et en Angleterre, et conférer continuellement avec nos meilleurs officiers de marine, pour s'instruire toujours de plus en plus.

Toutes les fois qu'il conviendra changer les commissaires de marine qui servent dans les ports, il faudra observer d'y mettre des gens fidèles et assurés, d'autant que le secrétaire d'état doit voir par ses yeux tout ce qui se passe dans les ports, outre le rapport continuel qu'il doit avoir avec les intendants.

Il doit être de même des gardes-magasins et commissaires-généraux.

Il faut s'informer soigneusement de tout ce qui se passe entre toutes les nations sur le fait des saluts ; voir les règlements qui ont été faits par Sa Majesté sur ce sujet, en connaître toutes les difficultés et toutes les différences avec les étrangers, pour y donner tous les ordres et toutes les explications nécessaires pour éviter tous les inconvénients et soutenir la dignité du roi.

Il faut travailler à établir dans tous les ports des écoles d'hydrographie ou de pilotage et de canonniers. Cette dernière école particulièrement est d'une telle conséquence que, si le roi était chargé d'une guerre dans laquelle il eût besoin de mettre en mer la moitié ou les deux tiers de ses vaisseaux, il manquerait assurément de canonniers. C'est pourquoi il faut s'appliquer à en multiplier le nombre par le moyen de ces écoles.

Tenir la main pour faire faire les revues de tous les équipages des vaisseaux, lorsqu'ils sont mis en mer, et dans tous les lieux où ils se rencontrent; établir pour cet effet un commissaire de marine sur toutes les escadres, avec ordre exprès de faire ces revues dans tous les calmes, et en envoyer les extraits pour en informer le roi.

Examiner tout ce qui s'est fait pour l'établissement d'un munitionnaire dans la marine, et examiner le traité; voir qu'il satisfasse ponctuellement aux conditions y contenues; qu'il soit protégé, et tous ses commis, tant dans les ports que sur les vaisseaux, et faire punir avec quelque sorte de sévérité les capitaines qui maltraiteront ou laisseront maltraiter les commis dudit munitionnaire qui seraient sur leur bord.

Examiner la différence de cette fourniture à celle qui se faisait autrefois par les capitaines des vaisseaux, et les avantages que les équipages y trouvent, pour, sur cette connaissance, travailler incessamment à maintenir et perfectionner cet établissement. Examiner pareillement toutes les déclarations et ordonnances qui ont été données, et généralement tout ce qui s'est fait pour l'enrôlement général des matelots en Bretagne, Provence, Poitou, pays d'Aunis, Saintonge et Guienne, en bien connaître les avantages, maintenir et perfectionner cet établissement et le continuer dans les autres provinces du royaume où il n'a point été fait, savoir : en Languedoc, Normandie, Picardie et pays reconquis.

Les intendants, commissaires-généraux et particuliers étant les principaux officiers qui doivent faire agir cette grande machine, il faut avoir continuellement l'œil sur leur conduite, les redresser quand ils manquent, leur donner des ordres bien clairs et les leur faire bien exécuter; en un mot il faut travailler par tous moyens possibles à remplir cette place de gens habiles, sages et d'une fidélité éprouvée.

Il faut pareillement bien connaître tout ce qui concerne la compagnie des gardes de la marine, tenir la main à ce qu'elle soit toujours complète et remplie de bons hommes, que les revues en soient envoyées tous les mois, et n'ordonner le payement qu'après avoir rendu compte au roi des revues.

Voir les ordres qui ont été donnés par le roi pour la levée des soldats pour les équipages des vaisseaux; tenir la main à ce qu'ils soient bien exécutés et que ces soldats soient bons, bien habillés et bien armés.

Tenir la main à ce que la revue des officiers de marine qui servent dans les ports soit faite continuellement, en rendre compte au roi et envoyer les fonds pour leur payement.

Prendre soin d'établir des fonctions auxdits officiers pendant le temps qu'ils demeurent dans les ports, soit aux radoubs, carènes, soit pour la garde des vaisseaux, et conférer pour en faire un règlement avec les vice-amiraux et les intendants et commissaires-généraux de la marine, pour leur donner de l'occupation et éviter les maux que l'oisiveté tire après soi.

Tenir soigneusement et sûrement la main à ce que les édits concernant les duels soient exécutés dans toutes les dépendances de la marine, n'y ayant rien en quoi l'on puisse rien faire qui soit plus agréable au roi.

Examiner ce qui est à faire pour établir la justice de la marine dans les ports.

Pour ce qui concerne les galères :

Il faut lire toutes les ordonnances qui ont été faites concernant les galères; en bien examiner la différence; et, pour le surplus, ce qui est dit sur le sujet des vaisseaux servira pour ce corps.

Pour les compagnies des Indes orientales et occidentales, le commerce du royaume et le rétablissement des haras, dans la suite du temps, mon fils s'instruira de toutes ces choses et se rendra capable de les conduire.

Avant que d'entamer les choses particulières que mon fils doit faire, c'est-à-dire ce qui peut regarder sa conduite journalière, je lui dirai que je sais bien et ne m'attends pas qu'il puisse entamer toutes ces matières générales et en faire des études particulières de chacune pour consommer tout son temps et l'appliquer à un travail continuel. Mon intention serait seulement, pour le rendre habile, qu'il lût une fois le mois cette instruction, et qu'il travaillât à s'instruire, pendant ce mois, de quelques-uns des points y contenus, qu'il m'en parlât quelquefois, et que je lui expliquasse tout ce qui peut servir à son instruction sur chacun de ces points.

Pour ce qui concerne sa conduite journalière :

Il est nécessaire qu'il fasse état de tenir le cabinet, soit le matin, soit le soir, cinq ou six heures par jour; et, outre cela, donner un jour entier chaque semaine à expédier toutes les lettres et donner tous les ordres.

Pour tout ce qui concerne ma charge, il faut premièrement qu'il pense à bien régler sa conduite particulière.

Qu'il tienne pour maxime certaine et indubitable et qui ne doit jamais recevoir ni atteinte ni changement, pour quelque cause et sous quelque prétexte que ce soit ou puisse être, de ne jamais rien expédier qui n'ait été ordonné par le roi ; c'est-à-dire qu'il faut faire des mémoires de tout ce qui sera demandé, les mettre sur ma table et attendre que j'aie pris les ordres de Sa Majesté, et que j'en aie donné la résolution par écrit; et lorsque, par son assiduité et par son travail, il pourra lui-même prendre les ordres du roi, il doit observer religieusement pendant toute sa vie cette maxime de ne jamais rien expédier qu'il n'en ait pris l'ordre de Sa Majesté.

Comme le souverain but qu'il doit avoir est de se rendre agréable au roi, il doit travailler avec grande application pendant toute sa vie à bien connaître ce qui doit être agréable à Sa Majesté, s'en faire une étude particulière; et comme l'assiduité auprès de sa personne peut assurément beaucoup contribuer à ce dessein, il faut se captiver et faire en sorte de ne le jamais quitter, s'il est possible.

Pour tout le reste de la cour, il faut être toujours civil, honnête, et se rendre agréable à tout le monde, autant qu'il sera possible; mais il faut en même temps se tenir toujours extrêmement sur ses gardes pour ne point tomber dans aucun des inconvénients de jeu extraordinaire, d'amourettes et d'autres fautes qui flétrissent un homme pour toute sa vie.

Il faut aimer surtout à faire plaisir quand l'occasion se trouve, sans préjudicier au service que l'on doit au roi et en exécution de ses ordres, et le principal de ce point consiste à faire agréablement et promptement tout ce que le roi ordonne pour les particuliers : pour cet effet, il faut se faire à soi-même une loi inviolable de travailler tous les soirs à expédier tous les ordres qui auront été donnés pendant le jour, et à faire un extrait de tous les mémoires qui auront été donnés, et le lendemain matin m'apporter, de bonne heure, toutes les expéditions résolues et les mémoires de ce qui est à résoudre, pour en parler au roi et ensuite expédier.

Il ne faut non plus manquer à faire enregistrer toutes les ordonnances et expéditions, et n'en délivrer jamais aucune que mon fils n'en ait vu et coté l'enregistrement.

Toutes les expéditions qu'il fera doivent être examinées, et voir sur quelles ordonnances elles sont fondées, où elles ont rapport; ce qui lui donnera une grande et parfaite connaissance de tout ce qui passera jamais par ses mains.

Pour se rendre capable et bien faire toutes sortes d'expéditions, il faut qu'il lise avec soin toutes celles que j'ai fait recueillir dans mes registres, et en fasse même des tables en différentes manières; et, en cas qu'il trouve ce travail trop long, il pourra s'en faire soulager, donner ordre de les faire; mais il faut qu'il dirige ce travail, qu'il le voie et le corrige.

Comme la marine est assurément la plus importante et la plus belle partie de mon département, il faut aussi donner plus de soins, plus de temps et plus d'application pour la bien conduire. Pour cet effet, il faut que mon fils lise lui-même avec soin et application tous les ordres qui ont été expédiés pour la marine depuis trois ou quatre ans, qu'il en fasse lui-même des tables contenant la substance des ordonnances, afin qu'elles lui servent de principe et de fondement sur tous ceux qui seront à donner à l'avenir.

Il est nécessaire qu'il se fasse un travail réglé et ordinaire de la lecture de ces ordres et lettres enregistrées et desdites tables, d'une et deux heures par jour, y ayant apparence qu'en un mois ou six semaines de temps il en pourra venir à bout.

Outre cette lecture, il faut faire état toutes les semaines de tenir une correspondance de lettres réglée avec tous les officiers de la marine, savoir :

A Toulon, avec le sieur Matharel;

Le commissaire, et quelquefois les officiers du port;

Avec le sieur Brodard, commissaire-général départi pour l'enrôlement général des matelots;

A Arles, avec le commissaire Julien, pour la voiture et réception des bois;

En Bourgogne, avec le sieur Dugay, premier président de la chambre des comptes, pour l'achat, le débit et la voiture des bois;

En Dauphiné et Lyonnais, avec le sieur de la Tour-Dalliès, pour toutes les manufactures dont il prend soin, savoir : — Bois, fer, mâts, toile à voiles, mousquets et autres armes, en Forez, Dauphiné et Nivernais; — Grosses ancres, en Dauphiné, Bourgogne et Nivernais; — Canons de fer, crics, mâts.

En Bourgogne, avec le sieur Besch, Suédois, entrepreneur des canons de fer;

En Nivernais, avec le sieur Legoux, commis dudit sieur Dalliès;

A Rochefort, avec M. de Terron;

A La Rochelle, avec les directeurs de la compagnie du Nord;

A Nantes, avec Valleton, qui reçoit toutes les marchandises pour la marine, et les fait charger pour les porter à Rochefort et à Brest;

A Brest, avec le sieur Deseuil.

En Bretagne, avec ledit sieur Sachi Sejourné, commissaire de marine, député pour l'enrôlement des matelots dans l'évêché de Nantes; et avec le sieur de Namp, commissaire de marine, départi à Saint-Malo pour le même enrôlement;

Au Havre, avec le sieur Huber;

A Dunkerque, avec le sieur Gravier;

A Lisbonne, avec le commissaire de marine qui y est, nommé Desgranges;

Avec les ambassadeurs du roi, en Espagne, Portugal, Angleterre, Hollande, Danemarck et Suède, sur toutes les mêmes affaires de marine.

Le roi m'ayant donné tous les vendredis après le midi pour lui rendre compte des affaires de la marine, et Sa Majesté ayant déjà eu la bonté d'agréer que mon fils y fût présent, il faut observer avec soin cet ordre.

Aussitôt que j'aurai vu toutes les dépêches, à mesure qu'elles arriveront, je les enverrai à mon fils pour les voir, en faire promptement et exactement l'extrait, lequel sera mis de sa main sur le dos de la lettre et remis en même temps sur ma table; je mettrai un mot de ma main sur chaque article de l'extrait, contenant la réponse qu'il faudra faire; aussitôt il faudra que mon fils fasse les réponses de sa main, que je les voie ensuite et les corrige; et quand le tout sera disposé, le vendredi nous porterons au roi toutes ces lettres, nous lui en lirons les extraits et en même temps les réponses; si Sa Majesté y ordonne quelque changement, il sera fait; sinon, les réponses seront mises au net, signées et envoyées; et ainsi, en observant cet ordre régulier avec exactitude, sans s'en départir jamais, il est certain que mon fils se mettra en état de s'acquérir de l'estime dans l'esprit du roi.

A l'égard des galères, il faut faire la même chose.

Pour finir, il faut que mon fils se mette fortement dans l'esprit qu'il doit faire en sorte que le roi retire des avantages proportionnels à la dépense qu'il fait pour la marine. Pour cela, il faut avoir toute l'application nécessaire pour faire sortir les escadres des ports au jour précis que Sa Majesté aura donné; que les escadres demeurent en mer jusqu'au dernier jour de leurs vivres ou le plus près qu'il se pourra; donner par toutes sortes de moyens de l'émulation aux officiers pour faire quelque chose d'extraordinaire, les exciter par les exemples des Anglais et des Hollandais, et généralement mettre en pratique tous les moyens imaginables pour donner de la réputation aux armes maritimes du roi et de la satisfaction à Sa Majesté!

Je demande sur toutes choses à mon fils qu'il prenne plaisir et se donne de l'application, qu'il ait de l'exactitude et de la ponctualité dans tout ce qu'il voudra et aura résolu de faire; et comme il se peut faire que la longueur de ce mémoire l'étonnera, je ne prétends pas le contraindre ni le gêner en aucune façon ; qu'il voie dans tout ce mémoire ce qu'il croira et voudra faire. Comme il se peut facilement diviser en autant de parcelles qu'il voudra, il peut examiner et choisir ; par exemple, dans toute la marine, il peut se réserver un port ou arsenal, comme Toulon ou Rochefort, et ainsi du reste ; pourvu qu'il soit exact et ponctuel sur ce qu'il aura résolu de faire, il suffit, et je me chargerai facilement du surplus.

DISPOSITION DE MA CHARGE DE SECRÉTAIRE D'ÉTAT.

Mon fils doit faire ma première commission, c'est-à-dire se charger de tout le travail, minuter toutes les dépêches et expéditions du roi et de moi, faire les extraits de toutes les lettres que je reçois, et y répondre ; en un mot, faire tout ce qui dépend de ma charge, que je lui renverrai avec soin.

Sous lui, il peut faire travailler M. Isarn à l'aider dans toutes les expéditions de ma charge, hors la marine, et prendre soin de l'exécution de tout ce qui concerne la commission de M. d'Herbigny. — Lire soigneusement toutes les ordonnances, traités de marine et autres ordonnances, pour aider mon fils à les trouver toutes les fois qu'il en aura besoin.

Le sieur de Breteuil peut être chargé de dresser et écrire toutes les ordonnances.

Un autre, de les transcrire dans un registre, sur quoi il faut que mon fils prenne un grand soin de vérifier ces enregistrements, les coter de sa main en marge, et en tête des ordonnances, et vérifier souvent qu'il n'en manque aucune dans son registre.

Il faut être surtout exact et diligent pour l'expédition de toutes les affaires, et ne se coucher jamais que toutes celles qui doivent être expédiées ne le soient.

Belucheau fera la même chose qu'il fait sous moi. Il transcrit toutes mes minutes et toutes mes dépêches de marine ; et quelquefois, quand je suis pressé, je lui permets de faire quelques-unes des plus petites dépêches ; mon fils n'en doit pas user ainsi, parce qu'il faut qu'il minute tout.

Il peut faire toutes les tables des vaisseaux, des escadres, des officiers, les états de tous les armements, c'est-à-dire quand tout aura été minuté par mon fils.

Il peut prendre soin de tous les enregistrements, mais il faut que mon fils les cote tous de sa main.

Il a tous les inventaires des magasins, les mémoires de tous les prix des marchandises partout, les traités de toutes les marchandises, ceux des compagnies du Nord et des Pyrénées; en un mot, tous mes papiers de marine, dont il me rend assez bon compte.

Colbert, après avoir lu cette instruction, qu'il interrompit plusieurs fois pour se reposer, et que Seignelay écouta fort attentivement, la mit entre les mains de son fils, et lui dit : — Vous allez maintenant bien arrêter et peser ceci, mon fils; dans deux jours vous reviendrez me dire ce à quoi vous aurez conclu, si vous vous sentez capable de suivre cette noble et glorieuse carrière; allez, mon fils, réfléchissez long-temps et mûrement, car c'est l'avenir de toute votre vie, et la consolation du peu de jours qui me reste, dont vous allez décider.

Seignelay remercia son père et sortit de son cabinet avec plus de gravité qu'il n'y était entré.

C'est qu'aussi un seul mot de son père avait bien changé sa position. Cette perspective de la survivance des charges de son père était bien faite pour contenter les plus ambitieux, et, quoique plus jeune que Louvois de dix ans, Seignelay voyait avec peine et jalousie le fils de Letellier ayant une part active dans les affaires depuis long-temps.

On l'a dit, ce qui était à la fois une qualité et un défaut chez Seignelay, c'était une facilité de pénétration incroyable qui s'exerçait malheureusement beaucoup plus en surface qu'en profondeur, si l'on peut s'exprimer ainsi.

Isarn, qui l'éleva, était un homme fort lettré, ayant de plus une foule de connaissances superficielles, il est vrai, mais qui lui donnaient au moins l'avantage de pouvoir toujours entretenir son élève des sciences que d'autres professeurs lui enseignaient, et ainsi d'en empreindre les éléments un peu plus avant dans ce cerveau si mobile et si inconstant.

Il était d'ailleurs impossible que Seignelay, doué d'esprit et de dispositions naturelles, n'eût pas acquis des connaissances variées sur une foule de matières, quand on voit ces résumés si substantiels, si clairs, si allant droit au fait, que Colbert commandait pour son fils à l'élite des jurisconsultes, des administrateurs, des officiers de terre et de mer, des intendants, des financiers et des littérateurs du temps, sur chaque spécialité qu'ils représentaient.

Joignez à cela un extrait des maximes fondamentales de Colbert à propos du commerce et de la marine, tiré de ses dépêches et des ordres du roi qui furent toujours minutés par ce ministre, et l'on concevra que, bien que fort jeune, et à peine âgé de dix-huit ans, Seignelay ne fût pas déplacé dans les attributions importantes que son père démembra de sa charge au commencement de 1669 pour les lui confier, et que par la suite il rendît de véritables services à la marine par l'infatigable activité avec laquelle il poussa les armements dont il s'était spécialement et par goût occupé.

Deux jours après la scène dont on a rendu compte, Seignelay, qui avait à peine paru à la table de son père, en s'excusant de la négligence de sa mise; deux jours après, dis-je, il vint gratter à la porte de son cabinet.

Colbert finissait de déchiffrer une dépêche de son frère, le marquis de Croissy, ambassadeur en Angleterre, dépêche toute confidentielle dont on parlera plus tard. Il remit cette dépêche dans son sac avec les papiers à porter au roi, et dit : — Entrez.

Seignelay entra; ce n'était plus le même homme : il avait quitté les plumes et les aiguillettes de satin pour un vêtement de couleur sévère; sa dentelle était fort simple, et sa perruque raccourcie de moitié. Colbert fut sensible à cette déférence de son fils à ses conseils, et dit d'un air de bonne humeur : — C'est bien, Baptiste, c'est ainsi qu'il faut être; non que je vous enjoigne la négligence dans vos habits, mais il faut au moins racheter, par la gravité de votre air et de votre costume, ce qu'il vous manque de barbe au menton... — Mon père, — dit Seignelay, — j'ai fait mettre sur votre bureau ce matin, par Baluze, le mémoire de ce que je me propose de faire toutes les semaines, maintenant que j'ai lu votre instruction et que je prends le parti de mériter en tout vos bonnes grâces; avez-vous bien voulu lire ce projet?...

— Ce projet... le voici, Baptiste, — dit Colbert en montrant un mémoire placé devant lui, écrit d'une grande écriture mince et serrée, et en marge duquel étaient des observations d'une petite écriture ronde, abrégée, presque aussi illisible et inintelligible que celle de Lionne. — Vous voyez, mon fils, que je l'ai annoté... Tenez, lisez-le... lisez-le tout haut... Mes observations vous serviront de réponses ; je l'entendrai encore une fois, et si quelque chose m'a échappé, j'y remédierai à l'heure même...

Et Seignelay lut le mémoire suivant, en s'interrompant à chaque paragraphe pour y ajouter les remarques de son père.

MÉMOIRE DE CE QUE JE ME PROPOSE DE FAIRE TOUTES LES SEMAINES POUR EXÉCUTER LES ORDRES DE MON PÈRE, ET ME RENDRE CAPABLE DE LE SOULAGER.

Le lundi sera employé

Bon [1].

Aux réponses à faire à M. Terron, et aux lettres de l'ordinaire de La Rochelle et de Bordeaux ;

Mais il ne faut rien oublier, et surtout que je le voie bien pour redresser ce qui ne sera pas bien fait, et prendre garde que rien ne s'oublie.

À se préparer pour le conseil du soir et examiner ce qui sera à faire pour le bien remplir.

Bon.

Il faut lire, et jamais ne sortir ce jour-là.

Je m'appliquerai principalement à bien digérer les choses dont j'aurai à parler au roi, à les bien relire, en rendre compte à mon père lorsqu'il aura le temps, et j'emploierai l'après-dînée à bien lire et examiner la liasse du conseil.

C'est là le principe de toute ma charge, et jamais elle ne se peut bien faire sans cela.

Il fallait cet article le premier.

Je me ferai une loi indispensable ce jour-là, aussi bien que tous les autres, de la semaine, excepté le vendredi, de recevoir tout le monde, depuis onze heures du matin jusqu'à la messe du roi.

[1] Tout ce qui est en petit texte est écrit sur le manuscrit de la main de Colbert,

—1668— LIVRE II, CHAPITRE XIV.

Bon.

J'enverrai voir dans la salle de mon père ceux qui pourraient avoir à lui parler touchant les affaires de la charge, et je tâcherai de les attirer à moi par une prompte expédition.

Cela est très-bon, pourvu que cela s'exécute.

Pour cet effet, j'écrirai les demandes de tous ceux qui me parleront, et j'en rendrai compte à mon père dans la journée, et je lui mettrai un mémoire sur sa table, afin qu'il mette ses ordres à côté.

Bon.

J'aurai un commis qui tiendra, pendant que je tiendrai audience, les ordonnances et autres expéditions, et qui les délivrera à mesure qu'elles seront demandées.

Bon.

Le lundi, au retour du conseil, je ferai un mémoire de ce qui aura été ordonné par le roi, et commencerai, dès le soir même, à expédier ce qui demandera de la diligence.

Bon.

Le mardi matin, je me lèverai à mon heure ordinaire; j'achèverai ce qui aura été ordonné au conseil.

Bon.

Je travaillerai aux affaires courantes, et tâcherai surtout de faire en sorte que toutes les affaires qui peuvent être expédiées sur-le-champ ne soient pas différées au lendemain, et travaillerai à mettre les affaires de discussion en état d'en rendre bon compte à mon père et de recevoir ses ordres.

Bon.
Il n'y a rien de mieux, mais il faut exécuter.

Je me ferai représenter les enregistrements le mardi, après le dîner; je les coterai après les avoir lus, et marquerai à côté les minutes de la main de mon père.

Bon.

Surtout je ne manquerai pas, lorsque j'aurai quelque expédition à faire, de quelque nature qu'elle soit, de chercher dans les registres ce qui aura été fait en pareille occasion, et je me donnerai le temps de lire et examiner lesdits registres, afin de former mon style sur celui de mon père.

> Bon.

Je visiterai tous les soirs ma table et mes papiers, et j'expédierai, avant de me coucher, ce qui pourra l'être, ou je mettrai à part et enverrai à mes commis les affaires dont ils devront me rendre compte, et j'observerai de marquer sur l'agenda que je tiendrai exactement sur ma table les affaires que je leur aurai renvoyées, afin de leur en demander compte en cas qu'ils les différeraient trop long-temps.

> Très-bon.

Je mettrai sur ledit agenda toutes les affaires courantes, et je les rayerai à mesure que leur expédition sera achevée.

> Bon.

J'emploierai le mercredi à travailler aux affaires que je n'aurai pu achever le mardi, et en cas qu'il y eût quelques affaires pressées, dont il fallût donner part dans les ports de Brest et de Rochefort, j'écrirai par l'ordinaire qui part ce jour-là.

> Bon.

Je lirai toutes les lettres à mesure qu'elles viendront, ferai moi-même l'extrait des principales, et enverrai les autres au commis qui a le soin des dépêches.

> Il faut lire et faire l'extrait des principales lettres; et, à l'égard des autres, l'extrait des principaux points.

Je prendrai le mercredi après le dîner pour examiner tous les portefeuilles, ranger les papiers suivant l'ordre mis à côté par mon père, y remettre les nouvelles expéditions qui auront été faites, et les maintenir toujours dans l'ordre prescrit par mon père.

> Bon.
> Il faut remettre ce travail au samedi. Dans le mercredi et le jeudi, on peut prendre les après-dînées, et quelquefois les journées entières et le dimanche, et ainsi il ne faut point attacher à ces jours-là un travail nécessaire.

Bon.	Je ferai le jeudi matin un mémoire des ordres à demander à mon père sur les dépêches de l'ordinaire, afin de commencer ensuite à y travailler.
Bon.	Je travaillerai le soir au conseil, ferai les extraits des affaires auxquelles il y aura quelques difficultés, afin d'être en état d'en rendre compte le lendemain matin à mon père.
Bon.	Je ferai en sorte d'achever dans le vendredi toutes les dépêches de l'ordinaire, en faisant les principales, que je ferai toutes de ma main; je mettrai à côté les points desquels je dois parler dans le corps de la lettre, et tâcherai de suivre le style de mon père, afin de lui ôter, s'il est possible, la peine de les corriger ou de les faire même tout entières, ainsi qu'il arrive souvent.
Bon.	Le samedi matin sera employé à examiner et signer les lettres de l'ordinaire, à expédier le conseil du vendredi et travailler aux affaires courantes.
Bon.	Le samedi, après dîner, je travaillerai sans faute à examiner l'agenda, à voir sur le registre des finances s'il n'y a point de nouveaux fonds qui aient été omis sur le registre des ordres donnés au trésorier; si je n'ai point omis, pendant la semaine, à enregistrer ceux qui ont été donnés; et je m'appliquerai à être si exact dans la tenue dudit agenda, que je n'aie pas besoin d'avoir recours au trésorier pour savoir les fonds qu'il a entre les mains.
Il faut faire ces enregistrements à mesure que les ordonnances s'expédient, sans jamais les remettre.	J'enregistrerai aussi le samedi toutes les ordonnances sur le registre tenu par le sieur de Breteuil.

17.

Bon.	Le dimanche matin sera employé à vérifier la feuille des lieux où sont les vaisseaux, et à travailler aux affaires qui seront à expédier.
Bon.	J'aurai toujours l'agenda des vaisseaux, des escadres et des officiers dans ma poche.
Bon.	
La loi indispensable et la plus nécessaire est d'être réglé dans ses mœurs et dans sa vie.	Je ferai surtout en sorte d'exécuter ponctuellement tout ce qui est contenu dans le mémoire ci-dessus, en cas qu'il soit approuvé par mon père, et de faire même plus sur cela que je ne lui promets.
Manger à ma table très-souvent, sans trop s'y assujettir.	
Voir le roi tous les jours, ou à son lever ou à sa messe.	
Travailler tous les soirs, et ne pas prendre pour une règle certaine de sortir tous les soirs sans y manquer.	
L'on peut pourtant une ou deux fois la semaine aller faire sa cour chez la reine ou ailleurs.	
Il n'y a que le travail du soir et du matin qui puisse avancer les affaires.	

— Et alors, mon cher enfant, — dit Colbert, — si vous faites encore plus que vous le promettez, vous ne me trouverez pas en reste avec vous. Allons, allons, Baptiste, vous êtes un digne jeune homme; j'ai bon espoir en vous, et vous achèverez ce que j'ai commencé... Dieu est le maître de toutes choses; aussi je ne crois pas faire un péché d'orgueil en disant que, lorsque j'ai pris les finances et la marine, tout était dans un bien grand désordre, et particulièrement la marine; je l'ai rétablie en assez peu de temps, et rappelez-vous, mon fils, que si j'y ai abondamment versé les fonds de l'état, la marine commence bien à me les rendre par l'augmentation du commerce maritime, qui est une des grandes sources de richesses d'un pays.

— Comme aussi la marine militaire fait respecter au dehors le pavillon du roi avant tous les autres ; n'est-il pas vrai, mon père ?

— Sans doute... sans doute... quoique ces préséances de pavillon aient coûté bien du sang et bien de l'argent, et tout cela pour un point d'honneur frivole... Et Dieu sait ce qu'il en coûtera encore.

— Et qu'importe, s'il coule glorieusement, mon père, et si le nom du ministre du roi de France se mêle aux noms de ceux qui auront si bravement soutenu ce pavillon? — dit Seignelay avec une exaltation qui fit réfléchir et soupirer profondément Colbert, comme s'il eût pu lire dans ces paroles l'avenir de l'administration de son fils. Puis il ajouta : — Bast... voilà des imaginations extravagantes que Louvois vous envierait, mon enfant. Le pavillon... le pavillon... folies que tout cela ; le commerce d'abord... le commerce toujours... Que vos escadres de guerre soient destinées à le protéger, à l'augmenter, à l'assurer... car si l'étendard royal est semé de fleurs de lys d'or, il les doit au travail de ce modeste pavillon bleu à croix blanche [1], qui est pour moi le plus glorieux, parce qu'il est le plus utile, et c'est surtout la préséance de celui-là que je soutiendrai de toutes mes forces... Voyez d'ailleurs ces Hollandais, qui, malgré les nombreuses flottes qu'ils entretiennent, trouvent encore le moyen de nous fournir des approvisionnements de toute sorte... C'est que le commerce, la marine marchande alimente sans cesse la marine de guerre, en échange de la protection qu'elle en reçoit.

— Mais à propos de Hollande, mon père, est-ce donc vrai que Sa Majesté pense à attaquer cette république de huguenots, malgré les traités, et qu'il va, pour cela, se joindre Sa Majesté d'Angleterre?

— Mon fils, dit Colbert de son air imposant, je n'ai pas les

---

[1] Les seuls bâtiments de guerre pouvaient porter le pavillon blanc.

affaires étrangères dans mon département, et il est des questions qu'on ne fait pas même à son père. Mais assez parlé de cela, mon fils... Allons, venez avec moi, nous irons à pied jusqu'au couvent, voir votre tante l'abbesse; le temps est beau, l'air vif, cela vous fera du bien, car voici deux jours que vous travaillez beaucoup.

Et Colbert sortit avec son fils, sur le bras duquel il s'appuyait avec une certaine fierté.

Sans vouloir anticiper sur les événements, mais à propos de ce qu'on vient de lire, il est bon, je crois, de faire remarquer que c'est de l'adjonction des fils de Colbert et de Letellier aux affaires publiques (Seignelay à la marine, en 1672, et Louvois à la guerre, en 1666), que c'est de cette adjonction que se peut dater la période guerrière du règne de Louis XIV, qui, commençant alors à poindre, fut si onéreuse et si fatale à la France lorsqu'elle atteignit son apogée.

Cela devait être ainsi.

A de vieux ministres, sages, expérimentés, rompus aux affaires, revenus pour la France des illusions d'une gloire éphémère et de la dangereuse vanité des conquêtes, préférant à ces folles visées les avantages positifs de la paix, de l'industrie et du commerce; disant sensément, comme leur grand maître Mazarin : — Qu'il est plus sûr et *moins coûteux* de dominer par l'or que par le fer, et que la corruption soumet plus de puissances que l'épée; — à ces vieux ministres succédèrent de jeunes courtisans, vains, orgueilleux d'une fortune récente, ardents et pleins d'ambition; ils servaient un roi d'un âge déjà mûr, mais toujours et encore amoureux de ce qui était pompeux et théâtral : un carrousel, une réception d'ambassade ou le faste militaire d'une armée, peu lui importait, pourvu qu'il eût occasion de ceindre sa couronne, de dresser sa belle taille sous le manteau royal et de marcher seul et sans égal à la tête de la cour la plus magnifique de l'Europe.

On conçoit alors facilement que Louis XIV qui, à bien dire, subit toujours l'influence des idées de ses ministres, assez adroits seulement pour lui persuader qu'elles étaient les siennes propres; on conçoit, dis-je, que Louis XIV devait facilement se laisser aller aux inspirations de Louvois et de Seignelay, qui, ne rêvant que guerres et conquêtes afin de faire exceller l'importance de leurs charges, lui montraient pour résultat de ces envahissements des rois vaincus, des gazetiers repentants, des ambassadeurs à genoux, et des entrées triomphales dignes d'un nouvel Alexandre.

De là ces guerres épouvantables uniquement soulevées par la jalouse rivalité de Louvois et de Seignelay, qui flétrirent le milieu du règne de Louis XIV ; de là aussi une bien étrange contradiction dans la conduite gouvernementale du grand roi, toujours dans cette hypothèse qu'il m'est impossible d'admettre, je l'ai dit : — qu'*après la mort de Mazarin Louis XIV régna par lui-même.*

Comment ! la première période de ce règne, qui correspond à la première jeunesse de ce roi, serait remarquable surtout par une politique d'une sagesse et d'une habileté profonde, par un système de corruption, odieux si l'on veut, mais admirablement basé sur une rare connaissance et non moins rare et longue expérience des hommes et des choses ; système qui, après tout, assurait une prépondérance irrécusable à la France sur presque toute l'Europe, moyennant des subsides que le pays payait facilement, grâce aux ressources de son industrie et de son commerce, alors croissant. Comment ! ce roi si susceptible, si bouillant, si emporté dans son âge mûr, qui plus tard se jeta dans les guerres les plus sanglantes pour les griefs les plus puérils, était le même roi qui, malgré le feu de la jeunesse, se montrait en 1666 si calme, si prudent, qui se laissait durement reprocher son manque de parole et sa peur de compromettre sa marine, et se targuait même de son parjure, en se consolant par l'avantage matériel que lui rapportait son déni de secours et sa mauvaise foi, calculant en cela comme un homme qui regarde une injure mieux vengée par une amende que par du sang !

Comment ! encore une fois, pendant la première période de son règne, partant de sa jeunesse de roi, de cet âge où les passions guerrières sont si vives et si effervescentes, Louis XIV aurait montré le sang-froid calculateur et l'inflexible logique d'un homme qui, pensant avant tout au *réel*, ne voit dans une guerre qu'une affaire, qu'une émission de fonds qu'il faut rendre aussi productive que possible; lorsque plus tard, dans la seconde période de son règne, alors que les années et l'expérience sembleraient avoir dû mûrir sa raison, il agit au contraire avec toute la fougueuse étourderie, toute la folle ardeur d'un jeune téméraire, en se jetant, pour les motifs les moins fondés, dans les guerres les plus inutiles, les plus ruineuses, et qui causèrent plus tard tous ses désastres; lorsqu'on le voit enfin, par ses insolentes bravades, soulever toute l'Europe contre lui, l'Europe qu'il avait à ses gages et à ses ordres au commencement de son règne!

Comment! en un mot, ce roi aurait, à vingt ans, pensé, agi comme le plus expérimenté des hommes d'état, et à quarante ans comme le plus écervelé des ambitieux!

Ce serait en vérité un mystère inexplicable, si les faits n'en donnaient la véritable solution : à savoir :

Que ce furent de vieux ministres, créatures et disciples de Mazarin et de Richelieu, qui gouvernèrent pendant les premiers temps du règne de Louis XIV; que leurs fils gouvernèrent vers le milieu, et qu'à la fin madame de Maintenon succéda aux uns et aux autres.

RÈGLEMENT DU ROI QUI CONSERVE A M. COLBERT, CONTROLEUR-GÉNÉRAL DES FINANCES, LE DÉTAIL ET LE SOIN QU'IL AVAIT DÉJA POUR LA MARINE, LES GALÈRES, LE COMMERCE, ETC., ET LAISSE A M. DE LIONNE LES EXPÉDITIONS A FAIRE EN CONSÉQUENCE.

11 mai 1667.

(Cette pièce est du plus grand intérêt, en cela qu'elle donne la date exacte de l'époque à laquelle Colbert commença d'avoir la marine dans ses attributions, bien que depuis cinq ou six ans il fît le devoir de cette charge.)

Sur ce qui a été représenté au roi par le sieur Colbert, conseiller de Sa Majesté en son conseil royal et contrôleur-général des finances de France, qu'en exécution des commandements de Sa Majesté, il avait jusques ici pris soin des affaires concernant la marine de Levant et Ponant, et de tout ce qui regarde le commerce et les choses nécessaires pour l'entretènement des vaisseaux et galères, et l'armement et avictuaillement de ses armées navales; que, pour cet effet, il aurait tenu correspondance avec M. le duc de Beaufort, pair de France, grand-maître, chef et surintendant-général de la navigation et commerce de France, et avec ceux qui ont commandé les galères, comme aussi avec les intendants et commissaires-généraux de la marine, les sieurs d'Infreville et Colbert de Terron, ensemble avec les sieurs de Seuil, Brodart et autres, qui ont eu quelque direction;

Et dans les pays étrangers, pour le fait de la marine; savoir : en Hollande, avec l'ambassadeur de Sa Majesté audit pays et avec le sieur Dumas; à Hambourg, avec les sieurs Bidal et Dupré; à Copenhague, avec le sieur Courtin; en Suède, avec le sieur de Pomponne et le sieur Doulmet; et encore dans lesdits pays étrangers et dans toutes les provinces du royaume, pour le recouvrement des choses nécessaires à la marine, et pour les vaisseaux et galères, savoir :

Pour la recherche et l'achat des bois nécessaires au radoub et nouvelle construction desdits vaisseaux et galères, et pour en faire bâtir en la quantité que Sa Majesté lui a ordonnée, pour rendre les rivières navigables et commodes à la voiture desdits bois; pour le maintien des manufactures tant anciennes que nouvelles, achats et fabriques de toiles noyales, en Levant et en Ponant, goudron, câbles, cordages, gros ancres, ferrures diverses, fer blanc et noir, de toutes les marchandises et munitions nécessaires et suffisantes pour l'entretènement et conservation desdits vaisseaux et galères, comme aussi pour l'achat des canons de fer et mousquets, et toutes sortes d'autres armes propres à la marine, et pour l'établissement, à Toulon, Marseille, Charente, Brest, le Havre-de-Grace et Dunkerque, des ateliers nécessaires pour serrer et conserver toutes les choses susdites;

Qu'en outre il a pris soin de faire entretenir les fonderies d'artillerie dans les villes de Toulon, Saintes et Hambourg, et de faire acheter et rechercher des cuivres de toutes parts pour la fonte des pièces de canon dont il est nécessaire que Sa Majesté fasse état d'avoir au moins 3,000 de fonte verte, pour le nombre des vaisseaux qu'elle veut avoir prêts à mettre en mer lorsque les occasions s'en offriront; — qu'il a fait l'établissement des forges et fourneaux pour fondre les canons de fer, ce qui ne s'était point encore vu dans le royaume, desquels Sa Majesté aura besoin de 5 à 6,000 pièces pour les armements de mer;

Qu'il a fait travailler aux arsenaux, magasins et autres bâtiments, dans les principaux ateliers de marine; fait achat de tous les bois, armes, outils, marchandises et munitions nécessaires pour remplir et garnir lesdits magasins, et fait examiner tous les ports, rades et havres du royaume, pour y établir des retraites sûres, pour y recevoir les vaisseaux de Sa Majesté et ceux des marchands;

Qu'il a pris soin aussi de tout ce qui concerce l'augmentation des chiourmes, la recherche et achats d'esclaves et de forçats, tant dedans que dehors le royaume;

Tenu correspondance dans toutes les provinces d'icelui pour la recherche et conduite des condamnés aux galères, et le rapport de tout ce qui a regardé la délivrance des forçats, pour rachat, maladies ou autres causes;

Et généralement pour tout ce qui concerne l'économie des vaisseaux, galères, et des affaires de la marine;

Qu'il a encore été chargé du commerce, tant de terre que de mer, et des requêtes et demandes de tous les marchands, pour raison dudit commerce;

Qu'il a tenu correspondance avec tous les consuls, pour le fait de marine, et pour le rétablissement et maintien du commerce du Levant et ailleurs;

Qu'il a pris soin de tout ce qui a regardé la conservation et augmentation des colonies françaises en Canada, îles de l'Amérique, la Cayenne et l'île de Madagascar;

De tout ce qui a pu concerner les Compagnies des Indes orientales et occidentales, et de toutes les autres sociétés de commerce maritime;

Et de ce qui a regardé les traités et rachats des esclaves d'Alger.

Mais comme, dans la disposition des choses présentes, ledit sieur Colbert prévoit que l'emploi des finances, dont il est chargé en qualité de contrôleur-général d'icelles, peut devenir plus difficile et requérir une plus grande application, il aurait très-humblement supplié Sa Majesté de le vouloir bien décharger de l'emploi ci-dessus, et d'avoir agréable que ledit sieur de Lionne, conseiller de Sa Majesté en ses conseils, secrétaire d'état et de ses commandements, dans le département duquel est compris tout ce qui regarde la marine de Levant et de Ponant et commerces étrangers, en demeurât chargé pour en rendre compte à Sa Majesté; et qu'à ces fins ledit sieur Colbert remît ès-mains dudit sieur de Lionne tous les papiers, instructions et mémoires concernant ledit emploi.

Sur quoi Sa Majesté ayant entendu le sieur de Lionne, qui lui a représenté qu'il a l'honneur d'exercer pour son service une charge très-laborieuse qui requiert indispensablement une application continuelle, et qui, comme lui, désire d'y faire son devoir, formant de sa main toutes les minutes, tant des dépêches de Sa Majesté aux ambassadeurs et ministres qui la servent au dehors, que celles que Sa Majesté écrit aux princes étrangers sans s'en décharger sur ses commis, outre les affaires qu'il a des provinces du royaume qui sont dans son département, et par ces considérations, a très-humblement supplié Sa Majesté de ne le charger pas du surcroît des affaires de la marine, dont le sieur Colbert a pris le soin, avec grande utilité pour son service, et dont il désirait après se décharger sur lui; et après que Sa Majesté a considéré que ledit sieur Colbert s'y est acquis une très-grande facilité par une longue expérience, et qu'il a mis en bon état toutes les affaires de cette nature-là par son application, Sa Majesté a résolu le règlement qui ensuit, qu'elle veut être dorénavant bien observé.

Premièrement,

Que ledit sieur Colbert continuera les mêmes correspondances et entretiendra le même commerce qu'il a fait jusques ici avec ceux qui ont pouvoir, autorité, juridiction et intendance sur les vaisseaux et galères, sur ses armées navales et sur tout ce qui regarde la marine;

Qu'il prendra les mêmes soins pour la fabrique et construction des vaisseaux et galères, des canons, pièces d'artillerie de fonte et de fer, armes, outils, construction et entretènement des vaisseaux, magasins et ateliers servant et destinés pour la marine, achats de bois, métaux, marchandises et munitions, et autres choses nécessaires, tant pour ladite construction et conservation des bâtiments de mer, arsenaux et magasins, que pour la substance et maintien des armées navales, et de ceux qui sont employés à la navigation ;

Comme de l'augmentation et conservation et maintien des chiourmes, recouvrement des forçats, et généralement de toutes les choses concernant la marine, selon et ainsi qu'il a fait par le passé ;

Qu'il demeurera chargé du commerce tant de terre que de mer, et des requêtes et demandes de tous les marchands pour raison dudit commerce ;

Qu'il tiendra correspondance avec tous les consuls pour le fait de marine et pour le rétablissement et maintien du commerce de Levant et ailleurs ;

Qu'il prendra soin de tout ce qui regarde la conservation et augmentation des colonies françaises en Canada, îles de l'Amérique, la Cayenne et Madagascar ;

De tout ce qui pourra concerner les Compagnies des Indes orientales et occidentales, et de toutes les autres sociétés de commerce maritime ;

Et de tout ce qui regardera les traités et rachats des esclaves d'Alger ;

Que lorsque, pour l'exécution des choses contenues ès-articles ci-dessus, il sera nécessaire d'avoir des ordres et dépêches de Sa Majesté, savoir :

Des ordres et instructions au grand-maître, chef et surintendant-général de la navigation et commerce du royaume, général des galères, lieutenants-généraux des armées navales, chefs d'escadres, commandants et capitaines de vaisseaux ou galères, pour toutes sortes d'actions de guerre générales ou particulières,

Pour l'ouverture et fermeture des ports et havres dans les provinces du royaume ;

Pour la levée des équipages ;

Les provisions, pouvoirs, commissions et brevets ; pour l'établissement des officiers de la marine en leurs charges ;

Les passe-ports de toute nature pour la guerre et le commerce ;

Les ordres concernant les pavillons, la jonction ou séparation des forces navales de Sa Majesté avec celles de ses alliés, et pour faire agir ses armées navales ;

L'envoi des ordres de Sa Majesté et des courriers, en toutes occasions;

La négociation avec les ministres étrangers, sur tout qui concerne la marine, tant sur le fait de guerre que de marchandise et de commerce;

Les ordres aux ambassadeurs de Sa Majesté, pour faire les instances et les offices convenables sur ces deux points de guerre et de commerce;

Et généralement pour toutes les choses, concernant la marine et le commerce, où les ordres de Sa Majesté seront nécessaires;

Ledit sieur Colbert fera les mémoires des ordres à expédier, les lira en présence de Sa Majesté, et, après les avoir lus, les remettra audit sieur de Lionne pour en dresser les expéditions;

Qu'après que ledit sieur de Lionne les aura faites, il les enverra toutes, à cachet volant, audit sieur Colbert, y joignant des lettres de sa main pour ceux auxquels les ordres s'adresseront, afin que ledit sieur Colbert prenne soin de les leur faire tenir; et il les accompagnera d'une de ses lettres, par laquelle il marquera que l'on mette la réponse desdits ordres dans son paquet à cachet volant; de laquelle réponse ledit sieur Colbert prendra lecture pour s'instruire de la suite des choses, et, après l'avoir lue, il l'enverra audit sieur de Lionne pour en rendre compte à Sa Majesté.

Veut aussi, Sa Majesté, que ledit sieur Colbert demeure chargé de l'établissement des haras de Sa Majesté dans toutes les provinces du royaume;

Des fortifications des places d'icelui, tant de mer que de terre;

Et de tout ce qui regarde le fait de la fourniture des vivres tant des armées que des garnisons;

Et que tous les ordres qui seront nécessaires pour l'exécution des choses ci-dessus soient expédiés par chacun des secrétaires d'état dans son département, et ce, en la forme et manière prescrites ci-dessus pour les affaires de la marine et du commerce.

Fait à Saint-Germain-en-Laye, le 11 mai 1667. Signé LOUIS, et plus bas, Le Tellier.

(*Registre des ordres du Roi,* 1667. *Archives de la Marine, à Versailles.*)

RÈGLEMENT CONCERNANT LES DÉTAILS DONT M. COLBERT EST CHARGÉ, COMME CONTROLEUR GÉNÉRAL ET SECRÉTAIRE-D'ÉTAT AYANT LE DÉPARTEMENT DE LA MARINE.

7 mars 1669.

Cette pièce, qui précise les attributions de Colbert, démontre évidemment que le but de l'administration de ce ministre fut toujours de faire servir la marine au développement et à l'accroissement du commerce, et de lui donner une direction bien plus industrielle et pacifique que guerrière. Le mémoire qui suit développe largement ces vues, que M. de Seignelay contraria plus tard radicalement. Ce règlement donne la date précise du jour où Colbert fut exclusivement chargé du ministère de la marine; il en faisait réellement les fonctions depuis la mort de Mazarin, arrivée en 1661. Lionne ne fut ministre de la marine que de nom.)

Le Roi ayant considéré *la connexité du commerce avec la marine et les grands avantages que son service et celui du public en recevraient si ces deux emplois étaient confiés à une même personne,* Sa Majesté, étant d'ailleurs bien informée que pendant que le sieur Colbert, à présent secrétaire-d'état, a pris soin du commerce en qualité de contrôleur-général des finances, il s'est notablement augmenté dans le royaume, elle a jugé à propos de mettre dans le département de la charge de secrétaire-d'état dudit sieur Colbert, le commerce avec la marine, les démembrant de la charge du sieur de Lionne, aussi secrétaire d'état, de laquelle le sieur marquis de Berny, son fils, est pourvu à sa survivance; en leur donnant, d'autre part, un dédommagement proportionné à la diminution qu'ils souffriront dans leur emploi : pour cet effet, Sa Majesté, du consentement desdits sieurs de Lionne et de Berny et dudit sieur Colbert, a résolu le présent règlement de la manière qui suit :

Premièrement, que ledit sieur Colbert aura dans son département la marine, en toutes les provinces du royaume sans exception, même dans la Bretagne; comme aussi les galères, les compagnies des Indes orientales et occidentales, et les pays de leurs concessions; le commerce, tant dedans que dehors le royaume, et tout ce qui en dépend; les consulats de la nation française dans les pays étrangers; les manufactures et les haras, en quelque province du royaume qu'ils soient établis;

Que lesdits sieurs de Lionne et de Berny auront dans leur département la Navarre, le Béarn, le Bigorre et le Berry, qui étaient de l'ancien département de la charge dudit sieur Colbert;

Que les appointements attribués à la charge desdits sieurs de Lionne et de Berny seront augmentés de la somme de 4,000 livres, pour et au lieu de pareille somme que ledit sieur de Lionne touchait tous les ans sur les états de la marine, laquelle somme serait dorénavant employée dans les états sous le nom dudit sieur Colbert; et qu'en outre, pour dédommager lesdits sieurs de Lionne et de Berny de la diminution de leur dit emploi, il sera payé comptant audit sieur de Berny, du consentement dudit sieur de Lionne, des deniers du Trésor-Royal, la somme de 100,000 livres.

Fait à Paris.

Signé LOUIS, et plus bas Le Tellier.

(Archives de la Marine, à Versailles.)

TABLEAUX COMPARATIFS

DE LA MARINE MARCHANDE EN FRANCE, EN 1664 ET 1842.

(L'enquête ordonnée par Colbert en 1664 pour évaluer le nombre des vaisseaux marchands et propres à la course appartenant à des particuliers, est connue seulement par un arrêt du conseil que nous réimprimons ici. Nous publions pour la première fois, d'après les inventaires originaux, résultats de cette enquête. Ce précieux document de statistique commerciale est suivi d'un tableau de la marine marchande en 1842, qui en montre le prodigieux accroissement.)

EXTRAIT DES REGISTRES DU CONSEIL ROYAL DES FINANCES.

A Paris, 21 avril 1664.

Le roi, en son conseil royal des finances, s'étant fait représenter les états et fonds extraordinaires qui ont été employés par ses ordres pour le rétablissement de la marine et l'entretien de ses vaisseaux à la mer et dans ses ports, depuis que Sa Majesté y donne elle-même son application et ses soins, et l'avantage qu'elle voit que ses sujets en doivent recevoir, lui en faisant soutenir avec plaisir la dépense, quoique fort considérable, en ce qu'elle espère que les marchands négociants de son royaume, fortifiés par un si bel exemple, et rassurés par de si puissants moyens contre la violence de ceux qui voudraient entreprendre de les troubler et inquiéter en leur navigation et commerce, s'y appliqueront désormais avec plus de soin qu'ils n'ont fait jusqu'à présent, comme sadite Majesté n'a rien plus à cœur, et qu'après les y avoir exhortés, ainsi qu'elle a fait ci-devant en toutes sortes d'occasions et par toutes sortes de voies, elle a intérêt d'en apprendre le succès et d'être, à cet effet, particulièrement informée de la quantité et qualité des vaisseaux, navires et autres bâtiments de mer propres à équiper en guerre et marchandise qui se trouvent à la mer ou dans les ports et rades de son obéissance appartenant en propre à ses sujets; sadite Majesté, étant en sondit conseil, a ordonné et ordonne que par les officiers de l'amirauté et autres juges exerçant les charges maritimes du royaume, chacun en l'étendue de sa juridiction, sera fait une description, état ou inventaire général de tous les vaisseaux, de quelque fabrique qu'ils puissent être, française ou étrangère, qui se trouvent dans les ports, havres et rades de son obéissance, ou occupés à quelque voyage à la mer, appartenant à des particuliers marchands, négociants ou autres sujets de sadite Majesté, ensemble du port, âge et qualité desdits vaisseaux, et de ce à quoi ils peuvent être destinés et employés, pour le tout être, par chacun d'eux, incessamment envoyé à la suite de la cour au sieur Colbert, conseiller audit conseil royal et intendant des finances ayant le département de la marine. Ordonne sadite Majesté, au sieur duc de Vendôme, pair, grand-maître, chef et surintendant-général de la navigation et commerce de France, de tenir la main à l'exécution du présent arrêt, lequel sera lu, publié et affiché par toutes les villes et ports du royaume où besoin sera.

Fait au conseil royal des finances, Sa Majesté y étant.

Signé DE LIONNE.

AVIS SUR LEQUEL LES OFFICIERS DE L'AMIRAUTÉ FERONT RÉPONSE.

Les officiers de l'amirauté, envoyant à M. Colbert, conformément à l'arrêt du conseil ci-joint, la description, état et inventaire des vaisseaux et autres bâtiments de mer appartenant aux Français habitants des lieux de leurs juridictions, soit qu'ils se trouvent dans les ports et rades, ou qu'ils soient présentement en mer, employés à quelques voyages de long cours ou autres, auront soin de marquer bien particulièrement dans lesdits mémoires et états les lieux où lesdits vaisseaux auront été bâtis, tant en France que chez les étrangers, en quel temps ils ont été construits, s'ils ont été conservés ou non avec soin.

Combien de temps ils peuvent encore servir, de quel port, jauge et capacité ils sont, la manière de leur gabarit ou construction, et s'ils sont taillés en façon ou autrement, s'ils ont assez de hauteur entre les deux ponts pour pouvoir servir commodément en guerre en cas de besoin, et de quel nombre de canons ils sont ou peuvent être armés.

S'ils sont propres et disposés pour les voyages de long cours, et s'ils sont doublés ou non ; distinguer ceux qu'on emploie ordinairement en ces voyages, avec les noms des capitaines qui les commandent et qui ont le plus d'expérience en ces sortes de navigations.

Ils observeront aussi de marquer soigneusement ceux qui servent à la pêche, soit des morues, harengs, maquereaux et autres, chacun selon sa destination particulière.

Ceux qui sont ordinairement employés au transport et voiture des marchandises de port en port, et de province en province dans le royaume.

Et généralement de ne rien omettre de tout ce qui peut servir à l'éclaircissement entier que le roi désire avoir sur la qualité, âge et propriété de chacun desdits vaisseaux qui se trouveront appartenir à ses sujets en chacun port de son royaume.

Ils observeront de plus qu'il faut qu'ils se servent d'un papier de la grandeur et largeur de la feuille qui est ci-jointe, en envoyant l'éclaircissement qui leur est demandé.

TABLEAU

DU NOMBRE DES VAISSEAUX APPARTENANT AUX SUJETS DU ROI EN L'ANNÉE 1664.

En conséquence d'un arrêt du Conseil royal des finances donné au rapport de M. Colbert, les officiers de l'amirauté lui ont envoyé leurs procès-verbaux sur le nombre et la qualité des vaisseaux qui étaient dans leurs ports, ou qui appartenaient à des particuliers résidant dans leurs juridictions.

SIÉGES DE L'AMIRAUTÉ.	de 10 à 30 tonneaux	de 30 à 40 tonneaux	de 40 à 60 tonneaux	de 60 à 80 tonneaux	de 80 à 100 tonneaux	de 100 à 120 tonneaux	de 120 à 150 tonneaux	de 150 à 200 tonneaux	de 200 à 250 tonneaux	de 250 à 300 tonneaux	de 300 à 400 tonneaux	Total du nombre desdits vaisseaux
Calais	19	10	4	2	1	1	1	»	3	»	»	41
Dunkerque	75	1	4	2	1	»	1	2	1	»	»	87
Boulogne et Étaples	4	3	2	»	»	»	»	»	»	»	»	9
Abbeville et le Crotoy	12	»	7	4	2	2	»	1	»	»	»	28
St-Valery-sur-Somme	13	2	12	5	2	»	»	»	»	»	»	34
Bourg d'Ault	23	»	»	»	»	»	»	»	»	»	»	23
Eu et Tréport	4	»	»	4	»	»	»	»	»	»	»	8
La Rochelle	1	1	5	4	3	4	3	2	5	2	2	32
Les Sables d'Olonne	24	1	3	50	18	1	5	1	»	»	»	101
Rouen	20	20	9	13	5	4	16	6	»	»	1	94
Dieppe	49	17	26	8	5	3	5	4	2	»	2	121
St-Valery-en-Caux	24	6	»	1	»	»	»	»	»	»	»	31
Le Havre	13	10	21	9	40	49	11	9	3	2	1	168
Caudebec	13	5	10	2	3	2	»	»	»	»	»	35
Honfleur	»	1	6	7	5	5	4	2	1	1	1	33
Caen	15	2	4	1	»	»	»	»	»	»	»	22
Bayeux	14	»	»	»	»	»	»	»	»	»	»	14
Grand-Camp	4	8	2	»	»	»	»	»	»	»	»	14
Carentan	2	4	2	»	»	»	»	»	»	»	»	8
Barfleur	7	1	»	1	»	»	»	»	»	»	»	9
Cherbourg	4	4	»	»	»	»	»	»	»	»	»	8
Coutances	21	»	»	»	»	»	»	»	»	»	»	21
Granville et Jonets	7	4	4	3	7	2	1	1	»	»	»	29
Bordeaux et dépendances	111	17	11	4	»	5	1	2	1	1	1	154
Bayonne	10	»	4	1	5	2	3	6	3	6	»	39
Saintonge	60	6	9	4	»	»	»	1	»	»	»	80
Marseille	»	»	»	»	»	2	5	6	2	3	3	21
Toulon	58	12	5	6	»	4	1	2	»	»	2	90
Arles	»	1	3	5	7	»	»	»	»	»	»	16
Martigues	15	50	70	»	»	»	»	»	»	»	»	135
Fréjus	5	2	2	»	»	»	»	»	»	»	»	9
Narbonne	»	»	»	»	»	»	»	»	»	»	»	»
Agde	6	14	5	3	»	1	»	»	»	»	»	29
Frontignan	»	18	9	8	»	»	»	»	»	»	»	35
Aigues-Mortes	»	40	10	»	»	»	»	»	»	»	»	50
St-Jean de Luz et Sibourre	3	2	»	»	5	2	»	8	8	5	2	35
Nantes	37	12	13	7	8	2	3	3	2	2	»	89
St-Malo	66	5	10	12	7	10	12	11	8	3	4	148
St-Brieuc et ressort de Gouellon	53	4	8	4	3	»	»	1	»	»	»	73
Morlaix	6	»	»	»	»	»	»	»	»	»	»	6
Brest et St-Renan	89	8	1	»	»	»	»	»	»	»	»	98
Lesneven et Roscof	16	3	»	»	»	»	»	»	»	»	»	19
Quimperlay	7	»	»	»	»	»	»	»	»	»	»	7
Hennebon	10	2	3	1	»	»	1	»	»	1	»	24
Vannes	13	22	16	4	2	»	»	»	»	»	»	57
Rhuis	49	8	8	»	»	»	»	3	»	»	»	65
Guérande	46	14	9	2	3	1	1	3	»	1	»	80
Belle-Ile	6	»	»	1	»	»	»	»	»	»	»	7
Auray	15	1	1	»	»	»	»	»	»	»	»	17
Tréguier	4	4	2	»	»	»	»	»	»	»	»	10
Roug., Fouesnant et Rosporden	4	»	»	»	1	»	»	»	»	»	»	5
TOTAL	1063	345	320	178	133	102	72	70	39	27	19	2368

TABLEAU
PRÉSENTANT L'EFFECTIF DE LA MARINE MARCHANDE DE LA FRANCE AU 31 DÉCEMBRE 1842.

	NAVIRES A VOILES.		NAVIRES A VAPEUR.		TOTAL.	
	nombre.	tonnage.	nombre.	tonnage.	nombre.	tonnage.
Ports de l'Océan	9,622	454,563	73	6,406	9,695	460,969
Ports de la Méditerranée	3,679	125,197	35	3,351	3,714	128,548
TOTAUX	13,301	579,760	108	9,757	13,409	589,517

CLASSEMENT
D'APRÈS LEUR TONNAGE DES NAVIRES A VOILES ET A VAPEUR EXISTANT AU 31 DÉCEMBRE 1842.

	NAVIRES.	TONNAGE.
De 600 à 700 tonneaux	2	1,225
De 500 à 600 —	3	1,693
De 400 à 500 —	31	13,588
De 300 à 400 —	179	60,617
De 200 à 300 —	436	104,511
De 100 à 200 —	1,196	168,889
De 60 à 100 —	1,436	108,832
De 30 à 60 —	1,285	55,932
De 30 et au-dessous	8,841	74,240
Totaux	13,409	589,517

NOMBRE DE BATEAUX
SE LIVRANT A LA PÊCHE COTIÈRE EXISTANT EN FRANCE AU 31 DÉCEMBBE 1842.

	BATEAUX.	TONNAGE.	NOMBRE D'HOMMES d'équipage.
Ports de l'Océan	4,508	33,425	21,341
Ports de la Méditerranée	1,420	7,976	5,612
TOTAUX	5,928	41,401	26,953

(*Tableau général du commerce de la France pendant l'année* 1842. Paris, Impr. royale, 1843, page 653.)

MÉMOIRE DE M. D'INFREVILLE,

INTENDANT DE MARINE, A TOULON.

(Nous avons, dans le cours de ce volume [1], renvoyé à ce mémoire qui touche une foule de points d'administration, de construction, et de procédure criminelle. La lettre du lieutenant-prévôt de Toulon, que nous donnons dans toute sa naïveté, en forme le complément nécessaire.

A Toulon, le 27 juillet 1666.

Le courrier qui arriva hier à Toulon m'a rendu celles que vous m'avez fait l'honneur de m'écrire, des 14 et 17 du courant, qui me fait juger que la première a demeuré au bureau de la poste : ce qui m'empêcha de la recevoir au dernier ordinaire qui arriva ici le 20 du courant. J'avoue que je n'étais pas sans inquiétude d'apprendre votre indisposition. Je loue Dieu de votre convalescence et le prie de vous donner une parfaite santé et longues années.

Je n'ai pas manqué, par mes précédentes, de vous informer de la qualité et bonté des poudres venues de Gênes, et même de la quantité, qui monte à 115 milliers. Elle coûte cher, mais elle se trouve bonne.

Nous établissons les fronteaux, la poulaine et tous les ornements, aux vaisseaux *le Cheval-Marin* et *la Syrène*. Ils seront entièrement achevés au temps que je les ai promis.

Les bois de Bourgogne ne nous manquent point. Il nous est arrivé trente allèges, et l'on continue d'en faire descendre et charger en Arles : ce qui augmentera la dépense des nolis d'Arles ici, et dont le paiement ne se doit et ne se peut différer.

La quantité de planches, mâts et autres bois, que nous envoie M. Daliès, qu'il ne fait que conduire jusqu'à Arles, et que je suis obligé de faire voiturer par mer jusqu'ici, cause et augmente cette dépense. Je vous supplie de faire pourvoir à quelques fonds pour y fournir, afin que nous puissions satisfaire les journaliers, fabrique de goudron, et autres dépenses qui ne peuvent se remettre.

---

[1] Chap. VI, p. 140.

Considérez donc, s'il vous plaît, les cinq vaisseaux que je bâtis ici comme du nombre des soixante-dix navires que vous espérez dans l'année 1667. Quatre desquels sont de quarante-quatre pièces de canon ; ayant tous leurs sabords en leur place et en la manière ordinaire, et auxquels on peut augmenter de pièces de canon sur les châteaux d'avant et arrière, jusqu'au nombre de cinquante. C'est ce qui se pratique pour faire montre et bruit, et qui fait dire un navire de soixante pièces de canon, qui n'est percé que pour cinquante.

Le cinquième vaisseau que je bâtis est *le Vivonne*, qui portera soixante pièces de canon, étant de la grandeur du vaisseau *la Reine*, et auquel on peut augmenter dix pièces sur ses hauts, en la manière que je vous l'ai remarqué ci-dessus.

J'ai appelé Rodolphe pour lui parler du dessein que le roi a de bâtir deux navires de soixante-dix pièces de canon. Il propose de les faire comme ledit vaisseau *la Reine*, dont je vous envoie les longueur, hauteur et largeur; l'un desquels se bâtira ici, et l'on en fera placer la quille sur le chantier sitôt que Sa Majesté l'ordonnera ; et si c'est l'intention du roi d'en faire commencer un à Brest, on verra qui réussira le mieux. Je crois très-à propos d'en user de la sorte, pour exciter, par émulation, les entrepreneurs à bien faire.

Il est tout à fait nécessaire d'occuper les maîtres qui bâtissent, qui, n'ayant pas de quoi travailler, iront chercher à s'occuper dans les pays étrangers, d'où l'on a grand'peine à les tirer ; et puisque vous avez la place, le bois et les ouvriers, il semble qu'on ne les doive pas laisser inutiles. Ce qui se bâtit en France est tout à fait différent en bonté à ce qu'on achète ailleurs ; et, si le roi l'a agréable, on bâtira ici deux navires comme *la Reine*, en attendant qu'on jette les fondements d'un navire amiral.

L'on prendra soin de séparer et ménager le bois qui sera propre pour sa construction. Le peu d'agrandissement que j'ai fait au parc nous donne de la place à mettre et séparer lesdits bois, et à ménager les choses que rien ne s'écarte et n'y peut périr.

L'on continue à brûler le goudron au quartier Vidauban, par les soins du sieur Just, de Toulon, et le ministère des valets du sieur Élias ; et, comme on y a établi deux fourneaux, nous en faisons servir l'un par les valets dudit sieur Élias, et l'autre par les habitants des lieux, pour les rendre capables de continuer cette fabrique, quand bien même les étrangers quitteraient ; et je tiens à présent le sieur Just capable de conduire cette entreprise. J'ai cru que pour la faire continuer il était besoin d'y engager d'autres personnes. J'ai reçu, pour cela, la proposition d'un nommé Cauvin, bourgeois et habitant de Saint-Tropez, assez proche de Vidauban, qui m'offre de faire travailler en des bois proche de la mer, où la dépense serait moindre pour les voitures que celle qu'il faut faire pour les apporter à Toulon. Il doit mener des hommes au lieu de la fabrique de Vidauban, et y rester pour en apprendre l'exercice et s'employer en son quartier. Nous en verrons les épreuves, et s'il réussit, nous nous en servirons.

J'attends encore le sieur Élias, qui m'écrit de Dauphiné qu'il trouve tant de facilités à établir sa fabrique en ces lieux-là, qu'il semble qu'il abandonnerait volontiers la Provence. Il dit y avoir fait, en peu de temps, quatre-vingt-douze barils de goudron meilleur que celui de son pays ; il les a même fait charger, et ils sont en chemin pour venir à Toulon. Lorsqu'ils seront ici, nous en prendrons connaissance pour en juger. Il me mande qu'il va faire un tour en Auvergne, pour voir son atelier qu'il y a commencé, et qu'il se rendra ensuite ici.

Je veux croire que s'il travaille en ces quartiers-là, que c'est pour l'envoyer en Ponant par la Loire, ne sachant pas comment on le pourrait apporter ici : car si cette marchandise avait du chemin à faire par terre, il s'en perdrait beaucoup ; j'en vois les preuves par ce qu'on m'apporte de Vidauban, où il n'y a qu'un jour et demi de Toulon, et cela nous cause de la perte. C'est ce qui me fait rechercher d'établir un magasin au bord de la mer, près de Saint-Tropez, en un lieu qu'on nomme Saint-Maxime, où, quand il y en aurait une quantité considérable, on le ferait voiturer par mer : la dépense en diminuerait de plus de moitié. Ce sont ménages que je crois être obligé de faire, ce que je recherche de pratiquer en toutes choses.

Si je retiens ici le sieur Élias, ce sera pour lui faire faire quelques établissements aux bois de la Barbeins, près de Martigues : car le lieu est propre. Il est vrai qu'on a affaire audit sieur de la Barbeins, qui cherche de si grands avantages en ce rencontre, que si cela ne se ménage avec adresse, ce sera une marchandise bien chère. Cela est près de la ville d'Aix; M. le premier président en est voisin : il a pouvoir sur lui. Je l'ai déjà prié, par écrit, d'aider audit sieur Élias, et de tâcher à engager ledit sieur de la Barbeins à entreprendre cette affaire, et à nous fournir le goudron à 10 ou 12 livres le baril, que le roi fournira à la dépense du sieur Élias et de ses valets, pour apprendre à ceux de son village, et qu'il restera sur les lieux jusqu'à ce qu'il les en ait rendus capables. Si cette affaire prend cet acheminement, je ferai partir ledit Élias, avec les lettres qui s'adressent au sieur Lombard, à Bordeaux, et Cheverry, à Bayonne, et écrirai à M. de Terron.

Le prévôt et les archers sont à la recherche des déserteurs; s'il en fait capture, ils seront punis. Je lui ai fait commencer une procédure contre le nommé Senglar, écrivain du roi sur le vaisseau *le Postillon*, accusé d'avoir vendu, à Alger, des poudres et boulets du navire du roi; on procède criminellement contre lui. Il a été crié à ban après s'être évadé étant au lazaret, au retour d'Alger. Cette friponnerie étant connue de M. Trubert, il m'en fait donner avis, et, en même temps, j'ordonnai au prévôt d'en informer. M. Ricard fils vient à la traverse, qui en veut prendre connaissance. Je n'ai et ne prétends rien en cela que ce que le roi veut attribuer à ma commission; mais il me semble que j'ai dû envoyer faire cette information au prévôt, et que le lieutenant de l'amirauté n'a rien à voir en ces choses, non plus qu'au bruit qui arrive dans le parc entre les personnes enrôlées et employées à la solde du roi. Quand il s'agit d'un intérêt civil pour dettes, décrets de barques ou autres choses semblables, le prévôt n'a rien à y prétendre : mais le reste appartient au prévôt. Je l'ai vu ainsi pratiquer partout où j'ai servi : autrement, ce serait lever toute juridiction au prévôt. Il n'y va rien de mon intérêt, puisque je ne prétends à aucune procédure, mais bien de renvoyer la chose à qui elle appartient. C'est sur quoi un règlement serait nécessaire. Les prévôts des troupes connaissent des querelles et crimes que commettent les soldats enrôlés; celui de la marine a mêmes attributs sur ceux qui sont à la paie du roi; et quand il est saisi de sa cause, le lieutenant de l'amirauté ne lui peut lever ni contester. Je m'assure qu'on trouvera la chose juste, et qu'on la réglera de même.

Le fondeur nous promet, cette semaine, six pièces, l'ayant engagé à les faire; on verra comme il y réussira. Il n'y a point de doute que, les deux fourneaux étant établis, un plus habile homme que lui y sera nécessaire; et on le pourra renvoyer travailler à son fourneau, à Marseille, qui lui appartient en propre. Il y fera les pierriers et les pièces moyennes pour les galères, sans détourner la fonte des canons pour les vaisseaux, à quoi l'on travaillera ici sans discontinuation. Donnez-nous, s'il vous plaît, 10 ou 12,000 livres, pour établir cette belle fonderie avec ses deux fourneaux. M. du Cayron, qui a été ici depuis huit jours, en approuve le dessein; c'est un ouvrage à achever.

C'est avec raison qu'on ne doit pas avoir inquiétude pour des mâts : d'autant qu'on se prépare de tous côtés à nous en envoyer. L'agent de M. le comte de Carces m'est venu trouver de sa part, pour savoir ce qu'il fera de ceux qu'il a conduits jusques à Antibes, et qu'il a pensé perdre par le débordement de la rivière du Vaals, qui les emporta bien avant dans la mer, et qu'on a eu peine à rassembler. Il prétendait m'obliger à les aller visiter et recevoir audit Antibes. Je lui ai fait connaître qu'il les devait amener à Toulon, où nous les recevrions et en ferions l'estime; il y est allé travailler. Cela, donc, a un bon acheminement; mais j'ai à me préparer à les mettre à couvert. Je fais commencer à établir quelques hangars dont il faudra quitter le travail, si nous ne sommes secourus d'argent, et c'est la chose la plus nécessaire, car cette marchandise, qui est chère, dépérira; je vous supplie d'y faire pourvoir.

Il est vrai qu'il serait bien à propos d'obliger les marchands de mâts à les livrer à Toulon, comme a fait M. de La Londe, et comme M. Degordes promet de continuer. Mais tous ceux qui nous les font descendre par le Rhône les livrent, à Arles, au sieur Martinet, qui nous les envoie par les allèges qui apportent le bois de Bourgogne, sur lesquelles il en met deux, trois et jusques à quatre, qui prolongent toute la dernière allège par-dessus le pont, ne se pouvant placer autrement. Je travaille à lui faire établir des radeaux, pour les faire remorquer par des tartanes de Martigues. Je ne sais si je pourrai réussir, car les bancs qui sont à l'embouchure de la mer rendent la voiture très-difficile. Nous examinerons cette affaire au retour de M. Brodard, pour prendre la résolution de ce qui sera à faire.

M. Trubert est en chemin de Paris, si même il n'y est arrivé, étant parti de jeudi dernier, avec ses chiaoux qu'il accompagne jusques à Lyon, où il les laissera à la conduite du sieur Arnaud, et doit prendre la poste et les devancer de quelques jours. Si j'avais cru qu'il eût manqué d'écrire sa négociation, je n'aurais pas oublié à mander ce que j'en avais appris de lui. Je m'assure que vous en êtes à présent certain. Nous ne le sommes pas encore de celle de M. Desmoulins; on ne laisse d'en être en peine, de le voir si long-temps à faire son retour.

Je tâche autant que je puis à m'expliquer, quand il s'agit de différends qui arrivent entre le lieutenant de l'amirauté et le prévôt de la marine, auquel je renvoie ce que je crois être justiciable devant lui : car je ne prétends me commettre avec MM. Ricard, mais m'appliquer seulement à obliger les uns et les autres à se maintenir au droit qui leur appartient; et je crois, comme j'ai ci-devant dit, que ce qui peut arriver entre des personnes enrôlées à la paie du roi, qui se battent ou tuent dans le parc ou bien sur les vaisseaux de Sa Majesté, que la connaissance n'en peut appartenir à d'autres qu'au prévôt, cela ne regardant les questions à régler pour le droit ni les intérêts des parties, mais seulement pour réprimer l'insolence des gens enrôlés, qui doivent suivre les règlements du lieu où ils travaillent, qui sont, le plus souvent, affichés, de l'ordre de l'intendant, à la porte du parc. Cette justice se fait par les capitaines d'un navire qui a son prévôt pour exécuter ce qui est ordonné et affiché au mât du vaisseau; comme il arrive quand un matelot frappe du couteau, on lui perce la main avec la même arme; s'il tue, ledit prévôt le pend, on le jette à la mer avec le tué. Je demanderais volontiers si le lieutenant de l'amirauté doit prendre connaissance de ces choses; je ne crois pas qu'il le doive prétendre, et qu'on le doive consentir. J'ai suivi les armées navales : jamais lieutenant de l'amirauté n'a entré en aucun bord de navire du roi, pour prendre connaissance des bruits, contestations, meurtres, ou d'autres cas qui arrivent.

L'amiral a ses prévôts, lieutenants et archers, qui sont les juges de toutes ces choses : si l'on veut y apporter du changement, le roi n'a qu'à l'ordonner.

Quant au fait dont il est question aujourd'hui, c'est d'un bruit arrivé dans le parc entre ouvriers à la solde du roi. Il n'est point question de tutelle, obligations, ni de cret de barques, ni de même de batterie ou meurtre arrivé à la ville, qui sont choses attribuées à sa juridiction; et quand il veut faire incliner sur les faits qu'il allègue, il suppose des faussetés pour faire croire qu'on veut entreprendre sur sa juridiction.

Et je prendrai la liberté de représenter que, si on ôte à un commissaire-général ou intendant le pouvoir de renvoyer les bruits du parc à la justice de la prévôté, qu'il est hors d'état de pouvoir faire servir le roi. Je crains d'être importun sur cette matière; mais je crois être obligé d'en faire connaître la conséquence, sans prendre autre intérêt à la chose que celui que je dois pour que Sa Majesté soit mieux servie.

Jamais lieutenant d'amirauté n'a osé entrer sur les navires du roi armés qu'il n'en ait eu un ordre particulier, ou qu'il n'y ait été appelé du commandant. S'il lui arrivait d'y aller pour faire quelque diligence de justice, on le renvoyait quelquefois assez maltraité; leur justice s'exerce sur les barques et armements des particuliers, et aux palais et villes de leur juridiction.

La justice de la guerre se fait par les diligences du prévôt, qui, ayant dressé la procédure, la porte au général ou commandant, qui lui renvoie la chose à juger. On assemble les officiers du corps pour la juger; et s'il est besoin de mémoires pour justifier ces choses, ils seront faciles à trouver.

Je ne sais si le sieur Ricard fait entendre que je prétende m'attribuer quelque justice, ce n'est nullement ma pensée; mais de suivre ce que contient ma commission, qui est de renvoyer la chose à ceux auxquels la connaissance en appartient. Il ne reste qu'à définir la chose : si c'est de la juridiction du prévôt ou du lieutenant de l'amirauté; et je me conformerai entièrement à ce qui en sera ordonné.

D'INFREVILLE.

(*Bibl. R^e, MSS. Lettres de Colbert.*)

LETTRE DE THIBAUT, LIEUTENANT-PRÉVOT A TOULON,
A MONSEIGNEUR COLBERT.

A Toulon, ce 20 juillet 1666.

MONSEIGNEUR,

M. d'Infreville, notre intendant, ayant reçu les ordres de Sa Majesté pour tenir la main à l'exécution contre tous les déserteurs de son service (qui de l'armée navale sont en nombre de plus de 200, de cette campagne), m'a ordonné de me transporter avec mon greffier et archers dans les villes et lieux de cette province, et partout ailleurs où besoin sera, pour en faire la recherche, les arrêter prisonniers, leur faire et parfaire leurs procès suivant les ordonnances et intentions de Sa Majesté et les vôtres.

J'ai reçu lesdits ordres fort agréablement, monseigneur, et suis en état de partir avec mes gens pour les aller exécuter et faire humainement tout notre pouvoir pour le bien du service du roi, quoique ledit sieur intendant n'ait osé nous rien ordonner pour les frais dudit voyage sans vos ordres.

Comme aussi, monseigneur, un nommé Singlar qu'on avait mis écrivain du roi sur le navire *le Postillon*, ayant commis des vols du bien du roi, et les ayant vendus en Alger, comme poudre, boulets et toiles de voiles dudit navire, qui d'ailleurs sont choses prohibées, et ainsi que M. Trubert, qui est parti pour la cour, en pourra mieux informer votre grandeur; et ce prévenu s'étant sauvé du lazaret de Toulon pendant sa quarantaine, j'ai informé du tout, et son procès s'en va en état pour être pendu par contumace, car ses crimes sont d'autant plus de conséquence en la marine, qu'il faut qu'ils servent d'exemples aux autres écrivains du roi : cependant on a eu nouvelle de la part où est ce fautif, et M. l'intendant veut bien qu'on monte à cheval pour l'aller prendre, et l'exemple en effet sera meilleur qu'en effigie ; mais point de l'argent non plus.

Permettez donc, monseigneur, que je vous die avec tous les respects que je vous dois, que le service du roi ne se peut pas bien faire de cette manière ; car d'ailleurs, monseigneur, et c'est de ceci que nous étions en état de faire une très-humble remontrance, votre grandeur, aux yeux de laquelle n'y a rien de caché, sait assez mes services et comme j'agis dans mes emplois ; le registre du contrôle des forçats des galères et mes jugements prévôtaux en font foi : elle sait aussi trop mieux qu'en mes sentences contre les déserteurs des vaisseaux de l'armée navale, quoique prévôtal, je suis pourtant obligé de garder les formalités de l'ordonnance ; car un prévôt seul, hors du flagrant délit *ex officio et in expeditione,* ne saurait valablement faire un jugement sans l'assistance du nombre des juges, ni une procédure sans l'assistance d'un assesseur adjoint et d'un procureur du roi pour conclure ; vous savez encore, monseigneur, qu'en la prévôté de la marine n'y a aucun de ces officiers-là. Or, comme en mes jugements et procédures je me suis toujours servi d'avocats gradués que j'ai toujours entretenus d'espérance de payement jusqu'ici, mais enfin ne voyant point de jour à leurs espérances, ils ne veulent plus assister à mes procédures ; si bien, monseigneur, que je me vois bientôt abandonné de tout le monde.

De demander des frais d'un procès aux capitaines quand on a condamné des déserteurs, c'est perdre temps et moquerie ; ils disent tout court qu'ils ont assez de leur perte en perdant les hommes et l'argent de leur solde : en effet, sur ce propos ils firent connaître dernièrement à M. l'intendant que c'était au roi, sans contredit, à payer les frais de ces procédures, avec d'autant plus de justice que Sa Majesté seule en reçoit tout l'avantage, puisque tels déserteurs, étant condamnés aux galères, y servent le roi comme forçats, et ne servent plus les capitaines sur les vaisseaux.

Jugez, monseigneur, s'il vous plaît, vous qui êtes si intègre et si raisonnable, si nous pouvons faire tous ces frais extraordinaires, et d'aller en campagne à six chevaux avec nos petits appointements qui ne peuvent suffire aux occupations des services actuels que nous rendons journellement, assistances ordinaires aux revues des vaisseaux du roi, embarquement de ses troupes, fréquence des arsenaux de Sa Majesté, et partout ailleurs où l'autorité du roi et de justice doit être reconnue, et les continuels soins que nous prenons de veiller à la conservation du bien du roi, contenir les ouvriers journaliers des travaux de Sa Majesté à leur devoir; pouvant assurer à votre grandeur avec sincérité et vérité que, agissant de cette sorte, nous conservons beaucoup du bien à Sa Majesté en faisant valoir son autorité, et que, sans cette crainte prévôtale, l'on verrait bientôt du désordre et des méchancetés préjudiciables au service; car, dès qu'il arrive le moindre forfait, il est suivi en naissant du châtiment et de l'exemple, par le carcan, amendes honorables, galères ou semblables peines, ainsi, monseigneur, que votre grandeur peut le savoir d'ailleurs.

Nous espérons donc, monseigneur, que vous donnerez ordre de nous donner les moyens de continuer nos services et nos fonctions comme nous le désirons passionnément, et de faire toujours du mieux pour le service du roi, en nous ordonnant tels fonds qu'il vous plaira pour pouvoir survenir à toutes les choses dessus dites pour le bien de Sa Majesté.

C'est la prière très-humble que nous vous faisons, monseigneur, et d'envoyer notre instruction, si vous le trouvez bon, à M. d'Infreville, intendant. Cependant nous prenons la liberté de vous dire, avec tous les respects possibles, que nous sommes,

 Monseigneur, de votre grandeur

 Les très-humbles et très-obéissants serviteurs,

   THIBAUT, lieutenant-prévôt.
   AIGUIER, greffier.

CHAPITRE XV.

Réception de M. le duc de Mortemart en qualité de gouverneur de Paris. — M. le marquis de Louvois. — Turenne. — Le duc d'Albret. — Hugues de Lionne. — Le marquis de Ruvigny. — Complot de lèse-majesté formé par Roux de Marcilly, dit le *Bonhomme*. — De quelle façon M. de Ruvigny l'a découvert pendant son ambassade à Londres. — Négociations de Charles II. — Lettre fort curieuse de Colbert de Croissy sur une proposition du duc de Buckingham, relative à madame la duchesse d'Orléans. — Lettre de l'abbé Bigorre au sujet du chapeau de M. le duc d'Albret. — Influence croissante du prince d'Orange. — Cause première du secours accordé par Louis XIV aux Vénitiens, pour la défense de Candie. — Louis XIV décide qu'une escadre de vaisseaux et de galères portera des troupes en Candie.

La cour de France avait séjourné à Paris pendant presque tout le mois de janvier 1669, et le quatorzième jour de ce même mois, le plus grand nombre des courtisans assistaient à une cérémonie assez curieuse d'ailleurs, mais dont une circonstance particulière augmentait encore l'intérêt.

M. le duc de Mortemart, pair de France, prince de Tonnay-Charente, chevalier des ordres du roi et premier gentilhomme de la chambre, était reçu au parlement, toutes les chambres assemblées, et y devait prendre séance en qualité de gouverneur de Paris.

Or, la faveur de madame la marquise de Montespan, fille de M. le duc de Mortemart, augmentant chaque jour, on savait devoir plaire au roi en s'empressant de se montrer à cette réception.

Je l'ai dit, presque toute la cour s'y trouvait, et entre autres ministres M. de Lionne et M. le marquis de Louvois : ce dernier, âgé de vingt-huit ans, était chargé du détail des armées depuis 1666, et commençait cette prodigieuse fortune qu'il mérita plus tard par des talents réels, mais qu'il devait alors au goût récent de Louis XIV pour la guerre, et à la persuasion où était ce prince d'avoir créé et développé l'intelligence de son jeune ministre; en un mot, d'avoir fait son éducation militaire et administrative. Singulière nuance de la profonde admiration que ce roi professait pour soi-même, en cela qu'il trouvait encore moyen de s'aduler et de se mirer avec complaisance jusque dans la gloire des ministres, des généraux, des écrivains, des artistes de son époque, comme si de tels et si nombreux génies étaient autant de conséquences naturelles de son royal patronage, autant d'émanations de sa majestueuse personne, autant de fruits éclos et mûris par l'influence vivifiante de son soleil.

Pour revenir à M. de Louvois, quoiqu'il ne fût, dis-je, qu'au premier pas de sa merveilleuse carrière, tout annonçait en lui cette hauteur et cette dureté de formes qui lui firent tant d'ennemis, et puis encore son regard hautain, son visage un peu vulgaire, large, gras et coloré, que la moindre contradiction rendait pourpre; sa tête à longue perruque noire, toujours arrogamment dressée pour cacher les disgracieuses proportions d'un col trop court et trop gros; sa parole impatiente, brusque et impérieuse; son costume magnifique et prétentieux, tout enfin chez lui choquait jusqu'aux gens les plus inoffensifs.

Après que M. le duc de Mortemart fut reçu, et comme la cour se retirait, M. de Lionne se trouvait fort près de M. de Louvois et de M. le marquis de Ruvigny; ils échangeaient ensemble quelques paroles de politesse en se dirigeant vers la porte, lorsqu'à l'arrivée d'un personnage qui vint l'aborder, M. de Louvois ne put réprimer un mouvement de dépit, et rougit extrêmement.

— *Monsieur Louvois*, — lui dit ce nouveau-venu en lui rendant son salut d'un air haut et froid, et tirant un paquet de sa poche: — voici une dépêche que vous allez envoyer ce soir même, par un courrier exprès, à M. le maréchal de Créquy...

— Oui, *monseigneur*, — dit M. de Louvois en prononçant ce titre d'une voix presque inintelligible; puis il salua de nouveau et se retira sans pouvoir cacher les marques de la plus violente contrariété.

L'interlocuteur de M. de Louvois sourit involontairement, et pria M. de Lionne de lui accorder quelques moments d'entretien.

Ce personnage que Louvois avait traité de *monseigneur*

avec tant de répugnance était un homme de soixante ans au plus, d'une taille moyenne et vigoureuse ; ses épaules fort larges et un peu hautes étaient légèrement voûtées, comme le sont, au dire général, celles des hommes de grande race militaire ; son justaucorps brun, de drap de Carcassonne, n'avait pas même une légère broderie d'or ; sa perruque était noire, courte et quelque peu mêlée ; son front, assez élevé, était fort saillant, et ses deux gros sourcils noirs, très-rapprochés l'un de l'autre, donnaient à sa physionomie un air dur et sévère, quoique le reste de sa figure, légèrement équarrie, annonçât un mélange de bonhomie et d'extrême simplicité : en un mot, cet homme était Turenne [1].

On sait que M. de Louvois commençait alors à donner contre ce grand général des preuves d'une haine aussi violente qu'elle était injuste et puérile. Je dis haine, parce que le soupçon de jalousie ne serait pas tolérable. M. de Louvois, à l'âge de vingt-huit ans, assez bon intendant d'armée, il est vrai, commençant à bien connaître le détail administratif et l'organisation matérielle des troupes... M. de Louvois *jaloux* du génie militaire de Turenne ! Admettre cela, ce serait, je pense, méconnaître le bon sens de ce ministre, à qui on ne peut refuser infiniment d'esprit et plusieurs précieuses qualités. Sa haine contre Turenne se peut au contraire facilement concevoir, parce que le sentiment d'antipathie qui donne naissance à la haine est quelquefois instinctif et involontaire ; et que pour peu qu'un incurable orgueil, souvent blessé, vienne encore irriter cette passion, elle arrive bientôt à la dernière violence. Or, si dans ses relations avec Turenne, l'amour-propre de M. de Louvois fut cruellement froissé, c'est que ce ministre n'y mettait ni décence ni mesure : il n'était rien que par son père, dont la naissance était des plus obscures ; Turenne, lui, tenait à grand honneur de descendre d'une maison souveraine, et s'il se montrait aussi facile que bienveillant envers ceux qui avaient pour lui les respects voulus par sa gloire, son âge et son rang, il devenait sévèrement rude pour ceux qui oubliaient ce qu'ils lui devaient ; et, je l'ai dit, M. de Louvois, souvent en rapport avec Turenne

[1] Henri de La Tour-d'Auvergne, second fils de Henri de La Tour-d'Auvergne, duc de Bouillon.

pour les affaires de la guerre, avait quelquefois agi de la sorte, aveuglé par l'éclat de la fortune de son père et de sa propre faveur.

Une lutte de prétentions toute récente, dans laquelle M. de Louvois avait eu l'avantage sur Turenne, augmentait encore cet éloignement réciproque. Le frère du ministre, l'abbé Le Tellier, à peine âgé de vingt-sept ans, venait d'être nommé coadjuteur de M. l'archevêque de Reims, à l'exclusion de M. le duc d'Albret[1], neveu de Turenne, qui désirait ménager cette belle coadjutorerie à ce parent.

Turenne, piqué au vif, avait alors prié un ami à lui, M. de Péréfixe, archevêque de Paris, de demander au roi M. le duc d'Albret pour son coadjuteur. Le roi y répugna, ne voulant pas se hasarder de faire un second coadjuteur de Retz, mais il proposa comme accommodement à Turenne d'obtenir pour son neveu le chapeau de cardinal; chapeau que plus tard le pape fit offrir par M. de Rospigliosi à ce grand général, qui refusa et répondit naïvement : — *Mon Dieu, je serais trop empêché avec cette calotte et cette grande queue.*

Turenne accepta donc la proposition du roi pour monsieur son neveu; sa nomination pouvant avoir lieu, plusieurs chapeaux étant vacants et la promotion des couronnes bientôt instante.

Homme d'infiniment de savoir, d'esprit et de grâces, d'une ambition effrénée et d'une superbe qui passe toute créance, M. le duc d'Albret, à peine âgé de vingt-six ans, était fort décrié déjà pour le relâchement de ses mœurs, ses goûts singulièrement *italiens*, son amour immodéré de la table, ses dettes, et l'éclat scandaleux de ses prodigieuses dépenses; mais, ainsi qu'on l'a vu, d'après son compromis avec Turenne, Louis XIV l'appuyait fort auprès de Sa Sainteté Clément IX, et M. de Vivonne, général des galères, frère de madame la marquise de Montespan, y avait aussi beaucoup intéressé madame sa sœur, qui tenait d'ailleurs aux d'Albret par alliance.

J'insiste sur ces détails, parce qu'ils ont une grande importance, en cela que ce fut, ainsi qu'on va le voir, pour assurer

---

[1] Emmanuel-Théodose de La Tour-l'Auvergne, duc d'Albret.

les chapeaux de MM. d'Albret, de Laon et d'Aversperg[1] que l'expédition de Candie fut en partie résolue.

Nous avons laissé Turenne causant avec M. de Lionne, pour lui recommander encore de presser auprès du pape la nomination de monsieur son neveu, après quoi il quitta le ministre et monta dans son carrosse.

Ruvigny s'était tenu à l'écart pendant cette conversation, mais après le départ du maréchal il se rapprocha de Lionne, et lui dit : — Mon cher Hugues, vous allez me mener chez vous, car j'ai beaucoup à vous apprendre ; j'ai des nouvelles récentes... *du bonhomme.*

— Du bonhomme ! — s'écria de Lionne en ne pouvant cacher l'intérêt et la curiosité que ce nom éveillait en lui. — Diavolo ! Ruvigny, faites suivre ma chaise par la vôtre, et rendons-nous bien vite chez moi... Allons, appuyez-vous sur mon bras, mon cher goutteux, et cherchons nos gens. — Bientôt les deux chaises arrivèrent au logis de Lionne, dont on a déjà donné un crayon.

M. le marquis de Ruvigny, envoyé ambassadeur à Londres vers le milieu de 1667, en avait été rappelé en juillet 1668. M. Colbert de Croissy le remplaçait dans le même poste depuis cette époque.

J'ai omis de dire que Lionne paraissait extrêmement vieilli ; ses joues amaigries et pâles, son front ridé, ses yeux toujours vifs et perçants, mais profondément enfoncés dans leur orbite, annonçaient le progrès de l'âge, la réaction des chagrins domestiques[2] et les fatigues d'un travail forcé ou des excès de tous genres, auxquels le ministre continuait de se livrer autant que ses forces le lui permettaient. Ce qui seulement n'avait pas changé et semblait stéréotypé sur cette physionomie si singu-

---

[1] On verra plus bas la raison qui fit d'abord solliciter vivement le pape par Louis XIV en faveur de M. le prince d'Aversperg ; mais ce dernier étant tombé en disgrâce, on n'y songea plus.

[2] Madame de Lionne, connue pour son incroyable lubricité, était nommée la *Grande Louve* dans toutes les chansons du temps, et sa fille n'avait pas des mœurs plus sévères ; tout le monde sait la piquante aventure de ces dames, qui furent surprises toutes deux avec M. le comte de Saulx. Elles finirent par être malheureusement enfermées dans un couvent, vers 1670.

lièrement fine et sagace, c'était ce sourire d'une cruelle ironie qu'on lui connaît déjà.

Le marquis de Ruvigny, un peu plus âgé que de Lionne, et vêtu, comme ce ministre, avec la plus grande simplicité, avait une démarche lente, et s'appuyait pesamment sur une canne, car il souffrait beaucoup de la goutte et d'anciennes blessures.

« Ruvigny était un bon mais simple gentilhomme, plein
» d'esprit, de sagesse et de probité, fort huguenot, mais d'une
» grande conduite et d'une grande dextérité ; ces qualités, qui
» lui avaient acquis une grande réputation parmi ceux de sa
» religion, lui avaient donné beaucoup d'amis importants et
» une grande considération dans le monde ; les ministres et les
» principaux seigneurs le comptaient et n'étaient point indiffé-
» rents à passer pour être de ses amis, et les magistrats du plus
» grand poids s'empressaient aussi à en être. Sous un extérieur
» fort simple, c'était un homme qui savait allier la droiture avec
» la finesse des vues et les ressources, mais dont la fidélité était si
» connue qu'il avait les secrets et les dépôts des personnes les
» plus distinguées. Il fut un grand nombre d'années le député
» de sa religion à la cour, et le roi se servait souvent des rela-
» tions que sa religion lui donnait en Hollande, en Suisse, en
» Angleterre et en Suède pour y négocier, et il y servait très
» utilement[1]. »

Après avoir fait asseoir commodément M. de Ruvigny sur une chaise longue, près d'un bon feu qui pétillait dans une immense cheminée, et s'être assuré que la pièce qui précédait son cabinet était déserte, de Lionne revint et dit à Ruvigny :

— Comment, vous auriez des nouvelles du *bonhomme*... et où est-il maintenant, cet infernal scélérat ?

— A Bruxelles, si je suis bien informé.

— A Bruxelles ! — s'écria de Lionne en frappant avec colère sur la table couverte de dépêches. — A Bruxelles ! et sans doute pour y cabaler avec cet autre non moins infernal scélérat de soi-disant baron d'Isola, avec cet impudent coquin qui oublie qu'en sortant d'être cuisinier il a été trop heureux d'acheter un vieux justaucorps rouge d'un laquais de M. d'Au-

---

[1] *Mémoires de M. le duc de Saint-Simon*, vol. 1, p. 451.

gicourt, dont il égaya tout Varsovie... le bélître!! Il oublie aussi que sa chaste moitié, fille d'un chanteur des rues gagé par l'empereur, a couru et fait pis dans ces mêmes rues avant que d'être une soi-disant baronne d'Isola [1] ; et maintenant ce vieux ruffian fait le muguet et le précieux sous sa perruque noire, et ameute contre nous tout ce qu'il y a de criards en Europe. Par *la sangre !*... je donnerais tout à l'heure vingt mille écus d'or pour que ce démon rentrât dans l'enfer qui l'a vomi.

Ruvigny, souriant à l'exaspération de Lionne, répondit : — Avouez pourtant, Hugues, que voilà un panégyrique qui prouve assez combien vous redoutez les menées de ce faquin de cuisinier, gendre d'un bateleur.

— Sans doute, je le redoute, et furieusement ! car c'est bien l'esprit le plus fourbe, le plus retors, le plus délié, le plus souple, le plus rusé, le plus fertile en machinations diaboliques qu'il se puisse rencontrer ; et lorsque dans le conseil le Tellier décida le roi à la guerre pour donner de l'importance à la charge de son cher marquis de Louvois, n'eût été le bon droit que donnent toujours les gros bataillons, le *Bouclier d'État de l'Isola* ruinait les prétentions de Sa Majesté sur la Flandre, si elles eussent dû se plaider devant un tribunal de saine justice ; mais heureusement que de rudes mousquetades ont fait raison des imaginations ridicules de dame justice et de seigneur bon droit, malgré ce prodigieux bouclier d'état dont les avait couverts l'Isola ; mais le *bonhomme !* le *bonhomme*... Je vous écoute, Ruvigny.

— Il est à Bruxelles, vous dis-je, et de là il doit s'en aller à Genève pour organiser ses plans de révolte, car c'est un déterminé brigand; aussi... je vous l'avoue, Hugues, lorsqu'à

---

[1] L'Isola (François, baron de) s'est rendu illustre par ses ambassades dans plusieurs cours de l'Europe ; il entra au service de l'empereur en 1639. Depuis ce temps, jusqu'à sa mort, il employa ses talents au soutien de la maison d'Autriche. Il fut l'âme de toutes les négociations qui eurent pour but de s'opposer à l'ambition croissante de Louis XIV. Il publia dans ce sens une quantité innombrable de pamphlets et d'ouvrages politiques, et entre autres un livre fort logique et fort substantiel, intitulé : *Bouclier d'État et de Justice*, dans lequel il réfuta complètement le manifeste publié par Louis XIV touchant les droits supposés de la reine sur la Flandre, en 1667.

Londres j'étais renfermé dans ce cabinet d'Oxford-Street [1], d'où j'entendis de sa bouche ses épouvantables projets, j'eus terri-

---

[1] La dépêche dans laquelle M. de Ruvigny rendait compte à Louis XIV de cette découverte commence ainsi :

« A Londres, 29 mai 1668.

» J'ai appris depuis trois jours, par un moyen qui serait trop long à dire à V. M., qu'il était arrivé ici un de ses sujets les plus mal intentionnés du monde ; j'ai vu et entendu ce méchant homme pendant l'espace de dix heures, lesquelles furent employées en une collation, une conversation et un souper que lui donna le maître de la maison où j'étais, lequel le questionna adroitement sur plusieurs articles que je lui avais donnés. J'étais dans un cabinet, d'où je pouvais le voir et l'entendre fort à mon aise, ayant plumes et papier pour écrire tout ce que je lui entendais dire, choses qu'il communiquait au maître du logis, qu'il a connu du temps de Cromwell et en qui il a toute confiance. » (*Archives des affaires étrangères*, Angleterre, 1668.) (Ce nom de BONHOMME était donné à Roux de Marcilly dans la correspondance diplomatique de Ruvigny et de Lionne. Tout ce qui est relatif au complot est extrait de la même correspondance.)

Pour terminer ce qui concerne Roux de Marcilly, voici une lettre de M. de Ryan à Colbert, qui annonce l'exécution et le jugement du *Bonhomme*.

« Monseigneur, j'ai fait ce matin procéder au jugement du procès du nommé Roux de Marcilly, en exécution des ordres de S. M. et de la commission : tous MM. les conseillers ont été de l'avis de M. le lieutenant-criminel conforme à mes conclusions, et ont estimé qu'il n'y avait point de supplice assez grand et qui pût expier le crime dudit Roux de Marcilly, lequel est si faible que l'on n'a pu lui donner la question et faire exécution en la place de Grève, mais seulement devant la place du Grand-Châtelet ; nous ferons tout notre possible, M. le lieutenant-criminel et moi, pour tirer de lui quelque déclaration, mais jusqu'à présent cela a été fort inutilement et même sans presque aucune espérance ; nous continuerons nos soins avec toute la passion et l'application qu'il se peut, et je ne manquerai pas, s'il arrive quelque chose de nouveau, de vous en rendre un compte très-exact ; je prends la liberté de vous envoyer une expédition de la sentence.

» A midi, ce 22 juin 1669. »

Roux de Marcilly, qui s'était fait de nombreuses blessures dans sa prison, fut apporté à deux heures sur le pavé de la porte du Châtelet, où on lui lut sa sentence : après l'avoir entendue, il avoua tout haut sa conduite et dit qu'il avait tout fait pour susciter des ennemis au roi qui tyrannisait ceux de sa religion. « Enfin, dit le procès-verbal de l'exécution, le même Roux de Marcilly a recommencé ses mêmes emportements abominables, et a dit et ajouté qu'il mourait dans la volonté de persécuter le roi jusqu'à l'extrémité, puisqu'il poussait à outrance ceux de sa religion, et que s'il était encore en état, il n'y aurait rien qu'il épargnât et qu'il fît pour cela ; si bien que, ne voyant aucune espérance de conversion dans ledit Marcilly, nous aurions fait faire l'exécution de la sentence, après laquelle, et mis sur la roue, il aurait encore continué ses mêmes emportements, autant que l'état où il était le pût permettre, jusque sur les cinq heures, où il expira sur ladite roue. »

(*Bibl. Roy. Mss., Lettres de Colbert.*)

blement envie de purger la terre d'un pareil monstre... Mais mon caractère d'ambassadeur me retint.

— Quel dommage, mon cher Ruvigny... quel dommage ! car ce sont là des gens *a matar de vista* (à tuer sur la vue.) comme on dit... Et de par Dieu, ce Roux de Marcilly, ce *bonhomme,* comme vous l'appelez, n'est pas fait pour démentir le proverbe castillan.

— Non, je vous assure, car jamais figure ne fut plus effroyable ; je le vois encore... c'était un homme de quarante-cinq ans environ, ayant les cheveux noirs, le visage assez long et assez plein, plutôt grand et gros que petit, et par-dessus tout la mine la plus patibulaire du monde. Mon Dieu ! que je frémis d'horreur quand je l'entendis avouer qu'il était de ma religion ! Et je suis pourtant obligé d'avouer qu'un pareil misérable ne manque pas de courage ; car après avoir dit à l'hôte qu'il était de Nîmes et qu'il avait servi en Catalogne, il lui fit voir trois blessures qu'il avait reçues en pleine poitrine ; ses yeux d'ailleurs annonçaient, je vous jure, une résolution sauvage, lorsque prenant un couteau très-affilé sur la table il dit à son hôte : — *Voyez-vous, il ne faut que cela pour mettre tout le monde en repos, car je connais plus de mille Ravaillac en France, dans les propres gardes du roi et les officiers réformés.*

— Mais c'est un diable incarné, que ce scélérat, s'écria de Lionne ; — et vos dernières nouvelles, Ruvigny, que vous apprennent-elles de plus sur lui ?

— Qu'il continue opiniâtrément ses menées. Il a dernièrement assuré à la personne qui m'écrit de Bruxelles qu'il était toujours sûr des soulèvements de la Provence, du Dauphiné et du Languedoc ; que ces provinces étaient si maltraitées et chargées de taxes, qu'elles n'attendaient que l'instant de se rebeller, et que cette révolte en amènerait une dans toute la France ; il dit de plus qu'il a presque la certitude de l'appui du roi d'Angleterre et de M. le duc d'York, et que dernièrement, étant à Bruxelles, le marquis de Castel-Rodrigo le fit cacher dans un cabinet pour lui faire entendre la proposition que le chevalier Temple vint lui faire d'une ligue offensive et défensive contre la France, entre l'Angleterre, l'Espagne et les Provinces-Unies.

— Oui, oui, à tout ceci je reconnais l'Isola ! c'est son projet, sa visée favorite. Diavolo ! Continuez... Ruvigny.

— Il dit encore que, dans son dernier voyage, il a persuadé milord Arlington que la France était pressée de se révolter, surtout les provinces sus-nommées, et qu'après plus de trente conférences, il a été résolu que le roi d'Angleterre aurait le Poitou, la Guyenne, la Bretagne et la Normandie ; que le duc d'York aurait en souveraineté, avec le titre de *protecteur des protestants*, la Provence, le Dauphiné et le Languedoc, à condition que les princes s'obligeront à faire rendre à l'Espagne tout ce que la France lui a pris depuis 1630 ; il compte enfin beaucoup sur les secours de l'Espagne, les forces des rebelles et les troupes que les Suisses leur ont promises... Ah ! j'oubliais enfin, mon cher Hugues, ce propos qu'il prête à milord Arlington : que notre maître prétendait à la monarchie universelle, et qu'il fallait couper les ailes à qui voulait voler trop haut[1].

— Cet homme-là n'est pas aussi fou que méchant, mon cher Ruvigny ; car, malgré toutes ces exagérations-là, il y a un fond de vérité qui doit vous demeurer évident comme à moi : c'est que ceux de votre religion s'agitent fort, et que ce que je soupçonnais est vrai, à savoir, que ces vieux restes de la Fronde, et plusieurs compagnies des gardes du roi sont infectés de ces maudites pensées de révolte, et qu'enfin la conséquence de tout ceci est qu'il faut hâter le plus possible la conclusion de l'alliance secrète du roi Charles avec notre maître, pour couper court à ces visées toujours inquiétantes d'une ligue entre l'Angleterre, l'Espagne et les Provinces-Unies contre Sa Majesté.

— Je suis si fort de cet avis, Hugues, que vous savez mes instances auprès de S. M. la reine-mère pour qu'elle veuille bien tâcher de décider le roi son fils, Sa Majesté d'Angleterre, à quitter l'alliance des Hollandais pour la nôtre ; mais rien n'avance... Et pourtant M. de Croissy est un adroit et habile négociateur : mais les scrupules arrêtent les ministres du roi

---

[1] On peut voir, à l'appui de cette assertion, dans les OEuvres de Louis XIV, une très-curieuse exposition du droit que ce roi prétendait avoir sur presque tous les états de l'Europe, et plus bas la note sur le partage éventuel de la monarchie espagnole.

Charles; car, lié solennellement avec les Provinces-Unies, faire un traité séparé et inoffensif avec notre maître pour les envahir sans motif plausible, j'avoue que cela est une grave détermination. Mais la politique et les besoins du roi Charles veulent qu'il la prenne, et s'il la prend, comme je n'en doute pas, Hugues, il arrivera ce que je vous mandais du temps de mon ambassade : que de la manière qu'allaient bien des choses, notre maître gouvernerait tôt ou tard ce pays-là. En un mot, tout se résume dans une question de subside, car le joyeux monarque est avide et prodigue ; aussi fera-t-il payer cher cette alliance.

— Nous le savons bien, mon cher Ruvigny; et chaque jour je presse Croissy de lui demander... combien il la veut vendre... cette alliance ; mais il ne tire rien autre chose du *bon rowley*[1], comme ils l'appellent de delà, que l'assurance de ce perpétuel désir de se lier d'une étroite et intime union avec notre maître. Quant à son dernier mot, ou plutôt à son dernier prix, on ne peut le lui arracher.

— Savez-vous pourquoi, Hugues? C'est que le roi Charles est aussi rusé que besogneux, et qu'il a peur de dire un prix moindre que celui qu'on lui offrirait peut-être ; « joint à cela
» que c'est un monarque si déréglé, qu'il est impossible de
» s'assurer de le trouver trois heures après dans les mêmes
» pensées où on l'avait laissé apparemment résolu. Ainsi, du
» temps de mon ambassade, j'avais de continuelles appréhen-
» sions que nos ennemis du parlement ne le détachassent de
» nos intérêts... Car, pour pouvoir m'assurer de sa conduite,
» il m'aurait fallu le voir tous les jours ; mais cela était impos-
» sible, puisqu'il veille quand les autres dorment, dîne quand
» les autres soupent, et perd souvent ses conseils d'état, qu'il
» estime beaucoup moins qu'une heure passée chez ses maî-
» tresses à entendre jouer du luth, à rire avec ses favoris, ou
» à caresser ses chiens[2]. »

— Bravo, Ruvigny! je reconnais bien là le vendeur de Dunkerque, qui, l'an passé, au lieu d'employer à armer sa flotte

---

[1] Sobriquet donné à Charles II par ses favoris.
[2] Ce portrait de Charles II est extrait de la correspondance de Ruvigny, 10 decembre 1667.

l'argent que le parlement avait voté pour cet usage, a changé ces belles guinées de Dieu en riches ajustements pour la Castelmaine, la Nelly, la Chiffins, la Swresbury, et en prodigalités pour le Buckingham et sa meute de flatteurs et de musiciens; de telle sorte que le bonhomme Ruyter, trouvant le port de Chatam dégarni de vaisseaux armés, a incendié, pillé et ravagé par là pour deux ou trois cent mille livres sterling de marine.

— Et tout cela prouve, Hugues, qu'il ne faut guère compter tenir le roi Charles que lorsqu'il sera sans un ducaton. Aussi, croyez-m'en, faites agir vos amis du parlement, de telle sorte qu'ils lui refusent des subsides à la session prochaine; alors, une fois à court d'argent, le roi Charles sera bien forcé de se jeter à vous, et de dire son dernier mot.

— J'y avais songé, et le ferai; mais, puisque nous voici sur ce sujet, il faut que je vous fasse part sous le dernier secret d'une certaine pensée qu'on a eue de delà pour décider le roi Charles à se prononcer. Croissy ne jugea pas d'abord devoir écouter sérieusement cette ouverture, et en écrivit confidemment à son frère Colbert, qui montra la lettre au roi. Sa Majesté me l'a renvoyée, et je vais vous la lire. Vous connaissez si bien la cour d'Angleterre, le monarque et ses adhérents, que vous pouvez me donner beaucoup de lumières sur l'opportunité de cette proposition-là.

Et de Lionne tira de son sac une dépêche chiffrée dont la traduction était interlignée; puis il la lut à voix basse, et comme à mots comptés, témoignant ainsi de toute l'importance qu'il attachait au contenu de cette lettre d'un assez grand intérêt historique, en cela qu'elle prouve ce fait inconnu, je crois, jusqu'ici : *que le premier instigateur du voyage de madame la duchesse d'Orléans en Angleterre* (qui amena la ratification de ce traité secret entre les deux rois) *fut M. le duc de Buckingham,* qui avait été et était encore fort épris de cette toute gracieuse et charmante princesse.

« Londres, 28 décembre 1668.

» J'ai été depuis huit jours dans le sentiment que je ne devais point prendre la liberté d'informer le roi ni directement ni par aucune autre voie d'une proposition qui m'a été faite au sujet de Madame, parce que, selon mon sens, elle est impertinente, et il n'est pas à propos qu'elle vienne à la connaissance des secrétaires et des commis qui déchiffrent mes lettres; mais depuis, comme j'ai reconnu qu'elle venait du duc de Buckingham, et qu'elle pouvait avoir quelque motif qui pourrait avoir relation à ce qu'il plût à Sa Majesté de me dire de sa bouche lorsque je reçus ses commandements, j'ai cru vous en devoir écrire, pour en user ainsi que vous le jugerez à propos. Vous saurez donc, s'il vous plaît, que M. de Flamarins, qui est attaché depuis long-temps au service du roi d'Angleterre dont il reçoit pension, et qui a de grandes habitudes avec le duc de Buckingham et milord Arlington, me tira à part chez moi, il y a environ huit jours, et me dit qu'encore qu'il n'espérait plus que le roi notre maître lui permît d'aller à sa cour, néanmoins, comme il était avant tout bon Français et fort reconnaissant de mes civilités, il ne pouvait s'empêcher de s'intéresser beaucoup au bon succès de ma négociation; mais qu'il avait appris de bonne part qu'elle serait longue et peut-être sans aucun fruit, ceux qui ont la principale part au gouvernement n'ayant point d'autre but que d'entretenir une bonne correspondance avec l'Espagne et la Hollande, et voyant bien qu'une étroite alliance avec la France ne pourrait compatir avec ce dessein; que néanmoins il savait un moyen qui réussirait infailliblement, si le roi voulait le pratiquer, qui était de permettre à Madame de venir pour peu de temps en ce pays-ci; qu'elle le souhaitait tant pour rétablir la bonne intelligence entre ses frères dont elle seule était capable, que pour porter aussi le roi son frère, qui l'aimait tendrement et souhaitait passionnément de la voir, à une forte liaison avec la France. Quoique cette proposition ne méritât pas de réponse, néanmoins comme je vis bien par beaucoup de petites particularités que me dit ledit sieur de Flamarins, qu'elle ne pouvait venir que du duc de Buckingham, je lui dis que Madame était tellement chérie et considérée du roi, et tendrement aimée de la reine, que je ne croyais pas qu'elle songeât à s'éloigner de leurs personnes pour s'exposer à passer la mer, quelque considération qu'il y pût avoir, d'autant plus que le public, qui n'en saurait pas les véritables motifs, le pourrait plutôt attribuer à une mésintelligence avec la France qu'à une disposition prochaine à une bonne union, chacun sachant bien que l'amitié fraternelle des grands princes et des grandes princesses s'entretient encore mieux par lettres et sur les bons offices que par des entrevues; que d'ailleurs il me semblait que le roi d'Angleterre et M. le duc d'Yorck étaient assez bien ensemble pour n'avoir pas besoin de l'entremise de Madame, et qu'à l'égard de l'union avec la France, si l'on voulait entretenir ici la bonne correspondance avec l'Espagne et les Provinces-Unies, on trouverait aussi le roi notre maître dans les mêmes sentiments; et ainsi aucun obstacle à une bonne union, qui se pourrait assez facilement traiter par la voie des ambassadeurs, sans donner à Madame la peine de passer la mer; enfin, comme il voulut me répliquer, je le priai de ne plus parler de cette affaire, et lui dis que je lui promettais de l'oublier entièrement, et de n'en pas écrire : aussi n'ai-je pas cru devoir prendre la liberté d'en informer le roi ni M. de Lionne, et je rends seulement compte au roi d'une visite que le duc de Buckingham me vint faire deux jours après, environ sur le midi, dans laquelle il me fit fort valoir le crédit de Madame sur l'esprit du roi son maître, et me fit assez connaître par tout son discours que cette belle proposition vient de lui.

» Cependant Leyton me fait toujours espérer que milord Arlington portera le roi son maître à une bonne union avec Sa Majesté ; il laisse même entendre qu'il sera bien aise d'en recevoir des grâces; mais il fait valoir le crédit du duc de Buckingham beaucoup plus qu'il n'est en effet, et prétend qu'il fera lui seul ce qu'il ne peut faire que conjointement avec milord Arlington, lequel me traite toujours honnêtement, et me donne même quelque espérance, mais si froidement que cela doit passer plutôt pour un amusement que pour une bonne disposition au traité. Peut-être qu'il y aura quelque occasion extraordinaire qui les y forcera, et je crois que l'assemblée du parlement, que l'on assure devoir être au mois de mars sans aucune remise, la pourra bien faire naître.

» Je suis, etc.,
» COLBERT DE CROISSY [1]. »

---

[1] *Bibl. Roy. Mss. Lettres de Colbert.* (Cette lettre est chiffrée entièrement.)

— Eh bien! Ruvigny, que pensez-vous? dit de Lionne en terminant la lecture de cette dépêche.

— Mon cher Hugues, je suis d'un avis tout opposé à celui de M. de Croissy. Oui.... plus je réfléchis.... et plus je pense que si Madame pouvait se rendre en Angleterre, personne au monde plus qu'elle ne pourrait décider son royal frère à entrer enfin en alliance avec la France, et à s'expliquer nettement sur ses prétentions; car si le roi d'Angleterre a la plus grande et la plus sincère affection pour Madame sa sœur, je sais que Madame la partage, et a sur lui une extrême influence; et puis enfin, tel bronzée que soit Sa Majesté d'Angleterre sur certaines matières, je crois qu'elle rougirait peut-être moins de déclarer à madame sa sœur qu'à toute autre personne le taux qu'elle mettrait à l'abandon.... tranchons le mot, Hugues, à sa trahison envers la Hollande, et à son traité de servitude envers notre maître.

— Trahison, servitude, soit, mon cher Ruvigny, — dit Lionne en souriant, — trahison, servitude pour lui; eh! qu'importe, si ces mots sonnent pour notre maître conquête et domination? Après tout, si le roi Charles vend le sang de ses alliés et de ses sujets, on le lui paiera en beaux louis d'or : ainsi donc *a buena alcahuëte, bueno dinero*[1]. Mais pour revenir au sujet de cette lettre de Croissy, je pense à peu près comme vous; seulement je n'avais d'abord vu dans cette proposition que Flamarins fit à Croissy par l'instigation du duc de Buckingham, qu'un moyen trouvé par le seigneur duc pour revoir une princesse charmante sur laquelle il avait autrefois osé jeter les yeux; en un mot, que le seul et le premier mobile de tout cela était le désir de faire venir Madame en Angleterre, puisque le Buckingham ne pouvait venir en France sans donner beaucoup d'ombrage à Monsieur. Mais en creusant davantage cette dépêche, j'avais aussi pressenti qu'on pouvait tirer quelque autre parti de ce voyage.

— Je le pense comme vous, mon cher Hugues; aussi, croyez-moi, suivez cette idée, elle est bonne; car, à mon sens, le meilleur négociateur que vous puissiez envoyer au roi Charles,

---

[1] *A bon entremetteur, bon salaire*.

c'est, sans contredit, Madame ; mais, dites-moi, et les chapeaux de M. le duc d'Albret, de M. de Laon et de M. le prince d'Aversperg [1] ?

[1] M. le prince d'Aversperg était un des premiers ministres de l'empereur, gagné par M. Gremonville, qui, entre autres promesses, lui assura l'appui du roi pour obtenir du pape le chapeau de cardinal ; aussi le prince d'Aversperg décida son maître, non-seulement à rester neutre lors de l'invasion de Louis XIV en Flandre, en 1668, mais encore à souscrire *un traité de partage éventuel de la monarchie espagnole.* On convint donc, par un traité secret, qui fut échangé, le 19 janvier 1668, entre l'empereur et Louis XIV : *que les rois d'Espagne et de Portugal traiteraient de roi à roi ; que le roi, pour terminer les présents différends qu'il avait avec le roi d'Espagne, aurait, ainsi qu'il en était convenu avec les États-Généraux, ou les places et pays conquis pendant la dernière guerre sur les Espagnols avec leurs dépendances, ou le duché de Luxembourg, Cambrai et le Cambrésis ; Douai, Aire, Saint-Omer, Bergues et Furnes avec leurs dépendances et annexes* ; le roi donna à l'empereur tout le mois de mai pour avoir le consentement des Espagnols. L'empereur promit que si leur refus causait la continuation de la guerre, il ne leur donnerait point de secours pour attaquer le royaume de France ni les provinces qui y étaient incorporées, et ne leur en enverrait pas même dans les Pays-Bas ; on convint de plus que, nonobstant cette continuation de guerre, les articles concernant le partage éventuel ne laisseraient pas de subsister, mais qu'aussi, si le roi prenait quelques places qui fussent dans le lot de l'empereur, il les rendrait quand on ferait la paix. A l'égard du partage éventuel, Louis XIV eut dans son lot *le reste des Pays-Bas, la Franche-Comté, le royaume de Navarre et ses dépendances, la place de Roses, le royaume de Naples et de Sicile, les Philippines et les places d'Afrique ; l'empereur se contenta du reste des états de la monarchie d'Espagne.* Enfin, le roi et l'empereur convinrent que lorsque le cas arriverait (la mort du roi d'Espagne sans enfants légitimes), ils s'assisteraient réciproquement de leurs forces de terre et de mer pour se mettre en possession des états compris dans le lot de l'un et de l'autre. — Le chevalier de Gremonville envoya, le 22 janvier, la copie du traité. Son courrier étant revenu, le 17 février, avec la ratification de Louis XIV, l'ambassadeur en donna aussitôt avis à l'empereur, qui en eut beaucoup de joie, et en même temps de l'assurance que donna M. de Gremonville que l'expédition que le roi allait faire en Franche-Comté, attendu le refus que les Espagnols avaient fait d'accepter la suspension d'armes qui leur était offerte, n'empêcherait pas qu'il ne fît la paix aux conditions qu'il leur avait proposées, pourvu qu'ils les acceptassent dans le mois de mars. L'empereur envoya peu après en Espagne le marquis de Grana pour faire connaître à la reine l'impossibilité où il était de lui donner du secours, et la nécessité qu'il y avait qu'elle acceptât les conditions de paix que le roi lui avait proposées, et que le roi d'Angleterre et les États-Généraux avaient approuvées et s'étaient obligés de lui faire accepter. Il est évident que ce traité de partage éventuel contribua extrêmement à la paix signée le 5 mai, en faisant perdre à la reine d'Espagne l'espérance d'être secourue par l'empereur contre le roi de France.

Ainsi donc ce fut *bénévolement* que Louis XIV accéda à la paix d'Aix-la-Chapelle, et il n'y fut pas contraint, ainsi qu'on le dit, par la Hollande. Le

— Ne m'en parlez pas, Ruvigny. Quant à d'Albret, M. le maréchal de Turenne vient encore de me le recommander; le roi, hier au conseil, m'a fort pressé à ce sujet; enfin madame de Montespan et Vivonne son frère m'en parlent incessamment. Diavolo! Ruvigny, que voilà d'intéressés à rougir le rochet de mon ambitieux ami, dont l'âme est aussi fausse et aussi noire que le regard! mais Clément IX y met une lenteur infinie, de peur de mécontenter l'empire et l'Espagne, pour qui une telle nomination faite au détriment de ses candidats serait un sanglant affront.... L'ex-reine Christine, l'impudique Lesbienne, prend les intérêts de M. de Laon, bien digne protégé d'une telle protectrice; et quant au prince d'Aversperg, qui a si utilement servi le roi pour le partage éventuel de la monarchie espagnole, on n'en parle plus le moins du monde, peut-être parce que le traité de partage est ratifié. Quant à toutes ces soifs ardentes de cardinaleries, le roi est en droit d'attendre beaucoup de Sa Sainteté. Pour les assouvir, n'a-t-il pas dernièrement, afin de lui plaire, autorisé S. B.[1] à faire abattre le monument élevé à Rome, à cette fin de perpétuer le souvenir de la réparation imposée par Sa Majesté à Alexandre VII, à propos de l'insolence des gens de ce pape, qui avaient insulté madame la maréchale de Créquy, ambassadrice de France.... Mais rien ne marche, et le bonhomme Bigorre, que j'ai envoyé de delà en dernier lieu, ne fait pas un pas. Voici pourtant une dépêche de lui; si vous voulez, Ruvigny, nous allons la lire; et nous en causerons, car je sais tout l'intérêt que vous prenez aux affaires de Sa Majesté....

Et de Lionne et Ruvigny déchiffrèrent la lettre suivante :

fait est qu'on a eu tant besoin de trouver des raisons autres que celles de la basse cupidité et de l'ambition brutale, pour expliquer la guerre de 72 et 73 contre ces provinces, qu'on a inconsidérément accueilli toute apparence de ressentiment de la part du grand roi, et entre autres celle-ci, qui a eu cours dans toutes les histoires de France, que *Louis XIV n'avait pu supporter l'humiliation de se voir arrêter dans le cours de ses conquêtes par l'arbitrage et l'intervention de la Hollande, et que c'est pour cette cause qu'il lui déclara la guerre.* — Vient à l'appui de ces belles assertions la prétendue médaille de *Josué arrêtant le soleil*, autre conte dont on démontrera toute l'absurde fausseté.

[1] Sa Béatitude.

M. BIGORRE, A M. DE LIONNE.

« Rome, 28 décembre 1668.

» MONSEIGNEUR,

» J'ai toujours eu besoin pour me soutenir de la main charitable de Votre Excellence ; mais à cette heure ce besoin est plus pressant que jamais ; et me trouvant ici à la poursuite d'une affaire délicate, difficile et importante, sans un aussi expérimenté pilote que l'était le grand ambassadeur qui m'a précédé, ma felouque court risque d'être submergée du moindre coup de vent, si vous ne m'aidez, Monseigneur, d'un *quos ego*.

» Je vous supplie donc de me prescrire ma conduite, et quand je serai obligé de faire quelques pas de mon seul mouvement, dans la nécessité de quelque conjecture, croyez toujours, Monseigneur, s'il vous plaît, que si j'avance trop, c'est un effet de mon zèle, et si je reste trop en arrière, c'est à cause de la crainte que j'ai de faillir.

» Votre Excellence a déjà su par ma lettre du 18 du courant que Sa Sainteté ne fit point de promotion le lundi de l'Avent, comme nous le craignions, et qu'ainsi nous avons le loisir de solliciter celle de M. le duc d'Albret.

» La première personne que je vis à mon arrivée à Rome, fut M. de Bourlemont, auquel ayant rendu le paquet qui s'adressait à lui, et communiqué mes courtes instructions, il envoya, selon la coutume, dire à monsieur de la chambre du pape, qu'ayant parlé à Sa Sainteté, il le priait de lui faire savoir quand elle aurait agréable de l'entendre.

» Cependant je me rendis le mercredi 19 dans l'antichambre de M. le cardinal Rospigliosi, qui ne me fit attendre qu'autant de temps que resta avec lui M. l'abbé Félice, son frère. Je fus donc admis à son audience dès que celui-ci en sortit, et je ne lui eus pas plus tôt fait ma profonde révérence qu'il me demanda des nouvelles de la santé du roi et de toute la famille royale ; après que je lui eus répondu qu'elle était parfaite, et qu'il m'en eut témoigné une très-sensible satisfaction, il me dit, par civilité, que la joie qu'il avait de me revoir en cette cour était grande ; mais qu'elle allait jusque dans l'excès, quand il pensait que je lui portais assurément quelque occasion de servir le roi ; et m'ayant pris par la main pour me conduire dans la chambre voisine, il me donna une audience d'une bonne heure et demie, et me traita comme il traite tous les prélats, étant toujours demeuré debout comme moi et découvert pendant que je l'étais aussi.

» Je répondis d'abord à son compliment, que les sentiments généreux qu'il me témoignait pour Sa Majesté étaient à la vérité les plus obligeants du monde, mais qu'ils ne nous étaient pas nouveaux, et que personne ne savait mieux que moi qu'il ne s'était présenté aucune occasion depuis le commencement de ce pontificat où Son Éminence n'eût donné au roi de véritables preuves et des effets sensibles d'une propension très-particulière pour tout ce qui regardait son service. Je lui rendis alors la lettre de la main de Sa Majesté, qu'il lut sur-le-champ, et après en avoir fini la lecture, il me dit que, dans la rencontre présente de l'avancement de la promotion de M. le duc d'Albret, plusieurs difficultés lui venaient dans l'esprit, et qu'il me les voulait toutes expliquer, afin que nous cherchassions ensemble les moyens de les vaincre, parce qu'il fallait un fondement certain que les dispositions du pape et les siennes de plaire au roi en toutes choses ne pouvaient être plus sincères.

» Il continua son discours, et me dit que l'Empire et l'Espagne se plaindraient hautement d'une préférence qui leur serait injurieuse ; que le pape n'avait d'autre but que de satisfaire tous ses enfants.

» Qu'il avait plus de besoin que jamais qu'ils fussent unis pour lui aider à repousser les efforts du Turc ; que Sa Sainteté ne pouvait refuser au roi aucune grâce quand elle n'était pas au préjudice d'autrui, que les Espagnols avaient déjà publié que S. B.[1] ne vivait pas en père commun ;

» Que, dans la faiblesse où ils se trouvent, la moindre pente que Sa Sainteté témoignait vers la France leur paraissait une marque d'un très-grand mépris ; qu'ils l'ont accusé ouvertement d'avoir trop de partialité pour le roi ; que ces bruits faisaient tort à Sa Sainteté ; qu'ils nuisent aux desseins qu'elle a pour la

---

[1] Sa Béatitude.

république chrétienne, et que la demande d'aujourd'hui étant une chose de soi extraordinaire, et qui blesse les autres couronnes, S. B. aura non-seulement de la peine de sortir du chemin battu, mais de déplaire aux autres puissances; Son Éminence s'étendit fort sur toutes ces raisons, et me protesta ensuite que ces difficultés n'étaient point dans son esprit, mais dans la nature de l'affaire proposée; qu'il me les débitait à mesure qu'elles lui venaient dans la pensée, par le motif dont il m'a déjà parlé dès le commencement de mon audience.

» Je le remerciai très-humblement de cette ouverture de cœur, et ayant répondu à chaque article une partie de ce que Votre Excellence verra dans le mémoire ci-joint, je l'obligeai à me dire que les intentions du roi étaient très-saintes, la conversion de M. de Turenne une action d'un très-grand éclat pour la religion, et que le mérite personnel de M. le duc d'Albret était incomparable; qu'il entretiendrait Sa Sainteté, et qu'il n'oublierait rien pour faciliter les choses.

» Mais comme dans mes réponses je lui parlai diverses fois de ce que Sa Majesté a fait et peut faire contre l'ennemi commun, Son Éminence, après avoir fini tous ses discours, me dit qu'il lui semblait que je lui avais touché quelque chose sur les affaires de Candie, et qu'elle me priait de le lui répéter. Je lui répondis soudain que j'avais pris la liberté de lui représenter qu'outre les raisons très-fortes qu'avait le roi d'espérer que Sa Sainteté lui accorderait l'avancement du chapeau de M. le duc d'Albret, fondées sur la nécessité qu'il y a, pour attirer les huguenots de France au bon parti, qu'il paraisse au public que le pape et le roi sont d'accord de concourir ensemble pour récompenser sans perte de temps des actions si utiles à la religion que l'a été la conversion de M. de Turenne, Sa Majesté était encore persuadée que les sommes d'argent, la liberté de lever des troupes dans son royaume, et d'y acheter toute sorte de munitions, qu'elle avait accordée à la république de Venise, à la prière de Sa Sainteté, les secours considérables qu'elle a envoyés depuis en Levant, ceux qu'elle y peut encore envoyer, devant sauver le royaume de Candie, S. B. fera beaucoup de réflexions, et trouvera cette considération bien puissante pour se résoudre à accorder à Sa Majesté une demande qu'elle lui a faite en faveur de M. le duc d'Albret, fondée sur des avantages présents et très-considérables que la religion catholique doit recevoir en France de l'avancement de la promotion. Son Éminence me demanda alors si je n'avais pas quelque chose de positif sur le secours que le roi veut donner à l'avenir contre les Turcs, parce que, quoique cette bonne disposition où je lui disais que se trouvait le roi pour le bien public fût à son égard une chose de très-grand poids, neanmoins, si on s'en voulait servir pour persuader aux Espagnols que le pape ne peut refuser au roi l'avancement de la promotion que Sa Majesté désire en considération de ses bons desseins pour défendre la chrétienté, ils diraient sans doute que ce ne sont que des espérances et des paroles, au lieu que le tort qu'on leur ferait serait réel et effectif, et ils ne manqueraient pas de publier que S. B. cherche elle-même des prétextes pour donner carrière à l'inclination qu'elle a de plaire au roi.

» Je lui répondis que Sa Majesté était accoutumée à faire beaucoup et à promettre peu, et que je n'avais pas besoin de mon peu de rhétorique pour lui persuader une chose dont on voyait tous les jours des effets.

» *Ainsi, Monseigneur, Votre Excellence s'apercevra bien facilement que si j'avais quelque chose de positif à dire de ce que Sa Majesté a résolu de faire la campagne prochaine sur les affaires de Candie, je trouverais ici plus de facilité pour l'avancement de la promotion.*

» La nouvelle du sujet de mon voyage a fort étonné les prétendants au chapeau, aussi bien que leurs familles et leurs amis; ils sont tous persuadés que mon arrivée fera différer la promotion, et c'est le moindre mal qu'ils en attendent, dans l'incertitude où ils sont qui sera celui qui devra céder sa place à M. le duc d'Albret, en cas que Sa Sainteté le veuille faire cardinal avant la promotion des couronnes.

» Le pape est enrhumé, il garde le lit, et le moindre accident fait tout craindre pour une santé si précieuse.

» Je suis, avec tout le respect imaginable,

 » Monseigneur,

  » De Votre Excellence,   » BIGORRE. »

Cette lecture fut souvent interrompue par des exclamations de Lionne, tantôt italiennes, tantôt espagnoles, et par quelques rares observations de Ruvigny.

— Eh bien! — dit le ministre en terminant et jetant la dépêche sur la table, — ne vous avais-je pas dit que Sa Sainteté voulait gros pour rougir le rochet de M. le duc d'Albret, rien moins qu'un secours en hommes, vaisseaux, galères et argent contre Candie; je ne sais si le roi y consentira... mais pourtant je le pense. D'abord il a donné presque sa parole royale à M. de Turenne que son neveu serait cardinal; puis madame la marquise de Montespan le désire; puis, si l'on envoie là un secours de galères, c'est une magnifique occasion pour la favorite de faire obtenir à son frère Vivonne la provision de général des galères, dont il exerce seulement la charge... puis enfin, entre nous, Ruvigny, on pourrait encore trouver moyen de creuser là comme un égout pour y faire écouler ces réformés mécontents et audacieux dont parle le Bonhomme; le gros Louvois connaît maintenant le moral des troupes, au moyen de ces cadres à inquisition qu'il a fait établir; et certes, si le service du roi l'exige, il vaut mieux que ce soient de tels misérables qui supportent le faix d'une guerre aussi dangereuse... Bien entendu que nous ne pourrons empêcher d'ailleurs un bon nombre de braves et loyaux gentilshommes d'y partir comme officiers et volontaires, à l'imitation de La Feuillade et de ses héros de l'an passé; mais qu'importe! ils auront un théâtre où exercer leur valeur, et, d'un autre côté, nous pourrons nous trouver débarrassés de fort méchants et dangereux drôles, dont ce Marcilly connaît les détestables projets... Enfin, Ruvigny, je prendrai les ordres du roi à ce sujet, ou plutôt... —

Ruvigny, voyant que de Lionne n'achevait sa phrase que par un sourire malicieux, ajouta: — Ou plutôt, Hugues, vous aurez l'art d'insinuer vos vues à Sa Majesté, de l'en bien pénétrer, jusqu'à ce qu'il la confonde avec la sienne propre; alors, après une longue conférence, vous lui direz comme d'habitude: Il me paraît, sire, que Votre Majesté, avec autant de lucidité que de pénétration, veut et ordonne que je réponde ou que j'écrive dans tel sens à tel ambassadeur? Or, tel sens n'est autre chose que votre pensée à vous, Hugues; seulement, comme j'ai dit, vous avez l'art de faire que Sa Majesté la prenne pour la sienne ; n'est-ce pas vrai?

— Allons donc, Ruvigny! — dit de Lionne fort gravement, — ne blasphémez pas ainsi, Diavolo; pouvez-vous croire cela? ne suis-je pas le simple et indigne secrétaire des ordres et volontés de Sa Majesté, *la pluma del amo*[1]!

— Soit ; mais si je pouvais lire dans deux pensées, dans celle de Sa Majesté et la vôtre, je me permets de croire que je lirais plutôt maintenant dans la vôtre si le secours de Candie sera accordé, oui ou non.

— Vous vous trompez, Ruvigny, ce n'est ni dans ma pensée ni dans celle de Sa Majesté que vous pourriez lire cela; ce serait peut-être dans la plus jolie, la plus fantasque, la plus altière, la plus capricieuse, la plus moqueuse, la plus mutine petite tête qui se soit jamais baissée sur le front d'un roi; en un mot, si l'altière marquise qui dit aussi fièrement : Je veux ! que la pauvre La Vallière dit doucement : Je souffre ! si madame de Montespan, en un mot, tenait beaucoup au chapeau de M. le duc d'Albret, ou plutôt au généralat de M. son frère, je prévois fort que la croix serait exaltée et le croissant abaissé, à la grande satisfaction de la foi et de la chrétienté. Vous voyez donc, Ruvigny, que ni moi ni Sa Majesté ne sommes pour quelque chose dans la détermination à prendre, pas plus, Diavolo! que les braves gentilshommes qui laisseront leurs chausses en Candie, si cette guerre se fait.

— Entre nous, je crois qu'elle se fera. Mais, dites-moi, et le de Witt, où en êtes-vous avec lui?

— Il n'y faut plus songer: il a vu dans mes cartes, et commence, le pauvre diable, à se douter de l'avenir; aussi essaie-t-il maintenant, quoique bien convaincu de l'inutilité de ses démarches, de se lier avec l'Angleterre; et, pour attirer et flatter le roi Charles, il fait mine à présent de rechercher quelque peu son neveu, le prince d'Orange... Mais je l'ai devancé d'abord auprès du roi Charles, comme vous savez, et puis auprès du jeune asthmatique, du petit stathouder dépossédé, qui, une fois notre alliance avec l'Angleterre bien cimentée, nous

---

[1] La plume du maître.

gouvernera ce qu'on lui laissera de ces marécages, selon notre dire et vouloir.

M. de Ruvigny sourit et secoua la tête d'un air d'incrédulité.

— Ici nous différons d'avis, Hugues; vous jugez mal ce petit stathouder dépossédé, comme vous l'appelez. Tenez... je l'ai vu tout récemment, moi, ce jeune prince d'Orange.

— Eh bien ?

— Eh bien! croyez-moi, défiez-vous de ce muet.

— Quelle visée, Ruvigny! un enfant malade, craintif et souffreteux... dont le regard est aussi pâle que sa maigre figure.

— Et c'est ce regard pâle... que j'ai bien observé, Hugues... Ce regard terne et froid qui ne réfléchit rien au dehors, parce que tout se concentre à l'intérieur. Encore une fois, ou je me trompe fort, ou cet enfant, que vous dites craintif et souffreteux, sera le plus implacable ennemi de notre maître.

— Implacable... ennemi... et pourquoi diable cela, Ruvigny ?

— Parce que la haine la plus violente l'anime contre Sa Majesté.

— La haine... *por la sangre del Christo!*

— Oui, oui, la haine, encore une fois.

— La haine... de notre maître!... C'est une folie... J'admets bien que ce jeune homme asthmatique rage peut-être en nous croyant des amis de M. de Witt, qui lui a fait perdre le stathoudérat; mais sa haine pour notre maître!

— Encore une fois, croyez-moi, Hugues, M. le prince d'Orange a deux haines bien distinctes : celle qu'il porte à M. de Witt naît de leur position réciproque et d'anciens griefs de famille; elle repose sur des intérêts matériels; mais celle qu'il porte à notre maître, je ne saurais comment la qualifier. C'est peut-être une arrière-pensée de jalousie, l'instinct d'un ambitieux qui devine un rival dangereux pour sa gloire future, ou l'intrépide présomption d'un jeune audacieux qui pense à lutter contre celui qui voit, à cette heure, le monde à ses pieds. Tout ce que je sais, c'est qu'un des plus intimes familiers du prince a dit qu'un jour, entendant vanter les exploits du roi notre maître, Son Altesse s'était échappée jusqu'à s'écrier avec impatience : *Qui donc me délivrera des jactances de ce triomphateur d'opéra, de ce marquis de revues, de ce guerrier de carrousel, que je hais* A DAMNER MON AME, *et qui un jour s'en apercevra bien, je l'espère !*

De Lionne et Ruvigny se regardèrent presque effrayés de ces expressions, qui résumaient avec assez de concision d'ailleurs les travers pompeux du grand roi.

Après un moment de réflexion, de Lionne reprit : — Bon ! bon !... c'est une boutade d'enfant mal élevé, c'est le cri de rage et d'envie d'un fils de ces fangeux marécages contre le soleil éclatant qui resplendit en France... Tout ce beau feu s'éteindra devant l'offre de notre appui pour recouvrer ses charges ; et d'ailleurs, encore une fois, c'est un mignon qui s'occupe de lévriers et de faucons bien plus que d'affaires d'état, je vous jure. N'a-t-il pas été sur la fin de l'année passée à Breda, pour voir une pacotille de bêtes de vénerie que son bon oncle le roi Charles lui envoyait! Entre nous, Ruvigny, faire un tel voyage... et pour un tel but... est-ce donc avoir les audacieuses imaginations que vous dites ? Allons... allons, c'est exagérer. D'un page de dix-neuf ans, vous voulez faire un ambitieux conquérant...

— Mais oubliez-vous donc que cette promenade de Breda pour voir des chiens et des faucons ne fut qu'un faux semblant pour amener son voyage en Zélande, dont ni M. Van Gent, son gouverneur, ni madame la princesse sa mère, ne furent même instruits? Oubliez-vous que, malgré ses dix-neuf ans, il sut feindre pour ne se pas laisser pénétrer, puisque ce ne fut qu'à Berg-op-Zoom qu'il écrivit à madame sa mère qu'il allait faire un tour dans ses terres de Zélande ? Aussi une fois arrivé à Midelbourg, que fait le prince ? Il lève le masque ; le muet a la parole, et répond avec convenance et dignité au pensionnaire de Zélande qui le vient complimenter ; la populace l'accueille avec ivresse ; ce sont des cris sans nombre de *vive Orange!* des drapeaux aux armes du prince, et non pas aux armes des Provinces ; remarquez bien cela... Enfin Son Altesse prend à l'assemblée des états de cette province sa place de premier noble, et, dans un second discours plein d'adresse et de subtilité, il rappelle habilement que ses ancêtres ont fondé le pouvoir et la grandeur de la république, dont il se proclame l'enfant et le serviteur; puis, parlant de liberté, d'indépendance, en un mot de toutes ces choses qui font grande impression sur le populaire, il sort enfin de la séance avec autant de partisans qu'il y avait de députés dans cette assemblée. Est-ce donc cela un page occupé de faucons et de vénerie? Non... non, croyez-moi, Hugues, bien que fort jeune, c'est un froid et habile ambitieux, qui ne tend à rien moins qu'à ressaisir l'autorité que ses ancêtres ont perdue.

De Lionne resta pensif pendant que Ruvigny parlait... Puis il alla feuilleter quelques papiers et revint.

— Oui, vous avez raison, Ruvigny, tout cela s'est passé de la sorte; en effet, il y a trois ans que d'Estrades me mandait que ce prince était déjà d'un esprit et d'un air calme au-dessus de son âge, dont il n'avait aucune des passions, ni les femmes, ni le jeu, ni la grande chère. Ses seuls goûts, disait d'Estrades, étaient la chasse, l'amour des beaux chevaux et des armes de guerre d'un grand prix. Mais dans ses dépêches, encore une fois, il ne m'a jamais rien écrit qui pût faire positivement soupçonner de pareilles vues à ce jeune mignon... Non... non, c'est lui croire plus de tête qu'il n'en a... L'affaire de Zélande est toute partielle... Et puis d'ailleurs c'est le seul adversaire redoutable que nous puissions maintenant susciter à de Witt pour le renverser, parce qu'il est de l'intérêt de l'Angleterre, comme du nôtre, d'appuyer ce jeune prince contre le grand-pensionnaire, qui aujourd'hui nous a devinés. Après tout, mon cher Ruvigny, tout cela est de l'avenir et du plus reculé; ce jeune prince, tel ambitieux qu'on le puisse croire, n'a aucune influence ni clientelle, ni racine en Europe quant à présent, et les événements qui se passeront bientôt seront peut-être tels qu'ils déjoueront toute prévision. Somme toute, à cette heure et aujourd'hui, il n'y a qu'une grande affaire : l'alliance du roi Charles et de notre maître... et une seconde, moins importante, celle du chapeau de M. le duc d'Albret. Aussi je vois, mon cher Hugues, que les affaires du roi sont en bon train... Et pour résumer notre conférence, je crois que la guerre de Candie se fera pour obtenir le chapeau de M. d'Albret, et que Madame, à la grande satisfaction de M. le duc de Buckingham, ira en Angleterre pour décider son royal frère à entrer en une alliance contre ces républicains qui se débattent en vain contre leur mauvaise destinée. — Et voyez un peu, Ruvigny, — ajouta de Lionne avec ce sourire ironique qui lui était propre, — voyez un peu combien les premières causes des événements sont bizarres, surtout pour nous, qui voyons la source de ces imperceptibles ruisseaux qui peu à peu deviennent des fleuves et des océans de guerres et de tempêtes... Nous avons traité de deux choses tout à l'heure, et dans toutes les deux c'est cette damnée, mais adorable luxure, qui en est, pour ainsi dire, le premier mobile... parce que le roi voudra plaire à sa maîtresse en faisant son frère général des galères et M. d'Albret cardinal, il relèvera d'une main ferme l'étendard de la croix à l'admiration de la chrétienté, et les os d'un bon nombre de braves gentilshommes pourriront en Candie pour la plus grande gloire et cardinalerie d'un jeune prélat perdu de dettes et de débauches. Quant à l'Angleterre, parce qu'un favori insolent et libertin ose convoiter les charmes de la sœur de son maître et cherche le moyen de la faire venir à lui parce qu'il ne peut aller jusqu'à elle, il se peut qu'une alliance, difficile jusque-là, s'aplanisse tout à coup, devienne coulante, se noue, et décide conséquemment l'envahissement, la conquête et partant la ruine d'un peuple d'insolents trafiquants qui se permettent d'être riches, libres et industrieux... Ah! pardieu, sur vingt affaires qui me sont passées par les mains, j'en ai vu dix-neuf qui n'avaient guère de meilleures causes premières. Aussi, tenez, Ruvigny, il est un vieux proverbe espagnol, extrêmement cynique et non moins banal, un proverbe vieux comme le monde, je l'avoue, mais qui répond terriblement vrai à cette question : *Voulez-vous savoir et voir la cause de la ruine et de la conquête de bien des empires? — Levanta usted la basquina.*

Et de Lionne, ayant clos la conversation par ces mots, alla se mettre à table avec Ruvigny, qui partageait assez peu la gaieté moqueuse de son ami à propos des causes de la décadence des empires.

La nomination du duc d'Albret étant toujours retardée, le roi se résolut à la fin de ce même mois d'envoyer en Candie le secours de troupes, de vaisseaux et de galères que le pape lui demandait; secours dont les frais furent en partie couverts par les conquêtes faites en France pour cette espèce de croisade.

CHAPITRE XVI.

Mouillage des galères venant de Marseille à Toulon, commandées par monseigneur le comte de Vivonne, prince de Tonnay-Charente, général des galères, et lieutenant-général ès mers du Levant. — Description pittoresque d'une galère sengile de vingt-six bancs. — Anne-Hilarion de Cotentin, chevalier de Tourville. — Aventures de sa jeunesse. — Ses premiers combats sur les galères de Malte et de Venise.

Le lundi 16 mai 1669, trois galiotes et treize galères étaient mouillées par quatre brasses de fond vers le milieu de cette partie de la grande rade de Toulon, qui court de l'est à l'ouest depuis le cap Brun jusqu'à la grosse Tour.

Le soleil à son déclin, déjà presque caché derrière le fort de Léguillette, jetait de chauds et vifs rayons, et les crénelures des murailles de la grosse tour se dessinaient vigoureusement sur l'horizon empourpré; à l'est les hautes terres du cap Brun, noyées dans une vapeur lumineuse, apparaissaient vagues et indécises; au nord la cime des terres qui bordaient la rade était éclairée çà et là par un reflet doré, et leurs grandes ombres transparentes se projetaient déjà sur l'eau limpide et bleue que la brise caressait mollement.

Rien n'était plus gracieux que ces treize galères mouillées sur deux lignes avec leur capitaine au milieu : à voir leurs corps sveltes et allongés, si bien assis sur l'eau, et d'une blancheur éblouissante; à leur antenne courbe et blanche aussi, qui se dressait à l'avant, gracieuse comme le col d'un oiseau, on eût dit une nichée de cygnes qui, la tête élevée, se laissait bercer par les flots.

Plus loin, et comme pour contraster avec ces galères élégantes, les trois galiotes, peintes d'un gris noir, se balançaient pesamment sur leur fond plat.

La capitane de France[1], galère sengile de vingt-six bancs, montée par M. de Vivonne, était donc mouillée un peu en avant de son escadre, et semblait ainsi coquettement placée pour faire mieux admirer encore sa magnificence et sa grâce.

Qu'on se figure un bâtiment long de cent soixante et dix pieds de bout en bout, tellement ras sur l'eau, qu'à son milieu il s'élève à peine au-dessus des petites vagues bleues et dorées qui caressent sa carène blanche; carène d'une taille si fine, si hardiment élancée, qu'elle n'a pas même de large la neuvième partie de sa longueur. La poupe de cette belle galère, au lieu d'être d'une hauteur démesurée comme celle des vaisseaux de ce temps-là, sa poupe, gracieusement inclinée de l'arrière à l'avant, n'avait guère que seize pieds à son point le plus élevé, à sa flèche dorée, décorée, à ses deux bouts, de larges écussons aux armes de France.

Mais, que de luxe écrasant sur cette poupe éblouissante! que de sculptures délicates! que d'ornements splendides accumulés seulement sur cette partie du navire! car le corps d'une galère était divisé pour ainsi dire en trois zones d'un aspect bien contrastant, d'un caractère bien tranché. — Ainsi à l'arrière... l'or, le velours et la soie, de grands noms historiques, de gais et piquants propos, d'élégants et braves gentilshommes, à cette époque généralement peu marins, il est vrai, mais toujours bouillants d'audace; en un mot, la vie militaire dans toute sa splendeur, dans toute son insouciante et joyeuse intrépidité. — Puis au centre de la galère, c'est la chiourme, les esclaves, les forçats, le bruit des chaînes, le sifflement des fouets, les cris de rage et de douleur, en un mot, les bras qui rament, la force locomotrice et animale du bâtiment... Enfin à l'avant, c'est pour ainsi dire l'armure guerrière de la galère, ses cinq pièces

[1] Bien que dans notre corps de galère on ne reconnût qu'une réale et une patronne, montées par le général et le lieutenant-général. Comme les forces de mer destinées à l'expédition de Candie étaient sous le commandement suprême du neveu de S. S., le bailly fra Vicenzo Rospigliosi, général de ses galères, on avait adopté dans l'armée, rassemblée sous l'étendard de l'Église, les dénominations hiérarchiques de la marine romaine, qui comptait une réale, une capitane et une patronne. La réale de France ayant donc le deuxième rang dans l'armée combinée, prit le rang et le titre de *capitane* pendant cette campagne seulement; plus tard, devant Candie, le général de Malte monta la patronne.

d'artillerie de bronze placées de front; ce sont encore ses soldats, ses bombardiers, ses pilotes, ses comites, hommes rudes et simples, vieillis et éprouvés dans cette navigation, et qui conduisaient à l'ennemi ou à l'abordage ce splendide char de bataille du haut duquel capitaine, officiers et volontaires se jetaient vaillamment au milieu du feu à la tête de leurs gardes.

Pour revenir à la poupe, chacun des deux côtés ou soubassements de cette sorte de dunette était orné de trois larges panneaux couleur de vermillon de Chine, séparés entre eux par quatre figurines de femmes servant de consoles et d'appui à une frise des plus riches, tout cela doré et encore surmonté d'une balustrade de bronze aussi dorée qui servait de parapet à un couloir ménagé de chaque côté et derrière le carrosse de poupe[1]. Et puis ces deux balustrades, dépassant de beaucoup le carrosse vers l'arrière, se projetaient hardiment au-dessus de la mer, saillantes comme un balcon espagnol, et supportées sur les larges épaules de deux hercules gigantesques aussi dorés, dont les pieds s'appuyaient aux dernières et plus hautes façons de poupe. — Enfin, au bout du couloir chaque balustrade formant un angle droit venait se réunir au-dessus du gouvernail et s'élargissait en un merveilleux couronnement, toujours doré, représentant le triomphe de Minerve.

Ce n'était pas tout : pour abriter ce carrosse, on voyait au-dessus une large tente de damas cramoisi, dont les quatre longues pentes, frangées d'or, étaient soutenues et attachées sur quatre flèches dorées par de grosses ganses, dont les glands à crépines étincelaient aux rayons du soleil couchant.

Maintenant si vous montez dans la capitane par l'un des deux escaliers situés de chaque côté de sa poupe ronde, qui, beaucoup moins large que le corps de la galère, paraît entée à l'arrière de ce long parallélogramme comme l'éperon le paraît à l'avant; si vous montez à bord de la capitane et que vous jetiez vos regards du côté de la poupe, vous serez étonné de ce luxe aussi grand à l'intérieur qu'à l'extérieur de la galère; vous verrez le carrosse et la poupe séparés du reste de la couverte (du

---

[1] Le carrosse de poupe était une sorte de rouffle fait en berceau, qui avait 8 pieds de hauteur, 14 de longueur et 12 de largeur; il servait de chambre de conseil, de salon et de salle à manger pour le général.

pont) par une magnifique grille de bronze doré [1], admirablement travaillée, qui prend toute la largeur de la capitane ; derrière cette grille, se promènent deux gardes de M. de Vivonne, placés en faction à la porte du carrosse, fermée par deux lourdes portières de damas rouge ; puis de chaque côté de ce carrosse c'est le couloir dont on a parlé, avec son parquet de noyer bien uisant, dont la minutieuse propreté contraste extrêmement avec la saleté fangeuse du reste de la couverte... Car, si en vous retournant vous regardez vers l'avant de la galère, le tableau change : à tant d'élégance et de somptuosité succèdent la misère et la hideur ; devant vous s'étalent deux masses confuses et pressées d'hommes vêtus de rouge, à la tête rasée, aux sourcils rasés, à la barbe rasée ; ces hommes occupent le long espace appelé vogue, contenu entre les espales et la rambade ; il y a vingt-cinq bancs dans cette vogue, douze à la senestre [2], et treize à droite. Sur chacun de ces bancs il y a cinq hommes turcs ou chrétiens enchaînés à ce banc jour et nuit ; c'est là qu'ils rament, c'est là qu'ils dorment, c'est là qu'ils mangent, en un mot c'est là qu'ils vivent : en été, défendus de l'ardeur du soleil par une tente de cotonine blanche et bleue ; en hiver, gardés du froid par une tente d'herbage ; chaque forçat, en outre, a un capot et un bonnet de laine rouge, une chemise et un caleçon ; — de plus, à la jambe une chaîne de trois pieds, et au col un bâillon de liége suspendu à une corde [3] ; car il y avait des manœuvres, ou des périls tels, qu'on bâillonnait la chiourme, soit que, grâce à ce silence forcé, les ordres arrivassent plus rapides et plus distincts, soit qu'il fallût étouffer les cris de terreur de quelque lâche qui peut-être eût démoralisé le reste de la chiourme.

[1] Lorsque la galère *faisait armes en couverte,* c'est-à dire branle-bas de combat, on ôtait cette grille dans la crainte des éclats.

[2] Le fougon ou cuisine, étant situé sur le pont, et tenant la place d'un banc de galère, on ne comptait que douze bancs ou rames du côté senestre (gauche) en termes de galère.

[3] Ce bâillon, dit un manuscrit du temps, « est un morceau de liége épais » d'un pouce et de trois pouces carrés, que l'on pend au cou de chaque » forçat, et qu'on leur fait souvent tenir entre les dents pour les empêcher de » parler et de faire du bruit, et afin qu'on entende mieux le commandement, » ou que dans un danger ils n'assourdissent pas. — Le commandement pour » le bâillon est : *Alerte ! le tap en bouche !* »

Il y avait pour cela un commandement : *Alerte!... le tap en bouche!* et chaque forçat se bâillonnait avec une obéissance singulière.

Il faut dire un mot de l'aspect de cette chiourme (on sait qu'on appelle ainsi cette partie de l'équipage d'une galère composée de forçats), qui en vérité était assez étrange.

Dans l'ordonnance maritime, toutes les provinces vomissaient dans les bagnes cette lie de corruption, à laquelle on joignait les déserteurs et certains criminels dignes de la corde, que l'on graciait souvent pour les mettre à la rame, selon ce judicieux axiome de M. d'Infreville, un des intendants de la marine du Levant : *qu'un pendu n'était bon à rien que pour les corbeaux, et qu'il y avait toujours quelque bribe à tirer du plus malicieux forçat.* Cette partie de la chiourme supportait donc son sort avec une résignation animale et sournoise; en un mot, ces visages hâlés par le soleil, amaigris par la misère, abrutis par le vice, avaient ce même type de ruse, de cynisme et de férocité qui caractérise la physionomie des forçats de nos jours.

Mais une fraction tout à part et toute différente de ces galériens était composée d'esclaves tunisiens, algériens, turcs ou maures qui provenaient des prises, des descentes, et surtout des achats faits [1] sur les côtes de la Méditerranée. Généralement on lisait sur les visages mornes de ces *achetés*, victimes de cette singulière traite des blancs, une expression de tristesse sauvage et concentrée, ou d'abattement stupide. Silencieux et impassibles, ils auraient paru vivre d'une existence toute machinale, n'eussent été de temps à autre un tressaillement plutôt de rage désespérée que de douleur lorsque le bâton de l'argousin sillonnait leur dos nu, ou une larme furtive lorsque le hasard de la navigation les amenait devant ces terres africaines, ces déserts sans fin, leur terre promise, à eux, où ils avaient vécu joyeux et libres sous leurs toits de palmiers ou sous la tente, partageant le maïs avec leur cheval favori, et le soir fumant leur longue pipe en rêvant, les yeux fixés sur la voûte profonde et étoilée de leur ciel d'orient.

[1] Il y avait, ainsi qu'on le verra, un fonds au trésor de la marine pour l'achat des esclaves destinés à la chiourme.

De fait... la première vie d'indépendance, de fatigue et de contemplation rêveuse de ces fils du désert contrastait fort avec leur vie des galères. Étrangers entre eux étrangers, ne comprenant pas un mot de notre langue, et pourtant obligés de se mettre vite au fait de la manœuvre et de la rame, n'ayant pour cela d'autres enseignements que l'imitation, d'autres avertissements que les coups, on doit avouer que plus des deux tiers mouraient de désespoir vers la sixième ou huitième semaine de leur embarquement; mais l'autre tiers, du reste, se plaisait fort au service du grand roi que ces infidèles avaient l'honneur de servir, ainsi que le dit la correspondance du temps.

Quant aux autres galériens, pris, eux, sur les corsaires barbaresques, ils supportaient leur sort plus patiemment, habitués à la vie rude des marins, aussi bien vêtus, peut-être même mieux nourris qu'à bord de leurs navires; somme toute, excepté quelques faibles réminiscences de liberté, ils faisaient des rameurs supportables, et prenaient gaiement part au supplément de ration de vin qu'on leur accordait souventes fois, surtout à bord de la galère capitane.

Or, le 16 mai 1669 était pour la chiourme un de ces jours de régal extraordinaire : je ne sais quel air de fête régnait à bord de la *capitane;* forçats et esclaves heurtaient joyeusement leurs gobelets d'étain, et les douze trompettes et hautbois du général envoyaient aux échos du cap Brun leurs fanfares guerrières : le soleil était à son déclin, et l'air était tiède et embaumé par la senteur de plusieurs massifs d'amandiers à fleurs rosées, qui émaillaient comme autant de bouquets le gazon d'une colline verte abaissée vers la côte; délicieux et frais parfum qui pouvait à peine pénétrer l'atmosphère infecte que la chiourme exhalait comme une vapeur putride autour de la galère, dont l'odeur nauséabonde et âcre n'était pas un des moindres supplices des officiers embarqués à bord; détestables exhalaisons que la science hygiénique, d'ailleurs fort peu avancée à cette époque, ne pouvait dissiper.

Il est vrai de dire que cet inconvénient était quelque peu compensé par l'avantage particulier aux galères de quitter rarement la terre de vue, de ne faire jamais de voyages de long cours, de toujours se trouver à portée des ports, et par conséquent de ne manquer jamais de rafraîchissements ; aussi les brevets d'officiers du corps des galères étaient-ils généralement fort recherchés.

Tout était donc en liesse sur la *capitane ;* et au mouvement culinaire qui régnait à bord, on voyait que le dîner du général, commencé vers deux heures, se prolongeait de beaucoup, car de temps à autre un maître d'hôtel, vêtu de noir, courait hâter le service du fougon, et des laquais magnifiquement vêtus à la livrée de Mortemart traversaient la couverte en portant des plats d'argent ciselés et soigneusement couverts, que les forçats regardaient passer d'un œil de convoitise, lorsqu'ils disparaissaient sous les portières de damas rouge frangées d'or qui fermaient le carrosse de poupe ; quelques soldats vêtus de justaucorps blancs à boutonnières et parements et écharpes rouges, se promenaient dans le couloir, espace étroit qui règne entre les bancs des rameurs et les murailles de la galère ; tandis que dans la courcie, autre couloir qui sépare la galère et les bancs en droite et senestre, les argousins, à l'habit brun doublé de vert, surveillaient les forçats, et de temps à autre en châtiaient quelqu'un à l'aide d'un assez long nerf de bœuf rompu, flexible et fixé dans un manche de bois blanc. Ce qui n'empêchait pas le fameux *Ambreville*[1] de chanter sa chanson :

> Je montay sur la capitane,
> Où sont peu de gens de soutane,
> Mais plusieurs filous du Marais,
> Vagabonds et coupe-jarrets,
> Consuls de la Samaritaine ;
> La Ramée ou bien La Fontaine,
> La Verdure, aussi Jolycœur,
> Qui pour avoir trop pris à cœur
> De dire deux fois leur rosaire,
> Sont condamnés à la galère.

On a dit que M. de Vivonne avait fait ce jour-là distribuer à la chiourme une double ration de vin, afin que tout fût joyeux

---

[1] Cet Ambreville était un forçat fameux dans les fastes de la chiourme, et que les échevins de Marseille payèrent long-temps en secret pour leur dénoncer les receleurs des objets volés dans Marseille, objets qui affluaient toujours au bagne ; par ce moyen, presque tous les vols se découvraient. Ce fut cet Ambreville qui vola la croix qu'un évêque portait à son cou, sur ce que cet évêque l'avait défié de lui voler sa bourse.

à son bord ; car il y traitait les officiers de ses galères ; aussi les longs éclats de rire, les bravos éclatants coupés de brusques silences, les bruyants toasts qui retentissaient sous le splendide carrosse de la générale, annonçaient assez que les officiers faisaient honneur à la chère savante et délicate de M. de Vivonne, qui devait à sa gourmandise éclairée le surnom de *Gros Crevé*.

Louis-Victor de Rochechouart et de Mortemart, comte de Vivonne, prince de Tonnay-Charente, général des galères et lieutenant-général ès-mers du Levant, avait alors trente-trois ans ; c'était un homme de moyenne taille, déjà fort ventru, à attitudes molles et voluptueuses ; ses mains blanches et potelées, toujours chargées de bagues de prix, et presque cachées sous de magnifiques dentelles, étaient remarquablement belles ; sa figure, grasse, fleurie, placide, respirait la paresse et la sensualité, quand son regard ne pétillait pas de tout l'esprit des Mortemart, cet esprit salé, railleur et cruellement incisif que lui et ses trois sœurs, mesdames de Montespan, de Thiange et de Fontevrault, possédèrent à un si haut degré. M. de Vivonne avait d'ailleurs beaucoup de lettres et aussi de savoir en toutes sortes de matières. Vivant à Paris dans la plus étroite familiarité avec Molière, Racine, Boileau et tous les beaux esprits du temps, il y avait singulièrement épuré son goût, déjà si formé, que Molière et Boileau le consultaient souvent sur leurs ouvrages, et entretenaient avec lui une correspondance poétique.

Fort magnifique et fort grand seigneur en toutes choses, singulièrement curieux de meubles, de tapisseries et de tableaux de grand prix, M. de Vivonne partageait encore avec le commandeur de Souvré la réputation de gourmandise la plus raffinée, et avec M. d'Armagnac celle d'être l'homme le plus naturellement plaisant et railleur de toute la cour [1].

---

[1] Madame de Sévigné rapporte cette anecdote. — M. de Vivonne adressait ses vœux à la belle madame de Lude, dont le chevalier de Vendôme était également épris. Ce dernier voulut se battre avec Vivonne, qui était alors en sa chambre, souffrant d'une blessure qu'il avait reçue dans la guerre de 1672, et recevant les compliments de toute la cour : « Moi, messieurs, dit-il à ce sujet, moi, me battre avec un Vendôme ! Il peut fort bien me battre, s'il veut, mais je le défie de faire que je veuille me battre. Qu'il se fasse d'abord casser l'épaule, qu'on lui fasse comme à moi dix-huit incisions, et puis... (on croit qu'il va dire : nous nous battrons) et puis nous nous accommoderons. Et d'ailleurs, se moque-t-il, de vouloir tirer sur moi ? C'est

—1669—

M. de Vivonne était extrêmement brave, d'un calme et d'un sang-froid merveilleux dans le danger, et avec cela d'une si incurable et étrange paresse, qu'il disait toujours : que ce qui lui avait fait choisir le service de mer, c'est qu'on y avait le plaisir et la gloire de se battre, moins la fatigue de marcher ou de chevaucher. Sa carrière militaire avait d'ailleurs été des plus brillantes. Il commença par servir en Flandre, comme volontaire sous Turenne, et se distingua fort à l'attaque des lignes d'Arras, et aux prises de Landrecies et de Condé en 1655. Élevé au grade de mestre-de-camp, il partit pour l'Italie en 1663, et commença de servir dans l'armée navale commandée par le duc de Beaufort. L'année suivante, il fut employé sous le même général comme maréchal-de-camp lors de l'expédition de Gigeri, et ce fut là qu'il exerça par commission la charge de général des galères, appartenant à M. le marquis de Créquy. La guerre ayant été déclarée à l'Espagne en 1667, il alla servir sur terre, et fit vaillamment son devoir, en Flandre, aux siéges d'Ath, de Tournay, de Douai, de Lille. Après la paix d'Aix-la-Chapelle, il parut à la tête d'une escadre devant Alger, et obligea la régence à faire avec la France un traité pour la sûreté du commerce.

comme s'il voulait tirer sur une porte cochère. Je me repens bien de lui avoir sauvé la vie au passage du Rhin. Désormais, je ne veux plus faire de ces choses-là sans faire tirer l'horoscope de ceux pour qui je le fais; eussiez-vous jamais cru que c'était pour me percer le sein que je le remettais en selle ? »

Cette autre anecdote est empruntée aux Mémoires de M. le duc de Saint Simon. — M. de Vivonne était brouillé avec M. le duc de Mortemart*, son fils, que j'ai vu regretter comme un grand sujet et fort honnête homme par les ducs de Chevreuse et de Beauvilliers, ses beaux-frères, et à qui le roi donna des millions avec la troisième fille de Colbert, dont madame de Montespan fit le mariage. A l'extrémité du duc de Mortemart, M. de Seignelay fit tant qu'il lui amena M. de Vivonne; ce dernier trouva son fils mourant, et, sans en approcher, se mit tranquillement à le considérer, le cul appuyé contre une table : toute la famille était là désolée. M. de Vivonne, après un long silence, se prit tout d'un coup à dire : « *Ce pauvre homme-là n'en reviendra pas, j'ai vu mourir tout comme cela son pauvre père.* » On peut juger du scandale que cela fit (ce prétendu père était un écuyer de M. de Vivonne). Il ne s'en embarrassa pas le moins du monde, et, après un peu de silence, il s'en alla. (Saint-Simon, vol. VII, p. 54.)

* Le duc de Mortemart, père de M. Vivonne, étant mort le 26 décembre 1675, celui-ci prit le titre de *duc de Vivonne*, et se démit de son duché pairie de Mortemart en faveur de son fils.

Somme toute, M. de Vivonne n'était peut-être pas un fort habile marin ; car pour exceller dans ce rude et savant métier, il faut l'avoir embrassé jeune. Mais il n'en allait pas encore comme de nos jours ; la partie théorique et pratique de la navigation était de fait, et à très-peu d'exceptions près, généralement abandonnée aux pilotes et aux maîtres d'équipage, qui se chargeaient, l'un de conduire le vaisseau, et l'autre de le manœuvrer ou de le mettre bord à bord avec l'ennemi. Une fois là, le capitaine ou l'amiral, qui, à défaut de science, avait presque toujours du courage, encourageait son monde à bien faire, soutenait bravement le choc, et se faisait couler plutôt que d'amener son pavillon. A cette époque surtout où l'habitude de naviguer en escadre était peu répandue, on ne pouvait compter sur des manœuvriers bien entendus ; et ce qui le prouve, c'est que, par une étrange singularité, les deux meilleurs ouvrages d'hydrographie et de tactique navale de ces temps-là sont dus à deux jésuites qui servaient comme aumôniers sur les vaisseaux du roi, le révérend père Fournier et le révérend père Paul Hoste.

Mais revenons à M. de Vivonne et à ses convives, dont la gaieté bruyante avait été interrompue pendant le temps de la prière du soir, mais qui éclata de nouveau lorsque le chapelain, après l'avoir dite, redescendit pour se mêler encore à ces joies profanes.

Peu de temps après cette prière, le soldat de faction aux échelles d'espale de la galère hêla une embarcation qui s'avançait rapidement ; le capitaine ayant répondu : « Capitaine de vaisseau, message de M. l'amiral, » le canot accosta, et le comite-réal, maître Talebard-Talebardon, dont nous parlerons plus tard, et qui alors remplissait les fonctions d'officier de quart, vint au haut de l'échelle recevoir respectueusement le messager de l'amiral.

Ce messager était le chevalier de Tourville [1], alors âgé de

---

[1] Anne-Hilarion de Cotentin, chevalier de Tourville ; son père, César de Cotentin, seigneur de Tourville, avait eu des emplois considérables sous le règne de Louis XIII. Ce monarque, pour récompenser ses services et sa fidélité, lui donna des lettres de conseiller d'état d'épée, en date de juillet 1642. M. de Tourville était alors premier gentilhomme de sa chambre et

vingt-sept ans, et commandant *le Croissant*, petite frégate de 32 canons. Le comite-réal, qui ne connaissait pas le chevalier, ne put réprimer un léger mouvement de surprise à la vue de ce jeune capitaine, dont la surprenante beauté avait quelque chose d'un peu trop féminin.

Figurez-vous un visage d'un ovale parfait, un teint de neige, un front large et noble, sur lequel se dessinent deux sourcils étroits et châtains, et au-dessous de ces sourcils deux grands yeux bleus, presque voilés par de longs cils, d'où s'échappait un regard calme et tendre; un nez légèrement aquilin, une petite bouche, des dents magnifiques, et une fossette au menton qui donnait au sourire du chevalier un charme inexprimable. Joignez à cela les plus beaux cheveux du monde, d'un blond cendré, qui, s'échappant d'un large feutre à longues plumes blanches, tombaient en boucles soyeuses et parfumées sur un magnifique col de point de Venise, et vous aurez un crayon de ce délicieux visage, auquel on ne pouvait, pour ainsi dire, reprocher qu'une perfection, qu'une grâce de lignes inutiles à un homme de guerre.

Le chevalier était d'ailleurs vêtu avec ce soin et cette excessive recherche que ses ennemis et ses envieux lui reprochaient amèrement. Son justaucorps bleu, doublé d'incarnat, bordé d'une dentelle d'or et d'argent, dessinait sa taille fine et souple ; ses bas de soie cramoisie se collaient aux moindres méplats de la plus jolie jambe qui se pût voir; enfin, la profusion d'aiguillettes de satin et de bouffettes de ruban, aussi cramoisi, qui couvraient son habit, la richesse des broderies de son baudrier et la merveilleuse ciselure de sa petite épée dorée, complétaient un costume qui alors eût passé pour le type de l'élégance et du bon goût.

Malgré ces dehors, qui annoncent ordinairement un esprit frivole et une nature faible et amollie, Tourville avait une constitution vigoureuse, développée par les exercices d'académie,

---

premier chambellan du grand Condé ; il suivit ce prince dans toutes ses campagnes. Il mourut, en 1647, laissant trois fils de son mariage avec mademoiselle de La Rochefoucauld, fille d'Isaac de La Rochefoucauld, marquis de Montendre. C'est du plus jeune de ces trois fils qu'il est question dans cette histoire.

où il avait excellé de bonne heure ; il était doué d'une volonté entière et inflexible, d'un courage calme et persévérant, et d'une expérience des choses de la mer, en théorie et en pratique, bien rare dans ces temps-là, et plus rare encore chez les officiers de sa naissance à son âge; reçu chevalier de Malte à quatorze ans, à de rares interruptions près, Tourville naviguait depuis cette époque dans la Méditerranée, soit au service de Malte, soit au service de Venise, et cela avec une distinction et un éclat qui commencèrent à établir sa réputation en France. Aussi, en cette année 1669, Colbert, desirant l'attacher au service du roi, lui donna-t-il ce commandement du *Croissant* dans l'escadre de M. le duc de Beaufort.

Bien qu'il ne fût pas particulièrement intéressé, on pouvait pourtant avec quelque raison reprocher au chevalier une sorte d'avidité ou plutôt de complaisance pour la pillerie après la victoire ; ayant, ainsi qu'on le verra tout à l'heure, navigué fort jeune et en compagnie des plus déterminés corsaires de la Méditerranée, qui, courant aux Turcs sous l'étendard de Malte ou de Venise, avaient bien plus à cœur de faire de riches et productives captures que d'abaisser le croissant et d'exalter la croix. Sans doute Tourville s'était habitué dès lors à ne point dépriser un butin acheté d'ailleurs au péril de sa vie.

Il faut dire aussi qu'au milieu de ce temps de parfaite galanterie, qui vit de si nombreuses et de si singulières preuves de dévouement et d'abnégation à propos des moindres volontés d'une femme; qu'à cette époque toute d'amour et de volupté, alors que la bravoure à l'armée était un moyen de plaire, et que pour séduire on comptait autant sur un fait d'armes que sur l'esprit, la magnificence et la beauté, il faut dire que Tourville était extrêmement de cette époque, qu'il aima les femmes avec passion, et que les nombreux avantages qu'il réunissait le rendirent, très-jeune, le héros envié d'une foule d'aventures, qu'il expia plus tard, il est vrai, par le plus ridicule et le plus malheureux des mariages.

On sait qu'en arrivant sur la couverte de la galère, Tourville avait ordonné au comite-réal d'aller prévenir M. de Vivonne qu'un capitaine, envoyé par son altesse monseigneur le duc de Beaufort, lui apportait un message de cet amiral. Après quelques moments d'attente, un des gentilshommes de M. de Vivonne vint respectueusement prier M. de Tourville de vouloir bien le suivre, le général étant encore à table.

Le jeune capitaine ne put alors retenir un imperceptible mouvement de répugnance assez concevable ; car, d'une grande tempérance, et goûtant fort peu les plaisirs de la table, il éprouvait cette espèce d'embarras naturel à un homme calme et de sang-froid qui va se jeter au milieu d'une troupe de joyeux convives encore animés par les dernières libations du repas.

Ce n'était pas tout, cette répugnance avait aussi un autre motif ; on n'en parle ici que parce que plus tard les suites en furent très-graves. En un mot, Tourville éprouvait un léger sentiment de défiance et de contrainte à l'égard de M. de Vivonne. Cette défiance, qui dans la suite se changea sinon en aversion, du moins en un éloignement profond et marqué, ne pouvait naître alors que de l'extrême disparité d'esprit et d'habitudes qui séparait ces deux marins. En effet, autant Vivonne, le *gros crevé*, était gai, satirique, moqueur, autant il mettait d'insouciance et de sensualité quelque peu brutale dans ses fugitives et souvent fort obscures amours, autant il aimait le gros jeu et la table, autant il prisait les joyeuses et cyniques causeries après boire ; autant le beau Tourville était grave, sobre et peu railleur, autant il mettait de sérieuse tendresse dans ses liaisons romanesques. Enfin il faut avouer que, malgré la différence d'âge et de grade, M. de Tourville se sentait de beaucoup supérieur à M. de Vivonne par son expérience et son savoir en marine.

On le répète, ce fut donc avec quelque répugnance que M. de Tourville suivit le gentilhomme qui l'introduisit auprès de M. de Vivonne.

Lorsque M. de Tourville entra dans le carrosse, la gaieté était à son comble, et le joyeux général des galères, rouge à faire frémir, débraillé, sans perruque, enfoncé dans un large fauteuil, une main appuyée sur son vaste abdomen qui menaçait de faire crever son justaucorps écarlate à galons d'or. M. de Vivonne tenait de l'autre main un papier qu'il lisait à haute voix : c'était une espèce de satire que ses amis de Paris venaient de lui envoyer. Ces vers, intitulés : *l'Arrière-ban de l'Église militante* [1], avaient été composés à propos de l'expédition de Candie, et ménageaient assez peu le clergé.

C'était une manière de bulle que Clément IX était censé adresser aux différents ordres ; le général finissait donc de lire cette pièce, qui se terminait ainsi :

. . . .
  Les pères aux petits collets,
  De qui la mine est si béate
  Et le naturel si douillet,
Quitteront leur collet pour prendre la cravate.
  Et n'étant ni poisson ni chair [2],
  Mais une recrue amphibie,
Ils viendront au plus tôt, et par terre et par mer,
  Donner des secours à Candie.
  Les cordeliers, moines dodus,
  Qui frappent d'estoc et de taille,
  Nous les mettrons dans la bataille
  Au nombre des enfants perdus.
. . . .
  Mais pendant que ces gens d'église
  S'enrôlent sous nos étendards,
  Et pour une juste entreprise
  Se vont exposer aux hasards,
  Nous exhortons les gens du monde
  A montrer leur vertu féconde,
Réparant par Vénus les désordres de Mars !

Les applaudissements des convives suivirent cette lecture, et M. de Vivonne allait sans doute les faire suivre d'un commentaire sur le dernier vers, lorsqu'il aperçut le chevalier de Tourville que son maître-d'hôtel venait d'introduire, ainsi que nous l'avons dit.

Après l'avoir salué, le chevalier remit au général une lettre fermée par un fil de soie scellé de deux cachets. M. de Vivonne

---

[1] *Manuscrits de la Bibliothèque du Roi.* Recueil de chansons, sonnets, etc., vol. de 1666 à 1671.

[2] Les petits-collets, pères de l'Oratoire, vivaient en communauté et congrégation, mais ne faisaient point de vœux, et quittaient l'Oratoire lorsqu'il leur plaisait.

prit la lettre, se leva en s'appuyant sur le bras de son fauteuil, et salua gracieusement le jeune capitaine.

— A qui dois-je l'honneur de voir monsieur le chevalier de Tourville? — lui dit M. de Vivonne de sa petite voix grêle et de son air goguenard qu'il lui était impossible de dépouiller entièrement.

— Monseigneur le duc de Beaufort, sachant que je venais à bord de la capitane, m'a prié de vous rendre ce message, monsieur le général, et de vous rappeler qu'il vous attendait à son bord.

— Je m'y rendrai donc bientôt; mais nous allons boire au succès du siége de Candie, monsieur le chevalier, — dit M. de Vivonne en coupant le lacet de la dépêche. — J'espère que vous nous ferez raison, bien que je sache que nous ne soyons pas très-frères en Bacchus... Et pourtant, tenez, voyez ce cristal qui suinte la fraîcheur de ce vin de Champagne glacé. Mon ami Molière s'inspirerait à cette vue, ou plutôt à cette source.... Allons... au succès du siége de Candie, chevalier de Tourville, — ajouta M. de Vivonne, en invitant du geste le jeune officier à prendre la coupe de cristal que le maître-d'hôtel du général des galères lui offrit sur un plateau de vermeil. — Je bois de tout mon cœur au succès des armes du roi, — dit Tourville, en trempant seulement ses lèvres dans son verre et le reposant plein sur la table.

Vivonne, qui en vidant le sien avait observé du coin de l'œil la *manœuvre* du chevalier, fit un signe de mépris à son voisin le baron de Bueil, et déplia la dépêche du duc de Beaufort en poussant un soupir de compassion pour ce pauvre Tourville.

Pendant que M. de Vivonne lisait la dépêche, le silence fut assez profond, sauf quelques mots à voix basse échangés entre Tourville et les officiers de sa connaissance qui se trouvaient là, et qui lui reprochaient dans une joyeuse pantomine d'être aussi outrageusement sobre...

— Diable! — dit M. de Vivonne en remettant la dépêche dans sa poche; puis, s'adressant à un page : — Ordonne au comite-réal de faire armer mon caïcq[1] sur-le-champ. — Puis,

---

[1] Caïcq. La plus grande embarcation d'une galère.

se tournant vers Tourville, — Monsieur le chevalier, si vous retournez à bord du *Monarque*, veuillez prévenir M. le duc de Beaufort que je vous suis à l'instant même.

Tourville s'inclina, salua du geste ses amis et sortit.

— Ah çà! messieurs, — dit Vivonne en rajustant tant bien que mal sa perruque brune devant une petite glace, — vous allez faire comme moi, c'est-à-dire quitter ce bord, puis regagner le vôtre, où vous recevrez de nouveaux ordres. Telle est la volonté de M. l'amiral. — Vous, de Vancy, vous allez m'accompagner, — ajouta Vivonne à son secrétaire.

Alors, prenant son chapeau à plumes vertes et son épée, faisant tirer par un laquais ses bas de soie, qui, nous devons l'avouer, étaient un peu descendus et plissés en spirale autour de ses vastes mollets, agrafant à grand'peine un bouton de son justaucorps, M. de Vivonne, suivi des officiers, sortit du carrosse et parut sur l'espale de la capitane, où il trouva les soldats sous les armes prêts à lui rendre les honneurs militaires.

Après quelques précautions sagement prises pour descendre sans encombre dans son caïcq, M. de Vivonne s'y établit commodément, un moelleux coussin derrière le dos, un autre sous son coude, et un large carreau sous ses pieds.

Quelque habitués qu'ils fussent aux habitudes de M. de Vivonne, les officiers qui étaient restés à bord de la capitane pour attendre leurs embarcations ne purent s'empêcher de sourire en entendant M. de Vivonne, nonchalamment étendu à l'arrière du caïcq, demander à son maître-d'hôtel, resté près de l'échelle d'espale : — Si son eau de Dantzik citronnée était là dans la glace?

— Oui, monseigneur, — dit respectueusement le maître-d'hôtel en montrant du geste un laquais qui, placé à l'avant du caïcq, tenait un large vase de plomb, recouvert d'une étoffe de laine, où plongeait la carafe remplie de ce breuvage glacé que le général buvait entre ses repas, et notamment après son dîner.

M. de Vivonne, s'apercevant du sourire des officiers, dit avec cet air d'insouciance moqueuse qui le caractérisait :

— Pardieu, de Vancy, je parie que ces mignons-là se moquent de mes coussins de duvet et de mon eau de Dantzik glacée! Heureusement ces choses portent en elles la consolation des moqueries qu'elles provoquent, comme je ne sais plus quel animal porte en soi le contre-poison de son venin... Et d'ailleurs, par Lucullus, on serait bien sot de se priver d'une de ses aises, pour cela qu'on est homme de guerre! La plaisante raison, ma foi! Privez-vous donc aujourd'hui, parce qu'il faudra peut-être vous priver demain, ou que vous vous serez privé hier... Et puis d'ailleurs, à quoi bon se faire si rudement cahoter sur cette route de la gloire, quand on s'y peut faire porter tout doucement en litière! Les victoires de Lucullus sur Mithridate furent-elles moins glorieuses et moins profitables aux Romains, parce que Lucullus soupait chez Lucullus? hein, Vancy?

De Vancy, d'un esprit fort étroit, et qui servait communément de plastron à Vivonne, eut l'air de comprendre cette citation classique un peu ambitieuse, et répondit :

— Non, monseigneur, et c'est grand dommage que le chevalier de Tourville ne soit plus là, vous l'eussiez converti, lui, qui est si rigide à son bord, dit-on, que chaque officier est réduit à un seul valet; et ce n'est pas tout : je ne sais par quelle étrange imagination puisée des Hollandais, le chevalier ne fait-il pas, dit-on, chaque jour laver et gratter le pont de sa petite frégate, ni plus ni moins qu'un parquet de salon!

— On dit, en effet, que son vaisseau est d'une surprenante propreté.

— Avec tout cela, monseigneur, le chevalier est ajusté d'une façon ridicule, avec ses bouillons de rubans cramoisis... Aussi, je crois fort que c'est une femmelette.

— Lui... une femmelette!... lui! *le langoureux amant de la belle Andronique!* Ah! mais par Apollon, voici que j'ai fait un vers. Oui, pardieu! *Le langoureux amant de la belle Andronique!*... J'écrirai à Racine une lettre en vers qui commencera de la sorte : *Le langoureux amant de la belle Andronique!*...

— Mais, monseigneur, qu'est-ce donc que la belle Andronique?

— Oh! c'est toute une histoire, et des plus mélancoliques; mais quant à ce Céladon aux rubans cramoisis, ce n'est pas une emmelette, car il se bat comme vingt diables, et depuis assez long-temps encore. Il y a bien, ma foi, dix ans qu'il court la Méditerranée ; il commença comme volontaire à bord d'une frégate que Hocquincourt avait fait construire à Marseille pour détrousser les infidèles. Je tiens ces détails sur le chevalier de Tourville d'un vieux routier d'eau salée que j'eus avec moi devant Alger comme capitaine de brûlot et conseiller pilote, un véritable païen, un satan à cheveux gris, qui, malgré ses soixante-deux ans, buvait, jouait, violait, sacrait et massacrait de toutes ses forces quand l'occasion se trouvait. Ce vieux scélérat était le bonhomme Cruvillier !

— Le fameux Cruvillier !... Cruvillier le corsaire ! Vous avez vu le corsaire Cruvillier, monseigneur ?

— Eh ! pardieu ! sans doute ; vous voilà tout ébaubi... C'était dans ma campagne devant Alger. C'est de lui, vous dis-je, que je tiens ces particularités sur le premier embarquement de Tourville ; le bonhomme Cruvillier était alors le matelot de Hocquincourt, et ils devaient cette année-là courir ensemble contre le Turc. C'était, autant que je puis m'en souvenir, vers 1658 ou 1659, et j'avoue que rien ne dut paraître plus étrange que de voir le chevalier de Tourville, avec sa jolie figure blonde et ses seize ou dix-sept ans, venir chercher aventure parmi ces vieux corsaires levantins, plus noirs que des diables, et plus endiablés que des moines. Le bonhomme Cruvillier me raconta, depuis, que le jour de l'embarquement du chevalier il était justement à bord de la frégate d'Hocquincourt, qui le consultait sur je ne sais quelle partie du gréement. — Ce vieux mécréant, je vous l'ai dit, était impudent et libertin comme un démon. Aussi, en voyant les yeux bleus, les joues roses et le menton blanc et imberbe du jeune chevalier, ne voilà-t-il pas qu'il s'avise que M. de Tourville est une fille embarquée par Hocquincourt... Et sans plus tarder, le vieux pêcheur s'en va conter mille ordures au chevalier, lui dit *qu'elle* a tort de se cacher sous un justaucorps, et finit par vouloir le galvauder. Mais Tourville, se reculant, lui détacha alors un soufflet si nerveusement appliqué, que les joues couleur de brique du vieux corsaire en pâlirent. Hocquincourt, qui avait commencé par beaucoup rire, intervint ; mais il était trop tard. Après sa gourmade, le chevalier, se dépêchant vite de dire qu'il n'était pas une fille d'Ève, avait mis l'épée à la main pour le prouver. Le bonhomme Cruvillier, non moins furieux, jurait, blasphémait à faire tout foudroyer. On convint par accommodement d'en venir aux rapières, et de descendre à terre aussitôt; ce qu'on fit. Le bonhomme Cruvillier était un vieux reste de ces dangereux spadassins de l'école vénitienne; Tourville avait fort brillé et de plus d'une façon dans l'académie Renocourt. Bref, les fers se croisent, et, après plusieurs passes brillantes et hardies des deux parts, l'académie vénitienne embourse un bon coup d'épée à travers le corps; ce que voyant, l'académie Renocourt se met à fondre en larmes à l'aspect du sang, car c'était la première fois que telle fête lui arrivait. Le bonhomme Cruvillier n'en voulut pas au chevalier; au contraire, il l'affectionna singulièrement depuis ce jour-là, et ne cessa de l'appeler *sa jolie blonde au coup d'épée.*

— Tudieu!... monseigneur, ce blondin ne commençait pas mal pour un volontaire. Mais la belle Andronique, monseigneur? J'avoue que ce nom galant d'Andronique me paraît devoir être attaché aux plus merveilleuses aventures.

— Nous avons le temps, de Vancy, car il nous reste encore au moins deux milles à faire avant que d'arriver à bord de l'amiral; et puis la belle Andronique est tellement enchevêtrée dans les palmes de myrte et de laurier qui couronnent notre blond Céladon, que je ne l'en puis distraire.

— Mais trêve à cette poésie, — ajouta Vivonne en riant de cette phrase précieuse; puis il demanda au laquais un verre de liqueur glacée. — Lorsqu'il eut bu, il se fit étendre un manteau sur les jambes, car la brise du soir commençait à fraîchir; et continua de la sorte :

— Quelque temps après ce duel, qui mit Tourville en singulière vénération parmi l'équipage, la frégate d'Hocquincourt partit en compagnie de celle du bonhomme Cruvillier, alors tout à fait guéri. *La jolie blonde au coup d'épée* était à bord de Hocquincourt comme volontaire, et faisant, m'a-t-on dit, aussi rudement le métier de matelot que le dernier gourmette; seulement le chevalier mettait des gants pour ne pas abîmer ses mains, et s'attachait sur la tête un large feutre pour ne pas hâler son teint, sans compter qu'il se faisait peigner, parfumer et savonner jusqu'au ridicule par un valet de chambre qu'il avait embarqué, car ces Tourville-là sont d'une excellente maison de Normandie, et ont quelque bien. Hocquincourt et Cruvillier allèrent d'abord à Malte prendre langue pour savoir dans quels parages ils pourraient faire triompher l'étendard de la sainte Croix... c'est-à-dire rançonner les infidèles et mettre à mal leurs femmes et leurs filles. Quelques âmes charitables signalent aux deux corsaires la passe de Venitica et de Carrera, où se tenaient depuis quelques jours des croiseurs turcs qui attendaient là cinq riches bâtiments génois à leur sortie du golfe de Venise. Mes deux serviteurs de la religion s'y rendent tout de suite; et au bout de deux heures de navigation dans ces parages, Cruvillier, qui formait l'avant-garde avec sa frégate *la Sainte-Ampoule*, signale deux vaisseaux sous le vent à lui, et met en panne pour attendre Hocquincourt; car sa frégate, *l'Étoile de Diane*, marchait beaucoup moins bien que *la Sainte-Ampoule*. Les Turcs, voyant la manœuvre des chrétiens, revirent bravement de bord, et chacun se prépare au combat. Je tiens de Hocquincourt, qui observait notre blondin buveur d'eau, que ce blondin ne bougea à l'approche de ce danger nouveau pour lui, et qu'il ne fit d'autre chose que de tirer de son sein une relique amoureuse ou dévote qu'il baisa amoureusement ou dévotement, le diable ou les saints le savent, tant ces baisers se ressemblent d'ailleurs; puis le blondin remit la relique dans son justaucorps, boucla ferme son ceinturon, s'arma d'une bonne cuirasse d'acier et d'un morion bien luisant, remonta haut ses belles bottines de daim blanc à talons de cuivre doré, et fut se placer à la belle [1] par ordre d'Hocquincourt. — Cependant nos deux Turcs, au lieu d'être intimidés par les préparatifs de combat qu'ils voyaient faire, devenaient au contraire si familiers, qu'ils s'approchèrent à portée de canon et lâchèrent toute leur bordée sur Hocquincourt et Cruvillier. A cela mes corsaires ne répondent rien, font les muets, mais approchent les Turcs vergue à vergue, et de là vous les rabrouent de la bonne sorte, artillerie, grenades, mous-

---

[1] On appelait *la belle* l'espace qui s'étend entre les haubans de misaine et d'artimon : c'est dans cet endroit que les Turcs tâchent toujours d'aborder les vaisseaux chrétiens.

quetades, pierre et fer, tout éclate ; alors mes deux Turcs se trouvent si incommodés et suffoqués par la chaleur de cette sainte artillerie chrétienne, qu'ils tâchent de s'élever au vent pour respirer un peu de frais ; mais point, Hocquincourt et Cruvillier les serrent de nouveau, les importunent de coups de canon, les obsèdent de mousquetades, et deviennent enfin si outrageusement fâcheux que, poussés à bout, mes infidèles tentent l'abordage et y réussissent. Voilà donc les grappins jetés, et chrétiens et maudits qui se harpaillent sévèrement ; mais le plus furieux de tous ces harpailleux était *la jolie blonde au coup d'épée* qui tapait dru comme grêle, et se démenant de tous ses membres, bien qu'elle eût reçu un bon horion au défaut de sa cuirasse. Mes Turcs, se sentant reçus si chaudement, se dégoûtent de l'abordage, coupent les amarres de leurs grappins et se disposent à prendre le large pour tirer pays.

— Vertubleu ! monseigneur, voici une chaude rencontre qui finit à point.

— Attendez donc... et soyez plus lent dans vos prévisions, de Vancy, car Dieu est grand, et Mahomet est son prophète ; et ce qui le prouve, c'est qu'au moment où mes deux Turcs, croyant leur partie perdue, tâchaient de s'échapper, voilà que tout à coup le diable ou le prophète envoie à ces mécréants deux corsaires amis qui commencent à poindre, à poindre de derrière le cap de Matapan, proche duquel se donnait le combat ; ils venaient là attirés par le bruit comme des corbeaux attirés par l'odeur des pendus.

— Voilà un fait, monseigneur, qui change furieusement la face des choses.

— Ce que vous dites là est fort sensé, de Vancy ; la preuve, c'est que mes coquins de Turcs, qui croyaient leur affaire désespérée, poussent des cris de joie en la voyant tout à coup devenue si bonne, et en manière de réjouissance envoient deux ou trois bordées et des plus meurtrières à Hocquincourt. Vous concevez, de Vancy, que *la Sainte-Ampoule* et *l'Étoile de Diane* se trouvaient dans une position des moins galantes ayant chacune deux vaisseaux à combattre, en tout quatre navires, dont deux tout frais et tout gaillards, et qui tenaient tant à prouver la bonté de leur poudre et la justesse du coup d'œil de

leurs canonniers... qu'au bout d'une demi-heure de ce nouveau combat, Hocquincourt vit son monde à moitié tué, son gréement haché, et qu'il fut obligé de dire à ses volontaires :
— Messieurs, si nous continuons à jouer ce jeu de quilles-là, nous perdrons ; car ils ont deux boules contre une. Tâchons donc d'aborder un de ces renégats pour égaliser un peu la partie, ou sinon nous sommes coulés à fond. — L'équipage applaudit ; Hocquincourt ordonne à son pilote d'aborder celui des deux Turcs qui ne combattait plus avec la même ardeur ; le Turc prête le flanc, les grappins sont jetés, et mon chevalier de Tourville saute à bord, leste comme un cerf, et suivi d'une quinzaine de volontaires ; là, il frappe et massacre tant et si bien, que les mécréants se rendent et tombent à genoux, le prenant au moins pour le diable. Voilà donc ce blondin qui, pour sa première promenade sur l'eau salée, se rend d'aventure maître d'un vaisseau turc ; car après l'affaire il fut reconnu que c'était lui qui, par son intrépidité, avait décidé de cette prise en se jetant le premier à l'abordage et entraînant les autres volontaires par son exemple.

— Et les autres Turcs, monseigneur, imitèrent-ils ce merveilleux abordage ?

— Non, de par Lucifer, de Vancy, cette vue ne les mit pas en appétit de goûter de cette cuisine ; car dès que le second Turc qui combattait *l'Étoile de Diane* se fut aperçu du résultat de l'abordage, il prit la fuite... et Hocquincourt n'eût garde, vous pensez, de courir après, préférant garder sa prise. Pendant le combat, on n'avait guère pu voir où en étaient les affaires du bonhomme Cruvillier, la fumée étant trop épaisse ; mais le branle fini, Hocquincourt regarda autour de son vaisseau, et à deux portées de canon vit *la Sainte-Ampoule* qui travaillait rudement un de ses deux ennemis, l'autre tirait pays pour rejoindre son compère déjà en pleine retraite... Hocquincourt s'avança sur le mécréant que combattait Cruvillier ; le mécréant, se voyant entre *la Sainte-Ampoule* et *l'Étoile de Diane*, jugea prudent de se rendre, au lieu d'aller se prier à souper au fond des grottes de corail d'Amphitrite... ce qui lui fût certainement arrivé sans cette reddition. Le feu calmé, chacun se tâta les côtes, et, en se les tâtant, Tourville s'aperçut qu'il en avait une endommagée par un coup de pique; et de plus, il sentit aussi que ses beaux cheveux blonds étaient quelque peu débouclés par un coup de sabre qui lui avait entamé le crâne.

— Peste! voilà qui est beau et vaillant pour une première affaire, monseigneur; mais la belle Andronique?

— Contenez, je vous prie, cette ardeur luxurieuse... J'arrive à cette infante. M'y voici, m'y voici, de Vancy, car ces deux blessures du chevalier nous amènent naturellement à parler de la belle Andronique, qui, par Vénus, en fit une terriblement plus furieuse au beau milieu du cœur du Céladon. Vous pensez bien, mon cher, qu'après un pareil bal, hommes et vaisseaux avaient besoin de se rajuster un peu. Cruvillier, qui connaissait son archipel comme Despréaux les anciens, se souvint de l'île de Syphanto, où se trouvait un excellent calfateur pour radouber les vaisseaux, et un non moins excellent médecin pour radouber les marins. Or, ce calfateur de peau humaine se nommait le signor Jany, et était fort connu du bonhomme Cruvillier, qui lui conduisit le chevalier de Tourville, en vérité presque moribond, avec force louanges et récits sur sa bravoure enragée. Le Jany commença donc à radouber notre blondin, et au bout d'un mois, grâce aux merveilleux apozèmes de l'Athénien, de ses blessures il ne restait au chevalier que la gloire et la plus charmante pâleur qui ait jamais touché le cœur d'une femme. Enfin... fut-ce cette pâleur, le bruit de ses exploits, sa jolie figure, ou le diable qui tentèrent la fille du Jany, toujours est-il que cette belle Andronique se mit à s'éprendre si furieusement du beau chevalier, que lorsque deux mois après leur arrivée à Syphanto, Hocquincourt et Cruvillier se préparèrent à partir, les deux amants avaient toutes les raisons possibles pour se regretter terriblement.

— Et cette Andronique était-elle donc si singulièrement belle, monseigneur?

— Hocquincourt, qui a vu et long-temps vu cette infante, m'a dit que c'était toute une perfection de grâces et de beauté, une taille divine, un visage le plus admirablement grec du monde, les yeux bleus, les cheveux noirs, une peau et une gorge merveilleuses, et avec cela mille agréments dans l'esprit, et une candeur charmante.

— Comment... monseigneur, et la reconnaissance que le chevalier devait au signor Jany ne l'empêcha pas de séduire la fille de son sauveur, de celui qui l'avait soigné de ses blessures et arraché à une mort certaine!!

— Ah! que vous voilà bien avec vos imaginations remplies de contre-sens, de Vancy... Comment, dites-vous, le chevalier a-t-il pu séduire la fille de celui qui lui avait sauvé la vie? Mais, par Vénus, c'est justement parce que le signor Jany lui avait sauvé la vie que le chevalier pouvait séduire sa fille; car il est probable, de Vancy, que Tourville ne fût pas revenu de chez Pluton pour cela. Enfin, le moment de partir arriva. Vous jugez des larmes, des sanglots des amants... Le chevalier parlait de promesses sacrées, de serments, de tendresse, et autres menues consolations, monnaies courantes des départs; mais la belle Andronique, semblant ne rien entendre, pleurait, repleurait à se fondre, lorsque, séchant tout à coup ses larmes, elle dit au chevalier : — Je te suivrai, emmène-moi.

— Diable! monseigneur, et M. de Tourville a-t-il accepté?

— Vous allez le savoir, de Vancy. Vous concevez bien, vous qui êtes tout honneur, chasteté et, j'espère, aussi virginité, qu'une telle proposition devait être foudroyante pour un homme qui connaissait ses devoirs, les lois sacrées de l'hospitalité, et les lois non moins sacrées... de la satiété. Aussi ce pauvre chevalier que vous avez accusé d'ingratitude si légèrement, de Vancy, ce pauvre chevalier, dis-je, prouva-t-il dans cette occasion qu'il comprenait tout ce qu'il devait de reconnaissance au signor Jany; en un mot, il eut le courage de ne pas lui ravir sa fille chérie. Voilà de ces subtilités délicates que des hommes grossiers ne comprendraient pas... et qui sont pourtant la quintessence de la belle galanterie... Des barbares diraient que le chevalier ayant assez de sa charmante, ne voulait pas s'en embarrasser... Des gens plus raffinés en beaux sentiments diraient, comme moi, qu'il pensait au deuil de ce pauvre vieux Jany en ne retrouvant plus la chair de sa chair, les os de ses os. Mais comme la chair de la chair du sieur Jany avait une tête quelque peu volcanique, le chevalier eut l'air d'accéder à ses vœux, et lui promit de l'envoyer querir un quart d'heure avant son appareillage; ce dont il se garda bien, demandant, au contraire, à Hocquincourt d'appareiller le premier de tous ; ce qu'on lui permit, et ce qu'il exécuta à l'instant. Voilà donc mon Tourville parti, et qui d'une Andronique a fait une Ariane.

— Pauvre Andronique !

— Comme vous, je dirai pauvre Andronique, de Vancy ; mais attendez la fin. Voilà donc notre chevalier voguant toutes voiles dehors sur la Méditerranée, lorsque le matelot de vigie signale tout à coup trois bâtiments de guerre ; c'étaient trois corsaires tunisiens. J'oubliais de vous dire que, vu son courage, Tourville avait été choisi, pendant son séjour à Syphanto, pour être le lieutenant de d'Artigny, à qui on avait donné le commandement de la prise turque, à laquelle le chevalier avait si vaillamment contribué. Comme Tourville avait appareillé le premier, le vaisseau qu'il montait formait l'avant-garde, et le bonhomme Cruvillier, avec sa *Sainte-Ampoule,* et Hocquincourt, avec son *Étoile de Diane,* venaient après lui. D'Artigny engagea donc le combat le premier ; mais au bout de cinq *Pater,* un impertinent boulet de canon trouve galant de faire du lieutenant Tourville le capitaine Tourville, en emportant la tête de ce pauvre d'Artigny. Voilà donc notre Céladon capitaine, qui, à défaut de l'expérience nécessaire, abandonne le pilotage et la manœuvre au pilote et au maître, et ne s'occupe que d'encourager ses gens, qui font merveille ; mais le pilote et le maître n'ayant pas l'expérience consommée de d'Artigny, fort expert capitaine, le vaisseau de Tourville recevait plus de coups qu'il n'en donnait, présentant le flanc au lieu de présenter la proue. Le chevalier n'y pouvait rien ; ses gens tombaient de toute part, et son vaisseau criblé menaçait de s'engloutir... lorsqu'un boulet lancé à propos, ou l'imprudence des Tunisiens, mit le feu aux poudres de leur vaisseau, qui s'abîma bientôt en couvrant de débris le bâtiment de Tourville.

— Quel heureux et surprenant hasard, monseigneur !

— Cela n'était pas un hasard, de Vancy, — dit M. de Vivonne avec une gravité moqueuse ; — il faut voir là, au contraire, une éclatante rémunération de la Providence en faveur du chevalier qui n'avait pas ravi une fille à son père... Mais revenons aux suites du combat. Après l'explosion de l'ennemi, la nuit était tout à fait venue; Cruvillier et Hocquincourt étaient hors de vue; le vent s'élevait; Tourville avait beaucoup de blessés; le pilote et le maître ne connaissaient pas les allures du nouveau navire, qui d'ailleurs avait beaucoup souffert de ce dernier combat. On convint donc d'un commun accord de retourner à Syphanto, comme étant le port le plus proche.

— Jésus! monseigneur, que voilà une bonne revenue pour la pauvre délaissée!

— Vous allez en juger, de Vancy. Notre chevalier se fait mettre à terre, et court à la maison du signor Jany; là il est salué d'un : « Hélas! mon maître se meurt! » par une vieille Moresse. Le chevalier entre et trouve le vieillard comme pétrifié au milieu de la chambre de sa fille. La vue du chevalier le tire de cette léthargie. — Ma fille!... — lui crie-t-il en se levant d'un mouvement furieux; puis il tombe évanoui. C'était de l'hébreu pour le chevalier, qui croyait retrouver Andronique, lorsque la vieille Moresse lui assura que le matin même, voyant que les vaisseaux partaient et que Tourville ne revenait pas, la fille du signor Jany avait couru jusqu'au port, et que là, se mettant avec une de ses femmes dans un canot, elle avait gagné à prix d'or un marinier pour se faire conduire à bord d'un des vaisseaux qui appareillaient. Pendant cette explication, le signor Jany se réveilla, et dit encore de sa voix creuse : « Ma fille! » Après quoi, au lieu de se remettre à s'évanouir, il accabla le malheureux chevalier de furieux reproches. Le Céladon rageait, comme vous pouvez croire, puisqu'il avait, au contraire, tout fait pour éviter ces ennuis. Aussi, saisissant le moment où le Jany reprenait haleine, il lui proposa de venir à bord de son vaisseau, d'y chercher partout sa fille, et, s'il ne la trouvait pas, de lui faire compagnie jusqu'à ce qu'il l'eût pu rencontrer, lui jurant devant Dieu, sa foi de gentilhomme, qu'il n'avait pas enlevé Andronique. Mondit Jany accepte, et voilà le vieux bonhomme qui abandonne Syphanto, sa maison, ses grands biens, ses amis, pour aller avec notre jeune corsaire courir après sa fille, s'exposant à tous les dangers qu'on pouvait braver dans ces mers. Ce marinier que je vous ai dit me racontait que ce Jany était un grand vieillard, à barbe blanche, très-maigre, toujours vêtu de noir, et qu'il passa tout le temps de la traversée, ou à pleurer, sa tête cachée dans ses deux mains, ou à regarder à l'horizon pour voir s'il n'y apercevait pas au loin le navire où il espérait toujours retrouver sa fille; mais cela d'un air si navré, si navré, qu'il faisait même pitié à ses mariniers, surtout quand il criait du fond de ses entrailles de père : « Ma fille ! ma pauvre fille ! » Cependant je ne jurerais pas que le chevalier, au fond du cœur, n'eût donné cent fois le bonhomme au diable, et qu'il ne se repentît pas alors de ne point avoir enlevé son infante, ce qui lui eût évité la compagnie peu réjouissante de ce fâcheux larmoyeur. Enfin, après quinze jours de recherches, il résolut d'aller à Zante, espérant d'y trouver Cruvillier et Hocquincourt, qui ne pouvaient manquer de lui donner des nouvelles de la belle Andronique. Le Jany et le chevalier arrivent dans le port. Au diable ! Cruvillier et Hocquincourt étaient partis depuis trois jours, mais en laissant à un capitaine de barque longue une lettre pour le chevalier, dans le cas où il viendrait à Zante. Vous jugez si le père et l'amant dévorèrent la lettre ; elle était d'Hocquincourt, qui apprenait au chevalier que la belle Andronique, voyant les vaisseaux s'éloigner, s'était rendue à bord du dernier qu'elle avait pu joindre, et que, sur l'observation de Hocquincourt que celui du chevalier était déjà sous voile et en chasse, elle l'avait supplié de la recevoir à son bord, en attendant qu'il pût la passer sur celui du chevalier, puisqu'ils devaient naviguer de conserve. Hocquincourt rappelait au chevalier comment le combat les avait séparés, et finissait en lui disant qu'après l'avoir attendu à Zante, il prenait le parti d'aller l'attendre à Malte, comme point de ralliement plus assuré. Voilà le chevalier et le Jany à remettre à la voile et voguer pour Malte. En route ils essuient deux rudes combats dont Tourville se tira vaillamment sans blessure. Il n'en fut pas de même du Jany, qui, s'opiniâtrant à rester au milieu du feu le plus meurtrier, tant il était comme absorbé et engourdi par ses pensées sur sa fille, y gagna un bon horion sur la tête. Enfin, après mille traverses, ils arrivent à Malte. Point d'Hocquincourt ; il n'y avait pas paru, ni Cruvillier non plus. Ma foi ! le signor Jany, fatigué de ses promenades paternelles et marinières, prend le parti de mourir de chagrin, et meurt en effet. Le chevalier fut aux regrets de cette perte, et pour s'en distraire il prit du service sur le vaisseau d'un nommé Carini, corsaire napolitain fort distingué, et qui servit depuis sous la bannière de l'ordre de Malte, lui et son bon vaisseau de 54 canons. Somme toute, le chevalier, après avoir fait avec Carini bon nombre de prises, le suivait à Venise, lorsqu'ils rencontrent un vaisseau turc, l'attaquent, le prennent; et que trouvent-ils à fond de cale? La belle Andronique !

— La belle Andronique! Bon Dieu! que voilà une péripétie à faire envie à Scudéri !

— Vous jugez si ce fut un coup de théâtre. Le fait était simple, pourtant; en partant de Zante, Hocquincourt avait été fait prisonnier, lui et son vaisseau, et naturellement aussi la belle Andronique. Du vaisseau de Hocquincourt, elle avait été transportée sur le vaisseau que Carini venait de capturer, et qui la menait naïvement tout droit au sérail du grand-seigneur... Nos amants s'embrassent; la belle Andronique déplore la mort de son père; le chevalier ne lui fait pas la moindre question sur sa fidélité qui, parmi tant de voyages, avait peut-être été extrêmement dans la manière de celle de la fiancée du roi de Garbe; bien qu'il en soit, Tourville conduit son infante à Venise pour passer dans un couvent le deuil du signor Jany, comptant sans doute épouser cette fille en se faisant relever de ses vœux, car le père avait laissé de grands biens. Pendant le temps de ce deuil, Carini sort de nouveau en course, et dans un combat meurtrier Tourville est si grièvement blessé que le bruit de sa mort se répand dans le Levant, où, il faut le dire, sa bravoure l'avait déjà fait glorieusement connaître; enfin, après de grandes souffrances et un long séjour à Malte, le chevalier guérit, s'embarque et retourne à Venise; vous concevez avec quel épouvantable battement de cœur, car la pauvre Andronique avait sans doute, elle aussi, appris la nouvelle de la mort prétendue de son amant, et ce dernier coup avait pu terminer cette vie si chancelante, si cruellement éprouvée déjà par tant de malheurs et de secousses imprévues... Enfin, tremblant de crainte et d'espoir, le chevalier de Tourville arrive à Venise.

— Se disant peut-être : — Voilà que par ma légèreté j'ai causé la mort du père et de la fille, — ajouta de Vancy en essuyant une larme d'intérêt.

— Se disant pis encore, de Vancy, je le crois... Enfin, il court au couvent où était Andronique, et avec un affreux serrement de cœur demande la supérieure.

— De grâce, monseigneur, achevez... Je suis dans une horrible anxiété.

— M'y voici, de Vancy, — dit lentement Vivonne, qui s'amusait à irriter la curiosité de son bon secrétaire, — m'y voici. Tourville demande donc la supérieure, qui pousse un cri affreux en reconnaissant le chevalier.

— Je l'avais deviné, monseigneur. Pauvre Andronique !

— Vous êtes si clairvoyant, de Vancy ! Mais revenons à l'abbesse. — Hélas ! monsieur, — dit-elle au chevalier, — Andronique a cru votre mort... C'en est fait pour toujours !

Ici de Vancy s'écria d'un ton lamentable : — Pauvre Andronique ! — Et Vivonne continua.

— C'en est fait pour toujours ! monsieur le chevalier, — répondit donc la supérieure à Tourville. — Vous croyant perdu, n'ayant plus le moindre espoir de vous revoir jamais...

— Pauvre Andronique ! — répéta lamentablement de Vancy.

— Andronique s'est mariée il y a deux mois au comte Barbini, sénateur de cette ville.

— Ah ! monseigneur, est-ce donc bien possible ? — dit de Vancy d'un air d'étonnement mêlé de regrets.

— Très-possible, de Vancy, et votre cruauté va peut-être jusqu'à en être affligé, regrettant ce tableau tragique de la mort de la belle Andronique comme couronnant mieux sa vie romanesque ; mais que voulez-vous, de Vancy ! sur cent femmes qui devraient mourir de la mort de leur amant, il se trouve toujours au moins quatre-vingt-dix-neuf comtesses Barbini.

— Mais il en meurt au moins une, monseigneur, — dit de Vancy d'un air de triomphe.

— Oui, de regret de n'avoir pas pu trouver un comte Barbini... Ah çà ! mais cette histoire nous a menés tard ; car voici la nuit qui vient... Pas assez sombre, cependant, pour ne point apercevoir la flotte de l'amiral que voici mouillée là... Ah ! par Dieu, voilà six grands mois que je n'ai vu Sa Majesté *des halles*, et j'espère bien, par Jupiter! que son langage n'est pas changé; car rien n'est plus amusant que de l'entendre dire ses folies avec son air matamore. Mais voici quelque chose de curieux... Est-ce que j'ai la berlue? Non, et le jour est encore assez clair pour y voir... Qu'est-ce que ce singulier navire à moitié doré?... Mais, oui, c'est bien l'amiral... Je le reconnais à son pavillon et à ses trois fanaux...

— Le fait est, monseigneur, que rien n'est plus singulier.

A ce moment, le caïcq de M. de Vivonne étant proche de la poupe du vaisseau de M. de Beaufort, on le héla du couronnement, et M. de Vancy répondit : — Général des galères du roi.

LIVRE TROISIÈME.

CHAPITRE XVII.

Le vaisseau *le Monarque*. — Puget. — M. le duc de Beaufort. — M. le duc de Navailles. — Instructions secrètes du roi à M. le duc de Beaufort. — Message du pape communiqué par M. l'abbé de Bonfils. — Nouvelle détermination relative au point de jonction des galères et des vaisseaux. — Départ de l'armée.

L'étonnement de M. de Vivonne à la vue du vaisseau amiral *le Monarque* était assez concevable ; car on avait eu tellement hâte de mettre ce bâtiment à la mer, qu'une grande partie de sa poupe immense, toute surchargée de sculptures, restait encore à dorer[1] ; la galerie surtout était un chef-d'œuvre de Puget.

---

[1] Voici à ce sujet un passage d'une lettre de M. le duc de Beaufort à Colbert sur le célèbre Pierre Puget, né à Marseille le 30 octobre 1622, qui est de quelque intérêt.

« A Toulon, le 28 de mai.

» *Le Monarque* a presque toute sa sculpture à place, et déjà beaucoup de dorure. Il ne fera point honte au maître à qui il appartient ; celui qui a fait ses ornements est un nommé Puget, qui me paraît un très-habile homme ; s'il avait eu l'honneur de vous entretenir, vous le trouveriez tel en peinture, sculpture et architecture. Il méritait, selon le sens de tous ceux qui le voient, d'être à Paris. J'ai ouï dire à des personnes de Gênes, connaissants, qui ont vu le cavalier Bernin, que celui-ci ne lui doit rien, et que la république le veut attirer à quelque prix que ce soit. Ce Puget tient comme au-dessous de lui de travailler à autre chose qu'en marbre et à de somptueux édifices ; néanmoins, il lui a pris envie de bâtir lui-même un vaisseau ; ce que je souhaiterais de tout mon cœur, l'en tenant plus capable que nos charpentiers : ce serait le moyen de l'arrêter ici ; cela n'empêcherait pas qu'on lui donnât des *figures de marbre à conduire*, colonnes ou autres choses de cette nature qui seraient faciles à porter après. *Les marbres viennent de ce pays.* J'ai cru ne vous devoir pas céler tout ceci, dont vous savez mieux juger que qui que ce soit. Je *passionnerais* pourtant que ce fût après avoir entretenu le per-

Deux figures allégoriques de vingt pieds de haut supportaient ses côtés, et tenaient deux fanaux dont l'un représentait le globe terrestre, l'autre le céleste; le fanal du milieu était l'écusson de France, aussi peint sur verre et des couleurs les plus vives et les plus brillantes; bon nombre de doreurs travaillaient donc suspendus au couronnement, tandis que les sculpteurs évidaient leurs derniers ornements, et que les peintres s'occupaient du château d'avant. Or, cette confusion d'ouvriers augmentant encore le désordre inévitable à bord d'un navire encombré de passagers, prêtait assez aux malignes observations du général des galères.

Le caïcq de M. de Vivonne, ayant doublé l'arrière du *Monarque*, allait accoster à tribord, lorsque le patron s'aperçut qu'on embarquait des chevaux de ce côté. Un d'eux commençait à opérer son ascension, les yeux couverts d'œillères, les genoux de genouillères, le cou tendu, les extrémités rassemblées sous lui, les naseaux ouverts respirant avec force; il était dans un état de complète immobilité, et sa terreur était si grande,

---

sonnage. S'il avait eu le loisir, il eût fait des merveilles au *Monarque;* il entend notre marine, y a déjà navigué et s'y plaît. »
(*Bibl. Roy. Mss. Lettres de Colbert.*)

Voici ce qu'on lit aussi dans la Vie des hommes illustres de Provence : « Le duc de Beaufort, amiral de France, s'étant rendu à Toulon pour faire préparer la flotte qui devait le conduire en Candie, un mois avant son départ le prince fut visiter le vaisseau le *Monarque*, qu'il devait monter. — Vous verrez. dit-il à Puget, que la galerie de ce vaisseau ne sera pas faite lorsque je serai obligé de partir. — Puget répondit qu'il ferait de son mieux pour lui donner contentement; que S. A. R. n'avait qu'à compter sur sa parole, que tout serait prêt. Le duc insista et parla avec tant de chaleur, que la conversation s'étant échauffée, Puget, l'homme du monde le moins endurant, lui répliqua : — Je vois bien, monseigneur, que mon service n'est pas agréable à V. A. Je la prie de me donner mon congé. — Le roi, dit le duc, ne retient personne à son service, partez sur-le-champ. — Puget se retira. Le chevalier de Saint-Tropez, capitaine du port de Toulon, prit alors la liberté de remontrer au duc avec quelle peine et quelle difficulté la cour était venue à bout de faire revenir Puget de Gênes ; qu'il y avait à craindre que le roi ne désapprouvât sa conduite; que S. A. devait faire réflexion que Puget n'était pas un ouvrier du commun. Le duc de Beaufort prit en bonne part ces remontrances, et dépêcha aussitôt un page à Puget pour lui dire de venir le voir. Le page le trouva occupé à préparer sa malle pour s'en retourner à Gênes. Le duc l'embrassa à son arrivée, le pria d'oublier ce qui s'était passé. La galerie du vaisseau le *Monarque* fut achevée de dorer le même jour que le duc mit à la voile. »

que la sueur ruisselait de toutes parts, et ternissait un peu l'éclat soyeux de sa robe d'un noir de jais. Aux soins minutieux qui présidaient à son embarquement, à l'active surveillance de plusieurs écuyers, on devinait que ce magnifique animal appartenait à un personnage de haute importance. En effet, c'était Phœbus, le cheval de bataille de M. le duc de Beaufort, qui avait acheté d'un Maure ce barbe d'une vitesse et d'une vigueur incroyables, lors de sa malheureuse expédition de Gigeri, dont nous parlerons tout à l'heure.

— Par Jupiter! — dit en riant M. de Vivonne, — nous ne pourrons aborder ici ; car, bien que le soleil aille se coucher tout à l'heure, voici Phœbus qui monte à l'horizon de ce navire... Peste du nom... Phœbus! Va, Phœbus, tu es bien digne de porter un César tel que ton maître!... Ah! que j'aime bien mieux le simple nom de Jean-le-Blanc, celui de mon brave courtaud flamand, qui a fait sous moi ces dernières guerres, et en fera d'autres s'il plaît au roi; bien que j'aime mieux la paisible allure d'une galère que le galop d'une haquenée, fût-elle mise par Gavault lui-même. Allons donc aborder honteusement à bâbord, puisque Phœbus envahit stribord.

Le patron fit un signe, et le caïcq, passant devant la proue, se dirigea vers bâbord ; mais, de ce côté, on embarquait encore d'autres animaux d'une espèce moins noble, mais aussi utile que le beau cheval de l'amiral; un gros bœuf, amarré par les cornes, se balançait lentement dans les airs, et mêlait ses mugissements aux cris des poulies.

— Ah, pardieu! nous coucherons ici, — dit Vivonne. — D'un côté des chevaux, d'un autre des bestiaux; mais c'est donc l'arche de Noé que le vaisseau de son altesse?... Allons, Dieu soit loué! voici ce compère aux mugissements embarqué... Ce sera peut-être à notre tour, maintenant!

Ce disant, M. de Vivonne monta pesamment l'échelle, et arriva sur le pont; il y régnait alors une telle confusion, qu'il fallut que de Vancy repoussât rudement quelques soldats aux gardes qui encombraient les avenues du château d'arrière pour frayer un passage au général; mais, à mesure qu'il avançait, la foule devenait plus compacte : ici, des mousquetaires de la maison du roi, vêtus d'écarlate; ailleurs, des soldats de Rauzan-

Duras ou des cavaliers de Choiseul; plus loin, un groupe d'officiers réformés, qui servaient dans cette armée comme volontaires, entouraient une vivandière provençale à bas rouges et à jupon court, tandis que les matelots, maugréant et blasphémant contre ces incommodes passagers, finissaient d'embarquer les dernières futailles d'eau. A cet encombrement se joignait encore un tapage assourdissant : c'était le bruit aigu des sifflets des contre-maîtres, le cri des matelots qui halaient à bord les chevaux et les bœufs, le retentissement du marteau des sculpteurs et des calfats, les reprises bruyantes des trompettes et des hautbois qui s'exerçaient à l'avant; le gloussement des poules, qui s'agitaient dans leurs cages, placées sur le pont le long de la drôme; les aboiements de plusieurs couples de beaux lévriers, que des pages, à la livrée de Vendôme, tenaient en lesse en attendant qu'on leur désignât l'endroit où on enfermerait les animaux favoris de l'amiral; c'était encore le hennissement des chevaux déjà descendus dans la batterie basse; les éclats de voix et les ris grossiers d'une soldatesque alors fort indisciplinée; enfin tous ces bruits assourdissants complétaient si bien ce tableau de désordre, que M. de Vivonne, précédé de de Vancy, courut comme épouvanté vers le château d'arrière, où il se réfugia en se bouchant les oreilles.

A la porte extérieure de la dunette, il trouva deux gardes de M. de Beaufort, qui lui rendirent les honneurs militaires, et il entra dans une espèce d'antichambre comblée de paquets et de caisses que des laquais déballaient. Là, un des gentilshommes de M. de Beaufort, précédant M. de Vivonne, l'introduisit dans la galerie où il devait trouver l'amiral.

Cette galerie offrait le même aspect de confusion et de négligence que le pont du navire; des meubles précieux étaient comme jetés çà et là, rien ne paraissait être à sa place. Les parois de l'appartement étaient couvertes d'une magnifique étoffe de basane blanche à fleurs d'or, et le plancher, sans tapis, laissait voir les planches brutes du parquet; sur une table d'ébène, richement ornée, était le reste d'un repas grossier pris à la hâte, et servi dans une magnifique vaisselle de vermeil, avec une incurie qui approchait de la malpropreté; des cartes et des plans, un vieux luth sans cordes, une riche cravate de dentelle et un superbe sabre turc étaient confondus sur cette table avec les plats et les coupes; une espèce de tableau, couvert de signes cabalistiques, était ouvert à côté du *Traité de Vénerie* de messire Robert de Salnove, et des *Parfaits Enseignements du royal et très-honorable jeu de Longue-Paume;* enfin un assez mauvais portrait d'Henri IV pendait, dans un cadre de noyer sculpté, au-dessus d'une chaise longue.

Tel était l'intérieur du réduit de son altesse monseigneur le duc de Beaufort, chef et surintendant général de la navigation et du commerce en France, fils de César de Vendôme, et petit-fils d'Henri IV, né à Paris en 1616.

L'esquisse de cet intérieur et la confusion qui régnait sur le pont du vaisseau qu'il commandait résumaient parfaitement les goûts, les habitudes et le caractère du duc de Beaufort.

Élevé dans les terres de sa mère, la femme de France la plus grossière et la plus ignorante, il ne reçut pas même l'instruction vulgaire du dernier des bourgeois de ce temps-là, et passa sa première jeunesse à la chasse, qu'il aima toujours avec passion. Il parut alors à la cour de Louis XIII, où il étonna fort par la sauvagerie de ses manières. Puis, après avoir bravement combattu d'ailleurs aux siéges de Corbie, d'Arras, et à Hesdin, mais plutôt en enfant perdu qu'en capitaine, on sait quel rôle il joua pendant la minorité de Louis XIV: d'abord dans l'extrême confiance et familiarité d'Anne d'Autriche, qui, la veille de la mort de Louis XIII, lui remit la garde du dauphin et de M. le duc d'Anjou, ainsi que le commandement supérieur des troupes; bientôt après, il entre dans la cabale des importants, et prend parti pour madame la duchesse de Montbazon, dont il s'occupait fort, contre madame la duchesse de Longueville; puis il brave impunément Mazarin, comme il avait bravé Richelieu; pourtant, malgré son peu d'influence et sa nullité, fatiguée de ses bravades et de ses brutalités, Anne d'Autriche le fait enfermer à Vincennes en 1643; il s'évade en 1649[1], et se joint alors aux frondeurs; il se réunit au prince de Conti, aux ducs

---

[1] Ce fut à propos de cette évasion que le prince de Condé, prisonnier à son tour, répondait à quelqu'un qui lui proposait l'*Imitation de Jésus-Christ*, pour adoucir les ennuis de la captivité, qu'il aimait mieux l'*Imitation du duc de Beaufort*.

de Longueville, d'Elbeuf, de Bouillon, au maréchal de La Mothe, au cardinal de Retz, va se loger rue Quincampoix, là se fait nommer marguillier de Saint-Nicolas-des-Champs, et devient bientôt l'idole de la populace, qui le surnomme *le Roi des halles*, avec cet instinct grossier, mais d'une merveilleuse justesse, qui la caractérise.

C'est qu'en effet le duc de Beaufort était admirablement peint dans ces mots. Sa force athlétique, sa mine hautaine et bravache, ses gestes et ses propos de brelandier, son balancement perpétuel de tête et d'épaules, son poing toujours sur la hanche et sa large moustache incessamment caressée, lui donnaient l'apparence, qu'il réalisait de reste, de ces capitans-matamores des plus mauvais lieux. Mais ce qui témoignait surtout de la grande justesse de ce surnom du *Roi des halles*, c'était, comme le disaient ses contemporains, « la parfaite similitude de son langage et de celui de ses sujets; » car, outre le cynisme et la grossièreté de sa parole, mêlée çà et là de termes de chasse et de fauconnerie, il formait, dit entre autres madame la duchesse de Nemours dans ses Mémoires [1] : — « Il formait un cer-
» tain jargon de mots si populaires ou si mal placés, que cela
» le rendait ridicule à tout le monde, quoique ces mots, qu'il
» plaçait si mal, n'eussent peut-être pas laissé de paraître fort
» bons, s'il avait su les placer mieux, n'étant mauvais seule-
» ment que dans les endroits où il les mettait. »

Le cardinal de Retz dit aussi : — « Que ce que le duc de
» Beaufort avait retenu du jargon des importants, mêlé avec les
» impressions qu'il avait retirées de madame de Vendôme sa
» mère, la femme de France la plus grossière et la plus igno-
» rante, formait une langue qui aurait déparé le bon sens de
» Caton. »

De fait, l'excessive ignorance du duc de Beaufort lui rendait habituels une foule de coqs-à-l'âne (qu'on excuse cette vulgarité qui seule peut peindre ces non-sens ridicules qui défraient encore de nos jours les stupides plaisanteries des bateleurs), de la force de ceux-ci, qui sont devenus historiques : — Une *confusion* (contusion) à la tête ; — les *hémisphères* (émissaires)

---

[1] Voy. aussi *Mémoires de Retz, de Brienne, de Conrart, de Montglat, de Larochefoucauld*, etc.

secrets du Cardinal ; — ma *constellation* (consternation) fut grande... et une foule d'autres qu'il serait puéril de citer.

Sa correspondance relative à la marine, dont les signatures seulement sont autographes, qui fut évidemment rédigée par un secrétaire, et écrite d'ailleurs dans les derniers temps de sa vie, alors qu'il avait un peu épuré son langage, conserve pourtant encore, ainsi qu'on le verra, quelques traces de cette singulière phraséologie.

Quant aux connaissances nautiques de l'amiral, elles étaient fort bornées, n'exerçant sa charge que depuis 1663, époque de la mort de César de Vendôme, son père, qui en avait les provisions.

La première campagne du duc de Beaufort contre Gigeri, en 1664, eut l'issue la plus fâcheuse, bien qu'en disent les historiens. Nous allons citer, comme preuve, quelques passages d'un mémoire adressé à Louis XIV à ce sujet. On y démêlera facilement tout le manége des influences secrètes et des intérêts privés mis en présence des intérêts généraux. — Le duc de Beaufort, sur le point de son départ, était alors à Toulon. Le comte de Vivonne, MM. de Gadagne et de Castellan venaient de le rejoindre ; ces officiers-généraux vivaient dans la meilleure intelligence, lorsque arriva M. le chevalier de Clerville, contrôleur-général des fortifications de France. — Voici comment s'exprime ce mémoire :

« L'intrigue de toutes les discussions commença pour lors à se former secrètement ; le chevalier de Clerville n'ignorait pas que, selon le récit avantageux du poste de Gigeri que M. de Beaufort avait fait à la cour, on avait résolu de s'en rendre maître, n'en croyant pas de plus considérable pour le service du roi ; néanmoins M. de Clerville avait formé son dessein pour Bone ; ceux qui se croient les mieux informés disent qu'il y avait obtenu une *franchise de commerce,* et que, le roi étant maître du poste de Bone, M. de Clerville augmenterait alors sa fortune par la facilité du commerce ; les autres, qu'étant contrôleur-général des fortifications du royaume, on n'y pourrait travailler sans le choquer, en ayant fait un point d'honneur, et qu'ainsi il lui était bien plus utile par toutes sortes de raisons d'aller à Bone, puisque c'est une place considérable où l'on aurait formé un véritable siége. Quoi qu'il en soit, pour réussir à son dessein il mit tout en œuvre, sans oublier son éloquence, pour gagner les bonnes grâces de M. de Beaufort, afin de lui persuader que ses conseils devaient être suivis de l'exécution : il réussit plus en huit jours de temps qu'il ne se le fût osé permettre, et dès qu'il connut son ascendant, il appliqua tout son esprit pour gagner celui de M. de Gadagne.

» Sur le vaisseau, M. de Clerville s'aperçut qu'il ne pouvait pas gouverner M. de Gadagne, qui n'ajoutait pas une entière foi à tous ses évangiles ; cela commença de l'atterrer et à lui suggérer de tourner ses desseins sur M. de la Guillotière ; aussi lui persuada-t-il bientôt qu'il le ferait par son crédit gouverneur de Bone, position qui lui serait extrêmement avantageuse, et puis qu'enfin, par la franchise du commerce, ils gagneraient tous deux des sommes immenses. »

M. de Beaufort met donc à la voile, tout à fait sous la domination de M. de Clerville, et arrive avec son escadre et les galères à une portée de canon de Bougie. Là, M. de Beaufort tint conseil pour savoir si on devait attaquer cette ville. M. de Gadagne, ayant été en canot l'examiner attentivement, fut de cet avis par trois raisons : la première, qu'on voyait les gens l'abandonner en toute hâte ; la deuxième, qu'elle paraissait bien fortifiée et qu'elle deviendrait fort importante au moyen de quelques réparations qu'on y ferait ; la troisième, enfin, que c'était une conquête utile au service du roi. La cabale du chevalier de Clerville, qui tenait à Bone et à la franchise du commerce qui le devait enrichir, fut de l'avis contraire et soutint qu'il ne fallait pas prendre le change ; que les ordres du roi portaient d'attaquer Gigeri, et que, si on négligeait leur exécution, autant valait attaquer Bone que Bougie. A cela, M. de Gadagne répondit que l'un n'empêchait pas l'autre, et qu'ayant d'abord pris Bougie, on attaquerait Gigeri, puis Bone ; mais que l'attaque de Bougie devait précéder toutes les autres, puisque la possession de cette place, voisine de Gigeri, empêcherait les Maures d'y porter aucun secours lorsqu'on ferait le siège de cette dernière ville. M. de Beaufort allait se rendre à ces raisons, lorsque M. de Clerville le ramena à ses sentiments : l'attaque de Bougie n'eut pas lieu ; on mit à la voile, et le lendemain matin on était en vue de Gigeri. Alors on commença de canonner la ville. M. de Vivonne mit pied à terre, et sortit de ses galères à la tête du régiment de Picardie, et M. de Gadagne à la tête de MM. de Malte. MM. de Beaufort, de Castellan, de Clerville, de la Guillotière, les soutinrent vigoureusement, et Gigeri fut pris. Malgré les succès de ce siége, les populations maures se soulevèrent et revinrent en nombre formidable harceler les lignes. Pendant un mois, ce furent des escarmouches continuelles; et malgré les avis réitérés de MM. de Gadagne et de Vivonne, qui voulaient qu'on fortifiât davantage les lignes, M. de Beaufort, suivant les errements de M. de Clerville, laissa les dehors de Gigeri presque sans défense, comptant sur la faiblesse des Maures. Enfin, le 27 octobre, d'après l'avis que l'on eut que les ennemis avaient reçu du renfort, M. de Beaufort assembla un conseil dans lequel le mauvais état des lignes fut encore vivement représenté par M. de Gadagne, qui annonça formellement que, dans le cas où les ennemis recevraient du gros canon, le poste ne serait plus tenable. M. de Beaufort répondit, avec M. de Clerville, qu'il était impossible que les Maures reçussent un pareil renfort, et, terminant le conseil, il mit à la voile, laissant l'armée dans un état fort alarmant. Trois jours après il envoya M. de Thurel sur le vaisseau *le Mercure* pour prévenir M. de Gadagne, qui avait pris le commandement de l'armée après son départ, que l'amiral avait arrêté devant Bougie un vaisseau chargé d'armes, et que les Maures des environs de Gigeri avaient reçu beaucoup de grosse artillerie et un secours considérable. En effet, bientôt les Maures attaquèrent les lignes avec force; soutenus par l'artillerie, ils y firent un dommage notable. M. de Gadagne tint le plus long-temps possible, mais à la fin, forcé par la sédition des troupes, il quitta Gigeri et en sortit le dernier, protégeant sa retraite avec une si rare bravoure, qu'il put à peine rejoindre la chaloupe qui transportait les derniers soldats à bord des vaisseaux de charge. Ces bâtiments rallièrent l'escadre de M. de Beaufort devant Alger; et le jour de la Toussaint, la flotte mouilla dans la rade de Toulon [1], après avoir perdu le vaisseau

---

[1] Telle fut l'issue malheureuse de cette expédition si mal combinée. Deux rapports au roi : l'un de M. de Castellan, un des meilleurs officiers de

la Lune, qui sombra en vue des îles d'Hyères. L'année d'ensuite, M. de Beaufort commanda quelques croisières dans la Méditerranée ; mais ses succès furent assez douteux.

En 1666, on sait qu'il fut chargé de se joindre à l'escorte de la nouvelle reine de Portugal, et que les ordres du roi le retinrent dans le Tage jusqu'au moment où la paix fut pour ainsi dire tacitement conclue avec l'Angleterre, puisque, grâce au sauf-conduit donné par Charles II aux vaisseaux du roi, Louis XIV pouvait impunément faire rentrer sa flotte en France, comme elle rentra en passant en vue de l'île de Wight, sans que la flotte anglaise mouillée dans cette rade fît sortir un seul bâtiment, le combat partiel qui eut lieu entre deux vaisseaux anglais et trois vaisseaux français n'ayant été que tout à fait accidentel et fort mal vu en cour.

Malgré ces fâcheux antécédents, on ne pouvait refuser à M. de Beaufort un certain zèle pour les choses de la marine ; mais sa continuelle agitation, son étourderie qui, malgré l'âge, était toujours extrême, son habitude de se vouloir mêler des détails les plus puérils, au lieu de commander sa flotte d'un point de vue élevé, le rendaient, à bien dire, incapable de remplir les hautes exigences de sa charge.

L'âge n'avait pas non plus calmé son humeur impétueuse et arrogante, ainsi que le prouvent les brutales altercations dont se plaignaient à Colbert tous les intendants mis à bord de l'amiral par ce ministre pour surveiller ses dépenses, et veiller à la régularité des comptes de l'équipage et de l'armement. C'est Brodart, c'est d'Infreville, c'est Colbert de Terron, qui passent tour à tour à son bord, et qu'il est toujours sur le point de faire jeter à la mer ou de maltraiter. C'est tout au plus s'il est retenu par les sévères réprimandes de Colbert, signées par Louis XIV ; car c'est toujours le héros des rixes du jardin de Renard [1], c'est toujours ce fou brutal qui, voyant, lors de la

---

l'armée, et l'autre de M. de Gadagne, lieutenant-général, prouvent, jusqu'à l'évidence, que la fâcheuse issue de l'entreprise fut due à l'influence mauvaise de M. de Clerville.

[1] Ce jardin, tenu par un nommé Renard, était le rendez-vous habituel des seigneurs qui sortaient des Tuileries ; ce fut de ce jardin que M. de Beaufort, au temps de la Fronde, chassa le duc de Candale, Boutteville, Saint-Mégrin, etc., après une résistance vigoureuse.

Fronde, les esprits se rapprocher de la soumission, demandait au président de Bellièvre si en donnant un soufflet au duc d'Elbeuf il ne changerait pas la face des affaires. — A quoi ce président répondit fort sagement que cela ne pouvait guère changer que la face du duc d'Elbeuf.

On sait encore que, lorsqu'en 1652 le prince de Condé recommença la guerre civile, il prit parmi ses lieutenants le duc de Beaufort et son beau-frère M. le duc de Nemours ; mais que ce dernier, ne pouvant s'accommoder du caractère présomptueux du duc de Beaufort, le provoqua et fut tué dans cette rencontre.

Il est donc à présumer que la longanimité de Louis XIV à l'égard du duc de Beaufort n'avait d'autre cause que son habitude politique de maintenir dans leur position et dans leurs charges tous ceux qui étaient d'un sang royal, et comme tels, sinon infaillibles, au moins impunissables.

En entrant dans la galerie du vaisseau, Vivonne avait cru y trouver l'amiral ; en effet, il y était *à peu près*, c'est-à-dire qu'il avait le corps et une jambe passés en dehors de la balustrade de la poupe, et que de là il vitupérait après quelques malheureux ouvriers doreurs.

Il fallut donc que le général des galères tirât respectueusement M. de Beaufort par la basque du justaucorps pour annoncer sa présence.

Alors l'amiral se retourna brusquement, et, voyant Vivonne, rentra tout à fait dans la galerie.

Nous avons dit que M. de Beaufort avait alors cinquante-trois ans ; il était vêtu d'un justaucorps vert, à broderie d'or ternie, et il y avait beaucoup plus de prétention que de goût dans cette toilette surchargée de rubans et d'aiguillettes fanées, et rendue moins attrayante encore par la singulière incurie dans laquelle l'amiral tenait sa personne ; sa perruque blonde était mal peignée, sa barbe fort longue, et sa moustache encore toute graisseuse.

— Ah ! bonjour, Vivonne, — dit-il au général des galères. — Sambieu ! mon gros crevé, vous me voyez tout entoxiqué par ces renégats de doreurs qui sont là accumulés à la poupe... et qui ne font d'ailleurs que suivre la piste de ces loups d'intendants, que le diable étrangle, et qui au lieu de faire dorer mon vaisseau-amiral, fort et ferme comme ils le devraient, spécularisent sur le métal, et me mettent cette lavasserie d'eau dorée au lieu d'or de bon aloi... — Puis sentant sa fureur se rallumer, l'amiral retourna se pencher à une des fenêtres de la galerie, et cria d'une voix tonnante aux ouvriers : — Oui! oui, vous avez biau faire les ébaubis, n'y a pas là à barguigner; vous recommencerez ces couches de dorure-là, et ne me persistez plus la cervelle de vos b.... de raisons, car je vous traquerai, vous et vos maîtres les intendants, comme de véritables bêtes puantes et vermines de la marine que vous êtes... entendez-vous, gueux et malotrus ! — Puis ayant donné ce nouveau cours à sa colère, l'amiral revint à Vivonne qui ne cherchait pas à réprimer un malicieux sourire. — Ah çà, Vivonne... je vous ai fait venir pour que nous combinions, avec Navailles, d'une dépêche que j'ai reçue par un *hémisphère* de Sa Sainteté notre père le pape, qu'il vient de m'apporter avec un fort magnifique étendard rouge tout broché d'or sur lequel sont peinturées deux figures en manteaux et nues comme la main, sauf la décence, et qui m'ont la mine d'une paire de saints ou d'apôtres.

— Et ce digne *hémisphère* n'a-t-il pas apporté des nouvelles de Candie, monseigneur ?

— Mais on dit de delà que les Turcs sont dans une extrême *constellation* d'une furieuse sortie du bonhomme Saint-André-Montbrun, qui a débuché à la tête de mille hommes de pied et de deux cents maîtres, et les a menés battant jusqu'à un mille de Candie-Neuve. Mais il se fait tard, et je vais envoyer quérir M. de Navailles, et puis vous lirez les ordres de Sa Majesté pour voir ensuite à résolutionner ensemble ce que nous ferons.

L'amiral ayant fait mander M. de Navailles par un de ses gentilshommes, il arriva bientôt dans la galerie, et prit place à la table du conseil avec MM. de Beaufort et Vivonne.

Philippe de Montaut de Benac, duc de Navailles, était né en 1619; il avait commandé la compagnie des chevau-légers du cardinal Mazarin. « C'était, dit M. de Saint-Simon, un homme de qualité de Gascogne, plein d'honneur, de valeur et de fidélité; par degré capitaine des gendarmes, gouverneur de Bapaume, puis du Havre-de-Grace, général d'armée en Catalogne et en Italie, ambassadeur plénipotentiaire vers les princes d'Italie, et chevalier de l'ordre en 1661. Il fut exilé chez lui, en Guyenne, vers 1664, pour la conduite pleine de raison et de dignité que madame sa femme, gouvernante des filles de la reine, avait tenue lors des tentatives du jeune roi Louis XIV pour s'introduire dans leur chambre. S'il n'était depuis rentré en grâce, du moins il était traité avec quelques égards; et le roi lui confia dernièrement le commandement de l'armée pour le siége de Candie.

» C'était un grand homme, maigre, jaune, poli, qui était naïf et ignorant à l'excès. Il fut un jour étrangement rabroué par M. le Prince (de Condé) qui, étant fort en peine, en Flandre, du cours exact d'un ruisseau que ses cartes ne lui marquaient pas, vit Navailles revenir avec une mappemonde qu'il avait été quérir pour le tirer d'embarras. Il disait aussi à propos des huguenots et de la difficulté qu'ils montraient à changer de religion : Si Jésus-Christ m'avait fait la grâce de me faire naître Turc, je le serais demeuré. »

La physionomie de ces trois généraux, assis à la table du conseil, offrait un contraste parfait. Beaufort, le *Roi des halles*, important et rengorgé, caressait sa moustache; Vivonne, le *Gros-crevé*, étendu dans son fauteuil, promenait entre ses dents un petit cure-dent d'or; et le duc de Navailles, grave et posé, courbait sa haute taille, se disposant à prêter une sérieuse attention à la discussion qui allait s'ouvrir.—Je vais, m'ssieux, —dit M. de Beaufort d'un air important, —vous colloquer les volontés de Sa Majesté.—Et il commença la lecture de la pièce suivante, sans omettre aucune de ses qualifications.

INSTRUCTION QUE LE ROI A RÉSOLU ÊTRE ENVOYÉE A M. LE DUC DE BEAUFORT, PAIR, GRAND-MAÎTRE, CHEF ET SURINTENDANT-GÉNÉRAL DE LA NAVIGATION ET COMMERCE DU ROYAUME, SUR L'EMPLOI DE L'ARMÉE NAVALE QUE SA MAJESTÉ MET EN MER SOUS SON COMMANDEMENT PENDANT LA PRÉSENTE CAMPAGNE.

Le sieur duc est informé que ledit armement est destiné pour le secours de Candie, et que Sa Majesté ne voulant pas déclarer ouvertement la guerre au grand-seigneur, elle a résolu qu'elle agirait sous le nom du pape et prendrait l'étendard de Sa Sainteté, à quoi ledit sieur duc se doit conformer.

En cas que Sa Sainteté envoie des vaisseaux ou des galères, Sa Majesté est persuadée qu'elle fera porter le pavillon de la sainte Église sur le principal, et en ce cas Sa Majesté désire que ledit sieur duc porte le second pavillon, qui sera celui de Sa Sainteté, et qu'il obéisse et prenne les ordres de celui qui sera établi par elle général de l'armée.

En cas que Sa Sainteté n'envoie pas de vaisseaux, mais seulement des galères, la navigation des vaisseaux étant fort différente, Sa Majesté désire qu'il donne promptement avis audit général de sa partance du port de Toulon, et du rendez-vous qu'il estimera devoir être pris pour se joindre, et qu'alors qu'ils seront joints il obéisse pareillement audit général et prenne son avis en toute rencontre.

Sa Majesté veut qu'en toute occasion de jonction il tienne toujours le rang dû à sa dignité de fils aîné de l'Église, et qu'il ne souffre jamais qu'aucun vaisseau d'une autre nation prenne le rang d'honneur entre l'étendard de la sainte Église et celui qu'il portera; en quoi Sa Majesté ne veut pas qu'il souffre aucun ménagement.

Il observe seulement que, comme la différente navigation des vaisseaux et des galères ne lui donnera peut-être aucune occasion pendant toute la campagne de prendre rang après l'étendard de la sainte Église, ce sera au capitaine-général des galères de Sa Majesté à soutenir et conserver le rang de patronne, en quoi le sieur duc l'assistera et le soutiendra s'il en a besoin.

Ledit sieur duc commandera également les vaisseaux et les galères suivant le pouvoir que Sa Majesté lui a donné. Elle veut qu'après avoir pris l'ordre dudit général de la sainte Église, il le donne ensuite au capitaine-général de ses galères pour tout ce qui concerne son corps.

En cas que ledit sieur duc de Beaufort et le sieur comte de Vivonne se trouvent ensemble dans les galères qui pourraient être commandées par ledit général de la sainte Église, Sa Majesté veut qu'ils tiennent les second et troisième rangs sans souffrir aucune séparation ni aucun ménagement.

Comme la seule intention de Sa Majesté pour l'emploi de son armée navale pendant la présente campagne est le secours de Candie, Sa Majesté veut aussi que ledit sieur duc règle toute sa conduite à bien faire réussir cette importante entreprise, et pour cet effet qu'il agisse en toute chose de concert avec le sieur duc de Navailles, lieutenant-général de ses armées, commandant le corps de troupes qu'elle envoie pour ledit secours, et garder ensemble une parfaite union et correspondance.

Que le sieur duc prenne grand soin que les troupes soient bien embarquées, et fasse observer une si bonne police dans tous les vaisseaux qu'ils soient exempts des maladies autant qu'il se pourra.

Que lorsque l'armée sera arrivée près de l'île, ils concertent ensemble le lieu du débarquement, et pourvu que les vaisseaux s'y trouvent en sûreté, Sa Majesté veut que le débarquement se fasse au lieu où le sieur duc de Navailles trouvera plus commode pour le secours de la place.

Dans le même temps que le débarquement des troupes, vivres et munitions d'artillerie se fera, Sa Majesté veut que les sieurs ducs de Beaufort et de Navailles concertent ensemble les lieux où seront établis les commis des vivres, désignés pour les achats à faire pour la subsistance de l'armée pour le temps qu'elle demeurera dans ladite île; en conséquence, le sieur duc détacherait tous les vaisseaux de charge et d'escorte pour la sûreté du transport desdits vivres, des lieux où ils seront achetés jusques en ceux qui seront destinés en ladite île pour les recevoir; et, comme de l'exécution de ce qui aura été ainsi concerté pour la sûreté desdits vaisseaux de charge dépend entièrement le succès de cette entreprise, Sa Majesté veut que le sieur duc y pourvoie, de sorte qu'il ne puisse arriver d'accident, et qu'il emploie même toute son armée s'il l'estime nécessaire.

Sa Majesté veut de plus que le sieur duc de Beaufort tienne toujours les vaisseaux de son armée navale en état de recevoir et d'embarquer les troupes de l'armée de terre, soit en cas que les Turcs soient chassés et que le siége soit levé, et la place en sûreté, soit en cas d'accident contraire, ou que la place soit prise par composition ou par force ; et, pour cet effet, Sa Majesté veut que le sieur duc demeure toujours dans les ports et rades de l'île de Candie, ou les plus proches, où il pourra tenir les vaisseaux de Sa Majesté, et qu'il n'en puisse partir par aucun autre effet qu'après avoir été tenu conseil, où le sieur duc de Navailles sera appelé, et, soit qu'il soit présent ou absent, le départ de l'armée navale ne sera point exécuté qu'après avoir pris son consentement par écrit.

Sa Majesté veut qu'aussitôt que le sieur duc sera arrivé et aura fait le débarquement, il envoie une des tartanes qui sera à la suite de l'armée en apporter les nouvelles, ensemble les lettres du sieur duc de Navailles et des autres officiers de l'armée.

Quoique Sa Majesté ordonne audit sieur duc d'obéir en toute chose au général de la sainte Église, elle est persuadée qu'il trouvera les moyens d'exécuter les ordres ci-dessus, d'autant que ledit général sera instruit sur tout ce qu'il y aura à faire, et qu'il s'accommodera facilement à l'exécution desdits ordres qui ne tendent qu'au secours de cette grande entreprise.

Sa Majesté désire que le sieur duc de Navailles assiste dans tous les conseils qui seront tenus pour l'emploi de l'armée navale, s'il peut s'y trouver, et qu'il y prenne rang immédiatement après le capitaine-général des galères.

Sa Majesté veut que ledit sieur duc fasse exécuter son ordonnance, qui fut publiée dans tous les ports de son royaume l'année dernière, portant injonction à tous ses sujets qui sont au service des étrangers de retourner en France, et, pour cet effet, qu'il fasse visiter les vaisseaux étrangers qu'il rencontrera en mer, et se fasse remettre ses sujets qui s'y trouveront pour les faire punir selon la rigueur de ladite ordonnance.

Ledit sieur duc est informé de la conduite que les corsaires d'Alger tiennent à l'égard de ses sujets pour l'exécution des traités de bonne correspondance qui ont été faits avec eux ; et comme ils ont relâché quelques bâtiments qu'ils ont trouvés en mer et ont pris l'argent qu'ils ont trouvé sur une barque, Sa Majesté estime que jusques à ce qu'elle puisse leur faire la guerre avec bon nombre de vaisseaux, pour leur faire rendre ce qu'ils ont mal pris et rompre avec eux, il convient au bien de son service de ne leur point faire connaître le dessein de Sa Majesté qu'en quelque occasion importante.

Et toutefois, comme l'armée de Sa Majesté agit sous le nom de Sa Sainteté, ledit sieur duc ne laissera de prendre tout ce qu'il trouvera appartenant auxdits corsaires d'Alger, Tunis et Tripoli.

Sa Majesté envoie audit sieur duc le pouvoir pour commander ses galères en cas de jonction, et elle envoie pareillement le pouvoir au sieur comte de Vivonne, capitaine-général de ses galères, pour commander les vaisseaux en cas de maladie ou d'accident qui pourrait arriver audit sieur duc.

Sa Majesté veut que ledit sieur duc s'applique à faire le plus grand nombre d'esclaves qu'il pourra pour fortifier les chiourmes de ses galères. Sa Majesté a ordonné d'ajouter à l'instruction de l'autre part, qu'en cas qu'après que le sieur duc de Navailles aura reconnu l'état auquel sera la place de Candie lorsque l'armée de Sa Majesté y arrivera, il estimerait qu'elle ne fût plus en état d'être secourue, et qu'il fût d'avis de reporter les troupes en France, Sa Majesté veut qu'en cela ledit sieur duc de Beaufort suive l'avis dudit sieur duc de Navailles, et qu'il reprenne la route de France avec toutes les troupes qui seront sur ses vaisseaux [1].

Cette lecture terminée, M. de Beaufort demanda aux deux généraux s'ils avaient quelque instruction secrète qui différât de la sienne : ils répondirent que non.

En effet, les instructions séparées de MM. de Navailles et de Vivonne étaient identiquement les mêmes que celles de M. de Beaufort.

— Maintenant, m'ssieux, je vais vous dénoncer ce que

[1] Bibl. Roy. Mss. *Cartons de Colbert.*

M. l'abbé de Bonfils m'écrit au nom de Sa Sainteté le père aux chrétiens :

« Je me donne l'honneur de prévenir Votre Altesse que les sentiments de Sa Sainteté sont, monseigneur, que vous preniez Cérigo pour le lieu du rendez-vous et non Corfou ; Sa Sainteté ayant goûté les observations que vous et les généraux de Sa Majesté avez faites sur ce que Cérigo est mieux situé que l'autre île, et qu'elle est bien fournie d'eau et rafraîchissements nécessaire à une armée ; que, de plus, Cérigo est au vent de Candie, et distant d'elle de cent cinquante milles seulement ; que les troupes y pourront débarquer si on le veut, et que le général de Candie s'y trouvera pour y conférer avec les généraux de Sa Majesté sur le dessein de la campagne, ce qui ne se pourrait pas rencontrer en quelque autre lieu que ce fût.

» Les mémoires italiens de l'ambassadeur de Venise à Sa Sainteté touchent les mêmes choses, et proposent, à propos de l'action des troupes, que le meilleur expédient serait d'attaquer les lignes des Turcs et non leurs places, pour ne laisser pas morfondre l'ardeur des soldats [1]. »

— Voilà donc, m'ssieux, les réverbérations lumineuses de M. de Bonfils, dont je m'suis donné hier l'honneur d'éclairer Sa Majesté. A présent que le rendez-vous de Cérigo est accepté par Sa Sainteté le père aux chrétiens, ne pourrions-nous pas exprimer un plan de route pour les galères et les vaisseaux ? Voici quelques notes là-dessus par le révérend père l'Hoste, du séminaire des jésuites : il me l's'a départies hier. —

Le plan du père l'Hoste était excellent, et il fut adopté sans contestations.

— Maintenant, m'ssieux, — dit M. de Beaufort, — que les vaisseaux, les galères et les troupes de terre sont comprimés ensemble et sur l'heure de partir, je voudrais avoir l'état des galères, m'sieur de Vivonne, et l'état de vos troupes, m'sieu de Navailles, pour l'envoyer à Sa Majesté, qui m'l'a demandé.

MM. de Vivonne et de Navailles donnèrent les états suivants, qui, joints à l'état des vaisseaux commandés par M. de Beaufort, formaient l'effectif de cette armée.

---

[1] Arch. des aff. étrang. Rome, 1669.

ÉTAT DES ARMÉES DE MER ET DE TERRE ENVOYÉES PAR LE ROI TRÈS-CHRÉTIEN EN CANDIE, EN LA PRÉSENTE ANNÉE 1669.

ARMÉE DE TERRE.

OFFICIERS GÉNÉRAUX.

M. le duc de Navailles. . . . . Général.
M. Le Bret. . . . . Lieutenant-général.
M. Colbert, comte de Maulevrier. . . . . . . Maréchal-de-camp.
M. le marquis de Choiseul. . . . . Brigadier de cavalerie.
M. de Castellan. . Brigadier de l'infanterie détachée de la maison du Roi.
M. de Dampierre. . . . . Brigadier d'infanterie.

AIDES-DE-CAMP.

MM. de Tilladet, de La Hoguette, de Saint-Vincent et de La Rochecourbon.
M. de Lacroix. . . . . Intendant de l'armée.
M. d'Arimont. . . . . Prévôt de l'armée.
M. Jacquier. . . . . Munitionnaire-général.
MM. Aubert, Ragueneau et de Hogny. . . Commissaires à la conduite.

OFFICIERS DE CAVALERIE.

MM. de Montbrun et de Maupertuis. Commandants les mousquetaires à cheval détachés de la maison du Roi.
MM. de Choiseul, Ollier de Saint-Elvan, de Saint-Aoust, de Sommieure et d'Hudicourt. . . . . . . Capitaines des compagnies de cavalerie.

INFANTERIE ET OFFICIERS D'ICELLE.

MM. de Calvisson, de Croisilles et de Montreuil. . Capitaines aux gardes, commandants les hommes détachés du régiment des gardes du Roi.

Régiments.	Commandants.	
Lorraine.	M. le marquis de Fabert.	Colonel.
Saint-Valier.	M. le marquis de Saint-Valier.	Colonel.
Rozan-Duras.	M. le marquis de Rozan.	Colonel.
Grancey.	M. le comte de Grancey.	Colonel.
Montpezat.	M. de Trenouillet.	Lieutenant-colonel.
Vendôme.	M. de la Provenchère.	Lieutenant-colonel.
La Fère.	M. de Gondeville.	Lieutenant-colonel.
Jonzac.	M. de Villers.	Lieutenant-colonel.
Espagny.	M. de Baudeville.	Colonel.
Montaigu.	M. le marquis d'O.	Colonel.

Conty. . . . . . M. de Monyme. . . . . Colonel.
Harcourt. . . . M. Chrétien. . . . . Lieutenant-colonel.
Bretagne. . . . M. le chevalier de Novion. . . . . . Colonel.
Châteauthiéry. . M. le duc de Châteauthiéry. . . . . . Colonel.
Rouergue. . . . M. le marquis de Montperoux. . . . . Colonel.

MM. de Vaillery et Bonefous. . . Brigadiers de 200 officiers réformés faisant corps.

ÉTAT DES TROUPES, SELON LES REVUES ET LE NOMBRE D'ICELLES ACTUELLEMENT EMBARQUÉES.

CAVALERIE.

Mousquetaires de la maison du Roi. . . . 223
Cavalerie des compagnies particulières. . 328

Nombre. . . 554

INFANTERIE DE LA MAISON DU ROI.

Brigadier.	1	Capitaines.	3
Major.	1	Lieutenants.	3
Sous-lieutenants. . . .	5	Enseigne.	1
Sergents.	20	Tambours.	8
Soldats effectifs.	493		

Nombre. . . 535

AUTRE INFANTERIE.

Colonels présents. . . .	10	Lieutenants-colonels. . .	15
Capitaines en pied présents.	60	Capitaines réformés. . .	138
Lieutenants en pied. . .	60	Lieutenants réformés. . .	135
Enseignes en pied. . . .	30	Enseignes réformés. . .	64
Sergents effectifs. . . .	268	Anspeçades effectifs[1]. . .	506
Tambours.	75	Soldats effectifs.	3929

Nombre. . . 5,529.

Deux brigades d'officiers réformés. . 214
Officiers desdites brigades. 18
Volontaires admis en icelles. . . . 472

Nombre. . . 704.

[1] Sorte de caporaux ou soldats d'élite.

—1669— LIVRE III, CHAPITRE XVII. 363

ARMÉE DE MER.

LES GALÈRES SOUS LE COMMANDEMENT DE M. LE COMTE DE VIVONNE.

Noms.	Soldats.	Chiourmes.	Commandants.
La Générale,	160	410	M. de Vivonne.
La Capitane,	110	400	M. de Manse.
La Patronne,	105	392	M. de la Brossardière.
La Croix-de-Malte,	100	350	M. le commandeur d'Oppède.
La Fleur-de-Lys,	104	340	M. le commandeur de la Bretèche.
La Victoire,	92	347	M. le chevalier de Tonnerre.
La Dauphine,	96	336	M. le chevalier de Villeneuve.
La Force,	95	340	M le chevalier de Breteuil.
La Saint-Louis,	88	328	M. de Montaulieu.
La Couronne,	80	330	M. le commandeur de Gardane.
La Fortune,	94	332	M. le commandeur de Janson.
La Valeur,	96	337	M. de Viviers.
La Renommée,	99	344	M. de Folleville.

GALIOTES A RAMES.

La Vigilante,	40	164	M. Espanet.
La Subtile,	46	166	M. le comte de Bueil.
La Volante,	58	158	M. de Forestat.

Nombres. — 13 galères, 3 galiotes, 1,467 soldats, 4,822 forçats.

VAISSEAUX SOUS M. LE DUC DE BEAUFORT, AMIRAL.

Noms.	Canons.	Équipages.	Capitaines.
1. Le Monarque, amiral,	94[1]	600	M. de La Fayette.
2. Le Courtisan, vice-amiral,	72	500	M. le marquis de Martel.
3. La Princesse, contre-amiral,	72	390	M. Gabaret.
4. Le Fleuron,	72	380	M. de Turelle.
5. La Thérèse,	58	350	M. d'Hectot.
6. Le Toulon,	48	200	M. de Belle-Ile.
7. Le Bourbon,	50	200	M. le chevalier de Bouillon.
8. Le Comte,	42	200	M. de Kerjan.
9. Le Provençal,	60	350	M. le comte de Bouillé.

[1] Le nombre des canons dans chaque vaisseau avait été de beaucoup augmenté pour cette expédition ; ainsi *le Monarque*, vaisseau de 84, en portait 10 de plus ; *le Courtisan*, de 64, en avait 72 ; et tous les autres dans la même proportion.

10. Le Lys,	40	230	M. le marquis de Grancey.
11. La Sirène,	40	220	M. de Cogoulin.
12. Le Croissant,	44	225	M. le chevalier de Tourville.
13. L'Étoile,	40	221	M. de Comtay.
14. Le Dunkerquois,	36	178	M. d'Infreville.
15. Le Soleil-d'Afrique,	38	180	M. le chevalier de Beaumont.
16. L'Écureuil,	42	200	M. de Breteuil.
17. La Grande-Flûte,	20	80	M. de Beaulieu.
18. La Concorde,	20	55	M. de Bressan.
19. Le Saint-Antoine-de-Padoue,	16	55	M. Le Roux.
20. Le Brigantin,	10	30	M. Charlet.

Après ce conseil, M. de Vivonne retourna à bord de *la Capitane*, et partit le lendemain, avec les galères, pour Candie; mais il devait d'abord se rendre à Rome.

Le 5 juin, les vaisseaux et les transports, commandés par le duc de Beaufort, mirent à la voile pour aller directement à Candie par le vent le plus favorable.

CHAPITRE XVIII.

L'escadre du duc de Beaufort arrive en vue de Candie[1]. — Aspect de cette ville et de ses fortifications. — M. de Castellan arrive à bord du *Monarque*. — Plan de la place. — Détails sur les précédentes attaques et sur les faits d'armes de MM. de la Feuillade, de Saint-Pol, etc., en l'année 1668. — Conseil de guerre. — M. de Morosini et M. le marquis de Saint-André-Montbrun. — Débarquement des troupes françaises. — Plan d'attaque pour la nuit du 24 au 25 juin.

Sortie de Toulon le 5, la flotte de M. le duc de Beaufort eut le temps le plus favorable pour sa traversée, à part une forte rafale de nord-ouest, qui démâta *la Sirène* de ses deux mâts de hune à la hauteur des îles d'Hyères. Le 17, les vaisseaux du roi rencontrèrent, proche le cap Sapience[2], quatorze bâtiments

---

[1] Candie, ancienne Crète; cette île est située au S. E. de la Morée, et au S. et S.-O. de l'Archipel; elle a 66 lieues de long de l'E. à l'O., sur 18 de large du N. au S. La ville de Candie est située par 35° 18′ 45″ N., et par 22° 58′ à l'E. de Paris.

[2] Le cap Sapience est situé à la pointe S. O. de la Morée.

vénitiens chargés de cinq cents chevaux pour monter la cavaerie française. Ces navires ayant salué le pavillon de Sa Sainteté, sous lequel naviguait l'amiral, se joignirent à la flotte française.

Le 19, sur les quatre heures du matin, cette escadre, courant à l'est, après avoir laissé Cérigo [1], l'ancienne Cythère, à sa gauche, doublait le cap de Carabusa, qui forme la pointe la plus occidentale de l'île de Candie ; une légère brise d'est ridait à peine la surface de la mer calme et bleue, et le soleil levant jetait un voile de pourpre et d'or sur les hautes terres du cap d'Espada, situé un peu plus à l'est que le cap de Carabusa.

Le vent était faible, la flotte s'avançait lentement ; à sa tête, et précédé d'un petit brigantin hydriote qui lui servait de mouche, marchait le vaisseau amiral *le Monarque*, tout étincelant de ses nouvelles dorures et des pavois de mille couleurs qu'il avait fièrement hissés en voyant la terre ennemie ; à sa poupe, surmontée de trois immenses fanaux de bronze doré, flottait le pavillon du pape, présent de Sa Sainteté, magnifiquement brodé de ses armes.

Après avoir doublé le cap d'Espada, l'amiral laissa porter à l'est sud-est, afin de ranger la côte d'un peu plus près, et de passer en vue de *la Canée*, port et ville de guerre que les Turcs avaient en leur possession, ainsi que le reste du territoire de l'île, la ville de Candie étant le seul point qui leur restât à emporter. La Canée élevait ses dômes et ses remparts de marbre blanc au fond d'un golfe formé à l'est par le cap Melecia : on apercevait au dedans du môle le sommet des mâts d'un bon nombre de bâtiments de guerre, que les Turcs n'osaient mettre en mer, les forces maritimes des chrétiens étant de beaucoup supérieures aux leurs. Le cap doublé, la flotte prolongea le golfe de la Sude, et on put alors admirer la fertilité de Candie, cette île enchanteresse, autrefois appelée l'*île Heureuse*, ce frais et riant berceau des plus gracieuses créations mythologiques, cette Crète de l'Olympe et du mont Ida, du labyrinthe et de Dédale.

De ce côté, rien ne rappelait la guerre acharnée qui restait

---

[1] Cérigo est située à la pointe de la Morée, entre les caps Saint-Ange et Matapan, au N. O. de l'île de Candie.

concentrée vers le milieu de l'île ; le bord de la mer était couvert de vastes prairies de petits joncs salins couleur d'émeraudes à fleurs écarlates, ombragées çà et là par les rameaux noueux et bruns de quelque immense figuier. Là paissaient des troupeaux de chèvres et de moutons noirs, ailleurs le versant des hautes terres qui s'abaissaient vers la côte disparaissait sous de grands bois de cyprès et et de cèdres, dont les cimes dorées par les feux du soleil levant s'harmonisaient en teintes vaporeuses, tandis qu'à l'horizon quelque pic hardiment élancé de ces montagnes vertes et boisées avait sa base à demi cachée par les plis mouvants d'un nuage vermeil... Puis toujours en avançant vers la partie orientale de l'île, on découvrait bientôt à mi-côte des champs de blés déjà mûrs, et bordés par des haies de gigantesques aloès... Ailleurs c'étaient des plaines d'oliviers au feuillage pâle et argenté, ou bien quelque maison de l'île, abritée par des bouquets de palmiers, qui montrait son portique blanc ouvert à la brise de mer, et presque caché par les souples guirlandes de ces hautes vignes de Candie, qui donnent ce délicieux vin de Paleo-Castro ; c'était encore les ruines de quelque monastère grec, bâti sur le flanc d'une montagne comme une forteresse, avec ses murailles crénelées et ses tours couvertes de lierre, d'où s'élançaient parfois des volées de cigognes qui paraissaient comme autant de points blancs sur ce ciel d'un bleu presque noirâtre.

Pendant tout le jour, la flotte eut cette ravissante terre à sa droite ; mais, sur les quatre heures du soir, la scène changea ; le silence profond qui régnait commença d'être alors interrompu par le retentissement sourd et éloigné de l'artillerie. Peu à peu la campagne devint inculte, de grands abatis de bois dénudaient le flanc rouge et sableux des montagnes, et de hautes machines à tirer la pierre s'élevaient au-dessus des carrières ouvertes. Plus le bruit de l'artillerie devenait distinct, plus on approchait de la ville de Candie, située vers le milieu de la côte septentrionale de l'île, plus le sol paraissait aride et dévasté. Bientôt on aperçut les lignes de circonvallation qui assuraient les derrières du camp des Turcs ; puis enfin leurs bannières flottantes sur ce camp, situé à l'ouest de la ville, près d'une chaîne de collines qui s'enfonçaient vers le sud ; au pied de ces collines, et derrière le camp, ombragé de ce côté seulement par quelques énormes mûriers à feuilles vertes satinées de blanc, la Joffra, aussi limpide que profonde, jetait ses eaux dans la mer; un peu plus avant dans cette petite rivière, on voyait pointer les mâts élancés et les flammes pourpres de quelques sacolèves turques, cachées là derrière une digue, d'où elles sortaient pendant la nuit pour surprendre les chaloupes et autres bâtiments légers qui se seraient hasardés loin du port de Candie.

En avant des tentes, un espace sablonneux, de cent toises environ, longeait la mer, et était couvert du côté de la ville par un long parapet de maçonnerie, revêtu de gazon, qui défendait le camp. Dans cet espace, des cavaliers turcs exerçaient leurs chevaux, ramassant le djerid, ou tiraient de l'arc, tandis que d'autres prenaient le plaisir du bain sous des toiles placées au bord du rivage.

Il était cinq heures et demie du soir lorsque la flotte, courant toujours à l'est, se trouva par le travers des immenses travaux des Turcs, qui s'étaient avancés jusqu'au pied de la ville [1].

---

[1] Voici comment un manuscrit du temps explique la cause première de la guerre de Candie. Cet ouvrage est adressé à Colbert. *(Bibl. Roy. Mss.)*

« Il faut donc savoir, Monseigneur, qu'en l'année 1644 une escadre de galères de Malte ayant rencontré six vaisseaux turcs en un lieu nommé les Croisées, éloigné de l'île de Rhodes de trente lieues, le chevalier de Boisbaudran, Français, originaire du Poitou, qui commandait cette escadre, ayant aussitôt fait voile à eux pour les combattre suivant les règles de la religion, quatre de ces vaisseaux s'enfuirent; les deux autres, l'un chargé de six cents hommes, l'autre de cent ou six-vingts, se résolurent au combat : le dernier ne résista pas long-temps, car il fut pris par les chevaliers au bout d'une heure; mais l'autre, qui était un gros galion, monté de 60 pièces de canon, opiniâtra le combat cinq heures entières, au bout desquelles le Killer Aga, qui le commandait, ayant été tué, et ses soldats ne pouvant résister à la valeur des chevaliers, la plupart français, ceux qui restaient arborèrent la bannière blanche et se rendirent. Ce vaisseau était chargé de plusieurs riches marchandises; mais ce qui rehaussait le prix de cette victoire, c'est qu'on y trouva une jeune sultane d'excellente beauté, qui s'en allait en pèlerinage à la Mecque, ville de l'Arabie heureuse et lieu de naissance de Mahomet, et de là à Médine Talnabi, où est son sépulcre, faire circoncire son petit enfant, qu'elle avait eu d'Ibraïm, qui portait le sceptre ottoman.

» La batterie de canon avait été si furieuse dans cette bataille, que le galion, percé de plusieurs coups, roula à fond sans pouvoir être sauvé, non plus que la plupart des richesses que portait la sultane, laquelle, en ayant

Une assez vigoureuse canonnade s'engageait alors entre la place et les Turcs, qui battaient ce côté de Candie. Il faisait peu de brise, et la fumée de chaque volée se déroulait en longues volutes blanches, pendant que l'écho sonore répétait de montagne en montagne le bruit prolongé de l'artillerie. Cependant on voyait quelquefois du milieu des ouvrages turcs s'élever tout à coup une gerbe de flamme ardente et sulfureuse, mêlée de terre et de débris qui retombaient de tous côtés ; c'était le jeu d'un fourneau faisant sauter quelque poste avancé, et tuant ou mutilant une centaine de ces infidèles ; tantôt encore on pouvait suivre des yeux une de leurs lourdes bombes de cinq cents, qui, décrivant sa parabole sur l'horizon, laissait derrière elle la petite trace bleuâtre de sa mèche, allait éclater au milieu de la ville et ruiner ses clochers, ses tours et ses dômes de marbre, dont les lignes pittoresques se découpaient si blanches sur ce ciel d'azur, et se réfléchissaient au loin dans la mer.

Mais lorsque la flotte passa à la hauteur d'une batterie de

été tirée, fut conduite à Malte, où elle mourut d'ennui et de larmes peu de temps après. Quant à son petit enfant, il fut élevé dans la foi catholique ; par la suite du temps, il embrassa la vie monastique dans l'ordre de Saint-Dominique, et il n'y a pas long-temps qu'il vint à Paris, où il fit la révérence à S. M. T. C.

» Cependant le bruit de la prise de la sultane et de son fils étant venu a la Porte, le grand-seigneur envoya demander leur liberté au grand-maître de Malte dans des termes ordinaires à l'orgueil des monarques ottomans ; mais cette conquête étant de trop bonne guerre pour être rendue si aisément, on fit entendre à ceux qu'on employait pour cela, qu'on ne la rendrait pas sans bonne rançon ; à quoi Ibraïm aurait peut-être donné les mains, si les ministres de sa loi n'y eussent résisté : ces gens, qui ont une grande autorité sur l'esprit de leur monarque, lui dirent qu'il était messéant à sa grandeur de descendre à cette manière d'agir, et qu'il fallait, pour tirer vengeance d'un affront si sanglant fait à leur prophète dans la personne de cette sultane et de cet enfant, les aller tirer des mains du grand-maître avec une puissante armée. Ils furent en cela contredits par les bassas, qui lui remontrèrent que l'île de Malte était imprenable, et qu'il fallait mieux attaquer l'île de Candie appartenant aux Vénitiens, qui, étant chrétiens, devaient partager la punition que méritaient leurs frères de Malte. Ibraïm goûta ces raisons et mit le siége devant Candie, à la tête d'une armée de cent cinquante mille hommes, en 1645.

» Et alors cette armée attaqua le fort Saint-Théodore, qu'elle prit d'assaut avec perte de trois à quatre mille hommes, fit sa descente dans l'île et se campa devant la Canée, qu'elle prit après deux mois de siége. Cette place avait soutenu sept assauts et fait mourir vingt mille hommes devant ses mu-

pièces de quarante-huit, établie près de la côte, les Turcs envoyèrent par bravade une salve contre le secours qui arrivait à leurs ennemis; salve inoffensive d'ailleurs, car les vaisseaux étaient hors de la portée du canon de l'ennemi.

Le Monarque arrivant bientôt à la Fosse, le pilote le fit mouiller au centre, et le reste de la flotte imita la manœuvre de l'amiral.

La Fosse était une assez mauvaise rade foraine ouverte au nord, située sous les murs de Candie, et défendue à l'est par les travaux du château du Môle, à l'ouest par une des pointes du fort de Trematra, et au sud par l'Écossaise, épaisse muraille flanquée de quelques angles rentrants et saillants. Cette rade était le seul endroit où une flotte pût mouiller en sûreté, depuis que l'entrée du beau port de Candie, assez vaste pour contenir un grand nombre de bâtiments de guerre, avait été interceptée par le feu des Turcs, qui battait la passe du port à revers et d'enfilade.

L'escadre étant mouillée à six heures du soir, la ville salua

railles. Le comte de Saint-Albain, qui commandait dedans, la défendit avec beaucoup de vigueur, et ménagea si bien sa conduite, qu'il sortit avec tous les officiers et soldats avec armes, bagages et tous les vaisseaux qui étaient lors dans le port, sur lesquels ils furent conduits avec bonne escorte jusqu'au port de Suda, où ils ne furent pas plus tôt arrivés que le général turc s'y rendit et somma Cornaro, général des Vénitiens, de se rendre; mais ce général, des plus braves entre ceux de la république, se moqua de cette sommation et des menaces dont elle fut accompagnée; et en effet, les Turcs ne voyant pas d'apparence à le forcer, firent retraite et se contentèrent de renouveler la guerre en l'année 1646; ils prirent Colmy, Bicorno et Retimo, et en l'année 1647 ils mirent le siège devant Candie, métropolitaine de l'île; mais ils furent contraints de le lever dans la même année par la valeur du général Grimaldi. Ils s'y remirent néanmoins les années suivantes, nonobstant les pertes qu'ils avaient faites au premier siège. Depuis, ils pressèrent cette place par un blocus; et, pour ôter aux assiégés toute espérance de salut, et faire voir que leur intention était de n'en pas démordre, *ils bâtirent Candie neuve*, à une petite lieue de l'autre Candie. Les troupes se logèrent dans cette ville neuve, et tinrent par ce moyen les assiégés enfermés pendant *dix-neuf années,* au bout desquelles ils l'assiégèrent dans les formes avec une puissante armée, et obligèrent les Vénitiens à lever des troupes de tous côtés pour sauver cette place qui leur était de la dernière importance; mais comme la partie n'était pas égale, ils se virent contraints, après avoir fait tous les efforts pour résister à un si puissant ennemi, d'implorer l'assistance du pape et de tous les princes chrétiens, et particulièrement du roi de France, qui permit à plusieurs de ses sujets de venir se joindre aux Vénitiens. »

l'étendard du pape de trois salves, et l'amiral lui rendit son salut.

Depuis long-temps le duc de Beaufort examinait les dehors de la place, assis sur une des fenêtres de sa galerie, ayant à ses pieds son lévrier favori, qu'il caressait nonchalamment; tandis que, debout et à côté du duc, on voyait un jeune homme de vingt-deux ans environ, d'une figure charmante encadrée par de longs cheveux noirs. Ce jeune homme était Sébastien de Penankoët, comte de Keroualle, lieutenant du vaisseau-amiral, dont le grand-père maternel, M. le marquis de Timeur de Kergorlay, avait commandé la compagnie des gens d'armes du duc de Vendôme, père du duc de Beaufort.

Ce dernier s'était beaucoup attaché à la famille de Keroualle, et quelques pamphlets du temps disent même qu'il enleva la sœur de son jeune lieutenant, Louise-Renée de Penankoët de Keroualle, et qu'elle le suivit en Candie; mais cela n'est pas prouvé. Ce trait manque à l'existence d'ailleurs si aventureuse et si romanesque de celle qui fut plus tard duchesse de Portsmouth, et dont on verra bientôt l'influence singulière à propos de l'alliance de la France et de l'Angleterre.

— Eh bien! Sébastien, — dit M. de Beaufort au jeune officier, — nous v'la donc devant la Candie, et par la Corbieu... m'est avis, m'n'enfant, que la ville est mise aux abois par cette meute d'infidèles qui grillent d'en sonner l'hallali. Hein, est-ce vrai?

— Aussi vrai, monseigneur, que j'ai vu Brise-l'air que voici à vos pieds coiffer plus d'un loup dans notre forêt des Landes, quand vous avez honoré notre pauvre maison d'un de vos séjours en Bretagne, — répondit le jeune homme avec un soupir de regret.

— Ah! te v'là à bayer encore à ta Bretagne, à tes forêts, à la chasse, au manoir de ton père et à tes jolies sœurs, Louise et Mauricette... à Louise, surtout, ta préférée, dont le petit mufle est si mutin et les yeux bleus si marcassins; après tout, c'est une justesse, car tu reverras la France, toi... m'n'enfant.

— Mais, et vous, monseigneur... ne la reverrez-vous donc pas?

— Oh! moi, Sébastien, peut-être; moi et le jeune cousin [1], nous nous chérissons à peu près comme deux daguets dans le rut; et pourtant je veux faire ici un coup d'éclat pour lui plaire, et, de par le royal et honorable jeu de paume, gagner au moins *une chasse* contre ces mécréants... mais, comme qui joue peut faire *chasse-morte*, il serait assez pronostiqué que j'avale le harpeau, comme disent les mariniers; et, dans ce cas, je te charge d'être le *marqueux*, puisque tu ne me quitteras pas d'une semelle, et que tu auras vu surtout où aura été l'*esteuf*[2]. —

A ce moment un gentilhomme du duc de Beaufort annonça M. le duc de Navailles; puis, presqu'au même instant, M. de Castellan, ingénieur, qui arrivait à l'instant de Candie dans une barque. M. de Keroualle sortit, et laissa les deux généraux conférer ensemble.

M. de Castellan, surintendant des mines, envoyé près de l'amiral par le provéditeur général Morosini et le marquis de Saint-André-Montbrun, généralissime des troupes vénitiennes; M. de Castellan, dis-je, était un petit homme de quarante ans, maigre, nerveux, borgne et basané, à moustache noire; il ne portait pas de perruque, et sa tête grisonnante était en partie couverte d'un bandage par suite d'une blessure récente; il avait un long justaucorps de buffle, rendu luisant par la vétusté et le frottement de la cuirasse; son baudrier galonné d'or soutenait un sabre turc à fourreau d'argent au lieu d'une épée, et ses grandes bottes de daim, poudreuses et noirâtres, montaient si haut sur sa cuisse qu'elles cachaient presque ses chausses de gros drap écarlate; M. de Castellan, tenant d'une main son feutre gris à plume rouge, présenta de l'autre un long rouleau de papier et une lettre à M. de Beaufort, après l'avoir respectueusement salué.

M. de Castellan, surintendant des mines, était un des meilleurs ingénieurs de ces temps-là, et aussi fort particulier et original; dans ce siège surtout il rendit des services très-impor-

---

[1] M. de Beaufort appelait ainsi Louis XIV.

[2] Tous ces mots soulignés sont des termes techniques du jeu de paume, dans lequel le duc excellait. L'esteuf était la balle. Les termes de vénerie n'ont pas besoin d'explication.

tants par sa prodigieuse adresse à miner et ruiner les travaux des Turcs. Extrêmement épris de son art, il prenait à ses combinaisons de fourneaux [1] à éventer ou à contreminer tout l'intérêt irritant qui s'attache à des jeux moins meurtriers; et lorsque, par une galerie [2] habilement ménagée dans la direction de la sape des ennemis, il parvenait à les rencontrer sous terre et à les en chasser, ou à les y étouffer à force de grenades, il souriait avec cette satisfaction orgueilleuse d'un joueur consommé qui voit son adversaire échec et mat. En outre, M. de Castellan avait sans cesse l'esprit tendu vers des inventions d'incendies de toutes sortes, comme de grosses bouteilles de verre carrées à quatre faces et à quatre mèches, remplies d'une certaine préparation sulfureuse, et qui, en se brisant, répandaient une fumée si infecte et si épaisse dans la galerie ennemie, qu'à l'attaque du 17 mars de cette même année, deux cent cinquante Turcs furent asphyxiés par cette âcre puanteur dans un conduit que cet ingénieur avait deviné et percé. En un mot, M. de Castellan était un de ces hommes dont toutes les idées sont concentrées sur leur art, et chez qui l'on trouvait conséquemment les défauts et les qualités des gens exclusivement spéciaux.

— Eh bien! monsieur, — lui dit M. de Navailles après avoir lu la lettre que M. de Beaufort lui communiqua, — je vois, d'après les missives de MM. de Morosini et de Saint-André, que les Turcs vous serrent de bien près?

— De furieusement près, monseigneur, et bien brutalement! ainsi que vous l'allez voir en jetant un coup d'œil sur le plan de cette pauvre Candie et sur cette carte que M. le marquis de Saint-André m'a ordonné de vous soumettre.

[1] *Fourneau*, chambre de la mine. C'est un trou enfoncé dans l'épaisseur des terres, et dont la voûte est ordinairement construite en *bonnet à prêtre*, c'est-à-dire ayant quatre ou cinq enfoncements dans la partie supérieure pour donner plus de jeu à l'explosion; le plus souvent cette chambre est de figure cubique et a cinq ou six pieds; la charge d'un fourneau est ordinairement d'un millier de poudre enfermée dans des barils.

[2] *Galerie*. C'est un chemin sous terre qui sort d'un puits et qui, par un canal souterrain de deux ou trois pieds de largeur, s'avance sous les ouvrages où l'ennemi veut conduire des mines, ou perce une galerie, afin de rencontrer la galerie de l'assiégeant, d'y attacher un pétard, pour la percer, en déloger les ennemis, et ainsi d'éventer leur mine.

Et ce disant, l'ingénieur étala sur une table un plan et une carte retraçant les fortifications de la place et les ouvrages des Turcs.

— Alors, m'sieu, — lui dit le duc de Beaufort, — défigurez-nous donc un brin ce biau plan-là, puisque vous avez suivi la démarche de ce siège.

Bien que M. de Castellan connût depuis long-temps et par tradition le singulier langage du duc de Beaufort, il ne put retenir un sourire; mais bientôt, glacé par l'expression austère de M. de Navailles, il commença l'explication du plan.

Les deux généraux, attentivement penchés sur la table, suivaient les démonstrations que faisait l'ingénieur au moyen d'une pointe de compas qu'il avait tirée d'un petit étui de mathématiques portatif [1].

— Vous voyez, messeigneurs, — dit-il, — que la ville de Candie est à peu près de forme triangulaire. La base du triangle regarde le nord et s'appuie sur le bord de la mer, ses deux côtés sont est et ouest et son sommet sud. Cette ville se divise en cité neuve et cité vieille; mais ces deux cités ne sont séparées que par une muraille ruinée et sans aucune défense...

— Et laquelle des deux cités habitent à cette heure les généraux? — dit M. de Navailles.

— Candie neuve, monseigneur, car, bien qu'elle soit chaque jour et à chaque heure ruinée par les bombes, on y est un peu plus en sûreté que dans la vieille, qui est maintenant foudroyée par une batterie de mortiers que les Turcs ont fort adroitement établie proche la Sablonnière... Ces deux cités-là ne forment donc véritablement que le corps d'une pauvre même place qui, dans sa jeunesse, dans son aurore, et cela se peut dire d'une place forte, monseigneur, puisqu'on dit bien des places qu'elles sont pucelles ou non... qui était donc, lorsque le visir vint l'attaquer à la tête d'une armée de cent mille hommes et de quarante mille pionniers, qui était, vous le voyez, défendue du

---

[1] Voir pour tous ces détails sur l'attaque et la défense de Candie : *Histoire du siège de Candie*, par de Vancy; — Lettres du marquis de Ville et du comte de Waldek et Saint-André Montbrun. (*Mss. de la Bibl. Roy.*)

côté de la terre par sept braves bastions [1] à orillons [2], fort honnêtement revêtus avec un très-beau rempart et un fossé des plus magnifiques où la cavalerie pouvait agir comme si elle eût été en rase campagne ; joignez-y un merveilleux chemin couvert au delà des ouvrages extérieurs, eux-mêmes fort bien revêtus aussi avec bon fossé et bonne contrescarpe, tout enfin ce qui constitue une noble et vaillante place forte. Mais ce qui surtout, monseigneur, mérite, je crois, votre attention, parce que cela a été cause de la belle défense que Candie a faite, la brave Vénitienne qu'elle était, c'est que la place était contreminée partout, et en plusieurs endroits par deux ou trois rangs de galeries superposées les unes sur les autres qui s'avançaient sournoisement et fort avant dans la campagne, de façon que de ces galeries on tirait de rusés *rameaux* [3] souterrains jusque sous les logements [4] des Turcs, et une fois là... ah, par le ciel ! une fois là, au moyen d'un joyeux fourneau bien chargé, mais chargé à lézarder les terres à une lieue autour, on faisait sauter logements et logés à une hauteur telle que cela vous donnait envie d'être des sauteurs... Mais, hélas ! messeigneurs, c'était là le bon temps du siége... car alors il se passait plus de combats dessous terre que dessus, et la lampe de nos braves mineurs éclairait plus de belles actions que le soleil ; mais aujourd'hui...

— Veuillez un peu, monsieur, nous expliquer les fortifications et leurs attaques, — dit le duc de Navailles interrompant les regrets de l'ingénieur.

— M'y voici, monseigneur. Je commencerai par le bastion

---

[1] *Bastion.* Grosse masse de terre, quelquefois revêtue de pierres et élevée ordinairement sur un des angles d'une place où il forme une gorge, deux flancs et deux faces. La gorge est l'entrée qui conduit dans le corps du bastion ; la face, ou pan du bastion, est la partie de cet ouvrage la plus avancée vers l'assiégeant ; le flanc du bastion est la partie qui répond de la courtine à la face.

[2] *Orillon.* C'est une masse de terre revêtue de murailles que l'on avance sur l'épaule des bastions à casemates pour couvrir le canon qui est dans le flanc retiré et empêcher qu'il ne soit démonté par l'assiégeant.

[3] *Rameaux.* Ce sont les branches, conduits et contours d'une mine ou d'une galerie.

[4] *Logement.* Est un travail que l'on fait pour se porter à l'abri dans un endroit dangereux et découvert, pour approcher les dehors d'une place qu'on veut assiéger.

appelé *la Sablonnière :* il est situé à l'est de la ville et sur le bord de la mer. Vous ne pouvez l'apercevoir d'ici, monseigneur, — ajouta Castellan en voyant M. de Beaufort se pencher à la fenêtre de la galerie. — Vous ne pouvez l'apercevoir, parce que le château du Môle vous le cache, ce bastion n'étant éloigné du grand arsenal, qui est derrière le môle, que de la longueur de la pauvre petite courtine qui y joint la face gauche de ce bastion. *La Sablonnière* (*Sabbionera*) est donc défendue par ce gros ragot de château du Môle que j'ai dit, qui est là comme accroupi sur son roc et s'avance de quelques pas dans la mer. Ce fut ce bastion que le visir fit d'abord attaquer par une batterie de huit pièces de canon de cent vingt livres de balles, qu'il éleva à quatre cents pas environ de la place. Mais voyant ce côté très-bien défendu à sa gauche par mondit brave château du Môle, et à sa droite par le grand fort, qu'il trouva des plus fâcheux, le Turc, sans abandonner toutefois cette attaque, alla tâter un peu du côté de l'ouest et du sud le bastion *Saint-André*, dont je vous parlerai plus tard. Ce fut aussi sur ce bastion de *la Sablonnière* que fut tué M. le comte de Maré, qui avait si bien servi ici et en Portugal.

— Ainsi, monsieur, — dit Navailles, — cette partie de la ville, défendue par le bastion *la Sablonnière*, est encore la plus intacte ?

— Oui, monseigneur, bien que les ennemis se soient logés au pied de la muraille du bastion, qu'ils ont rongée jusqu'aux os ou plutôt jusqu'aux fondations... et, pour ce faire, ils sapaient le pied de la brèche, et à mesure qu'ils avançaient ils étayaient, mettant des pilotis pour soutenir la terre ; après quoi ils se retiraient de dessous, brûlaient les pilotis, qui alors laissaient ébouler la terre, et ainsi, peu à peu, ils diminuaient le reste du pauvre bastion. Ce serait bien là, monseigneur, l'occasion de vous parler de certain petit puits que je fis amoureusement parachever moi-même avec une tendresse toute particulière, et duquel je tirai plusieurs fines matoises de galeries qui, se coulant en serpentant comme de vraies couleuvres sous les logements des Turcs, leur firent un mal, mais un mal qu'on ne peut concevoir ; je préfère pourtant vous parler d'une non moins dangereuse fausse-braye [1] que j'avais tirée de *la Sablonnière* à l'arsenal pour retenir les Turcs, qui tâchaient de se loger de ce côté-là et de s'en rendre maîtres, et par conséquent du môle.

— Et avez-vous réussi à les arrêter, monsieur? — dit Navailles.

— Oui, monseigneur, et grâce au brave cavalier [2] qui défend ce bastion, ou plutôt qui le remplace depuis que ces démons incarnés ont fait sauter par un fourneau l'angle dudit bastion, qui leur couvrait notre bonnette [3] et nos travaux. Après *la Sablonnière*, faisant le tour de la place du côté de la terre ou du sud, vient le bastion de *Vitturi;* sa face gauche s'étant trouvée d'une trop longue étendue, on a construit entre lui et *la Sablonnière* ce grand ouvrage-à-cornes [4] irrégulier que voici, et qui se nomme *Fort-Royal* ou *Dimitri*... Remarquez, monseigneur, que ce fort est en bonne compagnie et des mieux entourés; à sa gauche deux rédans [5], devant ses cour-

---

[1] *Fausse-braye.* C'est une largeur de trois ou quatre toises de terrain pris sur le rez-de-chaussée autour du pied du rempart du côté des assiégeants. La fausse-braye est couverte d'un parapet qui la sépare du bord du fossé.

[2] *Cavalier.* C'est une élévation de terres dont la masse est quelquefois de figure ronde ou de carré long. Son sommet est en plate-forme, bordée d'un parapet, pour couvrir le canon qu'on y met en batterie. Sa hauteur est proportionnée à celle du terrain qui lui est opposé du côté de l'ennemi. Les cavaliers ont ordinairement quinze à dix-huit pieds au-dessus du terre-plein du rempart; leur front ou largeur dépend du nombre de pièces que l'on veut y loger, en observant qu'il faut un espace de douze pieds entre chaque canon.

[3] *Bonnette.* C'est un ouvrage composé de deux faces qui forment un angle saillant, fait en façon d'un petit ravelin, sans aucun fossé, n'ayant qu'un parapet de trois pieds, bordé d'une palissade qui en a encore une autre à la distance de dix ou douze pas. On construit la bonnette au-delà de la contrescarpe comme un petit corps-de-garde avancé.

[4] *Ouvrage-à-cornes.* C'est un dehors ou une pièce détachée qui a sa tête fortifiée de deux demi-bastions ou épaulements joints par une courtine et fermés de côté par deux ailes qui sont parallèles l'une à l'autre et qui vont se terminer à la gorge de l'ouvrage.

[5] *Rédant.* Ouvrage à scies : ce sont des lignes ou des faces qui forment des angles rentrants et sortants pour se flanquer les uns des autres.

tines deux ravelins [1], et à sa droite quelques traverses [2] couvertes d'une contre-garde [3].

— De sorte, — dit M. de Navailles, — que ce grand fort flanque la face droite de *la Sablonnière* et couvre à gauche le défaut du bastion de *Vitturi* ?

— Sans doute, monseigneur, et s'il m'était permis de donner mon pauvre avis, je dirais qu'une vigoureuse sortie ménagée de cet endroit serait à cette heure d'un grand secours... Mais revenons à ce plan... Après le bastion de *Vitturi* vient le bastion de *Jésus ;* ses deux faces sont égales et son angle fort obtus. Il est couvert d'un ouvrage-à-cornes que l'on nomme *la Palme ;* voici le ravelin *Saint-Nicolas* entre le bastion de *Jésus* et le bastion de *Martinengo*. Ce dernier bastion forme la partie la plus sud et la plus avancée de la place du côté de la terre ; sa pointe est couverte ici d'un ouvrage-couronné [4] appelé *Sainte-Marie ;* après le bastion *Sainte-Marie* et le bastion *Martinengo* vient le bastion de *Bethléem*... mais entre ces deux bastions vous voyez le ravelin de *Bethléem*, dont la pointe est défendue par la demi-lune de *Mocenigo*, placée en tête du bastion de *Bethléem*. Après cette demi-lune est cet honnête ravelin qui couvre la courtine [5] située entre ce bastion et celui de *Panigra* qui vient ensuite.

[1] *Ravelin.* C'est un ouvrage compris sous deux faces qui forment un angle saillant ; il se met au devant d'une courtine pour couvrir les flancs opposés des bastions voisins.

[2] *Traverse.* C'est un fossé bordé d'un parapet, quelquefois de deux, un à droite, l'autre à gauche, ou bien une ligne fortifiée par des fascines ou des sacs à terre.

[3] *Contre-garde.* C'est un rempart bordé de son parapet avec un fossé, pour couvrir quelques endroits du corps de la place et qui suit la forme de l'ouvrage qu'il défend.

[4] *Ouvrage-couronné.* Il est composé d'une gorge spacieuse et de deux ailes terminées du côté des assiégeants par deux demi-bastions, chacun desquels se va joindre par une courtine particulière à un bastion entier qui est au milieu de la tête de l'ouvrage.

[5] *Courtine.* C'est la partie d'une place ou d'un ouvrage qui est comprise entre deux flancs opposés ; comme c'est l'endroit le mieux flanqué* d'une place, on l'attaque et on la mine rarement.

* La courtine est l'endroit le mieux flanqué d'une enceinte, parce qu'elle est vue et découverte de côté par les deux flancs qui la terminent.

— Mais, monsieur... que signifient ces lignes ponctuées... que je vois à l'angle du bastion *Panigra?* — dit M. de Navailles.

— Hélas! monseigneur, là était un des plus galants ouvrages-à-cornes qui se pût voir, mais les Turcs l'ont détruit; et à propos de ce bastion de *Panigra*, messeigneurs, ce fut peut-être en cet endroit que se fit la plus vigoureuse résistance, car c'est là, entre autres, que fut blessé à mon côté M. le chevalier d'Harcourt, qui était venu en Candie avec messieurs de Malte : à ce moment le pauvre *Panigra* était fort pressé, fort empêché, car la grande quantité de fourneaux joués de part et d'autres avaient tellement miné le terrain, qu'il n'en restait à peine plus pour se pouvoir retrancher; si bien que les Turcs, après plusieurs mois d'attaque, se trouvèrent enfin maîtres de l'ouvrage-à-cornes dont j'ai tracé la place, et se logèrent dans ses ruines après y avoir perdu plus de quarante mille hommes, et de leurs meilleurs soldats encore! Aussi ne puis-je concevoir, messeigneurs, comment, dans l'excellente position où ils étaient alors, ils abandonnèrent l'attaque du côté de *Panigra* pour aller insulter *Saint-André*, puisque, par *Panigra*, ils devaient bientôt emporter la place.

— Ce fut donc sur ce bastion *Saint-André* que se concentrèrent alors toutes leurs forces? — demanda Navailles.

— Oui, monseigneur. Et j'arrive à ce septième et dernier bastion, dit de *Saint-André*, qui termine la seconde face du triangle de la ville du côté du couchant, comme le bastion de *la Sablonnière* le termine du côté du levant. Quant au bastion *Saint-André*, il était peu défendu, n'ayant pour toute ressource, le pauvre hère, du côté de *Panigra*, que le ravelin du *Saint-Esprit*, ravelin de fort peu de considération d'ailleurs, mais que les Turcs, par une faute impardonnable, ne surent pourtant pas emporter après y avoir perdu beaucoup de monde. Malgré cela, l'ennemi profita de quelque facilité pour gagner la contrescarpe du bastion *Saint-André*, d'où ils descendirent après dans le fossé, y renversant la terre par leurs fourneaux et l'emportèrent en une nuit. M. le marquis de Montbrun, enragé de voir cela, fit mettre du canon derrière une *traversé* ¹ que nous avions sur le fossé, et les fît battre incessamment pour rompre leurs galeries; mais ils s'étaient si bien enterrés, logés et blindés, qu'il devenait impossible de les faire sortir du fossé : aussi travaillèrent-ils incontinent à miner le bastion. Ce fut alors que je creusai un puits, comme à *la Sablonnière*, pour essayer de traverser leurs galeries et de les en débusquer à force de grenades et surtout de certaines bouteilles épouvantablement infectantes que j'ai inventées, et qui, lorsque vous les sentirez, monseigneur, et j'ose bien espérer que vous me ferez l'honneur de les sentir, vous renverseront, j'en suis sûr, par leur détestable puanteur. Mes bouteilles et mes fourneaux leur firent donc un gros mal de ce côté-là; mais, hélas! j'y perdis une centaine de mes meilleurs mineurs... de véritables taupes, monseigneur, qui auraient plutôt creusé le roc avec leurs ongles et leurs dents que de ne pas s'y terrer.

— Mais vous avez donc eu beaucoup de mineurs sous terre? — dit Navailles.

— J'y ai eu jusqu'à deux mille hommes, monseigneur, deux mille! et qui donnaient sous terre aux mineurs turcs de furieuses et sanglantes chasses, je vous jure. Mais, hélas! le nombre du peu qui me reste diminue chaque jour, et je ne puis les remplacer, car c'est un art aussi beau, aussi glorieux, aussi plaisant qu'il est difficile et dangereux, monseigneur; c'est qu'on ne fait pas, voyez-vous, un bon mineur en dix ans. Heureusement qu'il m'est demeuré le meilleur peut-être des deux mille que j'ai eus, un vieux sergent, nommé La Lanterne, qui me seconde fort et m'en a déjà dressé quelques jeunes.

— N'ai-je pas vu ce nom-là, sur les rapports de M. de La Feuillade, pour un grand trait de bravoure?

— Oui, monseigneur; ce fut lui qui alla travailler seul et découvert, toute une nuit, à une fougasse sous un logement des Turcs.

— Ah çà, sambieu! et les Turcs ont-ils été souvent infectés par cette puanteur abominable que vous dites, comme des re-

¹ *Traverse.* C'est un fossé bordé d'un parapet, quelquefois de deux, l'un à droite, l'autre à gauche. — Ce fossé est tantôt découvert, tantôt couvert de planches chargées de terre. Ce mot est aussi pris pour galerie (comme dans ce passage), ou ligne fortifiée par des fascines et des sacs de terre.

nards dans leurs terriers? — demanda Beaufort en interrompant son silence pour la première fois.

— Sans doute, monseigneur, puisque, de leur propre confession, ils ont perdu dans ces mines près de douze mille hommes, dont ils n'ont jamais revu les corps, soit infectés, soit crevés!

— Ces Turcs sont donc aussi de fort adroits mineurs? — demanda Navailles.

— Pour vous en donner une idée, messeigneurs, durant que nos gens travaillaient à empêcher les Turcs de miner le bastion *Saint-André*, ces mécréants se servirent d'une ruse bien habile : ils firent saper fortement par-dessous terre en deux ou trois endroits. Ce bruit trompe les nôtres, qui, croyant que c'était par là que l'ennemi voulait miner, tirent leurs rameaux sous terre pour le chercher et gagner ses galeries. Mais, bast! ce n'était qu'une fausse amorce; car cependant les Turcs se coulèrent tout doucement dans l'intervalle de deux des galeries sur lesquelles nous les cherchions, et cela bien sourdement, travaillant avec silence et patience au moyen de petits instruments faits quasi comme de larges couteaux qui coupaient la terre sans bruit, et parvinrent ainsi à se loger et à charger leurs fourneaux, tandis que leurs autres bruyants sapeurs continuaient de nous occuper ailleurs. De la sorte ils minèrent l'angle du bastion; et en plein jour, à onze heures trois quarts de relevée, leur mine joua avec le plus grand succès; l'angle du bastion sauta, nos galeries furent comblées, et au même instant quatre mille janissaires, sortant des boyaux l'épée à la main, allèrent planter quatorze bannières sur la brèche en criant comme des furieux : *Allah! allah!* ce qui est une manière d'invocation religieuse de ces chiens-là.

— Et aviez-vous beaucoup de monde à la brèche? — dit Navailles.

— Deux cents hommes au plus, monseigneur, et desquels cent cinquante environ sautèrent; les cinquante qui restaient firent hardiment face à l'ennemi : ils étaient commandés par deux braves officiers, MM. Coulon et Froget. Pendant ce temps, le régiment de Negron arriva, qui combattit vertement pendant trois heures et délogea les Turcs, qui perdirent là six-vingts hommes et nous deux cent trente.

— Ah çà, et ces Turquins-là, — dit Beaufort, — n'ont pas démordu de la brèche ?

— Si, monseigneur, si ; mais ils se logèrent au bas, dans les ruines du fourneau ; puis s'avançant pied à pied, donnant toujours avec les nôtres de grands combats sous terre, ils parvinrent avec le temps à s'établir sur la brèche. Ce fut en tâchant de les dénicher de là que M. le marquis de Saint-André-Montbrun reçut, il y a six mois, cette fatale blessure qui le gêne encore si terriblement.

— Ne fut-ce pas à l'épaule qu'il fut blessé ? — dit Navailles.

— Non, monseigneur, à la gorge. Le comte de Chavigny, qui était auprès de M. le marquis, n'eut rien. Quant à M. le marquis, il reçut, comme je vous dis, monseigneur, une balle de mousquet qui lui traversa la gorge et lui entra fort avant dans la mamelle droite.

— Est-ce que ça n'a pas été dans ces environs de temps-là que La Feuillade vint ici glorieusement servir le roi ? — dit Beaufort.

— Glorieusement se battre, oui, monseigneur ; mais quant à servir le roi, il n'en fut rien dans cette affaire.

— Comment ça, sambieu ? Entoxiquez-moi ça !

— Voici comment, monseigneur. Le seigneur duc arriva donc, très-curieux de voir le siége de Candie, avec l'agrément de Sa Majesté, et quelque quatre cents volontaires de plus haute qualité ; M. le comte de Saint-Pol et M. le duc de Caderousse étaient ses brigadiers. Il visita les généraux, M. de Morosini, ainsi que plusieurs vieux officiers, et les consulta sur le fait d'une sortie qu'il voulait se ménager avant de s'en retourner en France, le seigneur duc n'ayant pas pris du roi un congé fort long, et n'étant absolument venu en Candie que pour se donner la satisfaction de cette sortie qu'il méditait. Après avoir balancé entre les bastions *Saint-André* et *la Sablonnière*, il se décida pour *la Sablonnière*, et en parla à M. de Morosini, qui tâcha de l'en dissuader, lui représentant qu'il perdrait beaucoup de monde, et cela sans succès et bien inutilement. Néanmoins M. le duc de La Feuillade s'opiniâtra à vouloir se donner ce glorieux régal d'une sortie, et demanda mille hommes pour la soutenir à M. de Morosini, qui les lui refusa net.

— Le bélître! — cria Beaufort. — Ah! sambieu... que je vous l'aurais donc superbement pouillé!

— Permettez, monseigneur : M. de Morosini eût été, je crois, fort malhabile s'il eût agi autrement; il avait avant tout à garder et à défendre la brèche; or, de la façon qu'il prévoyait cette sortie-là, il pouvait bien regarder d'avance les mille hommes qu'il aurait prêtés au seigneur duc comme morts ou à peu près, car M. de La Feuillade, qui ne cherchait, lui, qu'à se ménager une action de vigueur, se serait fort peu soucié de faire écharper et assommer huit à neuf cents hommes de la république, pourvu qu'en France il eût eu la réputation d'avoir brillé dans une éclatante escarmouche. M. de La Feuillade, toujours résolu, sortit donc par dedans la palissade de *la Sablonnière* à la tête de tous ses volontaires. Les Turcs qui étaient dans les premières redoutes lâchèrent d'abord pied comme d'habitude pour attirer leurs ennemis en rase campagne; les Français, n'y voyant que des roses, se mirent à égorger gaiement tout ce qui leur tombait sous la main, et suivirent vigoureusement leur pointe jusque dans la troisième redoute turque, où ils ne restèrent pas long-temps, car l'ennemi, s'étant rallié, commençait à les serrer de près et à vouloir les empêcher de rentrer dans la place, d'où nous soutenions d'ailleurs cette sortie de toute notre artillerie et de notre mousqueterie; malgré cela, après une demi-heure de combat, il fallut que M. de La Feuillade revînt dans Candie, et cela plus vite que le pas, je vous jure, après avoir perdu les trois quarts de son monde. Mais il faut être juste, monseigneur; MM. de La Feuillade et de Saint-Pol rentrèrent les derniers dans la place, et cela en braves partisans. Cette sortie fit donc du bruit, car elle était vigoureuse, mais absolument inutile, ceux qui la firent ne s'étant pas proposé la fin de toute sortie, qui ne se doit jamais faire que pour inquiéter les ennemis dans leurs logements ou rompre leurs travaux. Or les Turcs n'en étaient plus à se loger, ils l'étaient, et si bien et si solidement, que, lors même qu'ils auraient tranquillement et sans opposition laissé faire M. de La Feuillade et ses compagnons de sortie, le seigneur duc et ses quatre cents amis, armés de pioches, n'auraient pu parvenir en tout un jour à ruiner plus de travail que les Turcs n'en auraient réparé en deux heures, puisque leurs ouvrages étaient de terre et de maçonnerie rudement cimentée.

— M. de La Feuillade savait-il tout cela d'avance? — dit Navailles.

— Je le pense bien, monseigneur, puisqu'il paraissait là comme général d'armée; mais il crut sans doute que s'il ramenait ses troupes en France sans leur *avoir fait voir le loup*, comme on dit, on le raillerait, et que tant plus il en ferait tuer, tant plus cela semblerait glorieux pour lui. Aussi les trois quarts y restèrent; après quoi il mit à la voile et revint en France, nous laissant tous ses blessés.

— D'après tout ceci, — dit Navailles, — je vois, monsieur, que le bastion de *Saint-André* est aujourd'hui le point le plus menacé et le plus attaqué.

— Hélas! oui, monseigneur; ces enragés nous l'ont ruiné lorsqu'ils ont eu vent du secours qui nous arrivait; car après un bon nombre de fougades et de fourneaux, que je leur rendais pourtant avec usure, et plusieurs vigoureuses attaques, ils finirent par s'emparer, il y a aujourd'hui sept jours, monseigneur, d'abord de l'orillon, puis de tout le bastion *Saint-André;* et après avoir d'abord, par peur de mes mines, tardé d'y mettre du canon, ils viennent pourtant d'y monter avant-hier deux grosses pièces dont ils ne cessent de battre le premier retranchement, pendant que de notre côté M. le chevalier Vernet en fait tracer un second.

— Mais, ces Turcs combattent donc vigoureusement?

— Oui, oui, monseigneur, et cela surtout depuis que j'ai perdu la plus grande partie de mes mineurs qui les effrayaient tant... mes pauvres enfants, que j'avais formés, qui restaient sous terre comme les poissons sous l'eau, et qui y restaient avec joie encore! car il faut l'avouer, qu'est-ce qu'un combat sur terre, en pleine et rase campagne? un imbécile échange de mousquetades ou de canonnade qu'on attend, qu'on prévoit; mais dans une mine, monseigneur, ah! dans une mine, rien n'est prévu, tout est surprise, étonnement, stupéfaction! Par un beau soir, je suppose, vous voyez vos ennemis se promener nonchalamment sur leur bastion, fumant leur pipe ou regardant voler les cigognes... bien... vous approchez une allumette d'un grain de poudre, le fourneau joue, et voilà bastion, fumeurs, ou regardeurs de cigognes à cent pieds en l'air... Vous m'avouerez, monseigneur, que cela est d'un bien autre intérêt que ces monotones et sempiternelles arquebusades aussi brutales que peu raisonnées ?

— Sambieu ! quel intérêt, not' ami ! — s'écria Beaufort, surpris du calme de l'ingénieur.

— Je regrette beaucoup vos mineurs, monsieur, — dit Navailles ; — mais revenons à l'explication de ce plan. Qu'est-ce que ces travaux que vous appelez *de l'Écossaise*, situés là sur le bord de la mer, proche le bastion *Saint-André ?* ne m'avez-vous pas dit qu'ils avaient été pris sur les Turcs par M. le comte de Waldek ?

— Oui, monseigneur, mais hélas ! les infidèles ne les avaient sans doute que prêtés, car ils viennent de les reprendre le 14 de ce mois. Ces enragés commencèrent à se fortifier dans leurs logements les plus rapprochés de ces ouvrages, desquels ils ouvrirent trois boyaux [1] qui allaient à ce poste, puis l'attaquèrent et le gardèrent, quelque résistance vigoureuse que nos gens y pussent faire.

— Par le nez de N. S. P. ce sont des diables immaculés, — dit M. de Beaufort.

— Tellement immaculés, monseigneur, — dit l'ingénieur en souriant malgré lui, — que la nuit qui suivit cette attaque, un renégat parlant à quelques-uns de nos soldats, dans un logement avancé vers le ravelin du retranchement de *Saint-André,* leur dit, entre autres choses, que depuis quelque temps les Turcs ne montaient plus à l'assaut, ou n'allaient plus à la tranchée qu'ils n'embrassassent leurs amis en leur disant adieu, comme s'ils fussent allés à une mort assurée.

— Alors m'est avis que ce sont là des drôles en tout point

---

[1] *Boyau.* C'est un fossé particulier qui part du logement ou de la tranchée pour aller envelopper différents terrains, et qui est tiré parallèlement aux ouvrages et aux défenses du corps de la place pour en éviter l'enfilade, le parapet des boyaux étant toujours du côté de la place ; ils servent encore de lignes de circonvallation pour empêcher les sorties et assurer les travailleurs.

pareils et merveilleusement dissemblables aux Mores, — dit M. de Beaufort.

— Est-ce donc que le bassa qui les commande a un grand pouvoir sur eux, monsieur ? — demanda Navailles.

— Achmet-Pacha, le premier visir ! certes, oui, monseigneur ; un cavalier du régiment allemand, qui lui a été envoyé en parlementaire un peu après le départ de M. le duc de La Feuillade, m'a dit l'avoir vu ; ce visir est un homme de taille moyenne, de quarante ans environ ; il a l'œil vif et noir, la barbe longue, noire aussi et quelque peu claire ; ces mécréants la rasant seulement jusqu'à l'âge de trente ans, et la laissant pousser après sans y plus toucher.

— Et le croit-on habile à la guerre, ce pacha ? — demanda Navailles.

— Des plus habiles, monseigneur ; car dès le commencement du siége il en a prédit la fin par une manière de parabole, comme en usent généralement d'ailleurs ces chiens d'infidèles ; on rapporte que, voulant montrer comme il réduirait Candie, il prit un jour son cimeterre qu'il jeta au milieu d'un fort grand tapis, et dit à ses officiers de prendre ce cimeterre, mais sans marcher sur le tapis.

— Mais c'était inextricable, sambieu ! — dit Beaufort, — si le cimeterre était hors de la portée du bras.

— C'était là le mystère, monseigneur ; aussi personne de ses officiers ne le devinant, Achmet-Pacha prit lui-même le bord du tapis et le roula, le roula petit à petit, jusqu'à ce qu'il pût atteindre le cimeterre, qu'il prit alors sans avoir marché sur le tapis, et il dit : — *Voilà donc comme je réduirai Candie, pied à pied, avec le temps.*

— Ce n'était pas si sauvage, après tout, pour un chien pareil, — dit Beaufort.

— Sans compter, monseigneur, que s'il châtie rudement ses troupes, en ordonnant aux officiers de couper la tête aux fuyards, il les récompense généreusement ; aussi lorsque le 13 de ce mois le généralissime vénitien Catarin-Cornaro fut tué d'un éclat de grenade dans le côté droit en défendant le bastion *Saint-André*, cet Achmet-Pacha fit mettre un grand pavillon blanc sur sa tente en signe de réjouissance, et donna de magnifiques vestes brodées d'or à tous ses officiers, et brodées de soie à tous ses janissaires.

— Vertubleu! — dit Beaufort, — voilà des mignons singulièrement vêtus; est-ce donc ainsi qu'on prodigue l'or et la soie dans ce camp-là?

— Oh! mais, monseigneur, le dernier de ces Ottomans est fort curieux en belles armes; le plus mince soldat vous a quelquefois un fusil de cinquante écus, ou une rondache de pareille somme. Tenez... voyez, monseigneur, ce sabre à fourreau d'argent, que j'ai là, a été pris par moi à un simple janissaire... Ce n'est pas tout, cet accroc que j'ai à mon buffle m'a été fait, un jour que j'étais sans armes, par la plus galante flèche du monde, une flèche toute dorée.

— Comment, toute dorée? — dit Navailles.

— Comme de véritables traits de Cupido! — s'écria Beaufort.

— Tout à fait, monseigneur, et non moins tenaces; car le fer, très-aigu et effilé, n'est pas fixé au bois de la flèche, il y est seulement collé au moyen d'un peu de gomme empoisonnée, à cette fin qu'étant entré bien avant dans la chair, la chaleur du sang venant à fondre la gomme, le fer ainsi empoisonné reste dans la plaie, ce qui est fort ingénieux, il faut l'avouer avec justice et impartialité. Ces flèches dorées sont tirées par les officiers; celles du soldat sont plus grossières et terminées par un petit fer à crochet en forme de harpeau.

— Mais ces flèches ne font pas grand dommage? — demanda M. de Navailles.

— Si, monseigneur; parce qu'ils les envoient dans une quantité telle, que l'air en est obscurci, surtout lorsqu'ils ont perdu un de leurs officiers principaux; car, en cas de mort, les officiers laissent généralement une certaine somme qui doit être employée à acheter des flèches pour être tirées sur nous; ces flèches de deuil sont reconnaissables en cela qu'elles sont peintes de noir et de rouge; de même aussi, ils jettent de près et avec une merveilleuse dextérité des traits de main fort aigus qu'ils appellent des sagayes. Du reste, messeigneurs, à part 'hypocrisie de ces infidèles, qui font une foule de jongleries idolâtres pour se donner le semblant d'être d'une religion, ce sont de braves partisans, une fois qu'ils ont le sabre au poing et la targe au bras... J'en ai quelquefois vu plus de vingt venir à découvert de nos travaux pour relever leurs morts, qu'ils ne laissent jamais sans les emporter, afin de les ensevelir; car ils respectent extrêmement les cadavres, et sur ces vingt releveurs de morts on en tuait souvent douze à quinze, ce qui ne dépitait pas du tout les autres. Il faut dire encore, à leur louange, qu'ils sont de la plus exacte probité. Ainsi, parfois, durant les trêves, nous appelions quelques-uns de leurs janissaires, et nous les chargions d'aller nous acheter dans la campagne, qui pour quatre, qui pour cinq ou six écus de fruits et de salades. Eh bien! ils nous revenaient fidèlement au bout de deux ou trois heures, poussant devant eux de ces petits chevaux de l'île à grande queue et à crinière épaisse, tous chargés de nos rafraîchissements, et nous rapportaient fidèlement le reste de nos écus s'ils n'avaient tout dépensé. Oui, monseigneur, et il n'y a pas d'exemple qu'un Turc ait jamais rien volé, ainsi qu'ils auraient pu facilement faire en ne revenant plus... Mais non, ils n'avaient garde, car ces mangeurs de riz, maudits de Dieu, sont des plus scrupuleux, et aussi probes qu'ils sont graves et silencieux... ce en quoi les Grecs ne leur ressemblent guère, our le malheur de nos écus.

— Et leurs travaux de fortifications, les font-ils avec quelque adresse à eux, ou bien copient-ils notre façon de défense? On m'a dit de delà que leurs travaux étaient des plus irréguliers? — demanda Navailles.

— Ce qui les fait paraître irréguliers, monseigneur, c'est qu'ils se servent de la situation du terrain suivant lequel ils les accommodent; ainsi leurs ouvrages du côté de *la Sablonnière*, parce que le terroir est de sable, sont de sable recouvert de terre; leurs tranchées sont larges, profondes et fort blindées; et bien qu'il semble que leurs travaux soient tout droits, leurs tranchées ne laissent pas de serpenter, prenant seulement du terrain ce qu'il leur en faut pour flanquer; et quand une fois leur tranchée est si avancée que les détours ne servent plus à rien, ils la tirent droite, de la manière dont nous usons en Europe. C'est de cette manière qu'ils agissent en plaine, comme ils ont fait à *la Sablonnière*.

— Mais, pour attaquer le bastion *Saint-André* qui est entouré de hauteurs et de rochers... cette tranchée droite était peu praticable, — dit M. de Navailles.

— Pour *Saint-André*, monseigneur, leurs travaux ont été autres. Les premiers ont été faits au moyen de terre qu'ils ont eu l'incroyable patience d'apporter sur le roc, n'y pouvant pas mordre; puis après, toujours en s'avançant, ils ont monté en biaisant sur les hauteurs, et sur chacune ils se sont enfoncés, en y faisant des logements cachés, qu'ils n'ont découverts que par leurs fourneaux. En un mot, monseigneur, leurs tranchées, quoique faites à peu près comme les nôtres, sont meilleures, plus enfoncées et plus régulièrement observées.

— Et combien ces mécréants se comptent-ils maintenant dans leur camp? le sait-on? — demanda M. de Beaufort.

— Mais, monseigneur, ces idolâtres comptent trente mille hommes braves et bons soldats, sans compter les Grecs de l'île qu'ils emploient comme travailleurs et pionniers, en les payant.

— D'après cela, — dit M. de Navailles, après avoir longtemps examiné le plan que l'ingénieur lui avait mis sous les yeux, — il me paraît que le défaut capital de Candie, comme port de mer, est que les deux bastions de *Saint-André* et de *la Sablonnière*, ses deux points les plus importants, puisqu'ils battent à la mer, ne soient autres que des demi-bastions, fort petits et par conséquent peu capables d'une grande défense.

— Et ajoutez, monseigneur, ainsi que je l'ai dit à M. de Morosini, qu'il eût fallu que ces bastions fussent aussi prolongés jusque dans l'eau, au lieu d'être bâtis à dix ou douze pas du bord de la mer.

— Sans doute que les ingénieurs ne prévoyaient pas que l'ennemi pût jamais se loger dans un aussi petit espace de rochers entre la mer et le bastion... espace qui n'a pas deux toises, je crois?

— Et c'est pourtant ce que les Turcs ont fait, monseigneur, lorsqu'ils ont enlevé les travaux appelés les *Saintes-Pélagies*. Parce que, voyez-vous, monseigneur, où il y a sol, il y a logement.

— Mais aussi, — dit Beaufort, — nous avons la mer libre, car notre armée navale est si conjointement supérieure à celle du Turc que ces mécréants, connaissant notre arrivée, se sont tenus cois dans la Canée, comme une biche qui se rase sur ses fins.

— Je vous remercie, monsieur, — dit le duc de Navailles à Castellan, — de tous les détails que vous venez de me donner sur cette place, il me reste maintenant à vous prier de vouloir bien m'accompagner à terre, car je désire conférer avec MM. de Morosini et de Saint-André-Montbrun, au sujet de la demande qu'ils me font de trois mille hommes pour cette nuit même, ce que je ne puis en vérité leur accorder.

— Et comment se comporte aujourd'hui le bonhomme Saint-André? — demanda Beaufort. — A soixante-dix ans passés faire un tel métier, savez-vous que c'est rude? et sa blessure?...

— Mais, monseigneur, M. le marquis commence à peine à marcher, tant il est faible; dans les dernières attaques on le portait dans sa chaise, d'où il donnait ses ordres.

— Sambieu! ce fut un coup bien ajusté, — dit Beaufort, — que celui qui troua ainsi le justaucorps de peau humaine du brave marquis.

— Je le crois bien, monseigneur; car les Turcs resteront quelquefois toute une journée à l'affût pour se donner le plaisir de tuer un chrétien.

— Et dites-moi, monsieur, — demanda Navailles, — les Vénitiens se défendent-ils vigoureusement? font-ils tout ce qu'on doit, tout ce qu'on peut attendre de braves soldats?

L'ingénieur resta un moment sans répondre; puis : — S'il faut dire vrai, monseigneur, depuis un mois environ ils assistent à nos sorties, mais ne les partagent plus; on dirait même qu'ils ont hâte de voir Candie au pouvoir des Turcs! C'est comme un mystère inexplicable.

M. de Navailles réfléchit un moment; puis, regardant Beaufort d'un air significatif : — Eh bien! n'est-ce pas cela dont on m'avait prévenu?

— Comment, sambieu! la capitulation serait...

— Monsieur le duc! — s'écria Navailles en interrompant M. de Beaufort d'un geste significatif.

— Oui, oui, en vérité, je m'affolais, ce n'est rien; m'sieu l'ingénieur, continuez...

Mais à ce moment MM. de Dampierre, de Maulevrier et Le

Bret, que M. de Navailles avait fait mander, arrivèrent et entrèrent dans la galerie. Après leur avoir donné connaissance de la position de la place, M. de Navailles les engagea à l'accompagner le soir même pour voir par eux-mêmes la situation des choses, et conférer avec MM. de Morosini et de Saint-André-Montbrun.

La nuit venue, les officiers-généraux, le duc de Beaufort et M. de Castellan se rendirent à Candie, dans la barque qui avait amené ce dernier. Les rames étaient soigneusement enveloppées pour ne pas attirer l'attention des Turcs en doublant la pointe du môle que battait leur artillerie.

Malgré ces précautions, et bien qu'à la clarté de la lune les Turcs eussent tiré bon nombre de coups de canon sur cette petite embarcation, elle entra sans encombre dans le port, et les généraux purent se rendre chez M. de Saint-André.

Les rues de Candie, jonchées de débris, de pierres et de charpentes, offraient le plus triste coup d'œil; quant à l'intérieur des maisons, dont les fenêtres sans vitraux étaient ouvertes à la brise du soir, on y voyait de pauvres familles grecques prendre leur repas à la lueur d'une lampe de cuivre, les hommes vêtus de caleçons de coton bleu, d'une sorte de chemise blanche et d'une calotte rouge; les femmes habillées d'une longue jupe de drap rouge très-plissée et fort ample attachée sur leurs épaules par deux bretelles de coton de même couleur, et qui laissaient voir une chemise blanche à manches courtes, fermée au col et à la naissance des bras par deux boutons d'argent.

Sur les places, c'étaient quelques soldats et cavaliers se promenant en silence, ou quelques détachements se rendant à la tranchée. Souvent aussi c'était un blessé que l'on emportait sur deux hallebardes couvertes de feuillages; quelquefois un prêtre grec l'accompagnait, vêtu d'une soutane grise et d'un large manteau noir, ayant la barbe longue, et un chapeau noir avec une croix de taffetas bleu sur la tétière.

Arrivés proche la tour Saint-Marc, les officiers-généraux, dont le passage éveillait la curiosité, se trouvèrent à la porte du logis de M. le marquis de Saint-André-Montbrun. On avait pour ainsi dire casematé les étages supérieurs, et le rez-de-chaussée qu'il occupait était à peu près à l'épreuve de la bombe; à sa porte on voyait un poste de soldats esclavons, vêtus d'un petit haut-de-chausses de toile blanche qui ne dépassait pas le genou, et d'une chemise de serge rouge serrée aux reins par un ceinturon de cuir noir où étaient passés deux pistolets montés en argent, ainsi qu'un léger sabre recourbé. Les factionnaires montaient la garde avec un mousquet, et leurs cartouches pendaient dans le réseau d'une bandoulière de soie. Leurs cheveux longs et tressés, leur moustache épaisse, leur bonnet rouge, leurs sandales attachées sur leurs jambes brunes et nerveuses donnaient un aspect guerrier aux soldats de cette milice; et ils exécutèrent avec beaucoup de précision un mouvement d'armes lorsque les généraux entrèrent chez le marquis de Saint-André, où se trouvait aussi le provéditeur Morosini.

Le marquis de Saint-André, grand vieillard à cheveux blancs et à moustache blanche aussi et fort longue, vêtu d'un surtout d'étamine brune, était étendu sur une sorte de lit de repos fait de jonc; à ses côtés était M. de Morosini, qui examinait un plan de bataille placé sur une petite table, à la lueur d'une lampe de cuivre à trois becs.

L'aspect de M. de Morosini était singulier à cause du costume étrange que lui imposait sa charge. Il avait environ cinquante ans, une figure pâle et sagace, et portait un justaucorps et un haut-de-chausses d'étoffe de soie pourpre; ses bas, ses souliers et jusqu'à son chapeau doublé de taffetas, tout était de pareille couleur.

Après les premiers compliments échangés, M. de Navailles s'adressant à M. de Morosini :

— Je regrette vivement, monsieur, de ne pouvoir vous accorder les trois mille hommes que vous me demandez ce soir pour relever vos postes cette nuit; mais vous concevrez que les troupes du Roi, mon maître, arrivant à peine, et devant d'ailleurs avoir une rude tâche à remplir, il m'est impossible de les faire débarquer ce soir même pour rouler à l'instant avec les douze mille hommes de votre garnison.

— Les douze mille hommes de notre garnison? — dit M. de Morosini en regardant avec stupéfaction le marquis de Saint-André-Montbrun, qui répondit avec le même étonnement :

— Les douze mille hommes de notre garnison, monsieur le duc? Quels douze mille hommes, s'il vous plaît?

— Eh! sambieu, m'sieurs, nous ne parlons pas turc,— s'écria impatiemment Beaufort. — Oui... par le diable, que faites-vous de vos douze mille hommes de garnison, pour nous vouloir prendre nos soldats au saut de leurs vaisseaux? Est-ce que vous embaumez les vôtres tout en vie, par hasard?

M. de Saint-André répondit gravement : — Je vois, messieurs, qu'il y a eu quelque malentendu au sujet de la force de notre garnison... Voici les faits : il nous reste à peine deux mille cinq cents hommes en état de porter les armes... et depuis deux jours que les postes n'ont pas été relevés... C'est pour cela, monsieur le duc, que M. le capitaine-général Morosini avait l'honneur de vous demander une aide de trois mille hommes pour cette nuit même.

Ce fut à MM. de Navailles et de Beaufort d'être stupéfaits à leur tour.

— Alors, mille bombardes! qu'est donc venu nous colloquer votre ambassadeur? que vous aviez une garnison de douze mille hommes, bien portants, tous prêts à mordre?

— Le fait est, monsieur, — dit Navailles, — que le roi, mon maître, n'a envoyé ce secours et n'a calculé les forces qu'il mettait à la disposition de S. B. notre Saint-Père le pape que d'après cette créance, que vous aviez douze mille hommes en état de combattre.

— Je ne sais, monsieur le duc, — dit M. de Morosini, — ce que peut avoir dit ou non notre ambassadeur; malheureusement il a été égaré par de faux rapports, et notre position est telle que je me suis donné l'honneur de vous l'exposer. En un mot, sans votre arrivée, notre perte était certaine, monsieur le duc.

— Et je crains bien, monsieur, qu'alors notre arrivée ne vous soit pas d'un grand secours, car j'ai beaucoup de malades; et c'est à peine si en joignant aux troupes de terre les soldats de marine de M. le duc de Beaufort, nous pourrons réunir six mille hommes en état de combattre.

— A cela, que pouvez-vous ajouter, messieurs? — dit M. de Beaufort.

MM. de Morosini et de Saint-André se regardèrent, et le capitaine-général ajouta :

— Vous sentez, monseigneur, que, dans l'extrémité où nous sommes réduits, il nous sera bien difficile de distraire de leurs postes le peu de troupes qui nous restent; pourtant, je mettrai à votre disposition deux ou trois compagnies de mes Esclavons, qui, ayant l'habitude de ces combats de sortie avec les Turcs, pourront éclairer et ouvrir votre marche, et supporter la première furie des infidèles, toujours à redouter pour des troupes fraîchement débarquées.

— Sans refuser positivement cette offre, — dit Navailles, — permettez-moi, monsieur, de vous assurer que les soldats du roi de France sont assez braves pour se frayer eux-mêmes un passage.

— Je ne doute aucunement de la valeur de vos compatriotes, monsieur le duc; mais, croyez-moi, cette guerre ne se fait pas comme une autre. Ces gens-ci crient comme des furieux, tombent sur vous corps à corps, et si on se laisse surprendre à la première attaque, tout est perdu; ayant au contraire mes braves Esclavons pour soutenir le premier choc, vos troupes s'accoutumeront au premier effet des cris; je m'en rapporte d'ailleurs au jugement de Son Altesse monseigneur le duc de Beaufort, qui a fait la guerre contre les Mores; il vous dira comme moi, monsieur le duc, que dès l'abord c'est une guerre effrayante pour qui n'y est pas habitué.

— Je suis loin, monsieur, de refuser votre offre; mais puisque vous voulez bien me promettre de me les adjoindre, je préférerais avoir ces Esclavons sur mes ailes...

— Tout sera, monsieur, ainsi qu'il vous plaira, — dit M. de Morosini; — maintenant, je me mets à vos ordres pour vous conduire, quand vous le désirerez, sur les remparts de notre malheureuse ville, afin que vous puissiez vous confirmer dans l'idée que M. de Castellan vous en a sans doute donnée.

Après quelques récits sur la position et les besoins de la ville, les généraux se séparèrent avec de grandes civilités.

Le lendemain de cette conférence, M. de Navailles ayant été reconnaître le fort Dimitri, qui lui avait semblé, d'après le plan de Castellan, être convenable pour assurer une sortie, convint promptement de son plan d'attaque avec MM. de Dampierre, de Maulevrier et Le Bret, et le communiqua aux généraux vénitiens, qui l'approuvèrent.

Les nuits du 20 au 23 juin furent employées à débarquer les troupes, et l'attaque résolue pour la nuit du 24 au 25.

Tel était l'ordre de bataille envoyé par M. de Navailles aux généraux et brigadiers :

M. de Navailles détachait quatre cents hommes de pied de tous les corps avec cinquante grenadiers à leur tête, soutenus par trois troupes de cavalerie. M. de Dampierre devait commander ce détachement.

Il était suivi des compagnies du régiment des gardes, des régiments de Lorraine, Saint-Vallier, de Bretagne, et de quatre troupes de cavalerie soutenues par les régiments de Grancey, de Montaigu et de Jonzac. Le duc de Navailles composait le corps de réserve des régiments d'Harcourt, de Conty, de Lignières, de Montpezat, de Vendôme et de Rozan-Duras, avec quatre autres troupes de cavalerie sur les ailes, et il en donnait le commandement à M. le comte de Choiseul. Chaque régiment n'avait que quatre compagnies, et chaque compagnie n'était que de quarante hommes. Le général portait son corps de bataille sur une hauteur entre les deux camps ennemis pour couper leur communication, et il mettait entre la première et la seconde ligne cinquante mousquetaires de la maison du roi et cent officiers réformés, pour s'en servir dans les occasions pressantes; les troupes de la marine, commandées par M. de Beaufort, avec M. Colbert de Maulevrier sous ses ordres, devaient sortir à gauche de *la Sablonnière*.

En un mot, son plan d'attaque se réduisait à ceci : d'attaquer les ennemis en flanc et par derrière, ne pouvant les attaquer par la tête de leur tranchée, à cause de la profondeur de leurs boyaux.

On le répète, l'attaque fut résolue pour la nuit du 24 au 25 juin. Le dernier conseil se tint le 24 à sept heures du soir. Ce fut donc environ quatre heures après le conseil que se passèrent les scènes suivantes.

CHAPITRE XIX.

La taverne des *Sept-Bombes*. — Le sergent mineur La Lanterne. — Bruits populaires sur les Turcs. — Préparatifs pour la sortie. — Exhortation malheureuse du R. P. Zéphyrin. — Sortie de Candie. — Combat du 25 juin. — Les Turcs sont d'abord repoussés. — Explosion d'un fourneau dans une batterie abandonnée. — Terreur panique des soldats français. — Brillante charge de MM. de Beaufort, de Navailles, de Maulevrier et de Dampierre. — Retraite et rentrée de l'armée française dans Candie. — On ignore ce qu'est devenu M. de Beaufort. — Envoi d'un parlementaire à ce sujet dans le camp des Turcs. — Son retour. — Ce qu'il apprend. — Procession des têtes coupées autour des murs de Candie. — Morts et blessés. — Arrivée des galères du pape et de France, commandées par MM. de Rospigliosi et le duc de Vivonne.

Bien que la plupart des rues de Candie ne fussent plus guère qu'un amas de décombres, les tavernes n'y manquaient pas; plusieurs même, grâce à la prévoyance des hôteliers vénitiens, étaient pour ainsi dire casematées : entre autres la taverne dite des *Sept-Bombes* jouissait de ce privilége, et le devait aux soins particuliers d'un sergent appelé La Lanterne. Ce vieux mineur, que M. de Castellan estimait fort, ainsi qu'on l'a vu, avait eu l'heureuse idée de faire remplir d'une couche épaisse de paille et d'herbes incessamment arrosées ce qui restait du premier étage de cette taverne, en partie démolie par la chute de sept bombes, qui fournissaient le sujet de son enseigne. Grâce à cette précaution, La Lanterne défiait bien, disait-il, « les bombes les plus enragées de ne pas s'amortir et s'éteindre sur cette paille mouillée de cinq ou six pieds de hauteur, et d'y faire plus de mal qu'un œuf qui se casse sur un pavé. »

Du reste, les incrédules mêmes ne pouvaient attaquer l'efficacité de cette précieuse invention; car depuis que le rez-de-chaussée de la taverne des *Sept-Bombes* jouissait de cette défense contre les projectiles ennemis, aucun n'était tombé sur ce quartier, à la grande consternation de La Lanterne, qui appelait de tous ses vœux une grêle de bombes et de boulets, afin qu'on pût apprécier toute l'utilité de son œuvre.

Or, surtout depuis l'arrivée des troupes de M. de Navailles, cette taverne des Sept-Bombes était fort achalandée, et ce soir-là, 24 juin, sur les onze heures du soir, une vingtaine de soldats des différents corps nouvellement venus y savouraient des pastèques à chair rose et à écorce verte, qu'ils arrosaient glorieusement de ce bon vin de Paleo-Castro, couleur de topaze, en écoutant avec une religieuse attention les récits de La Lanterne, un des plus anciens soldats de l'armée de Candie, puisqu'il y était venu avec M. de Castellan, à la suite de M. le marquis de Ville.

Mais La Lanterne, abusant du privilége de son ancienneté et de son expérience dans cette guerre, selon l'éternelle habitude des vieux soldats, se plaisait singulièrement à exagérer les forces, l'habileté et la barbarie de l'ennemi, autant pour intimider les nouveaux arrivants que pour leur donner une haute idée de sa bravoure, à lui qui avait affronté des adversaires si redoutables.

Il faut dire aussi que l'extérieur étrange et guerrier du vieux mineur devait donner quelque poids à ses paroles. Il était âgé d'environ cinquante ans; ses joues, bronzées par le soleil, avaient été de plus cruellement couturées par les flammes de plusieurs fourneaux qui, ayant joué trop près de lui, n'avaient pas ménagé davantage sa barbe, sa moustache et ses sourcils, dont il ne restait pas un poil, ce qui lui donnait un air d'autant plus singulier, que ses cheveux gris fort épais avaient été défendus du feu par son capuchon de mineur.

Le vieux sergent était de très-haute taille, fort maigre et extrêmement voûté, à cause de la nature de son travail souterrain. Son vêtement consistait en un espèce de surtout à manches et à capuchon faits de basane très-épaisse, comme en portaient les mineurs; ce surtout, serré autour de ses reins par un ceinturon de buffle où pendait un petit sabre à lame droite et large, lui descendait jusqu'aux genoux; il portait de plus des chausses de serge rouge à des bottines de cuir noir.

Ce costume contrastait assez singulièrement avec celui des autres soldats qui buvaient ou jouaient dans cette taverne, dont l'intérieur offrait un tableau pittoresque. Une lampe de cuivre à trois becs, suspendue au plafond, n'y jetait qu'une clarté douteuse qui, scintillant çà et là sur l'acier des cuirasses de plusieurs maîtres et cavaliers des compagnies de Saint-Estève et d'Hudicourt, laissait dans la demi-teinte les uniformes moins éclatants des soldats d'infanterie. Mais, cavaliers et soldats écoutaient avec la même avidité, pressés autour d'une table, les récits du sergent de mineurs, et il serait difficile de peindre l'expression de terreur et d'étonnement qui se succédait sur ces visages attentifs, éclairés d'en haut, à la manière de Rembrandt, par la lumière rougeâtre et vacillante de la lampe.

D'autres soldats depuis long-temps à Candie, préférant une irritante partie de dés aux narrations du mineur, étaient établis un peu plus loin, et un blasphème de joie ou un coup de talon éperonné qui frappait le sol avec colère, annonçait le gain ou la perte de ces joueurs, qui d'ailleurs prêtaient de temps à autre l'oreille au dire de La Lanterne.

A ce moment, ce dernier démontrait à son auditoire l'action d'un fourneau conduit par les Turcs, et, trempant dans son verre le seul doigt qui lui restât à la main droite, il traçait ainsi sur la table les différentes galeries de ce fourneau.

L'accent de La Lanterne était bref, saccadé, et, par un reste d'ancienne habitude, il faisait souvent le geste de ramener entre le pouce et l'index de sa main gauche les longues moustaches qu'il avait jadis.

— Vous y êtes, n'est-ce pas, mes tourtereaux? — disait le mineur. — Cette rigole, je suppose... c'est le conduit... ce morceau de pain, c'est le fourneau des Turcs... et cet autre morceau, le terrain. Bien : vous êtes donc là tranquillement chez vous, sur votre redoute, à pointer vos canons, si vous êtes artilleurs, à tirer vos mousquets de rempart, si vous êtes fantassins, et à recevoir généralement dans le corps des grêles de flèches à cinq crochets pointus et empoisonnées, ou montées avec des fusées aussi empoisonnées, puisque tout est empoisonné chez ces mignons-là.

— Des flèches avec des fusées empoisonnées? — demanda un soldat de Rozan-Duras, — Vraiment empoisonnées?

— J'ai dit, déjà une fois, mes tendres agneaux, que le Turc était en lui-même et de sa nature on ne peut plus venimeux. Je reprends : vous êtes donc là tranquillement occupés sur votre redoute à recevoir des flèches montées avec des fusées empoisonnées qui vous partent dans le corps une fois que la flèche est entrée dedans; or vous jugez, mes agneaux, s'il y a de quoi se gratter en se sentant un pareil feu d'artifice vous démanger l'intérieur.

Et empoisonné aussi, le feu d'artifice ? — dit le soldat, que cette aggravation pyrotechnique avait beaucoup frappé.

— Mais sans doute, empoisonné aussi, puisque c'est surtout ça qui en fait le danger, — dit gravement La Lanterne ; — sans ça, vous sentez bien qu'en buvant coup sur coup cinq ou six pintes d'eau, on pourrait peut-être à la rigueur éteindre un feu ordinaire qui se serait déclaré dans votre intérieur... Mais le poison de cet artifice que je dis étant bien plus fort que l'eau, il soutient le feu de la fusée contre l'eau, et à eux deux ils vous rongent de telle façon, que j'ai vu des hommes dont tout le dedans était si brûlé, qu'il ne leur restait de bien conservé au dehors que le demi-pouce de peau que toutes les créatures de Dieu ont sur le corps; et encore ledit demi-pouce était-il si racorni, si dur, qu'il sonnait le vide comme un coffre creux.

— De façon, mon digne mineur, — dit un vieux cavalier de Saint-Estève, en tirant avec nonchalance le haut de ses grandes bottes de daim, et se renversant en arrière, — de façon que cette peau d'homme racornie était si dure et si creuse, qu'en la coupant proprement en deux, on aurait pu y mettre un autre homme plus petit, comme on met une viole dans un étui ?

— C'est ainsi que vous le dites, mon brave panache vert; à telles enseignes, que j'ai long-temps porté des bottes faites d'une grande paire de jambes d'un de ces incendiés-là, et que je n'en ai jamais pu voir la fin. Mais pour revenir au fourneau, mes douces brebis, vous êtes donc là tranquillement dans votre batterie, à vous faire larder ou brûler le corps à coups de flèches, en sifflant un noël, en pensant au cotillon de votre bergère ou au salut de votre âme, ce qui vaut mieux, comme vous l'allez voir; lorsque tout d'un coup la terre fait un saut de carpe sous vos pieds, et vous vous trouvez d'abord comme qui dirait tortillé dans un bain de flammes.

— Aussi empoisonnées, les flammes ? — demanda le curieux qu'on sait.

— Toujours empoisonnées, mes chères colombes; et puis

après, vous vous sentez enlevé à je ne sais combien de mille millions de pieds en l'air, au milieu d'un tourbillon de morceaux de pierre, de bois et de fer, qui vous mettent en écharpe, et détaillent votre créature en morceaux si menus, qu'au dernier fourneau que les Turcs ont fait jouer à la Sablonnière, de soixante-deux soldats du régiment de Négron qui étaient sur le retranchement, tout ce qu'on a retrouvé de ces messieurs après leur saut, c'a été un bras arraché et cassé en sept endroits ; deux têtes, dont l'une sans col, et l'autre avec son col ; de plus un tronc veuf de bras et de jambes, et encore pas très-bien conservé, vu qu'il lui manquait la plupart des entrailles.

Les auditeurs du sergent échangèrent un regard d'épouvante, et il continua :

— Mais tout ça, mes pauvres brebis égarées en Candie, c'est encore rien.

— Comment, rien ? — dirent plusieurs voix.

— Non, rien, rien du tout ; au contraire, c'est pour ainsi dire faire l'amour, si on compare le saut aux sorties ; car au moins, si un fourneau vous disloque et vous brûle, c'est fait tout de suite, rondement, ça ne dure pas la mille millième partie d'un *Pater*. Mais faites une sortie !... allez... allez, soyez prisonnier, et alors vous verrez.

— Eh bien ! quoi ? — dit un jeune soldat de marine, avec assurance ; — eh bien ! après ? je suis prisonnier, bon ; on me mène dans le camp des Turcs, bon ; une fois là, qu'est-ce que je fais ? Je dis au premier Turc venu : Ah çà ! voyons, Ottoman, entendons-nous ; tu es pour Mahomet, et tu ne bois pas de vin. Moi, je bois du vin, et je suis pour le pape. Si tu as du vin, donne-m'en.

Cette bouffonnerie égaya quelque peu l'auditoire, malgré l'air sérieux de La Lanterne, qui reprit avec un sourire méprisant :

— Ah ! ça te fait cet effet-là, à toi, mon joyeux novice... Mais, voyons, — ajouta le vieux mineur, en regardant de plus près le marin. — Oui, ça vous a vingt ans, c'est blond, c'est blanc, ça sera tendre comme du vrai chevreau... Eh bien ! si on fait une sortie, laisse-toi prendre, mon petit, laisse-toi faire prisonnier par le Turc, et tu te consoleras en te disant : Si je ne suis pas mangé en daube, je le serai en hachis... et ça sera meilleur au goût.

— Mangé !... mangé !... mangé !... — répéta l'auditoire en se signant. — Comment, quand on est prisonnier, ils vous mangent ?

— Tiens ! s'ils vous mangent !... je crois bien qu'ils vous mangent ! mais il faut être juste, seulement après vous avoir d'abord saigné au col, vidé fort proprement les yeux, et coupé le nez et les oreilles, vu qu'ils sont très-friands de ces bribes-là, qu'ils fricassent dans votre sang tout chaud avec une pointe d'ail et une petite herbe en manière de serpolet qu'ils appellent *pleurs de la lune*. Ils disent que c'est un manger des dieux [1].

Il serait difficile d'exprimer l'horreur de l'assemblée, en écoutant ces détails, qui lui paraissaient d'autant plus vraisemblables, qu'en France on exagérait jusqu'à la folie les prétendues cruautés des Turcs.

L'impression de terreur causée par ce récit durait encore lorsque l'horloge de la tour de Saint-Marc sonna une heure.

A ce moment, on vit briller plusieurs cuirasses dans la rue, on entendit résonner des éperons, et quelques bas-officiers entrèrent dans la taverne.

— Mort-Dieu ! enfants, — dit l'un d'eux, — vaut mieux vous trouver debout que couchés, car vous aurez en moins la peine de vous lever... Allons, allons... vous autres, les cavaliers de Saint-Estève, à cheval, à cheval !

— Et les cavaliers d'Hudicourt, aussi à cheval ! — dit un autre.

— Vous, fantassins, à vos mousquets, — dit un sergent ; — vite, vite, car la sortie est pour trois heures ; on doit être à deux heures sur le rempart, et la canne des anspeçades marquera sur votre dos chaque minute de retard, si vous n'y êtes pas. Allons... allons, payez votre écot et marchez vite à l'ar-

---

[1] Tous ces détails, qui luttent de grotesque et de terreur, avaient malheureusement cours à cette époque dans la soldatesque, qu'ils démoralisaient, et plusieurs gens, fort sensés d'ailleurs, y ajoutaient créance. Voir les mémoires et relations du temps. — *Relation de Candie*, Mss. — *Le Siége de Candie*, par Philibert de Jarry, Mss. (*Bibl. Roy.*). — *Lettres du marquis de Ville*.

senal chercher vos armes… et des cartouches pour farcir vos bandoulières.

L'étonnement des soldats était au comble ; car l'annonce de cette sortie si subite se mélangeait à l'épouvante involontaire qu'avait laissée dans leur esprit le récit du vieux mineur ; aussi fallut-il que les bas-officiers employassent les menaces pour les arracher de la taverne ; après quoi ils continuèrent l'exécution des ordres de M. de Navailles, en fouillant de la sorte les autres logements et cabarets.

M. de Navailles, avec une judicieuse prudence, n'avait communiqué le plan et l'heure de la sortie qu'il voulait faire dans la nuit du 24 au 25 juin, qu'aux officiers-généraux de son armée, redoutant, non sans raison, que l'ennemi n'en fût instruit par des espions, si ce projet d'attaque était d'avance la nouvelle de Candie. Ce fut donc, ainsi qu'on l'a vu, à une heure seulement que les bas-officiers allèrent éveiller les soldats dans leurs logements, M. de Navailles en ayant ordonné ainsi pour éviter d'avoir à rassembler ses troupes au bruit des tambours et des trompettes, qui eussent donné l'éveil aux Turcs.

On a dit que le rendez-vous des troupes était sur l'esplanade du fort *Dimitri*, situé, ainsi qu'on sait, à droite du bastion de *la Sablonnière*. Cette esplanade était alors déserte ; son terrain sablonneux, labouré en tous sens par les bombes ennemies, offrait un espace assez vaste, et dominait au loin la plaine qui s'étendait à l'est ; les pas sourds et mesurés des sentinelles placées le long du parapet des remparts interrompaient seuls le silence de cette nuit paisible, qui paraissait transparente, tant le ciel était pur et bleu, tant les étoiles scintillaient de lumière.

Mais à peine la grande tour blanche de l'église de Saint-Marc, restée seule debout, par un destin bizarre, au milieu des édifices ruinés par les Turcs, eut-elle sonné deux heures, qu'un bruit d'abord confus et éloigné se fit entendre dans la ville du côté de la porte Saint-Georges. Puis ce bruit approcha peu à peu, et bientôt on vit reluire, à l'incertaine clarté de la nuit, les pâles reflets des mousquets d'un nombreux corps d'infanterie qui, débouchant dans cette esplanade, s'y forma silencieusement en bataille à mesure qu'il y arrivait.

Les soldats s'avançaient avec une extrême précaution, et les officiers, donnant leurs ordres à voix basse, leur recommandaient surtout de faire peu de bruit, car on voulait surprendre les Turcs dans leurs ouvrages.

A la tête de l'armée marchaient cinq cents soldats aux gardes du régiment du roi, commandés par MM. de Castellan et de Vitry; ces troupes portaient le justaucorps gris-blanc, galonné d'argent sur toutes les tailles, des chausses écarlates et un panache rouge et blanc sur leur chapeau bordé. Au centre de ces compagnies venait un officier avec l'enseigne du régiment des gardes; cet étendard était bleu semé de fleurs-de-lis d'or avec une croix d'argent au milieu chargée de quatre couronnes.

Après l'infanterie de la maison du roi, venaient les autres régiments; les troupes de la marine, portant des justaucorps blancs à larges parements bleus, fermaient la colonne.

Lorsque l'infanterie fut rangée en bataille, on entendit un piétinement sourd et un retentissement sonore d'armes et de cuirasses qui annonçaient la cavalerie.

En effet, c'étaient d'abord deux cents mousquetaires de la maison du roi, précédés de leurs tambours et de leurs hautbois [1].

Tous leurs chevaux étaient blancs ou gris [2], et leurs housses et bourses de pistolets étaient comme les casaques (ou surtouts sans manches que ces cavaliers portaient sur leur cuirasse), c'est-à-dire bleues galonnées d'or; ces casaques avaient brodées devant et derrière des croix d'argent avec des fleurs-de-lis d'or dans les angles, et laissaient voir les manches écarlates du justaucorps, dont les longues basques tombaient carrément sur le haut des grosses bottes noires de ces mousquetaires.

MM. de Montbron et de Maupertuis commandaient ce détachement sous les ordres de M. le comte Colbert de Maulevrier, maréchal-de-camp, et capitaine-lieutenant de cette première compagnie rouge, dont le roi s'était réservé la capitainerie.

Ces officiers ne portaient pas la casaque bleue; leur justaucorps, ainsi que les housses de leurs selles, étaient d'écarlate,

---

[1] Les seuls mousquetaires avaient des hautbois au lieu de trompettes, et des tambours au lieu de timbales. (Le P. Daniel.)

[2] La première compagnie avait des chevaux gris et la deuxième des chevaux noirs. De là la distinction de mousquetaires gris et noirs. (Le P. Daniel.)

bordées d'argent; une croix de même métal brillait devant et derrière leur cuirasse.

Après les mousquetaires, venaient cinq compagnies de cavalerie, formant en tout trois cent dix-huit hommes.

Ces compagnies particulières, ainsi que les compagnies d'infanterie qui n'appartenaient pas à la maison du roi, n'avaient pas de costumes uniformes; elles portaient des aiguillettes et des écharpes aux couleurs de leur colonel, et on ne trouvait pas en elles l'ensemble et la tenue des soldats aux gardes. Quelques-uns même semblaient plutôt appartenir à un corps de partisans qu'à des troupes réglées.

Lorsque cette armée fut ainsi rangée en bataille, on vit arriver MM. de Beaufort et de Navailles entourés de leur état-major.

A côté du duc, monté sur Phœbus, son beau cheval noir, étaient MM. le chevalier de Vendôme, le chevalier de Villarceau, le marquis de Schomberg, de Saint-Marc, le comte de Keroualle, et quelques autres gentilshommes et écuyers aussi à cheval.

M. de Navailles, entouré de ses généraux et de ses aides-de-camp, portait un casque et une cuirasse d'acier bien poli par-dessus son justaucorps de buffle richement brodé, et montait une belle jument baie à crins noirs, dont la housse bleue et or disparaissait presque sous le large entonnoir des bottes fortes que M. de Navailles portait, à l'ancienne mode, fort grandes et garnies de petites lames de fer, noircies comme le reste de cette chaussure défensive ; un large sabre pendu à son baudrier, et ses fontes ouvertes, qui, laissant voir les crosses dorées de ses longs pistolets, témoignaient que M. de Navailles pouvait aussi bien agir en soldat qu'en général.

Les généraux, brigadiers et aides-de-camp de M. de Navailles étaient généralement armés, les uns de cuirasses dont les officiers se servaient encore, quelques-uns seulement de casques, et d'autres de certains bonnets de ratine, garnis à l'intérieur d'une forte croix de fer.

J'oubliais de dire qu'à la droite de M. de Navailles se tenait, monté sur une mule blanche, un homme robuste et vigoureux, vêtu d'une robe de capucin, portant à sa main un long crucifix, et devant lui, à l'arçon de sa selle, une espèce de petite valise attachée avec des courroies. Ce capucin était le révérend père Zéphyrin, dont M. l'abbé de Bourlemont parle dans ses lettres, à propos de sa vocation toute guerrière.

Lorsque M. de Navailles eut parcouru la ligne de bataille, il commanda à son lieutenant-général, M. Le Bret, de faire former le carré, se mit au centre avec l'état-major, et dit au père Zéphyrin : — Maintenant, à vous, mon révérend; mais veuillez être bref, et ne parlez pas trop haut, je vous prie.

M. de Navailles s'étant respectueusement découvert, son état-major l'imita. Le père Zéphyrin toussa quelque peu, se dressa sur ses étriers, et commença son exorde d'une voix assez sonore, malgré la recommandation de M. de Navailles [1].

« *Beati mortui qui in Domino moriuntur, a modo* » *ut requiescant à laboribus suis; opera enim illorum* » *sequentur illos...* »

Ce qui veut dire, mes frères : — « Heureux les morts qui » meurent dans le Seigneur, dès à présent ils se reposeront de » leurs travaux, car leurs œuvres les suivront. »

Plusieurs officiers ne purent dissimuler leur étonnement en entendant l'exposition de ce thème, assez mal choisi dans cette occurrence. Mais M. de Navailles écoutant avec un profond recueillement, ils se résignèrent.

Le révérend continua : — *Beati mortui...* Heureux les morts, dit l'Écriture. Oui, mes frères... et je le répète... Heureux les morts! car jamais vérité n'a été plus éclatante... Qu'est-ce donc que la vie, mes frères? Une chaîne affreuse, une enveloppe toute terrestre, un poids détestable qui attache ici-bas l'âme qui aspire à remonter vers le créateur. *Beati mortui!* Heureux donc ceux-là qui sont morts!... morts, comme vous allez peut-être bientôt mourir, mes frères, massacrés par ces infidèles qui se sont déjà rougis du sang de tant de vos frères. Heureux donc ceux-là qui sont morts dans les tortures, morts pour le Seigneur, morts pour l'exaltation de la croix; heureux sont-ils, mes frères! *Nam requiescunt à laboribus suis*, car ils se reposent de leurs travaux... Eh!

---

[1] Voir, pour ce singulier sermon et l'interruption énergique de Beaufort, les manuscrits cités ci-dessus.

sans doute, mes frères, ils se reposent... Et en effet, quelle est donc votre vie pour y tenir autant ? une vie misérable, remplie de privations, sans avenir, sans espoir sur cette terre ; tandis que la mort... ah ! la mort, mes frères ! la mort ! mais c'est à la fois le repos et l'entrée dans un meilleur monde ! Bénissez-la donc, souhaitez-la donc de toutes vos forces, cette mort à laquelle vous allez d'ailleurs marcher tout à l'heure, et ce, pour la plus sainte des causes... Cette mort que vous allez affronter avec d'autant plus de courage, qu'elle est plus effroyable, plus imminente, à cause du grand nombre de vos ennemis et de leur épouvantable barbarie... Cette mort, enfin !...

— Allons, allons, suffit ! si on a à mourir ou à prendre un bain de flammes, ça se fera ; mais c'est pas la peine de tant crier ça d'avance, — dit une voix audacieusement interruptrice, partie d'un rang des soldats aux gardes.

— C'est vrai, c'est bien assez de risquer d'être mangé tout vif, sans s'entendre dire d'avance à quelle sauce ça sera, — reprit un autre.

— Assez... oui, assez, — murmurèrent enfin plusieurs autres soldats, bientôt imités par un grand nombre de leurs camarades, enhardis par l'obscurité qui ne permettait pas de distinguer les interrupteurs.

Le père Zéphyrin s'arrêta court, outré de colère, et dit à M. de Navailles :

— Mon fils, faites faire silence, au nom du Dieu vivant !

Mais M. de Navailles, qui malgré sa profonde, sa fervente piété, et l'attention pieuse avec laquelle il avait commencé d'écouter ce singulier discours, partagea bientôt l'opinion de ses généraux qui lui représentaient à voix basse, et à mesure que le capucin avançait dans son exhortation, tout ce qu'elle avait de démoralisant pour le courage des troupes qui allaient pour la première fois combattre un ennemi déjà dangereux, et que les bruits populaires montraient encore plus redoutable qu'il ne l'était réellement. Aussi, tirant le révérend par sa manche, M. de Navailles lui dit tout bas : — Mon père, voici bientôt l'heure de nous mettre en marche pour surprendre l'ennemi. Veuillez finir le sermon, nous donner l'absolution, et distribuer les chapelets et autres objets bénits, que notre Saint-Père le pape a bien voulu envoyer à Candie pour les défenseurs de la croix [1].

— Mais, mon fils, — dit le révérend, — je crois faire bien pour le salut des chrétiens qui m'écoutent, de leur parler d'une mort...

— Ah çà, mais, mille-z'yeux ! mon révérend, — s'écria impatiemment le duc de Beaufort, — vous nous la baillez belle avec vos morts par-ci, mort par-là, mort en haut, mort en bas, mort partout ; et, par la sambieu ! croyez-vous donc que ce soit régalant pour ces enfants d'entendre vos homélies mortificales, avant d'aller risquer leur peau, vu qu'ils n'en ont qu'une ?

— La voix du Seigneur, mon fils !

— Et, mort-Dieu ! la voix du Seigneur, m'sieu le capucin, c'est la mienne comme la vôtre, si le Seigneur me parle aussi à l'oreille ; et il vient de m'y lâcher deux mots que je vas colloquer à ces enfants, — ajouta Beaufort en repoussant d'une main le révérend ; puis portant son cheval en avant, élevant sa voix rauque, il retrouva quelque peu de cette facilité oratoire grâce à laquelle, dans son beau temps de la Fronde, il électrisait son peuple des halles.

— Par la sambieu ! m's'enfants, — s'écria-t-il, — n'écoutez pas ce pleurard de capuchon, il ne connaît pas not' métier, puisqu'il vous parle de mourir ; ce n'est pas mourir, mille-z'yeux, qu'il nous faut, m's'enfants ! c'est vivre, mort-Dieu, et vivre dru pour échiner bravement ces chiens de Turcs, piller leur or, caresser leurs Turquesses, qui, croyez-moi, j'en ai vu... feraient goguiller tous les saints du paradis... Par ainsi, ouvrez vos poches et léchez-vous d'avance les badigouinces, car y aura de quoi rire chez les Turcs après la ratelée... Par ainsi... vive le Roi ! et en avant !

Ce discours, moins canonique que celui du révérend père Zéphyrin, excita néanmoins l'approbation et l'enthousiasme universel de la troupe, qui, malgré la recommandation de garder le silence, ne put retenir un assez bruyant murmure d'approbation, mêlé çà et là de : — V'là qu'est parler ! — le brave

---

[1] Voir les manuscrits déjà cités.

duc! — Dieu de Dieu! les Turquesses! — l'or... — la pillerie! — et d'autres expressions moins gazées, qui prouvaient assez que l'ex-roi des halles connaissait à merveille les endroits faibles du cœur humain qu'il fallait attaquer pour émouvoir *le populaire*.

Les officiers riaient sous cape, et M. de Navailles, seul, balançait entre le cri de sa conscience religieuse et le respect qu'il devait à un prince du sang, pour imposer silence à l'éloquence peu sacrée du duc de Beaufort, dont il ne pouvait d'ailleurs méconnaître l'immédiate et heureuse influence sur ses soldats.

Le père Zéphyrin allait sans doute répliquer, car il se dressait de nouveau sur ses étriers en étendant les bras, lorsque heureusement l'horloge de la tour sonna trois heures.

— A cheval, messieurs, à cheval! — dit vivement M. de Navailles en remontant en selle; puis, s'adressant à M. de Dampierre : — Allons, monsieur, prenez le cammandement de la cavalerie; cette pente douce que voici va vous conduire au fossé : vous suivrez la première ouverture que vous y trouverez; mais recommandez surtout le plus grand silence aux cavaliers qui forment l'avant-garde.

Et le corps d'armée commença de défiler devant M. de Navailles; les mousquetaires d'abord, et les autres compagnies de cavalerie formant l'avant-garde; puis les régiments qui n'étaient pas de la maison du roi; puis les compagnies des gardes, au centre desquelles se mit M. de Navailles; après venaient les deux cents officiers réformés, formant un corps d'élite; puis enfin les troupes de la marine commandées par M. de Beaufort, et sous lui par M. Colbert de Maulevrier (frère du ministre), formaient la gauche, et devaient prendre leur position à droite du bastion de *la Sablonnière*.

Au moment où le duc de Beaufort allait entrer dans le chemin creux qui conduisait au fossé, son beau lévrier favori, *Brise-l'Air*, qui l'avait suivi, poussa un cri, ou plutôt un long hurlement, en se dressant sur ses pattes de derrière, de sorte que son museau touchait le haut de la botte de son maître.

— A bas, à bas... tout beau, Brise-l'Air, — dit Beaufort,

avec impatience. — Puis, s'adressant en riant au comte de Keroualle : — Crois-tu aux présages, Sébastien ?

— Un peu, monseigneur.

— Eh bien ! est-ce qu'on ne dit pas dans tes landes de Bretagne, que de chien qui hurle, mort est proche ?

A ce moment une voix perçante, s'élevant de derrière un pan de muraille, s'écria :

— Tu as blasphémé le Seigneur, tu périras par le glaive !

Et l'on entendit le trot précipité d'un cavalier qui s'en allait au plus vite. — Ah ! ah ! — dit Beaufort, — c'est le capuchon qui dit cela pour se venger ; il fait bien de *brocher-bayard*[1] ; car, mort-Dieu ! sa sale robe brune n'eût pas garanti son dos de ma houssine ; et pourtant, vois un peu, Sébastien, si je suis tué dans cette danse, ce puant-là ira dire partout que c'est le diable qui a fait exprès de me dépouiller de l'âme qu'il m'avait prêtée.

— Pour l'amour de vous, monseigneur, chassez ces idées, — dit le comte de Keroualle...

— Oui, oui, Sébastien ; car, je le vois, tu es aussi peureux des présages que ta jolie sœur Louise, dont les yeux marcassins présagent, eux autres, tant de morts d'amour... Mais, fais un peu arrêter mes braves de la marine, que je leur sonne quelques mots de fanfare guerrière.

Ce mouvement exécuté, Beaufort dit aux soldats qu'il commandait :

— Ah ! çà, m's'enfants, nous allons nous harpailler, mais là, chaudement. Le mot de ralliement est : *Louis et en avant !* Ne nous inquiétons pas de nos membres, nous les retrouverons après ; il n'y a que les cogliones de tués ; tapez fort, et poussez dru. Vive le Roi !

Cette singulière harangue terminée, le duc fit signe de son épée, et les soldats de marine gagnèrent le poste de bataille qui leur était assigné, ayant M. de Maulevrier à leur tête. En sortant du fossé du fort Dimitri, selon l'ordre de bataille, Beaufort et ses deux mille hommes allèrent se ranger en dehors

---

[1] Expression favorite de Beaufort, pour dire fuir ou courir vite.

de la fausse braye, dernier ouvrage qui défendît la ville de ce côté.

L'avant-garde, le centre et la réserve marchèrent sur peu de front jusqu'à ce qu'ils fussent sortis du fossé, dont les bords étaient si inégaux et si élevés, qu'il fallait être assez avant dans la campagne pour se pouvoir former en bataille. Enfin on y parvint, et une fois en rase plaine, les troupes se mirent en marche par colonnes serrées pour traverser un défilé assez proche des Turcs, afin de gagner une petite plaine qui permettait à M. de Navailles d'attaquer l'ennemi sur le flanc et les derrières ; car il ne voulait pas l'attaquer par la tête de sa tranchée, ses boyaux étant trop profonds.

La petite armée passa donc heureusement ce défilé sans donner l'éveil aux Turcs.

Le soleil, qui devait se lever bientôt derrière la chaîne des collines au pied desquelles s'étendait le camp ennemi, projetait déjà une lueur rouge et douteuse, mais pourtant suffisante pour que la crête brune des montagnes se dessinât nettement sur ce fond transparent, tandis que leurs bases étaient encore noyées dans la vapeur et l'obscurité. Puis cette clarté, d'abord incertaine, devint plus prononcée, plus lumineuse ; l'horizon se colorait peu à peu, et à la faveur du jour naissant M. de Navailles fit faire halte au centre pour attendre la réserve et l'arrière-garde. Le silence était morne et profond ; l'air vif et frais du matin bruissait légèrement dans les feuilles de quelques palmiers, et apportait par bouffées la senteur aromatique et forte de la bruyère des montagnes, tandis que la clarté des étoiles disparaissait devant la lueur pourpre qui montait toujours à l'horizon, de moment en moment plus vermeil et plus éclatant.

La demi-heure d'attente qui précéda l'attaque des lignes turques fut un instant assez critique ; la plupart des troupes envoyées de France en Candie n'étaient pas des meilleures ni des plus estimées, ainsi que le fera voir une lettre de M. de Maulevrier. Une espèce d'inquiétude vague régnait sur le visage des soldats déjà pâlis par les fatigues de la traversée ; une nourriture détestable, et une dernière nuit sans sommeil, puis ce silence complet dans lequel il fallait rester, l'impression fâcheuse laissée dans les esprits par le discours si maladroit du père Zéphyrin, jointe aux mille bruits ridicules et exagérés que tous les *La Lanterne* de Candie avaient, selon l'usage, fait circuler parmi les nouveaux venus; tout cela rendait peu assurée la contenance des troupes de M. de Navailles, qui alors regretta d'avoir refusé les Esclavons que M. le marquis de Saint-André lui avait d'abord proposés pour lui servir d'éclaireurs. Néanmoins le général se rassurait un peu en comptant sur l'impulsion et le bon exemple que devaient donner les mousquetaires et les soldats aux gardes destinés à engager l'action; et lorsqu'il prit sa position de commandement sur un mamelon de terrain qui dominait tout le champ de bataille, la figure pâle et grave du vieux général, si elle ne révélait pas une grande certitude de la victoire, ne laissait pas deviner toutefois qu'il en désespérât.

Un peu au-dessous de cette élévation dont on a parlé était un terrain plane et assez vaste; ce fut là que M. de Navailles mit son corps de bataille et sa réserve, commandée par M. le comte de Choiseul, afin d'empêcher la communication du deuxième camp des Turcs, situé de l'autre côté à l'ouest de Candie. Entre la première et la seconde ligne, cinquante mousquetaires et cent officiers réformés, avec les gardes et quelques gentilshommes de M. de Navailles, formaient une dernière réserve qu'il tenait près de lui pour la porter partout où il serait nécessaire.

Son avant-garde, depuis quelque temps en marche, et commandée par M. de Dampierre, se composait de quatre cents hommes de pied, avec cinquante grenadiers à leur tête, soutenus par trois détachements de cavalerie.

A peine les lignes étaient-elles formées, que l'atmosphère fut embrasée des premiers feux du jour, et que les cimes des montagnes commencèrent à se teindre de pourpre. Il y eut un moment où cette nappe de lumière inondant le groupe d'officiers et d'aides-de-camp qui entouraient M. de Navailles, couvrit de reflets d'or toutes ces armures éclatantes, tous ces panaches brillants, toutes ces écharpes de soie brodées. Pendant quelques minutes, ce point culminant de la plaine parut absorber tous les rayons du soleil levant; la figure du général, entièrement éclairée, projetait au loin sa grande ombre, tandis que les panaches et les mousquets des soldats situés plus bas au-dessous de lui, étaient seulement effleurés par cette vive clarté.

A cet instant, M. de Navailles posa sur une de ses fontes la lunette dont il se servait pour examiner le champ de bataille, et tira sa montre; lorsqu'il eut vu l'heure, il dit : — Que Dieu bénisse les armes du roi, messieurs, car l'attaque de M. de Dampierre ne va pas tarder maintenant.

— Tous les yeux se dirigèrent vers le point sur lequel on vit M. de Navailles diriger de nouveau sa lunette; et au bout de cinq minutes le profond silence qui régnait encore fut interrompu par plusieurs décharges de mousqueterie, et par le bruit lointain de la charge que battaient les tambours accompagnés de fifres.

Bientôt après, on vit à l'horizon et derrière un pli de terrain qui, s'élevant entre M. de Navailles et les ouvrages ennemis, les lui cachait; on vit un nuage de fumée épaisse et blanche se dérouler pesamment, et on entendit en même temps le retentissement de l'artillerie des Turcs et le roulement sonore de leurs timbales.

— Que Dieu aide M. de Dampierre, — dit le général... — car voici qu'on répond rudement à son attaque.

Le bruit de l'artillerie et de la mousqueterie résonna encore quelques minutes; puis l'artillerie cessa, et peu de temps après la mousqueterie ne se fit plus entendre qu'à de rares intervalles.

— Le feu de l'artillerie des Turcs est éteint, c'est bon signe, — dit le général à ses aides-de-camp... — Il est probable qu'à cette heure l'arme blanche décide de l'affaire.

Puis M. de Navailles fit faire un pas à sa jument, pour examiner l'aile droite de sa petite armée, commandée par M. Le Bret. Au loin s'étendait la masse sombre de sa ligne d'infanterie, et le soleil reluisait sur la cuirasse des cavaliers.

Comme M. de Navailles allait donner quelques ordres, il vit paraître sur le sommet de l'éminence de terrain qui se trouvait entre lui et le lieu de l'attaque, il vit paraître un cavalier courant à toute bride, qui se dirigeait vers le corps d'armée; le tourbillon de poussière que soulevait le cheval ne permettait pas de distinguer les couleurs de celui qui le montait. Ce ne fut qu'à quelques pas qu'on le reconnut pour être un officier de la compagnie de Choiseul, à son écharpe et à ses aiguillettes orange.

— Victoire ! monseigneur ! — dit cet officier, en agitant d'une main son chapeau à plumes orange, pendant que de l'autre il arrêtait sur jarrets son cheval tout blanc d'écume. — Victoire... M. de Dampierre m'envoie vous dire que les soldats du régiment du Roi, commandés par M. de Castellan, et soutenus principalement par les régiments de Rozan-Duras, de Saint-Vallier et de Montaigu, ont si vivement pressé les Turcs, qu'il reste maître de douze pièces de canon et d'une autre batterie abandonnée, mais pleine de munitions.

— Et les Turcs, monsieur ?

— Refoulés sur la montagne et dans la mer, monseigneur, où la plupart se sont jetés en criant, *Chrétiens !* pour avoir merci des nôtres qui les poursuivaient d'une rude sorte...

— Et comment nos gens se sont-ils conduits, monsieur ?

— Bravement, monseigneur, très-bravement, quoiqu'il faille dire que les Turcs étaient quelque peu engourdis encore par le sommeil ; et malheureusement, la cavalerie dont j'ai l'honneur d'être, n'a pas pu donner beaucoup.

— Et, avons-nous perdu beaucoup de monde à cette attaque, monsieur ?

— Autant que j'ai pu en juger, trente ou quarante hommes, monseigneur ; mais MM. de Rozan, de Castellan et de Montaigu ont été blessés ; et M. de La Galissonnière a été tué près de moi, ainsi que M. de Montreuil, capitaine aux gardes.

— Ils sont morts pour la cause de Dieu en braves gentilshommes, et le roi le saura. Allez, monsieur, allez maintenant complimenter M. de Dampierre pour moi, et lui dire de tenir ferme ces redoutes, d'y faire mettre en bataille les régiments des gardes et ceux qui les soutiennent.

— Oui, monseigneur, — dit l'officier qui, piquant des deux, repartit au grand galop, et disparut bientôt dans un nuage de poussière.

— Tout va bien, — dit M. de Navailles. — Les Turcs ont

tellement lâché pied, que ce sera peut-être seulement une affaire d'avant-garde; mais enfin, les voilà délogés d'une bonne et dangereuse redoute... M. de Dampierre a assez de troupes pour la garder; maintenant il faut surveiller la droite, de crainte que les ennemis n'envoient du secours du côté de Saint-André; mais M. Le Bret est là pour les empêcher, et nous ici pour le soutenir.

A ce moment, une épouvantable explosion fit trembler la terre jusque sous les pieds des officiers qui entouraient le général : on eût dit que le sol allait se fendre; la jument de M. de Navailles eut peur et voulut se dérober; mais le vieux duc, encore très-bon homme de cheval, lui fit sentir vigoureusement l'éperon et la ramena.

L'explosion venait du côté des redoutes alors occupées par M. de Dampierre; car une lourde colonne de fumée blanche s'éleva pesamment de derrière la petite colline.

— C'est une mine qui aura joué, — s'écria M. de Navailles. — C'est un fourneau que les Turcs auront allumé sous leurs redoutes en les quittant. Voilà un grand malheur, et capable de bien démoraliser nos troupes. Courez, monsieur, — dit-il à M. le marquis d'Huxelles, un de ses aides-de-camp, — courez vite savoir quelles auront été les suites de cet accident, et tâchez surtout de rallier nos gens s'ils avaient quelques frayeurs.

A peine l'officier avait-il disparu, que M. de la Hoguette, autre aide-de-camp de M. de Navailles, mettant sa main au-dessus de ses yeux, comme pour mieux voir, s'écria : — De par Dieu! monseigneur... voici des fuyards qui descendent le versant de la colline, et accourent de notre côté en se débandant.

— Non, non, — dit M. de La Rochecourbon, premier aide-de-camp, — ce sont quelques traînards.

— Mais, monsieur, des traînards ne courent pas de cette force... et le visage tourné vers nous... je pense.

— Par le ciel! — dit un autre officier, — vous avez raison, ce sont des soldats aux gardes. Je les reconnais à leurs justaucorps gris. Voici maintenant des soldats du régiment de Bretagne et de Jonzac...

— Mort-Dieu ! jusqu'à des cavaliers de Choiseul ! — s'écria un autre.

M. de Navailles pâlit extrêmement, et s'écria, en se signant : — Que Dieu nous soit en aide... ceci est une pleine déroute... encore... et encore... Voici maintenant les panaches des officiers... qui tâchent de rallier leurs soldats... Impossible, ils fuient toujours... Voyez... voyez... les misérables ! Messieurs de Tilladet, de Saint-Vincent, courez... courez à toute bride les rallier... et abattez-les sans merci s'ils vous résistent.

A peine ces ordres étaient-ils donnés et exécutés, qu'un maître de la compagnie de Sommerive, placée à l'extrême droite du corps de bataille, accourut dire au général : — Monseigneur, voici des bannières turques qui s'avancent, clairons en tête, en venant de Saint-André ; M. Le Bret vous en fait part.

La déroute continuait cependant, et la petite colline se couvrait de plus en plus de soldats et de cavaliers qui se repliaient pêle-mêle vers le centre, en criant : — Sauve qui peut, sauve... Voici les Turcs... Tout est miné...

Les troupes du centre et de la réserve étaient dans une morne stupeur, les seuls mousquetaires manifestaient hautement leur impatience d'aller venger cette honteuse fuite.

M. de Navailles envoya encore quelques officiers pour tâcher de rallier les fuyards. Ce fut impossible.

La position de l'armée était critique ; la droite, vigoureusement attaquée par les Turcs qui arrivaient en masse serrée du côté de Saint-André, commençait d'être ramenée battant sur le centre et la réserve, lorsqu'un gros de fuyards, poussant des cris horribles, parut sur la cime de la colline dont on a parlé, et après eux quelques éclaireurs et cavaliers turcs. Ce voyant, M. de Navailles mit le sabre à la main, et, montrant les Turcs, dit à MM. de Montbron et de Maupertuis, qui commandaient les détachements de mousquetaires :

— Allons, messieurs, en avant, faites sonner la charge, et montrons au moins qu'il reste ici quelques gentilshommes ! — Puis M. de Navailles, ayant rassemblé son cheval, partit d'un galop vigoureux à la tête de ce corps d'élite pour tâcher de repousser l'ennemi.

— La cavalerie turque... la cavalerie turque... Sauve...

sauve... qui peut!! — cria un fuyard sans chapeau, qui, courbé sur son cheval, le poussait à fond de train.

M. de La Hoguette l'abattit d'un coup de pistolet; mais cet exemple fut inutile... A mesure que la troupe de cavalerie commandée par M. de Navailles avançait au galop, les groupes de fuyards devenaient plus nombreux; c'étaient des soldats d'infanterie qui se sauvaient en jetant leurs armes pour fuir plus vite, des chevaux sans cavaliers, ou des fantassins qui, dans un hébétement stupide, et croyant marcher sur un terrain miné, se couchaient à terre dans l'immobilité du désespoir.

— Tout est miné, on marche sur le feu, — disaient les autres.

— Mais, misérables! — leur criait M. de Navailles, — si l'ennemi fait jouer ses fourneaux, c'est signe qu'il fuit. Ralliez-vous donc! en avant!

Rien ne put arrêter cette terreur panique; la cavalerie, que M. de Navailles avait d'abord envoyée au secours de M. de Dampierre, tenait seule. Voyant qu'il ne pourrait jamais reformer l'infanterie, M. de Navailles, à la tête de ses mousquetaires, franchit un assez profond ravin pour aller se joindre au gros des combattants, à la tête desquels il voyait M. de Dampierre. Un grand nombre de cavaliers turcs, armés de légères cuirasses et de petits boucliers de peau, portant des turbans rouges à flamme verte, et montés sur des chevaux à hautes selles, étaient aux mains avec les troupes du roi. Le premier moment du combat passé, les décharges de pistolets faites, on ne combattait plus guère qu'à l'arme blanche; les cris de France se mêlaient à ceux des Turcs, qui, selon l'habitude, poussaient des hurlements épouvantables.

M. de Navailles se jeta au plus ardent de la mêlée, et reçut plusieurs coups sur ses armes; le combat était acharné, et l'avantage vaillamment disputé de côté et d'autre; mais le nombre toujours croissant de cavalerie turque faisant perdre du terrain au général, il fut obligé de commander un demi-tour à gauche à l'escadron qu'il avait réuni. Comme il exécutait ce mouvement, il vit arriver du côté de la ville le duc de Beaufort, courant à toute bride; monté sur un Phœbus, qui, malgré une blessure saignante au poitrail, paraissait toujours plein de vigueur et de feu ; la cuirasse de Beaufort était faussée en plusieurs endroits, et son panache blanc à moitié abattu et brûlé par la poudre. — *Louis... Louis...* M's'enfants, en avant ! — criait Beaufort aux fuyards, en agitant son épée de la main droite. — En avant... Mais écoutez-moi donc, chiens ! je suis votre amiral... ralliez-vous donc à moi.

Ni la voix de l'amiral ni celle de ses officiers ne purent arrêter cette panique, due, ainsi qu'on le sut après, à l'explosion de plusieurs barils de poudre que les Turcs avaient laissés dans la redoute prise par les troupes de M. de Dampierre, et auxquels plusieurs soldats français mirent le feu par imprudence ; de là, cette horrible frayeur et cette persuasion que tout était miné sous les pas de l'armée.

M. de Navailles piqua droit à M. de Beaufort : — Et les troupes de la marine, monsieur?

— Lâché pied comme les autres... rompues, impossible de les ramener sur la voie... une vraie meute folle et lâche qui fuit à la défense, — lui cria-t-il.

— Allons, que Dieu nous protége : en avant, messieurs ; tentons encore une charge pour l'honneur du roi, — dit Navailles, en montrant aux mousquetaires les Turcs qui s'étaient reformés, après avoir chassé les derniers soldats d'infanterie.

— A qui de nous deux sera le plus tôt près des Turcs, M. de Navailles ! — dit Beaufort ; et attaquant vigoureusement Phœbus, qui fit un bond extraordinaire, il partit en agitant son épée et criant à son jeune lieutenant : — A moi, Keroualle, marque bien les points ! et viens voir l'hallali de ces turbans verts !

Les gentilshommes de Beaufort le suivirent, et il disparut dans la mêlée, tandis que M. de Navailles exécutait brillamment sa dernière charge au milieu d'une grêle de flèches et de balles de mousquets, qui atteignirent son cheval et ses armes en plusieurs endroits ; mais voyant que la cavalerie ennemie s'avançait en plus grand nombre encore, que sa gauche était en pleine déroute ainsi que le centre, et que sa droite était débordée par les Turcs, le général dit tristement à Landot, capitaine de ses gardes, qui ne l'avait pas quitté depuis le commencement de l'action : — Tout est perdu, Landot ; ralliez ce qui reste de mousquetaires, de mes gardes et des maîtres de l'escadron de Saint-Estève, et faites sonner la retraite. Que la volonté de Dieu soit faite ; mais le roi sera bien fâché.

La retraite s'exécuta sur les huit heures du matin. M. de Navailles, à la tête d'un petit escadron, protégea l'arrière-garde jusqu'à l'ouverture du fossé, où il fit défiler les débris de son armée, qui, une fois là, se trouvait à couvert sous le canon du fort Dimitri. En rentrant dans la place, M. de Navailles trouva le marquis de Saint-André qui avait suivi l'action du haut du rempart.

— Monsieur le duc, — dit ce dernier à M. de Navailles qui descendit de cheval, — les plus braves généraux ne peuvent rien avec d'aussi lâches coquins ; mais je regrette bien que vous n'ayez pas accepté mes Esclavons ; et M. le duc de Beaufort ?

— Je n'en ai aucune nouvelle, monsieur ; je l'ai vu seulement monté sur son cheval noir, avant la dernière charge que nous avons exécutée ensemble.

A ce moment, on était près de la porte Saint-Georges : on vit arriver au galop un cheval qui portait un officier à moitié couché sur son encolure ; cet officier était tout saignant, et son justaucorps blanc, rouge de sang. Comme si son cheval eût eu l'instinct de voir qu'il était hors de danger, il s'arrêta court, et le cavalier, n'ayant pas assez de force pour supporter la réaction de ce brusque temps d'arrêt, tomba lourdement par terre, presque aux pieds de M. de Navailles ; deux cavaliers de Saint-Estève l'adossèrent à un pan de muraille, pendant qu'un autre, à l'aide d'une gourde, lui mettait quelques gouttes d'eau sur les lèvres. Il revint à lui, et, ouvrant les yeux, vit M. de Navailles.

— Dieu soit loué ! au moins vous êtes sain et sauf, monseigneur ; que n'en est-il de même de M. de Dampierre, que je viens de voir égorger presque sous mes yeux.

— C'est une erreur, M. de Dampierre vient de rentrer dans la ville, blessé, il est vrai ; mais au moins il est ici en sûreté.

— Mais, monseigneur, M. de Dampierre ne portait-il pas une plume blanche, un buffle brun, avec une cuirasse ornée de dorures à l'ancienne mode ?

— Non, non... c'est M. le duc de Beaufort qui portait cette armure.

— Que Dieu le reçoive donc en son saint paradis; car je crois bien que c'est celui que j'ai vu égorger...

— Comment cela?

— Monseigneur, après avoir en vain tâché de rallier mes gens, ayant reçu une blessure ici, je crois, dans la hanche, et pouvant à peine me tenir à cheval, je piquai des deux. Mais en passant devant une redoute abandonnée, je vis un homme vêtu comme j'ai dit, et ayant à côté de lui un grand chien qui hurlait; car c'est ce bruit qui d'abord attira mon attention.

— Ce chien était sans doute le lévrier favori du duc. Ce serait donc lui, — dit Navailles avec anxiété. — Mais, poursuivez, monsieur... poursuivez.

— Si bien donc, monseigneur, que cet homme était comme couché à plat ventre par terre, appuyé sur ses deux mains, dont il sembla lever une avec peine pour me faire signe de venir à lui, en agitant son chapeau à plumes blanches... Je ralentis un peu le galop de mon cheval, et j'allais, quoique bien blessé moi-même, courir à lui, lorsque je vis venir un gros de cavalerie turque pour me couper. Pensant alors, je l'avoue, plus à moi qu'à Son Altesse, je piquai des deux, non sans me retourner pour tâcher de voir ce que deviendrait cet officier à la plume blanche... Je vis les Turcs, qui m'avaient voulu d'abord charger, courir à lui... et lever leurs sagayes; j'entendis alors un long et affreux hurlement du chien; et puis ce fut tout... Mais je crois, monseigneur, que dans l'état où se trouvait le seigneur-duc, si c'était lui, il n'a pu faire grande résistance.

Telle fut la fin malheureuse de cette sortie, et le soir, au soleil couchant, lorsque généraux et officiers, du haut du rempart, regardaient tristement le champ de bataille en pensant aux pertes qu'ils avaient faites, on vit tout à coup un étrange et bien horrible spectacle [1].

La tranchée et les ouvrages des Turcs, ainsi qu'on le sait, venaient jusqu'au pied des murailles de Candie. Tout à coup une tête sanglante et hideuse, couverte d'une perruque souil-

---

[1] Voir les manuscrits déjà cités.

lée, sembla sautiller sur le bord du parapet de la ligne la plus avancée des Turcs, puis une autre tête suivit cette tête, puis une foule d'autres encore, affublées de la même sorte ; et cette horrible procession de têtes françaises, coupées après la défaite et promenées sur des piques avec leurs perruques, dura jusqu'à ce que la nuit eût mis un terme à cette féroce raillerie des Turcs.

On envoya le lendemain un parlementaire dans le camp ennemi pour savoir quelques détails sur M. de Beaufort ; le visir fit vider devant le messager quelques sacs de têtes déjà salées et prêtes à être envoyées à la Porte, en lui disant de chercher là-dedans celle du grand prince qu'on regrettait, jurant sur sa parole qu'elle ne pouvait être ailleurs. — L'envoyé ne reconnut pas la tête du prince, et depuis on n'entendit plus jamais parler de S. A. monseigneur le duc de Beaufort.

Voici l'extrait du rapport de M. de Navailles où se trouve la liste des officiers et soldats morts ou blessés dans cette sortie :

LISTE DES GENS DE QUALITÉ ET DES PRINCIPAUX OFFICIERS QUI SONT MORTS EN CANDIE, A LA SORTIE SOUS LE COMMANDEMENT DE M. LE DUC DE NAVAILLES, LE 25 JUIN 1669.

S. A. monseigneur le duc de Beaufort, mort ou recélé.

MORTS.

Le comte de Rozan ; le chevalier de Villarceau, enseigne de l'amiral ; les sieurs de Guénégaud, de La Galissonnière ; le chevalier de Quélus ; de Vandières, capitaine de vaisseau ; de Saint-Remi ; le marquis de Bois-Dauphin ; le marquis de Fabert, mestre de camp du régiment de Lorraine ; de Montreuil, capitaine aux gardes ; de Beauvais, d'Ost, lieutenants aux gardes ; de Martel-Vaudray, capitaine ; le chevalier de Gatine, capitaine ; de Villergy ; le chevalier de Clermont-Lodève ; de Bourgneuf, aide-de-camp du duc de Navailles ; de Lauson, capitaine en Lorraine, et un sien frère ; de Ricourt ; de Saint-Jean, capitaine ; de Carignan et d'Escombes, brigadiers de mousquetaires ; le chevalier de Moncousat, capitaine en Bretagne ; Grenier, capitaine en Lorraine ; soixante officiers réformés ; vingt mousquetaires du roi de la première compagnie ; neuf mousquetaires de la seconde.

BLESSÉS.

Le chevalier de Novion, colonel de Bretagne ; de Castellan, major aux gardes ; de Jonsac ; de Cauvisson ; le marquis de Linières, colonel ; de Montigny ; de Moissac, enseigne aux gardes ; le marquis d'O, colonel ; de Saint-Mesme, lieutenant ; de la Hoguette, aide-de-camp du duc de Navailles ; de Croissy ; le chevalier des Essarts, volontaire ; Colbert de Maulevrier, maréchal-de-camp ; le chevalier de Bourlon ; Landot, capitaine des gardes du duc de Navailles ; le lieutenant et le maréchal-des-logis ; de Montaigu, colonel ; de Halot ; Olier, capitaine de cavalerie ; de Villiers, lieutenant-colonel ; de la Baume, capitaine de vaisseau ; d'Huxelles, aide-de-camp ; de la Morillière, colonel ; le chevalier de Beauvillon ; d'Amplemont ; le comte de Montbron, commandant les mousquetaires ; du Lot ; de la Courtiade ; Le Bret, maréchal-de-camp ; de Choiseul, commandant la cavalerie ; le marquis de Saint-Vallier, colonel ; le chevalier d'Ailly, capitaine ; de Chemerault, enseigne ; de Tresme, enseigne ; de Rigoville et de Preuleville, maréchaux-des-logis des mousquetaires.

Telles furent les pertes de l'armée du roi dans cette malheureuse sortie, qui démoralisa singulièrement les troupes : elles reprirent pourtant courage lorsqu'on annonça, le 1er juillet, l'arrivée des galères du roi, commandées par M. le duc de Vivonne.

CHAPITRE XX.

Lettre de M. Colbert de Maulevrier. — Arrivée des galères de France, de Venise et de Sa Sainteté. — Le comite-réal, maître Talebard-Talebardon. — Préparatifs d'une attaque par mer contre Candie. — Le comte de Vivonne. — Dernière résolution du conseil de guerre tenu avec M. de Rospigliosi et le général de Malte. — Plan de bataille. — Ordre de marche et d'attaque.

Voici en quels termes M. Colbert de Maulevrier rendait compte à Colbert de la seconde sortie qui fut faite sous ses ordres, après la malheureuse affaire du 25 juin.

« A Candie, ce jeudi au soir 4 juillet.

» Enfin nos galères arrivèrent hier au nombre de vingt-huit, savoir : les treize du roi, notre maître, avec les trois galiotes, font seize; cinq du pape, font vingt et une; et sept de Malte, font les vingt-huit.

» Hier, pendant que ces galères arrivaient, qui fut sur les quatre ou cinq heures du soir, on me donna le commandement d'une sortie qui réussit assez bien. J'avais cinq cents hommes de pied et cent cinquante chevaux. Je me rendis maître de deux redoutes des ennemis, où ils perdirent environ cent hommes des leurs. La sortie dura environ deux heures. M. de Navailles m'envoya, par deux fois, commander de faire sonner la retraite; je la fis assurément, et avec assez d'ordre; M. le capitaine-général et M. le marquis de Saint-André, qui étaient sur le rempart, ont témoigné en être fort satisfaits. J'ai été quitte pour un cheval blessé sous moi, un gentilhomme à moi tué et un autre blessé. Cette petite action, qui s'est faite avec assez de succès et même de vigueur, a remis le cœur à tous nos soldats : car ils ont besoin d'un peu de succès pour les mettre en haleine. Je crois que nous ferons encore quelque effort à l'arrivée de nos galères. Il n'y a plus que moi en état de commander les détachements qui seront faits de nos troupes. M. Le Bret a été blessé aujourd'hui, entre M. de Navailles et moi; sa blessure est au bras. S'il en réchappe, comme je l'espère, il ne peut pas être en état d'agir de toute la campagne.

» Je suis, monsieur mon frère, votre très-humble et très-obéissant serviteur.

» COLBERT DE MAULEVRIER.

» *P. S.* — J'avais oublié quatre galères des Vénitiens, qui, au lieu de vingt-huit, en font trente deux. Vous voyez ainsi, monsieur mon frère, que ce que je vous écrivais le lendemain de l'attaque de la Sablonnière se peut un peu adoucir [1]. »

On se souvient que les galères et les vaisseaux du roi n'avaient pas suivi la même marche. En quittant le port de Toulon, M. de Vivonne s'était rendu à Civita-Vecchia pour y joindre les galères espagnoles et celles du pape qui devaient accompagner les galères de France devant Candie; mais Sa Sainteté ayant envoyé M. de Gastaldi, son commissaire-général de marine, à Civita-Vecchia, prévenir M. de Vivonne que les Espagnols avaient publié hautement que leurs galères n'assisteraient pas à ce siége, M. de Vivonne, après quatre jours de relâche

---

[1] Ceci est sans doute à propos de ce fragment d'une autre lettre de M. le comte Colbert de Maulevrier qui rendait compte à son frère de la funeste sortie du 25.

« Candie, ce dernier jour de juin, à cinq heures du soir.

. . . . » Ce qu'on peut dire en général de cette petite bataille, c'est que l'action fut grande et hardie, et que M. de Navailles y a fait son devoir de soldat et de capitaine. Mais son malheur et le nôtre est *que les troupes que nous avons l'honneur de commander, tant officiers que soldats, ne valent pas grand'chose; et quand le roi laisserait périr ici ce qu'il nous en reste, il ne ferait pas grande perte.* Je ne doute pas que beaucoup de gens n'informent la cour de l'état de toutes choses, mais le péril auquel nous sommes exposés ici ne me paraît rien à l'égal du risque que nous courons d'être déshonorés quand nous aurons quelque affaire à soutenir avec ces gens-là; nous ferons pourtant tout notre possible pour leur remettre le cœur et les aguerrir plus qu'ils ne le sont; quand cela sera, et que nous aurons quelque heureux succès dans nos entreprises, ce sera alors que je prendrai plaisir, monsieur mon frère, à vous rendre un compte exact de tout ce qui se sera passé de glorieux pour notre nation... » (*Correspondance de Colbert,* 1669. Juin-décembre.) (*Bibl. Roy., Mss.*)

dans ce port, ordonna de serper le fer [1] et faire canal pour Candie.

Après avoir en vain cherché les galères du pape et de Malte, commandées par M. le bailli Fra Vicenzo de Rospigliosi, neveu de Sa Sainteté, à Lipari, à Messine et à Corfou, M. de Vivonne les joignit enfin à Zante, d'où elles repartirent le 27 juin, à onze heures du soir, sous le commandement de l'étendard du pape.

Le 2 juillet, après avoir côtoyé l'île de Candie, les galères, se trouvant à trois milles de la Canée, découvrirent seize Turcs qui sortaient de ce port. Aussitôt M. de Rospigliosi fit signal à l'avant-garde de chasser en avant; mais après deux heures de poursuite l'ennemi rentra dans le port.

Le lendemain, 3 juillet, environ sur les trois heures de l'après-midi, les galères de la chrétienté allèrent mouiller le fer au port de Saint-Nicolas, situé au sud de Standie, petite île déserte et escarpée, à dix milles de la ville de Candie : là se trouvent deux ports d'un assez bon ancrage, les ports Saint-Georges et Saint-Nicolas; le premier au S.-E., et le second au S.-O.

Ce fut à dater de ce jour que, apprenant la nouvelle de la mort ou de la disparition de M. le duc de Beaufort, M. de Vivonne prit le rang de général des armées navales du roi, conformément aux instructions de Louis XIV, qui voulait que M. de Vivonne commandât les galères et les vaisseaux de France en cas de mort ou de maladie de l'amiral, mais qu'il se mît toujours sous les ordres de M. de Rospigliosi, qui avait, lui, on le sait, le titre de généralissime des forces navales de la chrétienté.

Depuis l'arrivée des galères à Standie jusqu'au 23 juillet, jour où elles se disposèrent à venir joindre à la Fosse les vaisseaux du roi pour attaquer Candie, il n'y eut rien que quelques escarmouches, bien que les assiégés se trouvassent de plus en plus resserrés. La scène que nous allons décrire se passait donc le 23 juillet, à huit heures du soir, au moment où les galères du pape et de France, venant du port Saint-Nicolas, arrivaient

---

[1] Dans le Vocabulaire de la navigation des galères, *serper le fer* veut dire lever l'ancre, — et *faire canal*, faire route en pleine mer, au lieu de ranger les côtes de près.

dans celui de Saint-Georges pour y joindre les galéasses de Venise, mouillées là depuis la veille.

Après la galère réale du pape, portant l'étendard de la chrétienté et marchant à la tête de la ligne, suivie de sa division, venait la capitane et les galères de France, puis la patronne et les galères de Malte. Outre son incroyable magnificence, la capitane de France, montée, ainsi qu'on l'a dit, par M. de Vivonne, était encore de toutes les galères de l'armée celle qui portait le mieux la voile et aussi la mieux en estive [1]. La capitane devait ces dernières et précieuses qualités à la longue et parfaite expérience de maître Talebard-Talebardon, comite-réal [2] des galères de France, et l'un des plus experts mariniers dans cette navigation.

Fougues Talebard-Talebardon, né à Marseille en 1630, embarqué comme proyer [3] en 1639, avait alors trente-neuf ans. Ayant été de toutes les expéditions des galères, depuis celles de M. le marquis de Brezé et de monseigneur l'archevêque de Bordeaux jusqu'à celle de Gigeri, en 1664, commandée par M. le marquis de Créquy, il fut blessé grièvement à cette dernière affaire, et regagnait Toulon, à bord d'un navire marchand, lorsque ce bâtiment fut pris par deux corsaires d'Alger; de sorte que le comite-réal resta quatre ans esclave en Afrique, et ne fut racheté que vers le milieu de l'année 1668 par les révérends frères de l'ordre des Trinitaires [4].

A une valeur éprouvée, à une connaissance parfaite de la navigation des galères, si différente en tous points de la navigation des vaisseaux, le comite-réal joignait une humeur assez

---

[1] Une galère bien en *estive* signifie une galère bien lestée, bien arrimée. L'arrimage ou estive d'une galère était une des conditions les plus importantes pour sa marche et sa manœuvre.

[2] On sait que le *comite* ou *come* tient, à bord des galères, l'emploi de maître d'équipage à bord des vaisseaux

[3] *Proyer*, mousse destiné à être bas officier, et qui tenait des comes et pilotes une instruction nautique assez étendue. Plus tard, au lieu de les faire naviguer de bonne heure, on les laissa à terre sous la direction d'un père du séminaire de Marseille; ce dont plusieurs capitaines expérimentés se plaignirent fort.

[4] Les Trinitaires, ainsi que les révérends pères de la Merci, rachetaient les prisonniers esclaves.

enjouée et l'esprit vif et moqueur des Provençaux, qui s'exerçait surtout à propos des vaisseaux du Ponant [1] et des matelots ponantais, qu'il surnommait (qu'on excuse ces grossières scories de l'histoire) des c* de beurre ; il est juste de dire que les matelots ponantais ripostaient non moins vertement, en appelant les marins provençaux des c* à l'huile.

D'ailleurs, si maître Talebard-Talebardon professait une antipathie aussi prononcée pour la navigation et les navigateurs du Ponant, il ne faisait que résumer, pour ainsi dire, en lui le sentiment général des Provençaux embarqués sur les galères, qui, à part leurs préventions nationales à l'égard des Ponantais, nourrissaient encore contre les équipages des vaisseaux une espèce de rivalité jalouse assez analogue à celle qui séparait autrefois, dans l'armée de terre, la cavalerie légère de la grosse cavalerie ; de là une source intarissable de lazzis et d'attaques réciproques, qui finissaient malheureusement presque toujours par de sanglantes collisions dans lesquelles les Provençaux avaient souvent le dessous, car le nombre des marins libres qui complétaient la palamente [2] d'une galère sous le nom d'*équipage déferré* était peu considérable.

Ainsi, par exemple, une galère sensile [3] de vingt-six bancs, pour avoir une belle vogue [4], devait être montée d'une chiourme de deux cent quinze ou deux cent vingt forçats [5], d'un équipage de soixante-dix mariniers de rames, de trente matelots pour manœuvrer les voiles, et d'une garnison de cent soldats,

---

[1] Le *Ponant*, l'occident.

[2] La *palamente* d'une galère — signifie le nombre complet de ses rames ; ainsi l'on dit : *il faut cinquante-une* rames pour former la palamente d'une galère sensile.* — *La palamente de cette galère est trop courte*, — signifie, les rames ne sont pas assez longues.

[3] On sait qu'on distingue les galères en galères *sensiles* ou ordinaires, et galères extraordinaires, comme le sont quelquefois *la capitane*, *la réale* ou *la patronne*.

[4] Pour voguer bien, marcher bien.

[5] On mettait à bord d'une galère sensile quatre forçats par rame et un marinier de rame déferré ; quatre forçats par rame font deux cent quatre pour les cinquante et une rames.

* On se souvient que le fougon (ou cuisine) tenait à la senestre la place d'un banc de rameurs. Ce qui fait qu'il y avait vingt-six bancs de rames à droite, et seulement vingt-cinq à la senestre.

qui pendant long-temps furent pris indistinctement parmi les troupes de terre. Ainsi l'équipage libre d'une galère qui pouvait à terre prendre part à ces rixes était deux fois moins nombreux que celui d'un vaisseau de haut-bord.

Maître Talebard-Talebardon était donc un des plus opiniâtres détracteurs de l'utilité des vaisseaux, et corroborait son opinion de raisons plus ou moins solides, mais, il faut l'avouer, souvent assez bouffonnes. Le comite-réal était un petit homme brun, nerveux, agile, toujours en mouvement, et qui avait une prodigieuse influence sur l'équipage et sur la chiourme, grâce au triple ascendant de son énergie, de sa joyeuse humeur et de sa véritable supériorité dans la profession qu'il exerçait. M. le comte de Vivonne en faisait grand cas, et le cite souvent dans sa correspondance comme le type des marins provençaux, braves, gais, entreprenants tant qu'ils naviguent sur la Méditerranée, mais qui se démoralisent vite une fois qu'ils sont sur l'Océan, et que ses immenses solitudes, ses lames sombres et ses nuages gris ont remplacé le ciel riant et les côtes pittoresques de la Méditerranée.

Ce soir-là donc, le 23 juillet, la capitane de France marchait dans les eaux de la réale de Sa Sainteté, afin d'imiter sa manœuvre et de se mettre comme elle seulement sur deux fers [1], puisqu'au point du jour on devait serper [2] pour aller donner le cap [3] de remorque aux vaisseaux.

M. de Vivonne, vêtu d'écarlate, et portant, selon sa coutume, une plume verte et des bas de soie de la même couleur, était debout sur l'espale [4] à côté du capitaine M. de Manse, qui, de son poste de mouillage ou de combat, surveillait la manœuvre, mais ne la commandait pas. Ce soin important était laissé à maître Talebard-Talebardon, placé sur le tabernacle [5]

[1] Mettre une galère *sur deux fers* signifie mouiller deux ancres; l'*affourcher*, — en termes de marins de galères, *la mouiller en barbe de chat*.

[2] Lever l'ancre.

[3] Tout grelin ou gros cordage s'appelle *cap* en langage de galères.

[4] *Espale*. — On sait qu'après la poupe viennent les espales : ce sont deux plates-formes qui la débordent et sur lesquelles elle paraît être entée. C'est par une échelle placée à chaque espale que l'on monte à bord.

[5] Le *tabernacle* est le prolongement de la courcie, ou couloir qui traverse la galère dans toute sa longueur et la divise en deux parties égales ; seule-

proche la gigeole [1]. Selon l'habitude de plusieurs Provençaux, et bien qu'on fût au cœur de l'été, le comite-réal était habillé d'un capo [2] à traversier [3] de laine d'un gris jaunâtre, couleur de *la bête,* comme on disait en Provence (c'est-à-dire de couleur naturelle), assez richement brodé de lacets bleus et rouges ; il avait en outre de larges brayos [4] de toile grise à raies brunes qui descendaient au-dessous du genou, et étaient serrés autour des hanches par le *taillero* provençal, ceinture de laine rouge et verte. Enfin ses jambes étaient couvertes de guêtres de peau lacées bien serrées appelées *caliges,* et sur sa tête il portait la *barretto,* bonnet d'étoffe brune, qui, prenant étroitement la forme de la tête, s'échancrait autour du front et des oreilles, et, couvrant en partie la nuque, laissait échapper quelques mèches de cheveux noirs, rares et déjà grisonnants. Maître Talebard-Talebardon avait le visage couleur de brique, des yeux noirs et vifs, des dents blanches et aiguës, et, comme beaucoup de ses compatriotes, si peu de barbe et de moustaches que son menton et ses joues, déjà profondément ridés, malgré son âge, étaient pour ainsi dire imberbes.

A la proue de la capitane, monté sur la rambade [5] droite,

ment le tabernacle est un peu plus élevé que la courcie et forme comme un degré de niveau avec les espales.

[1] La *gigeole* était un habitacle renfermant la boussole ; il y en avait une plus petite sur la timonière pour le service des timoniers et des pilotes.

[2] *Capo,* sorte de caban que portent encore les matelots provençaux.

[3] Le *traversier* était le large capuchon de ce caban, appelé traversier sans doute parce qu'il était destiné à garantir du vent, et surtout du N.-E., nommé traversier dans la Méditerranée ; de même que dans les ports de la Manche on appelle encore *nord-ouest* une grosse houppelande très-chaude, le vent de N.-O. étant le vent le plus froid et le plus piquant de ces parages.

[4] Les *brayos,* culottes larges et plissées.

[5] Les *rambades,* élevées au-dessus des conilles, étaient deux espèces de châteaux-d'avant, placés à proue immédiatement après le dernier banc de rames et avant le tambouret (qui, avec l'éperon, formait la partie la plus saillante de l'avant d'une galère). Les rambades occupaient donc à proue à peu près la même place que les espales occupaient à poupe, puisqu'elles étaient situées après le dernier banc des rameurs, et que le premier banc touchait aux espales. Les rambades étaient séparées entre elles par une sorte de coulisse qui, faisant suite à la courcie, servait au libre recul du canon de courcie ; seulement les rambades, au lieu d'être élevées de 7 à 8 pouces, comme les espales, formaient deux corps-de-garde de 6 pieds de haut ; dans l'intérieur de chacun de ces corps-de-garde étaient placés deux canons ap-

était le lieutenant M. de Chabert, ayant à côté de lui le sous-comite ; le sous-lieutenant était sur la rambade senestre, et l'enseigne sur la courcie ou passage qui partage la galère dans toute sa longueur. Le devoir de ces trois officiers était, non de faire exécuter le mouillage, mais d'y assister ; car alors, on l'a déjà dit, à quelques rares exceptions près, les fonctions nautiques des officiers étaient presque toujours passives. Le pilote traçait la route des navires, et le come (ou maître d'équipage) commandait la manœuvre ; c'est ce qui explique, du reste, ces nombreuses et fréquentes permutations d'officiers de terre dans l'armée de mer, puisque pour ces derniers les navires n'étaient, après tout, que des espèces de forteresses mouvantes sur lesquelles il s'agissait de combattre vaillamment, pendant que la mestrance s'occupait de leur marche et de leur direction.

Mais revenons au mouillage des galères. La passe du port Saint-Nicolas était fort étroite, et son bassin de peu d'étendue ; aussi, lorsque la dernière galère de la division de la réale fut entrée dans la rade, maître Talebard-Talebardon s'approcha du capitaine, et lui dit, comme sûr d'avance de son consentement :

— Nous allons, n'est-ce pas, monsieur le capitaine, donner encore une dizaine de palades [1], après quoi la capitane aura

pelés bastardes et moyennes ; l'intérieur des rambades servait encore à loger des ancres et des gumes* ; sur leur plafond, formant plate-bande, ainsi qu'on l'a dit, et défendu par un parapet de batayoles, on mettait un pierrier appelé pierrier de rambade.

[1] *Palade*, — c'est le mouvement régulier que font ensemble toutes les rames d'une galère lorsqu'elles frappent l'eau. Palade signifie encore, ainsi qu'on le verra plus bas dans le texte, l'intervalle compris en voguant entre les pales des rames du premier et du septième banc. Ainsi l'on disait : Cette galère marche bien, *elle prend plus de six palades,* c'est-à-dire que la pale de la première rame allait frapper la mer au-delà de l'endroit où la septième l'avait frappée. L'expérience prouvait autrefois qu'*une galère faisait autant de milles par heure qu'elle prenait de palades à chaque vogue.* Ainsi une galère faisait plus de six milles à l'heure quand elle prenait plus de six palades par vogue. Une galère bien armée devait donner vingt-six palades par minute quand on *voguait tout* (quand on faisait force de rames), et de vingt-deux à vingt-quatre quand on *voguait modérément ;* en ce cas la première rame, en donnant dans les eaux de la septième, produisait par palade un intervalle de six rames qui, à raison de l'intervalle de 3 pieds 10 pouces d'un banc à l'autre, faisaient 23 pieds par palade ; or, vingt-quatre palades par minute

* En terme de galères, tout cordage servant au mouillage s'appelait généralement *gume*.

assez d'erre pour donner fond ; mais alors il ne sera pas mauvais de faire coniller¹ les rames de droite et de senestre pour éviter les abordages à tenir moins de place? Je vais l'ordonner, s'il vous plaît.

M. de Manse le capitaine regarda M. de Vivonne pour lui demander son assentiment. Le général le donna d'un signe de tête; et le comite-réal, sautant d'un bond sur le tabernacle, s'écria, avec un accent provençal fort prononcé :

— Allons... *arranque, arranque* ² avant tout... Voguez tout... Là, mes beaux... encore dix palades, mes chérubins, et nous donnons fond ³. Alerte!... bien, mes fils d'amour.... bien... notre capitane prend plus de six palades, la fine vogueuse qu'elle est! Saint Elme! ce n'est pas un pesant vaisseau de haut-bord qui ferait ainsi la flèche; il roulerait là, le gros lourdaud, comme un vieux bachias ⁴ sur un étang... Alerte! Alerte!... *casque à proue* ⁵, mes chérubins... encore une

produisaient 92 toises par minute et 5,520 toises par heure, ce qui revient à plus de six milles.

¹ *Coniller les rames**, — c'est rentrer les rames dans la galère par le travers de sa largeur, sur la courcie et sur les bancs, de sorte que le bout ou *mantenen* des rames de la droite soit placé un peu en dehors de l'apostis de la senestre, sur lequel il appuie, et que leurs pales reposent sur l'apostis de droite, et ainsi des rames de la senestre. On *conillait* quand on se trouvait dans un port trop étroit pour y mouiller convenablement toutes les galères d'une escadre, parce que *trois* galères ayant leurs rames couillées n'occupaient pas plus de place qu'*une* les ayant *fournelées*, c'est-à-dire en leur place ordinaire, et saillantes en dehors de 25 pieds de chaque côté de la galère; or, ces 50 pieds font à peu près la largeur de deux galères (la largeur d'un apostis à l'autre étant, on le sait, de 26 pieds 8 pouces 6 lignes) ; une galère ayant ses rames dehors (ou *fournelées*) occupait donc un espace de près de 77 pieds, tandis que trois galères ayant leurs rames *conillées* ne couvraient que quatre-vingts pieds de surface.

² *Arranque!* en terme de commandement vulgaire, signifiait : — voguez avec force! voguez tout!...

³ *Donner fond,* mouiller.

⁴ Le *bachias,* sorte de tambourin provençal.

⁵ *Casque à proue!* — ramez fort! En voguant ainsi, la tête des rameurs se renversait violemment vers la proue.

* Les rames avaient 36 pieds 6 pouces de longueur, dont 25 pieds saillaient en dehors de la galère. La longueur de la *pale*, partie de la rame qui frappe l'eau, était de 18 pieds. Sa plus grande largeur, à son extrémité, était de 6 pouces et demi sur 8 lignes d'épaisseur.

palade et nous donnons fond, pour boire après un bon verre de saouvo christian ¹, que vous trouverez à ma taverne ².

Les chérubins et les fils d'amour de maître Talebard-Talebardon, moitié Turcs et moitié chrétiens, encouragés par la présence du général, par les exhortations du comite-réal, et stimulés surtout par le sifflement du gourdin que le sous-comite Isnard faisait incessamment bruire aux oreilles des rameurs du quartier d'avant, la chiourme, dis-je, donna une si vigoureuse impulsion à la capitane, qu'en une dernière palade elle eut assez d'erre pour glisser rapidement sur les eaux de la baie et atteindre son poste de mouillage.

— Maintenant, mes fils, — dit le comite-réal, — attention, vous autres, les vogue-avant et les quinterols !... Y êtes-vous ?... Allons, alerte !... conillez vos rames... Alerte !

Cette manœuvre fut exécutée avec un ensemble et une promptitude admirables ; chaque vogue-avant ³ pesa avec force sur le mantenen de la rame qu'il dirigeait pour sortir sa pale de l'eau en faisant levier sur l'apostis ⁴, et une fois que la rame fut sur un plan horizontal, chaque quinterol ⁵, la prenant par le genou, la fit adroitement glisser vers le vogue-avant, qui continua de la diriger de dehors en dedans de la galère jusqu'à ce que le bout de la pale de la rame s'appuyât sur un apostis et que son mantenen reposât sur l'autre, cette manœuvre s'exécutant de chaque bord, c'est-à-dire de sorte que les mantenens des rames de la senestre reposassent sur l'apostis droit et leurs pales sur l'apostis gauche, et que le mantenen des rames

---

¹ *Saouvo-christian*, — sauve-chrétien, breuvage alors fort estimé des Provençaux : c'était de l'eau-de-vie dans laquelle on faisait infuser des grains de raisin.

² Le comite-réal avait le droit d'embarquer et de vendre du vin et de l'eau-de-vie.

³ Les rameurs qui donnaient l'impulsion à la rame en la manœuvrant par son extrémité (qui se nommait le *mantenen* ou *mantenen*) s'appelaient *vogue-avant*, et étaient mariniers et non forçats. Les quatre autres rameurs, qui manœuvraient chaque rang, étaient de la chiourme.

⁴ On sait qu'à bord des galères les apostis étaient à peu près ce que sont les bastingages à bord des vaisseaux, ou le plat-bord des embarcations.

⁵ Le *quinterol* était le cinquième rameur qui se trouvait le plus près de la muraille de la galère ; le quatrième s'appelait *quarterol*; le troisième, *tiercerol*, le deuxième, *apostis*, et le premier, *vogue-avant*, ainsi qu'on a dit.

de droite reposât sur l'apostis droit ¹. Il résultat de cette manœuvre que les rames, ainsi placées, formèrent comme une espèce de plancher qui couvrit toute la largeur de la vogue à la hauteur des épaules des forçats, et sur le milieu duquel les mariniers déferrés et les vogue-avant coururent légèrement vers la proue pour aider au mouillage ².

— Monsieur, — dit maître Talebard-Talebardon, en s'adressant à M. de Manse, — voilà la galère morte ³ ; tout à l'heure, je vais donner fond en barbe de chat, s'il vous plaît ?·

— Faites, — dit le capitaine.

— Eh ! là-bas... Isnard... — dit alors le comite-réal, — les gumes sont-elles remergées aux fers ⁴ ?

— Oui, *notre homme* ⁵, il y en a deux.

— Es-tu prêt à donner fond en barbe de chat ?

— Oui, notre homme.

— Et vous, timonier, — dit maître Talebard-Talebardon en se retournant vers la timonière, — tenez toujours le timon à file de rode ⁶, entendez-vous ? Maintenant... veille, Isnard !... donne fond. Alerte ! —

---

¹ On se souvient que les rameurs en voguant *regardaient la poupe*, et que, dans cette position, ce qui était la senestre de la galère leur restait à droite, et la droite leur restait à gauche.

² On conçoit que les genoux des rames, renforcés de manilles et des galavernes, se trouvant à peu près, dans cette manœuvre (de coniller les rames), au-dessus de la courcie, et par conséquent au milieu de la galère, pouvaient facilement supporter le poids des matelots qui y marchaient, le *genou* étant la partie la plus épaisse des rames.

³ Galère *morte*, — qui a perdu son erre.

⁴ Une *gume*, en termes de galères, est un câble, et *remeger* signifie *étalinguer*.

⁵ *Notre homme*. — Le P. Fournier, à propos de cette appellation du come par les forçats et ses subordonnés, donne cette singulière définition de cet usage : « Le nom de come vient sans doute de *comis*, d'où il a été donné aux comites pour signifier le contraire de ce qu'ils sont généralement; à la façon de parler de quelques anciens Grecs, qui donnaient à chaque chose des noms tout contraires à leur nature, appelant douces choses amères, et le bourreau, l'ami du peuple; mais il est plus vraisemblable que ce nom de *comis*, donné aux comites, est pour les avertir d'user de plus de douceur qu'ils peuvent envers ces pauvres misérables, qui, pour même raison, ont permission de les appeler *notre homme*, les obligeant ainsi continuellement à se souvenir qu'ils sont hommes comme eux. »

⁶ Mettre le timon à *file de rode*, — c'est-à-dire gouverner droit.

Au moment où le comite-réal ordonnait cette manœuvre, la galère finissait son erre; aussi frémit-elle bientôt dans sa membrure sous le frottement des gumes rapidement entraînées par le poids des ancres [1] qui mordirent le fond de baie, et la capitane resta immobile.

Maître Talebard-Talebardon s'approchant de nouveau de M. de Manse, lui dit:

— Monsieur le capitaine, comme ce fond est fort gras, il sera bon, s'il vous plaît, de faire suspendre le fer [2] toutes les quatre heures pour ne pas trop prendre de tenue cette nuit, et pouvoir serper le plus vite possible au point du jour, si monseigneur l'ordonne.

— Faites, — dit M. de Manse, en rejoignant M. de Vivonne qui regagnait le carrosse.

— Ici, à moi, Isnard, — dit alors le comite-réal à son second, presque aussi maigre et aussi basané que lui. — Tu feras suspendre le fer toutes les quatre heures, et n'oublie pas que ton groupi [3] soit assez long pour que le gaviteau veille, et qu'on le voie facilement si l'on avait à serper au petit jour pour aller canonner ces chiens de Turcs, et leur jouer la *bedocho* [4] en manière de réveil avec accompagnement des *bâtardes* et des *moyennes* [5] du maître bombardier.

— Oui, notre homme, ce sera fait.

— Allons, alerte, compère Isnard; et, ta besogne faite, viens manger avec nous une bouchée de *raïto* [6]; cela égaiera un peu

---

[1] L'ancre d'une galère différait de l'ancre d'un vaisseau, en cela qu'*elle n'avait point de jas*, et qu'elle avait *quatre pattes* au lieu de *deux* ; cette différence venait de la nécessité où l'on était de mettre les ancres dans les conilles où les ancres à *jas* n'auraient pu entrer; il y avait quatre ancres à bord d'une galère, et deux plus petites appelées *andrivaux*.

[2] Dans un fond vaseux, on faisait alternativement serper chaque fer, pour éviter qu'ils prissent trop de tenue et rendissent l'appareillage trop long.

[3] Le *groupi* était le cordage qui retenait la bouée qu'on nommait *gaviteau* à bord des galères; on disait aussi que le *gaviteau* veillait, c'est-à-dire que la bouée était à fleur d'eau.

[4] *Bedocho*, air national des Provençaux.

[5] *Bâtardes*, — *moyennes*, — pièces d'artillerie des galères.

[6] La *raïto*, mets de prédilection des Provençaux : c'était de la morue sèche, frite avec une sauce de vin et de câpres.

la ration du capitaine[1]. — Et le digne comite-réal descendit dans sa chambre située vers l'avant, en fredonnant ce vieux refrain des mariniers provençaux[2] :

> Qu'a gagna la targo ?
> N'es patroun Cayaou.
> De vin de la Margo,
> Beghen tous un coou,
> A-n aqueou targaire,
> Dur comm'un payrar,
> Qu'a manda lai frayre,
> Beoure din la mar.

Lorsque sa capitane fut mouillée, M. de Vivonne, selon qu'il en était convenu avec M. de Rospigliosi et le général des galères de Malte, se rendit à bord de la galère réale pour convenir des dernières dispositions relatives au combat du lendemain, et à l'attaque des retranchements des Turcs.

La galère réale du Pape, commandée par M. le bailli Fra Vicenzo de Rospigliosi, neveu de Sa Sainteté Clément IX, était des plus somptueuses, et surchargée de dorure jusqu'au mauvais goût. Sa tente et son tendelet étaient de magnifique damas rouge, et son énorme étendard, représentant un christ en croix de couleur naturelle admirablement brodé sur un fond de satin incarnat, avait ces mots pour exergue :

Dissipentur omnes inimici ejus !

---

[1] On sait qu'alors les capitaines des galères nourrissaient encore leurs équipages.

[2] Voici la traduction de cette chanson. La *targo* était une joute sur mer, celui qui faisait tomber trois jouteurs était nommé *frayre*, et les frayres se disputaient le prix de la joute entre eux seuls.

> Qui gagne la targue ?
> C'est le patron Cayou.
> Du vin de la Malgue
> Buvons tous un coup ;
> Pour lui vidons nos verres,
> Lui qui, d'un bras de fer,
> Envoya les frères
> Boire dans la mer.

(M. de Villeneuve, *Statistique des Bouches-du-Rhône*.)

Une brise assez fraîche soulevait les plis de ce lourd pavillon, au moment où le caïcq de M. de Vivonne approchait des espales de la réale ; aussi put-il lire l'inscription latine à la lueur des derniers rayons du soleil couchant.

— *Tous ses ennemis seront dissipés !* — dit M. de Vivonne en traduisant l'exergue de l'étendard de la réale, à M. de Vancy son secrétaire, qui l'avait accompagné. — *Tous ses ennemis seront dissipés !* — répéta le général avec son singulier accent de finesse et d'ironie. — Têtebleu ! j'ai terriblement peur, Vancy, que dans la défense et l'attaque de ce pieux étendard, les amis de ce saint pavillon n'y pensent guère plus que ses ennemis ; mais c'est toujours une grosse consolation que de mourir ou de se battre pour ce divin prétexte-là.

Le caïcq du général ayant accosté la galère réale, M. de Vivonne monta par les échelles d'espale, suivi de son secrétaire. Arrivé sur la couverte [1], il y trouva le général des galères de Malte, qui venait comme lui conférer, avec M. le bailli de Rospigliosi, sur le plan d'attaque du lendemain.

Après quelques politesses échangées, M. de Vivonne et le général de Malte entrèrent dans le gavon.

M. de Rospigliosi, généralissime des forces navales de la chrétienté, s'avança au-devant d'eux, et les accueillit avec les formes les plus gracieuses ; et, après que les trois chefs eurent pris place autour d'une table sur laquelle était un plan de Candie et de son littoral, M. de Vivonne s'adressant à M. Rospigliosi :

— Permettez-moi, monsieur le bailli, de vous faire part de toute mon admiration pour l'excellente vogue de vos galères ; en vérité, rien n'est plus parfait.

— Vous êtes trop indulgent, monsieur le comte : si les galères de Sa Béatitude méritaient un pareil éloge, venant de vous, il serait doublement flatteur ; tout ce que je désire, c'est que vous les voyiez à l'œuvre demain, s'il plaît à Dieu.

— Et je ne doute que cela ne lui plaise extrêmement, monsieur le bailli. Mais, définitivement, à quoi nous décidons-nous ? tenez-vous donc toujours à ce plan de bataille que vous

---

[1] On se souvient que la *couverte* était le pont d'une galère.

m'avez déjà proposé, de faire insulter[1] les ouvrages turcs du côté de la mer seulement par les vaisseaux du haut-bord de Sa Majesté, à l'exclusion des galères ?

— Je pense devoir tenir d'autant plus à ce plan, monsieur le comte, que MM. de Morosini et de Saint-André-Montbrun partagent ma manière de voir, et que M. le général de Malte, que voici, est aussi de cette opinion.

— Oui, monsieur le comte, et franchement je crois les dispositions de M. le bailli des mieux ordonnées, — dit le général de Malte, grand homme sec, pâle, à moustache grise, et qui portait sur son manteau noir la croix blanche de son ordre.

— Des mieux ordonnées... peut-être pour l'avantage des vaisseaux, mais fort au détriment des galères ! — s'écria M. de Vivonne ; — car il faut avouer que dans cette circonstance les galères sont outrageusement sacrifiées aux vaisseaux. Oui, messieurs, outrageusement sacrifiées ; et permettez-moi de vous le dire, sacrifiées au grand dommage de la sainte cause que nous avons tous l'honneur de servir.

— Veuillez expliquer vos raisons, monsieur le comte, — dit le bailli avec beaucoup de sang-froid ; — je suis tout prêt à les préférer aux miennes, si je les trouve meilleures.

— Mes raisons sont très-simples, monsieur : les galères du roi mon maître forment ici la plus grosse escadre ; c'est donc à elles qu'appartient de droit le poste le plus dangereux, poste le plus approprié d'ailleurs au service des galères, qui, tirant beaucoup moins d'eau que les vaisseaux, peuvent canonner une place de plus près. Or, de quoi s'agit-il ? de ruiner le camp et les ouvrages des Turcs, situés sur la côte et proche du bastion de Saint-André. Eh bien ! je maintiens que c'est l'affaire des galères du roi de France, et de celles de Sa Sainteté, de Malte et de Venise. Quant aux vaisseaux de Sa Majesté que j'ai aussi l'honneur de commander, il ne me paraît ni prudent ni sage de les embarquer dans une entreprise aussi périlleuse.

— Ni prudent, ni sage ! — dit M. de Rospigliosi avec étonnement.

— Non, monsieur le bailli, ni prudent, ni sage, je le répète,

[1] Dans le langage stratégique de ce temps-là, *insulter* ou *attaquer* étaient synonymes.

car c'est sur les vaisseaux que repose surtout le salut du retour des troupes de Sa Majesté en France. Or, les exposer dans cette attaque, n'est-ce pas risquer de compromettre nos seuls moyens de retraite lors d'une circonstance que je n'ose ni ne veux prévoir, mais qui après tout est possible, je veux dire la reddition de Candie ? Or, en définitive, je soutiens encore qu'il est préférable de donner le principal poste d'attaque aux galères, et non pas aux vaisseaux.

— Je suis fort loin, monsieur le comte, — reprit M. de Rospigliosi, — de nier l'utilité des vaisseaux pour la retraite ; mais il me semble qu'avant de songer à la retraite, il est bon de songer au but principal pour lequel les vaisseaux et les galères de la chrétienté sont réunis ici *sous mes ordres*. Ce but est de faire une diversion utile, en attaquant vigoureusement les Turcs par mer, tandis que les troupes de terre tenteront une sortie. Le point principal est donc de ruiner les travaux des infidèles. Or, l'artillerie d'un vaisseau de quarante ou de cinquante pièces de canon étant huit ou dix fois plus considérable que l'artillerie d'une galère qui ne porte que cinq canons, il me paraît que, puisqu'il s'agit de battre en ruine des retranchements, plus on emploiera de bouches à feu, plus on y parviendra sûrement. En un mot, monsieur le comte, j'ai sous mes ordres treize galères et trois galiotes de Sa Majesté le roi de France, cinq de Sa Sainteté, sept de Malte et quatre de Venise ; en tout trente-deux galères. En admettant même que les deux *bâtardes* et les deux *moyennes* qui complètent, avec le *courcier,* les cinq pièces d'artillerie d'une galère, soient d'un calibre égal, je ne trouve que cent soixante pièces d'artillerie pour ces trente-deux galères, tandis que les treize vaisseaux de Sa Majesté et les huit vaisseaux vénitiens [1], en ne comptant à chacun qu'une moyenne de quarante canons, présentent huit cent quarante bouches à feu.

— C'est-à-dire, monsieur le bailli, seulement quatre cent vingt en batterie ; car je ne pense que les vaisseaux puissent faire feu des deux bords à la fois, — dit Vivonne.

---

[1] M. de Rospigliosi ne comptait sans doute là les vaisseaux vénitiens que pour *mémoire ;* car même dans cette hypothèse ils n'eussent pas plus donné qu'ils ne donnèrent plus tard, ainsi qu'on le verra.

LIVRE III, CHAPITRE XX.

— Soit, monsieur le comte; mais il reste toujours la différence de cent soixante pièces de canon à quatre cent vingt, sans compter que le calibre de l'artillerie des vaisseaux est de beaucoup supérieur à celui des galères.

— Il est aussi un autre avantage à employer les vaisseaux à cette attaque, — dit le général de Malte, — c'est qu'une galère peut toujours donner le cap de remorque à un vaisseau, et qu'il est souvent assez difficile qu'un vaisseau le puisse donner à une galère. Or, comme, dans une pareille canonnade, il est certain que plusieurs des vaisseaux qui occuperont ce poste dangereux seront désemparés, il me semble que les galères, ayant été jusque-là moins exposées, pourraient alors devenir fort utiles pour aller remorquer les vaisseaux avariés ou hors d'état de manœuvrer, et les arracher à une perte sûre, puisque, sans ce secours, ils resteraient infailliblement exposés à l'artillerie des Turcs. —

Ces deux objections, pleines de sens et de raison, bien qu'elles enveloppassent une arrière-pensée d'intérêt tout personnel que nous dévoilerons bientôt, ces objections ne pouvaient satisfaire à l'extrême amour-propre de M. de Vivonne, qui tenait à emporter, pour ses galères, le poste le plus dangereux et le plus en évidence; et cela, au détriment des vaisseaux, afin de donner plus d'importance aux bâtiments qu'il commandait spécialement. Car, il faut le dire, la rivalité ardente et presque haineuse qui divisait depuis si long-temps les officiers des galères et les officiers des vaisseaux, existait toujours; et, bien qu'elle réagît dans une sphère plus élevée, cette animosité demeurait aussi vivace, entre ces deux classes, qu'entre les matelots du Ponant et du Levant; seulement ses formes étaient moins brutales.

Il arriva donc, ce qui arrivera toujours, qu'un point d'honneur mal compris prévalut sur l'influence que devaient avoir de bonnes et saines représentations, et que M. de Vivonne put arriver à ses fins, ainsi qu'on va le voir.

Quant au motif particulier qui faisait désirer à M. de Rospigliosi et au général de Malte de réserver aux vaisseaux du roi de France le poste le plus dangereux, et de ne donner aux galères qu'une position toute secondaire à l'aile droite et à l'aile gauche de l'escadre, il était très-simple : c'est que Rome et Malte, bien que les plus intéressées dans cette guerre toute chrétienne, ne se souciaient plus d'exposer leurs galères; ce qui serait nécessairement arrivé si M. de Rospigliosi eût adopté le plan de bataille de M. de Vivonne ; car elles eussent été obligées de se joindre aux galères de France pour cette dangereuse attaque.

Ce fut donc pour cette seule raison que MM. le bailli de Rospigliosi et le général de Malte ne voulurent pas absolument entendre aux propositions de M. de Vivonne.

Grâce à sa perspicacité, ce dernier ne fut pas long-temps à démêler la véritable cause de l'opiniâtreté de M. de Rospigliosi ; car avant son départ, de Lionne l'avait suffisamment instruit de l'indifférence des Vénitiens à l'égard de Candie, qu'ils considéraient dès long-temps comme perdue pour eux, et dont ils attendaient de jour en jour la reddition avec impatience, regardant comme inutiles et fort onéreuses les charges que la défense de cette ville leur imposait. Mais ce que de Lionne n'avait sans doute pas confié à Vivonne, c'est qu'avant l'arrivée des *secours* envoyés si chrétiennement aux Vénitiens par Louis XIV, Venise avait *secrètement traité de la reddition de Candie avec la Porte,* et s'était assurée d'une capitulation des plus avantageuses, ainsi qu'on le verra plus tard.

Une des preuves évidentes de ceci, c'est que les Vénitiens, loin de prêter jamais aucun secours aux troupes françaises qui venaient si naïvement les défendre, les laissèrent impitoyablement décimer par la guerre ou par la peste, et assistèrent toujours, du haut de leurs remparts, aux combats acharnés que nos troupes livraient aux Turcs. Les ministres de Louis XIV, parfaitement instruits de cette incroyable façon d'agir des Vénitiens, ne faisaient aucuns reproches, car, ainsi qu'on l'expliquera tout à l'heure, il était nécessaire à la politique de la France que le siège de Candie durât encore quelque temps pour plusieurs raisons: d'abord pour assurer, par la continuation de cette apparente croisade, les chapeaux de M. le duc d'Albret et de M. de Laon ; puis aussi pour intimider les protestants de tous pays, en leur donnant une grande idée de la puissance et de l'unité de vues du Pape et des rois catholiques ; car alors les mouvements populaires en Angleterre, en France le soulèvement du Vivarais, la sourde agitation des huguenots, prouvaient évidemment que le côté politique du protestantisme s'éclairait peu à peu ; parce que, là comme toujours, la question religieuse n'avait été que l'enveloppe d'une formule gouvernementale, écorce que le temps avait réduite en poussière, et qu'alors peuples et rois commençaient à traduire catholicisme et protestantisme par absolutisme et émancipation.

Pour revenir à M. de Vivonne, il sentit que se serait sans doute en vain qu'il tenterait de lutter contre la volonté de M. de Rospigliosi, qui, après tout, avait le commandement de toutes les forces navales. Pourtant, il voulut essayer d'un dernier moyen, assez vulgaire, il est vrai, mais d'un effet souvent assuré. Ce fut de piquer au vif l'amour-propre du Romain, en paraissant soupçonner son courage. Aussi M. de Vivonne attira près de lui un plan de la ville de Candie, ouvert sur la table, et, après l'avoir assez long-temps examiné, dit à M. de Rospigliosi, de cet air sardonique et railleur qui lui était particulier :

— En résumé, monsieur le bailli, votre plan de bataille se réduit à ceci : les treize vaisseaux de Sa Majesté s'embossant devant le bastion Saint-André et les travaux des Turcs formeront le corps de bataille, dont la gauche sera placée à la hauteur du bastion de Dimitri, et dont la droite s'étendra jusque vers l'embouchure de la rivière de Joffra ; ce sera donc devant cette embouchure-là que sera mouillée l'aile droite de l'armée, composée des galères du roi, que j'ai l'honneur de commander. C'est alors que de ce dangereux poste, têtebleu ! je foudroie de toute mon artillerie de redoutables caravelles pourvoyeuses et de non moins redoutables bateaux de pêche, qui répondent à mon feu meurtrier par une effroyable grêle de figues, d'oranges, ou par quelque furieuse nuée d'arêtes et d'entrailles de poisson. Cependant les vaisseaux qui forment le corps de bataille, bravement embossés sous les travaux des Turcs à bonne et rude portée de mousquet, échangent de nobles bordées de boulets avec les infidèles. Maintenant, que fait l'aile gauche de l'armée de la chrétienté, je vous prie ? Elle s'étend paisiblement depuis a hauteur du bastion Dimitri, jusqu'à la pointe du Môle. Or, comme elle n'a pas, ainsi que ma formidable aile droite, l'incomparable honneur d'attaquer intrépidement une grosse flotte de caravelles pourvoyeuses et de barques de pêcheurs, elle attend là patiemment l'effet du combat, elle voit de sang-froid les vaisseaux du roi se couvrir de gloire et braver tous les périls; seulement, si un de ces vaillants vaisseaux est désemparé, si, incendié ou coulant bas d'eau, il fait encore feu autant qu'il le peut contre les batteries qui l'écrasent, alors une des prudentes galères de l'aile droite ou de l'aile gauche viendra discrètement retirer cet intrépide navire du milieu de la bataille, comme une pitoyable sœur de charité qui ramène et guide vers l'hôpital d'une place forte le rude guerrier, saignant et noir de poudre... Pardieu! monsieur le bailli, pardieu! monsieur le général, vous et moi, ferons une singulière figure dans ce combat-là! vous, abrité derrière des murailles amies; moi, mouillé vis-à-vis d'une rivière défendue par des marchands de fruits, pendant que les vaisseaux tireront en plein sur de nombreuses batteries qui leur rendront en boulets de marbre ce qu'ils leur donneront en boulets de fer... Ce sera, sur ma parole, d'un merveilleux effet pour le bien de la chrétienté et pour l'honneur de la sainte église! Ventrebleu! monsieur le bailli, savez-vous que, pour la première fois de ma vie, je suis heureux de ne pas voir l'étendard du roi sur ma capitane? Enfin, — dit Vivonne plus posément, — enfin, pour terminer, monsieur le bailli, j'accepte votre ordre de bataille parce que vous avez le droit de me l'imposer, parce qu'il est, je l'avoue même, si vous le désirez, basé sur une stricte et apparente raison; et puis enfin, parce qu'en voyant que vous, monsieur le bailli, que vous, monsieur le général, avez le courage de sacrifier l'intérêt de votre gloire personnelle à l'intérêt commun, je comprends qu'il y aurait de ma part une singularité de mauvaise grâce et de mauvais goût à ne pas imiter votre résignation. Encore une fois, monsieur le bailli, agréez mes excuses des plaisanteries que je me suis permises; je signerai le plan d'attaque quand vous le désirerez. —

M. de Vivonne vit qu'il avait manqué son but; car M. de Rospigliosi, restant impassible, répondit froidement :

—Monsieur le comte, je n'avais non plus regardé que comme

des plaisanteries, d'ailleurs naturelles au caractère français, l'espèce de reproche que vous faisiez aux positions communes de nos galères. Croyez bien encore, monsieur le comte, que je comprends parfaitement le noble dépit qu'un homme de cœur doit éprouver lorsqu'il se voit privé d'une portion de gloire ou de danger, c'est tout un, qu'il croit devoir lui appartenir. Mais je comprends aussi les devoirs sacrés que m'impose le commandement dont je suis investi, et vous conviendrez avec moi qu'il m'est impossible de céder à un point d'honneur tout particulier, lorsqu'il s'agit du salut de l'armée de la chrétienté et du triomphe de la sainte église.—

M. de Vivonne, sentant que rien ne pouvait ébranler la volonté de M. de Rospigliosi, voulut au moins partager la position d'attaque avec les vaisseaux, s'il ne pouvait pas l'emporter pour les galères, persuadé, comme il était d'ailleurs probable et vrai, que, pourvu que les galères de Malte, de Rome et de Venise se trouvassent à l'abri, peu importerait à M. de Rospigliosi que les galères de France se mêlassent aux vaisseaux. M. de Vivonne se rabattit donc fort adroitement sur la rivalité des vaisseaux et des galères, et reprit :

— Veuillez considérer, pourtant, monsieur le bailli, que ce qui vous paraît ici un intérêt tout personnel est au contraire l'intérêt des armes de Sa Majesté très-chrétienne. Après tout, c'est moi qui ai causé, je le sens, l'erreur où vous êtes, en plaisantant, au lieu de vous donner de bonnes et solides raisons. Vous ignorez peut-être, monsieur le bailli, qu'il existe une sorte de rivalité presque haineuse entre le corps des galères et des vaisseaux du roi; c'est une de ces plaies que l'on devrait cacher, je le sens, même à ses amis; mais la consciencieuse insistance que vous mettez, monsieur le bailli, à ne pas vous écarter de votre sentiment, me force à vous faire cet aveu. Ainsi donc, veuillez songer que si des gens déjà divisés par des habitudes et un langage différents voient encore que ce que chacun regarde comme un avantage, comme un honneur, comme un droit, devient le partage exclusif d'un rival, les suites les plus dangereuses sont à redouter. Oui, monsieur le bailli; car si les officiers et les équipages des galères voient qu'on les éloigne du danger, ils pourront penser qu'on ne les regarde pas comme assez braves pour l'affronter, et le service de Sa Majesté, la gloire de la chrétienté peuvent recevoir un notable dommage de ce dégoût qu'on leur fera supporter. Encore une fois, monsieur le bailli, je dois aux véritables intérêts du roi, mon maître, et du corps que j'ai l'honneur de commander, de vous prier d'arrêter un instant votre attention sur ce dernier motif.

—Envisagées sous ce point de vue,—dit le général de Malte, —il est vrai que les objections de M. le comte sont pressantes ; mais, pourtant, l'intérêt de Sa Majesté très-chrétienne, l'intérêt du corps de ses galères, tout en étant infiniment considérable, n'est pas l'intérêt entier et seul de la chrétienté. Aussi, permettez-moi de vous dire, monsieur le comte, que cet intérêt, tel grand et respectable qu'il soit, n'en demeure pas moins un intérêt tout particulier.—

Pendant ce temps, soit que M. de Rospigliosi ne voulût pas prendre part à la discussion, ou qu'il préférât d'attendre la réponse de M. de Vivonne, le généralissime attira le plan de la ville à lui, et parut calculer le nombre et la force des galères et des vaisseaux signalés sur deux longues listes placées près de lui.

— Un intérêt particulier, je le veux bien, — dit M. de Vivonne au général de Malte, —je le veux bien, monsieur ; mais je crois pouvoir déclarer hautement que l'intérêt particulier d'un roi qui, de son plein gré, qui, pour le seul triomphe de la croix et la défense de la vraie religion, envoie ici l'élite de ses troupes de terre et de mer, commandées par un prince du sang royal, qu'hélas ! il regrette à cette heure ; il me semble, dis-je, monsieur le général, que cet intérêt, tout particulier qu'il soit, mérite d'être compté, et ce, avant beaucoup d'autres.

Le général de Malte allait répondre, lorsque M. de Rospigliosi dit d'un air très-grave :

—Pour vous prouver, monsieur le comte, combien j'ai à cœur de satisfaire ce que vous regardez comme les véritables intérêts du roi votre maître, notre gracieux allié, voici ce que je vous propose en définitive : les galères de Sa Majesté qui ont l'honneur d'être sous vos ordres donneront le cap de remorque aux vaisseaux du roi si le temps le permet, et, une fois en face des batteries ennemies, lesdites galères mouilleront dans l'intervalle qui restera entre chaque vaisseau, pour, de cet endroit, tirer sur les batteries turques, et prêter secours aux vaisseaux qui pourraient être désemparés. Les galéasses de Venise et moitié des galères du pape prendront le poste de l'aile droite, tandis que moi, avec le reste des galères de Sa Sainteté, j'irai remorquer les huit vaisseaux vénitiens sous le bastion de la Sablonnière, pour insulter les Turcs de ce côté-là et les empêcher de tirer à revers sur l'aile gauche et sur l'extrême gauche du corps de bataille. De cette façon, monsieur le comte, les corps des vaisseaux et des galères du roi partageront l'honneur du poste le plus dangereux, et aucun des deux corps ne se pourra dire sacrifié à l'autre, ce qui serait arrivé, je crois, si les galères eussent occupé le centre à l'exclusion des vaisseaux. Aussi, monsieur le comte, j'accorde trop de créance et d'autorité aux raisons d'égalité et de rivalité que vous m'avez objectées tout à l'heure pour penser que vous n'adoptiez pas le moyen terme que je me donne l'honneur de vous proposer, et qui semble devoir résoudre toutes les difficultés.

M. de Vivonne ne pouvait refuser cette offre; aussi accepta-t-il le plan de bataille de M. de Rospigliosi, qui allait d'ailleurs en cela au-devant de ses vœux. Alors, tirant de sa poche une espèce de petit agenda, où étaient inscrits le nom et la force des galères et vaisseaux du roi, M. de Vivonne dit à M. de Rospigliosi :

— Si vous voulez, maintenant, monsieur le bailli, nous allons faire les étendards [1], et désigner les galères qui devront donner le cap de remorque aux vaisseaux.

— Quant aux étendards, monsieur le comte, ils resteront ainsi qu'ils sont : celui de la chrétienté sur la réale, celui de la sainte église sur la capitane, et celui de Sa Sainteté sur la patronne. Quant à la désignation des galères qui devront remorquer les vaisseaux, veuillez, monsieur le comte, faire ces dispositions comme vous les entendrez : je m'en remets entièrement à vous.

— Eh bien donc, — dit M. de Vivonne, — je forme mon corps

---

[1] *Faire les étendards* : on appelait ainsi, autrefois, désigner les galères qui devaient porter les signes de commandement; cela s'appelait faire les *pavillons* à bord des vaisseaux.

de bataille de la sorte : *le Monarque*, amiral, de quatre-vingt-quatorze, sera remorqué par la capitane, que je monterai ; *la Thérèse*, vaisseau de cinquante-huit, commandé par M. d'Hectot, sera remorquée par la galère *la Dauphine*, commandée par le chevalier de Villeneuve... de cette antique race des Villeneuve de Provence, que vous connaissez bien, monsieur le bailli, car terre ou mer, peu leur fait, pourvu qu'ils se battent pour la France. Après *la Thérèse*, je place *le Toulon*, de quarante-huit, commandé par le chevalier de Belle-Isle, major des vaisseaux, et remorqué par la galère la patronne, capitaine de La Brossardière ; après viendra *le Fleuron*, de soixante-douze, commandé par M. de Thurelle, et remorqué par *la Croix-de-Malte*, montée par M. le commandeur d'Oppède ; et enfin *la Sirène*, de quarante canons, commandée par M. de Cogoulin, un des plus braves et des plus alertes de nos jeunes capitaines, et l'un des meilleurs dessinateurs et ingénieurs qu'il y ait dans les ports ; *la Fleur-de-Lys*, capitaine de La Bretesche, le remorquera. Voici donc mon corps de bataille ou escadre de centre ; maintenant, mon aile droite se compose du *Courtisan*, de soixante-douze, vice-amiral, commandé par M. le marquis de Martel, et remorqué par *la Force*, capitaine M. le chevalier de Breteuil.

— Est-ce donc M. le marquis de Martel qui a fait la campagne de Gigeri avec M. le duc de Beaufort, monsieur le comte ?

— C'est lui-même, monsieur le bailli, et heureusement que ses canons s'expliquent un peu plus clairement que lui ; car le pauvre marquis est terriblement distrait et embarrassé dans ses paroles : aussi je me tiens à admirer seulement le langage de son artillerie. Après *le Courtisan*, je place *l'Étoile*, de quarante, commandée par M. de Comtay, et remorquée par *la Renommée*, capitaine Folleville ; *le Bourbon*, de cinquante, commandé par M. le chevalier de Bouillon, sera remorqué par *la Victoire*, capitaine chevalier de Tonnerre ; enfin, *le Provençal*, commandé par M. le comte de Bouillé, sera remorqué par *la Couronne*, commandeur de Gardane. A mon aile gauche, *la Princesse*, de quatre-vingt-quatorze, commandée par M. Gabaret, un de nos meilleurs et plus expérimentés chefs d'escadre, sera remorqué par *la Force*, capitaine de Bethomas; après lui viendra *le Comte*, de quarante-deux, commandé par M. le chevalier de Kerjean, remorqué par *la Saint-Louis*, capitaine de Montolieu; *le Dunkerquois*, commandé par M. d'Infreville, et remorqué par *la Vigilante*, capitaine Espanet; après, viendra *le Croissant*, de quarante-quatre, commandé par M. le chevalier de Tourville, *le langoureux amant de la belle Andronique*, — ajouta Vivonne, ne pouvant renoncer à cette réminiscence poétique.

— Comment, monsieur le comte, vous avez dans votre escadre ce jeune et déjà si fameux capitaine de Tourville qui a servi sur les galères de Venise avec Carini? — dit le bailli avec intérêt.

— Le chevalier de Tourville qui a aussi servi sur les galères de la religion avec le chevalier d'Hocquincourt, et qui a eu de si beaux combats près de Lipari, monsieur le comte? — demanda le général de Malte.

— Tourville, qui commença de naviguer avec le vieux Cruvillier, le corsaire connu plus que non pas un dans toute la Méditerranée? — reprit M. de Rospigliosi.

— Oui, messieurs, — dit Vivonne, en cachant sous une apparente gaieté un sentiment de dépit assez prononcé. — Oui, messieurs, oui, Tourville de Malte, Tourville de Venise, Tourville de Cruvillier, Tourville le muguet, Tourville le bel Alcandre, en ce moment Tourville du *Croissant*, nommé au commandement de ce vaisseau, grâce aux supplications et respectueuses remontrances d'une foule de maris de la cour de France *y intéressés;* en un mot, Tourville le blondin, qui ne boit ni ne sacre, c'est vrai, mais, il faut le dire, se bat comme un démon.

— On dit aussi, monsieur le comte, — dit le bailli, — que rien n'est plus surprenant que l'admirable propreté qui règne à bord de son vaisseau. On dit même, et cela me paraît quelque grande exagération, que tous les jours, mais tous les jours, le pont de son navire est soigneusement gratté, lavé, et que toutes les ferrures d'artillerie et de mâture sont luisantes comme de l'argent; cela est-il bien vrai?

— De la plus véritable vérité, monsieur le bailli.

— Est-il aussi vrai, monsieur le comte, — demanda le général de Malte, — qu'il ne laisse ni au pilote le soin de tracer la route, ni au maître d'équipage celui de manœuvrer son vaisseau, ni au maître canonnier de diriger et ordonner l'artillerie, étant lui-même très-bon hauturier, marinier et canonnier, en un mot un jeune homme en tout cela fort ressemblant au vieux et fameux Du Quesne, à la moustache blanche près, cependant?

— Oui, monsieur le bailli, — dit M. de Vivonne avec impatience, — il ressemble en tout et pour tout au vieux Du Quesne, à la moustache, à la figure, à la sauvagerie, à la naissance et à la religion près. Mais le temps presse, messieurs, et j'ai hâte de terminer, — dit Vivonne, presque irrité de ces louanges; car nous avons dit que lui et Tourville éprouvaient beaucoup d'éloignement l'un pour l'autre. — Le Croissant, ajouta Vivonne, sera donc remorqué par la Subtile, capitaine comte de Bueil; le Lys, de quarante, remorqué par la Valeur, capitaine de Vivier, terminera mon aile gauche.

— Et qui commande le Lys? — demanda M. de Rospigliosi.

— Oh! celui-là, — dit Vivonne, — n'est ni un laveur de ponts, ni un fourbisseur d'artillerie, ni un muguet; mais il est aussi brave et déterminé que pas un, et plus spirituel, plus moqueur et plus salé que les plus malicieux des beaux-esprits de la cour; en un mot, c'est M. le marquis de Grancey.

— Est-ce donc de la famille de M. le maréchal de Grancey, que j'ai eu l'honneur de saluer à Rome?

— Oui, monsieur le bailli.

— Il a, dans ce cas, un noble et grand nom à soutenir, monsieur le comte. Mais, maintenant que le plan de bataille est ainsi déterminé, j'aurai l'honneur de vous en adresser tout à l'heure les ordres, — dit M. de Rospigliosi, en saluant le général de Malte et M. de Vivonne. Puis, s'adressant à ce dernier, il ajouta: — Je prends seulement la liberté de vous recommander, monsieur le comte, d'assez espacer la ligne de vos vaisseaux pour que chaque galère puisse trouver place entre eux.

— Comme chaque galère remorquera son vaisseau, je donnerai les ordres pour qu'elles se fassent elles-mêmes leur place.

A demain donc, messieurs; mais à quelle heure serperons-nous le fer, monsieur le bailli?

— J'en donnerai le signal par un coup de canon de partance, monsieur le comte : mais je pense que ce sera au point du jour, afin d'arriver sur les six heures à la Fosse, et de pouvoir commencer le feu vers les sept heures, heure à laquelle il est convenu avec MM. de Morosini et Saint-André que M. de Navailles tentera une vigoureuse sortie avec ses Français sur le camp des Turcs.

— A demain donc, messieurs, — dit Vivonne, en saluant les deux généraux; et il descendit dans son caïcq pour regagner la capitane, qu'il accosta bientôt à la lueur des fanaux qui projetaient une vive clarté dont étincelait tout l'arrière doré de la galère.

M. de Vivonne y monta, et en entrant dit à son maître-d'hôtel :

— Je veux souper tout à l'heure; car je me sens le plus furieux appétit du monde : est-ce que j'aurai de ces dorades aux olives et au jambon, que j'ai dit, et du chevreau au safran?

— Oui, monseigneur; j'ai pu m'en procurer ce matin par une barque de ces Hydriotes trafiquants.

— Par Lucullus, tu es donc un digne ministre de la succulente déesse Goinfrerie. Va donc faire hâter ton service au fougon; car si ce souper que je vais faire ce soir est le dernier que je dois savourer, Sardanapale!!! je veux qu'il soit au moins digne de moi.

Puis, s'adressant à un de ses gens : — Va prier M. de Manse de venir près de moi.

M. de Manse arriva bientôt.

— Monsieur de Manse, — dit Vivonne, — nous serperons demain au point du jour, pour aller donner le cap de remorque à l'amiral, puis de là canonner les travaux du camp des Turcs du côté du bastion de Saint-André. Faites veiller à ce que la capitane fasse bien ses armes en couverte.

— Oui, monseigneur.

— Et puis après, revenez souper avec moi.

— Oui, monseigneur.

Et M. de Manse salua, sortit, et dit à un timonier : — Va dire au comite-réal de me venir trouver dans le gavon.

Cinq minutes après, maître Talebard-Talebardon attendait les ordres du capitaine.

— Comite, — dit M. de Manse, — nous serpons demain au point du jour au signal de la réale, pour aller canonner le camp des Turcs. Veillez à ce que la capitane *fasse* bien *armes en couverte*[1]. Allez, et envoyez-moi le maître-pilote hauturier.

Talebard-Talelebardon sortit, et le pilote entra bientôt.

— Pilote, — dit M. de Manse, — nous serpons demain au point du jour, vous veillerez soigneusement à la marche de la capitane. Allez, et envoyez-moi le maître bombardier. — Même apparition, mêmes ordres. — Maître bombardier, la capitane canonnera demain le camp des Turcs ; veillez à ce que l'artillerie de la capitane soit prête. Après le bombardier, vint le maître remolat. — Maître remolat, vous surveillerez la palamente de la galère, etc.

Après quoi M. de Manse rejoignit le général pour souper, tandis que les maîtres s'occupèrent activement, chacun dans leur spécialité, de *la mise d'armes en couverte* de la capitane.

CHAPITRE XXI.

Les galères vont donner le cap de remorque aux vaisseaux. — Arrivée de la flotte devant les ouvrages des Turcs. — Boule-Noire et Boule-Borgne. — Pénalité du temps. — Supplice des forçats qui tentaient de s'évader. — Combat du 24 juillet. — Explosion du vaisseau *la Thérèse*. — La galère capitane est couverte de ses débris. — Morts et blessés. — L'attaque continue. — Retraite. — Mémoire de M. de Vivonne à Louis XIV. — Reddition de Candie aux Turcs. — Retour de l'armée navale de Sa Majesté à Toulon. — Fin de l'expédition de Candie. — M. le duc d'Albret a le chapeau. — Lettres de MM. Bigorre, de Bourlemont et de Bonfils.

Ce dut être un beau spectacle pour les habitants et pour la garnison de Candie que de voir, du haut de ses remparts dé-

[1] Faire *armes en couverte*, branle-bas de combat. (Voir ci-après le détail de cette manœuvre.)

mantelés, l'escadre combinée s'avancer lentement et en bon ordre sur une colonne; chaque galère rouge, blanche et or, hardiment élancée, remorquant un lourd vaisseau de haut-bord, au château d'avant chargé de sculptures, et que les vigoureuses palades des galères semblaient faire bondir sur les eaux.

Il était environ six heures du matin. Le soleil déjà fort élevé inondait la mer calme et bleue d'une nappe de lumière éblouissante qui miroitait sur le sommet mouvant de mille petites vagues soulevées par un léger clapotis. Le ciel, d'un azur foncé, était rayé vers l'ouest par les zones longues et étroites de quelques nuages d'un blanc argenté, qui de leur courbe immense embrassaient tout l'horizon, et sur lesquelles les hautes terres boisées de l'île se découpaient en masses d'un vert sombre. Il y avait si peu de brise, que c'est à peine si un faible souffle de tramontane [1] pouvait agiter les mille flammes, banderoles et pavillons de soie de toutes couleurs qui flottaient aux mâts et aux antennes dégarnis de voiles [2] des galères de France, de malte, de Venise et de Rome; quant à leurs étendards, ils étaient trop chargés de broderies pour se dérouler; le seul étendard de combat des galères de France, placé sur sa lance au milieu de l'espale droite de la capitane, se déployait à moitié, étant d'une étoffe moins épaisse que le rouge étendard de l'église arboré à l'arrière du carrosse; ce pavillon de combat était de taffetas blanc, et représentait, selon l'usage, une *Notre-Dame en assomption,* sous la protection de laquelle la France combattait alors

A la tête de la colonne, on voyait la réale portant l'étendard de la chrétienté, montée par M. le bailli de Rospigliosi; après elle venaient les galères de Rome et de Venise, composant la droite ou l'avant-garde; puis la capitane et les vaisseaux et galères de France formant le corps de bataille. Enfin, à la tête de la gauche était la patronne de Malte, et après elle les galères et les huit vaisseaux vénitiens.

L'avant-garde ou tête de colonne avait le cap au midi, et

[1] Vent du nord.
[2] Jamais les galères ne se battaient à la voile, mais les mâts n'en restaient pas moins arborés.

s'avançait droit sur les murailles de Candie, qui reflétaient leurs masses blanches et irrégulières dans la mer où baignait leur pied.

Lorsque la réale fut environ à trois portées de canon du bastion de Darmata sur lequel elle paraissait se diriger, elle orsa [1] vers le ponant, de façon que son apostis senestre se trouvait parallèle à la côte, et que par cette manœuvre, que les galères imitèrent, leur ligne forma un angle droit avec la marche qu'elles tenaient d'abord.

Suivie de sa division, la réale prolongea donc les murailles de Candie, puis les travaux des Turcs, puis leur camp, jusqu'à ce qu'elle eût à peu près atteint la hauteur de l'embouchure de la rivière de Joffra. Arrivée là, la réale, au lieu de continuer à courir vers le ponant, pouçea vers labèche [2] jusqu'à une portée de canon de l'embouchure de la rivière ; alors la réale ayant palpé [3], chaque galère passa devant elle pour aller prendre son poste de combat, afin de canonner le camp des Turcs par le revers, camp situé, on le sait, à l'ouest de la ville, et qui s'appuyait sur le bord de la mer.

L'aile droite de l'armée mouilla donc le fer, de sorte que sa ligne de proue, tournée vers grec-et-levant [4], formait un angle très-aigu avec la côte qui courait du ponant au levant.

La réale ayant ainsi placé son avant-garde, se dirigea vers le levant pour y surveiller la manœuvre des huit vaisseaux et des galères de Malte, qui, formant l'aile gauche sous le commandement de la patronne, devaient battre les travaux turcs du côté de la Sablonnière.

Pendant ce temps, les galères et vaisseaux de France continuaient d'avancer doucement en ligne droite aussi vers le bastion de Darmata, et cette escadre se trouvait assez proche de la côte pour qu'on pût apercevoir très-distinctement les ouvrages de l'ennemi.

[1] *Orser vers le ponant* (en langage de galères), laisser arriver à l'ouest.
[2] *Pouger vers labèche,* — loffer vers le sud-ouest.
[3] *Palper,* — c'est plonger les pales des rames dans l'eau pour arrêter la marche ou l'erre de la galère.
[4] *Grec-et-levant,* termes de galère. — No d-est-quart-est.

Jusqu'alors les batteries turques, rases, élongées à fleur d'eau, avec leur glacis de gazon vert et leurs revêtements de terre d'un brun rougeâtre, étaient restées muettes; on voyait parfaitement les larges gueules de leurs grosses pièces d'artillerie qui béaient toujours silencieuses à chaque embrasure, bien que l'avant-garde de la flotte chrétienne fût déjà embossée à droite de ces ouvrages, qui, du côté de la mer, défendaient le camp infidèle.

Déjà la chaleur était accablante, et arrivait comme par rafales brûlantes; on eût dit les exhalaisons d'une fournaise; la ville, les retranchements, les ouvrages d'attaque, tout paraissait mort et désert; seulement on apercevait vers le milieu des travaux turcs un énorme mât de pavillon qui se dessinait nettement sur l'atmosphère chaude et bleue, et le long duquel s'élevaient ou s'abaissaient alternativement deux longues flammes rouges servant sans doute de communication télégraphique entre les ennemis; à part ces signaux, on le répète, tout paraissait enseveli dans le calme le plus morne et le plus profond.

A ce moment même, la faible brise qui avait à peine ridé la surface de l'eau cessa tout à coup, et la mer, reflétant les rayons ardents du soleil, s'étendit partout comme une glace flamboyante.

Le *Courtisan*, vice-amiral, remorqué par *la Force*, formait la tête de colonne du corps de bataille, et avait pour matelot d'arrière *l'Étoile*, remorquée par *la Renommée*; après *l'Étoile*, venait l'amiral *le Monarque*, remorqué par la capitane, et ensuite le reste des vaisseaux et des galères de France.

La capitane, ainsi que toutes les autres galères, avait fait *armes en couverte* [1] de *bombarde*, c'est-à-dire que les dehors de chaque rambade qui formait une espèce de château d'avant, élevé d'environ six pieds et destiné à mettre à couvert les bombardiers qui manœuvraient l'artillerie de la galère située sur les conilles, furent revêtus de paillets de deux ou trois pouces d'épaisseur, afin d'amortir l'effet des projectiles. On cacha aussi les parois extérieures des conilles avec quelques-

[1] *Armes en couverte*, à bord des galères, signifiait branle-bas de combat à bord des vaisseaux.

uns de ces mêmes paillets, qui, s'étendant comme un vaste mantelet de sabord, se haussaient pour chaque bordée et se baissaient après, au moyen d'une manœuvre courante ; puis on avait élevé seulement le premier des trois retranchements qu'on construisait d'ordinaire lorsqu'il s'agissait d'un combat de galère à galère (les deux autres retranchements n'étant bons qu'à défendre le bâtiment pied à pied en cas d'abordage).

On se borna donc à construire le plus important de ces retranchements, appelé *le Bastion*. Ce bastion prenait toute la largeur de la galère, à la hauteur du quatrième banc de proue, et s'élevait au moyen de deux parois faites de traverses et de batayoles ; puis on remplissait l'intervalle laissé entre ces deux espèces de murailles avec bon nombre de gumes[1], gumettes et autres cordages roués[2] en rond ou ovale. Du côté de la proue, on revêtait ce bastion de paillets de cinq à six pouces d'épaisseur, et sa hauteur, d'environ six pieds du côté de la poupe, n'en avait que cinq et demi vers l'avant, ce bastion s'abaissant en glacis de ce côté jusqu'au niveau des rambades. Cet ouvrage était destiné à empêcher l'artillerie ennemie de prolonger la galère de long en long, et à affaiblir encore l'effet des boulets déjà très-amortis par les paillets des rambades.

A l'arrière et sur l'espale droite de la capitane, M. de Vivonne occupait son poste de combat ; il était armé, et, selon l'usage du temps, portait par-dessous sa cuirasse un surtout écarlate fort richement brodé ; au lieu d'un morion, il avait un chapeau à plumes vertes et blanches garni à l'intérieur d'une croix de fer dite de Saint-André ; il avait en outre un haut-de-chausses de buffle, et ses grandes bottes de cuir épais lui montaient presque à la ceinture, les bottes étant alors presque considérées comme armes défensives, comparées aux bas de soie qu'on chaussait habituellement.

Le général des galères suivait les mouvements de la flotte au moyen d'une lunette ; auprès du général étaient M. de Manse, capitaine de la capitane, et M. de Riquetti, chevalier de Mirabeau[3], major et inspecteur des galères.

---

[1] *Gumes* et *gumettes*, — câbles et grelins.
[2] *Roués*, — lovés.
[3] Ce François de Riquetti est le seul de cette génération qui n'eût pas au-

Ces officiers étaient aussi armés; un peu derrière eux, on voyait le capitaine des gardes de M. de Vivonne, ainsi que MM. de Montbousquet, le chevalier Gaillard, et de Manse, enfant de douze ans, fils du capitaine.

Le maître pilote, monté sur la timonière, donnait ses ordres au sous-pilote, placé à la barre avec ses deux meilleurs aides.

Le lieutenant, M. de Chabert, avait son poste sur la rambade droite, afin de pouvoir juger du pointage de l'artillerie. Enfin, maître Talebard-Talebardon était debout sur le tabernacle, son long sifflet d'argent pendu au col, vêtu comme de coutume, ayant seulement un morion d'acier tout rouillé sur la tête; à son côté, un sabre large et court sans fourreau, à sa ceinture une paire de pistolets à rouet, et à la main un assez long nerf de bœuf d'un pouce de diamètre, qui paraissait aussi souple que dur. Ce nerf de bœuf, ce sabre et ces pistolets résumaient, pour ainsi dire, les trois degrés de pénalité qu'il devenait souvent nécessaire d'appliquer immédiatement aux *chérubins* et aux *fils d'amour* (selon l'heureuse expression de maître Talebard-Talebardon), qui composaient la chiourme. Un coup de nerf de bœuf était le premier avertissement; le coup de sabre, la réprimande sérieuse; et la balle de pistolet, la dernière semonce, *l'ultima ratio*. Le sous-comite, l'argousin, le sous-argousin, qui se promenaient dans la courcie et dans les couroirs, étaient armés de même. En outre, les mariniers déferrés, qui servaient de *vogue-avant* à chaque rame, avaient aussi un sabre à la ceinture pour contenir ou stimuler les forçats, qui,

---

tant d'esprit que de feu; mais en revanche il fut très-mauvais railleur; simple caravaniste, il donna un soufflet au général des galères, neveu du grand-maître, et se sauva à la nage dans un bâtiment qui, heureusement pour lui, partait au moment même. Il fut capitaine des galères de France, et nommé inspecteur et major de ce corps. Cette place d'inspecteur demeura attachée à celle de major, grâce à sa très-singulière rhétorique; car, ayant appris qu'un M. de la Jonquière, qui n'était pas du corps, avait été nommé inspecteur des galères, François de Mirabeau arbora désormais une grosse canne, ne la porta plus que sur l'épaule, et quand on lui demanda la cause de cette nouvelle attitude : « C'est, dit-il, que j'attends mon supérieur à la parade. » M. de la Jonquière ne jugea point à propos de se compromettre avec un aussi brutal raisonneur, et François de Mirabeau continua ses fonctions. (*Mémoires de Mirabeau*, vol. I, p. 40.)

au milieu d'un combat meurtrier, pouvaient être tentés de ralentir leur vogue ou de se rébeller.

Et de fait, bien que la palamente de la capitane fût composée d'une chiourme extrêmement choisie, de la fine fleur des condamnés, de l'élite des esclaves achetés ou pris pour le service du roi, on doit avouer qu'on ne lisait pas alors, sur la physionomie de ces rameurs qui allaient soutenir la croix, l'exaltation guerrière et religieuse qui aurait dû animer les défenseurs d'une cause aussi sainte ; chez la plupart on reconnaissait tous les signes de la terreur ou de la résignation la plus désespérée, et chez quelques-uns ceux d'une insouciance tout animale.

Cela se peut d'ailleurs facilement concevoir ; à jamais enchaînés à leurs bancs, n'étant autrement comptés que comme la puissance locomotrice de la galère, mis à peu près à la hauteur morale et intelligente des roues d'un bateau à vapeur de nos jours ; soumis à une manœuvre de force lente mécanique, et qui, bien qu'horriblement fatigante, leur laissait tout le calme nécessaire pour envisager le péril ; ne pouvant pas même, au milieu d'un combat sans merci, assouvir cette ardeur animale et féroce que l'instinct de sa conservation éveille toujours chez l'homme à la vue du carnage, ardeur, ou, comme on dit, courage, qui fait rendre coup pour coup, ou tuer pour ne pas être tué ; ne pouvant pas même, pendant une action meurtrière, s'étourdir ou s'exalter par un cri national (*il était expressément défendu à la chiourme de crier* VIVE LE ROI, *lorsqu'elle n'était pas bâillonnée*) ; n'ayant pas même, après l'affaire, l'espoir d'une de ces félicitations banales dont on paie au moins l'aveugle acharnement du soldat. Encore, partout et toujours, *force mouvante* et rien de plus ; on conçoit que, victoire ou défaite, pour eux c'était tout un ; car vaincu, ramer pour le bey de Tunis ; ou vainqueur, ramer pour le roi de France, pour le forçat c'était aussi tout un. Seulement l'abnégation désespérée avec laquelle ces misérables se laissaient sacrifier pour des causes qui leur importaient généralement si peu, procédait de ce dilemme pressant appuyé par le pistolet des argousins et les pierriers des rambades. — On va te tuer, si tu ne veux pas t'exposer à te faire tuer. — Or, comme après tout chaque boulet ennemi n'arrivait pas en pleine galère, et que pistolets et pierriers eussent au contraire agi directement et infailliblement sur les rebelles, la chiourme voguait toujours, souvent, il est vrai, avec mollesse et lâcheté, mais enfin elle voguait.

Or, en voguant, elle approchait la capitane du fort de Darmata, au plus éloigné de deux portées de canon; car nous avons dit que la tête de colonne continuait d'avancer en ligne droite vers le fort, et que les batteries turques restaient toujours silencieuses.

M. de Vivonne, fatigué de se tenir debout, avait fait monter, du gavon sur la couverte, un moelleux fauteuil doré recouvert de velours rouge; la chaleur était excessive, et l'obésité du joyeux général commençait à lui devenir fort incommode; car sa cuirasse l'échauffait terriblement.

— Ah pardieu! — dit-il en soulevant son chapeau à plumes, et essuyant avec son mouchoir brodé la sueur qui lui coulait du front, — pardieu! chevalier de Mirabeau, je me sens dans cette damnée cuirasse à peu près aussi à mon aise qu'au fond d'un four, je n'y tiens plus... je vais me faire désarmer; parce qu'après tout, un général des galères doit honorablement mourir emporté d'un coup de canon, et non pas cuit à petit feu dans cette rôtissoire. — Puis, appelant un proyer [1] :

— Va dire à mon valet de chambre de monter ici pour me désarmer.

— Vous désarmer! par saint Antoine mon patron, — s'écria le chevalier avec son effroyable accent provençal, — vous désarmer! n'en faites rien, monsieur; que parlez-vous seulement de coups de canon? savez-vous pas que ces sauvages-là vont nous tirer à gros plomb comme des lièvres, puisque nous allons mouiller le fer à une demi-portée de mousquet de leur tanière? Gardez, gardez votre armure, monsieur; et leurs balles de fer de quatre à la livre deviendront camuses sur votre cuirasse.

— Garder ma cuirasse, mon cher major, garder ma cuirasse, cela vous est bien facile à dire, à vous qui êtes une véritable salamandre, puisque vous n'étouffez pas dans la vôtre. Mais

---

[1] *Proyer*, — mousse à bord des galères.

moi, qui étouffe et qui cuis dans la mienne, avant tout, je tiens à m'en débarrasser, — dit M. de Vivonne en se faisant désarmer, puis il ajouta : — Ah! si c'était l'hiver, avec un bon buffle fourré par-dessous, je me résignerais encore à subir cette infernale coquille de fer; mais au mois de juillet, mais sous ce soleil dévorant!!! que j'exècre surtout depuis qu'il me prive de glace... de glace, cette adorable contradiction de l'été! Sardanapale!!! j'aimerais mieux ne jamais flairer un becfigue ou un ortolan de ma vie, que de rester une minute de plus dans cette machine à rôtir les chrétiens. Ouf... au moins on respire... ainsi... — dit le général en se sentant débarrassé de son armure. Puis il ajouta : — Allons! débarrasse-moi donc aussi de ces lourdes bottes; c'est bien assez, pardieu! de les chausser dans une campagne de terre ferme, lorsque j'ai, hélas! à chevaucher sur mon brave courtaud *Jean Leblanc*.

Pendant qu'on le débottait, M. de Vivonne, assis sur son fauteuil, jeta machinalement les yeux sur les sept rameurs [1] qui manœuvraient la rame du premier banc de droite; mais au bout de quelques instants, il détourna brusquement la vue en faisant un geste de dégoût et presque d'effroi. Puis il commanda d'une voix dure et colère qu'on lui amenât le comite-réal.

On va tâcher d'expliquer la cause de ce dégoût. Le général avait donc un moment arrêté ses yeux sur les rameurs du premier banc de droite. Or, on mettait ordinairement sur les rames de ce banc et de celui de senestre les forçats les plus vigoureux de la vogue. En effet, des sept rameurs de droite, les cinq forçats dont on voyait les figures avaient des formes herculéennes, leurs chemises de grosse toile blanche étaient relevées jusqu'aux coudes, et lorsqu'après être montés sur la pédague [2] et avoir

---

[1] Les deux premières rames de poupe, donnant l'impulsion à toute la vogue et étant les plus difficiles à manœuvrer, avaient deux rameurs de plus que les autres rames qui n'en comptaient que cinq. Ces deux supplémentaires s'appelaient *tire-gourdins,* ainsi qu'on le verra plus bas, et étaient les seuls qui eussent le dos tourné à la poupe.

[2] On considérait trois temps dans l'action du rameur : le premier, pour s'élever de dessus le banc*; le deuxième, pour pousser le genou de la rame

* Le banc était un siège élevé au-dessous de la couverte (du pont) d'une galère, sur lequel se rangeaient, à côté les uns des autres, les cinq ou sept hommes destinés à voguer ; on plaçait les bancs entre la courcie et le couroir (le couroir, passage ménagé intérieurement autour des murailles d'une galère) : ils étaient faits de bois de sapin et étaient élevés d'un bout de 2 pieds 9 pouces, du

poussé le genou de la rame vers la poupe, ils retombaient sur leurs bancs en se renversant violemment en arrière pour ramener la rame avec force, on aurait pu compter les veines et les muscles de leurs bras qui, dans cet exercice, avaient acquis un incroyable développement.

Deux rameurs de ce banc, *l'apostis*[1] et *le tiercerol*[2], étaient surtout d'une taille athlétique. *L'apostis*, nègre, de proportions gigantesques, vêtu seulement d'un caleçon rouge, avait le torse entièrement nu; son crâne, aussi nu, luisant et rasé, semblait défier l'ardeur torréfiante des rayons du soleil. Le *tiercerol* était un Provençal d'une taille non moins colossale, au visage hâlé, bronzé par la chaleur, et qui, rasé comme le noir, ne portait pas non plus le bonnet rouge de la chiourme; mais ce qui causa le dégoût du général, et ce qui rendait en

---

vers la poupe de la galère; pour ce deuxième temps, le vogue-avant faisait un pas, il montait du pied droit sur la *pédague** pendant que l'autre restait appuyé sur la banquette**; il allongeait alors son corps et ses bras vers la poupe; les autres rameurs de ce banc faisaient le même pas, plus ou moins grand, selon qu'ils étaient plus ou moins proches du *vogue-avant*, de sorte que le *quinterol*, qui était le plus éloigné et le plus près du *scaume****, ne faisait aucun pas et ne se levait seulement point du banc, n'ayant qu'à pousser faiblement la rame à poupe et à la tirer en arrière; aussi le *quinterol* fatiguait si peu que, lorsque le *vogue-avant* avait besoin de repos, on lui faisait prendre cette place; — au troisième temps, les rameurs tombaient sur le banc en se renversant vers la proue, et, tenant toujours les bras tendus, ils faisaient décrire aux genoux de la rame une espèce de ligne circulaire : c'est dans ce troisième temps qu'ils plongeaient la pale de la rame dans la mer, et que, faisant force sur l'eau, elle la repoussait vers la poupe en y trouvant son point d'appui.

[1] L'*apostis* était le deuxième rameur, celui qui suivait immédiatement le vogue-avant.

[2] Le *tiercerol* était le troisième.

côté de la courcie, sur laquelle ils appuyaient, étant enchâssés dans la sur-courcie; l'autre bout du banc était élevé de 3 pieds au-dessus de la couverte (ils étaient horizontaux; néanmoins, la surcourcie était élevée de 3 pouces au-dessus de la couverte), et soutenus par une pièce de bois qu'on appelait potence. Chaque banc avait 7 pieds de long, 6 pouces de large et 7 de profondeur; ils étaient éloignés l'un de l'autre de 3 pieds 10 pouces 3 lignes, la largeur du banc comprise. C'est dans cet espace intermédiaire de 3 pieds 10 pouces que couchaient les quatre forçats de chaque rame (le vogue-avant étant marinier). La largeur de la courcie d'un côté, et du couroir de l'autre, ajoutée aux 7 pieds de longueur du banc, leur donnait la facilité de s'étendre, de sorte que les pieds de deux forçats regardaient la courcie (passage qui partageait la galère en côté droit et en senestre) et que les pieds des deux autres regardaient le couroir, puisqu'ils se couchaient tête à tête et par deux dans la largeur de près de 4 pieds qu'offrait l'intervalle de chaque banc.

* La *pédague* était une espèce de tabouret auquel le forçat était enchaîné, et qui lui servait à poser son pied droit pour lui donner plus de facilité à ramer.

** La banquette était une espèce de sur-plancher posé sur la couverte.

*** Le scaume était une des parties des œuvres-mortes d'une galère sur laquelle s'appuyaient les rames.

effet ces deux physionomies déjà basses et féroces d'une épouvantable hideur, c'était le manque absolu de nez et d'oreilles. Car sur ces deux visages, dont les sourcils étaient, selon l'ordonnance, rasés comme la barbe et les cheveux; au lieu de nez, on voyait deux larges trous affreusement cicatrisés par le fer rouge, au moyen duquel le bourreau arrêtait d'ordinaire l'hémorrhagie causée par son couteau. Enfin, de chaque côté de la tête, les cartilages des oreilles manquant, le conduit auditif restait aussi découvert, et entouré d'une profonde cicatrice [1].

Qu'on se figure donc l'aspect horrible de deux visages sans nez, sans oreilles, sans un poil de barbe ou de sourcil, sans un cheveu, et rendu plus affreux encore par une expression de férocité sournoise, et l'on concevra le dégoût de M. de Vivonne, qui, en tout et partout, aimait le beau passionnément, et affirmait « éprouver un malaise physique aussi prononcé en voyant une figure repoussante qu'en entendant une musique fausse et criarde; » on concevra, dis-je, l'espèce de terreur dont il dut être frappé à la vue de ces deux atroces figures qui, à chaque élan des forçats sur la pédague, se dressaient vers lui. Aussi avons-nous dit que, détournant les yeux, il appela maître Talebard-Talebardon, qui d'un saut fut près du général.

— Pourquoi, — lui dit M. de Vivonne avec impétuosité, — viens-tu mettre juste en face de l'espale où je me tiens ces deux monstres à figures de damnés que je n'avais pas encore vus sur la capitane?

— Deux monstres! monseigneur, — dit le comite-réal, tout tremblant de la colère de M. de Vivonne, et cherchant des yeux du côté de la proue, — deux monstres! Par saint Elme! j'y suis. Monseigneur veut parler de *Boule-Noire* et de *Boule-Borgne*, comme j'appelle ces chérubins, maintenant l'apostis et le tiercerol du premier banc de droite, et qui étaient, il y a une heure, les tire-gourdins du même banc; c'est pour cela que monseigneur ne les avait pas vus. Mais que monseigneur

---

[1] Tout forçat condamné, qui sera repris s'étant voulu sauver, aura le nez et les oreilles coupés; et en cas qu'il soit condamné pour un temps, il y demeurera toute sa vie. — Titre 24 de l'ordonnance du roi du 30 juillet 1677, confirmant les ordonnances antérieures. (Règlement sur la garde et conservation du corps des galères.)

me pardonne; ce ne sont pas là des monstres... ce sont les deux meilleurs...

Tais-toi, — cria M. de Vivonne, qui, la tête toujours tournée, faisait de sa main un signe expressif au comite-réal; — tais-toi... chasse-moi ces affreux spectres... que je ne les aie plus sous mes yeux.

— Les chasser! chasser Boule-Noire et Boule-Borgne! — reprit maître Talebard-Talebardon, qui, dans son étonnement, oublia le respect qu'il devait à son général; — les chasser! Mais, monseigneur, ça vous a peut-être les quatre meilleurs bras de toute la palamente; deux évadés repris qui doivent à leur petite promenade, les pauvres fils d'amour, l'état où vous les voyez, monseigneur. Par exemple, c'est bien la faute de Boule-Borgne s'il s'est fait priver d'un œil en remuant la tête par trop brusquement lorsque le bourreau a voulu cautériser la place où se tenait habituellement le nez qu'il venait de lui couper; le fer a remonté et a fait tort d'un œil au pauvre Boule-Borgne. C'est vrai; mais, malgré cela, monseigneur, lui et son camarade Boule-Noire...

M. de Vivonne, qui avait écouté ces explications avec une longanimité exemplaire, frappa vivement du pied en disant : — Comite! — d'un son de voix tellement courroucé, que maître Talebard-Talebardon ajouta respectueusement : — Mais, puisque monseigneur s'en dégoûte, je vais en refaire les deux tire-gourdins [1] de la première rame de senestre; ce qui les ca-

---

[1] Pour expliquer ceci, il faut revenir à ce qu'on a déjà dit : que les deux premières rames de la poupe, au lieu de cinq rameurs en avaient sept; or les deux rameurs supplémentaires s'appelaient *tire-gourdins* et étaient les seuls de toute la palamente d'une galère *qui n'eussent pas le visage tourné du côté de la poupe ou de l'arrière*. Voici pourquoi ils l'avaient tourné vers l'avant : ces deux premières rames étant les plus difficiles et les plus importantes à manœuvrer, puisqu'elles donnaient l'impulsion et réglaient toute la vogue, on soulageait les rameurs au moyen de deux cordages (appelés aussi tire-gourdins) de 6 pieds de longueur, qu'on fixait au genou de la rame au moyen d'un nœud coulant. Ce cordage était terminé par un œillet dans lequel passait en travers un morceau de bois rond, de dix pouces de long et d'un pouce et demi de diamètre. Chaque *forçat tire-gourdin*, tournant le dos à la poupe, prenait cette espèce de poignée à deux mains pour attirer le genou de la rame à lui lorsque l'*espalier*[*] montait sur la pedague pour pousser ce même genou vers la poupe, ce qui le soulageait beaucoup.

[*] On répète qu'on appelait *espalier*, au lieu de vogue-avant, le marinier qui tenait le maintenen de chaque première rame de poupe, de même que les vogue-avant du dernier banc de proue s'appelaient *conilliers*.

chera de nouveau à la vue de monseigneur sans priver la première rame des quatre meilleurs bras de la palamente.

— Allons, allons, fais vite, — dit M. de Vivonne toujours tourné vers la poupe, — et que je ne les voie plus.

Ce changement fut donc exécuté au grand mécontentement de Boule-Noire et de Boule-Borgne, qui trouvaient leur ancien poste de tire-gourdin beaucoup plus pénible que celui qu'ils venaient de quitter.

A ce moment *le Courtisan*, vaisseau-amiral, formant la tête de colonne du corps de bataille, arrivant à une portée de canon du bastion de Darmata, orienta sa voile d'artimon pour se faire abattre et aider la manœuvre de sa remorqueuse, qui, au lieu de continuer de courir sur ce bastion, orsa vers le ponant afin de prolonger la côte où étaient placées les batteries turques, et de prendre son poste de bataille à l'ouest du bastion Saint-André, en face des derniers travaux du camp des infidèles.

— Allons, messieurs, — dit gaiement M. de Vivonne à ses officiers et aux volontaires qui l'entouraient, — le feu va sans doute commencer; nous serons des mieux placés pour le voir et entrer aussi en branle. Mais, de par Dieu! voici un lourd vaisseau qui nous est aussi fâcheux que l'est une duègne collée à la jupe d'une jeune fille qui brûle d'aller voir son amant. — Et M. de Vivonne, se retournant vers la poupe de la capitane, montrait à son état-major la proue gigantesque du *Monarque*, encore surchargé d'un énorme château d'avant couvert de sculptures, et qui paraissait devoir abîmer la galère à chacune de ses palades ou rompre la double gume qui lui servait de cap de remorque, tant le câble se roidissait sous ce halage écrasant.

L'Étoile, matelot d'arrière du vice-amiral, et matelot d'avant de la capitane, imitait la manœuvre du *Courtisan*, lorsque maître Talebard-Talebardon s'écria : — Monsieur le capitaine, voici *l'Étoile* qui orse ; n'orserons-nous pas aussi, s'il vous plaît ?

A peine ces mots étaient-ils prononcés que *l'Étoile* était en travers des batteries turques, ainsi que *le Courtisan*, dont l'arrière formait un angle droit avec l'éperon de la capitane.

Les batteries turques, jusqu'alors muettes, se couvrirent tout à coup d'un nuage de fumée blanchâtre qui fut au même instant troué par de rapides jets de flammes ; un long roulement, répété par l'écho des montagnes, retentit sur la mer ; quelques boulets égarés passèrent en sifflant au-dessus de la capitane, et l'un d'eux fit voler en éclats un morceau de sculpture de l'avant de l'amiral.

Cette première volée produisit un singulier effet sur la chiourme de la galère ; ce fut comme une commotion électrique. La palamente, sans précisément discontinuer la vogue, forma un brusque temps d'arrêt qui dura à peine une minute, mais qui fut pourtant assez sensible pour que le comite-réal, et à son imitation les sous-comites, argousins, sous-argousins et anspeçades, fissent tomber sur le dos des rameurs, par un mouvement sans doute électrique aussi, une grêle de coups de nerf de bœuf.

— Voguez donc ! voguez donc sème [1], mes chérubins, — dit le comite-réal d'une voix des plus amicales, tout en redoublant de coups sur le dos des premiers rameurs de poupe qui devaient régler le reste de la vogue. — Arranque... arranque ! Pourquoi jouer ainsi de l'épinette [2], mes fils d'amour... Eh ! de quoi vous mêlez-vous donc d'avoir peur ?... vous savez bien que le canon ne vous regarde pas... Est-ce que les arbres et les antennes d'une galère ont peur des balles ? Eh bien ! mes beaux mignons, puisque vous faites seulement l'office d'arbres, d'antennes et même de zéphyrs en poussant la capitane, les boulets vous doivent demeurer aussi indifférents qu'aux agrès et aux zéphyrs, entendez-vous, mes chérubins ? Allons, arranque... arranque, et laissez reposer un peu mon pauvre gourdin, qui ne vous a rien fait.

Grâce à ces exhortations, la vogue reprit son ensemble, et la capitane continua de marcher.

— Monsieur le capitaine, — demanda le comite-réal du haut du tabernacle, — ne faut-il pas maintenant, s'il vous plaît, suivre la manœuvre de *l'Étoile ?* sans cela, nous allons dépasser la ligne d'embossage.

[1] Voguer avec ensemble, — en langage d'argot de galère, — *voguer sème !*
[2] *Jouer de l'épinette* signifiait — ramer mal et sans ensemble.

— Non, non, — s'écria Vivonne, — laisse courir. Vive Dieu ! Laisse courir. Approche-nous encore du rivage... Tu orseras tout à l'heure quand la capitane sera près de son poste, c'est-à-dire à portée de voix de ces mécréants. N'est-ce pas, messieurs, à elle cet honneur d'être la seule et la plus avancée de toute l'escadre ?

— Oui, oui, — s'écrièrent les officiers. — En avant la capitane, en avant ! Comite, mouille-la, mort-Dieu ! à toucher terre de son éperon.

— Allons... allons... vous entendez, mes chérubins, — dit le comite. — Allons, casque à proue... Ferme sur la pedague. Là, voguez, voguez tout, mes vaillants ; que notre capitane fasse la nargue à ces baquets de haut-bord, qu'il faut traîner au combat comme une bourrique rétive au marché !

Alors la chiourme vogua si vigoureusement que la capitane devait bientôt atteindre, puis dépasser sans doute la ligne d'embossage des autres bâtiments.

Le feu des batteries turques était vigoureux et nourri ; *l'Étoile* et *le Courtisan* n'y répondaient pas encore, attendant, selon les ordres de M. de Vivonne, que le reste de l'escadre fût embossé. Pourtant *le Courtisan*, ayant perdu son petit mât de bourcet [1], ne put retenir son ardeur, laissa tomber ses ancres, coupa le cap de sa remorqueuse et engagea l'action ainsi que *l'Étoile*, tandis que les deux galères *la Force* et *la Renommée*, mouillant à gauche de chaque vaisseau dans l'intervalle qu'ils laissaient entre eux de poupe à proue, firent feu de leurs cinq pièces placées à l'avant.

— Mort-Dieu ! — s'écria impétueusement Vivonne, — ce damné Martel n'attend pas mon signal... Allons, comite.... avance donc, cordieu ! avance donc ! ils commencent sans nous. Il ne nous en restera pas. Avance... avance...

Comme la chiourme ne paraissait pas faire des efforts de vogue proportionnés à l'ardeur du général des galères, le comite et ses aides regardèrent comme à propos de remplacer le nerf de bœuf par le sabre nu ; ils furent généralement compris, et la capitane voguait aussi vite qu'elle le pouvait, eu égard au

---

[1] *Bourcet.* — mât d'hune.

poids énorme qu'elle avait à remorquer, lorsqu'on entendit tout à coup une voix perçante qui, partant de l'avant du *Monarque*, s'écria avec effroi :

— Ohé! de la capitane... pas une palade de plus... Laissez arriver à tribord... ou le vaisseau va toucher. Il tire vingt pieds d'eau de plus que les autres.

— Alerte!... scie, scie la droite, et vogue avant tout la senestre; — cria le comite-réal avant que le capitaine ou le général eussent dit un mot. — Et toi, timonier, orse tout à la bande ¹, orse tout.

A peine ces mots étaient-ils prononcés que la capitane décrivit un angle droit avec la ligne qu'elle suivait d'abord, et prolongea la côte, mais un peu en arrière du *Courtisan*, de *l'Etoile* et des deux galères, qui continuaient leur feu, pendant que le reste de l'escadre poursuivait sa route en passant devant le général pour aller prendre son poste de bataille.

— Mille dieux! — s'écria M. de Vivonne, en frappant du pied la couverte de la galère avec un geste de désespoir, — ne vous le disais-je pas, Mirabeau? ce lourd vaisseau va nous empêcher d'avoir le plus beau poste de combat et forcer la capitane de se battre à une portée de canon, quand deux de ses galères s'escriment à portée de mousquet!... Comite... fais couper le cap de remorque de ce vaisseau, qu'il mouille ici ou au diable... je veux aller au poste qui m'appartient... Coupe cette gume, comite, m'entends-tu?

— On ne peut, s'il vous plaît, monseigneur, — dit froidement le comite, — couper ce cap sans en prévenir le vaisseau; c'est le laisser aller sur son erre... et, bien que ce ne soit qu'un vaisseau, c'est l'exposer beaucoup, et...

— Je m'en f..., je veux aller à mon poste, — s'écria M. de Vivonne avec une aveugle impétuosité. — Comite, fais couper cette remorque... ou je te fais fusiller comme un chien.

Alors le comite, s'élançant sur la timonière, cria : — Ohé! du vaisseau, on va larguer le cap de remorque, préparez-vous à mouiller vos ancres.

En entendant l'avertissement que le comite venait de donner

---

1 *Orser tout à la bande*, — mettre la barre dessous.

au vaisseau, M. de Vivonne revint pour ainsi dire à lui, et frémit en pensant aux suites que pouvait avoir son imprudence.

Un instant après, le lieutenant du *Monarque*, le jeune de Keroüalle, s'écria de l'avant du *Monarque :* — Larguez le grelin, nous allons mouiller.

Ces deux manœuvres étant faites presque simultanément à bord de l'amiral et de la capitane, cette belle galère, débarrassée du poids qui gênait sa marche, sembla véritablement voler sur les eaux, et s'avança rapidement vers le rivage pour aller rejoindre et dépasser le corps de bataille, qui, déjà mouillé et embossé, répondait vigoureusement au feu des batteries turques.

Bien que le poste de chaque bâtiment eût été désigné à l'avance par M. de Vivonne, le mouillage se fit avec une telle confusion, et les vaisseaux se trouvèrent si près les uns des autres, qu'il n'y eut plus de place entre eux pour la plupart des galères. Fut-ce mauvais vouloir ou ignorance de la part des capitaines de vaisseau, était-ce désir d'ôter aux galères le moyen de participer à l'action, c'est ce qu'il est fort difficile de juger. Toujours est-il que les capitaines de la plupart des galères, voyant la ligne d'embossage des vaisseaux si serrée qu'ils n'y pouvaient trouver place, plutôt que de rester spectateurs du combat, commirent l'héroïque imprudence de mouiller entre les vaisseaux et les batteries turques, de sorte que les bordées des vaisseaux passaient par-dessus leurs bâtiments, ce qui n'était pas absolument sans danger ; car, bien que l'œuvre morte des galères ne fût guère élevée de plus de trois pieds et demi au-dessus de l'eau d'un joug à l'autre, et que la batterie basse des vaisseaux d'alors fût au moins à six pieds au-dessus de la ligne d'eau, la poupe, la timonière et les rambades des galères étaient fort élevées. Aussi l'on doit croire que ce dangereux mouillage des galères dut masquer plusieurs pièces d'artillerie des vaisseaux qui combattaient par le travers, tandis que les galères, ainsi qu'on sait, faisaient seulement feu de la proue.

Nous avons laissé la capitane voguant rapidement pour prendre son poste de combat. M. de Vivonne, voyant un intervalle entre *le Provençal* et *la Thérèse* mouillés très-proche de terre, et un peu à l'ouest du bastion de Saint-André, en face des batteries turques les plus considérables, dit à M. de Manse :

— Monsieur, vous allez faire donner fond à la capitane, tout proche et un peu en avant de *la Thérèse* et du *Provençal*, et une fois là, mille dieux ! nous rattraperons le temps perdu.

— Oui, monseigneur, — dit M. de Manse, qui transmit cet ordre au comite-réal.

Et ce dernier s'écria d'une voix claire qui surmontait le retentissement de l'artillerie : — Allons... arranque, mes beaux fils ; encore deux palades et nous voici arrivés... pour nous croiser les bras, et enfin nous reposer un peu en voyant la fête, mes chérubins...

Comme cette promesse de repos ne paraissait pas suffisamment stimuler le zèle de la chiourme qui se voyait avec un effroi croissant approcher de plus en plus du théâtre de l'action, le comite eut recours au sabre nu qu'il tenait à la main, et donna deux ou trois légers lardons aux moins *allants* de ces chérubins. Puis s'approchant de M. de Manse : — Monsieur, — lui dit-il, — je vais, s'il vous plaît, faire coniller les rames pour nous glisser entre ces deux vaisseaux ; notre erre nous suffira pour passer et donner fond... Mais outre les deux fers, je crois qu'il serait bon de mouiller avec la gume une grouppi de col [1] ; car s'il nous faut serper en hâte, cela facilitera la manœuvre.

— Faites... faites vite, comite, — dit le capitaine, — que nous puissions donc rendre quelques boulets à ces infidèles.

[1] La *grouppi de col* était un grelin neuf de même longueur que la gume (le câble), mais n'ayant que six pouces et demi de circonférence ; on attachait ce grelin aux bras de l'ancre pour aider à serper le fer. Pour cet effet, il y avait un organneau de bois cloué sur le tabouret, sur lequel on frappait la grouppi de col, et on la prolongeait sur les bancs, toujours du côté opposé à celui où la gume de l'ancre était prolongée. Quand on voulait serper, la chiourme hâlait la grouppi en même temps que la gume : ce qui aidait singulièrement et faisait beaucoup plus de force, parce que la grouppi, étant attachée aux bras de l'ancre, lui faisait quitter le fond plus facilement que la gume qui, étant attachée à la cigale, faisait par son poids enfoncer les pattes de l'ancre dans le fond.

— Oh là ! hé ! Isnard ! — cria le comite-réal, — as-tu fait prolonger à senestre une grouppi de col pour renforcer la gume ?

— Oui, notre homme.

— Alerte... donne fond.

La capitane s'arrêta sur son erre; et les rames ayant été conillées d'avance, elle put commencer son feu.

A part quelques boulets ricochés, la capitane n'avait reçu aucune avarie.

A la première salve de ses cinq pièces, la capitane frémit dans sa membrure, et M. de Vivonne jeta son chapeau en l'air au cri de *vive le Roi*.

Les soldats et les mariniers répétèrent seuls ce cri, qu'il était défendu aux forçats de pousser comme s'ils l'eussent profané.

L'attaque était généralement et vigoureusement engagée; seulement, comme il n'y avait pas la moindre brise, une vapeur rousse et épaisse enveloppait tellement la flotte, que c'est à peine si l'on distinguait la coque blanche des vaisseaux à la lueur de chaque bordée; quant aux batteries des Turcs, elles avaient aussi presque entièrement disparu sous un épais nuage de fumée.

Un boulet de marbre, parti du retranchement ennemi, tomba en plein abord de la capitane; il s'amortit en traversant le bastion, mais néanmoins laboura profondément la vogue de la galère, et ne s'arrêta que sur le pied de cavalet du caïcq, qu'il brisa du choc.

Dans sa course, ce boulet atteignit cinq forçats, dont deux furent tués et trois autres grièvement blessés. A cette vue, les voisins des blessés poussèrent un cri lamentable, et firent un mouvement pour se porter en dehors de leurs bancs; mais leur chaîne les retint en se roidissant, et le sabre du vogue-avant et des argousins les fit tout à fait rentrer dans leurs places.

— Voilà un furieux coup, — dit M. de Vivonne au chevalier de Mirabeau en entendant les cris des blessés; mais heureusement ce n'est que de la chiourme. Pourtant, comme les cris de ces poltrons pourraient démoraliser les autres, et qu'ils sont d'ailleurs des plus aigres et assourdissants, dites au comite de leur faire mettre le tap en bouche avec les oreillères [1], — ajouta le général.

L'ordre donné, maître Talebard-Talebardon s'écria : — Alerte ! mes chérubins. Alerte ! *le tap en bouche !* mordez vite cette bonne bouchée de liége-là, et attachez le tap à vos oreilles, de peur de le laisser tomber en riant trop fort. Allons... alerte... Oh hé ! les anspeçades [2], serrez-le ferme jusqu'au sang à ceux qui l'oublieraient...

A ce moment, un autre boulet arriva en ricochant sur l'apostis, et frappa en plein M. Vidau, capitaine de la barque longue (ou mouche) de la capitane, et sortit par la timonière en emportant un timonier.

M. Vidau était à ce moment tout proche de M. de Vivonne ; il eut la tête et l'épaule droite fracassées et tomba aux pieds de M. de Manse, qui fut couvert de sang.

— Diable ! de Manse, dit M. de Vivonne en pâlissant et serrant les lèvres, — voici qui n'est plus de la chiourme. Puis, s'adressant au major : — Vous voyez, monsieur de Mirabeau, si j'ai, par Dieu ! bien fait de me désarmer ; je vous demande ce que peut répondre une pauvre cuirasse à de pareils brutes de boulets. Eh bien ! eh bien ! notre feu se ralentit, pourquoi cela ?... *le Courcier* seul continue de tirer. Monsieur de Manse, — ajouta Vivonne en s'adressant à un enfant de douze ans, fils du capitaine, embarqué comme volontaire, — monsieur de Manse, courez donc voir ce que c'est... Mille dieux...

L'enfant se précipita vers la proue par le couroir, et au bout de deux minutes il revint par la courcie, porté par deux sollats, tout sanglant, et son bras droit pendant çà et là. — Monseigneur, — dit-il à Vivonne, d'une voix éteinte, — le feu a cessé un instant... parce que M. de Chabert vient d'être tué sur la rambade droite. — Et le pauvre enfant s'évanouit après avoir dit ces mots.

[1] On sait que le *tap* était un bâillon fait d'un morceau de liége épais d'un pouce, large de deux et long de trois, qu'on faisait tenir aux forçats entre leurs dents ; dans les occasions dangereuses, on les obligeait à fixer ce bâillon dans leur bouche au moyen de deux cordons qui passaient derrière les oreilles.

[2] Les anspeçades étaient des mariniers remplissant les mêmes fonction que les sous-argousins.

30.

Son père, M. de Manse, était sur l'espale proche de M. de Vivonne; il pâlit affreusement, se sentit défaillir, et s'appuya un moment sur le bras du fauteuil du général. Puis il se jeta vers son enfant, criant d'une voix déchirante : — Mon fils ! — Mais, comme s'il eût senti qu'il était, avant toutes choses, capitaine, il se contint et, les larmes aux yeux, dit seulement à M. de Vivonne : — Permettez-vous, monseigneur, qu'on porte ce malheureux enfant dans le carrosse de poupe ?

— Sans doute, sans doute, de Manse, allez; et mon chirurgien Mascarolus le va panser tout à l'heure; accompagnez-le, et venez m'en rendre compte; car, merci Dieu ! j'espère qu'il n'en sera rien.

— Je ne puis abandonner mon poste, monseigneur; mais je vous saurai gré toute ma vie de l'offre que vous me faites, et de votre intérêt pour mon fils.

Et le jeune de Manse, que son père suivit des yeux en joignant ses deux mains avec force, disparut porté par les deux soldats.

On a dit que les navires étaient embossés à portée de mousquet de plusieurs batteries à fleur d'eau, distance qui permettait aux Turcs de se servir de mitraille. Aussi fut-ce à leur première volée de ces projectiles que la capitane dut la mort du sous-lieutenant, M. de Chabert, qui reçut deux biscayens dans la poitrine. Le jeune de Manse avait eu l'épaule et le bras droit cassés.

Comme on finissait de descendre le corps du sous-lieutenant dans le scandalard, il arriva une seconde pleine bordée de mitraille; cette grêle de fer s'abattit en sifflant sur la capitane, brisa les rames, ricocha sur des ferrures, tua ou mutila une vingtaine de forçats, et atteignit à la tête le chevalier de Mirabeau, au moment où, monté sur le bandinet d'espale, il tâchait de distinguer la manœuvre des vaisseaux vénitiens qui abandonnaient lâchement leur poste. Le chevalier tomba à la renverse, et MM. de Manse et de Vivonne le crurent mort; mais au bout d'une minute, il fit un mouvement, s'assit sur la couverte et enfin se releva; mais, marchant d'un pas incertain comme un homme ivre, il alla donner sur la porte du carrosse; revenant alors tout à fait à lui, il porta la main à sa tête, et dit froidemens : — *Troün de l'air...* Que voilà de fracas pour me tracasser ma perruque ! — En effet, par un bonheur inespéré, la balle, effleurant l'épiderme du côté droit du crâne un peu au-dessous de l'oreille, avait emporté une partie de l'épais réseau de fil qui tenait les cheveux de la perruque du major.

— Vous devez un furieux *ex-voto* à votre perruque, chevalier de Mirabeau, — dit M. de Vivonne, en aidant le major à se reconnaître ; — deux lignes de plus, et M. de la Jonquière allait à la parade...

— Ah ! par saint Antoine, monsieur, — reprit le chevalier en se tâtant la tête, — ne vous le disais-je pas... voici les balles de quatre à la livre qui commencent. Croyez-moi, reprenez votre cuirasse ; car au lieu de gros écus, ils vont nous envoyer de la monnaie. Encore une fois, reprenez votre cuirasse, croyez-moi, monsieur.

— Bah ! bah... — dit Vivonne, — il fait si chaud ! — et le digne général se jeta dans son fauteuil en s'essuyant le front.

On a dit que bon nombre de forçats étaient blessés ou tués. Or, comme leur déferrement des bancs était une opération fort longue, on ne pouvait, tant que durait l'action, ôter les morts et les blessés d'entre leurs camarades ; et l'on conçoit assez qu'une telle vue et un tel voisinage n'exaltaient pas beaucoup la chiourme. Quelques blessés turcs, surtout, malgré leur bâillon, poussaient des cris sourds et étouffés, et dans le paroxisme de la douleur faisaient tout au monde pour arracher leurs chaînes de leurs bancs ; d'autres, avec un étonnement stupide, tâchaient de se dégager des cadavres, qui, enchaînés aux bancs, pesaient sur eux. Somme toute, bien qu'une partie de la chiourme eût déjà vu le feu, la démoralisation commençait à s'y mettre ; et maître Talebard-Talebardon, fort expert physionomiste, et qui pendant tout le combat n'avait autre chose à faire qu'à se promener sur la courcie et à examiner le visage de ses chérubins, fut frappé de cette terreur apathique qui les gagnait, et pensa, non sans effroi, que s'il fallait voguer tout pour retirer la capitane d'un danger pressant, il ne retrouverait plus la vigueur accoutumée de sa chiourme. Aussi, s'approchant du général :

— Monseigneur, voilà des drôles qui regardent comme indignes d'eux cette honnête compagnie de morts et de mourants, qui ouvrent des yeux de bœufs à cette canonnade, et que le froid de la peur va engourdir tout à fait; m'est avis qu'il faudrait s'il vous plaît leur donner un verre de ce bon *saouvo-christian* qu'on trouve à ma taverne, et leur faire jouer aussi quelques *bédochos* par vos hautbois et vos trompettes pour les égayer un peu.

— Tu as, ma foi! raison; dis au majordome de leur faire donner à boire à mon compte; et ordonne à mes trompettes et hautbois de venir ici sonner dans le couroir.

— Mais, monseigneur, ces damnés couards de musiciens italiens sont encapés dans le scandalard, comme des congres dans leur trou, et ils n'en voudront sortir sans...

Ici le comite-réal fit un geste significatif avec son gourdin.

— Eh bien! eh bien! qui te retient? va-s-y, ou envoie-s-y tes argousins et sous-argousins, et qu'ils me les amènent ici à l'instant même. Par Amphion! le souffle de ces beaux musiciens m'appartient en paix comme en guerre, en calme comme en tempête; qu'ils viennent donc.

Maître Talebard-Talebardon descendit par le fougon, et bientôt deux aides du barillet[1] vinrent avec des bidons qu'ils confièrent tour à tour à la bouche altérée des forçats, auxquels on ôta et on remit le tap après boire.

Puis on vit apparaître à l'entrée du porteau de mestre une longue figure livide de terreur sous une énorme perruque de crin fort mal ajustée; puis deux, puis trois; puis enfin se rangèrent sur le couroir les dix musiciens de Vivonne, vêtus de sa livrée et portant à leurs instruments un brillant étendard brodé à ses armes.

Ces pauvres diables étaient une compagnie des musiciens ambulants italiens, qu'une bonne voglie[2] de la capitane avait enrôlés en les faisant boire à la santé du roi, et leur promettant des merveilles. Ces recrues, assez tristes symphonistes d'ailleurs, s'étaient mis bien vite au fait de quelques sonneries dont se

[1] Tonneliers.

[2] On verra plus tard le manége incroyable des *bonnes voglies*, ou volontaires des galères, parmi lesquels on choisissait les recruteurs qui enrôlaient à force de mensonges les niais assez mal avisés pour se laisser prendre à leurs promesses.

composait le répertoire des airs des galères, sortes de fanfares assez analogues à celles de la vénerie, comme, par exemple, *le Mouillage, l'Appareillage, la Chasse, la Retraite;* mais dans leur engagement, je ne sais s'il était spécifié qu'ils auraient à exercer leurs talents harmoniques au milieu d'un combat; toujours est-il qu'ils arrivèrent sur le couroir, pâles comme des morts, à moitié baissés, marchant presque sur les mains, et se couchant à plat ventre à chaque salve d'artillerie....

A la vue de ces grotesques figures rendues plus ridicules encore par les symptômes de la plus effroyable terreur, Vivonne n'y tint pas, et sa gaieté fut partagée par son état-major, à l'exception du malheureux M. de Manse, qui allait sans cesse soulever la portière du carrosse pour savoir des nouvelles de son fils.

— Allons, beaux messieurs, — dit le chevalier de Mirabeau, qui avait bandé la blessure de sa tête avec sa cravate, — jouez-nous là quelque chose de gai, de joyeux.

Les malheureux virtuoses firent un geste de supplication et de désespoir, et l'un d'eux, petit homme à gros ventre et à grosse perruque, dit d'une voix chevrotante de peur, en s'agenouillant : — *Signor generale ! eccellenza !... pietà ! pietà !*

— Comment, *pietà !* — dit M. de Montbousquet, un des volontaires de la capitane, en prenant un pistolet d'un air fort sérieux : — sonnez à l'instant, drôles... le général le veut. Sonnez ! ou de par Dieu je vous abats comme des chiens.

A la vue de ce menaçant pistolet, les dix malheureux musiciens se regardèrent un moment comme pour se concerter sur l'air qu'ils allaient sonner. Puis approchant leurs lèvres tremblantes des embouchures, et roulant de côté et d'autre des yeux effarés, ils arrachèrent de ces instruments une espèce de son tellement faux, tellement discord, tellement lamentable et sauvage, que le général et ses officiers en bondirent sur la couverte.

— Grâce... grâce, malheureux! — s'écria Vivonne, en se bouchant les oreilles et serrant les dents comme si elles eussent été agacées par un acide. — Grâce, c'est à faire fuir les Turcs de leurs batteries, s'ils étaient assez proches pour entendre ! C'est...

Le général ne put achever; car une épouvantable scène de terreur succéda à ce grotesque épisode.

On sait que la capitane était mouillée tout proche de *la Thérèse,* vaisseau de soixante-dix.

Tout à coup une horrible explosion se fait entendre. On eût dit que la foudre éclatait au-dessus de la capitane; une bouffée de flamme, rouge et ardente comme le feu d'un volcan, l'enveloppe un moment, et une énorme lame sourde, prenant la galère par son travers, la coucha si furieusement sur le côté senestre, qu'on vit toute sa quille.

A ce choc épouvantable, M. de Vivonne et ses officiers furent renversés et roulèrent pêle-mêle vers la senestre; M. de Vivonne eut le temps de s'accrocher avec force à un des bandinets de poupe, ainsi que M. de Manse; mais M. de Montbousquet roula par-dessus les batayoles d'apostis et tomba à la mer.

A l'instant où la capitane se relevait, une nuée d'éclats de bois, de bordages, de ferrures, de débris humains, de poutres, tombant sur la galère avec un épouvantable fracas, crevèrent la couverte en plusieurs endroits, écrasèrent les forçats sur leurs bancs, brisèrent les mâts et les antennes; et cela, au milieu d'un nuage de fumée noire et sulfureuse, qui ne permettait pas de se voir à deux pas.

Tout ceci avait duré mille fois moins de temps qu'il ne faut pour l'écrire, en un mot, le temps que dure l'explosion d'un vaisseau de haut-bord; *la Thérèse,* en un mot, avait sauté à vingt pas de la capitane.

Il est plus facile de concevoir que d'exprimer l'épouvantable confusion qui dut régner à bord de cette galère; car on ne put voir tout de suite l'étendue des pertes que cet accident avait causées. Seulement, M. de Vivonne, en se rajustant, vit un de ses volontaires, M. le chevalier Gaillard, affreusement écrasé par un bordage de *la Thérèse,* qui le tenait pour ainsi dire plaqué sur l'espale droite; M. de Manse, le capitaine, était à moitié couché par terre, et ne pouvait remuer la cuisse droite, qui avait été fracassée. M. de Vivonne n'avait rien qu'une forte contusion au côté gauche; mais son major, le chevalier de Mirabeau, avait une affreuse blessure à l'épaule, un crochet de fer attaché à un morceau de bordage la lui ayant dénudée presque jusqu'à l'os.

La capitane recueillit trois matelots de *la Thérèse*, qui seuls échappèrent à ce désastre ; le reste périt.

Le combat continuait toujours ; mais les bordées des Turcs, de moins en moins nourries, cessèrent bientôt. Une assez forte brise du sud s'étant élevée, la fumée qui voilait la ville et les ouvrages des Turcs, se dissipant peu à peu, permit de voir un pavillon blanc et bleu qui flottait au sommet du fort *Martinengo*. C'était le signal convenu entre la ville et l'escadre pour faire cesser le feu.

Il était environ onze heures, et le feu avait commencé à sept heures moins un quart.

Lorsque le vent eut dissipé la fumée qui recouvrait les retranchements des Turcs, on vit leurs batteries à fleur d'eau fort peu endommagées, et leurs revêtements presque intacts.

Selon qu'on en était convenu dans le conseil, les vaisseaux profitèrent de cette brise du sud pour s'élever au nord et regagner la fosse, tandis que les galères serpèrent et regagnèrent le port Saint-Nicolas, ayant la capitane à leur tête.

Nous terminerons la relation de ce combat par cet extrait du Mémoire de M. de Vivonne au roi :

« ..... D'après l'ordre de marche que je me suis donné l'honneur d'envoyer à Votre Majesté, *l'Etoile*, commandée par M. de Contay, remorquée par la galère *la Renommée*; le *Courtisan*, vaisseau amiral, remorqué par *la Force*, prirent les premiers leur poste ; mais comme ils étaient incommodés des batteries des ennemis, ils crurent être obligés de faire leurs premières décharges sans attendre mon signal. Le début de ces deux vaisseaux et de ces deux galères fut tout à fait beau, et tout ce qui était de monde dans la ville s'étonna de les voir faire des décharges aussi justes que pourrait faire l'infanterie avec le mousquet. Le vaisseau amiral n'eut pas plutôt commencé à tirer, que je pris mon poste sous les batteries turques. *Le Comte*, remorqué par *la Saint-Louis*, *le Bourbon* par *la Victoire*, *le Provençal* par *la Couronne*, *la Thérèse* par *la Dauphine*, *le Toulon* par la patronne, se rangèrent ensuite à leur poste, avec tous les autres vaisseaux et galères, sous les batteries que les Turcs avaient faites à fleur d'eau le long de la marine, outre celles dont ils avaient coutume de battre la ville; et comme l'amiral tire beaucoup plus d'eau que les autres vaisseaux, je fus contraint de le laisser demeurer un peu plus au large, et je m'avançai plus près de terre et me plaçai près du vaisseau amiral et de *la Thérèse*. Ce voisinage pensa perdre la capitane : car le feu ayant pris aux poudres de *la Thérèse*, elle sauta en l'air et pensa m'accabler de ses débris. Ce malheur, joint à la perte qu'on avait déjà faite de beaucoup de gens par le canon et la mousqueterie des ennemis, nous mit en quelque désordre. Mais chacun demeura à son devoir. Votre Majesté saura que l'effet de la poudre de *la Thérèse* fut si grand, que la mer s'entr'ouvrit et coucha la capitane trois fois sur le côté, de manière qu'on en vit la quille et que chacun la crut perdue. Ce désordre n'empêcha pas les autres vaisseaux et galères de canonner le camp des Turcs, jusqu'à ce que le signal de la retraite parût sur le fort de Martinencq.

» Le contre-amiral, commandé par M. Gabaret, avec sa division de sept vaisseaux et sept galères, firent leur devoir on ne peut mieux; le seul désordre qu'il y eut de ce côté fut que, l'espace étant un peu serré pour tant de vaisseaux, ils se trouvèrent quasi les uns sur les autres et ne purent laisser entre eux les intervalles nécessaires pour les galères, hors le contre-amiral, à la gauche duquel la galère *la France* trouva place pour se mettre. Les autres galères : *la Croix-de-Malte*, capitaine d'Oppède; *la Fleur-de-lys*, capitaine Labretèche; *la Fortune*, capitaine de Janson; *la Valeur*, capitaine de Vivier, et deux galiotes se trouvèrent nécessitées, pour être de la partie, de se mettre entre la terre et les vaisseaux; ces galères souffrant que les vaisseaux susdits fissent leurs décharges par-dessus elles, plutôt que de manquer à prendre un poste honorable.

» En ce rencontre, les galères de S. S., de Venise et de Malte étaient tout à fait sur la droite, qui battaient par le revers le camp des Turcs; M. de Rospigliosi avait remorqué de nuit les huit vaisseaux vénitiens sous la Sablonnière, pour canommer le camp des Turcs de ce côté-là, et les empêcher de tirer par le revers, comme ils firent sur les galères et vaisseaux qui étaient sous Saint-André; mais ils ne jugèrent pas à propos d'y demeurer. *Si bien qu'ils mirent à la voile sitôt que M. Rospigliosi eut levé la remorque, et ils s'allèrent poster en un lieu où ils virent, avec toute sûreté et le plus agréablement du monde, cette canonnade.*

» Il serait difficile, à part cette trahison, de dire à Votre Majesté lequel fit le mieux en cette rencontre, parce que tous les capitaines des vaisseaux et des galères ont également bien fait leur devoir; et tout ce que je puis assurer à Votre Majesté, est qu'on peut dire que rien ne fut plus beau que le début de M. de Martel. La perte que Votre Majesté a faite dans cette canonnade serait peu considérable sans celle de *la Thérèse*. Car, quoiqu'il y ait eu cinq ou six cents hommes hors de combat, il n'y a d'officiers blessés, sur les galères, que le sieur de Manse, capitaine de la capitane, blessé d'un éclat à la cuisse; le chevalier de Mirabeau, major des galères, blessé d'une balle de mousquet à la tête et de deux éclats à l'épaule et au bras; de tués, que les sieurs de Tagenat, lieutenant de la patronne, et de Chabert, sous-lieutenant de la capitane, de deux balles de gros mousquet dans la poitrine. Mes volontaires furent maltraités. M. de Montbousquet et le chevalier Gaillard furent dangereusement blessés d'un éclat de *la Thérèse;* et le jeune de Manse, fils du capitaine, eut le bras droit cassé d'une balle de mousquet; et aussi le sieur Videau, capitaine de ma barque longue, fut tué. Pour le reste, tué ou blessé sur les galères, *ça n'a été que soldats, matelots ou chiourme.* Pour ce qui est des vaisseaux, il n'y a eu d'officier blessé que le sieur de Mirecourt, lieutenant du *Comte*, et le sieur Verquin, capitaine d'un brigantin; l'amiral et le vice-amiral eurent quelques coups dans l'eau, mais sans conséquence.

» Je vais faire aujourd'hui travailler à la réparation des vaisseaux et galères, et attendrai respectueusement, Sire, les ordres qu'il plaira à Votre Majesté de donner à celui qui se dit, avec la passion la plus respectueuse, de Votre Majesté, etc., etc. »

Il n'y eut pas d'autre action navale jusqu'au moment où les

troupes du roi, réduites de 7,000 hommes à 2,000, s'embarquèrent pour retourner en France, et ce fut le 31 août que la flotte mit à la voile.

Mais, si, dans cet intervalle, il n'y eut pas de bataille de mer, il y eut de fréquentes et sanglantes escarmouches par terre ; et comme toujours, les seules troupes françaises s'y firent courageusement décimer sous les yeux des Vénitiens, qui, fort las du rôle qu'ils jouaient, avaient grande hâte d'en venir à la capitulation dès long-temps arrêtée avec la Porte. Comme toujours, la veille d'une sortie, ils promettaient mille, deux mille, trois mille hommes ; puis au moment de l'attaque pas un soldat ne se présentait, nos troupes sortaient seules, et revenaient toujours bien mutilées de cette boucherie.

MM. de Navailles, de Vivonne, de Colbert de Maulevrier, Jacquier et Delacroix, écrivaient lettres sur lettres pour se plaindre de la conduite des Vénitiens ; on leur répondait de France :

« *Combattez, combattez pour l'honneur de la chrétienté.* » Et ces gens combattaient, et cela bravement, et cela intrépidement, quoique leurs alliés les laissassent écharper avec une aussi imperturbable indifférence.

Voici, d'ailleurs, comme s'exprime à ce sujet un manuscrit du temps, qui, comparé aux autres relations aussi originales, semble écrit avec autant de bonne foi que de modération.

Après avoir mis bien en évidence ce fait : « *Que les Vénitiens avaient traité secrètement de la reddition de la place avec la Porte avant l'arrivée de M. de Navailles, et étaient convenus de l'avantageuse capitulation qu'on leur accorda plus tard ;* » après avoir démontré jusqu'à satiété le mauvais vouloir des Vénitiens, en racontant jour par jour les combats de terre, depuis l'arrivée de M. de Navailles jusqu'à son départ, l'auteur se résume ainsi :

« Le résultat de toute cette relation fait assez voir que les troupes du roi, arrivant en Candie, ont trouvé la place en état de durer vingt-quatre heures ; qu'elle ne pouvait être secourue que par l'enlèvement et la défaite de l'un des quartiers des ennemis ; que M. le capitaine-général Morosini n'a favorisé leur attaque d'aucun secours ni diversion ; que l'on n'a pas trouvé dans la place les 12,000 hommes que l'on avait assuré qui y étaient ; que sans la retirade qu'ont faite les troupes françaises, tout ce qu'il y avait dans Candie était égorgé, et que les troupes de la république ne pouvaient espérer capitulation sans ce retranchement, ce qui eût rendu leurs généraux très-coupables, *s'ils n'eussent, avant, pris leurs sûretés avec le grand-visir.* Les motifs qui ont obligé les Français de sortir de Candie paraissent dans toutes les circonstances qui ont été remarquées, et par la conduite que M. le capitaine-général a tenue depuis notre arrivée dans la place. Nous fûmes avertis qu'il y avait eu un traité de commencé pour laisser aux Vénitiens la ville de Candie ; et ce traité était si avantageux à la chrétienté, que notre sentiment fut de faire tous nos efforts pour le renouer, ne pouvant espérer de parti plus glorieux pour la république. Mais M. le capitaine-général s'y refusa ; disant alors que la république avait révoqué le pouvoir de traiter qu'elle avait donné à son ambassadeur, qui était à la Canée, et qu'il ne pouvait se charger d'une chose de cette importance ; que si M. de Navailles voulait, il pouvait entrer en cette négociation. En quoi M. de Navailles répondit que le roi n'ayant rien à démêler avec la Porte, et n'étant venu que sous les enseignes du Pape, il ne pouvait faire aucun traité avec les infidèles. Ce refus du capitaine-général était une marque assurée qu'il avait pris des mesures pour un autre traité dont M. le duc de Navailles ne pouvait plus douter, en ayant eu des avis de très-bonne part. Ce qui parut visiblement en ce qu'il dit qu'il n'avait pas le pouvoir de traiter pour une chose qui était très-avantageuse à la république, et qu'ensuite il a excédé le pouvoir dans la capitulation qu'il a faite de remettre la place entre les mains des Turcs, ce qui a fait inférer que ce traité était arrêté il y a long-temps.

» Depuis, le relâchement où nous avons vu les troupes qui restaient en Candie à la solde de la république, était une raison assez forte pour nous obliger à nous retirer ; il n'y a point eu de jour où nous n'ayons vu que les efforts que les troupes de Sa Majesté faisaient pour gagner ou conserver quelque travail, n'eussent été rendus inutiles par la facilité avec laquelle les Vénitiens les laissaient perdre, comme il a paru particulièrement à l'attaque de la Sablonnière ; ce qui nous découvrit d'autant plus la vérité du traité secret dont nous venons de parler, dans laquelle si le public veut se confirmer, il n'a qu'à considérer que les troupes que M. le duc de Navailles laissa dans la place pour attendre leur secours, soutinrent un assaut et chassèrent les Turcs de tous les endroits qu'ils attaquaient ; que le secours de quinze cents hommes menés par le duc de la Mirandole composait presque autant de monde que l'on en retirait des troupes de France en état de servir ; qu'avec ce secours, il y avait quantité de munitions de guerre et particulièrement beaucoup de grenades dont on manquait dans la place ; ce qui leur donnait les moyens de se pouvoir soutenir fort long-temps. Cependant M. le capitaine-général fait sa capitulation deux jours après l'entrée de ce secours, et trois jours après que les troupes de France furent sorties de la place ; après quoi, l'on ne pourra pas douter de ce traité, que M. de Navailles avait fort bien pénétré, et dont il a cru ne devoir pas être le témoin. »

Trois jours après le départ de M. de Navailles, qui, ainsi qu'on l'a remarqué, n'emmenait pas avec lui plus de quinze cents hommes en état de combattre, qui se trouvèrent remplacés par ceux que le duc de La Mirandole avait conduits ; trois jours après, la place se rendit aux conditions suivantes :

I. — Que le capitaine-général sera obligé de mettre Candie entre les mains du premier visir, pour en disposer absolument à sa volonté comme d'une place tout à fait soumise aux ordres du Grand-Seigneur, et que les Vénitiens seront obligés de se retirer à Standia dans douze jours, pourvu que le temps soit favorable pour ce trajet, et que toute l'armée sortirait de la même île de Standia (Lestandic) dans quarante jours, le temps étant propre pour cet effet.

II. — Que toutes les forteresses, havres, îles adjacentes et autres places, qui sont sous le commandement de la République dans le royaume de Candie, resteront sous sa domination de la même façon qu'avant la guerre ; du nombre desquels sont la Suda, Spina-Longa, Carabera et Tine ; et qu'on séparera toutes les dépendances de Spina-Longa du royaume de Candie.

III. — Que toute l'artillerie, les matériaux, etc., qui sont dans la place, y resteront entièrement, à cette condition que le premier visir fera présent de quarante pièces de canon au capitaine-général.

IV. — Que toutes les îles de l'Archipel et autres qui peuvent lui appartenir demeureront sous sa domination de la même façon qu'elles étaient auparavant la guerre, et que la forteresse de Clissa et tout ce que les Vénitiens pourraient avoir pris sur les Turcs en Dalmatie et en Albanie resteront absolument sous la souveraineté de la Sérénissime République.

V. — Que la République ne paiera plus les contributions qu'elle avait accoutumé de payer pour les îles de l'Archipel et de Grèce, et que Zante et Céphalonie n'en donneront pas du tout pour leur trafic.

VI. — Que pas une des parties ne sera tenue de donner de l'argent sous prétexte de remboursements de dépense, de pension de guerre, ou d'autre titre que ce soit.

VII. — Que le premier visir donnera tout le temps nécessaire au capitaine-général pour transporter les vivres et les munitions hors de Candie; que la garnison sortira les enseignes déployées avec tout son bagage, et qu'il sera permis à tous les habitants de la ville qui ne voudraient pas rester, de sortir avec toute leur famille et leurs biens, et que le capitaine-général pourra emporter avec lui toutes les reliques, les vases sacrés et les ornements des églises.

VIII. — Que la Sérénissime République enverra un ambassadeur à Constantinople pour faire ratifier ce traité et pour établir le plus parfaitement possible le commerce, lequel sera libre et sans aucun empêchement, comme auparavant la guerre.

IX. — Qu'on donnera la liberté à tous les prisonniers et esclaves des deux partis, dès que l'ambassadeur de la Sérénissime République sera arrivé à Constantinople.

X. — Que tous les articles dont on est convenu ci-dessus seront fidèlement et inviolablement accomplis, et qu'on se jurera, au reste, une paix éternelle entre les deux états, et un commerce perpétuel.

La flotte française arriva à Toulon le 16 septembre. A son arrivée en France, M. de Navailles fut envoyé en exil, sans que le roi voulût le voir ni l'entendre. Ce passage des Mémoires de ce général, d'ailleurs entièrement conformes à tous les manuscrits et rapports du temps, est remarquable par sa modération, sa logique et sa résignation pleine de dignité :

« Les Vénitiens prirent un si grand soin de déguiser la vérité, que mon départ ne fut pas approuvé de tout le monde ; mais, outre l'impossibilité où j'étais de faire subsister les troupes du roi, j'avais encore de fort bonnes raisons pour les retirer de Candie. Il semble, d'ailleurs, qu'il est aisé de comprendre que l'intérêt des Vénitiens n'était pas de conserver Candie, et que ce n'était pas non plus leur dessein ; ils n'en tiraient aucun secours d'hommes ni d'argent, parce que les Turcs étaient maîtres de tout le reste du royaume. Cette ville leur causait une prodigieuse dépense : elle était ouverte de tous côtés, et il leur aurait fallu plus de trois millions pour la rétablir. Leurs finances étaient épuisées. Ils manquaient de soldats et de chiourme ; ils ne pouvaient plus soutenir la guerre contre le grand-seigneur ni conserver les places qu'ils ont dans l'Archipel et la Dalmatie, qu'en faisant la paix avec lui ; de sorte qu'ils ne voulaient se servir du secours de la France que pour faire voir que la chrétienté s'intéressait pour eux, et obliger la Porte à leur accorder une paix moins désavantageuse.

» L'ambassadeur de Venise avait fait de si grandes plaintes de mon départ au roi qu'on m'envoya ordre, d'abord que je fus arrivé en France, de me retirer dans l'une de mes terres. J'y demeurai trois ans relégué, sans qu'il me fût permis de rien dire pour ma justification. Après ce temps, on me donna la permission d'aller à mon gouvernement de La Rochelle. »

Maintenant il reste à expliquer la cause du ressentiment de Louis XIV contre Navailles, et son dépit de la reddition de Candie.

On se rappelle que le but principal de l'expédition de Candie fut : — d'obtenir les chapeaux de M. le duc d'Albret, de M. l'évêque de Laon et de M. le prince d'Awersberg; — mais ce dernier ayant été éloigné en raison de ses services passés et de son inutilité présente, on n'en parlera que pour mémoire.

Restaient donc deux candidats : M. d'Albret, fortement appuyé par Louis XIV et Turenne; et M. de Laon, appuyé par Beaufort et le Portugal.

On concevra l'importance que Lionne mettait à obtenir ces chapeaux, si l'on songe que la santé de Clément IX était chancelante, et que, dans le cas probable de sa mort, le parti français à Rome déjà considérable pouvait, grâce à la nomination de MM. de Laon et d'Albret, acquérir une grande influence dans le conclave; influence pas assez puissante peut-être pour arriver à l'exaltation d'un pape français, mais cependant assez importante pour que ce parti dictât des conditions au pape futur pour prix des voix qu'il lui pouvait assurer.

Or, grâce à la guerre de Candie, Lionne pouvait merveilleusement solliciter pour les candidats de son maître, et, basant ses instances réitérées sur le dévouement positif et prouvé du roi de France aux intérêts de la chrétienté, opposer constamment cette ferveur religieuse de Louis XIV à l'indifférence des autres couronnes qui sollicitaient également les chapeaux vacants. Mais une fois la guerre de Candie terminée, la place rendue, ce prétexte épuisé, le roi de France, ne pouvant plus appuyer ses prétentions sur des services rendus à la foi, retombait dans le droit commun des pétitionnaires. Ceci explique suffisamment le désappointement de Lionne en apprenant le retour de Navailles, et les ordres précipités donnés au marquis de Bellefonds, pour commander un nouveau secours destiné à Candie, mais qui devint inutile par la reddition de cette place.

Il demeure donc prouvé, malgré les apparentes réclamations de l'ambassadeur de Venise, que *cette république, cédant aux suggestions de la France, avait bien voulu ajourner la reddition de Candie, convenue d'avance avec le visir, jusqu'au moment où les chapeaux de MM. d'Albret et de Laon seraient accordés par le pape.*

Pourtant, deux jours après le départ de M. de Navailles, et quinze jours après la nomination de M. d'Albret, la ville de

Candie, qui avait grand besoin de la paix, se rendit, prétextant la retraite de M. de Navailles.[1]

Or, il est évident que si M. de Navailles, au lieu de céder selon la saine raison aux exigences de la position de l'armée, position de plus en plus insoutenable, eût sacrifié le reste des soldats, sa présence eût sans doute retardé la reddition de Candie de quelque temps, et conséquemment aussi peut-être amené la seconde cardinalerie, celle de M. de Laon.

Mais la retraite de l'armée du roi rendit vaine cette espérance. De là vint la colère de Lionne contre Navailles; de là les instances désespérées de M. de Laon, qui, prévoyant bien que *sans guerre de Candie pas de chapeau*, fit par son manége demander et obtenir le commandement d'un second secours destiné à Candie par un de ses plus dévoués amis, M. le marquis de Bellefonds. Mais ce secours étant devenu inutile par la reddition de la place, M. de Laon, ainsi qu'il l'avait pressenti, vit sa promotion indéfiniment reculée.

Maintenant on verra par les lettres suivantes, de MM. Bigorre, de Bonfils et de Bourlemont, pour quelle raison d'une finesse et d'une politique tout italienne Clément IX donna le chapeau à M. d'Albret plutôt qu'à M. de Laon, bien que ce dernier fût plus âgé, et que dans cette circonstance il dût, selon toute justice, être préféré à M. d'Albret.

Ces lettres d'ailleurs serviront de dénouement à cette guerre singulière. On y remarquera surtout une scène du plus haut et du plus excellent comique, jouée à ravir par S. B. notre S. P. Clément IX, et racontée à merveille par M. l'abbé de Bonfils, chargé auprès de S. B. des intérêts de M. de Laon.

Voici comme les choses se passèrent :

Le vendredi 3 août, le pape apprend secrètement la mort du duc de Beaufort, protecteur naturel et déclaré de M. de Laon, et qui avait surtout appuyé l'expédition de Candie, afin de pou-

---

[1] Ceci était tellement un prétexte, et des plus mauvais, que la veille du départ de l'armée française, qui comptait à peine quinze cents hommes en état de combattre, le duc de La Mirandole arriva à la tête de deux mille cinq hommes de troupes fraîches au secours de Candie, qui se rendit pourtant le lendemain sans avoir employé ce renfort.

voir servir la nomination de son parent, soutenu d'ailleurs par le Portugal.

Or, bien que le 6 août fût un lundi, jour de la fête de la Vierge, et qu'un de ses neveux fût mort la veille, S. B., contre tous les usages reçus, assemble en hâte le consistoire, et là, cachant la mort du duc de Beaufort, qu'il ne veut rendre publique que le lendemain, Sa Sainteté apprend aux cardinaux assemblés que, voulant donner au roi très-chrétien une preuve de sa gratitude pour les services qu'il rend à la foi, il accorde un des chapeaux vacants *à M. le duc d'Albret*.

L'injuste partialité qui dicta cette nomination fut si choquante qu'on voit que Clément IX lui-même en eut honte, puisqu'il n'osa annoncer la mort du duc de Beaufort que le lendemain du jour où il avait sacrifié M. de Laon, parent et protégé de ce prince, à M. d'Albret, en nommant ce dernier cardinal, sans doute selon cette excellente maxime : — qu'il devient inutile d'avoir égard aux recommandations d'un mort.

Voici, à ce sujet, les lettres dont on a parlé.

DE L'ABBÉ BIGORRE A M. DE LIONNE.

Monseigneur,

J'ai rendu, à main propre, à M. l'abbé Mélani, la lettre de Votre Excellence, qu'il a reçue avec ce respect qu'il a accoutumé d'avoir pour tout ce qui vient de votre part. Il me montra sur-le-champ l'article qui regarde les intérêts de M. le duc d'Albret, dans lequel elle donne un sens si naturel au mot de la dernière lettre du roi *sans impatience*, et si conforme aux sentiments de Sa Majesté contenus dans ses précédentes qu'il nous sera très-avantageux d'avoir eu cet éclaircissement. Il est vrai, monseigneur, et j'en serai toute ma vie un témoin irréprochable, qu'après le roi Votre Excellence a eu plus de part que personne du monde au bon succès des desseins de la maison de Bouillon, et qu'elle doit à votre conduite et à plusieurs moyens inimitables dont vous vous êtes servi dans vos lettres particulières ou que vous m'avez inspirés l'avancement du chapeau qu'il y a lieu d'attendre bientôt de la générosité du pape. Sans vos ma-

31.

nières d'une adresse consommée, *le secours de Candie n'aurait pas été suffisant pour nous mener à notre fin, et les armées de Sa Majesté, après avoir arraché des mains des Turcs le royaume de Candie et épouvanté l'Orient, s'en seraient retournées à Marseille sans avoir tiré des mains des prêtres le bonnet rouge dont Votre Excellence m'avait commis la sollicitation...* [1]

BIGORRE.

Le 9 juillet 1669. A Rome.

LETTRE DE L'ABBÉ DE BOURLEMONT A M. DE LIONNE.

J'eus l'honneur de vous écrire bien au long, mardi, par l'ordinaire de Lyon, sur la promotion de M. le duc d'Albret; je crois encore devoir à présent, par la commodité de M. l'abbé Servient, qui va lui porter la barrette, en répéter brièvement les principales circonstances, qui sont que, nonobstant que le sieur Th. Rospigliosi, aîné des neveux séculiers du pape, fût mort le dimanche, Sa Sainteté fit intimer, le même jour, le consistoire pour lundi, fête de la Vierge, contre l'ordinaire. Cela fit juger qu'il y aurait de la nouveauté.

Le pape, après avoir fait les éloges du roi et de l'incomparable zèle qu'a Sa Majesté pour la defense de la chrétienté et le bien de l'Église, dit que, pour complaire à Sa Majesté, il faisait M. d'Albret cardinal, lui donnant le chapeau national de France, qui se devait faire en la seconde promotion, et Sa Sainteté réserva, *in petto* en même temps, le chapeau national d'Espagne, pour le donner aussitôt que la reine d'Espagne y aurait nommé.

J'allai, selon la coutume, remercier le pape, après le consistoire, de l'avance de la promotion de M. le duc d'Albret : Sa Sainteté me dit qu'elle n'avait eu égard ni à l'affliction récente de sa maison, ni à la fête qui empêchait d'ordinaire de tenir le consistoire un pareil jour, pour s'acquitter promptement de ce qu'il désirait faire il y a long-temps pour le roi; que l'avance

[1] *Arch. des aff. étrang.* — Rome, 1669.

du chapeau de M. d'Albret avait attiré indispensablement celui d'Espagne; qu'il voulait bien me dire que, depuis le départ de l'armée du roi pour le secours de Candie, *il s'était pressé de faire cette promotion avant que l'on apprît quelque chose des événements, et que l'on ne dît point que c'était en considération d'iceux qu'il avait fait cardinal M. d'Albret* [1].

M. le cardinal Rospigliosi me dit qu'il s'était employé de tout son possible vers le pape pour la satisfaction de Sa Majesté, comme il ferait en tout ce qu'elle désirerait.

Je vous dois dire, monseigneur, que je tiens pour indubitable que la résolution prise au palais tout à coup de faire la promotion en un jour de fête, et lors même que toute la maison du pape était en deuil, a eu pour principal motif la perte de M. de Beaufort, que l'on apprit vendredi par lettres de Malte, mais que vraisemblablement l'on a voulu dissimuler au palais pour rendre la promotion apparemment plus généreuse [2]. *Je me suis réservé de vous écrire cette circonstance par la voie de M. l'abbé Servient. Toutes les conjectures en sont palpables et évidentes* [3].

L. DE BOURLEMONT.

Rome, 9 août 1669.

Voici la lettre de M. l'abbé de Bonfils, dont nous avons parlé. Pour bien apprécier tout le comique de la délicieuse scène racontée dans cette lettre, il faut se rappeler que M. de Bonfils était, à Rome, chargé auprès du pape des intérêts de M. de Laon; il se rend donc chez Clément IX le lendemain de la nomination de M. le duc d'Albret, pour faire au moins sentir à Sa Béatitude, par sa présence, combien le choix de Sa Sainteté en faveur de M. d'Albret avait droit d'étonner les amis et les serviteurs de la maison de Vendôme, qui, malgré les promesses

[1] Cette crainte du pape était peu sensée. S'il se fût agi de M. de Laon, parent du duc de Beaufort, dont on regrettait la perte, cela eût été concevable.

[2] Non pas plus généreuse, mais moins choquante pour M. de Laon, parent de ce prince, qui avait à cette faveur bien d'autres titres que M. d'Albret.

[3] *Arch. des aff. étrang.* — Rome, 1669.

de Sa Béatitude, voyaient M. de Laon si injustement évincé, lorsque le chef de sa famille venait de mourir pour le soutien de la foi sous les murs de Candie.

Le pape, ne sachant comment expliquer son choix, commence par rester muet, puis il pleure comme un enfant, *lui qui n'avait pas pleuré la mort de son neveu* (fait observer naïvement l'abbé de Bonfils) ; enfin il se répand en louanges outrées sur le feu duc, *son prince incomparable*, en plaintes amères contre les Turcs ; après quoi il renvoie l'abbé Bonfils avec sa bénédiction et le conseil de patienter pour M. de Laon.

LETTRE DE M. DE BONFILS A M. DE LIONNE.

Monseigneur,

Après de grandes marques de bonté que Votre Excellence vient de me donner, et près de Sa Majesté, et près du R. P. Annat, dont M. le marquis de Cœuvres m'a fait l'honneur de m'écrire, il est de mon devoir, monseigneur, bien que je sois désolé de la mort de monseigneur le duc de Beaufort, d'en témoigner mon extrême gratitude à Votre Excellence, et de l'assurer qu'elle ne saurait faire du bien à personne du monde qui lui soit plus fidèle ni plus soumise que je le serai toute ma vie. Je la supplie très-humblement d'être fortement persuadée de cette vérité, et que je n'ai pas une goutte de sang dans mes veines que je ne la donne de très-bon cœur pour son très-humble service. M. l'abbé de Servient, qui porte le bonnet à monseigneur le cardinal de Bouillon (duc d'Albret), et qui a eu la bonté de présenter cette très-respectueuse lettre à Votre Excellence, aura l'honneur de lui lire le sentiment du pape sur cette mort, et comme sitôt qu'il eut appris cette grande perte pour la chrétienté, pour l'Église, pour lui-même, pour la France, pour la maison de Vendôme et pour moi en particulier, ordonna à monseigneur le cardinal Rospigliosi de m'envoyer quérir et de me dire à l'avance les sentiments de sa douleur ; ce qu'il fit, monseigneur, et d'une manière si forte, que je dois dire à Votre Excellence qu'il me parut inconsolable et dans un tel état, *que je me trouvai obligé de le consoler*, et, en le faisant, de lui représenter *ce qu'il devait pour le soulagement d'une maison qui, en servant le pape, avait tout perdu, puisqu'elle se voyait privée d'un prince qui la soutenait, dont le sang glorieux doit rougir l'habit de M. de Laon, puisqu'il n'avait demandé que cela pour toute récompense au pape et à Votre Excellence;* à quoi, monseigneur, S. E. me répondit que, bien loin que cette très-glorieuse mort affaiblisse les dispositions de Sa Sainteté et les siennes, qu'elle les augmentera, qu'elle m'en assurait; et après mille réflexions sur ce malheur et sur l'état où cette maison se trouve pour le service du pape que je lui fis faire, S. E. me fit conduire aux pieds du pape, *que je trouvai très-désolé et qui fut plus d'un demi-quart d'heure sans me pouvoir dire une parole, pleurant comme un enfant, lui qui n'avait pas donné une larme à monsieur son neveu; et je ne pense pas, monseigneur, qu'il m'eût parlé si je n'eusse commencé. Ce fut alors qu'il me témoigna son affliction, jusque-là qu'il me dit que quand on aurait chassé le Turc de cette maudite place, il ne serait pas consolable après avoir perdu* SON PRINCE; *qu'il ne doutait plus, après cela et un si grand malheur, que Dieu ne voulût punir la chrétienté; et encore une infinité d'autres discours que Votre Excellence peut s'imaginer, et que, présentement, je ne suis pas capable de lui rapporter. Tout ce que je puis lui dire, c'est qu'il fallut que je me surmontasse dans cette rencontre, ce que je fis, monseigneur, puisque je le consolai, et d'une manière qu'il crut que Dieu me faisait parler; et, en effet, je ne crois pas, de ma vie, d'avoir rien dit d'approchant: en quoi je reconnus la miséricorde de Dieu et la force de sa grâce, puisque je soulageai, en quelque sorte, la douleur de S. B., sans pourtant donner aucun soulagement à la mienne. Je lui parlai de ce qu'il pouvait faire pour la mémoire d'un prince mort pour l'intérêt de la foi et pour son service, en encore, monseigneur, pour la consolation d'une maison qui s'était dévouée à lui; et je le fis ressouvenir des prières de ce glorieux prince en faveur* de M. de Laon, des raisons qu'il avait et que sa maison a de le presser pour sa promotion, et de l'obligation qu'il avait de faire cette affaire ; que ce sang précieux le sollicitait de changer la couleur de l'habit de ce grand prélat, et qu'il ne pouvait, en un mot, rien faire de plus glorieux pour son pontificat ; que je m'abandonnais à sa générosité et à sa justice : ce que je ne ferais pas à un autre pape, qui serait capable de perdre, avec la personne, le souvenir de son obligation. *Il me répondit, monseigneur, à cela, toujours pleurant, que je m'assurasse qu'il était le même, qu'il ne changerait pas, et qu'avec un peu de patience qu'il m'avait toujours demandée, il ferait ce qu'il devait, et par justice, et par obligation, et par inclination ; qu'il le ferait, et que cette maison serait toujours avant dans son cœur.* Il me parla après de monseigneur le cardinal de Vendôme, et m'ordonna, en son temps, de l'assurer de son affliction. Il me dit ensuite qu'il dirait aujourd'hui la messe pour ce héros, et qu'il ferait rendre à sa mémoire glorieuse tous les honneurs qu'il lui serait possible.

M. de Servient aura l'honneur de dire tout ce qu'il a vu là-dessus, de quelle manière se conduit l'envoyé de Portugal, et mon zèle pour le service de Sa Majesté et de Votre Excellence, de laquelle j'attends tout, et surtout après une telle perte.

Il ne me reste rien à dire à Votre Excellence, si ce n'est que je serai toute ma vie soumis à elle, et avec un très-profond respect,

Monseigneur, de Votre Excellence,

Le très-humble, etc.

DE BONFILS.

A Rome, ce 6 août 1669.

(*Arch. des Aff. étr. Rome.*)

C'est ainsi que finit l'expédition de Candie, entreprise pour assurer la promotion des chapeaux de MM. le duc d'Albret et l'évêque de Laon.

Le roi ne recevant pas de nouvelles de M. le duc de Beaufort, et sa mort paraissant certaine, Louis de Bourbon, comte de Vermandois, fils naturel de Louis XIV et de mademoiselle de La Vallière, fut pourvu, le 12 novembre de cette même année, de la charge d'amiral de France, supprimée, en 1626, par le cardinal de Richelieu, qui avait substitué à ce pouvoir trop étendu l'office de *grand-maître, chef et surintendant-général de la navigation et commerce de France*, office dont il fut lui-même pourvu en cette même année, et après lui son neveu, Armand de Maillé-Brézé, duc de Fronsac, la reine-mère Anne d'Autriche, César, duc de Vendôme, et en dernier lieu son fils François de Vendôme, duc de Beaufort.

Voici un Mémoire fort curieux de Colbert au sujet du nom qui devait être donné au nouvel amiral, alors âgé de *vingt-deux mois*.

MÉMOIRE POUR SAVOIR QUEL NOM IL EST BESOIN DE DONNER A M. LE COMTE DE VERMANDOIS, AMIRAL DE FRANCE.

Le roi voulant pourvoir M. le comte de Vermandois, son fils naturel, de la charge d'amiral de France, il est nécessaire de résoudre son nom et son seing. Pour le premier :

1. Il faut examiner comment les bâtards des rois ont été appelés de tous temps. — M. d'Angoulême ajoutait à son nom propre : bâtard de Valois ; — je crois que tous les bâtards ont été appelés de même.

2. Savoir si aucun n'a pris le nom de bâtard de France avant la mort du feu roi.

3. Les lettres des secrétaires-d'état à MM. de Vendôme, de Verneuil et autres commençaient par ces mots : *mon oncle naturel*. Dans la minorité, on leur a écrit : *mon oncle*, seulement.

Il faut observer que madame de Fontevrault prend le nom de Jeanne-Baptiste, légitimée de France.

4. M. de Vendôme s'est toujours appelé César de Vendôme, sans marquer sa bâtardise.

Voici les différents noms qui pourraient lui être donnés :

Louis, bâtard de Bourbon, comte de Vermandois, amiral de France ;

Louis, bâtard de France, amiral de France. — Les deux termes de France ne sonneraient pas bien, on pourrait dire : Louis, bâtard, comte de Vermandois, amiral de France;

Louis, légitimé de France, comte de Vermandois, amiral de France;

Louis, fils naturel du roi, comte de Vermandois, amiral de France;

Ou bien seulement,

Louis, comte de Vermandois, amiral de France.

5. A l'égard du seing, comme il faut que tous les congés et tous les passe-ports de la marine soient signés de l'amiral, les termes seront réglés par ceux de son nom; mais comme il ne peut pas signer, savoir s'il ne sera pas à propos d'expédier des lettres-patentes portant que tous passe-ports, congés et autres actes de marine, seront signés d'une empreinte de son nom, jusques à l'âge de douze ans; laquelle empreinte sera mise sous le contre-scel.

6. Examiner si la charge d'amiral de France n'a jamais été office de la couronne;

7. Si l'amiral n'a jamais eu séance dans le parlement. — Si le roi la créait office de la couronne, quel rang elle aurait, et comme apparemment ce ne serait qu'après le grand-maréchal de l'artillerie.

8. Savoir si l'on ne pouvait pas, ou le faire passer après le dernier duc, ou lui donner une séance particulière.

9. Je trouve qu'en 1480 il y a une patente du roi Louis XI, rapportée par Fontanon, au IIIe tome, f° 13, qui porte : « Notre très-cher et bien-aimé fils et cousin Louis, bâtard de Bourbon, comte de Roussillon et amiral de France. »

(*Bibl. Roy. Mss.*)

Il fut résolu que M. le comte de Vermandois prendrait le titre et le nom de *Louis de Bourbon, comte de Vermandois, amiral de France.* — Plus tard, Louis XIV fit prendre rang à ses bâtards légitimés immédiatement après les princes du sang.

FIN DU TOME PREMIER.

TABLE DES CHAPITRES.

LIVRE PREMIER.

INTRODUCTION. III

CHAPITRE I. Siége de Dunkerque. — Maître Cornille Bart. — Mademoiselle Bart. — Enfance de Jean Bart. — Haran-Sauret. — Antoine Bart. — Jacobsen, dit le Renard de la mer. — Rubens. — Vandervelde le corsaire. — Reddition de Dunkerque 1

II. Hugues de Lionne, marquis de Berny, secrétaire d'état, chargé des affaires étrangères et de la marine. — Retour de Courtin, envoyé en célèbre ambassade en Angleterre, pour négocier la paix entre cette puissance et les Provinces-Unies. — Bataille navale du 12 juin. — Politique et diplomatie de la France. — Charles II. — Le duc d'York. — Milord Arlington. — Madame de Castelmaine. 23

III. Le prince Guillaume d'Orange. — M. le comte d'Estrades, ambassadeur de France. — M. Colbert de Croissy, maître des requêtes. — Alliance de la France et de la Hollande contre l'Angleterre. — D'après les traités, la flotte française commandée par M. le duc de Beaufort doit venir joindre la flotte hollandaise. — Que cette jonction n'aura peut-être pas lieu. — Pourquoi. — Annonce officielle de la déclaration de guerre de la France contre l'Angleterre 43

IV. M. le grand-pensionnaire Jean de Witt. — M. Corneille de Witt, son frère, ruart de Putten. — Portrait de Jean de Witt. — Ses filles Agnès et Marie. — Entrevue de l'ambassadeur de France et du grand-pensionnaire. — Communication de la déclaration de guerre et de l'ordonnance de M. le duc de Beaufort. — Demande de M. d'Estrades, relativement au commandement en chef de l'escadre. — Discussion et refus au sujet du passage et du séjour des troupes françaises en Hollande. — Vues généreuses de M. de Witt sur les Pays-Bas espagnols. 67

Chap. V. *Le Cochon gras*. — Haran-Sauret. — Jean Bart — Histoire prodigieuse d'un homme de mer habillé en évêque. — Maître Jérôme Valbué. — Le huguenot. — Meurtre. — Martin Lanoix. — Législation et pénalité du temps : que le maître ne doit pas outrepasser la chaîne. — Le couteau du mât. — Le mort et le vivant. 89

VI. Louis XIV. — Colbert. — Constructions et acquisitions de vaisseaux. — Arsenaux et approvisionnements maritimes. — Extraits d'un long et curieux mémoire de M. le marquis d'Infreville sur la pénalité et la juridiction maritime. — Maître Valbué et Martin Lanoix. — Le cavalier Bernin. — Impromptu de Louis XIV. — Dépêche de M. d'Estrades au sujet du combat naval livré entre les Anglais et les Hollandais. 106

VII. *Marie-Thérèse*. — Nouvelles de la flotte des États-Généraux. — Les volontaires. — M. le marquis de Cavoye, M. le chevalier d'Harcourt et M. le chevalier de Coislin. 130

VIII. Arrivée de MM. de Coislin, d'Harcourt et de Cavoye sur la côte de Picardie. — La caravelle de maître Valbué. — Jean Bart propose aux trois gentilshommes de les mener aux bancs d'Harwich, rejoindre l'amiral Ruyter et sa flotte. — Appareillage. 139

LIVRE DEUXIÈME.

IX. Arrivée de Jean Bart et de MM. Coislin, d'Harcourt et de Cavoye. — Le vaisseau *les Sept-Provinces*. — Michel Adrianz de Ruyter. — Sa prodigieuse fortune. — Jean Bart s'embarque à son bord. — Singulière histoire du roi nègre, matelot et compagnon de Ruyter. 156

X. Jean Bart, matelot des *Sept-Provinces*. — Maître Abraham Lely. — Manœuvre du temps. — Artillerie. — Voilure et pilotage. — Jean Bart prisonnier. — Préparatifs de combat. 172

XI. Nouveau combat entre les flottes anglaise et hollandaise les 5 et 6 août. — Récit de Sauret. — Jean Bart voit le feu pour la première fois. — Sa conduite. — Attaque d'un brûlot par MM. de Cavoye, d'Harcourt et de Coislin. — Ruyter est blessé. — Van den Velde le peintre. — Division des matelots des deux escadres. 180

TABLE DES CHAPITRES.

Chap. XII. Message de Louis XIV à Ruyter. — Mort de la fille de Ruyter. — Cavoye. — Le pasteur Westhovius. — Lettre de Louis XIV à Ruyter. — L'amiral est reçu chevalier de l'ordre par M. d'Estrades. — Réflexion du marquis de Bellefonds à ce sujet. — Ambition de Jean Bart. 193

XIII. Correspondance de d'Estrades. — Louis XIV et de Lionne. — Le brûlot. —Rentrée de la flotte française à la vue de l'armée anglaise. — Déclaration de Louis XIV sur les droits de la reine. — Son entrée en Flandre. — Ruyter incendie le port de Chatam. — Conquêtes de Louis XIV en Flandre. — Paix d'Aix-la-Chapelle. . . 208

XIV. Hôtel Colbert. — Intérieur et famille de Colbert. — Son fils Jean-Baptiste, marquis de Seignelay. — Son caractère. — Colbert lui donne les instructions pour remplir sa charge. — Projets de Seignelay à cet égard, annotés de la main de son père. 219

XV. Réception de M. le duc de Mortemart en qualité de gouverneur de Paris. — M. le marquis de Louvois. — Turenne. — Le duc d'Albret. — Hugues de Lionne. — Le marquis de Ruvigny. — Complot de lèse-majesté formé par Roux de Marcilly, dit le *Bonhomme*. — De quelle façon M. de Ruvigny l'a découvert pendant son ambassade à Londres. — Négociations de Charles II. — Lettre fort curieuse de Colbert de Croissy sur une proposition du duc de Buckingham, relative à madame la duchesse d'Orléans. — Lettre de l'abbé Bigorre au sujet du chapeau de M. le duc d'Albret. — Influence croissante du prince d'Orange. — Cause première du secours accordé par Louis XIV aux Vénitiens, pour la défense de Candie. — Louis XIV décide qu'une escadre de vaisseaux et de galères portera des troupes en Candie. 286

XVI. Mouillage des galères venant de Marseille à Toulon, commandées par Monseigneur le comte de Vivonne, prince de Tonnay-Charente, général des galères, et lieutenant-général ès mers du Levant. — Description pittoresque d'une galère sensile de vingt-six bancs. — Anne-Hilarion de Cotentin, chevalier de Tourville. — Aventures de sa jeunesse. — Ses premiers combats sur les galères de Malte et de Venise. 313

LIVRE TROISIÈME.

Chap. XVII. Le vaisseau *le Monarque*. — Puget. — M. le duc de Beaufort. — M. le duc de Navailles. — Instructions secrètes du roi à M. le duc de Beaufort. — Message du pape communiqué par M. l'abbé de Bonfils. — Nouvelle détermination relative au point de jonction des galères et des vaisseaux. — Départ de l'armée. 343

XVIII. L'escadre du duc de Beaufort arrive en vue de Candie. — Aspect de cette ville et de ses fortifications. — M. de Castellan arrive à bord du *Monarque*. — Plan de la place. — Détails sur les précédentes attaques et sur les faits d'armes de MM. de la Feuillade, de Saint-Pol, etc., en l'année 1668. — Conseil de guerre. — M. de Morosini et M. le marquis de Saint-André-Montbrun. — Débarquement des troupes françaises. — Plan d'attaque pour la nuit du 24 au 25 juin. 364

XIX. La taverne des *Sept-Bombes*. — Le sergent mineur La Lanterne. — Bruits populaires sur les Turcs. — Préparatifs pour la sortie. — Exhortation malheureuse du R. P. Zéphyrin. — Sortie de Candie. — Combat du 25 juin. — Les Turcs sont d'abord repoussés. — Explosion d'un fourneau dans une batterie abandonnée. — Terreur panique des soldats français. — Brillante charge de MM. de Beaufort, de Navailles, de Maulevrier et de Dampierre. — Retraite et rentrée de l'armée française dans Candie. — On ignore ce qu'est devenu M. de Beaufort. — Envoi d'un parlementaire à ce sujet dans le camp des Turcs. — Son retour. — Ce qu'il apprend. — Procession des têtes coupées autour des murs de Candie. — Morts et blessés. — Arrivée des galères du pape et de France, commandées par MM. de Rospigliosi et le duc de Vivonne. 395

XX. Lettre de M. Colbert de Maulevrier. — Arrivée des galères de France, de Venise et de Sa Sainteté. — Le comite-réal, maître Talebard-Talebardon. — Préparatifs d'une attaque par mer contre Candie. — Le comte de Vivonne. — Dernière résolution du conseil de guerre tenu avec M. de Rospigliosi et le général de Malte. — Plan de bataille. — Ordre de marche et d'attaque. . . 421

Chap. XXI. Les galères vont donner le cap de remorque aux vaisseaux. — Arrivée de la flotte devant les ouvrages des Turcs. — Boule-Noire et Boule-Borgne. — Pénalité du temps. — Supplice des forçats qui tentaient de s'évader. — Combat du 21 juillet. — Explosion du vaisseau *la Thérèse*. — La galère capitane est couverte de ses débris. — Morts et blessés. — L'attaque continue. — Retraite. — Mémoire de M. de Vivonne à Louis XIV. — Reddition de Candie aux Turcs. — Retour de l'armée navale de Sa Majesté à Toulon. — Fin de l'expédition de Candie. — M. le duc d'Albret a le chapeau. — Lettres de MM. Bigorre, de Bourlemont et de Bonfils 448

FIN DE LA TABLE

www.ingramcontent.com/pod-product-compliance
Lightning Source LLC
Chambersburg PA
CBHW071701230426
43670CB00008B/878